高等职业教育“十二五”规划教材

Qiaohan Gongcheng Jishu

桥涵工程技术

张省侠　张　鹏　主　编
李彩霞　田建辉　副主编
薛安顺　主　审

人民交通出版社

内 容 提 要

本书为高等职业教育“十二五”规划教材。主要内容包括：桥梁基础知识、桥梁构造、桥梁设计、桥梁墩台施工、桥梁上部结构施工、桥面系及附属工程施工、涵洞、桥梁工程施工管理。

本书可作为高职、中职院校道路桥梁工程技术等交通土建类专业教材，也可作为交通行业培训教材，亦可作为行业从业人员参考资料。

图书在版编目(CIP)数据

桥涵工程技术／张省侠，张鹏主编．—北京：人民交通出版社，2014.1

高等职业教育“十二五”规划教材

ISBN 978-7-114-11099-3

Ⅰ.①桥… Ⅱ.①张… ②张… Ⅲ.①桥梁工程—高等职业教育—教材 Ⅳ.①U44

中国版本图书馆CIP数据核字(2013)第311981号

高等职业教育“十二五”规划教材

书　　名：桥梁工程技术
著 作 者：张省侠　张　鹏
责任编辑：卢仲贤　袁　方　贾秀珍
出版发行：人民交通出版社
地　　址：(100011)北京市朝阳区安定门外外馆斜街3号
网　　址：http://www.ccpress.com.cn
销售电话：(010)59757973
总 经 销：人民交通出版社发行部
经　　销：各地新华书店
印　　刷：北京盈盛恒通印刷有限公司
开　　本：787×1092　1/16
印　　张：29
字　　数：736千
版　　次：2014年1月　第1版
印　　次：2016年12月　第3次印刷
书　　号：ISBN 978-7-114-11099-3
定　　价：69.00元

前　言

《桥涵工程技术》是道路桥梁工程技术等交通土建类专业的一门专业核心课程。本课程的目标是使学生在熟悉桥梁工程的基本概念、基本构造以及掌握桥梁结构设计原理的基础上，能运用桥梁设计规范、设计手册、标准图和施工手册等设计资料进行一般中、小型桥梁结构的设计，能运用有关施工技术规范等资料组织一般中、小型桥梁结构的施工，使学生能够达到“懂设计、精施工、会管理”的培养目标，为毕业后从事桥涵施工打下坚实的基础。

本教材以国家和交通运输部颁发的有关桥梁设计、施工等最新的技术标准、规范及规程为依据，以职业岗位目标为切入点，按照工作过程开发课程内容而编写的。教材旨在既能给学生详细介绍公路桥涵的设计和施工方法，又能给予他们翔实的资料和丰富的实例，力图使他们通过系统学习，能独立承担桥涵的设计和施工任务；同时又可供各级各类公路设计、施工、管理单位的技术人员参考使用。

为适应人才培养方案和课程体系的改革，本书在编写过程中遵循了“工学结合”原则，使教材的内容具有针对性和实用性，重点培养学生认识桥梁结构构造、熟悉勘测设计步骤、套用标准图进行施工图设计、掌握施工方法、编制施工方案和现场组织施工的能力。

教材编写组通过对施工、设计、监理等十几家单位调研，按照桥涵施工过程及道路桥梁工程技术专业所涵盖的岗位群进行了任务和职业能力分析，确定了“桥涵工程技术”课程的 8 个章节内容。为快速提高学生的桥梁知识水平和实践能力，全书共设计了 10 个能力训练，每个能力训练中先给出一个工程实例，然后再安排一个训练项目。

第 1 章为桥梁基础知识，重点介绍了桥梁的组成与分类及基本术语，设置了“桥梁结构组成分析”和“桥梁结构尺寸计算与标注”两个能力训练。第 2 章为桥梁构造，重点介绍板桥、梁桥、拱桥、钢管混凝土拱桥、刚构桥、斜拉桥和桥梁墩台的构造，设置了“绘制空心板构造图和配筋图”、“识读预应力箱梁构造图和配筋图”、“识读某石拱桥构造图”三个能力训练。第 3 章为桥梁设计，重点介绍桥梁规划设计方法及设计程序、套标准图及规范进行桥梁设计、桥梁墩台设计，设置了“设计某箱形梁桥上部结构”能力训练。第 4 章为桥梁墩台施工，重点介绍施工准备工作和施工测量、桥梁施工基础知识、混凝土和石砌墩台的施工、高墩施工和支座的安装，设置了“桥梁下部结构施工方案编制”能力训练。第 5 章为桥梁上部结构施工，重点介绍梁桥就地浇筑施工、装配式梁桥施工、连续梁桥施工和拱桥施工，设置了“梁桥上部结构施工方案编制”和“拱桥上部结构施工方案编制”两个能力训练。第 6 章为桥面系及附属工程施工，重点介绍梁间铰接缝施工、桥面防水层和铺装层施工、桥梁伸缩装置施工及其他附属工程施工。第 7 章为涵洞，重点介绍涵洞的类型与构造、涵洞的设计计算及涵洞的施工，设置了“涵洞设计”能力训练。第 8 章为桥梁工程施工管理，重点介绍质量管理、安全管理、文明施工管理和工程资料管理。为方便学生检查学习效果，每小节后均设有自测题。

本书编写分工如下：第 1 章和第 4 章由陕西交通职业技术学院张省侠和张鹏编写；第 2 章由陕西交通职业技术学院田建辉编写；第 3 章由陕西交通职业技术学院张松雷编写；第 5 章由陕西交通职业技术学院张省侠、张鹏和新疆交通职业技术学院虎东霞编写；第 6 章和第 8 章由陕西交通职业技术学院李彩霞编写；第 7 章由陕西交通职业技术学院郗锋和李彩霞编写。全书由陕西交通职业技术学院张省侠、李彩霞统稿，陕西交通职业技术学院薛安顺担任主审。

本书在编写过程中，新疆交通职业技术学院李轮、浙江交通职业技术学院郭发忠、安徽交通职业技术学院王常才等对本书编写大纲提出了许多宝贵建议，在此一并表示诚挚谢意！

由于作者水平有限，加之时间仓促，书中不足乃至错误之处在所难免，恳请广大读者批评指正。

编者

2014年1月

目　　录

第1章　桥梁基础知识

【知识目标】

1. 桥梁的组成和分类，桥梁各组成部分概念和术语；

2. 桥梁的结构体系和内容；

3. 桥梁在交通中的地位和发展概况。

【能力目标】

1. 能识读桥梁施工图；

2. 能说明桥梁各组成部分名称和术语；

3. 能陈述国内外桥梁建设成就；

4. 能力训练1：桥梁结构组成分析；

5. 能力训练2：桥梁结构尺寸计算与标注。

【任务描述】

教师根据班级分组情况准备桥梁模型及有关施工图，每组推选一名组长负责任务的组织与实施，最终以组为单位上交桥梁结构组成分析及桥梁结构尺寸计算与标注说明书。

【学习引导】

本章按照以下顺序进行学习。

"桥涵工程技术"课程整体介绍→认知桥梁组成、分类和基本结构体系→阅读施工图纸→能力训练1（桥梁结构组成分析）→能力训练2（桥梁结构尺寸计算与标注）→各组成果讨论与检查→上交成果→教师考核

1.1　桥梁组成、分类和常用术语

1.1.1　桥 梁 组 成

桥梁是道路跨越江河湖泊、沟谷溪流、公路、铁路、灌渠、城镇、村庄以及其他地面设施的结构物。通常，把跨越江河的桥梁称为跨河大桥；把跨越海峡湖泊的桥梁称为跨海大桥；把跨过原有公路、铁路的桥梁称为跨线桥，也称立交桥；把跨越城镇、村庄以及其他地面设施的桥梁称为高架桥。桥梁结构多种多样，形式多姿多彩，它与我们人类的生产活动密切相关，不仅是道路工程中功能性的建筑物，也是一个国家生产力和科技水平的写照、文化的象征。

桥梁一般由上部结构、下部结构、支座和附属设施等几个部分组成。梁桥和拱桥是桥梁最常用的结构形式，如图1-1-1和图1-1-2所示。

上部结构，又称桥跨结构，是路线跨越障碍的主要承重结构。其作用是承受车辆荷载并传递给墩台。上部结构的常用形式有梁、板、拱、拉索、悬索吊杆组合体系等。

下部结构包括桥墩、桥台和基础，是支撑桥跨结构并将荷载传至地基的建筑物。桥台设置在桥梁两端，是路基和桥梁的连接部分，既承受桥梁上部的荷载，又承受路基上传来的车辆荷载及土压力，防止路堤填土的滑坡和坍落。桥墩布置在两桥台之间，由桥跨的大小、多少决定

其结构形式、尺寸和数量，其作用是支撑桥跨结构，承担相邻桥跨的上部结构重力和车辆荷载作用。

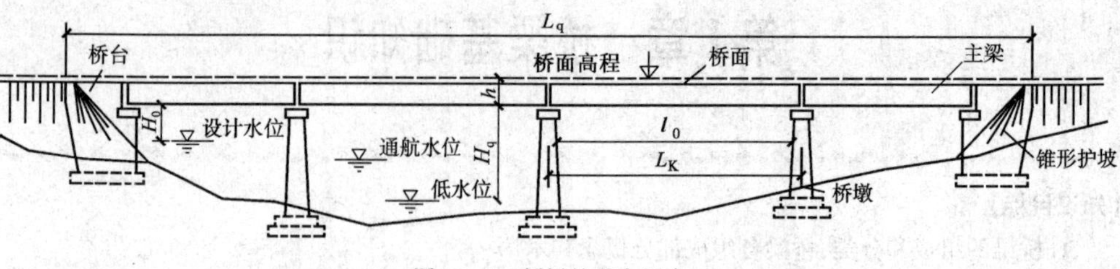

图 1-1-1　桥梁的基本组成

桥墩和桥台中使全部荷载传至地基的底部奠基部分称为基础，常用的结构形式为扩大基础和桩基础。它是确保桥梁安全使用的关键，其形式和构造尺寸由桥梁荷载、地质构造、地基承载力、水流、冲刷等多种因素决定。由于基础往往深埋于土层之中，并且需在水下施工，故也是桥梁施工中比较困难的部分。

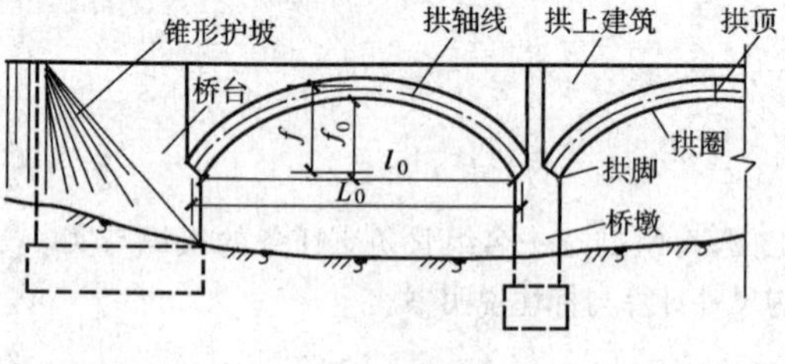

图 1-1-2　拱桥的基本组成

支座是梁式桥在桥跨结构与桥墩或桥台的支承处所设置的传力装置，它不仅要传递很大的荷载，而且要保证桥跨结构按设计要求能产生一定的变位。目前使用最多的是板式、盆式和球形橡胶支座。

除此以外，在路堤与桥台衔接处，一般还在桥台两侧设置砌筑锥形护坡，以保证路堤迎水部分路堤边坡的稳定。桥梁根据需要还要修筑护岸、导流结构物、检测平台、测量标志、消防栓、景观灯饰等附属设施。

1.1.2　桥梁的主要尺寸和术语名称

桥梁的主要尺寸和术语名称如下。

(1)净跨径：对于梁式桥是指设计水位上相邻两个桥墩(或桥台)之间的净距离，用 l_0 表示(图 1-1-1)；对于拱式桥是每孔拱跨两个拱脚截面最低点之间的水平距离(图 1-1-2)。

(2)计算跨径：对于具有支座的桥梁，是指桥跨结构相邻两个支座中心之间的距离，用 L_0 表示；对于图 1-1-2 所示的拱式桥，是指相邻拱脚截面形心点之间的水平距离。因为拱圈(或拱肋)各截面形心点之间的连线称为拱轴线，所以拱桥的计算跨径也就是拱轴线两端点之间的水平距离。桥跨结构的力学计算以计算跨径为基准。

(3)标准跨径：用 L_K 表示。对于梁式桥，是指两相邻桥墩中心线之间的距离，或桥墩中线与台背前缘之间的距离；对于拱桥则为净跨径($L_K = L_0$)。

根据《公路桥涵设计通用规范》(JTG D60—2004)规定，当标准设计或新建桥涵的跨径在 50m 及以下时，宜采用标准跨径。桥涵标准跨径规定如下：

0.75m、1.0m、1.25m、1.5m、2.0m、2.5m、3.0m、4.0m、5.0m、6.0m、8.0m、10m、13m、16m、20m、25m、30m、35m、40m、45m、50m。

(4)总跨径：它是多孔桥梁各孔净跨径的总和，也称桥梁孔径($\sum l_0$)，对跨河桥，它反映了桥下宣泄洪水的能力。

(5)桥梁全长：简称桥长，用 L_q 表示，为桥梁两端两个桥台的侧墙或八字墙后端点之间的距离。对于无桥台的桥梁为桥面系行车道的全长。在一条路线中，桥梁和涵洞总长的比重反映它们在整段路线建设中的重要程度。

(6)桥梁高度:简称桥高,用 H_q 表示,指桥面与低水位之间的高差,或为桥面与桥下路线路面之间的距离(图1-1-1)。桥高在某种程度上反映桥梁施工的难易性。

(7)设计洪水位:河流中的水位是变化的,在枯水季节时的最低水位称为低水位;洪峰季节河流中的最高水位称为高水位。桥梁设计中按规定的设计洪水频率[《公路桥涵设计通用规范》(JTG D60—2004)表3-1-7]计算或预测所得的高水位称为设计洪水位。设计洪水位加壅水和浪高称为计算水位。

(8)桥下净空高度:是计算洪水位或设计通航水位至桥跨结构最下缘之间的垂直距离,以 H_0 表示,它应保证能安全排泄洪水,并不得小于对该河流通航所规定的净空高度。按《公路桥涵设计通用规范》(JTG D60—2004)规定,当桥梁跨越高速公路和一级、二级公路时,桥下净空高度不得小于5.0m,当桥梁跨越三、四级公路时,其桥下净空高度不得小于4.5m。

(9)建筑高度:用 h 表示,是指桥上行车道路面至桥跨结构最下缘之间的距离。容许建筑高度是指公路定线中所确定的桥面高程与通航净空顶部高程之差。桥梁建筑高度必须小于其容许建筑高度。

(10)矢高和矢跨比:拱桥拱顶截面下缘至相邻两拱脚截面下缘最低点连线的垂直距离称为净矢高(f_0);从拱顶截面形心至两拱脚截面形心连线的垂直距离称为计算矢高(f)。计算矢高与计算跨径之比(f/L_0),称为拱圈的矢跨比(或称拱矢度),是反映拱桥受力特性的一个重要指标。

1.1.3 桥梁的分类

1.1.3.1 桥梁按受力体系分类

桥梁按受力结构的体系分为梁式桥、拱式桥、刚构桥、悬索桥与组合体系桥五大体系。

1)梁式桥(简称梁桥)

梁式桥是一种在竖向荷载作用下无水平反力的结构,梁作为承重结构是以它的抗弯能力来承受荷载的。梁分简支梁、连续梁和悬臂梁等,见图1-1-3。

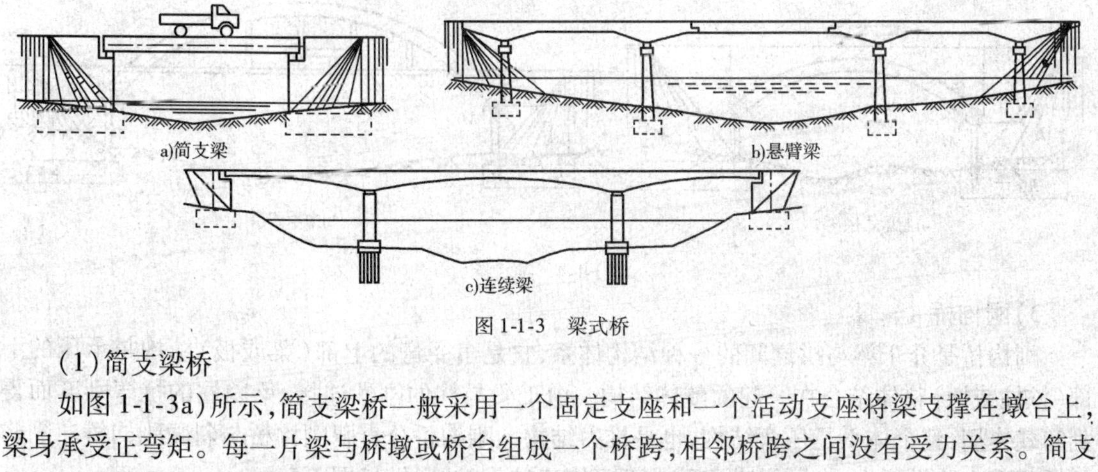

图1-1-3 梁式桥

(1)简支梁桥

如图1-1-3a)所示,简支梁桥一般采用一个固定支座和一个活动支座将梁支撑在墩台上,梁身承受正弯矩。每一片梁与桥墩或桥台组成一个桥跨,相邻桥跨之间没有受力关系。简支梁桥属静定结构,相邻桥孔各自单独受力,是公路上最常用的桥梁结构形式。为了减少桥梁伸缩缝数量,保证行车舒适,也可把部分桥跨用桥面钢筋混凝土铺装连接起来,其受力仍处于简支受力状态,称为简支桥面连续。

简支梁桥的上部结构一般为空心板、箱梁或 T 形梁。钢筋混凝土空心板和 T 形梁最大跨径为 20m，常用跨径为 8m、10m、13m 和 16m；预应力空心板的适宜跨径为 8 ~ 25m；预应力箱梁的跨径为 25m、30m、35m 和 40m；预应力混凝土 T 形梁的跨径为 20 ~ 50m。

简支梁(板)桥结构较为简单，施工方便，是目前各等级公路优先考虑的桥型方案，最适宜在河道宽浅、路线设计高程较低的情况下使用。

(2)连续梁桥

如图 1-1-3b)所示，连续梁桥由几跨梁连接成一个整体，即形成一联，每联 3 ~ 5 孔，由一个固定支座和几个活动支座将梁支撑在墩台上。梁身中部受正弯矩，每个支座处受负弯矩。荷载作用下支点截面产生的负弯矩显著减小了跨中截面的正弯矩，不仅可减小跨中的建筑高度，而且能节省钢筋混凝土数量。但连续梁桥属于超静定结构，对地基要求较高。

连续梁桥分整体式和装配式。整体式连续梁宜选用单箱结构，通常采用支架现浇或悬臂浇筑施工方法，多用于较大跨径的跨线桥、城市桥梁和高速公路上的大跨径桥。等截面连续梁的适宜跨径为 40 ~ 50m，变截面连续梁的跨径应用范围是 60 ~ 150m。装配式连续梁的上部结构一般由多片简支箱梁组成。先按简支梁预制安装，然后在墩顶处用钢筋混凝土或预应力混凝土连接，进行体系转换变为连续梁，称为先简支后连续，这种连续梁桥的适用跨径与简支梁桥相同。

(3)悬臂梁桥

如图 1-1-3c)所示，其主体是长度超出跨径的悬臂结构。仅一端悬出者称为单悬臂梁，两端均悬出者称为双悬臂梁。

悬臂梁桥施工较为复杂，桥跨结构整体性不及连续梁桥，目前已较少采用。

2)拱式桥(简称拱桥)

拱式体系的主要承重结构是拱圈。在竖向荷载作用下，拱圈既要承受压力，也要承受弯矩。墩台除受竖向压力和弯矩外，还承受水平推力，所以说，拱桥是一种在竖向荷载作用下具有水平推力的结构，见图 1-1-4。同时墩台向拱圈提供反向的水平反力大大减小了拱圈由荷载所产生的弯矩。因此，拱圈内力以压力为主、弯矩为辅，可采用抗压能力强的石料、混凝土等圬工材料来修建。

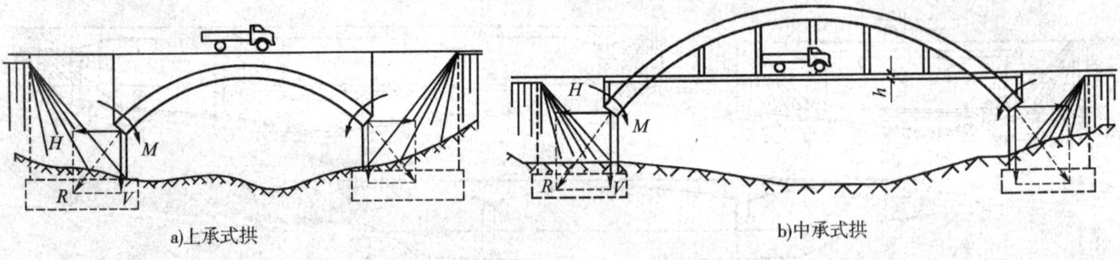

图 1-1-4　拱式桥

3)刚构桥

刚构桥是介于梁与拱之间的一种结构体系，它是由受弯的上部(梁或板)结构与承压的下部(桩柱或墩)整体结合在一起的整体结构。由于梁与柱的刚性连接，梁因柱的抗弯刚度而得到卸载作用，整个体系是压弯结构，也是推力结构。刚构桥分直腿刚构桥与斜腿刚构桥。刚构的桥下净空比拱桥大，在同样净空要求下可修建较小的跨径，见图 1-1-5。

4)悬索桥(也称之为吊桥)

传统的悬索桥均用悬挂在两边塔架上的强大缆索作为主要承重结构。在竖向荷载作用下，通过吊杆使缆索承受很大的拉力，通常都需要在两岸桥台的后方修筑非常巨大的锚碇结构（图1-1-6）。悬索桥也是具有水平反力（拉力）的结构。悬索桥的跨越能力是在各类桥型中最大的，但其结构刚度差，整个悬索桥的发展历史也是争取刚度的历史。

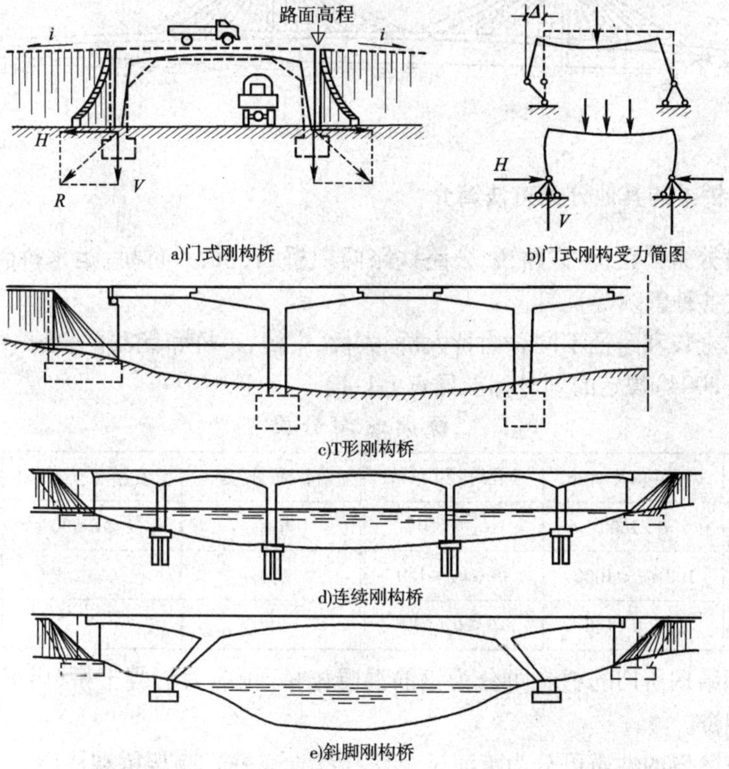

图1-1-5　刚构桥

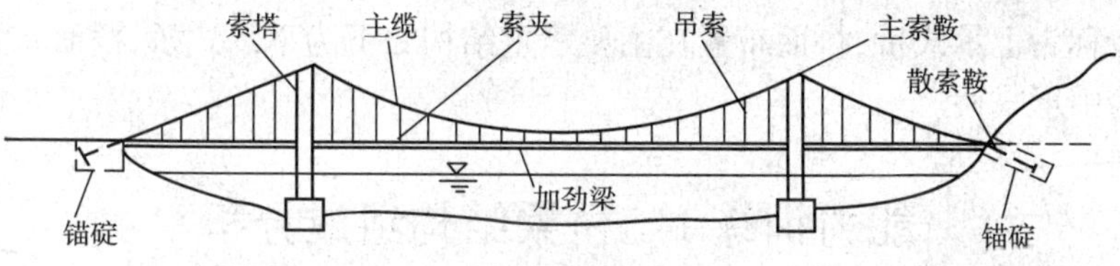

图1-1-6　悬索桥

5）组合体系

（1）梁、拱组合体系

这类体系有系杆拱、桁架拱、多跨拱梁结构等，它们是利用梁的受弯与拱的承压特点组成联合结构。其中梁和拱都是主要承重物，两者相互配合共同受力，见图1-1-7。

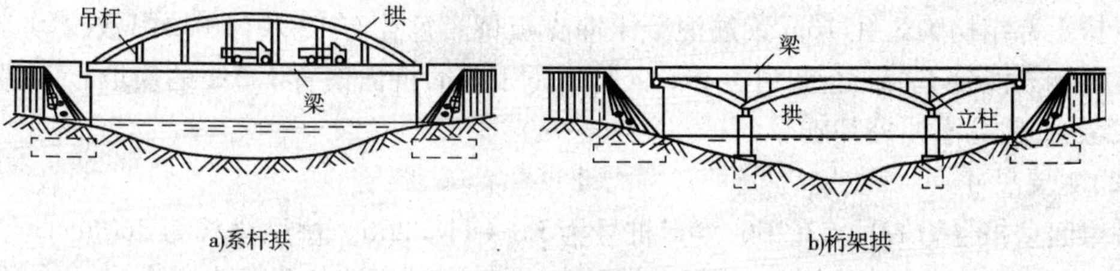

图1-1-7　梁拱组合

（2）斜拉桥

斜拉桥也是一种主梁与斜缆相结合的组合体系（图1-1-8）。悬挂在塔柱上被张紧的斜缆将主梁吊住，使主梁像多点弹性支承的连续梁一样工作，这样既发挥了高强材料的作用，又显著减小了主梁截面，使结构减轻而具有很大的跨越能力。

图 1-1-8　斜拉桥

1.1.3.2　桥梁的其他分类方法简介

(1)按用途分为公路桥、铁路桥、公路铁路两用桥、农桥、人行桥、运水桥(渡槽)及其他专用桥梁(如通过各种管线等)。

(2)按桥梁全长和跨径不同分为特大桥、大桥、中桥、小桥和涵洞。《公路桥涵设计通用规范》(JTG D60—2004)规定的划分标准见表 1-1-1。

桥梁涵洞分类　　表 1-1-1

桥梁分类	多孔桥总长 L(m)	单孔跨径 L_K(m)	桥梁分类	多孔桥总长 L(m)	单孔跨径 L_K(m)
特大桥	$L>1000$	$L_K>150$	小桥	$8\leqslant L\leqslant 30$	$5\leqslant L_K<20$
大桥	$100\leqslant L\leqslant 1000$	$40\leqslant L_K\leqslant 150$	涵洞	—	$L_K<5$
中桥	$30<L<100$	$20\leqslant L_K<40$			

(3)按上部结构所用的材料可分为钢筋混凝土桥、预应力混凝土桥、圬工桥(包括砖、石、混凝土桥)和钢桥。

(4)按跨越障碍的性质可分为跨河桥、跨线桥(立交桥)、高架桥和栈桥。

(5)按上部结构的行车道位置分为上承式桥、下承式桥和中承式桥。桥面布置在主要承重结构之上者称为上承式桥，桥面布置在主要承重结构之下为下承式桥，桥面布置在主要承重结构中间的为中承式桥。

能力训练 1　桥梁结构组成分析

某桥位于城区，跨越 30m 宽的河沟，规划建 2 孔 16m 钢筋混凝土板桥一座，两岸配套修建防汛河堤，桥宽为净-9m + 2 × 1.5m 人行道，总体布置图、上部结构横断面图见图 1-1-9、图 1-1-10。请对该桥进行结构组成分析。

(1)桥梁结构描述

本桥上部结构为 2 孔 16m 钢筋混凝土简支板桥。每孔有 12 块(10 块中板，2 块边板)预制安装的钢筋混凝土板。行车道宽 9m，人行道宽 1.5m，桥面设置 1.5% 的横坡。下部结构为双柱式墩台、钻孔灌注桩基础。

(2)主要尺寸

桥梁起点桩号为 K0 + 82.206，终点桩号为 K0 + 118.266。桥梁全长为 3606cm；空心板标准跨径为 16m(1600cm)，实际施工预制板长度为 1596cm，两端各预留伸缩缝 2cm，台顶伸缩缝预留宽度为 5cm，台背前缘与设计梁端之间尚需再预留 3cm 空隙。墩顶为桥面连续，实际架梁时有 4cm 间距，以方便施工。

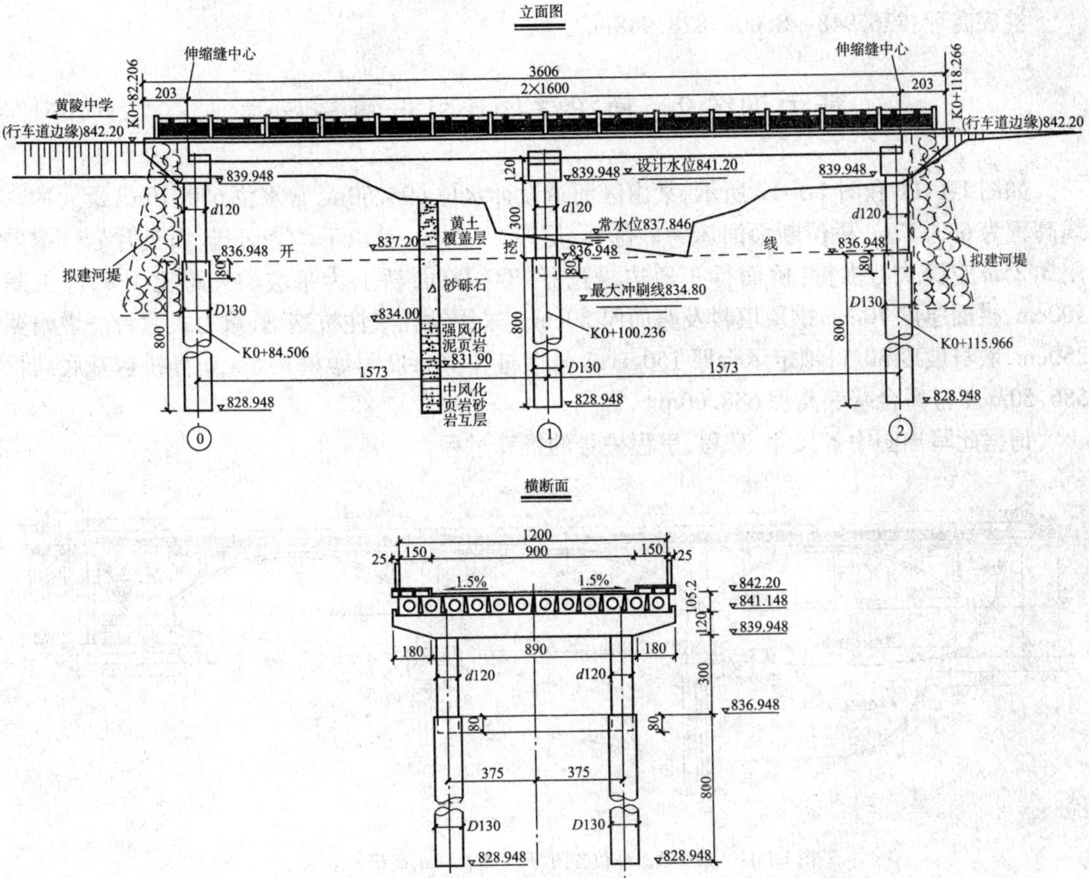

图 1-1-9　某梁桥总体布置图(尺寸单位:cm;高程单位:m)

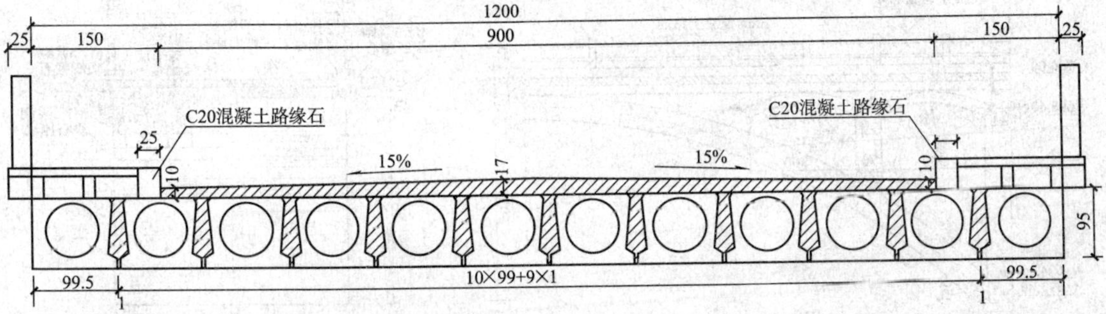

图 1-1-10　某梁桥上部结构横断面图(尺寸单位:cm)

桥台台帽总宽 140cm,耳墙长 200cm,背墙厚 40cm,背墙前缘到台帽前缘 100cm,所以桩轴线到耳墙尾端的距离为 200 + 100 − 140/2 = 230cm。

由于桥梁较短,又位于城区,桥面纵坡设计为平坡,行车道边缘设计高程为 842.20m。由横断面构造图可知,横坡由桥面铺装层调整形成,铺装层边缘厚 10cm,混凝土空心板厚度 85cm,故上部构造总厚度 95cm。查支座及垫石构造图,支座厚 4.2cm,垫石高 6cm。墩、台帽厚度均为 120cm。据此计算桥梁各部位高程:

墩台顶高程:842.20 − 0.95 − 0.042 − 0.06 = 841.148m;

柱顶高程:841.148 − 1.20 = 839.948m;

桩顶高程:836.948m(依据地面线拟订),柱高:839.948 − 836.948 = 300cm;

桩底高程：836.948 - 8.00 = 828.948m。

能力训练 2　桥梁结构尺寸计算与标注

如图 1-1-11 和图 1-1-12 所示，某山区河道设计水位 695.50m，常水位 689.10m，最大冲刷线高程为 683.17m，桥位断面河床为砂砾石，层厚 2 ~ 10m，其以下均为云母、石英片岩。拟采用 3-25m 空腹式石拱桥，桥面行车道边缘高程 700.00m，桥上为平坡。矢跨比 1/5，净矢高 500cm，拱圈厚度 70cm，拱顶填料及路面厚 50cm。采用钻孔灌注桩基础、重力式墩台。墩帽宽 250cm，墩身坡度 30∶1，拟定承台厚 150cm，1 号墩桩长 10m，2 号墩桩长 6m，0 号桥台基底高程 686.50m，3 号桥台基底高程 688.00m。

请据此写出图中各尺寸、高程、里程桩号的推算过程。

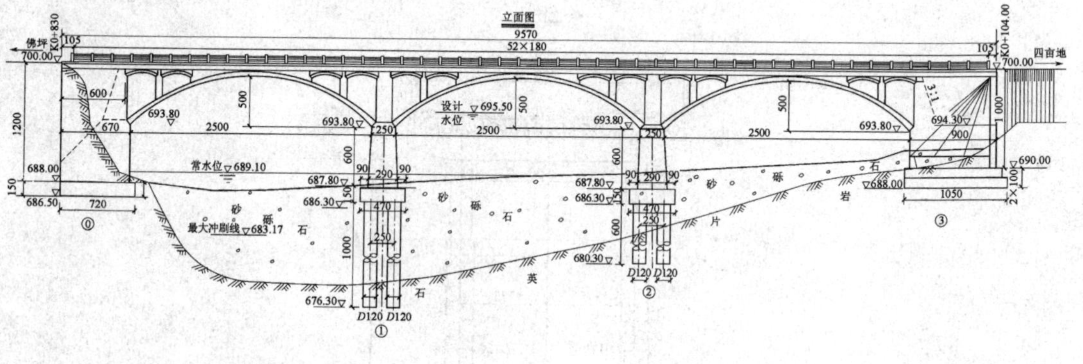

图 1-1-11　某拱桥总体位置图（尺寸单位：cm，高程单位：m）

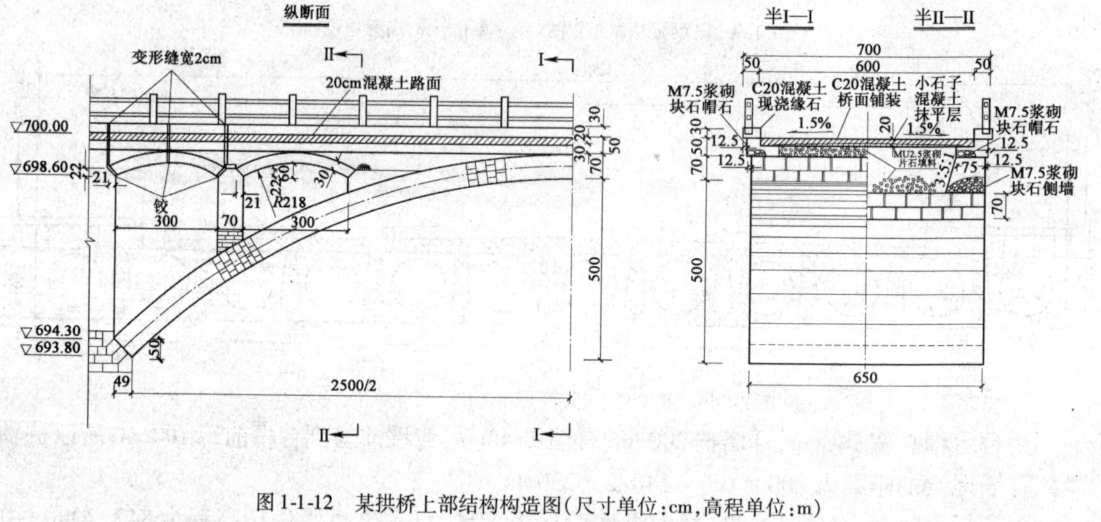

图 1-1-12　某拱桥上部结构构造图（尺寸单位：cm，高程单位：m）

自测题

一、填空题

1. 桥梁通常由________、__________和__________三大部分组成。

2. 桥梁全长 L_q，对于有桥台的桥梁是指__________；对于无桥台的桥梁是指__________。

3. 按主要承重构件的受力情况，桥梁可分为__________、________、________、________、________五种。

二、单选题

1. 跨河桥的桥梁高度 H 是指(　　)。

A. 行车道顶面至河床顶面间的距离

B. 行车道顶面至低水位间的距离

C. 行车道顶面至计算水位间的距离

D. 行车道顶面至设计水位间的距离

2. 某桥单孔跨径 $L_K=20m$，则该桥属于(　　)。

A. 小桥　　B. 中桥　　C. 大桥　　D. 特大桥

3. 拱桥的承重结构以(　　)为主。

A. 受压　　B. 受拉　　C. 受弯　　D. 受扭

三、名词解释

1. 刚架桥

2. 标准跨径

3. 总跨径

4. 净矢高

5. 矢跨比

6. 涵洞

四、请写出图 1-1-13 中细实线所指的桥梁各部分的名称

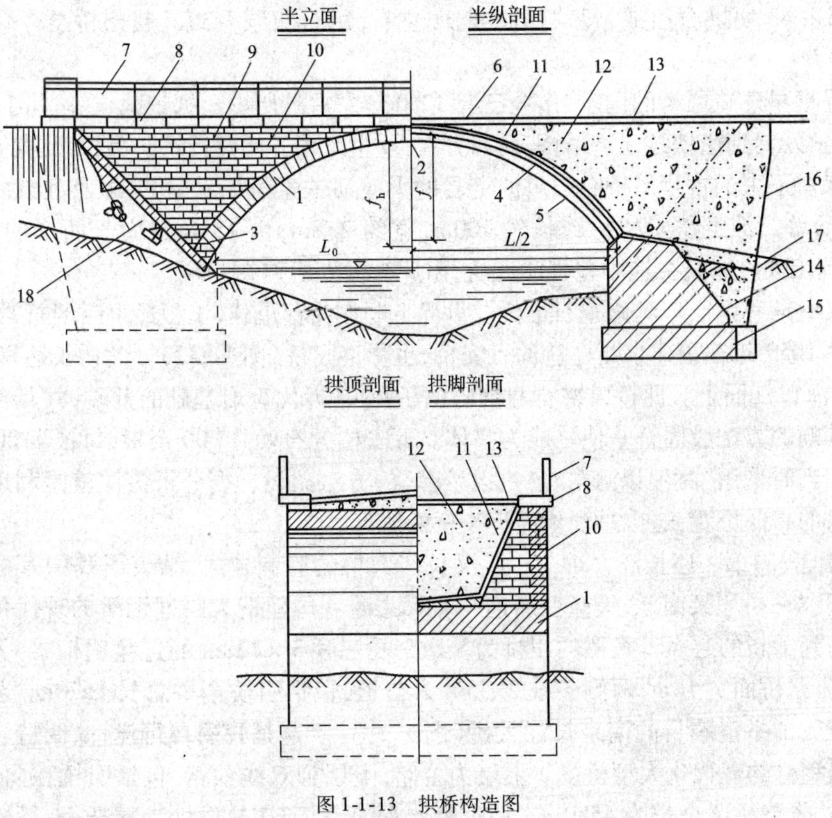

图 1-1-13　拱桥构造图

1.2 桥梁建筑概况

1.2.1 我国桥梁建筑概况

我国桥梁建筑无论在规模上还是在技术水平上，均已跻身于世界先进行列，各种功能齐全、造型美观的城市立交桥、高架桥及跨越各种障碍物的大跨径公路、铁路桥相继建成。在我国公路2020年远景规划中，跨越渤海湾、杭州湾、琼州海峡及舟山群岛连岛工程等大型工程已进入规划建设阶段。如2008年5月建成通车的浙江杭州湾跨海大桥是国道主干线——同三线跨越杭州湾的便捷通道，大桥北起嘉兴市海盐郑家埭，跨越宽阔的杭州湾海域后止于宁波市慈溪水路湾，全长36km，大桥缩短了宁波至上海间的陆路距离120余公里。

我国的桥梁建筑在历史上是辉煌的，古代的桥梁不但数量惊人，类型也丰富多样，几乎包括了所有近代桥梁中的最主要形式。早在3000年前的周文王朝代，就有在渭河上架设浮桥和建造石桥的文字记载。隋唐时期是我国古代桥梁的兴盛年代，在桥梁形式、结构构造方面都有很多创新。宋代之后，建桥数量大增，桥梁的跨越能力、造型和功能也有所提高，充分体现了我国古代工匠的智慧和艺术水平。

举世闻名的河北赵州桥（又称安济桥），就是我国古代石拱桥的杰出代表。该桥在隋大业初年（公元605年左右）为李春父子所建，是一座空腹式的圆弧形石拱桥，全桥长50.82m，净跨37.02m，宽9m，拱矢高度7.23m。赵州桥在拱圈两肩各设有两个跨度不等的腹拱，这样既能减轻桥身自重、节省材料，又便于排洪、增加美观。赵州桥采用纵向并列砌筑，将主拱圈分为28圈，每圈由43块拱石组成，每块拱石重1t左右，用石灰浆砌筑。赵州桥至今仍保存完好（图1-2-1）。

我国是最早建造吊桥的国家，迄今已有3000年左右的历史。据记载，在唐朝中期，我国就从藤索、竹索发展到用铁链建造吊桥，而西方在16世纪才开始建造铁链吊桥，比我国晚了近千年。至今保留下来的古代吊桥有四川泸定县的大渡河铁索桥（1706年）以及灌县的安澜竹索桥（1803年）等。泸定铁索桥桥跨长约100m，宽约2.8m，由13条锚固于两岸的铁链组成，1935年中国工农红军长征途中曾强渡此桥，由此被世人所熟知。

在秦汉时期我国已广泛修建石梁桥。世界上现在尚存最长、工程最艰巨的石梁桥，就是我国于1053~1059年在福建泉州建造的万安桥，也称洛阳桥（图1-2-2）。此桥长达800多米，共47孔，位于海口江面上。此桥以磐石遍铺桥位江底，是近代筏形基础的开端，并且独具匠心地用养殖海牡蛎的方法胶固桥基使之成为整体。万安桥的石梁共300余根，每根重20~30t。这样重的梁在当时采用"激浪以涨舟，悬机以弦牵"的方法架设。据分析该法就是利用潮汐的涨落控制船只的高低位置，这也是现代浮运架桥的雏形。

1957年，我国第一座长江大桥——武汉长江大桥的胜利建成，结束了我国万里长江无桥的状况，从此"一桥飞架南北，天堑变通途"，也标志着我国建造大跨度钢桥的现代化桥梁技术水平被提高到了新的起点。大桥的正桥为8墩9孔三联3×128m的连续钢桁梁，下层为双线铁路，上层公路桥面宽18m，两侧各设2.25m人行道，包括引桥全桥总长1670m。1969年，我国又胜利建成了举世瞩目的南京长江大桥（图1-2-3）。这是我国自行设计、制造、施工，并使用国产高强钢材的现代化大型桥梁。上层为公路，下层为双线铁路，包括引桥在内，铁路桥梁全长6772m，公路桥梁全长为4589m。桥址处水深流急，河床地质极为复杂，大桥桥墩基础的施工非常困难。南京长江大桥的建成，显示出我国的钢桥建设已接近世界先进水平，是我国桥梁史上的又一个重要标志。

图 1-2-1　赵州桥

图 1-2-2　万安桥

图 1-2-3　南京长江大桥

从发展进程来看，在 20 世纪 50 年代左右，拱桥进入了全盛发展时期。1958～1960 年，我国因地制宜、就地取材，修建了大量经济美观的石拱桥。目前已建成的世界跨度最大的石拱桥是于 1999 年底建成的跨度为 146m 的山西丹河大桥（图 1-2-4）。世界最大跨度的混凝土拱桥当属 1997 年建成的重庆万县长江大桥，为 420m，其主拱圈是采用劲性骨架法进行施工的。2009 年修建的重庆朝天门长江大桥位于长江与嘉陵江交汇处，分为主桥、南北引桥、江北桥头立交、弹子石立交和黄桷湾立交以及引道等几大部分。大桥全长 4.88km，主桥为钢桁架拱，主桥跨径 552m，双层公轨两用桥，上层为双向 6 车道公路桥，下层是双向轻轨轨道（图 1-2-5），比世界著名拱桥澳大利亚悉尼大桥的主跨还要长，成为“世界第一拱桥”。

图 1-2-4　山西丹河大桥

图 1-2-5　重庆朝天门长江大桥

钢管混凝土拱桥是一种钢、混凝土复合材料的拱桥，该桥型在我国近年来发展很快。自 20 世纪 90 年代以来，我国建成跨径大于 120m 的钢管混凝土拱桥 40 多座。2000 年建成的广州丫髻沙珠江大桥，为主跨 360m 的中承式钢管混凝土拱桥，是当时世界第一钢管混凝土拱桥。2005 年 1 月 8 日竣工通车的巫山长江大桥也属中承式钢管混凝土拱桥，在建设中创造了当时桥梁建设的 5 项世界第一，即组合跨径、每节段绳索吊装质量、吊塔距离、拱圈管道直径和吊装高度世界第一。其主跨跨径 492m，居同类型桥梁世界第一。

钢筋混凝土及预应力混凝土梁式桥，在我国也有很大的发展。对于中小跨径，一般采用简支梁，50m 以下宜用标准化跨径，目前广泛采用的是配置低合金钢筋的装配式钢筋混凝土板式或 T 形梁式设计。它不但经济适用，并且施工方便，建桥速度快。对于高等级公路桥上的多跨简支梁，随着车速和行车舒适性要求的提高，简支梁多采用桥面或结构连续，以减少伸缩缝的数量。我国跨径最大的简支梁桥，是 1997 年建成的昆明南过境高架桥，跨径 63m。1997 年建成的主跨为 270m 的虎门大桥辅航道桥是我国跨度最大的预应力混凝土连续刚构桥，世界排名第三位。

预应力混凝土斜拉桥，由于结构合理，跨越能力大，用材指标低外形美观而迅速发展。我国斜拉桥建造技术起步比较晚，1975 年建成的跨径 76m 的四川云阳桥是国内第一座斜拉桥，20 世纪 90 年代以后，因跨越大江大河的需要，斜拉桥得到了快速的发展，我国陆续修建了一系列特大跨度的斜拉桥。据不完全统计，我国建成的斜拉桥已超过 100 座，其中跨度超过 400m 的斜拉桥已达 20 座，居世界首位。目前，我国主跨超过 600m 的钢梁斜拉桥已有 6 座。

2008 年建成通车的苏通大桥（图 1-2-6）路线全长 32.4km，其中跨江大桥长 8146m，大桥主桥为跨径 1088m 的斜拉桥，是世界最大跨径的斜拉桥；大桥主墩基础由 131 根长约 120m、直径 2.5～2.8m 的群桩组成，是世界规模最大、入土最深的群桩基础；大桥桥塔采用高 300.4m 的钢筋混凝土塔，为世界最高桥塔；大桥最长拉索长达 577m，为世界最长拉索。苏通大桥的建成，标志着世界桥梁建设的最深基础、最高桥塔、最长拉索、最大主跨四项新纪录的诞生。

悬索桥的跨越能力在各类桥型中是最大的。我国于 1999 年 9 月建成通车的江阴长江大桥，主跨 1385m，是我国第一座跨度超过千米的钢箱梁悬索桥，世界排名第四。该桥在沉井、地下连续墙、锚碇、挂索等工程施工中总结的经验，推动了我国悬索桥施工技术的进一步发展。我国香港的青马大桥，全长 2160m，主跨 1377m，为公铁两用双层悬索桥，是香港 21 世纪标志性建筑，它把传统的造桥技术升华至极高的水平，宏伟的结构令世人赞叹，在世界 171 项工程大赛中荣获“建筑业奥斯卡奖”。2005 建成通车的江苏润扬长江大桥南汊桥采用跨径为 1490m 的单孔双铰钢箱梁悬索桥，为目前“中国第一、世界第三”大跨径桥梁。舟山大陆连岛工程中的西堠门大桥，是一座两跨连续钢箱梁悬索桥，全长 2586m，主跨 1650m 续桥，大桥设计行车速度为 80km/h，桥面全宽 35m，设计荷载为公路—Ⅰ级，其主跨跨径仅次于日本明石海峡大桥，是目前世界上最大跨度的钢箱梁悬索桥，全长在悬索桥中居世界第二、国内第一，其钢箱梁悬索长度为世界第一。

2009 年建成的香港昂船洲大桥（图 1-2-7）是香港八号公路干线的主要组成部分。大桥全长 1596m，主跨长度 1018m，桥面距水面 73.5m，不仅是全球第二长斜拉桥，还是世界上最高的桥梁之一。桥下通航航道净宽 900m，是一座双向三线高架斜拉桥。大桥由香港葵涌货运码头入口，横跨蓝巴勒海峡，向西伸延至青衣岛，它的建成具有非常重要的交通意义。

目前，我国的交通事业尤其是桥梁建设进入了一个全新的时期。一个干支衔接、布局合理、四通八达的公路网已经形成，公路交通对国民经济发展的“瓶颈”制约状况得到有效缓解。我们还应不断努力，不断吸取国内外桥梁建筑的先进技术和有益经验，为我国的桥梁建设做出更大的贡献。

图 1-2-6　苏通大桥

图 1-2-7　香港昂船洲大桥

1.2.2　国外桥梁建筑概况

世界桥梁建筑的发展，与社会生产力的发展、工业水平的提高、施工技术的进步、数学力学理论的发展及计算技术的革新等方面都有关系，工业革命促使生产力大幅度增长，从而促进了桥梁建筑技术方面空前的发展。

1883 年建成的纽约布鲁克林悬索桥，跨径达 483m，开创了现代悬索桥的先河。1937 年建成的旧金山金门大桥（图 1-2-8），主跨达 1280m，保持了 27 年的世界纪录，至今金门大桥仍是举世闻名的桥梁经典之作。1998 年 4 月建成通车的日本明石海峡大桥（图 1-2-9）是日本神户和濑户内海中大岛淡路岛之间的明石海峡上的一座大跨径悬索桥，主跨跨径为 1991m，居当前世界同类桥梁之首，其桥塔高度也为世界之冠。两桥塔矗立于海面以上约 300m。桥塔下基岩为花岗岩，但埋置很深，均在海平面 150m 以下。

图 1-2-8　旧金山金门大桥

图 1-2-9　日本明石海峡

世界上第一座现代化斜拉桥是 1955 年瑞典建成的斯特罗姆海峡桥，其主跨跨径达 128.6m。加拿大的安纳西斯桥 1986 年建成，是当时世界上较大的斜拉桥，主跨 465m，桥宽 32m。桥塔采用钢筋混凝土结构，塔高 154.3m，主梁采用混凝土桥面板与钢梁组合结构。日本的多多罗大桥于 1999 年建成，是当时世界跨径最大的斜拉桥，其主跨跨径为 890m。

1977 年建成的奥地利的阿尔姆桥，主跨跨径为 76m，是世界上跨度最大的预应力混凝土简支梁桥。加拿大的魁北克桥属于世界著名的跨度最大的悬臂桁架梁桥，主跨跨径为 548.6m，桥全长为 853.6m。

世界上最长的拱梁组合钢桥首推美国的弗莱蒙特（Fremont）桥，是三跨连续加劲拱桥，主跨跨径 382.6m，双层桥面。该桥主跨中央 275.2m 的结构部分重约 6000t，采用一次提升架设。1980 年建成的克罗地亚克拉克大桥，桥跨 390m，是世界上跨度第二大的钢筋混凝土拱桥，拱肋为单箱三室断面,采用悬臂拼装法施工。

1.2.3 桥梁建设发展动态

纵观大跨度桥梁的发展趋势,可以看到世界桥梁建设必将迎来更大规模的建设高潮,同时对桥梁技术的发展方向也提出了新的要求。

(1)大跨度桥梁向更长、更大、更柔的方向发展

研究大跨度桥梁在气动、地震和行车动力作用下结构的安全性和稳定性,将截面做成适应气动要求的各种流线型加劲梁,增大特大跨度桥梁的刚度;采用以斜缆为主的空间网状承重体系;采用悬索加斜拉的混合体系;采用轻型并且刚度大的复合材料做加劲梁;采用自重轻、强度高的碳纤维做主缆。

(2)新材料的开发和应用

新材料应具有高强、高弹模、轻质的特点,用以取代目前桥梁用的钢和混凝土。

(3)新的设计、施工技术开发和应用

在设计阶段采用高度发展的计算机辅助手段,进行有效地快速优化和仿真分析,运用智能化制造系统在工厂生产部件,利用 GPS 和遥控技术控制桥梁施工。

(4)大型深水基础工程

目前世界桥梁基础尚无超过 100m 的深海基础工程,下一步将进行 100 ~ 300m 深海基础工程的实践。

(5)自动监测和管理系统的应用

桥梁建成交付使用后,将通过自动监测和管理系统保证桥梁的安全和正常运行,一旦发生故障或损伤,将自动报告损伤部位并提出养护对策。

(6)重视桥梁美学和环境保护

对桥梁造型的艺术性要求越来越高,重视桥梁美学和环境保护,达到人文景观同环境景观的完美结合。

目前世界大跨度桥梁统计情况见表 1-2-1。

世界大跨径桥梁排名 表 1-2-1

悬索桥					
序号	桥 名	主跨(m)	结构形式	所在国家	建成年份
1	明石海峡大桥	1991	简支钢桁	日本	1998
2	浙江舟山西堠门大桥	1650	钢箱梁	中国	2009
3	Great Belt 大桥	1624	连续钢箱	丹麦	1998
4	润扬长江大桥	1490	钢箱梁	中国	2005
5	Humber 桥	1410	钢箱	英国	1981
6	江阴长江大桥	1385	简支钢箱	中国	1999
7	香港青马大桥	1377	连续钢箱	中国	1997
8	Verrazano – Narrows 桥	1298	简支钢箱	美国	1964
9	金门大桥	1280	简支钢箱	美国	1937
10	武汉阳逻长江大桥	1280	钢箱梁	中国	2007
11	Kusten 桥	1210	钢箱	瑞典	1998
12	Mackinac – Straits 桥	1158	简支钢桥	美国	1957

续上表

斜拉桥					
序号	桥名	主跨(m)	结构形式	所在国家	建成年份
1	苏通大桥	1088	钢箱梁,双塔双索面	中国	2008
2	香港昂船洲大桥	1018	钢箱梁,双塔双索面	中国	2009
3	湖北鄂东长江大桥	926	钢箱梁,双塔双索面	中国	2010
4	多多罗大桥	890	主跨钢箱梁、边跨混凝土混合梁,双塔双索面	日本	1999
5	诺曼底大桥	856	主跨钢箱梁、边跨混凝土混合梁,双塔双索面	法国	1995
6	南京长江三桥	648	钢箱梁,双塔双索面	中国	2001
7	南京长江二桥	628	钢箱梁,双塔双索面	中国	2001
8	武汉白沙洲长江大桥	618	主跨钢箱梁、边跨混凝土混合梁,双塔双索面	中国	2000
9	福州市青州闽江大桥	605	钢筋混凝土结合梁,双塔双索面	中国	2000
10	上海杨浦大桥	602	钢筋混凝土结合梁,双塔双索面	中国	1993
11	上海徐浦大桥	590	钢筋混凝土结合梁,双塔双索面	中国	1997
12	名港中央大桥	590	钢箱梁,双塔双索面	日本	1998
拱桥					
序号	桥名	主跨(m)	结构形式	所在国家	建成年份
1	重庆朝天门长江大桥	552	钢桁架拱	中国	2009
2	卢浦大桥	550	钢箱拱	中国	2003
3	西弗吉尼亚大桥	518	钢桁架拱	美国	1976
4	贝尔桥	504	钢桁架拱	美国	1931
5	悉尼港桥	503	钢桁架拱	澳大利亚	1932
6	巫山长江大桥	460	钢管混凝土拱	中国	2005
7	广州新光大桥	428	钢管混凝土拱	中国	2007
8	万州长江公路大桥	420	钢管混凝土劲性骨架拱	中国	1997
9	重庆菜园坝长江大桥	420	钢管混凝土拱	中国	2007
10	克拉克大桥	390	钢管混凝土拱	克罗地亚	1979
11	Fermont 大桥	383	钢桁架拱	美国	1973
12	湖南淞澧洪道大桥	368	钢管混凝土拱	中国	2001
13	益阳茅草街大桥	368	钢管混凝土拱	中国	2006
刚构桥与梁桥					
序号	桥名	主跨(m)	结构形式	所在国家	建成年份
1	Stolma 桥	302	PC 连续刚构	挪威	1998
2	Raftsunder 桥	298	PC 连续刚构	挪威	1998
3	Asuncion 桥	270	PCT 构	巴拉圭	1979
4	虎门大桥辅航道桥	270	PC 连续刚构	中国	1997
5	Gateway 桥	260	PC 连续刚构	澳大利亚	1985
6	Varodd -2 桥	260	PC 连续梁	挪威	1994

续上表

刚构桥与梁桥					
序号	桥　名	主跨(m)	结　构　形　式	所在国家	建成年份
7	Schottwien 桥	260	PC 连续刚构	奥地利	1989
8	Doutor 桥	250	PC 连续刚构	葡萄牙	1991
9	Skye 桥	250	PC 连续刚构	英国	1995
10	重庆黄花园嘉陵江大桥	250	PC 连续刚构	中国	1999

注:PC 为 Prestressed Concrete 的简写,即预应力混凝土。

自 测 题

一、判断并改错题

1. 南京长江大桥是我国自行设计施工的一座公铁两用桥,下层为公路,上层为双线铁路。（　　）

2. 苏通大桥主跨 1088m,是世界最大跨径的斜拉桥。（　　）

3. 世界第一拱是上海卢浦大桥,跨径 550m。（　　）

4. 赵州桥坐落在湖北省赵县洨河上,建于隋代(公元 581 ~ 618 年)大业年间(公元 605 ~ 618 年),由著名匠师李春设计和建造,距今已有 1400 多年的历史,是当今世界上现存最早、保存最完善的古代敞肩石拱桥。1961 年,赵州桥被国务院列为第一批全国重点文物保护单位。（　　）

二、陈述题

仔细阅读图 1-2-4 山西丹河大桥,描述该桥的建筑概况。

第2章 桥梁构造

【知识目标】

1. 板桥类型及构造；
2. 斜交板的受力特点与构造；
3. 梁桥的类型、特点及梁桥的细部构造；
4. 钢筋混凝土和预应力混凝土简支梁及连续梁桥的构造；
5. 拱桥的构造；
6. 钢管混凝土拱桥的构造；
7. 刚构桥的构造；
8. 斜拉桥的构造；
9. 桥梁常见墩台的构造。

【能力目标】

1. 能识读钢筋混凝土及预应力混凝土板、梁、钢管混凝土拱桥、刚构桥等常见桥梁的施工图；
2. 能计算桥梁的工程数量；
3. 能说明桥涵工程常用桥墩、桥台的构造；
4. 能力训练3:绘制空心板构造图和配筋图；
5. 能力训练4:识读预应力箱梁构造图和配筋图；
6. 能力训练5:识读某石拱桥构造图。

【任务描述】

桥梁构造图的识读是桥涵工程课程学习非常重要的一部分内容，本章主要介绍板桥、梁桥、拱桥、刚架桥等基本桥型的构造。教师根据相应的工作任务准备各种桥型的标准设计图并且根据需要引入各种桥型的具体工程应用实例，结合视频进行解析。教师根据班级分组情况准备若干空心板及预应力箱梁的标准图、某石拱桥的构造图等能力训练所需资料。各小组在接到任务后，认真学习有关设计标准及规范中相关内容，结合教师授课并根据需要收集其他相关信息。每组成员单独完成相应的能力训练内容，并上交能力训练成果。

【学习引导】

本章按以下顺序进行学习。

板桥构造→能力训练3(绘制空心板构造图和配筋图)→梁桥构造→能力训练4(识读预应力箱梁构造图和配筋图)→拱桥构造→能力训练5(识读某石拱桥构造图)→钢管混凝土拱桥构造→刚构桥构造→斜拉桥构造→桥梁墩台构造

2.1 板桥构造

2.1.1 板桥的类型及特点

(1)板桥的分类

板桥按施工方法分为装配式、整体式及组合式；按横截面形式分为实体矩形、空心矩形、Π

形、单波式、双波式等；按配筋方式又分为钢筋混凝土板、预应力混凝土板、部分预应力混凝土板。板桥按力学图式又可以分为以下三种形式。

①简支板桥。

简支板桥可以采用整体式结构，也可以采用装配式结构。前者跨径一般为5～8m，后者跨径一般为6～13m。跨径较大时常采用钢筋混凝土空心板，若跨径更大时则采用预应力混凝土空心板，其跨径可达16～20m。

对于正交板桥，在缺乏起重设备时，可以考虑采用现浇的整体式钢筋混凝土板桥。这种结构的整体性能好、刚度大，建筑高度可以做到最小，施工也简便；但是，支架、模板用量较大，施工工期较长。而对于斜、弯、既斜又弯或其他异型板桥，采用现浇的整体式钢筋混凝土结构最方便。当然，在有条件时，采用装配式结构则可以缩短工期。

②悬臂板桥。

悬臂板桥一般做成双悬臂式结构（图2-1-1），中间跨径为8～10m，两端外伸的悬臂长度约为中间跨径的30%。板在跨中的厚度一般为跨径的1/18～1/14，在支点处的板厚一般比跨中加大30%～40%。悬臂端可以直接伸到路堤，不设桥台。为了行车平稳顺畅，悬臂端应设置搭板与路堤相衔接。但是，在车速较高、荷载较重且交通量很大时，搭板也容易破坏，从而导致车辆经过时对悬臂产生冲击，故目前较少采用搭板。

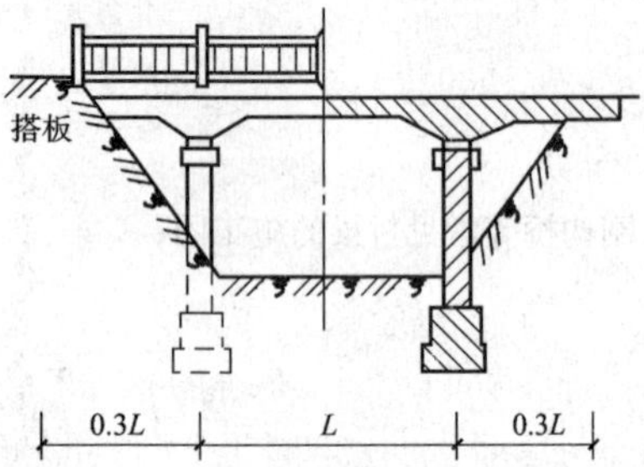

图2-1-1 悬臂板

③连续板桥。

连续板桥一般做成不等跨，边跨跨径为中跨的70%～80%，这样可以使各跨的跨中弯矩接近相等。由于支点处负弯矩的存在，跨中正弯矩较同跨径的简支板要小得多。连续板桥行车舒适性好。但是，连续板桥对地基要求较简支板高，施工比较复杂。

（2）板桥的特点

板桥是中小跨径钢筋混凝土桥中最常用的形式之一，因建成后上部构造的外形像一块薄板而得名。在所有的桥梁形式中，板桥以其建筑高度最小，外形最简单而久用不衰。对于高等级公路和城市立交工程，板桥又以极易满足斜、弯、坡及S形、喇叭形等特殊要求的特点常被采用。

板桥由于其外形简单，制作方便，不但外部几何形状简单，而且内部一般无需配置抗剪钢筋，仅按构造要求弯起钢筋，因而具有施工简单、模板及钢筋工作都较省等优点，同时也利于工厂化成批生产。

板桥的建筑高度小，适宜于桥下净空受到限制的桥梁，与其他桥型相比较，既降低桥面高度，又可缩短引道长度。整体式连续板桥，跨中厚度已做到跨径的1/50，外形轻盈美观。

对于装配式板桥的预制构件，便于工厂化生产，构件质量较轻，便于安装。但板桥跨径超过一定限度时，截面的增加使自重增大，因此，钢筋混凝土简支板经济合理的跨径一般在13m以下，预应力混凝土简支板桥也多在20m以内，而钢筋混凝土连续板桥跨径已做到25m，预应力混凝土连续板桥跨径已达到35m。

2.1.2 正交板桥的构造

（1）整体式简支板桥

整体浇筑的简支板一般均采用等厚度板，它具有整体性能好、横向刚度大、易于浇筑成各种形状等优点。对于整体式板桥，由于是双向受力结构，因而比一般梁有更高的承载能力和更大的刚度。同时，由于其本身构造简单，极易适应斜、弯、坡及S形、喇叭形或形状更复杂桥梁的要求，整体式板桥需要搭设施工支架，故施工工期较长。整体浇筑简支板一般为实心截面，其材料使用率亦较低。

整体式简支板桥一般使用在跨径8m以下，桥面净宽依路线标准而定，人行道可以向外悬出。在城市修建宽桥时，为了防止由于温度变化和混凝土收缩引起的纵向裂纹，防止由于活载产生过大的横向负弯矩，也可以沿中线分开，以形成上部分离的形式。板的厚度一般取：$h/L=1/23\sim1/16$，随着跨径的增大取用较小值。

整体式板桥的宽度大，一般均为双向受力板。荷载位于桥中线时，板内产生横向弯矩，荷载位于板两边时，板内可能产生负的横向弯矩。所以，针对这些受力特点，除配置纵向受力钢筋外，在板内设置垂直于主钢筋的横向分布钢筋，在板的顶部配置适当的横向钢筋。

钢筋混凝土行车道板内主筋直径应不小于12mm，间距不大于20cm，主筋间距一般也不宜小于7cm。板内主筋可以不弯起，也可以弯起；当弯起时，通过支点的不弯起钢筋，每米板宽内不少于3根，截面积不少于主筋截面的1/4。弯起的角度为30°或45°，弯起的位置为沿板高中线计算的1/6～1/4跨径处。对于分布钢筋，直径不小于6mm，间距不大于25cm，同时在单位长度板宽内的截面积应不少于主筋截面积的15%。分布钢筋也可与主钢筋焊接成分块的钢筋网，相邻钢筋网应互相搭接，其搭接长度应符合钢筋搭接长度的规定。板的主钢筋与板边缘间的净距应不小于2cm，分布钢筋与板边缘间的净距应不小于1.5cm。图2-1-2为6m整体式板钢筋构造图。

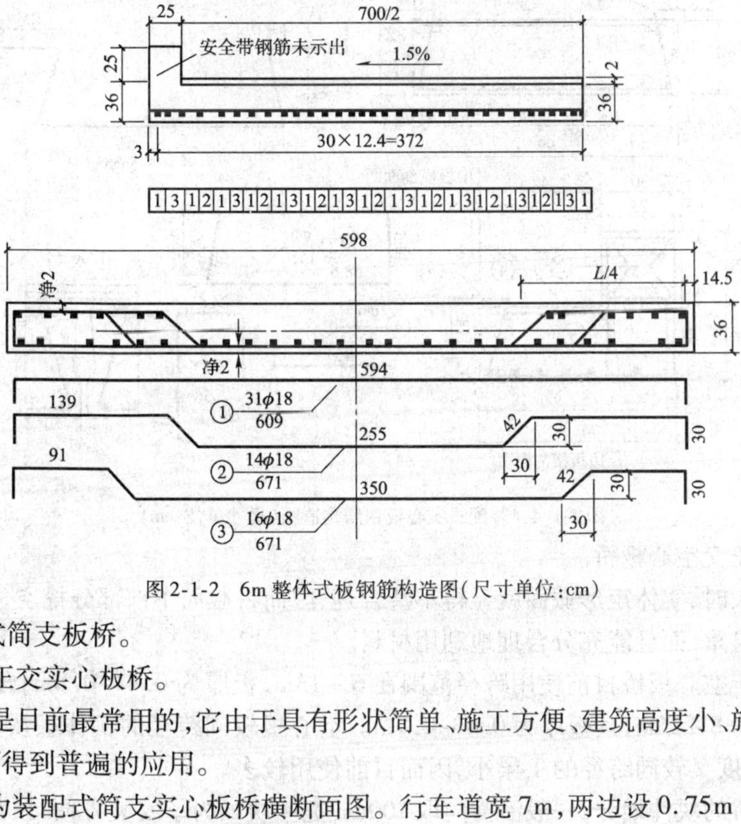

图2-1-2　6m整体式板钢筋构造图(尺寸单位:cm)

(2)装配式简支板桥。

①装配式正交实心板桥。

这种板桥是目前最常用的，它由于具有形状简单、施工方便、建筑高度小、施工质量易于保证等优点，因而得到普遍的应用。

图2-1-3为装配式简支实心板桥横断面图。行车道宽7m，两边设0.75m的人行道，汽车荷载等级为公路—Ⅱ级。

图 2-1-4 为标准跨径 6m 设计的装配式实心板钢筋构造图。块件安装后在企口缝内填筑 C30 小石子混凝土,并浇筑厚 6cm 的 C30 防水混凝土铺装层使之连成整体。为了加强预制板与铺装层的结合以及相邻预制板的连接,将板中的③号箍筋伸出预制板顶面,待板安装就位后将这段钢筋放平,并与相邻预制板中的箍筋相互搭接,以铁丝绑扎,然后浇筑于混凝土铺装层中。预制板的混凝土强度等级为 C30。

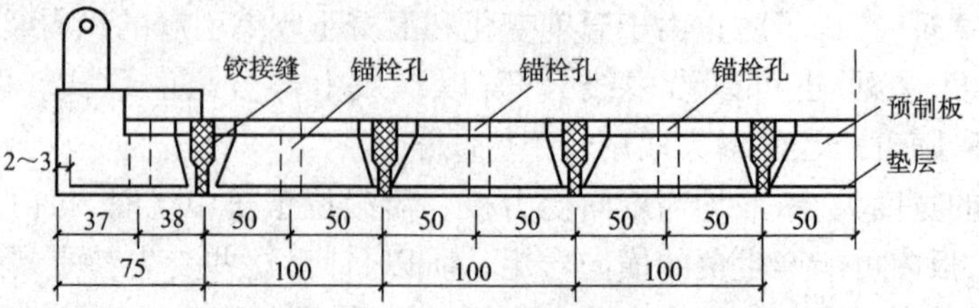

图 2-1-3 装配式简支实心板桥横断面图(尺寸单位:cm)

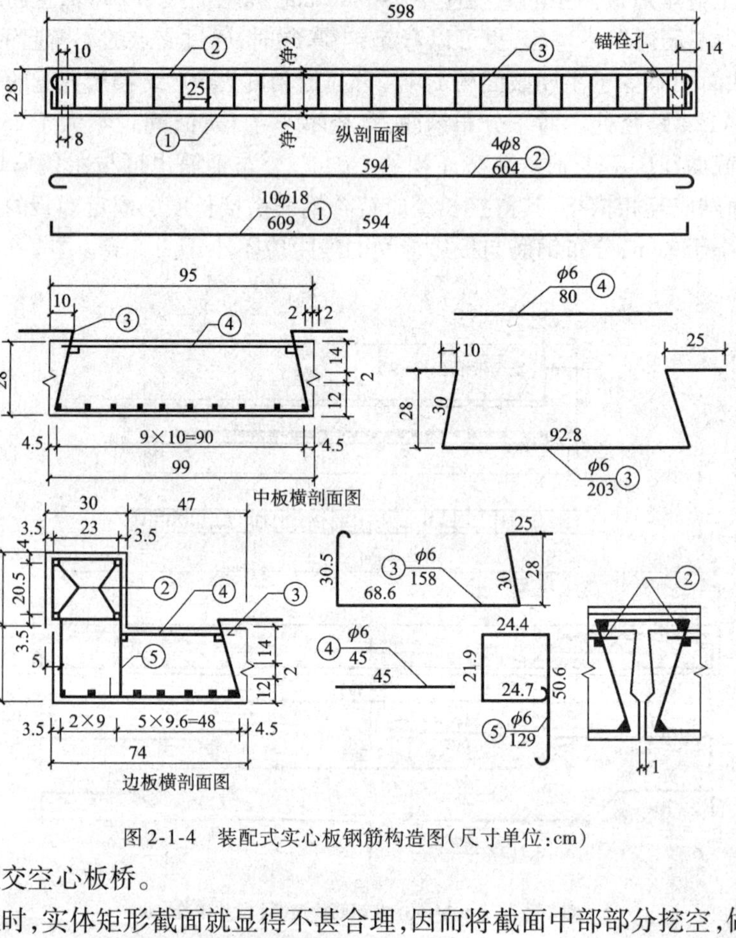

图 2-1-4 装配式实心板钢筋构造图(尺寸单位:cm)

②装配式正交空心板桥。

当跨径增大时,实体矩形截面就显得不甚合理,因而将截面中部部分挖空,做成空心板,这样不仅能减轻自重,而且能充分合理地利用材料。

钢筋混凝土空心板桥目前使用跨径范围在 6 ~ 13m,板厚为 0.4 ~ 0.8m;预应力混凝土空心板常用跨径为 8 ~ 16m,其板厚为 0.4 ~ 0.7m。空心板较同跨径的实体板质量轻,运输安装方便,而建筑高度又较同跨径的 T 梁小,因而目前使用较多。

装配式板桥的块件划分,一般沿横向取 100cm 宽一块。为了安装方便,预制宽度为 99cm,而每块板横截面内又适当开孔,以减轻自重。图 2-1-5 为常用的几种开孔形式。图 2-1-5a)、 b)型开成单个较宽的孔，挖空率最大，重力最小；但顶板需要配置横向受力钢筋，以承担车轮荷载。图2-1-5a)型略呈微弯形，可以节省一些钢筋，但模板较图2-1-5b)型复杂。图2-1-5c)型是用无缝钢管作芯模，能较方便地挖成两个圆孔，但挖空率小，自重较大。图2-1-5d)型的芯模是由两个半圆和两块侧模组成的；当板厚改变时，只需更换两块侧模板，故较图2-1-5c)型为好。空洞与周边或空洞与空洞间最薄处不得小于8cm，以保证施工质量和局部承载的需要。为了保证抗剪要求，应在截面内按计算需要配置弯起钢筋和箍筋。

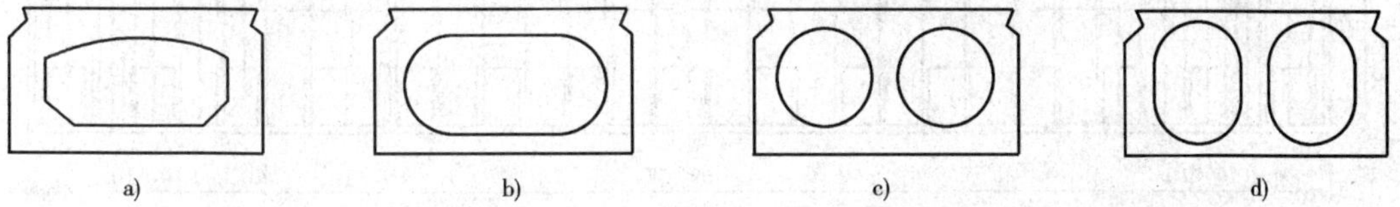

图2-1-5　空心板截面形式

图2-1-6为标准跨径8m的装配式钢筋混凝土空心板中板截面和钢筋布置图，板全长7.96m，计算跨径7.70m，板厚400mm；横截面采用双圆孔，半径180mm，采用C30混凝土预制。每块板底层配8根直径为25mm的HRB335钢筋，板顶面配置3根直径为8mm的HPB235钢筋，用以承担剪力的箍筋N_5和N_6做成开口式，待立好芯模后，再与其上的横向钢筋N_4相绑扎组成封闭式的箍筋。

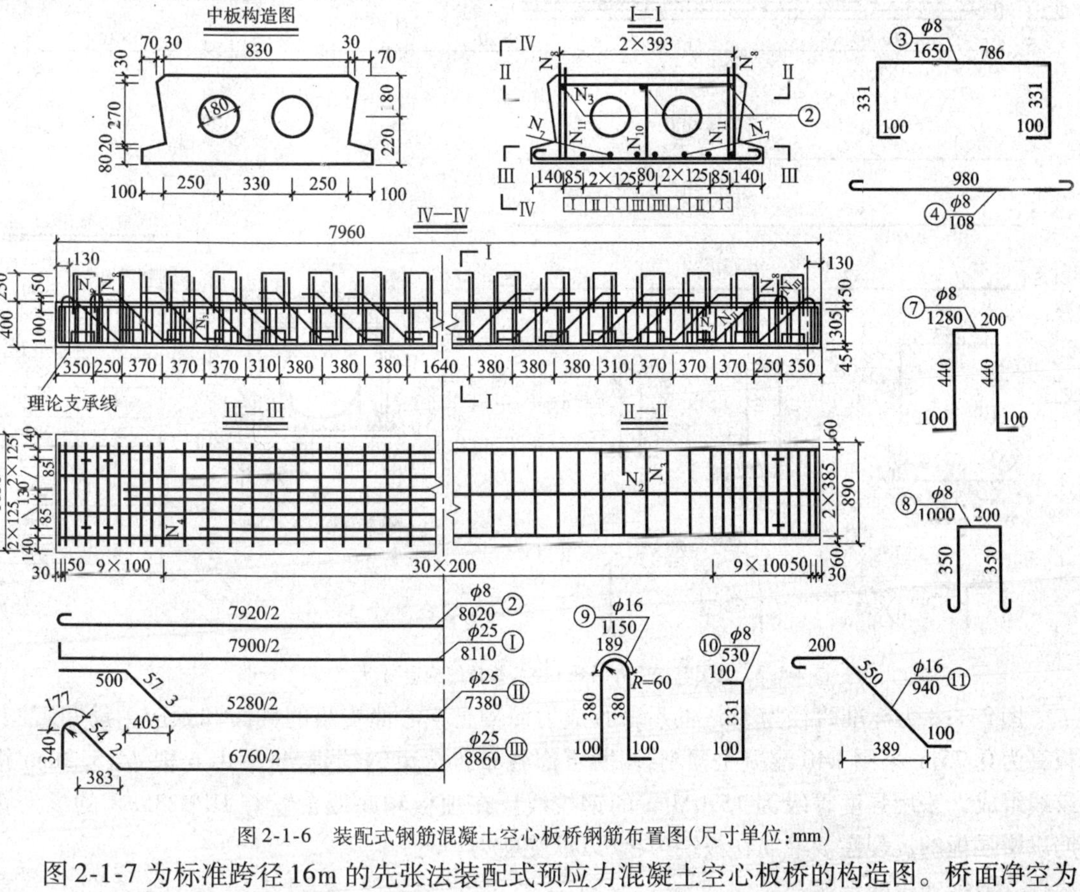

图2-1-6　装配式钢筋混凝土空心板桥钢筋布置图(尺寸单位:mm)

图2-1-7为标准跨径16m的先张法装配式预应力混凝土空心板桥的构造图。桥面净空为净-7m +2×0.25m的安全带，总宽8m，由8块全长15.96m、净宽99 cm、高度70 cm的预制板组成，计算跨径15.6m，挖空形式采用圆孔形。圆弧直径50 cm。采用C40混凝土预制和填

缝。每块板底板配置 15 根 $\phi^s 12.7$mm 的钢绞线作为预应力筋，为了防止预应力筋在支点处板顶面产生过大的拉应力，在靠近支点处一定范围内对部分预应力筋加套 PVC 塑料管，使预应力筋与混凝土不黏结，从而达到预应力失效的目的。

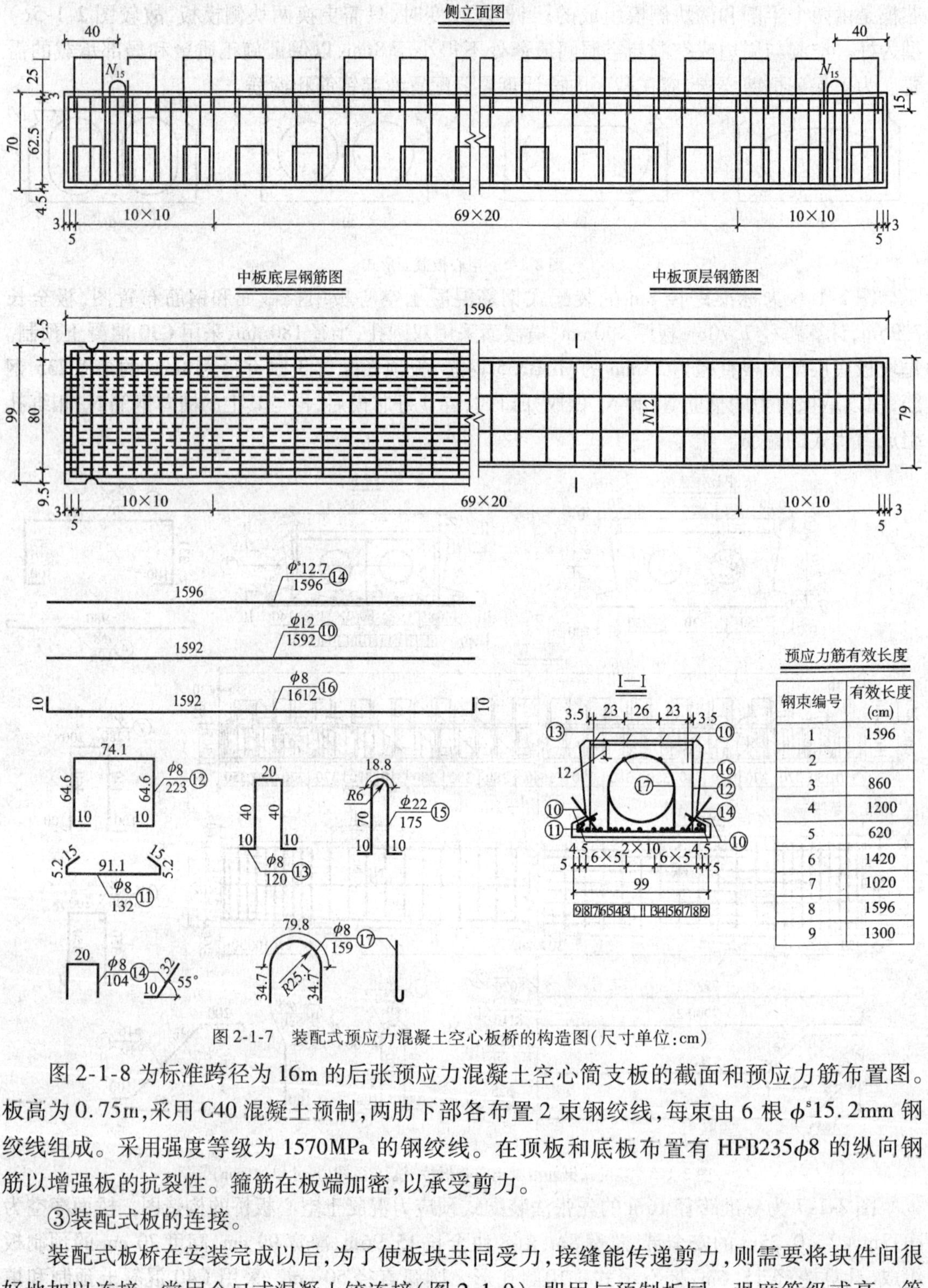

钢束编号	有效长度(cm)
1	1596
2	
3	860
4	1200
5	620
6	1420
7	1020
8	1596
9	1300

图 2-1-7　装配式预应力混凝土空心板桥的构造图(尺寸单位:cm)

图 2-1-8 为标准跨径为 16m 的后张预应力混凝土空心简支板的截面和预应力筋布置图。板高为 0.75m，采用 C40 混凝土预制，两肋下部各布置 2 束钢绞线，每束由 6 根 $\phi^s 15.2$mm 钢绞线组成。采用强度等级为 1570MPa 的钢绞线。在顶板和底板布置有 HPB235ϕ8 的纵向钢筋以增强板的抗裂性。箍筋在板端加密，以承受剪力。

③装配式板的连接。

装配式板桥在安装完成以后，为了使板块共同受力，接缝能传递剪力，则需要将块件间很好地加以连接。常用企口式混凝土铰连接(图 2-1-9)，即用与预制板同一强度等级或高一等级的细集料混凝土将预留的圆形、菱形或漏斗形企口加以填实。如考虑铺装层参与受力，则还需要将伸出板面的钢筋加以绑扎。为了加快工程进度，有时用钢板连接（图 2-1-10）。在接缝两侧的板面每隔 80 ~ 150cm 预埋钢板，安装后再用一块钢板搭焊连接。根据受力特点，钢板间距从跨中向支点由密变疏。

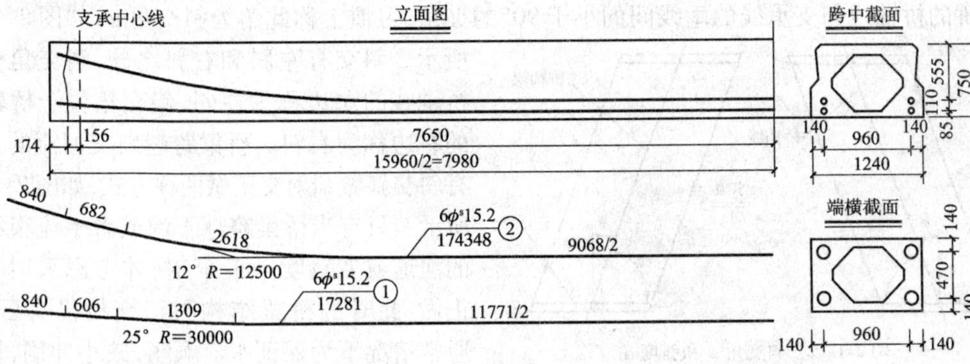

图 2-1-8　标准跨径为 16m 的后张预应力混凝土空心简支板的截面和预应力筋布置图（尺寸单位：cm）

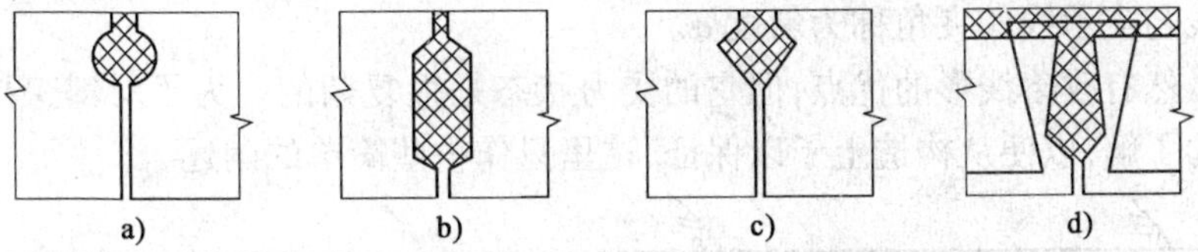

图 2-1-9　空心板铰接缝

（3）装配式等截面连续板桥

装配式等截面连续板桥具有连续板桥节省材料和行车顺畅的优点，也具有装配式结构节省支架、模板，能加快工程进度的特点。为了减轻吊装重力，不但沿横向可以分条预制，而且也可以沿纵向分段，安装后现浇混凝土接头，使之形成整体。一般横向分条宽度取 1m，也可取为 1.4m。纵向分段按接头位置可分为如下两种。

如图 2-1-11a）所示板桥在重力作用下为简支状态，在使用阶段变为连续体系，一般用于等跨连续板，现浇混凝土接头位于墩顶。它既吸取了简支板施工简便的优点，又保持了连续结构可以减小跨中荷载弯矩的长处，仅将跨中受力钢筋弯起后通入支点，安装后再与相邻块件的相应钢筋焊接。

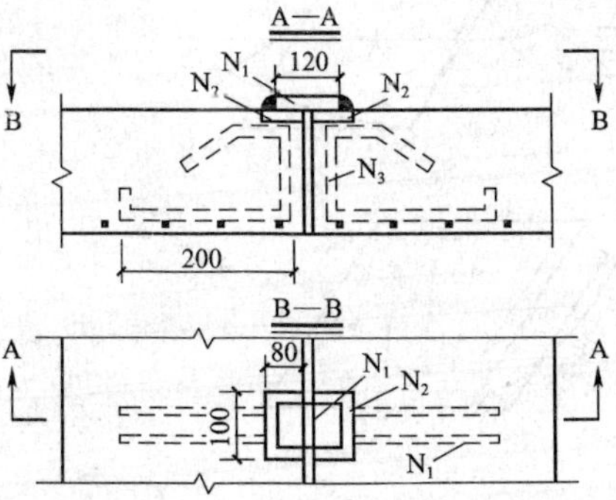

图 2-1-10　空心板铰接缝钢板连接（尺寸单位：cm）

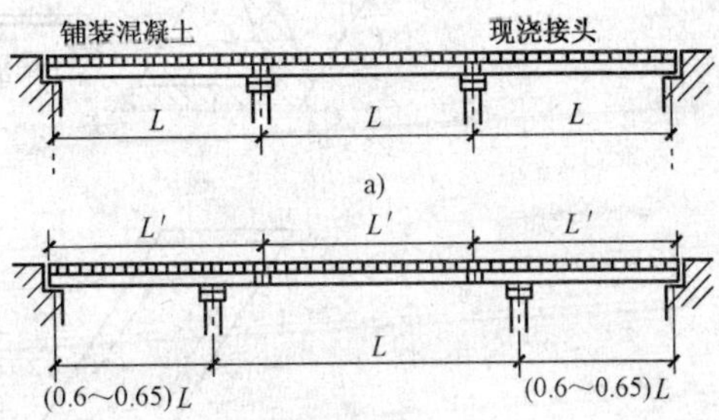

图 2-1-11　装配式等截面连续板桥

如图 2-1-11b）所示板桥在自重作用下为悬臂板，使用状态时整体化为一连续体系。一般是在不等跨连续时使用，它既以调节安装重力，又能使接头位于反弯点附近，以避免接头处受较大内力。但是在接头处需要设临时支架来浇筑接头混凝土。

2.1.3 斜交板桥的受力特点与构造

公路与河流或其他线路呈斜交形式跨越时，将桥梁结构布置成斜交桥形式较为经济。斜交板桥的桥轴线与支承线的垂线间的小于90°的夹角，习惯上称此角为斜交角 φ，如图2-1-12所示。斜交有左斜和右斜之分，斜交角位于桥轴线的左边称为左斜，斜交角位于桥轴线的右边称为右斜。桥梁跨越斜交河流的方法有斜交斜做和斜交正做两种方式，如图2-1-13所示。只有当桥梁跨越干沟或者水流很细小的河道或者斜度小于5°时，才考虑采用斜交正做，此时的桥梁结构与正交桥没有区别。通常情况下为保证水流顺畅，减小冲刷，桥梁均采用斜桥斜做，这时墩台与水流平行，桥梁的上部结构平面呈平行四边形，称为斜交桥，简称斜桥。桥轴线与支承线的夹角称为斜度 α。

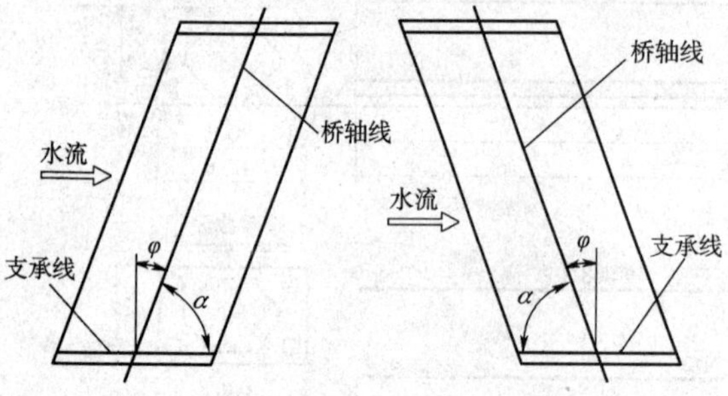

图2-1-12　斜交角 φ 和斜度 α

斜板桥虽然有改善线形的优点，但它的受力状态是很复杂的。为了对斜交板桥的受力性能有个定性的了解，以便从构造上予以保证，这里只作一些简单的阐述。

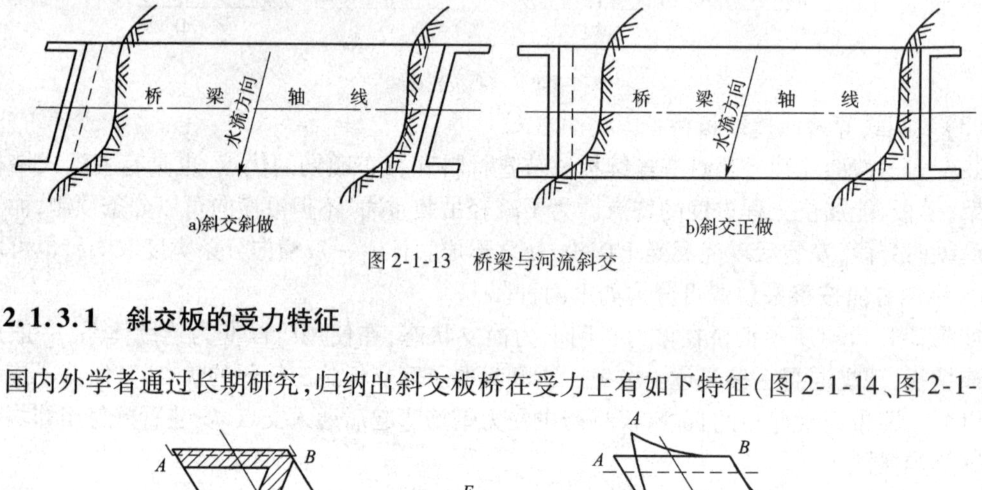

图2-1-13　桥梁与河流斜交

2.1.3.1 斜交板的受力特征

国内外学者通过长期研究，归纳出斜交板桥在受力上有如下特征（图2-1-14、图2-1-15）。

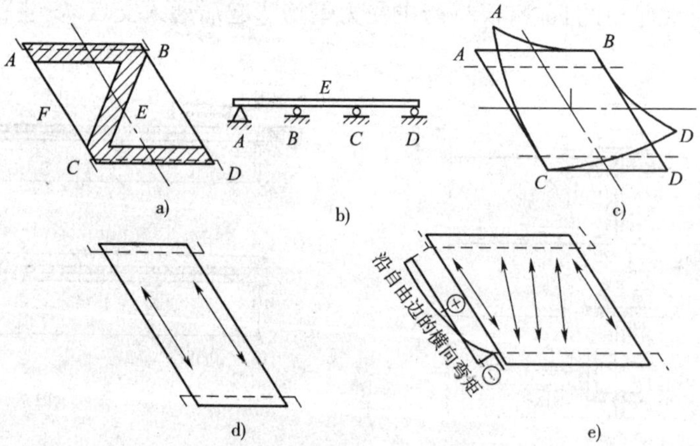

图2-1-14　斜板桥的受力状态

(1)支承边的反力

呈不均匀分布，在钝角 B、C 处的反力最大，在锐角 A、D 处最小，甚至可能出现负反力，使锐角向上翘[图2-1-14c)]。

(2)跨中主弯矩

对于宽跨比较大的斜板,其中心处的主弯矩方向接近与支承边正交。但在斜板的两侧,则无论斜板宽跨比大小,其主弯矩方向接近平行于自由边[图2-1-14d)、e)],并且弯矩值沿板宽分布也是不均匀的:对于均布荷载,中部弯矩值大于两侧;对于集中荷载,则在荷载点处的弯矩最大。

(3)钝角负弯矩

如同连续梁的中支点截面一样,在钝角 B、C 处产生负主弯矩,有时它的绝对值比跨中主弯矩还要大,其负主弯矩的方向接近与钝角的二等分线相正交。

(4)横向弯矩

斜板的最大纵向弯矩,虽比同等跨径的直桥要小,但横向弯矩却要比同等跨径的直桥大得多,并且沿自由边的横向弯矩还出现反号,靠近锐角处为正,靠近钝角处为负[图2-1-14e)]。

(5)扭矩

如图2-1-14c)所示 A、D 两点,有翘起的趋势。若固定 A、D 两点,则将使斜板在两个方向产生扭矩。这也是斜板的一个重要特点,它的分布十分复杂,斜交角为45°的简支斜板在均布荷载下的扭矩分布示意图见图2-1-15。

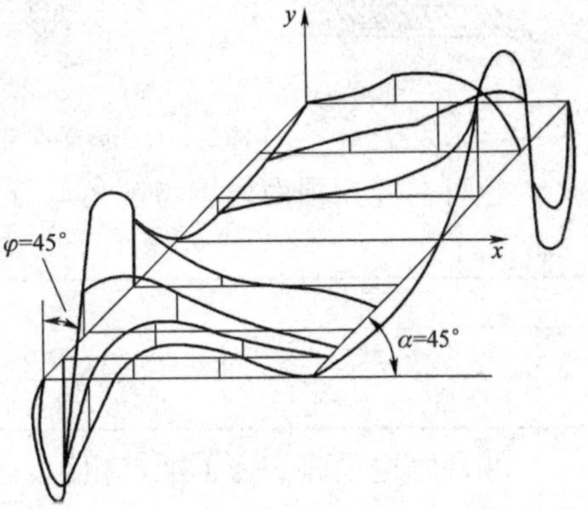

图2-1-15　斜交角为45°的简支斜板的扭矩分布示意图

2.1.3.2　斜交板桥的构造特点

1)整体式斜板

(1)主钢筋

主钢筋配置的数量应依主弯矩的大小来定,配置方向应与主弯矩方向保持一致。但是,由于桥上所承受的荷载类型、大小、位置等的不断变化,在板的不同位置其主弯矩方向亦不同。所以,在斜板桥上完全按主弯矩配筋是不可能的,我们只能选择控制截面的主弯矩方向或与主弯矩方向夹角尽量小的方向来配置主钢筋。为了简化施工,可以按下面的方式配置钢筋:当板的斜跨长 l 与板桥垂直宽度 b 的比 $l/b \geq 1.3$ 时,主筋沿斜跨方向配置,如图2-1-16a)所示。当 $l/b < 1.3$ 时,中部主筋沿与支承边相垂直的方向配置,靠近自由边的局部范围内沿斜跨方向布置,如图2-1-16b)所示。

(2)分布钢筋

分布钢筋为横向受力钢筋,按钢筋方向的弯矩值进行配置。当 $l/b \geq 1.3$ 时,从钝角起以垂直于主筋的方向配置到对边的钝角处;靠近支承边的区域内,以平行于支承边配置,如图2-1-16a)所示,到与中间部分的分布钢筋相衔接为止。当 $l/b < 1.3$ 时,分布钢筋沿平行于支承边布置,如图2-1-14b)所示。配置在截面上缘的分布钢筋,其沿桥轴方向每米长的数量为下缘的1/3。

(3)附加钢筋

由于斜板桥受力状态复杂,内力变化剧烈,所以,除了上面通过计算所配钢筋外,在内力变化剧烈和扭矩作用突出的地方再适当增加一些钢筋。

①钝角顶面。由于负弯矩的作用,在钝角部分板的顶面,与钝角二等分线呈直角的方向,会产生很大的拉力,所以在该部分必须配置附加钢筋 A_{g1}(图2-1-17),其经验公式为:

$$A_{g1} = k \cdot A_g \tag{2-1-1}$$

式中：A_g——每米宽的主筋数量；

k——与斜交角 φ 有关的系数，按表 2-1-1 取用。

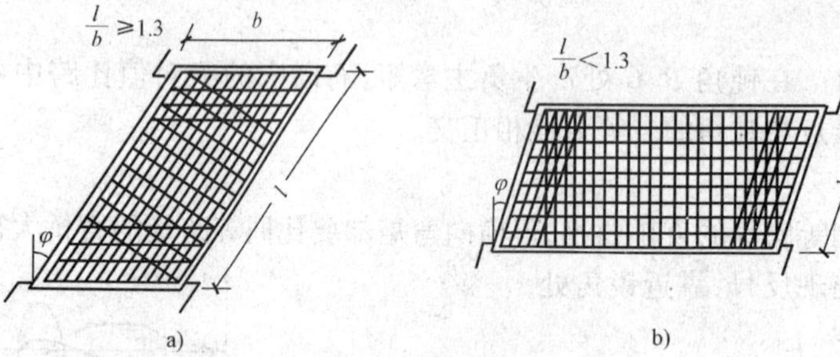

图 2-1-16　斜交板钢筋的配置

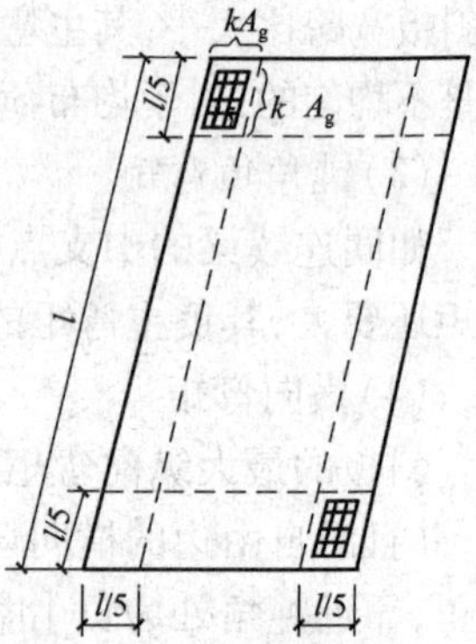

图 2-1-17　斜交板附加钢筋

也可在钝角顶面设置与钝角等分线垂直的附加钢筋。

与斜交角 φ 有关的系数　　表 2-1-1

φ	k	φ	k
0°~15°	0.6	30°~45°	1.0
15°~30°		0.5	

②自由边顶面。为了抵抗扭矩，在每边约 1/5 的范围内，要设置附加钢筋（纵向钢筋及分布钢筋）。

③钝角底面。钝角处有平行于钝角等分线方向的正弯矩，所以在平行于钝角等分线方向要设置附加钢筋。钝角处支反力很大，也有必要适当设置一些加强钢筋。

2）装配式斜板桥

装配式斜交简支板桥在受力特征上与整体式简支板桥基本上相同。但是，由于沿横向分割切开，在单块板的受力上又带有装配式正交板桥的一些特征。一般斜交角 $\varphi \leqslant 15°$ 时，几乎与正交板桥受力一样（也有些国家规定 20°），可以不考虑斜交的影响。但是，根据大量的试验资料指出：即使斜交角 $\varphi > 15°$，而板块的宽跨比 $b/l > 0.25$ 时，斜交的影响也很小。这一特点对装配式板来说在板宽 1m，跨径在 4m 以上者均表现出其特性。

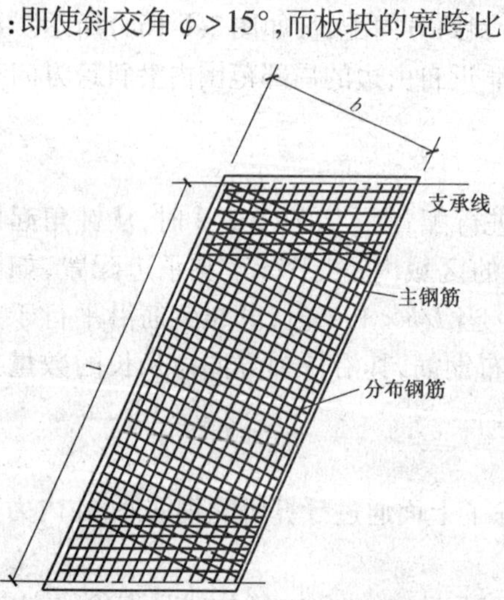

图 2-1-18　装配式斜板桥钢筋构造

装配式斜板桥的跨宽比（l/b）一般均大于 1.3，主钢筋沿斜跨径方向配置，分布钢筋在钝角角点之间的范围内与主钢筋垂直，在靠近支承边附近，其布置方向则与支承边平行（图 2-1-18）。

根据《装配式钢筋混凝土斜板桥标准图》（JT/GQB 017—2000），斜跨径分为 3m、4m、5m 三种，斜交角 φ 分为 0°（直桥）、10°、20°、30° 和 40° 五种，预制板在垂直于桥轴线的板宽为 125cm，不包括后浇混凝土层的板厚（分别为 22cm、26cm 和 30cm）。

根据《装配式预应力混凝土斜空心板标准图》（JT/GQB 001—93），斜跨径为 10m、13m、16m 和 20m 四种，斜交角平分为 10°、20°、30° 和 40° 四种，垂直于桥轴线的板宽为125cm,不包括后浇混凝土层的板高分别为50cm、60cm、75cm和90cm四种。

因跨径和斜交角不同,这些板的钢筋布置方案大体分以下两种。

第一方案:当斜交角$\varphi=25°\sim35°$时,主钢筋沿斜跨方向布置,分布钢筋按平行于支承边方向布置[图2-1-19a)]。

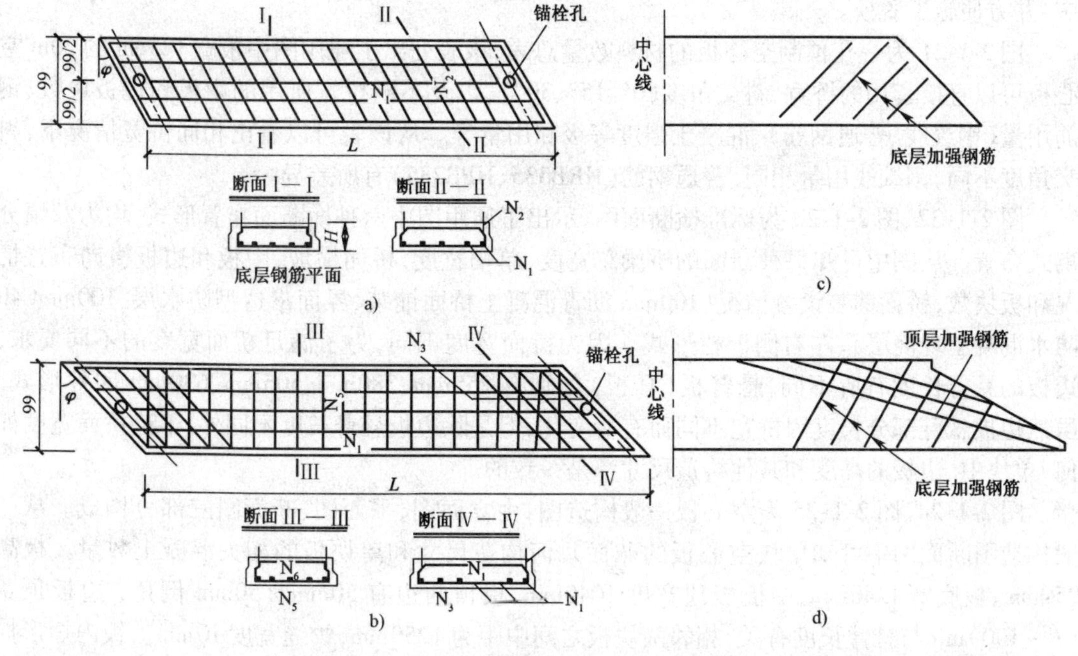

图2-1-19　装配式斜板桥钢筋构造示例(尺寸单位:cm)

第二方案:当斜交角$\varphi=40°\sim60°$时,主钢筋及横向分布钢筋的布置原则上与图2-1-18相同[图2-1-19b)]。

此外,在各种块件的两端还要布置一些加强钢筋。当$\varphi=40°\sim50°$时,要布置底层加强钢筋,其方向则与支承边相垂直[图2-1-19c)];当$\varphi=55°\sim60°$时,除了底层要布置垂直于支承边的加强钢筋以外,在顶层还要布置与钝角的二等分线相垂直的加强钢筋[图2-1-19d)]。

斜板桥在使用过程中,在平面内有向锐角方向蠕动的趋势,如图2-1-20所示。为了使铰接斜板支承处不翘扭以及防止发生位移,在板端部中心处预留锚栓孔,待安装完毕后,用栓钉固定。所以,设置的支座要有充分的锚固作用。否则,应该加强锐角处桥台顶部的耳墙,以免被挤裂,故需要在台帽上设置锚固斜板的锚固钢筋或在锐角处耳墙中增加抗挤压钢筋。

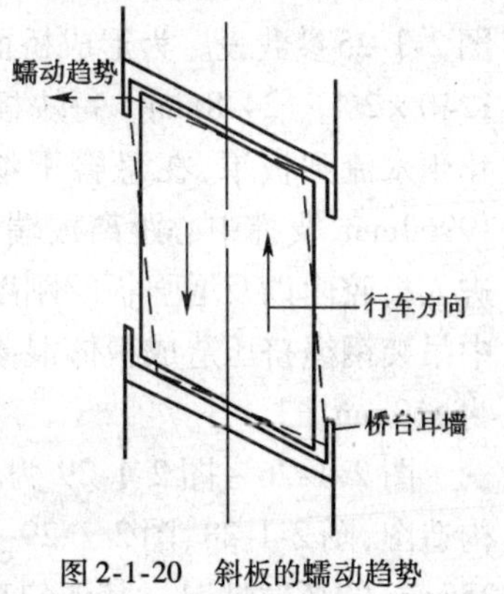

图2-1-20　斜板的蠕动趋势

能力训练3　绘制空心板构造图和配筋图

(1)图纸识读:20m预应力空心板构造图和配筋图

板桥在我国中小跨径桥梁中有着广泛的应用,为提高设计质量、统一设计标准、缩短设计周期,交通运输部组织相关设计科研单位编制新的装配式预应力空心板通用图,在先张法空心板基础上增加了后张法空心板，相应标准跨径有 10m、13m、16m、20m 四种，斜交角分为 0°、15°、30°，汽车荷载等级：公路—Ⅰ级和公路—Ⅱ级，标准板宽：1.00m 和 1.25m。

以下图纸为板宽 125cm 标准跨径 20m 的预应空心板构造图，汽车荷载等级：公路—Ⅰ级，板高 950mm，板内矩形挖空，挖空率较大，截面利用效率高，矩形四角设置倒角，减少应力集中，并方便施工脱模。

图 2-1-21 为一孔预制空心板的材料数量总表，该表列出了通用图中板宽 125cm 的 20m 空心板可以直接套用的桥宽、斜交角度（0°、15°、30°），以及不同桥宽所用的中板和边板块数、钢筋用量（钢绞线、普通钢筋）、混凝土强度等级和用量等。从该表可以看出相同桥宽情况下，斜交角度不同，钢绞线用量相同，普通钢筋（HRB335、HPB235）有所差异。

图 2-1-22、图 2-1-23 为标准横断面图，示出了通用图中六种横断面布置形式，均为双幅分离式布置。从图中可知每种断面的桥梁总宽度、单幅宽度，桥面横坡、中板和边板横向布置情况和板块数，桥面铺装设置情况（100mm 沥青混凝土桥面铺装、界面渗透型防水层、100mmC40 防水混凝土现浇层）、左右侧护栏形式。因为桥面宽度不同，为了满足桥面宽度的不同要求，边板的悬臂长度有所不同，悬臂板（耳板）分别有 255mm、380mm、505mm、630mm 四种形式。虽然边板悬臂部分长度因桥宽不同而有所变化，但是除边板悬臂长度不同外，不论桥面宽度如何，单块中、边板的高度和其他构造尺寸都是一致的。

图 2-1-24、图 2-1-25 为空心板一般构造图，由立面图、平面图、断面图三部分构成。从一般构造图断面图中可知单块空心板的截面几何构造尺寸和单块板的相关混凝土数量。板高 950mm，板底宽 1240mm，中板板顶宽度 1040mm，板顶两边有 50mm × 50mm 倒角，边板顶宽 $(B-100)$mm与悬臂长度有关，相邻两块板之间中距为 1250mm，铰缝宽度 10mm。板内矩形挖空，空腔高 710mm、宽 800mm，四角设置倒角，上倒角 150mm × 80mm，下倒角 120mm × 80mm。顶板厚 120mm，底板厚 120mm，边板悬臂端部厚度 120mm，根部厚度 h_1 与悬臂长度有关，见图 2-1-25参数表。为形成桥面横坡在板端底面设置三角楔块，通用图中桥面横坡 2%，楔块高 $1240\times2\%=24.8$mm。每块板下设置四块橡胶支座，两边板端各两块，支座间距 940mm。为防止雨水流到板下，在悬臂下缘设置滴水槽。立面图示出 20m 预应力空心板的制造长度为 19960mm，支撑中心距离板端 330mm，计算跨径为 $19960-2\times330=19300$mm。为防止杂物、水进入板腔内以及增强板端刚度，在板端设置 500mm 的 C40 封端混凝土。为尽量避免吊装过程中吊装钢绳挤压造成板体混凝土局部破损，设置吊装预留槽口。三角楔块沿板跨径方向长度为 550mm。

图 2-1-26 ~ 图 2-1-29 为 20m 预应力空心板钢筋构造图，图 2-1-26、图 2-1-27 为中板钢筋构造图，图 2-1-28、图 2-1-29 为边板钢筋构造图。此四幅图适用于斜交角度为 0°、悬臂长度为 255mm 的桥宽情况。其他斜交角度和悬臂长度情况可查阅通用图。从图中预应力钢筋构造情况可以看出，板为先张法预应力空心板。图中示出了中板、边板的钢筋布置情况、钢筋大样、单块板的钢筋工程数量。以中板为例，钢筋编号从 N_1 到 N_{22} 号，其中 N_1 到 N_6 为预应力主筋，预应力筋直线布置，板的制作工艺为先张法，预应力筋单根长 21460mm（$19960+2\times750=21460$mm），两端 750mm 为预留张拉工作长度，预应力筋两端一定范围内包裹塑料套管使预应力筋和混凝土不黏结，从而实现预应力失效，防止预应力筋在放松过程中导致板端上缘产生横向裂缝；N_{22} 为局部螺旋加强钢筋，防止预应力筋放张时，混凝土局部应力过大导致产生沿预应力方向的裂缝；N_7、N_{12} 钢筋为底板纵向构造钢筋，与 N_{11} 钢筋连接，同时可以提供一定的承载力安全储备；N_9、N_{18} 为铰接缝连接钢筋，相邻两个板块之间相互连接，N_{18} 应在侧模拆除后及时从

一孔预制空心板材料数量总表

桥宽(m)	斜交角(°)	中板块数	边板块数	钢筋(kg) ϕ^s15.2钢绞线	钢筋(kg) R235	钢筋(kg) HRB335	混凝土(m^3) C50	混凝土(m^3) C40	硬塑料套管(m)	铰缝侧面凿毛(m^2)
2×11.25	0	12	4	7183	3589	24405	181.8	8.8	1152	494.4
	15				3635	24728				
	30				3682	25825				
2×12.0	0	14	4	7844	4001	25991	199.2	9.9	1266	565.0
	15				4051	26364				
	30				4104	27590				
2×12.75	0	16	4	8600	4420	28527	216.5	11.0	1384	635.6
	15				4474	29028				
	30				4532	30318				
2×13.5	0	16	4	8884	4460	29897	222.1	11.0	1428	635.6
	15				4516	30310				
	30				4574	31674				
2×16.5	0	22	4	11152	5726	37138	279.6	14.3	1798	847.4
	15				5795	37771				
	30				5871	39469				
2×16.75	0	22	4	11247	5743	37333	281.3	14.3	1818	847.4
	15				5814	38024				
	30				5890	39649				

注：本表未计入绑扎铁丝用量，绑扎铁丝用量可按HRB335、R235钢筋重量的0.5%计算。

装配式先张法预应力混凝土简支空心板桥上部构造 跨径：20m　斜交角：0°、15°、30°	荷载标准：公路—Ⅰ级 桥面宽度：
一孔预制空心板材料数量总表	图号：1

图 2-1-21　一孔预制空心板材料数量总表

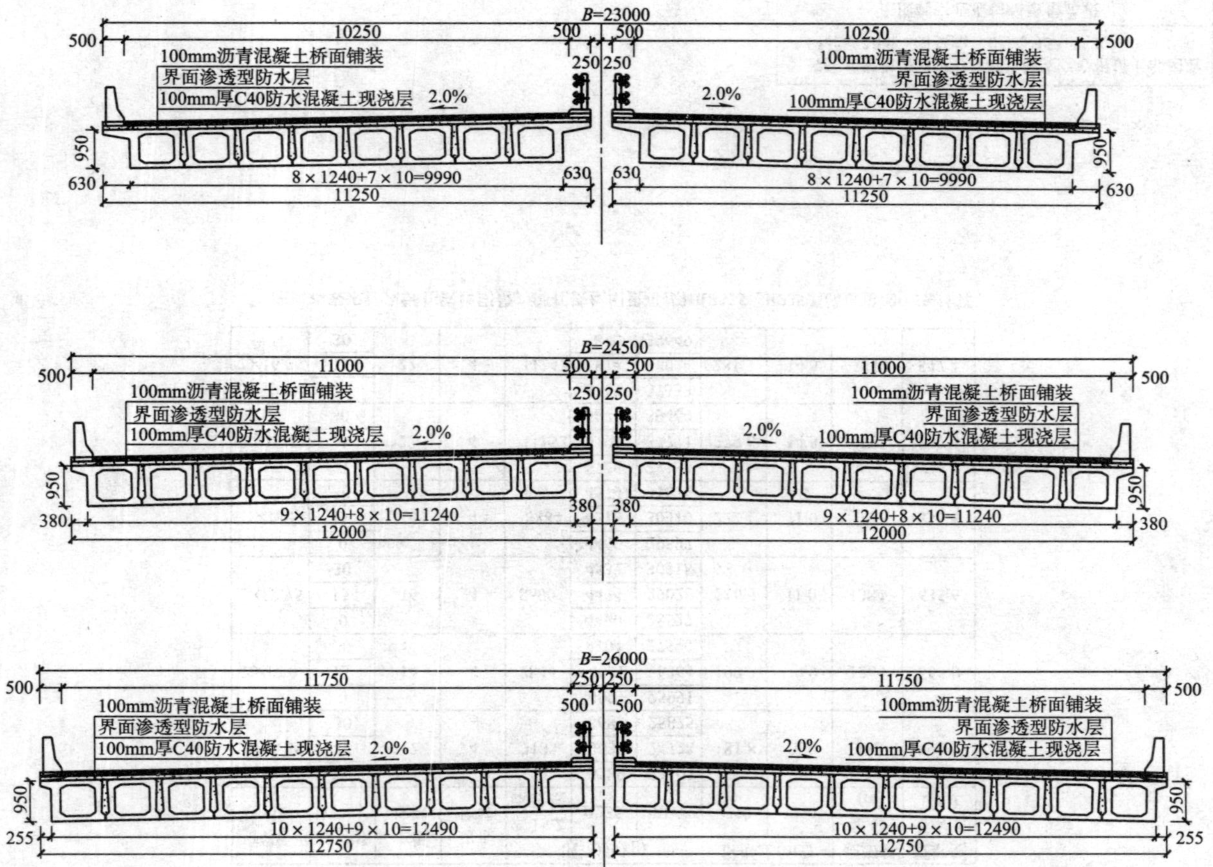

注：本图尺寸均以毫米计。

装配式先张法预应力混凝土简支空心板桥上部构造 跨径：20m　斜交角：0°、15°、30°	荷载标准：公路—Ⅰ级
	桥面宽度：
标准横断面	图号：3

图 2-1-22　跨径 20m 标准横断面图(一)

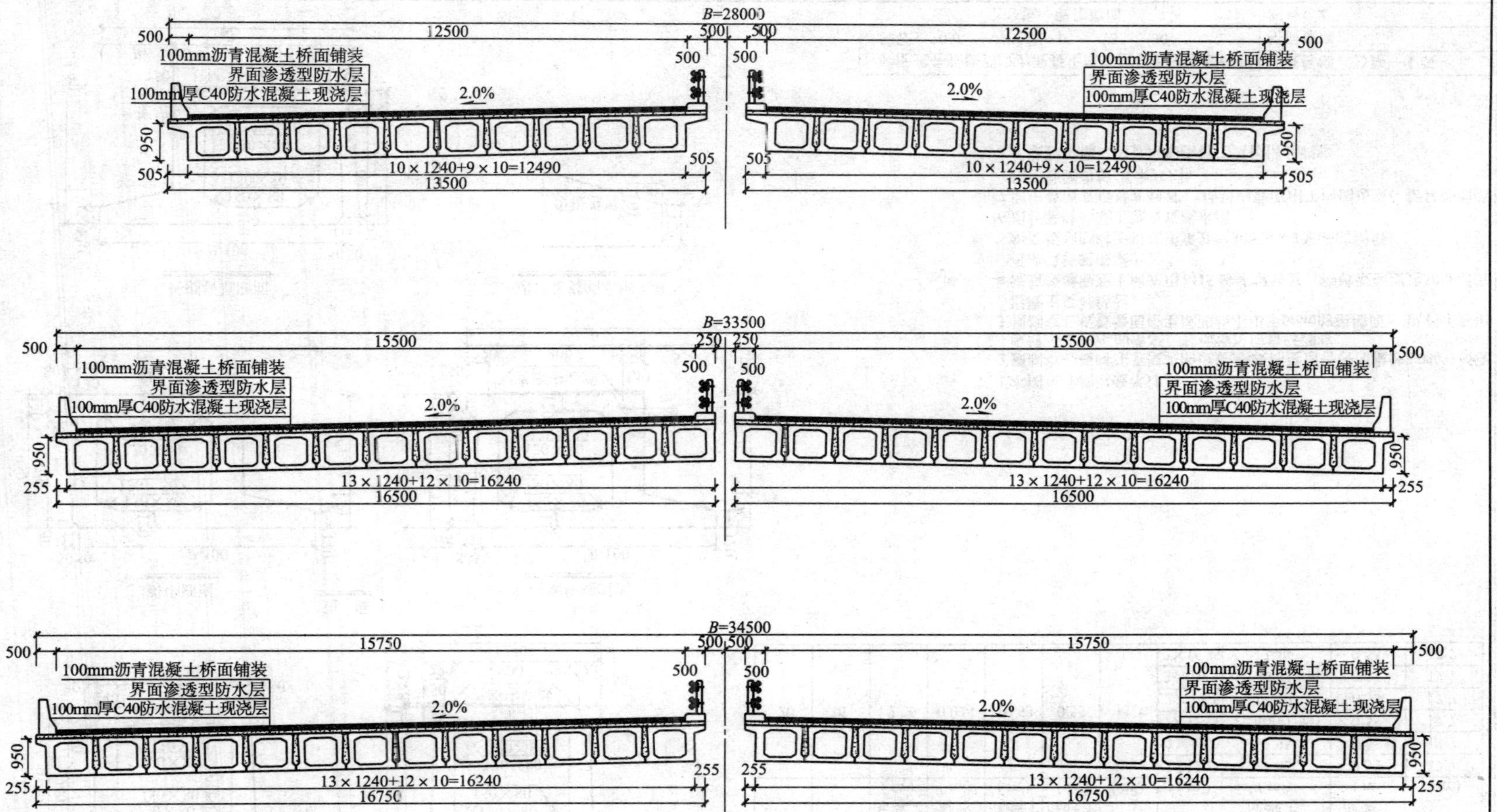

注：本图尺寸均以毫米计。

装配式先张法预应力混凝土简支空心板桥上部构造 跨径：20m　斜交角：0°、15°、30°	荷载标准：公路—Ⅰ级
	桥面宽度：
标准横断面	图号：3

图 2-1-23　跨径 20m 标准横断面图(二)

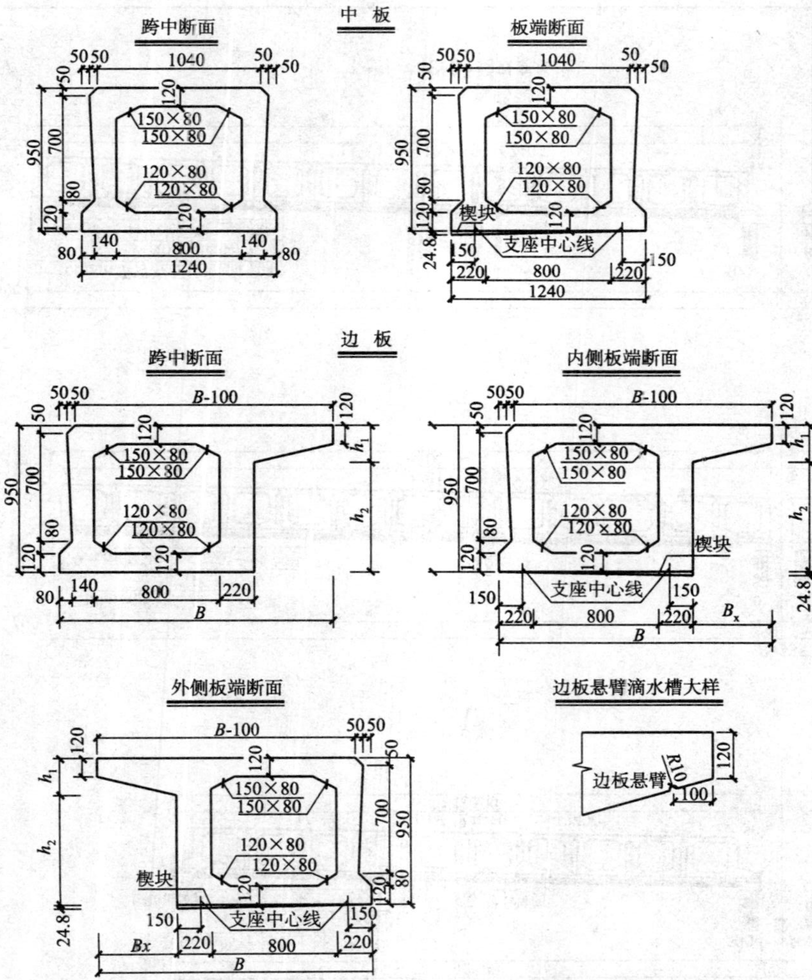

工 程 数 量 表

跨径 (m)	斜交角 α (°)	一道铰缝 现浇 C50 混凝土 (m³)	一道铰缝 封底缝 M15 砂浆 (m³)	一块中板 预制 C50 混凝土 (m³)	一块中板 封端 C40 混凝土 (m³)	一块中板 铰缝侧面凿毛 (m²)	一块边板 桥板宽度 (m)	一块边板 预制 C50 混凝土 (m³)	一块边板 封端 C40 混凝土 (m³)	一块边板 铰缝侧面凿毛 (m²)
20	0	2.26	0.024	10.53	0.55	35.3	2×11.25	13.85	0.55	17.7
							2×12.0	12.95	0.55	17.7
	15						2×12.75	12.40(11.59)	0.55	17.7
							2×13.5	13.40	0.55	17.7
	30						2×16.5	12.40(11.59)	0.55	17.7
							2×16.75	12.40	0.55	17.7

注：1.本图尺寸均以毫米计。
2.预制空心板时注意楔块的设置，楔块高度适合桥面横坡2.0%，桥面纵坡小于1.0%的情况，其他情况应自行调整。
3.预制空心板铰缝面凿毛成凹凸不小于6mm的粗糙面，以利于新旧混凝土良好结合。
4.浇筑铰缝混凝土前先用M15 砂浆填底缝，待砂浆强度达50%后方可浇筑铰缝混凝土。
5.斜交板预制时于板端锐角处设30mm×30mm的倒角。
6.边板悬臂外端下缘设置滴水槽。
7.图中数值有括号并列者，括号内数值用于内侧边板，括号外数值用于外侧边板，其余共用。
8.吊装预留槽口位置可根据施工具体情况调整。

装配式先张法预应力混凝土简支空心板桥上部构造 跨径：20m 斜交角：0°、15°、30°	荷载标准：公路—Ⅰ级
	桥面宽度：
空心板一般构造图	图号：4

图 2-1-24 空心板一般构造图(一)

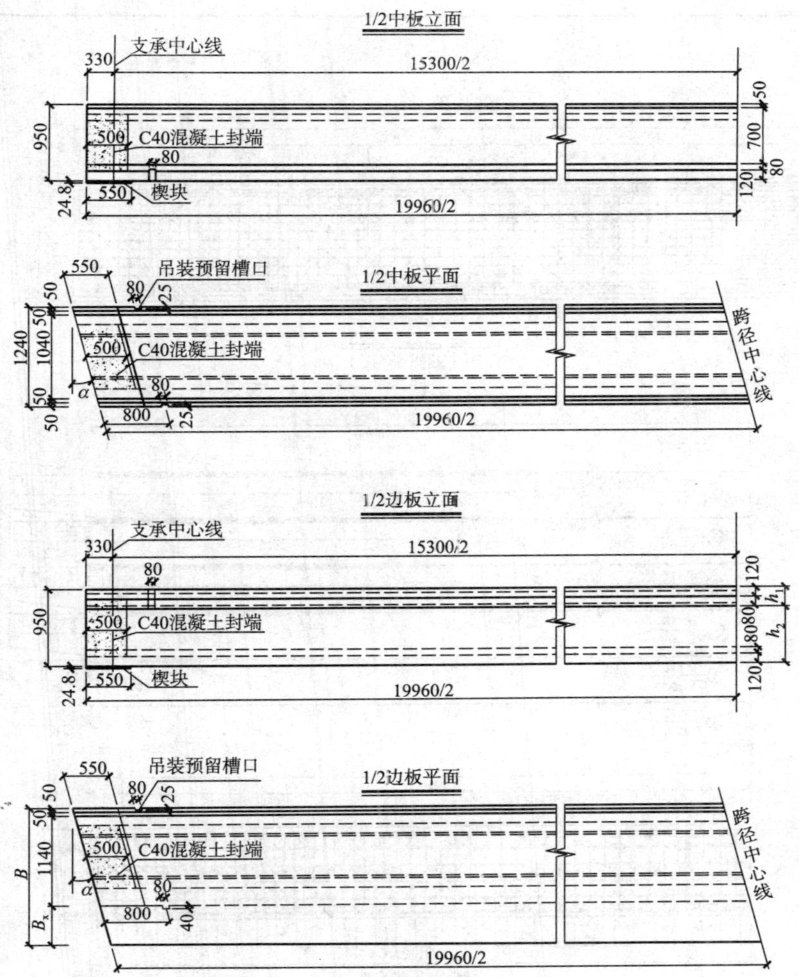

参 数 表

桥板宽度 (m)	板顶宽 B (mm)	悬臂长 B_x (mm)	h_1 (mm)	h_2 (mm)
2×11.25	1870	630	240	710
2×12.0	1620	380	240	710
2×12.75	1495(1240)	255(0)	200	750
2×13.5	1745	505	240	710
2×16.5	1495(1240)	255(0)	200	750
2×16.75	1495	255	200	750

注:1.本图尺寸均以毫米计。
2.图中数值有括号并列者，括号内数值用于内侧边板，括号外数值用于外侧边板,其余共用。

装配式先张法预应力混凝土简支空心板桥上部构造	荷载标准：公路—I级
跨径：20m 斜交角：0°、15°、30°	桥面宽度：
空心板一般构造图	图号：4

图 2-1-25 空心板一般构造图(二)

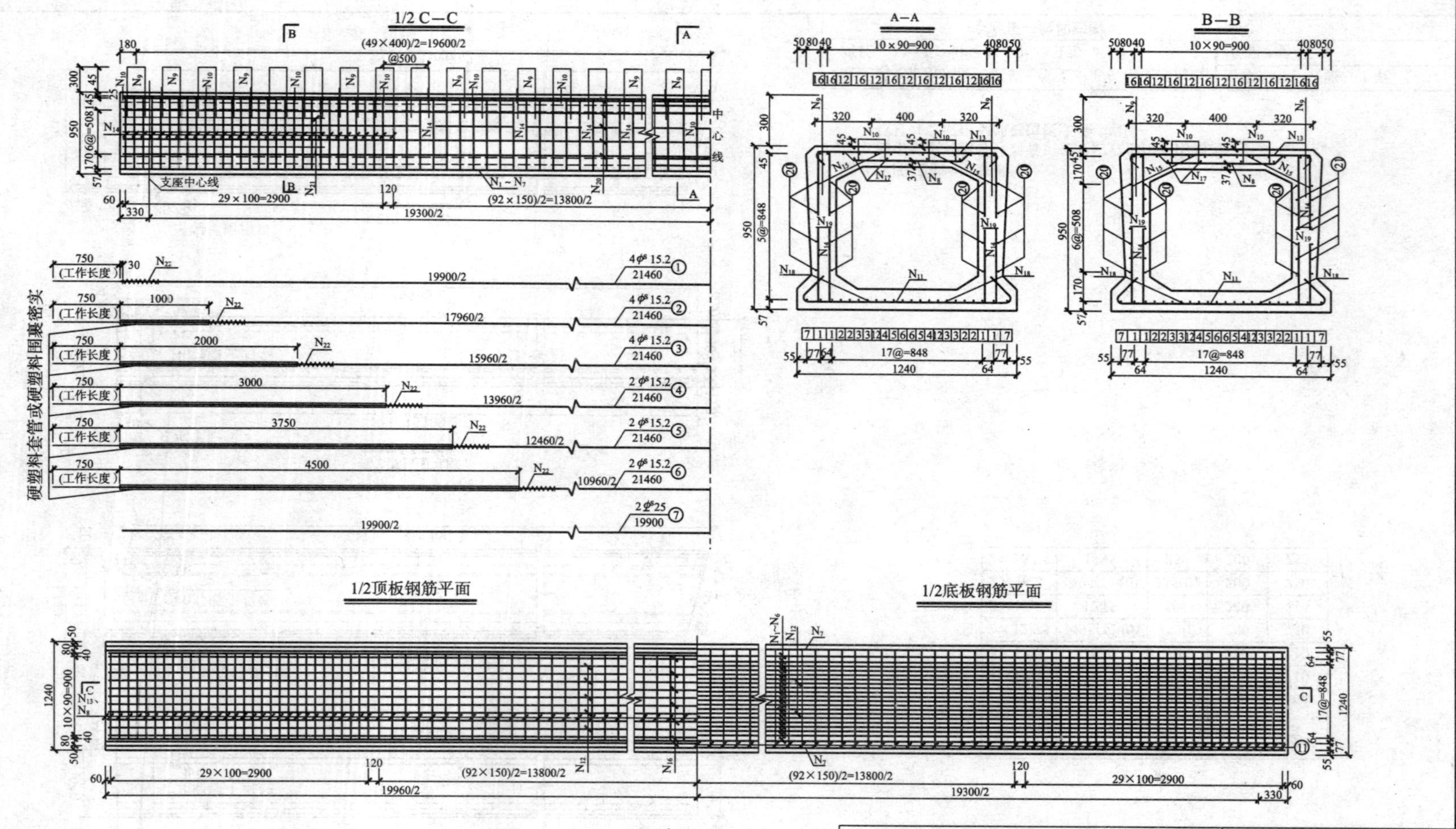

注：本图尺寸均以毫米计。

装配式先张法预应力混凝土简支空心板桥上部构造 跨径：20m　斜交角：0°	荷载标准：公路—Ⅰ级 桥面宽度：
中板钢筋构造图	图号：8

图 2-1-26　中板钢筋构造图(一)

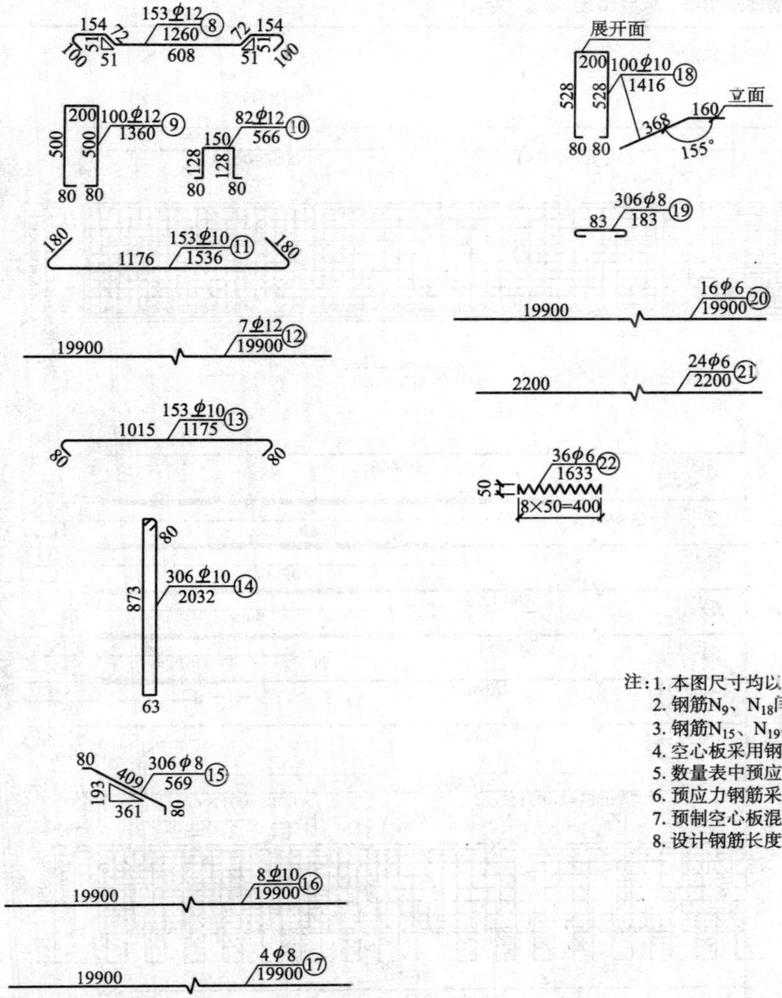

一块中板钢筋明细表

钢筋编号	直径(mm)	单根长(mm)	一块板根数	共长(m)	共重(kg)
1～6	φs15.2	21460	18	386.28	φs15.2:
7	Φ25	19900	2	39.80	425.3
8	Φ12	1260	153	192.78	Φ25:
9	Φ12	1360	100	136.00	153.2
10	Φ12	566	82	46.41	Φ12:
11	Φ10	1536	153	235.01	456.9
12	Φ12	19900	7	139.30	Φ10:
13	Φ10	1175	153	179.78	825.1
14	Φ10	2032	306	621.79	φ8:
15	φ8	569	306	174.11	122.3
16	Φ10	19900	8	159.20	φ6:
17	φ8	19900	4	79.60	95.5
18	Φ10	1416	100	141.60	
19	φ8	183	306	56.00	
20	φ6	19900	16	318.40	
21	φ6	2200	24	52.80	
22	φ6	1633	36	58.79	

注：1. 本图尺寸均以毫米计。
2. 钢筋N_9、N_{18}间距40cm，N_{10}间距50cm。
3. 钢筋N_{15}、N_{19}与N_{14}对应设置。
4. 空心板采用钢丝绳捆绑吊装，捆绑位置详见“空心板一般构造图”。
5. 数量表中预应力钢绞线N_1～N_6每端计入75cm工作长度。
6. 预应力钢筋采用ϕ^s15.2(1×7)高强低松弛钢绞线，其标准强度f=1860MPa，抗拉设计强度 f=1260MPa。
7. 预制空心板混凝土强度达到设计强度的85%以上(且龄期不小于7d)方可逐步放松预应力钢绞线。
8. 设计钢筋长度未考虑折减，实际施工下料时应按照施工规范要求进行控制。

装配式先张法预应力混凝土简支空心板桥上部构造 跨径：20m　　斜交角：°0	荷载标准：公路—Ⅰ级 桥面宽度：
中板钢筋构造图	图号：8

图 2-1-27　中板钢筋构造图(二)

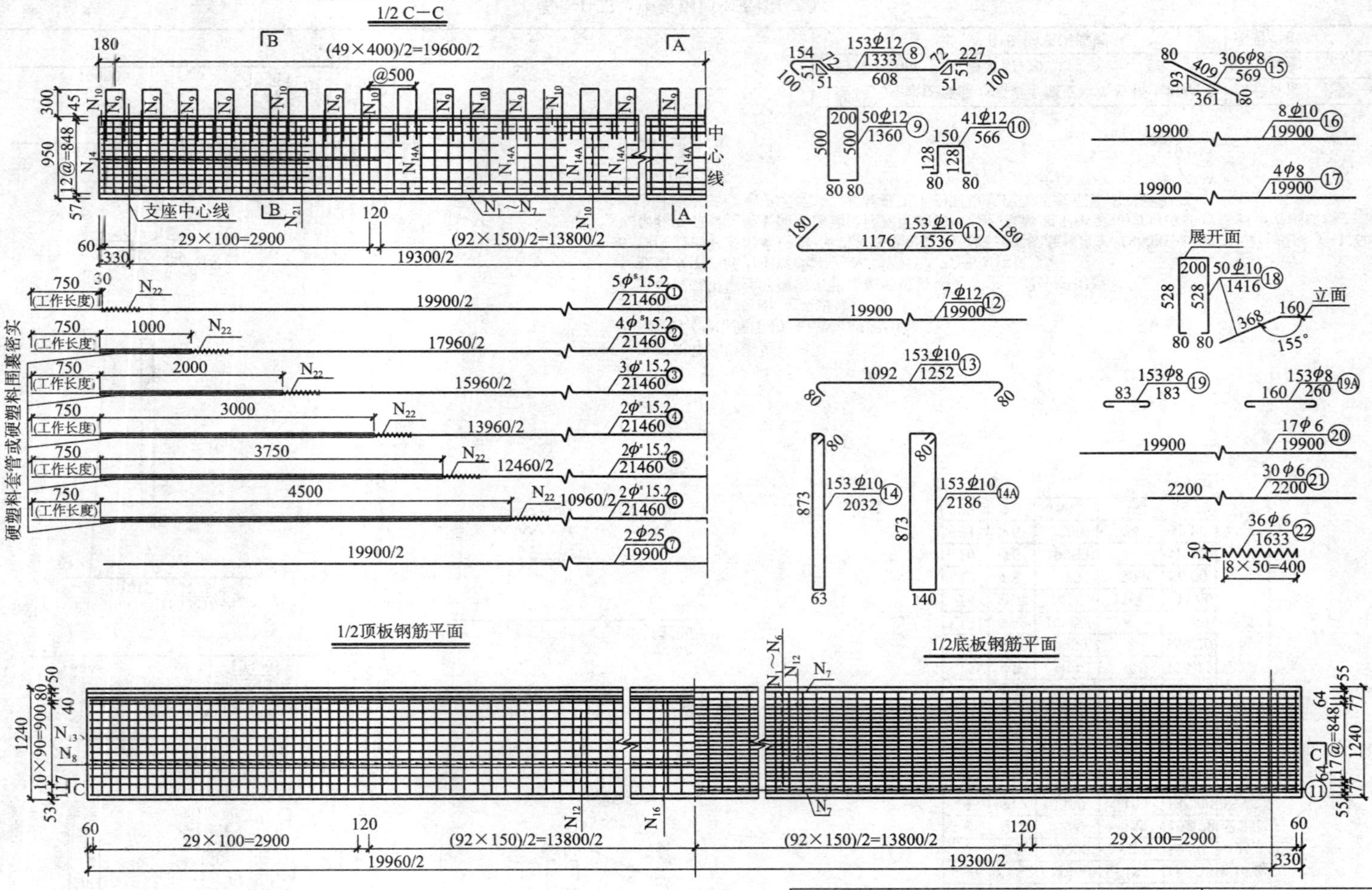

注：本图尺寸均以毫米计。

装配式先张法预应力混凝土筒支空心板桥上部构造 跨径：20m　　斜交角：0°	荷载标准：公路—Ⅰ级 桥面宽度：
边板钢筋构造图（C=0mm）	图号：11

图 2-1-28　边板钢筋构造图（一）

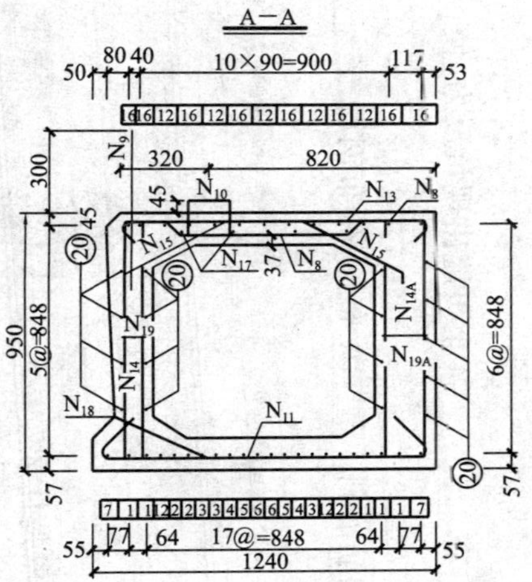

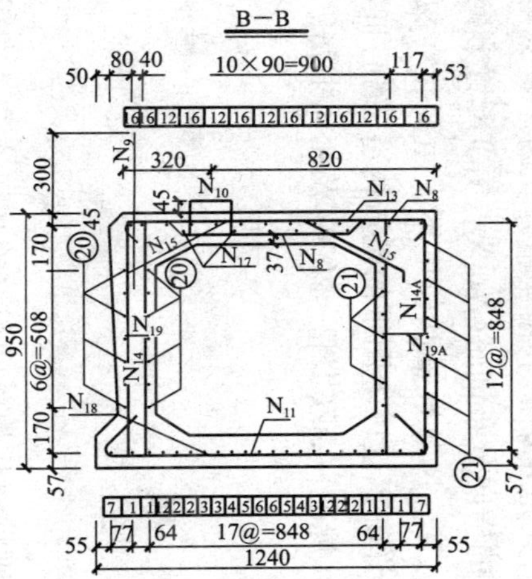

一块边板钢筋明细表

钢筋编号	直径(mm)	单根长(mm)	一块板根数	共长(m)	共重(kg)
1～6	ϕ^s15.2	21460	18	386.28	ϕ^s15.2:
7	Φ25	19900	2	39.80	425.3
8	Φ12	1333	153	203.95	Φ25:
9	Φ12	1360	50	68.00	153.2
10	Φ12	566	41	23.21	Φ12:
11	Φ10	1536	153	235.01	385.8
12	Φ12	19900	7	139.30	Φ10:
13	Φ10	1252	153	191.56	803.3
14	Φ10	2032	153	310.90	φ8:
14A	Φ10	2186	153	334.46	115.2
15	φ8	569	306	174.11	φ6:
16	Φ10	19900	8	159.20	114.3
17	φ8	19900	4	79.60	
18	Φ10	1416	50	70.80	
19	φ8	183	153	28.00	
19A	φ8	260	153	39.78	
20	φ6	19900	17	338.30	
21	φ6	2200	30	66.00	
22	φ6	1633	36	58.79	

注：1.本图尺寸均以毫米计。
2.钢筋N_9、N_{18}间距40cm，N10间距50cm。
3.钢筋N_{15}、N_{19}、N_{19A}与N_{14}及N_{14A}对应设置。
4.空心板采用钢丝绳捆绑吊装，捆绑位置详见“空心板一般构造图”。
5.数量表中预应力钢绞线N_1～N_6每端计入75cm工作长度。
6.预应力钢筋采用ϕ^s15.2(1×7)高强低松弛钢绞线，其标准强度f=1860MPa，抗拉设计强度f=1260MPa。
7.预制空心板混凝土强度达到设计强度的85%以上(且龄期不小于7d)方可逐步放松预应力钢绞线。
8.设计钢筋长度未考虑折减，实际施工下料时应按照施工规范要求进行控制。

装配式先张法预应力混凝土简支空心板桥上部构造	荷载标准：公路—Ⅰ级
跨径：20m　斜交角：0°	桥面宽度：
边板钢筋构造图（C=0mm）	图号：11

图 2-1-29　边板钢筋构造图(二)

板体内凿出；N_{10}预埋于板顶的桥面铺装加强钢筋，保证板和板顶混凝土现浇层的充分黏结，提高结构的整体性和增加板截面的有效高度；N_{14}为腹板双肢闭合箍筋，增加钢架骨架的整体性，连接顶底板钢筋，增强空心板的抗剪能力，在靠近板端3m范围内，间距100mm，其余部分间距为150mm；N_{12}、N_{16}、N_{17}为顶板纵向构造钢筋，处于受压区，可以在极限状态提供抗压储备；N_{20}、N_{21}为腹板纵向分布钢筋，N_{21}在靠近板端范围内加密，加强在强大预应力下板端混凝土的整体性；N_8、N_{13}、N_{11}为顶底板的横向分布钢筋，保证板体混凝土的工作性能和钢筋骨架的刚度；N_{15}为倒角构造钢筋；N_{19}为钩筋，加强钢筋骨架稳定性。以上钢筋的具体尺寸大样、保护层厚度、钢筋工程数量详见中板钢筋构造图。边板的钢筋构造与中板相似，只是因为悬臂顶板钢筋构造和中板有所差异，同时因荷载横向分布系数的原因，边板较中板受力大，边板比中板多配置两根预应力筋，边板钢筋布置情况详见图2-1-28、图2-1-29。钢筋构造图是施工过程中钢筋工程的依据，科学合理地设计图纸是结构安全的基本保证。

(2)绘制空心板构造图和配筋图

根据前面章节所学知识结合图2-1-21～图2-1-29，绘制出以上图纸相应斜交角度为15°时空心板的一般构造图和钢筋构造图。

由图2-1-21可知同一桥宽，三种斜交角度为0°、15°、30°，预应力筋配置根数是一样，所以斜交角度15°时预应力筋N_1～N_7配置数量不变，只是在平面上相互错开。因为斜交角度的变化，板体平面呈平行四边形，板体的底板和顶板的横向分布钢筋（N_8、N_{13}、N_{11}）配置方向和长度会发生变化，而顶底板的纵向构造钢筋（N_7、N_{12}、N_{16}、N_{17}）数量和长度不发生变化。腹板上的纵向分布钢筋的长度和数量也不发生变化。请详细识读以上图纸的尺造构造、钢筋布置情况，参考《公路桥涵钢筋混凝土及预应力混凝土设计规范》(JGT D62—2004)及相关书籍完成本次能力训练。

自 测 题

一、填空题

1. 为了使板块共同受力，接缝能传递剪力，则需要将块件间很好地加以连接。常用______连接。

2. 斜交板桥的桥轴线与支承线的垂线间的小于90°的夹角，称此角为__________。此角不能大于________。

3. 斜交板支承边的反力在______反力最大，在________甚至可能出现负反力，使________向上翘。

4. 装配式板当斜交角 $\varphi=25°\sim35°$时，主钢筋沿斜________布置，分布钢筋按__________方向布置。

5. 整体式板当 $l/b\geqslant1.3$ 时，主筋沿__________配置。

二、简答题

1. 板桥的特点是什么？

2. 板桥按横截面形式分为哪几种？

3. 板桥按力学图式分为哪几种形式？其特点是什么？

4. 整体式简支板桥的受力特点是什么？其板内的钢筋是如何设置的？

5. 装配式正交实心板桥的构造特点有哪些？

6. 装配式正交空心板的横截面有哪几种开孔形式？

7. 装配式板桥安装连接后块件间有哪几种连接方式？

8. 装配式等截面连续板桥的构造特点有哪些？

9. 斜交板桥的受力特征如何？

10. 整体式斜板钢筋是如何配置的？

11. 装配式斜板钢筋是如何配置的？

2.2 梁桥构造

梁桥是指结构在垂直荷载作用下，支座只产生垂直反力而无水平推力的梁式体系桥的总称。梁桥按材料分为混凝土梁桥、钢梁桥、结合梁等。本节主要学习应用最为广泛的混凝土梁桥。凡是采用混凝土和钢筋结合在一起所建成的梁式体系桥统称为混凝土梁桥，根据是否对梁体施加预应力分为钢筋混凝土梁桥、预应力混凝土梁桥。钢筋混凝土梁桥和预应力混凝土梁式桥都是采用抗压性能好的混凝土和抗拉能力强的钢筋结合在一起建成的。根据混凝土受预加应力程度的不同，预应力混凝土结构又可分为全预应力和部分预应力两种。前一种在最不利设计荷载下混凝土不出现拉应力，结构不允许出现裂缝；后一种则容许发生不超过规定的拉应力值或裂缝宽度，分为预应力混凝土 A 类和 B 类构件，以此改善结构使用性能并获得更好的经济效益。中小跨径桥梁，无论是公路、铁路或城市桥梁，大部分均采用钢筋混凝土或预应力混凝土梁式桥。

2.2.1 梁桥特点及类型

2.2.1.1 混凝土梁桥一般特点

1）钢筋混凝土梁桥的一般特点

钢筋混凝土是一种具有很多优点的建筑材料。用此种材料建造的桥梁也具有能就地取材、工业化施工、耐久性好、可模性好、适应性强、整体性好以及美观等各种优点。目前，使用钢筋混凝土建造的桥梁，种类多、数量大，在桥梁工程中占有重要地位。

钢筋混凝土梁桥也有一些明显的不足之处。钢筋混凝土梁桥在梁的受拉区布置受力钢筋，用于承担外荷载产生的拉应力，钢筋和混凝土黏结在一起共同变形，为发挥钢筋的强度，钢筋混凝土桥梁一般都是带裂缝工作，由于受到裂缝宽度的限制，钢筋的最大拉应变受到限制，因此高强度钢筋和高强度混凝土无法应用于钢筋混凝土梁桥。强度和重度是桥梁建材的两个重要指标，它们直接影响到桥梁的极限跨越能力。钢筋混凝土梁桥由于材料强度不高而重度较大，桥梁跨径增大时，跨内自重弯矩与跨径平方成正比，承载能力大部分消耗于结构自重，占全部设计荷载的 30% ~60%，从而大大限制了钢筋混凝土梁桥的跨越能力，抗裂性能较差。此外，就地浇筑的钢筋混凝土桥施工工期长。在寒冷地区以及在雨季建造整体式钢筋混凝土桥梁时，施工比较困难，采用蒸汽养生以及防雨措施等，则会显著增加成本。

在桥梁建设中，权衡钢筋混凝土梁桥的优缺点，特别是大量跨越中小河流等的情况，需要建造中小跨径的梁桥，因此钢筋混凝土梁桥仍有一定地位。对于装配式钢筋混凝土简支梁桥而言，在技术经济上合理的最大跨径为 20m 左右，悬臂梁桥与连续梁桥适宜的最大跨径为 60 ~70m。

2)预应力混凝土梁桥的一般特点

预应力混凝土可看作是一种预先储存了足够压应力的新型混凝土材料。通过张拉高强度钢筋在混凝土受拉区施加预压应力,改善结构的使用性能。对混凝土施加预压应力的高强度钢筋(或称力筋),既是加力工具,又是抵抗荷载所引起构件内力的受力钢筋。考虑到混凝土与时间相关的收缩和徐变作用会导致相当多的预应力损失,故必须使用高强材料才能使预应力混凝土获得良好的使用效果。

预应力混凝土梁桥除了同样具有前述钢筋混凝土梁桥的所有优点外,还有下述重要特点:

①能最有效地利用现代化的高强材料(高强度混凝土、高强钢材),减小构件截面尺寸,显著降低自重所占全部作用效应设计值的比重,增大跨越能力,并扩大混凝土结构的适用范围。

②与钢筋混凝土梁相比,一般可以节省钢材30% ~40%,跨径愈大,节省愈多。

③全预应力混凝土梁在使用荷载下不出现裂缝,即使是部分预应力混凝土梁A类构件在常遇荷载下也无裂缝,鉴于截面能全面参与工作,梁的刚度就比通常开裂的钢筋混凝土梁要大。因此,预应力混凝土梁可显著减小建筑高度,能把大跨径桥梁做得轻柔美观。由于能消除裂缝,这就扩大了对多种桥型的适应性,并更加提高了结构的耐久性。

④预应力技术的采用,为现代装配式结构提供了最有效的接头和拼装技术手段。根据需要,可在纵向和横向等施加预应力,使装配式构件结合成整体,这就扩大了装配式桥梁的使用范围,提高了运营质量。

显然,要建造好一座预应力混凝土桥梁,首先要有优质高强钢材和高强混凝土作为可靠保证的制备质量,同时需要有一整套专门的预应力张拉设备和材质好、制作精度要求高的锚具,并且要掌握较复杂的施工工艺。预应力混凝土简支梁的跨径目前已达到50 ~60m。

2.2.1.2 混凝土梁桥类型

1)按承重结构的静力体系划分

(1)简支梁桥

这是建桥实践中使用最广泛、构造最简单的梁式桥[图2-2-1a)]。简支梁属静定结构,且相邻桥孔各自单独受力,故最易设计成各种标准跨径的装配式构件。鉴于多孔简支梁桥各跨的构造和尺寸划一,从而就能简化施工管理工作,并降低施工费用。因相邻两孔各自单独受力,桥墩上需设置支撑相邻简支梁的两个(排)支座。

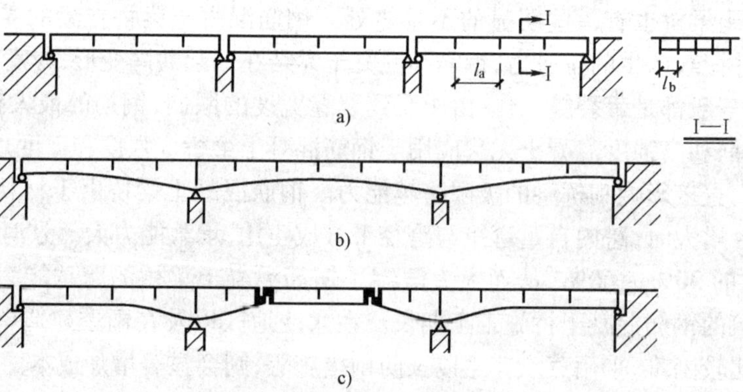

图2-2-1 梁式桥基本体系

(2)连续梁桥

连续梁桥的主要特点是:承重结构(板、T形梁或箱梁)不间断地连续跨越几个桥孔而形成一超静定结构[图2-2-1b)],连续孔数一般不宜过多。当桥梁孔数较多时,需要沿桥长分建成几组(或称几联)连续梁。连续梁由于荷载作用下支点截面产生负弯矩,从而显著减小了跨中的正弯矩,这样不但可减小跨中的建筑高度,而且能节省钢筋和混凝土数量。跨径越大时,这种节省就越显著。由于连续梁是超静定结构,任一墩台基础发生不均匀沉陷时,桥跨结构内会发生附加内力,所以连续梁桥通常适用于地基良好的场合。

(3)悬臂梁桥

悬臂梁桥的主体是长度超出跨径的悬臂结构。仅一端悬出者称为单悬臂梁[图2-2-1c)],两端均悬出者称为双悬臂梁。对于较长的桥,还可以借助简支的挂梁与悬臂梁一起组合多孔桥。在力学性能上,悬臂根部产生的负弯矩减小了跨中正弯矩,所以悬臂梁也与连续梁桥相仿,可以节省材料用量。悬臂梁属于静定结构,墩台的不均匀沉陷不会在梁内引起附加内力。

2)按承重结构的截面形式划分

(1)肋板式梁桥

在横截面内形成明显肋形结构的梁桥称为肋板式梁桥,简称肋梁桥。在此种桥上,梁肋(或称腹板)与顶部的钢筋混凝土桥面板结合在一起作为承重结构。特别对于仅承受正弯矩作用的简支梁来说,既充分利用了扩展的混凝土桥面板的抗压能力,又有效地发挥了集中布置在梁肋下部的受力钢筋的抗拉作用,从而使结构构造与受力性能达到理想的统一。与板桥相比,对于梁肋较高的肋梁桥来说,由于混凝土抗压和钢筋受拉所形成的力偶臂较大,因而肋梁桥也具有更大的抵抗荷载弯矩能力。目前,中等跨径(20~50m)的梁桥通常采用肋板式梁桥。

如图2-2-2a)、b)所示整体式肋梁桥的横截面形状。在设计整体式梁桥时,鉴于梁肋尺寸不受起重安装机具的限制,故可以根据钢筋混凝土体积最小的经济原则来确定截面尺寸。对于桥面净空为净-7的桥梁,只要建筑高度不受限制,往往以建成双主梁桥最为合理,主梁的间距可按桥梁全宽的0.55~0.60布置。有时为减小桥面板的跨径,还可在两主梁之间增设内纵梁[图2-2-2b)]。

装配式肋梁桥,考虑到起重设备的能力、预制和安装的方便,一般采用主梁间距在2.0m以内的多梁式结构。图2-2-2c)是目前我国最常用的装配式肋梁桥(也称装配式T形梁桥)的横截面。在每一预制T梁上通常设置待安装就位后相互连接用的横隔梁以保证全桥的整体性。在桥上车辆荷载作用下,通过横隔梁接缝处传递剪力和弯矩而使各T形梁共同受力。

(2)箱形梁桥

横截面呈一个或几个封闭箱形的梁桥简称为箱形梁桥。这种结构除了梁肋和上部翼缘板外,在底部尚有扩展的底板,因此它提供了能承受正、负弯矩的足够的混凝土受压区。箱形梁桥的另一重要特点,是在一定的截面面积下能获得较大的抗弯惯矩,而且闭合截面抗扭刚度也特别大,在偏心活载作用下各梁肋的受力比较均匀。因此箱形截面能适用于较大跨径的悬臂梁桥和连续梁桥以及斜拉桥,同时也可用来修建全截面均参与受力的预应力混凝土简支梁桥。显然,对于普通钢筋混凝土简支梁桥来说,底板除徒然增加自重外并无其他益处,故不宜采用。箱梁截面有单箱单室[图2-2-3a)]、单箱双室或多室[图2-2-3b)]、装配式小箱梁(图2-2-4)。早期为矩形箱,逐渐发展成斜腹板的梯形箱。箱梁桥可以是变高度,也可以是等高度。从美观上看,有较大主孔和边孔的三跨箱梁桥,用变高度箱梁是较美观的;多跨桥(三跨以上)用等高箱梁具有较好的外观效果。

随着交通量的快速增长,车速的提高,人们出行希望有快速、舒适的交通条件。预应力混凝土连续箱梁桥能满足该条件。它具有桥面接缝少,梁高小,刚度大,整体性强,外形美观,便于养护等特点。20世纪70年代,我国公路上开始修建连续箱梁桥,到目前为止我国已建成了多座连续箱梁桥,如一联长度为1340m的钱塘江第二大桥(公路桥)和跨高集海峡、全长2070m的厦门大桥等。

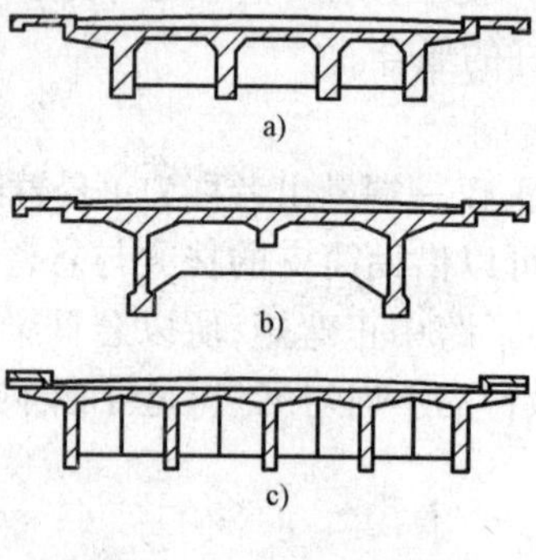

图2-2-2 肋板式梁桥横截面

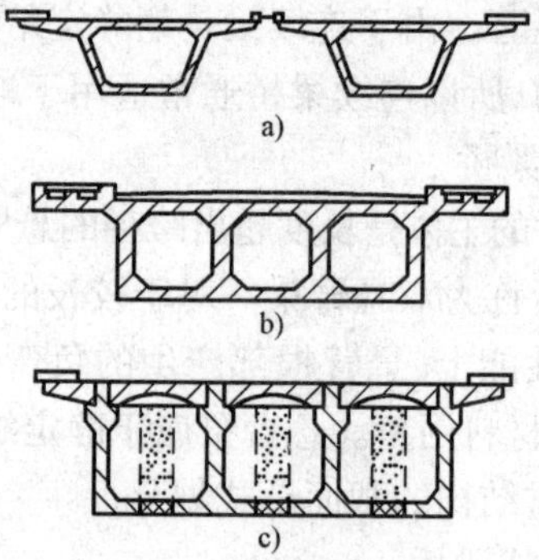

图2-2-3 箱形梁横截面

3)按施工方法划分

(1)整体浇筑式梁桥

建桥的全部工作都在施工现场进行,由于全桥在纵向和横向都是现场整体浇筑,所以整体性好、刚度大、易做成复杂形状(如曲线桥、斜交桥)等优点;但其施工速度慢,工业化程度低,又要耗费大量模板支架材料。

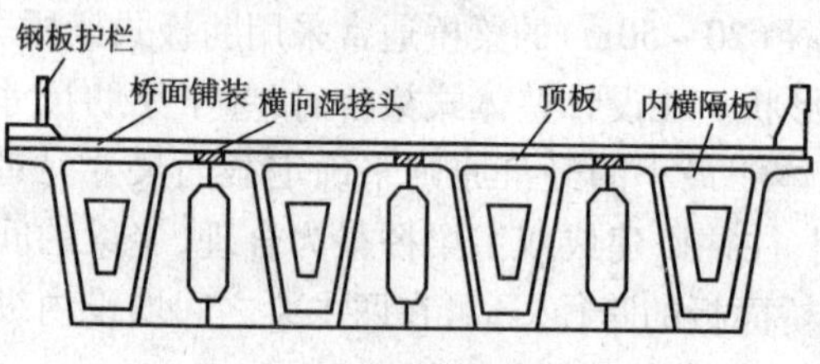

图2-2-4 装配式小箱梁横截面图

(2)装配式梁桥

上部构造在预制工厂或工地预制场分块预制,再运到现场吊装就位,然后在接头处把构件连接成整体。图2-2-2c)为常用的肋梁桥的横截面形式。图2-2-4为常用的装配式小箱梁的横截面形式。装配式桥的预制构件采用工厂化施工,受季节影响小,质量易于保证,而且还能与下部工程同时施工,加快了施工进度,并能节约支架和模板的材料。

(3)组合式梁桥

组合式梁桥也是一种装配式的桥跨结构,如图2-2-3c)所示,不过它是用纵向水平缝将桥梁分割成Ⅰ字形的梁肋或开口槽形梁和桥面板,桥面板再借纵横向的竖缝划分成在平面内呈矩形的预制构件。这样可以显著减轻预制构件的重力,并便于集中制造和运输吊装。组合梁的特点是整个截面分两个(或几个)阶段组合而成,在Ⅰ形梁或开口槽形梁上搁置轻巧的预制空心板或微弯板构件,通过现浇混凝土接头而与Ⅰ形梁或槽形梁结合成整体;或以弧形薄板或平板作为现浇桥面,预制板同时作为现浇混凝土的模板,通过现浇混凝土使各主梁结合成整体。

4)按有无预应力划分

①钢筋混凝土梁桥。钢筋混凝土梁桥是由钢筋和混凝土两种材料组成的结构,它充分利用了材料各自的优点。

②预应力混凝土梁桥。预应力混凝土梁桥是为解决钢筋混凝土结构在使用阶段容易开裂而发展起来的结构。它采用的是高强度钢筋和高强度混凝土材料,并采用相应的张拉钢筋的施工工艺在构件中建立预加应力。按预应力度不同可分为部分预应力混凝土梁桥和全预应力混凝土梁桥。

2.2.2　梁桥的细部构造

桥梁的上部结构包括承重构件和细部构造,其细部构造通常包括桥面系、伸缩装置和支座。梁桥的细部构造虽然不是主要承重结构,但它对桥梁功能的正常发挥,对主要构件的保护,对车辆行人的安全以及桥梁的美观等都十分重要,因此应给予足够的重视。

2.2.2.1　桥面系

梁桥的桥面系主要包括桥面铺装、防水和排水设施、人行道(或安全带)、缘石、栏杆和灯柱等构造(图 2-2-5)。

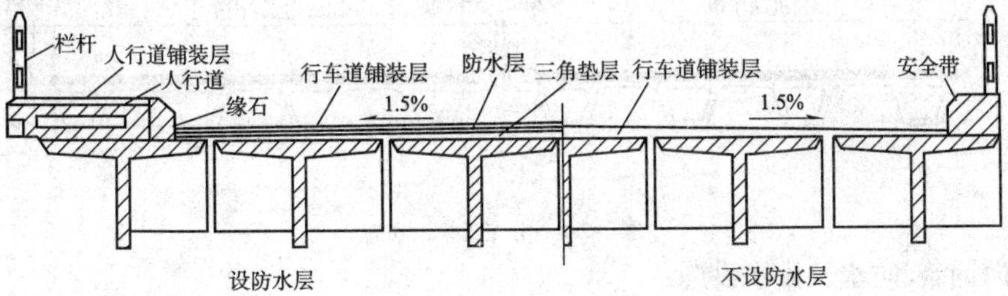

图 2-2-5　桥面的基本组成

1)桥面的布置

桥面的布置应根据公路的等级、桥梁的宽度、行车的要求等条件确定。主要有以下几种形式:

(1)双向车道布置

双向车道布置是指行车道的上下行车交通布置在同一桥面上,采用画线作为分隔标记,而不设置分隔设施,分隔界限不明显。由于在桥梁上同时存在上下行车辆和机动车与非机动车,因此,交通相互干扰大,行车速度受到限制,对交通量较大的道路,还往往会造成交通滞流。

(2)分车道布置

分车道布置是指将行车道的上下行交通通过分隔设施进行分隔设置。显然,采用这种布置方式,上下行交通互不干扰,可提高行车速度,能有效地防止交通事故的发生,便于交通管理。但是在桥面布置上要增加一些分隔设施,桥面的宽度相应地要加宽些。采用分车道布置的方法,可在桥面上设置分隔带,用以分隔上下行车辆[图 2-2-6a)];也可以采用分离式主梁布置,在主梁间设置分隔带或采用分离式主梁,但在两主梁间的桥面上不加联系,各自单向通行[图 2-2-6b)]。

分车道布置除对上下行交通分隔外,也可将机动车道与非机动车道分隔、行车道与人行道分隔。

(3)双层桥面布置

双层桥面布置在空间上可以提供两个不在同一平面上的桥面结构。这种布置形式大多用于钢桥中,因为钢桥受力明确,构造上也较易处理。在混凝土梁桥中采用双层桥面布置的情况很少。双层桥面布置,可以使不同的交通严格分道行驶,使高速车与中速车分离,机动车与非机动车分道,行车道与人行道分离,提高了车辆和行人的通行能力,并便于交通管理;同时,可以充分利用桥梁净空,在满足同样交通要求之下,减小桥梁宽度。这种布置方式在城市桥梁和立交桥中会更显示出其优越性。

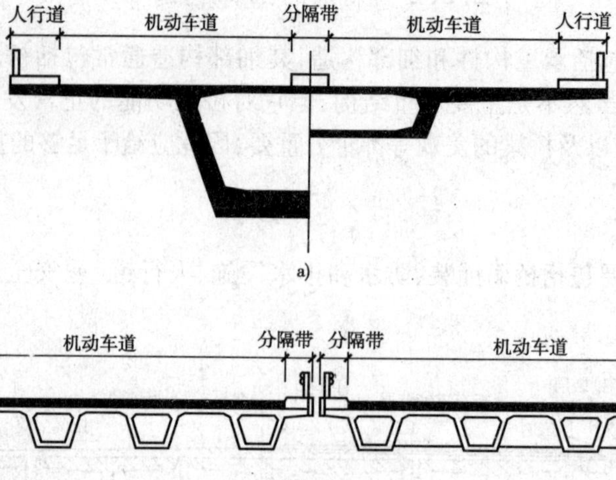

图 2-2-6　分车道桥面布置

2）桥面铺装、防水及排水设施

桥面铺装的功能是保护行车道板结构不受车辆轮胎（或履带）的直接磨耗，防止主梁遭受雨水的侵蚀，并能对车辆轮重的集中荷载起一定的分散作用。桥面铺装部分在桥梁恒载中占有相当的比重，特别对于小跨径桥梁尤为显著，故应尽量设法减轻铺装的质量。如果桥面铺装采用水泥混凝土，其强度等级不低于桥面板混凝土的强度等级，并在施工中能确保铺装层与桥面板紧密结合成整体，则铺装层的混凝土（扣除作为车轮磨损的部分，为 1 ~2cm 厚）也可合计在桥面板内一起参与工作，以充分发挥这部分材料的作用。

（1）桥面铺装的类型

钢筋混凝土和预应力混凝土梁桥的桥面铺装，目前使用下列几种类型。

①普通水泥混凝土或沥青混凝土铺装。在非严寒地区的小跨径桥上，通常桥面内可不做专门的防水层，而直接在桥面上铺筑厚度不小于 8cm 的普通水泥混凝土或厚度不小于 5cm 的沥青混凝土铺装层。铺装层的混凝土一般与桥面板混凝土相同的等级或略高一级且不小于 C40，在铺筑时要求有较好的密实度。为了防滑和减弱光线的反射，最好将混凝土做成粗糙表面。混凝土铺装的造价低，耐磨性能好，适合于重载交通，但其养护期比沥青混凝土铺装长，日后修补也较麻烦。沥青混凝土铺装的质量较轻，维修养护也较方便，在铺筑后几小时就能通车运营。桥上的沥青混凝土铺装可以做成单层式（5 ~8cm）或双层式（下面层 4 ~5cm，上面层 3 ~4cm）。

②防水混凝土铺装。对位于非冰冻地区的桥梁需做适当的防水时，可在桥面板上铺筑 8 ~10cm厚的防水混凝土作为铺装层［见图 2-2-7a）］。防水混凝土的强度等级一般不低于桥面板混凝土的强度等级，其上一般可不另设面层，但为延长桥面的使用年限，宜在上面铺筑 2cm 厚的沥青表面处理，作为可修补的磨耗层。

③具有防水层的水泥混凝土或沥青混凝土铺装。防水层设置在行车道铺装下面，将透过铺装层渗下的雨水汇集到排水设施排出。其常用类型有以下两种：

卷材防水层：采用沥青或改性沥青防水卷材以及浸渍沥青的无纺土工布等。设计时应选用便于施工、坚固耐久、质量稳定的防水材料。为避免防水层在施工中被损坏，其上宜铺设厚度 10mm 的 AC-10 或 AC-5 沥青混凝土或单层沥青表处。当采用柔性防水层（使用卷材）时，为了增强桥面铺装的抗裂性，应在其上的混凝土铺装层或垫层中铺设一层直径为 $\phi8 \sim \phi12$，网格尺寸为 20cm×20cm 至 10cm×10cm 的钢筋网。

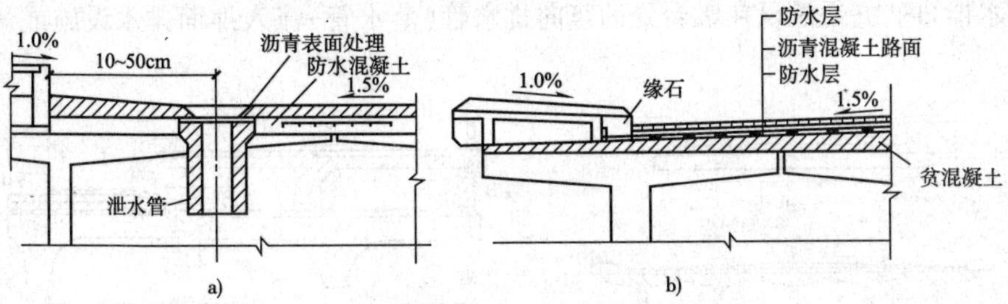

图 2-2-7　桥面铺装构造

涂料防水层：在混凝土结构表面涂刷防水涂料以形成防水层或附加防水层。防水涂料可使用沥青胶结材料或合成树脂、合成橡胶的乳液或溶液，或者更常用的环氧沥青或聚氨酯。

它们按单层或双层浇筑，最上一层撒砂，以增强其与面层的机械黏附。

(2)排水设施

在寒冷地区，水分渗入混凝土微细裂纹或大孔隙内，结冰时会导致混凝土的冻胀破坏，同时，水分会使钢筋锈蚀。因此，为防止雨水滞积于桥面并渗入梁体而影响桥梁的耐久性，除在桥面铺装内设置防水层外，应引导桥上的雨水迅速排出桥外。

①桥面横坡的设置。

为了迅速排除桥面雨水，通常除使桥梁设有纵向坡度外，尚应将桥面铺装沿横向设置双向的桥面横坡。对于沥青混凝土或水泥混凝土铺装，横坡为 1.5% ~3.0%。行车道路面普遍采用抛物线形横坡，人行道则用直线形。对于板桥或就地浇筑的肋梁桥，为了节省铺装材料并减轻恒载，也可将横坡设在墩台顶部而做成倾斜的桥面板[见图 2-2-8a)]，此时铺装层在整个桥宽上就可做成等厚的。对于装配式肋梁桥，为架设和拼装的方便，通常都采用不等厚的铺装层(包括混凝土的三角垫层和等厚的路面铺装层)以构成桥面横坡[见图 2-2-8b)]。在较宽的桥梁(如城市桥梁)中，用三角垫层设置横坡将使恒载增加过多，在此情况下，现浇桥将行车道板做成双向倾斜的横坡[见图 2-2-8c)]，装配式桥将墩台顶做成台阶状或不等高的支座垫石以构成桥面横坡。

②桥面排水设施。

通常当桥面纵坡大于 2% 而桥长小于 50m 时，雨水可流至桥头从引道上排除，桥上就不必设置专门的泄水孔道。为防止雨水冲刷引道路基，应在桥头引道的两侧设置流水槽。当纵坡大于 2%，但桥长超过 50m 时，宜在桥上每隔 12 ~ 15m 设置一个泄水管。如桥面纵坡小于 2%，则宜每隔 6 ~ 8m 设置一个泄水管。泄水管的过水面积通常使每平方米桥面上不少于 2 ~ 3cm^2，泄水管可以沿行车道两侧左右对称排列，也可交错排列，其离缘石的距离为 10 ~ 50cm [见图 2-2-7a)]。

对于跨线桥和城市桥梁最好像建筑物那样设置完善的排水管道，将雨水排至地面阴沟或下水道内。泄水管也可布置在人行道下面(图 2-2-9)，为此需要在人行道块件(或缘石部分)上留出横向进水孔，并在泄水管周围(除了朝向桥面的一侧外)设置相应的集水槽。

泄水管常采用铸铁或塑料管，内径为 10 ~ 15cm。泄水管周围的桥面还应配置补强钢筋网。对于跨一般河流、水沟的桥梁，桥面水流入泄水管后可以直接向下排放[见图 2-2-7a)]；对于跨径不大、不设人行道的小桥，可以直接在行车道两侧的安全带或缘石上预留横向孔道，用铁管PVC管将水排出桥外，管口应伸出构件不小于10cm以便于滴水，但这种做法易阻塞孔道。跨越公路、铁路、通航河流的桥梁以及城市桥梁，流入泄水管中的雨水应汇集在纵向排水管（或排水槽）内，并通过设在墩台处的竖向排水管（落水管）流入地面排水设施或河流中（图2-2-10）。

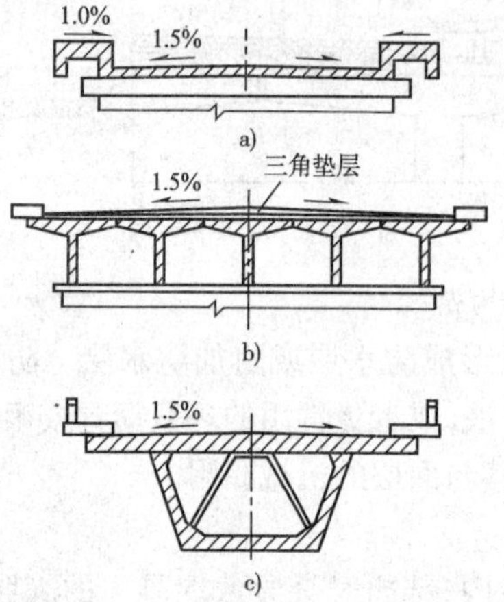

图2-2-8　桥面横坡的设置

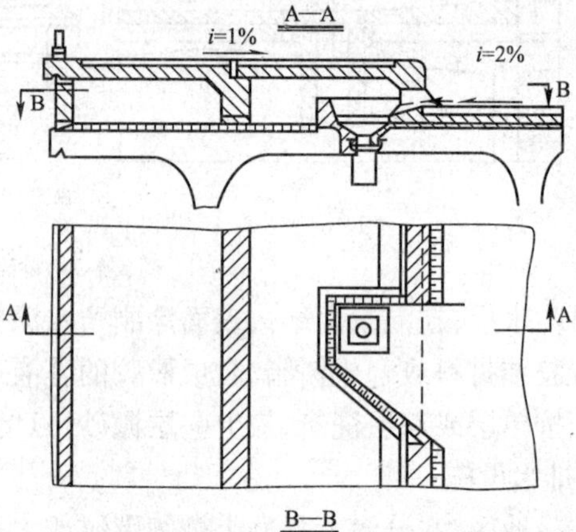

图2-2-9　泄水管布置在人行道

排水管材料有铸铁管、塑料管（聚氯乙烯PVC或聚乙烯PE）或钢管，其内径应大于或等于泄水管的内径，排水槽宜采用铝质或钢质材料，也可采用水泥混凝土预制件，其横截面为矩形或U形，宽度和深度均宜在20cm左右。纵向排水管或排水槽的坡度不得小于0.5%。桥梁伸缩缝的纵向排水管或排水槽应设置可提供伸缩的柔性套筒。

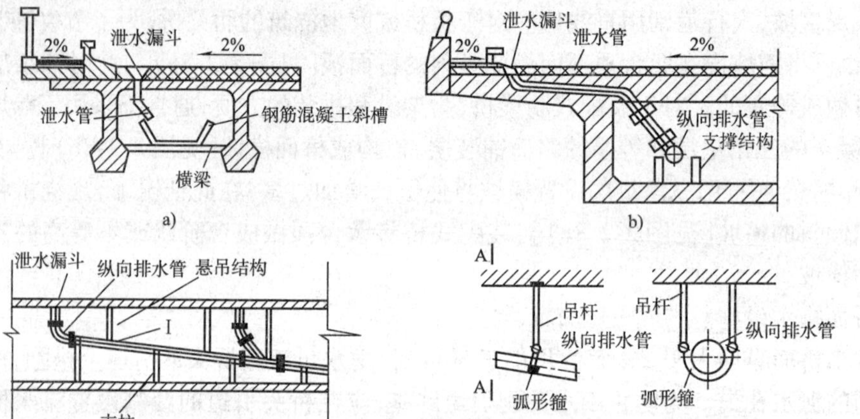

图2-2-10　城市桥梁排水设施图

3）栏杆和灯柱

桥梁栏杆设置在人行道上，其功能主要在于防止行人和非机动车辆掉入桥下。其设计应符合受力要求，并注意美观，高度不应小于1.1m。应注意，在靠近桥面伸缩缝处所有的栏杆均应断开，以使扶手与柱之间能够自由变形。

在城市桥以及城郊行人和车辆较多的公路桥上，都要设置照明设备。桥梁照明应防止眩光，必要时应采用严格控光灯具，而不宜采用栏杆照明方式。对于大型桥梁和具有艺术、历史价值的中小桥梁的照明应进行专门的设计，既满足功能要求，又顾及艺术效果，并与桥梁的风格相协调。

照明灯柱可以设在栏杆扶手的位置上，在较宽的人行道上也可以设在靠近缘石处。照明用灯一般高出车道 8 ~ 12m。钢筋混凝土灯柱的柱脚可以就地浇筑并将钢筋锚固于桥面中。铸铁灯柱柱脚可固定在预埋的锚固螺栓上。照明以及其他用途所需的电信线路等通常从人行道下的预留孔道内通过。

4）桥梁护栏

为了避免机动车辆碰撞行人和机动车辆的严重事故发生，对于高速公路、一级公路上的桥梁，必须根据其防撞等级设置桥梁护栏。一般公路的特大桥、大、中桥梁在条件许可的情况下也应设置护栏。在有人行道的桥梁上，应按实际需要在人行道和行车道分界处设置汽车、行人分隔护栏。

桥梁护栏按构造特征可分为梁柱式护栏[图 2-2-11a)]、钢筋混凝土墙式护栏[图 2-2-11b)]、金属制护栏图[2-2-11c)]和组合护栏[2-2-11d)]。

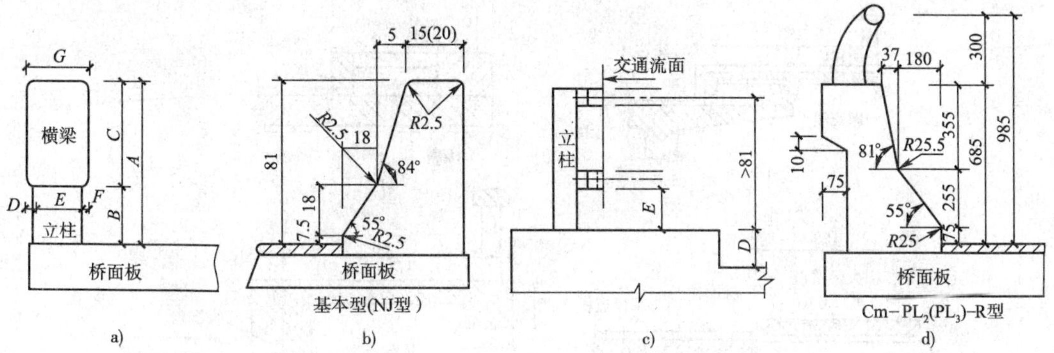

图 2-2-11　桥梁护栏构造（尺寸单位：cm）

桥梁护栏形式的选择，首先应根据防撞等级要求，避免在相应设计条件下失控车辆跃出，同时还应综合考虑公路等级、桥梁护栏外侧危险物的特征、美观、经济性，以及养护维修等因素。例如，在美观的要求或积雪严重的地区，宜采用梁柱式护栏组合结构；钢桥为了减轻恒载，宜采用金属制成的护栏。组合式护栏兼有钢筋混凝土墙式护栏的坚固和金属制梁柱式护栏美观的优点，在我国高速公路的桥梁上普遍采用[见图 2-2-11d)]。它的优越性在于：当汽车车轮与之相撞、碰撞角小于 10°时，能保证汽车运行轨道的校正，而不会出现较大的损伤。

5）桥头搭板

为了减小由于刚度不同而引起的桥头跳车，高速公路、一级公路的搭板的设置方式如图 2-2-12 所示。搭板厚度不宜小于 0.25m，长度不宜小于 5m。

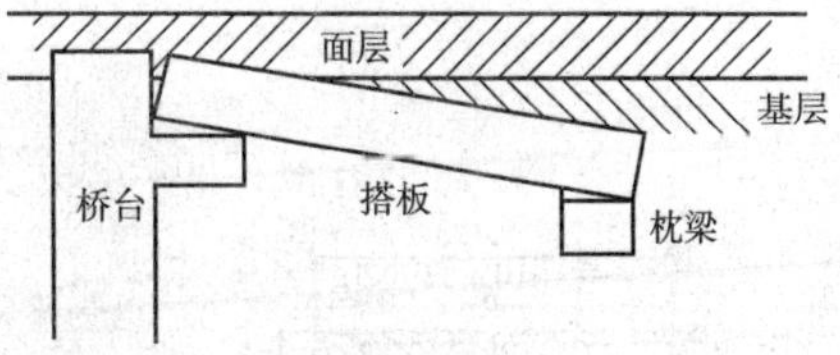

图 2-2-12　桥头搭板的设置方式

搭板与桥台间的锚固有竖向和水平两种方法，考虑到搭板自由端在竖向荷载作用下必然发生竖向位移，而水平向的锚固更符合这一受力特点，并有利于桥台受力，因而桥头搭板与桥台间宜采用水平锚固。搭板的长度与路堤的填高成正比，并与路基的状况有关。

6）人行道

位于城镇和近郊的桥梁均应设置人行道，其宽度和高度应根据行人的交通流量和周围环境来确定，人行道的宽度为 0.75m 或 1.00m，按 0.50m 的倍数增加。若两侧无人行道，则两侧应设置安全带，宽度为 0.50 ~ 0.75m，高度为 0.25 ~ 0.35m。近年来，不少桥梁设计中，为了保证行车安全，安全带的高度设为 0.4m。人行道顶面应做成倾向桥面 1% - 1.5% 的排水横坡，城市桥梁人行道顶面可铺彩砖，以增加美观。此外，人行道在桥面断缝处必须设置伸缩缝。

人行道的构造形式多种多样，根据不同的施工方法有就地浇筑式、预制装配式、部分装配和部分现浇的混合式。就地浇筑式的人行道现在已经很少采用。而预制装配式的人行道具有构件标准化、拼装简单化等优点，在各种桥梁结构中应用广泛。

图 2-2-13a）为预制的 F 形人行道，它搁置在主梁上，适用于各种净宽的人行道，人行道下可以放置过桥管线，但检修更换十分困难；图 2-2-13b）为人行道附设在板上，人行道部分用填料填高，上面敷设 2～3cm 砂浆面层或沥青砂，人行道内缘设置缘石；图 2-2-13c）为小跨宽桥上将人行道部分墩台加高，在其上搁置独立的人行道板；图 2-2-13d）为就地浇筑式人行道，适用于整体浇筑的钢筋混凝土梁桥，而将人行道设在挑出的悬臂上，这样可以缩短墩台宽度，但不太方便施工。

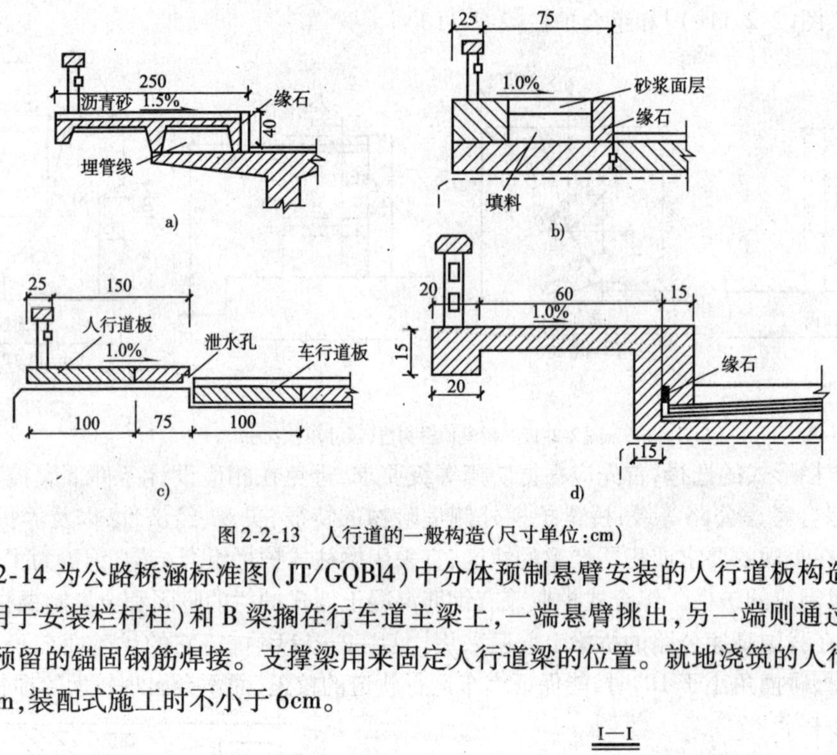

图 2-2-13　人行道的一般构造（尺寸单位：cm）

图 2-2-14 为公路桥涵标准图（JT/GQBl4）中分体预制悬臂安装的人行道板构造。人行道横 A 梁（用于安装栏杆柱）和 B 梁搁在行车道主梁上，一端悬臂挑出，另一端则通过预埋的钢板与主梁预留的锚固钢筋焊接。支撑梁用来固定人行道梁的位置。就地浇筑的人行道板厚度不小于 8cm，装配式施工时不小于 6cm。

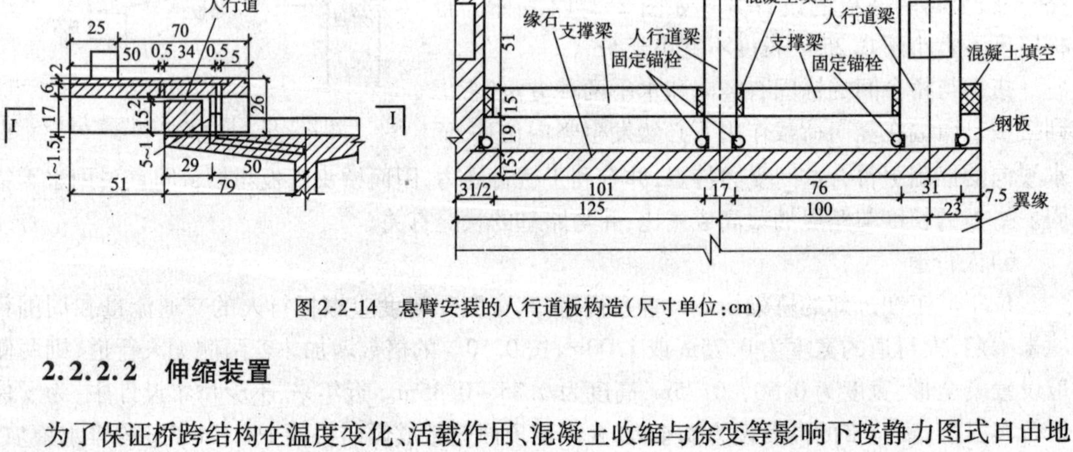

图 2-2-14　悬臂安装的人行道板构造（尺寸单位：cm）

2.2.2.2　伸缩装置

为了保证桥跨结构在温度变化、活载作用、混凝土收缩与徐变等影响下按静力图式自由地变形，就需要使桥面两梁端之间以及在梁端与桥台背墙之间设置横向的伸缩缝（也称变形缝）。伸缩缝的构造视桥梁变形量的大小和活载轮重而异，其作用是不但要保证梁能自由变形，而且要使车辆在设缝处能平顺地通过并防止雨水、垃圾泥土等渗入阻塞。对于城市桥梁还应考虑伸缩缝的构造在车辆通过时减少噪声，并保证施工和安装方便，除其部件本身要有足够的强度外，还应与桥面铺装部分牢固连接。对于敞露式的伸缩缝要便于检查和清除缝下沟槽的污物。

在设置伸缩装置处，栏杆与桥面铺装也要断开。伸缩装置必须与桥面有可靠连接，如结构埋置浅，在车辆荷载的冲击下会使其附近的桥面铺装崩碎破坏。伸缩装置处于桥梁的薄弱位置，即使微小的不平整都会使它承受很大的冲击作用，因此常常需要养护更换。对于伸缩装置的设计和构造处理要选用最有抵抗能力的方案，牢固地锚定，并且能精确地装入车道结构中。

桥梁伸缩装置有异型钢单缝式、橡胶式、梳齿板式和模数式等伸缩装置。伸缩装置的选型主要视桥梁变形量的大小和活载轮重而定，目前最大适应伸缩量可达2000mm。下面介绍几种常见伸缩装置类型。

1）异型钢单缝式伸缩装置（图2-2-15）

异型钢单缝式伸缩装置也称之为异型钢对接式伸缩装置。它是采用热轧整体成型的异型钢材设计的桥梁伸缩缝装置，伸缩体完全由橡胶密封带组成。类型有GQF-C型、GQF-F型、GQF-Z型、GQF-E型、GQF-L型。适用于伸缩量80mm以下的桥梁接缝。

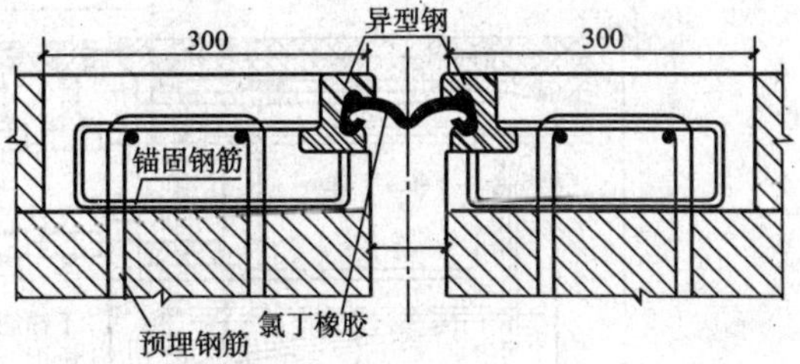

图2-2-15　异型钢单缝式伸缩装置（尺寸单位：mm）

2）橡胶式伸缩装置

橡胶式伸缩装置分板式橡胶伸缩装置和组合式橡胶伸缩装置两种：

（1）伸缩体由橡胶、钢板或角钢硫化为一体的板式橡胶伸缩装置，适用于伸缩量小于60mm的公路桥梁工程；

（2）伸缩体由橡胶板和钢托板组合而成的组合式伸缩装置，适用于伸缩量不大于120mm的公路桥梁工程。

图2-2-16所示为氯丁橡胶具有2个圆孔的嵌条伸缩装置。当梁架设好后，在缝的两端焊接上角钢（角钢间的净距可比橡胶条的宽度小10mm），涂上胶后，再将橡胶条强行嵌入，橡胶条可随人行道弯折，嵌条接头处用胶黏结，伸缩量为20～50mm。

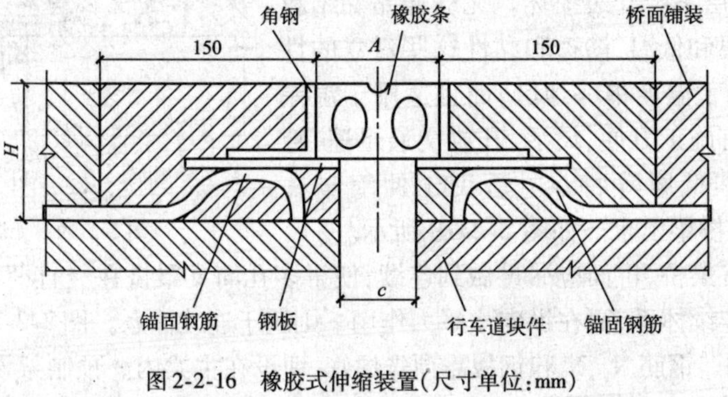

图2-2-16　橡胶式伸缩装置（尺寸单位：mm）

橡胶式伸缩装置不宜用于高速公路、一级公路上的桥梁工程。

3)梳齿板式伸缩装置

梳齿板式伸缩装置(图 2-2-17)是在断缝处用预埋钢筋和预埋钢板固定梁两端护缘钢板,再将护缘钢板用高强螺栓与梳齿形钢板连接,这样梳齿钢板固定在断缝两侧,通过梳齿的缝隙实现断缝处的位移和变形。伸缩体由钢制梳齿板组合而成的伸缩装置,一般适用于伸缩量不大于 300mm 的公路桥梁工程。

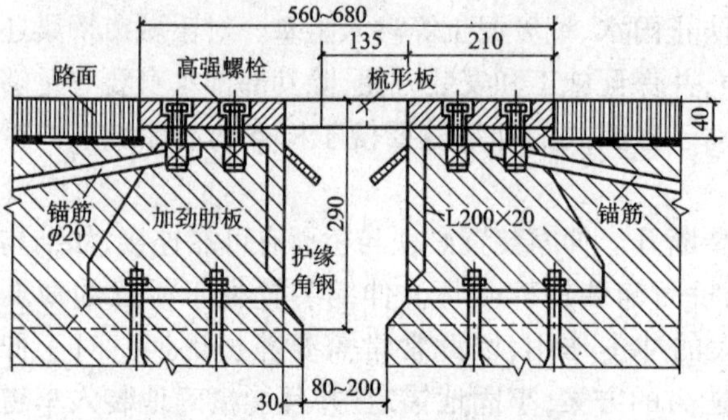

图 2-2-17　梳齿板式伸缩装置(尺寸单位:mm)

4)模数式伸缩装置

采用整体成型的异型钢材制成,由边梁、中梁、横梁、位移控制系统、密封橡胶带等构件组成(图 2-2-18)。其特点是整体性好,抗弯、抗压强度高,车辆经过时平稳无跳,噪声低。适用于各种弯、坡、斜、宽桥梁。模数式伸缩缝位移量的设计可根据实际需要按照一定模数任意组拼。适用于伸缩量为 160 ~ 2000mm 的公路桥梁工程。

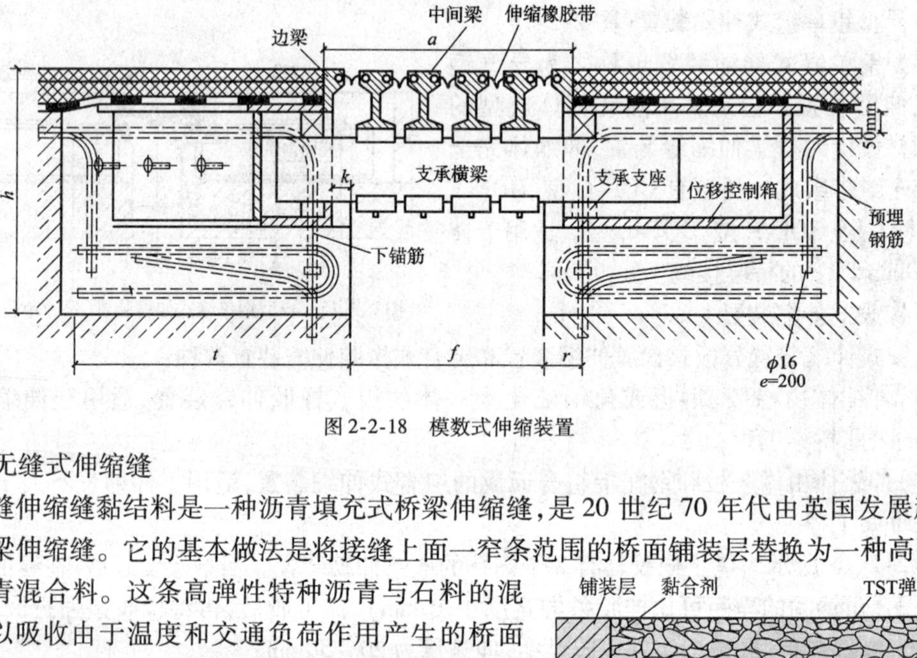

图 2-2-18　模数式伸缩装置

5)无缝式伸缩缝

无缝伸缩缝黏结料是一种沥青填充式桥梁伸缩缝,是 20 世纪 70 年代由英国发展起来的一种桥梁伸缩缝。它的基本做法是将接缝上面一窄条范围的桥面铺装层替换为一种高弹性的特殊沥青混合料。这条高弹性特种沥青与石料的混合物可以吸收由于温度和交通负荷作用产生的桥面板位移,而保证表层不会开裂损坏。无缝伸缩黏结料能够同时兼顾高温和低温、渗透和黏性这些对立的性能要求,不仅适用于温度单一地区,而且适用于温差较大的地区。具有施工方便、灵活、开放交通迅速、舒适性非常好、成本低廉等特点。适用于伸缩量在 50mm 以下的公路桥梁工程。如图 2-2-19 所示。

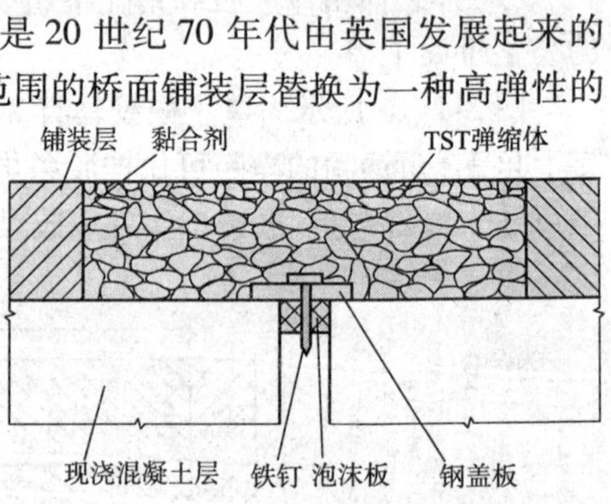

图 2-2-19　无缝式伸缩缝

对于多跨简支梁桥,桥面应尽量做到连续,使得多孔简支梁桥在竖直荷载作用下的变形状态为简支或部分连续体系,而在纵向水平力作用下则属于连续体系。图 2-2-20 为简支梁桥桥面板连续构造示意图。钢筋 N_1、N_2和钢板需预先焊好,埋设在主梁内。预制架设时,梁端接缝处从翼板根部向上在全梁宽度按 10:1 做成斜面,在进行桥面连续前先涂黄油再填 C30 混凝土。

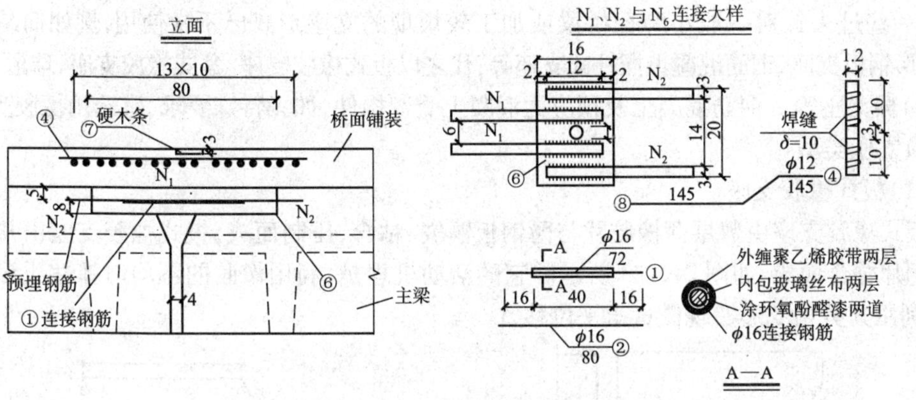

图 2-2-20　简支梁桥桥面板连续构造图(尺寸单位:mm)

经验表明,采用桥面板连续构造,在行车荷载作用下极易出现破坏,造成桥面铺装出现早期裂缝,使桥面铺装使用寿命降低而极大地增加了桥梁的维修费用,同时,简支梁跨中弯矩较大导致梁的截面尺寸和自重显著增加,需要耗用材料多,造价较高。因此近年来发展了先简支-后连续结构。先简支后连续桥梁作为一种连续桥梁,具有造价低,整体性好,桥面接缝少,梁体采用预制施工,相对工期短等优点。这种结构形式通过工厂集中完成大梁预制,现场吊装形成一般简支体系,然后通过浇筑支点处纵向湿接头混凝土,更换支座(体系转换)后形成连续结构(见图 2-2-21)。

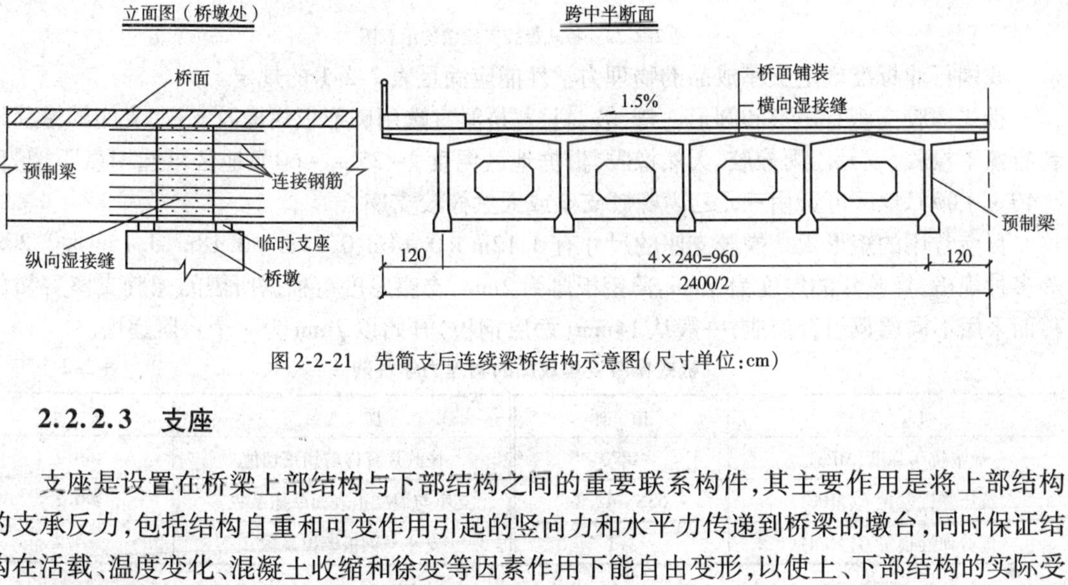

图 2-2-21　先简支后连续梁桥结构示意图(尺寸单位:cm)

2.2.2.3　支座

支座是设置在桥梁上部结构与下部结构之间的重要联系构件,其主要作用是将上部结构的支承反力,包括结构自重和可变作用引起的竖向力和水平力传递到桥梁的墩台,同时保证结构在活载、温度变化、混凝土收缩和徐变等因素作用下能自由变形,以使上、下部结构的实际受力情况符合结构的静力图式(见图 2-2-22)。

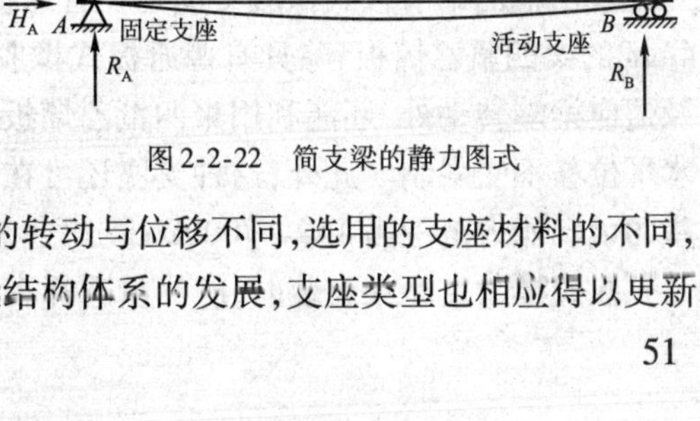

图 2-2-22　简支梁的静力图式

梁式桥的支座一般分成固定支座和活动支座两种形式。固定支座既要将主梁固定在墩台的位置上,传递竖向压力;又要保证主梁发生挠曲时在支承处能够自由转动。活动支座只传递竖向压力,并保证主梁在支承处既能自由转动又能水平移动。由于桥梁跨径、支座反力、支座允许的转动与位移不同,选用的支座材料的不同,支座是否满足防震、减振要求的也不同。随着桥梁结构体系的发展,支座类型也相应得以更新换代，一些过去针对一般小跨径桥梁或加工较烦琐的支座形式已不常使用，例如简易垫层支座、弧形钢板支座、钢筋混凝土摆柱式支座等，代之以板式橡胶支座、盆式橡胶支座、球形钢支座、减(隔)振支座等。钢筋混凝土及预应力混凝土受弯构件，如无特殊要求，宜选用橡胶支座。

1)支座类型

(1)板式橡胶支座

板式橡胶支座由数层薄橡胶片与薄钢板镶嵌、粘合、压制而成，板式橡胶支座由几层橡胶和薄钢片叠合而成，如图2-2-23所示。它的活动机理是：利用橡胶的不均匀弹性压缩实现转角θ；利用其剪切变形实现微量水平位移Δ。

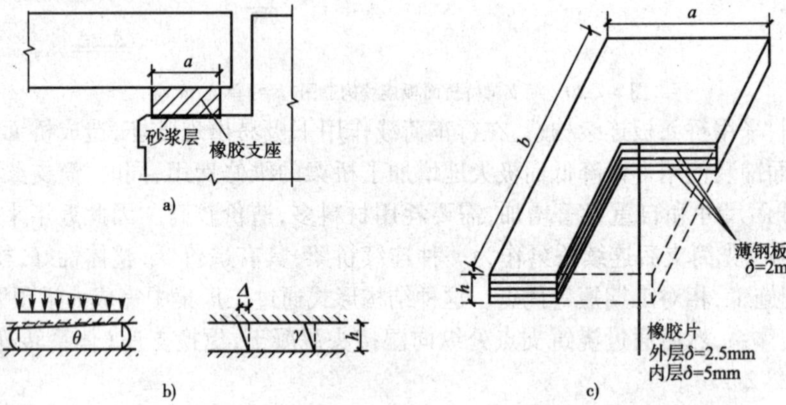

图2-2-23　板式橡胶支座结构示意图

我国行业标准规定支座成品的物理力学性能应满足表2-2-1的规定。

板式橡胶支座有矩形和圆形。弯、坡、斜、宽桥梁宜选用圆形板式橡胶支座，支座的橡胶材料有氯丁橡胶、三元乙丙橡胶、天然橡胶，根据地区温度，-25～+60℃地区可选用氯丁橡胶；-40～+60℃地区可选用三元乙丙橡胶支座或天然橡胶支座。

目前常用的矩形板式橡胶支座的尺寸有0.12m×0.14m、0.14m×0.18m、0.15m×0.20m等多种规格，橡胶片的厚度为5mm，薄钢板厚为2mm，支座厚度可根据所需的橡胶支座剪切位移而采用不同层数组合而成，一般从14mm(两层钢板)开始以7mm为一个台阶递增。

板式橡胶支座成品的物理力学性能　　表2-2-1

项　目	指　标	项　目	指　标
极限抗压强度(MPa)	≥70	橡胶片容许剪切正切值	≥0.7
抗压弹性模量E(MPa)	$53S-41.8$	支座与混凝土表面摩擦系数μ	≥0.3
抗剪弹性模量G(MPa)	1.1	支座与钢板摩擦系数μ	≥0.2

注：表中S为形状系数，对矩形支座$S=\dfrac{l_{0a}l_{0b}}{2(l_{0a}+l_{0b})t_{es}}$，圆形支座$S=\dfrac{d_0}{4t_{es}}$。其中$t_{es}$为中间层橡胶片厚度，$l_{0a}$为支座短边尺寸(顺桥向)，$l_{0b}$为支座长边尺寸(横桥向)，$d_0$为圆形支座钢板直径。

聚四氟乙烯滑板式橡胶支座是在普通板式橡胶支座上按照支座尺寸大小粘贴一层厚2～4mm的聚四氟乙烯板，除具有普通板式橡胶支座的竖向刚度与压缩变形，且能承受垂直荷载及适应梁端转动外，还能利用聚四氟乙烯板与梁底不锈钢板间的低摩阻系数，使桥梁上部结构水平位移不受限制。此外，这种支座还可在顶推、横移等施工中作滑板使用。国产板式橡胶支座的承载能力范围为150～7000kN。

板式橡胶支座在安装时，应尽量选择在年平均气温时进行，必须保证支座准确安装就位，并保证支座与上、下部结构之间密贴,不出现空隙,以免支座脱空。活动支座应设防尘罩。

当桥梁纵坡不大于1%时,板式橡胶支座可直接设于墩帽上;当桥梁纵坡大于1%时,应在梁底采取措施,使支座保持水平。当板桥桥面横坡不大于2%时,板式橡胶支座可直接设于墩帽顶面横坡上,当板桥桥面横坡大于2%时应采取楔形垫块予以调整,见图2-2-24。

(2)盆式橡胶支座

盆式橡胶支座是一种钢结构与橡胶组合而成的新型桥梁支座,具有承载能力大、水平位移量大、转动灵活等特点,适用于支座承载力为1000kN以上的大跨径桥梁。如图2-2-25所示,盆式橡胶支座分为固定支座与活动支座。活动盆式橡胶支座由上支座板、聚四氟乙烯板、承压橡胶块、橡胶密封圈、中间支座板、钢筋箍圈、下支座板以及上下支座连接板组成。组合上、下支座板构造或利用上下支座连接板即可形成固定支座。

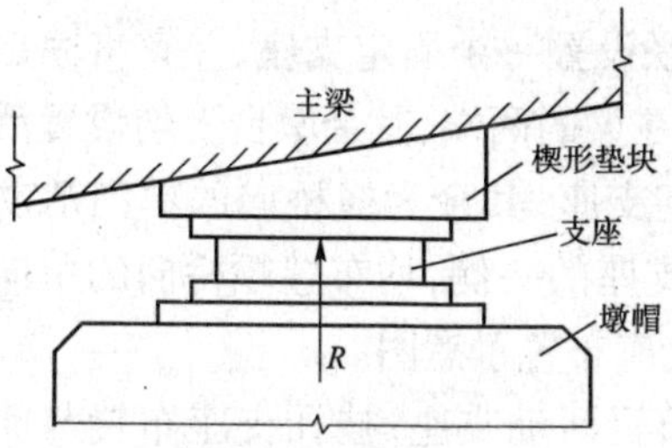

图2-2-24 坡桥楔形垫块

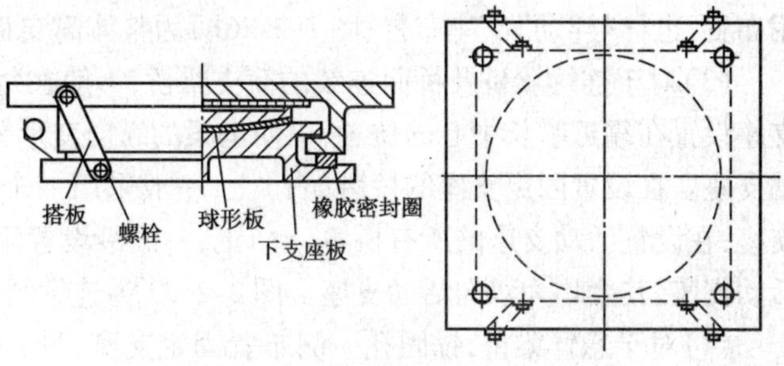

图2-2-25 GPZ(Ⅱ)单向活动支座(DX)组装图

使用中,通过固定在桥跨结构的上支座板将上部结构竖向荷载传递给支座,由聚四氟乙烯板与钢板间的滑动提供水平位移量,由承压橡胶块承受荷载,并依靠其变形保证桥跨结构在支点处的转角。下支座板固定在桥梁墩、台上,中支座板分别与上下支座板形成对聚四氟乙烯板、承压橡胶块的三项受压状态,从而提高支座的承载能力。

国内常用的盆式橡胶支座有GPZ型、TPZ型、QPZ型等系列。表2-2-2中列出部分国产盆式橡胶支座的尺寸。

部分国产盆式橡胶支座规格尺寸 表2-2-2

支座型号	承载能力(kN)	顶板尺寸 A(mm)×B(mm)	底板尺寸 A(mm)×B(mm)	支座高度 H(mm)	位移方式	质量(kg)
GPZ20SX	20000	1450×1190	1190×1190	250	双向活动	1957.6
GPZ20DX		1450×1375	1225×1225	250	单项活动	2400.2
CPZ20GD		1220×1220	1220×1220	250	固定	1896.0

在安装盆式橡胶支座时应注意,支座垫石顶面高程应符合设计要求,表面平整、清洁,支座四个角点高差不得大于2mm。安装活动支座时,可用地脚螺栓或焊接予以锚固。

(3)抗震支座

地震地区的桥梁应使用具有抗震和减振功能的支座。减、隔振支座的作用是尽可能地将结构或部件与可能引起破坏的地震地面运动分离开来,以大大减小传递到上部结构的地震力和能量。目前国内主要的减隔振支座、抗震支座的类型有抗震型球形钢支座、铅芯橡胶支座和高阻尼橡胶支座等。

2)支座的布置

支座的布置,应以有利于墩台传递纵向水平力、有利于梁体的自由变形为原则。根据梁桥的结构体系以及桥宽，支座在纵、横桥向的布置方式主要有以下几种：

(1)对于坡桥，宜将固定支座布置在高程低的墩台上。同时，为了避免整个桥跨下滑，影响车辆的行驶，通常在设置支座的梁底面增设局部的楔形构造，如图 2-2-24 所示。

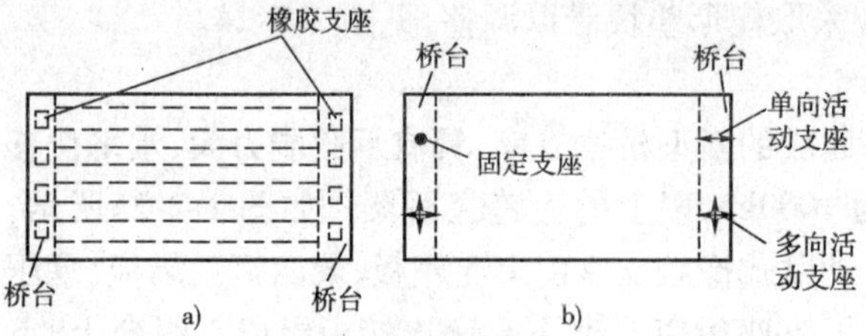

图 2-2-26 单跨简支梁桥支座布置

(2)对于简支梁桥，每跨宜布置一个固定支座、一个活动支座；对于多跨简支梁，一般把固定支座布置在桥台上，每个桥墩上布置一个(组)活动支座与一个(组)固定支座。若个别墩较高，也可在高墩上布置两个(组)活动支座。

图 2-2-26a)为地震区单跨简支梁常用布置，也称"浮动"支座布置；图 2-2-26b)为整体简支板桥或箱梁桥常用支座布置。

(3)对于连续梁桥及桥面连续的简支梁桥，一般在每一联设置一个固定支座，并宜将固定支座设置在靠近联长中心的位置，以使全梁的纵向变形分散在梁的两端，其余墩台上均设置活动支座。在设置固定支座的桥墩(台)上，一般采用一个固定支座，其余为横桥向的单向活动支座；在设置活动支座的所有桥墩(台)上，一般沿设置固定支座的一侧，均布置顺桥向的单向活动支座，其余均为双向活动支座。图 2-2-27 为连续结构支座布置示意图。

(4)对于悬臂梁桥，锚固孔一侧布置固定支座，另一侧布置活动支座；挂孔支座布置与简支梁相同。

2.2.3 简支梁桥的构造

钢筋混凝土或预应力混凝土简支梁桥属于单孔静定结构，它受力明确，构造简单，施工方便，是中小跨径桥梁中应用最广的桥型。简支梁桥的结构尺寸易于设计成系列化和标准化，有利于在工厂内或工地上广泛采用工业化施工和现代化的起重设备进行安装。因此近年来在国内外对于中小跨径的桥梁，绝大部分均采用装配式的钢筋混凝土或预应力混凝土简支梁桥。

2.2.3.1 装配式简支梁桥的类型

装配式简支梁桥，可视跨径大小、是否施加预应力、运输和施工条件等的不同，而采用各种构造类型。所谓构造类型涉及装配式主梁的横截面形式、沿纵截面上的横隔梁布置、块件的划分方式以及块件的连接集成等几个问题，而且这些问题是相辅相成、互相影响的。

对于一定的跨径或桥宽的桥梁而言，采用何种预制主梁截面，主梁的间距多大，应从经济的材料用量、尽可能减少预制工作量，并考虑单片主梁的吊装质量等各方面去优选。

从主梁的横截面形式来划分，装配式简支梁桥可以分为三种基本类型：Π 形梁桥、T 形梁桥和箱形梁桥(图 2-2-28)。

(1)图 2-2-28a)所示为简单的 Π 形梁桥横截面，块件之间用穿过腹板的螺栓连接，以使施工简化。Π 形构件的特点是：截面形状稳定，横向抗弯刚度大，块件堆放、装卸和安装都方便。但这种构件的制造较复杂；梁肋被分成两片薄的腹板，通常用钢筋网来配筋，难以做成刚度大的钢筋骨架。设计经验证明，跨度较大的 Π 形梁桥的混凝土和钢筋的用量都比 T 形梁桥的大，而且构件也重，故 Π 形梁一般只适用跨径 6 ~ 12m 的小跨径桥梁。

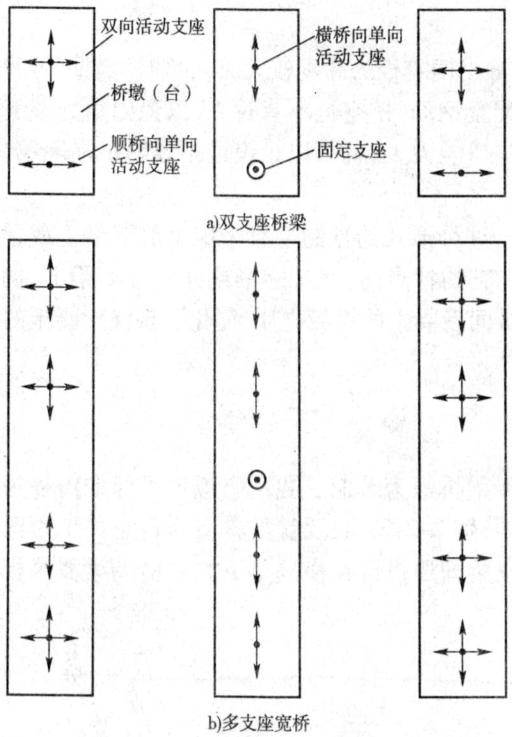

图 2-2-27　连续结构支座布置

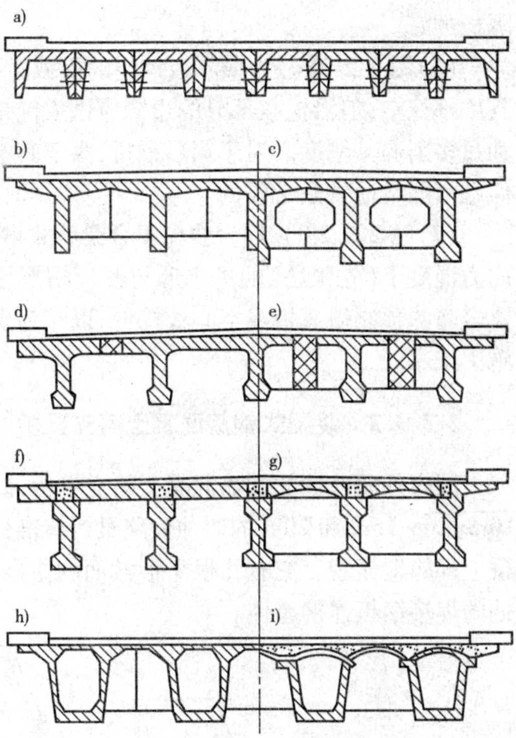

图 2-2-28　装配式简支梁截面形式

(2)目前我国用得最多的装配式简支梁如图 2-2-28b)、c)所示的 T 形梁桥，装配式 T 形梁桥的优点是：制造简单，肋内配筋可做成刚劲的钢筋骨架，主梁之间借助间距为 4～6m 的横隔板来连接，整体性好，接头也较方便。不足之处是：截面形状不稳定，运输和安装较复杂；特别是预应力混凝土 T 形梁，更不能斜置、倒置或在安装过程中倾斜而导致断裂，构件正好在桥面板的跨中接头，对板的受力不利。装配式钢筋混凝土 T 形梁的常用跨径为 8～20m，装配式预应力混凝土 T 梁则为 20～50m。

(3)在保证抗剪条件下尽可能减少梁肋（或称腹板）的厚度，以期减轻构件自重，是目前钢筋混凝土和预应力混凝土桥梁的发展方向。因此为使受拉主筋或预应力筋在梁肋底部较集中布置，或者为满足预应力的受压需要，就形成呈马蹄形的梁肋底部，如图 2-2-28c)、d)、e)所示。但要注意，小于 15～16cm 的腹板厚度对于浇筑混凝土是有困难的，马蹄形的梁肋使模板结构和混凝土的灌筑稍趋复杂。

(4)图 2-2-28h)、i)所示的箱形梁一般不适用于钢筋混凝土简支梁桥，因为受拉区混凝土不参与工作，多余的箱梁底部陡然增加了自重。然而对于全截面参与受力的预应力混凝土梁来说，情况就完全不同。箱形截面的最大优点是纵横向的抗弯和抗扭能力大，其抗扭惯矩约为相应 T 梁截面的十几倍至几十倍，因此在横向偏心荷载作用下，箱梁桥各梁的受力要比 T 梁桥均匀得多，而且预施应力运输、安装阶段单梁的稳定性要比 T 梁的好得多。但箱梁薄壁构件的预制施工比较复杂，单根箱梁的安装质量也比 T 梁的大，这在确定梁桥类型时是必须加以考虑的。

(5)图 2-2-28d)是为简化预制工作并避免操作困难的接头集整工作，在跨度内无横隔板的简支梁桥的横截面形式，在此情况下，主梁间的横向联系主要靠加强的桥面板来实现。实践表明，此法虽属可行，但在运营质量上，以及对承受超重单列车作用的潜在能力上，就不如有横隔板的好。

(6)图2-2-28c)为横隔板挖空的横截面形式。当横隔板的高度较大时,为减轻自重,可将其中部挖空,但沿挖空部分的边缘应做成钝角并配置钢筋,挖空也不宜过大,以免内角处裂缝和过多削弱其刚度。对于箱形梁桥,由于其本身抗扭能力大,就可以少设或不设跨中横隔梁,但端横隔梁通常是必要的。

(7)图2-2-28f)、i)为装配组合梁肋式横截面,这种形式的预制主梁采用钢筋混凝土或预应力混凝土(先张法)的T字形与开口槽形构件。它的特点是:在工字梁或开口槽形梁上,搁置轻巧的预制微弯板或空心板构件,以作为现浇桥面混凝土的模板之用,简化了现浇混凝土的施工工序。

2.2.3.2 装配式钢筋混凝土简支梁桥

国内外所建造的钢筋混凝土简支梁桥,以T形梁桥最为普遍。我国已拟定了标准跨径为10m、13m、16m和20m的四种公路梁桥标准设计图,图2-2-29所示就是典型的装配式T形梁桥上部构造概貌。它有几根T形截面的主梁,横隔梁即通过设在横隔梁下方和横隔梁翼缘板处的焊接钢板连接整体。

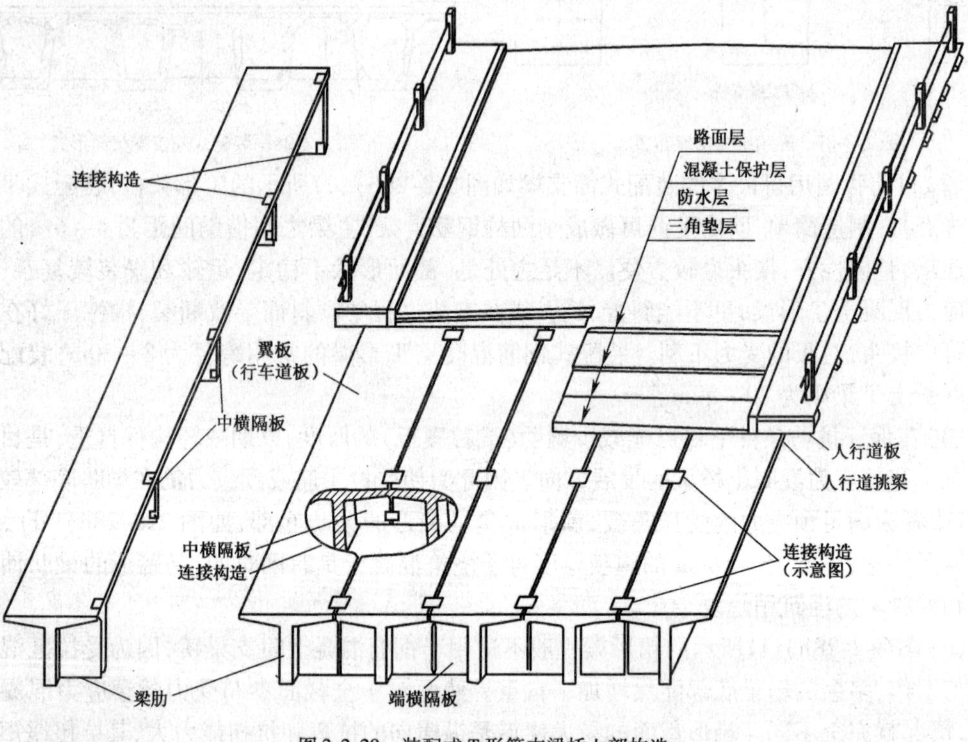

图2-2-29 装配式T形简支梁桥上部构造

1)构造布置

(1)主梁布置

对于设计给定的桥面宽度,如何选定主梁的间距(或片数),这是构造布局中首先要解决的问题。它不仅与钢筋和混凝土的材料用量以及构件的吊装质量有关,而且还涉及翼板的刚度等问题。一般说来,对于跨径大一些的桥梁,如果建筑高度不受限制,则可适当加大主梁间距可减少主梁的片数,钢筋混凝土的用量会少些,这样就比较经济;但此时桥面板的跨径增大,悬臂翼缘板端部较大的挠度对引起桥面接缝处纵向裂缝的可能性会大些。同时,构件质量的增大也给运输和架设带来困难。当吊装允许时，主梁间距宜采用1.8～2.2m。

(2)横隔梁布置

横隔梁在装配式T形梁桥中起着保证各根主梁相互连接成整体的作用，它的刚度愈大，桥梁的整体性愈好，在荷载作用下各根主梁就能更好地共同工作。然而，设置横隔梁使主梁模板工作稍趋复杂，横隔梁的焊接接头要在设于桥下专门的工作架上进行，施工比较麻烦。T形梁桥的端横隔梁是必须设置的，它不但有利于制造、运输和安装阶段构件的稳定性，而且能加强全桥的整体性；有中横隔梁的梁桥，荷载横向分布比较均匀，且可以减轻翼板接缝处的纵向开裂现象。故当梁跨径稍大时，应根据跨度、荷载、行车道板构造等情况，在跨径内增设1～3道横隔梁，间距为5～6m。

2)截面尺寸

图2-2-30中举例示出我国目前所使用墩中心距为20m的装配式T形梁桥纵、横截面主要尺寸。

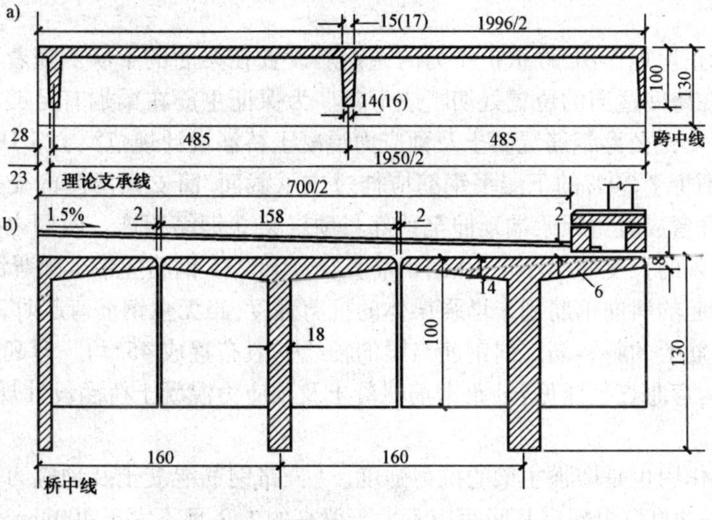

图2-2-30 墩中心距为20m的装配式T梁纵、横截面(尺寸单位:cm)

(1)主梁梁肋尺寸

主梁的合理高度与梁的间距、活载的大小等有关。对于跨径10m、13m、16m和20m的标准设计采用的梁高相应为0.9m、1.1m、1.3m和1.5m，高跨比为1/16～1/11。主梁梁肋的宽度，在满足抗剪需要的前提下，一般都做得较薄，以减轻构件的质量。但是，从保证梁肋的屈曲稳定条件以及不致使振捣混凝土发生困难方面考虑，梁肋也不能做得太薄。目前常用的梁肋宽度为180mm，具体视梁内主筋的直径和钢筋骨架的片数而定。

(2)横隔梁的尺寸

跨中横隔梁的高度应保证具有足够的抗弯刚度，通常可做成主梁高度的3/4左右。梁肋下部呈马蹄形加宽时，横隔梁延伸至马蹄形加宽处，见图2-2-28c)、e)、g)。

为便于安装和检查支座，端横隔梁底部与主梁底缘之间宜留有一定的空隙，或可做成和中横隔梁同高；但从梁体运输和安装阶段的稳定要求来看，端横隔梁又宜做成与主梁同高，可视施工的具体情况来定。

(3)主梁翼板尺寸

一般装配式主梁翼板的宽度视主梁间距而定，在实际预制时，翼板的宽度应比主梁中距小20mm，以便在安装过程中易于调整T梁的位置和制作上的误差。翼板的厚度应满足强度和构造最小尺寸的要求。根据受力特点,翼板通常做成变厚度的,即端部较薄,向根部逐渐加厚。为保证翼板与梁肋连接的整体性,翼板与梁肋衔接处的厚度应不小于主梁高度的1/10。翼板厚度的具体尺寸有两种处理方法:一种是考虑翼板承担全部桥上的永久作用与可变作用,板的受力钢筋全部设在翼板内,在铺装层内只有局部的加强钢筋网,一般做得较厚一些,端部应不小于100mm,当主梁之间采用横向整体现浇连接时,其悬臂端厚度不小于140mm;另一种是一般只承担本身自重、桥面铺装层恒载和施工临时荷载,可变作用则与布置有受力钢筋的钢筋混凝土铺装层共同承担,在此情况下端部厚度可适当减小。

横隔梁的肋宽通常采用150~180mm,宜做成上宽下窄和内宽外窄的楔形[如图2-2-30a)],以便于脱模。

3)主梁钢筋构造

(1)梁肋的钢筋构造

装配式T形梁桥的钢筋可分为纵向受力钢筋(主筋)、架立钢筋、斜钢筋、箍筋和分布钢筋等几种。

简支梁承受正弯矩作用,故抵抗拉力的主钢筋设置在梁肋的下缘。随着弯矩向支点处的减小,主钢筋可在跨间适当的位置处切断或弯起。为保证主筋在梁端有足够的锚固长度和加强支承部分的强度,《公路钢筋混凝土及预应力混凝土桥涵设计规范》(JTG D62—2004)规定,至少有2根,并不少于20%的下层主钢筋应伸过支承截面,简支梁两侧的受拉主钢筋应伸出支点截面以外,并弯成直角顺梁端延伸至顶部与顶层架立钢筋相连。两侧之间未弯起的钢筋伸出支承截面以外的长度应不小于10倍钢筋直径,HPB235钢筋应带半圆弯钩。

由主钢筋弯起的斜向钢筋用来增强梁体的抗剪强度,当无主钢筋弯起时,尚需配置专门焊于主筋和架立钢筋上的斜钢筋。斜钢筋与梁的轴线一般布置成45°角。弯起钢筋应按圆弧弯折,有关钢筋弯钩弯曲直径详见《公路钢筋混凝土及预应力混凝土桥涵设计规范》(JTG D62—2004)有关条文。

箍筋的主要作用也是增强主梁的抗剪强度。《公路钢筋混凝土及预应力混凝土桥涵设计规范》(JTG D62—2004)中规定其间距应不大于梁高的1/2且不大于400mm,且两支点附近的第一个箍筋应设置在距端面一个混凝土保护层距离处。其配筋率以及其他有关规定可参阅《公路钢筋混凝土及预应力混凝土桥涵设计规范》(JTG D62— 2004)相应条文。

架立钢筋布置在梁肋的上缘,主要起固定箍筋和斜筋并使梁内全部钢筋形成立体或平面骨架的作用。当T形梁梁肋高度大于100cm时,为了防止梁肋侧面因混凝土收缩等而产生裂缝,因此需要设置纵向防裂的分布钢筋,其截面积$A_s=(0.001\sim0.002)bh$,式中b为梁肋宽度,h为梁的全高。当梁跨较大、梁肋较薄时取用较大值。这种分布钢筋的直径为6~8mm,靠近下缘,混凝土拉应力也大,故布置得密些,在上部则可稀些,间距在受拉区不大于20mm,且不大于腹板宽度,受拉区不大于300mm,支点附近剪力较大区段为100~150mm。

为了防止钢筋受到大气影响而锈蚀,并保证钢筋与混凝土之间的黏着力充分发挥作用,钢筋到混凝土边缘需要设置保护层。若保护层厚度太小,就不能起到以上作用,太大则混凝土表层因距钢筋太远容易破坏,且减小了钢筋混凝土截面的有效高度,使受力情况也不好。《公路钢筋混凝土及预应力混凝土桥涵设计规范》(JTG D62—2004)规定的保护层厚度见表2-2-3。

当受拉区主筋的混凝土保护层厚度大于50mm时,应在保护层内设置直径不小于6mm、间距不大于100mm的钢筋网。

普通钢筋和预应力直线形钢筋最小混凝土保护层厚度(单位:mm)　　　　表 2-2-3

序号	构 件 类 别	环 境 条 件		
		Ⅰ	Ⅱ	Ⅲ、Ⅳ
1	基础、桩基承台:①基坑底面有垫层或侧面有模板(受力主筋);②基坑底面无垫层或侧面无模板(受力主筋)	40 60	50 75	60 85
2	墩台身、挡土结构、涵洞、梁、板、拱圈、拱上建筑(受力主筋)	30	40	45
3	人行道构件、栏杆(受力主筋)	20	25	30
4	箍筋	20	25	30
5	缘石、中央分隔带、护栏等行车道构件	30	40	45
6	收缩、温度、分布、防裂等表层钢筋	15	20	25

为了使混凝土的粗集料能填满整个梁体,以免形成灰浆层或空洞,各主筋之间的净距规定:当主钢筋为三层或三层以下者,净距不小于 30mm,且不小于钢筋直径;三层以上者,净距不小于 40mm,且不小于钢筋直径的 1.25 倍(图 2-2-31)。

在装配式 T 形梁中,钢筋数量多,如按钢筋最小净距要求(在高度方向钢筋的净距也要满足≥30mm 或≥1.25d 的要求)排列就有困难,在此情况下可将钢筋叠置,并与斜筋、架立钢筋一起焊接成钢筋骨架(图 2-2-32)。然而,焊接钢筋骨架的主筋与混凝土的黏结面积较小,一般说来抗裂性能稍差,因此,在实践中采用表面呈螺纹形或竹节形的钢筋,并选用较小直径的钢筋,有条件时还可以将箍筋与主钢筋接触处点焊固结,以增大其黏结强度,从而改善其抗裂性能。在焊接钢筋骨架中,为保证焊接质量,使焊缝处强度不低于钢筋本身强度,对焊缝的长度必须满足下述要求:

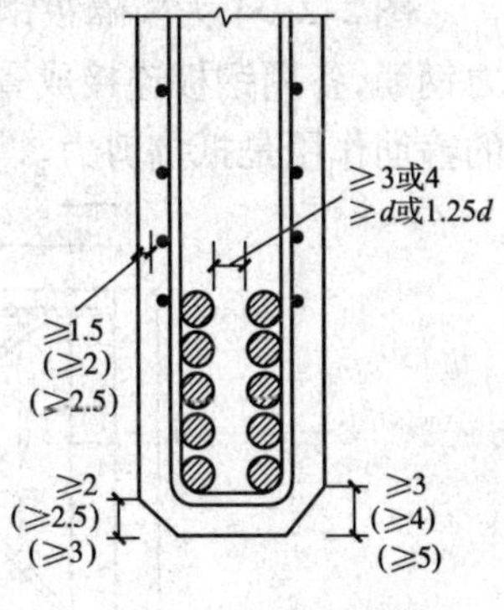

图 2-2-31　混凝土保护层厚度(尺寸单位:cm)

①对于利用主钢筋弯起的斜筋,在起弯处应与其他主筋相焊接,可采用每边各 2.5d 的双面焊缝或一边长 5d 的单面焊缝(图 2-2-32 中 A)。弯起钢筋的末端与架立钢筋(或其他主筋)相焊接时,采用长 5d 的双面焊缝或 10d 的单面焊缝(图 2-2-32 中 B)。其中 d 为受力钢筋直径。

②对于附加的斜筋,其与主筋或架立筋的焊缝长度,采用每边各长 5d 的双面焊缝或一边长 10d 的单面焊缝(图 2-2-32 中 C 和 D)。

③各层主钢筋相互焊接固定的焊缝长度,采用 2.5d 的双面焊缝或 5d 的单面焊缝(图 2-2-32 中的 E)。

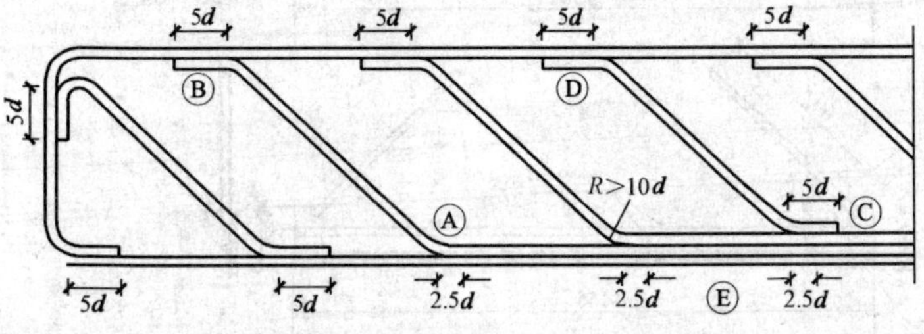

图 2-2-32　焊接钢筋骨架焊缝尺寸图(图中尺寸为双面焊缝,单面焊缝应加倍)

通常对于小跨径梁可采用双面焊缝,先焊好一边,再把骨架翻身焊另一边,这样既可缩短接头长度,又可减少焊接变形,当骨架较长而不便翻身时,就可用单面焊缝。

（2）翼缘板内的钢筋构造

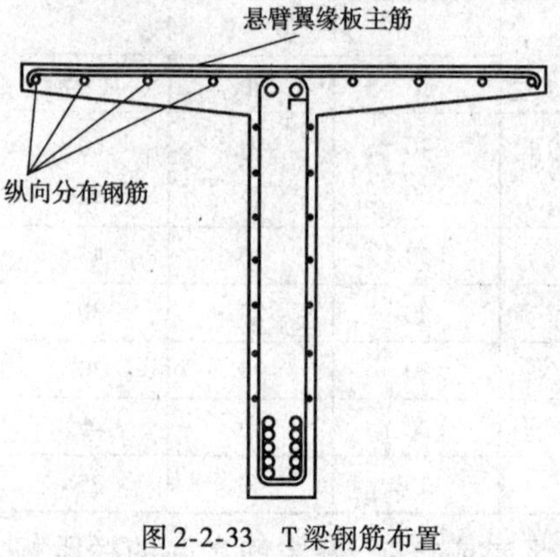

图 2-2-33　T 梁钢筋布置

T 梁翼缘板内的受力钢筋沿横向布置在板的上缘，以承受悬臂的负弯矩，在顺主梁跨径方向还应设置少量的分布钢筋（图 2-2-33）。按《公路钢筋混凝土及预应力混凝土桥涵设计规范》（JTG D62—2004）要求，板内主筋的直径不小于 10mm，每米板宽内不少于 5 根。分布钢筋的直径不小于 6mm，间距不大于 25cm，在单位板宽内分布钢筋的截面积不小于主筋截面积的 15%，在有横隔梁的部位分布钢筋的截面积应增至主筋的 30%，以承受集中轮载作用下的局部负弯矩，所增加的分布钢筋每侧应从横隔梁轴线伸出 $l/4$（l 为横隔板的间距）的长度。

（3）横隔板的钢筋构造

图 2-2-34 为横隔板钢筋的布置。在每根横隔梁上缘配置 2 根受力钢筋，下缘配置 4 根受力钢筋，各用钢板连接成骨架。同时，在上、下钢筋骨架中均加焊锚固钢板的短钢筋。横隔梁的箍筋作用是抵抗剪力。

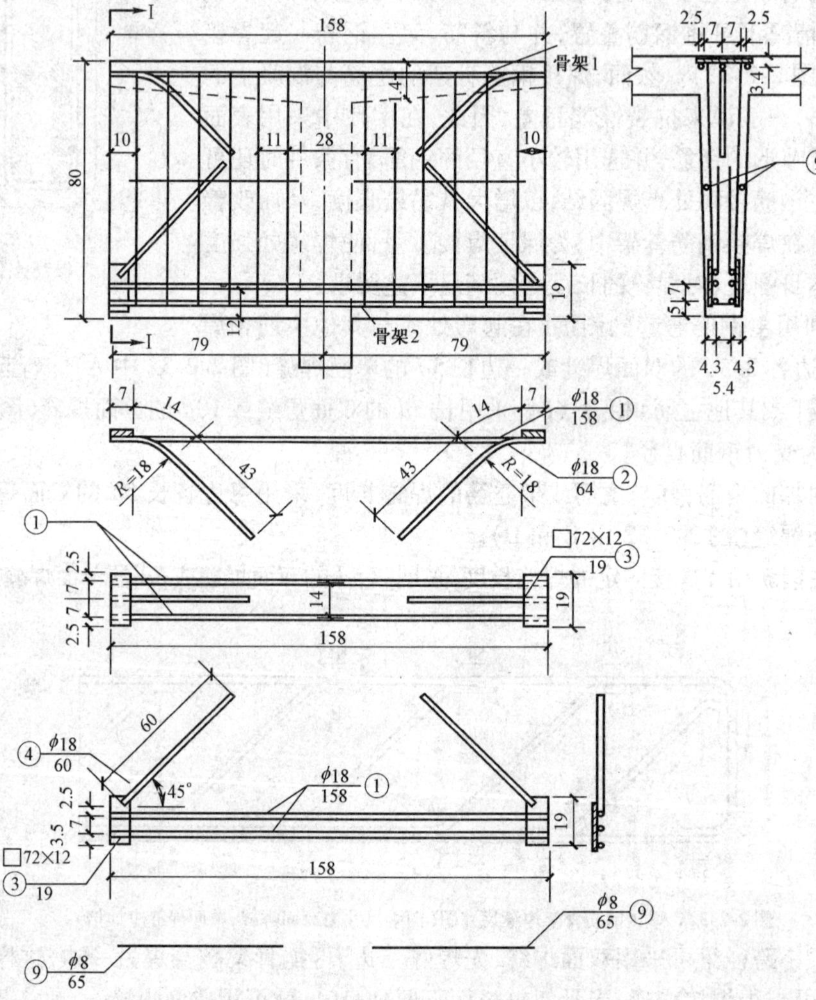

图 2-2-34　装配式 T 形梁桥横隔板钢筋构造图（尺寸单位：cm）

4）主梁钢筋构造实例

图 2-2-35 所示的标准跨径为 20m，行车道宽 7m，两边设 0.75m 的人行道，按公路—Ⅱ级荷载及人群荷载 $3kN/m^2$ 设计的装配式钢筋混凝土简支 T 形梁块件构造。

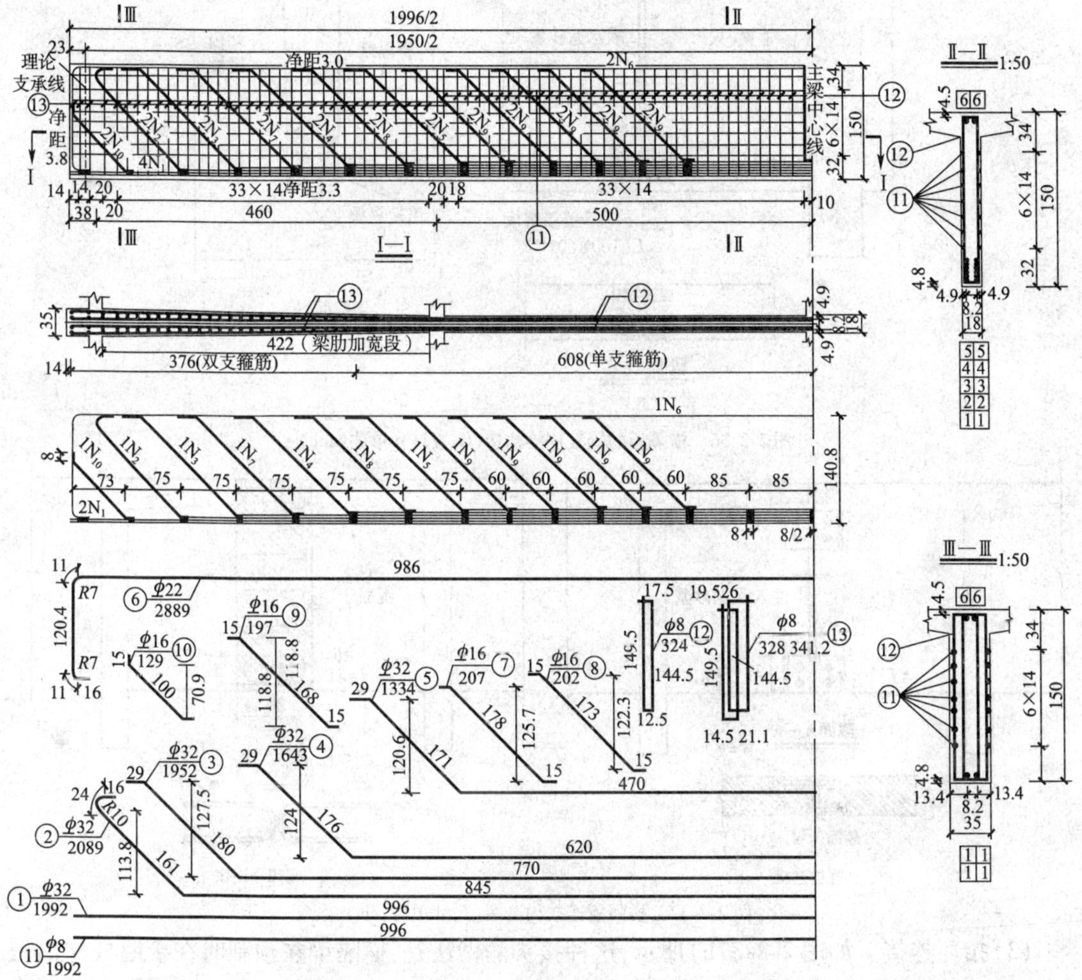

图 2-2-35　20m 装配式 T 形梁钢筋构造图（尺寸单位：cm）

5）装配式主梁的连接构造

通常在设有端横隔板和中横隔板的装配式 T 形梁桥中，均借助横隔梁的接头使所有主梁连接成整体。接头要有足够的强度，以保证结构的整体性，并使在运营过程中不致因车辆反复作用和冲击作用而松动。其连接的方式有以下介绍的几种。

（1）钢板连接。如图 2-2-36 所示，在横隔梁靠近下部边缘的两侧和顶部的翼板内均埋有焊接钢板，焊接钢板预先与横隔梁的受力钢筋焊在一起做成钢筋骨架。当 T 梁安装就位后即在横隔梁的预埋钢板上再加焊盖接钢板使联成整体。相邻横隔梁之间的缝隙最好用水泥砂浆填满，所有外露钢板也应用水泥砂浆封盖。这种接头强度可靠，焊接后立即就能承受荷载，但现场要有焊接设备，而且有时需要在桥下进行仰焊，施工较困难。

（2）螺栓连接。如图 2-2-37a）所示，此种方法基本上与焊接钢板接头相同，不同之处是使用螺栓与预埋钢板连接，为此钢板上要留螺栓孔。这种接头简化接头的施工工序，由于不用特殊机具而有拼装迅速的优点，但在运营过程中螺栓易于松动。

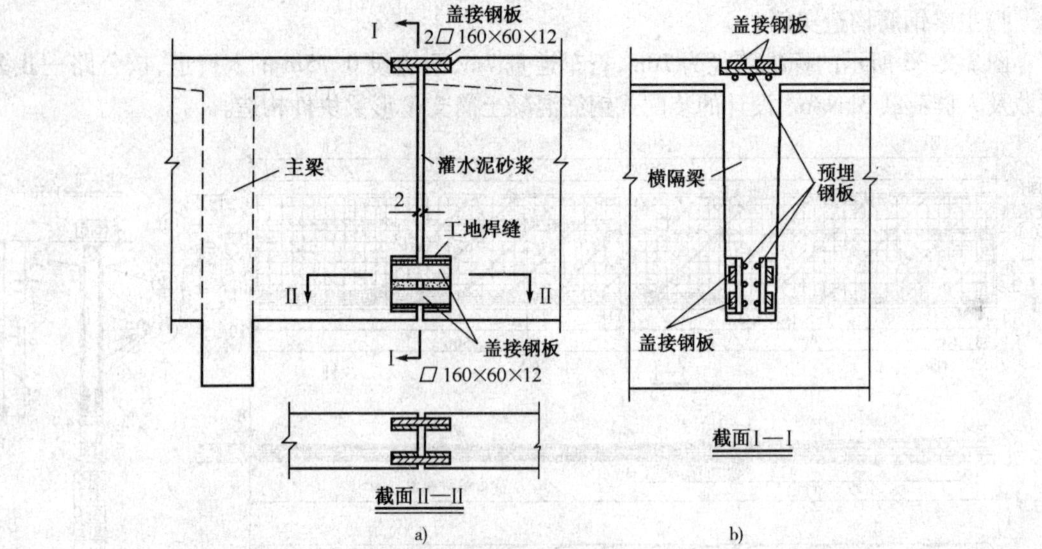

图 2-2-36　横隔板的钢板连接构造(钢板尺寸单位:mm)

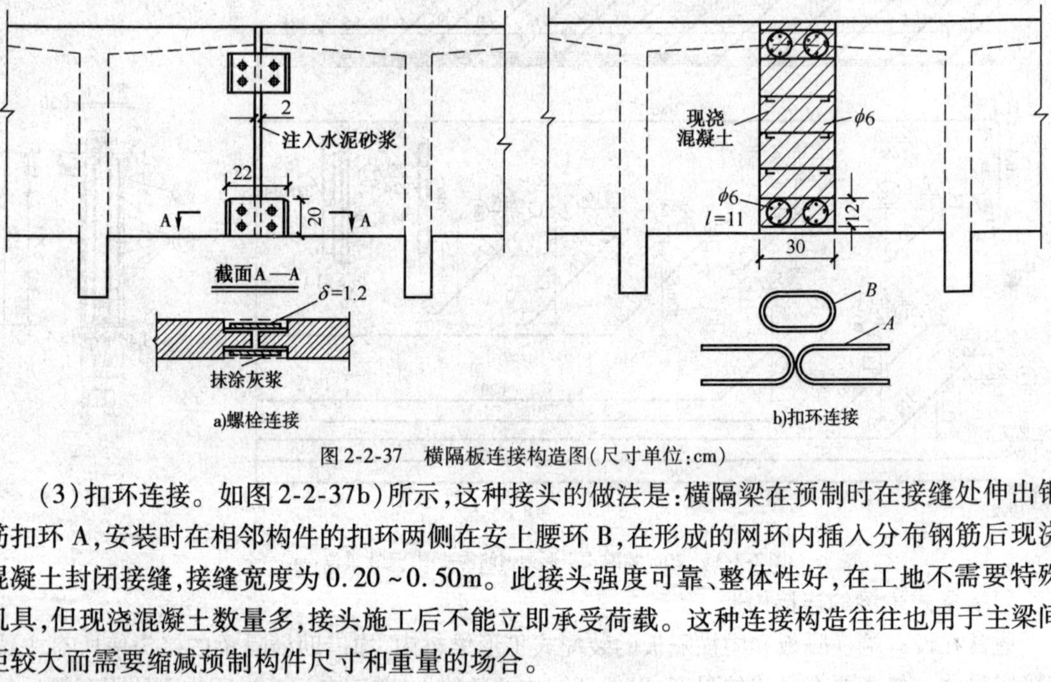

图 2-2-37　横隔板连接构造图(尺寸单位:cm)

(3)扣环连接。如图 2-2-37b)所示,这种接头的做法是:横隔梁在预制时在接缝处伸出钢筋扣环 A,安装时在相邻构件的扣环两侧在安上腰环 B,在形成的网环内插入分布钢筋后现浇混凝土封闭接缝,接缝宽度为 0.20 ~0.50m。此接头强度可靠、整体性好,在工地不需要特殊机具,但现浇混凝土数量多,接头施工后不能立即承受荷载。这种连接构造往往也用于主梁间距较大而需要缩减预制构件尺寸和重量的场合。

2.2.3.3　装配式预应力混凝土简支梁桥

预应力混凝土结构以其良好的实用性能被广泛应用。目前公路上预应力混凝土简支梁的跨径在 50 ~60m,我国编制了后张法装配式预应力混凝土简支梁桥的标准设计图,标准跨径为 25m、30m、35m、40m。

预应力混凝土简支梁桥的横截面类型基本上与钢筋混凝土梁桥相似,装配式预应力混凝土 T 形梁和箱形梁最为常见。

1)构造布置

我国编制的公路桥涵标准图中,主梁间距采用 1.6m 和 2.2m,并根据桥梁横断面不同的净宽而相应采用 5、6、7 片主梁。图 2-2-38 是跨径 30m,桥面净空为净-7 +2 ×0.75m 人行道的标准设计构造布置图。

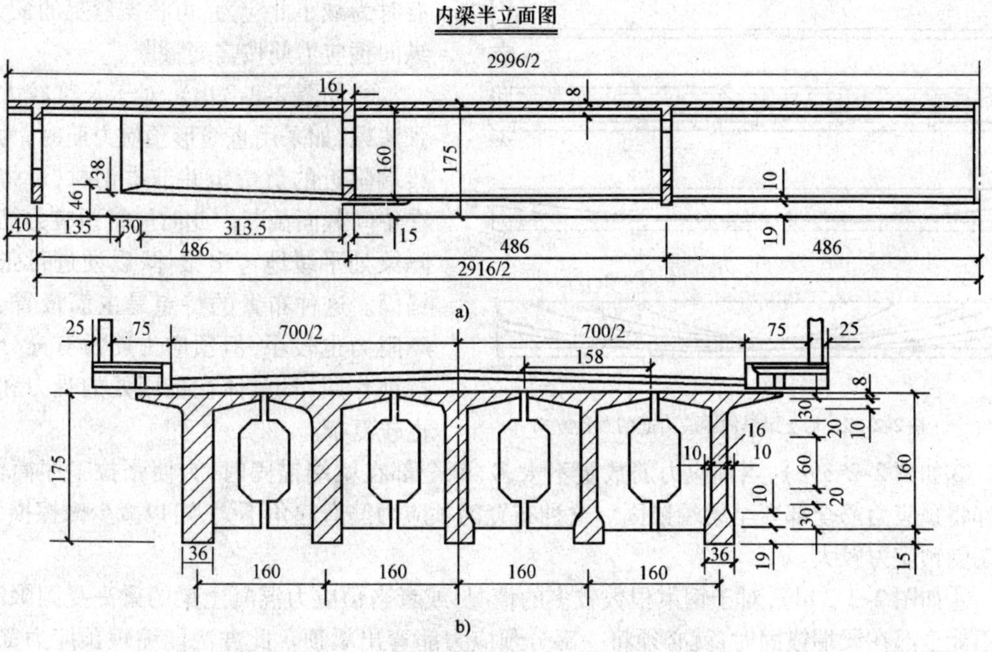

图 2-2-38　30m 预应力混凝土 T 梁的构造布置(尺寸单位:cm)

当吊装质量不受限制时,对于较大跨径的 T 形梁,宜用较大的主梁间距(1.8 ~2.5m),可减少钢筋与混凝土的用量。

主梁的高度是随截面形式、主梁片数及建筑高度的不同而不同。对于常用的等截面简支梁,高跨比可在 1/25 ~1/14 内选取。随着跨径增大取较小值,随梁数减少取较大值,中等跨径一般可取 1/18 ~1/11。

2)截面尺寸

(1)预应力混凝土简支 T 梁的梁肋下部通常加宽做成马蹄形,以便钢丝束或钢绞线束的布置和满足承受很大预压力的需要。为了配合钢丝束的起弯,在梁端能布置钢丝束锚头和安放张拉千斤顶,在靠近支点处腹板也要加宽至与马蹄同宽,加宽范围最好达一倍梁高(离锚固端)左右,这样就形成了沿纵向腹板厚度发生变化、马蹄部分也逐渐加高的变截面 T 梁。一般跨径中部肋宽采用 16cm,肋宽不宜小于肋板高度的 1/15。

(2)为了防止在施工和运输中使马蹄部分遭致纵向裂缝,除马蹄面积不宜小于全截面的 10% ~20% 以外,尚建议具体尺寸如下:

①马蹄宽度约为肋宽的 2 ~4 倍,且马蹄部分(特别是斜坡区)的管道保护层不宜小于 60mm。

②马蹄全宽部分高度加 1/2 斜坡区高度为(0.15 ~0.20)h,斜坡宜陡于 45°。同时应注意:马蹄部分不宜过高、过大,否则会降低截面形心,减少偏距 e,并导致降低抵消自重的能力。

3)配筋特点

装配式预应力混凝土简支梁桥内的配筋,除主要的纵向预应力筋外,尚有架立钢筋、箍筋、水平分布钢筋、承受局部应力的钢筋和其他构造钢筋等。

(1)纵向预应力筋的布置方式(图 2-2-39)

①如图 2-2-39a),全部主筋直线形布置,构造简单,它仅适用于先张法施工的小跨度梁。

其缺点是支点附近无法平衡的张拉负弯矩会在梁顶出现过高的拉应力，甚至遭致严重的开裂。有时为减小此应力，可根据弯矩的变化，将纵向预应力筋按需要截断。

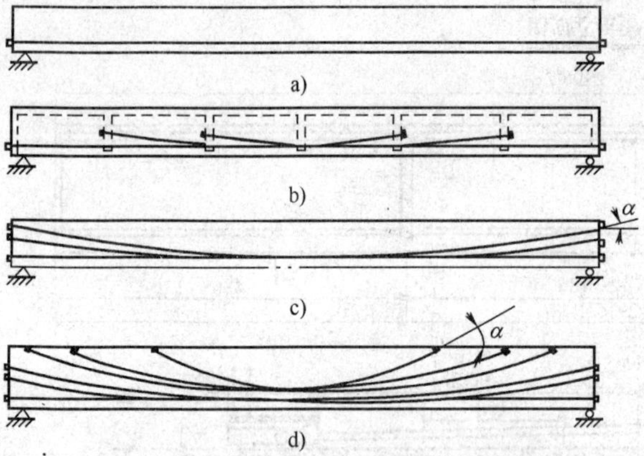

图 2-2-39　简支梁纵向预应力筋的布置方式

②如图 2-2-39b)，对于长度较大的后张法梁，如采用直线形预应力筋时，为减少梁端附近的负弯矩并节省钢材，可将主筋在中间截面截断。此时应将预应力筋在横隔梁处平缓地弯出梁体，以便进行张拉和锚固。这种布置的特点是主筋最省、张拉摩阻力也较小，但预应力筋没有充分发挥抗剪作用，且梁体在锚固处的受力和构造也较复杂。

③如图 2-2-39c)，当预应力筋数量不太多，能全部在梁端锚固时，为使张拉工序简便，通常都将预应力筋全部弯至梁端锚固。这种布置的预应力筋弯起角不大，可以减少摩擦损失，但梁端受预应力较大。

④如图 2-2-39d)，对于钢束根数较多的情况，或者当预应力混凝土梁的梁高受到限制，以致不能全部在梁端锚固时，就必须将一部分预应力筋弯出梁顶。此方法能缩短预应力筋的长度，节约钢材对于提高梁的抗剪能力有利，但是张拉作业的操作稍显复杂，预应力筋的弯起角较大，摩擦损失较大。

在以上的布置形式中，目前预应力混凝土简支梁桥上采用最广的布置方式是图 2-2-39c)和图 2-2-39d)所示两种。

预应力筋总的布置原则是：在保证梁底保护层厚度及使预应力钢筋位于索界内的前提下，尽量使预应力筋的重心靠下，在满足构造要求的同时，预应力钢筋尽量相互紧密靠拢，使构件尺寸紧凑。

(2)非预应力筋的布置

预应力混凝土 T 形梁与钢筋混凝土梁一样，按规定布置箍筋、架立钢筋、防收缩钢筋。由于预应力混凝土梁肋承受的主拉应力较小，一般不设斜筋。其构造要求基本相同，但还有其自身的特点。

①图 2-2-40 为两端锚固区的配筋构造。加强钢筋网的网格为 10cm × 10cm。锚具下设置厚度不小于 16mm 的钢垫板与 $\phi 8$ 的螺旋筋，其螺距为 3cm，长 21cm，以提高混凝土的抗裂性。

②对于预应力比较集中的下翼缘（下马蹄）内必须设置闭合式加强箍筋，其间距不大于 15cm。图 2-2-41 中 d 为制孔管的直径，应比预应力的直径大 10mm，采用铁皮套管时应大 20mm，管道间的最小净距由灌注混凝土的要求所确定，在有良好的振捣工艺时（例如同时采用底振和侧振），最小净距不小于 4cm。

③在预应力混凝土简支梁中，有时为了补充局部梁段内强度的不足，或为了满足极限强度的要求，或为了更好地分布裂缝和提高梁的韧性等，可以将无预应力的钢筋与预应力筋协同配置，这样往往能达到经济合理的效果，见图 2-2-42。

图 2-2-42a)所示，当梁中预应力筋在两端不便弯起时，为了防止张拉阶段在梁顶部可能开裂而布置的受拉钢筋。

对于自重比永久作用和可变作用小得多的梁，在预加力阶段跨中部分的上翼缘可能会开裂而破坏。因而也可在跨中部分的顶部加设无预应力的纵向受力钢筋,见图 2-2-42b)。这种钢筋在运营阶段还能加强混凝土的抗压能力,在破坏阶段则可提高梁的安全度。

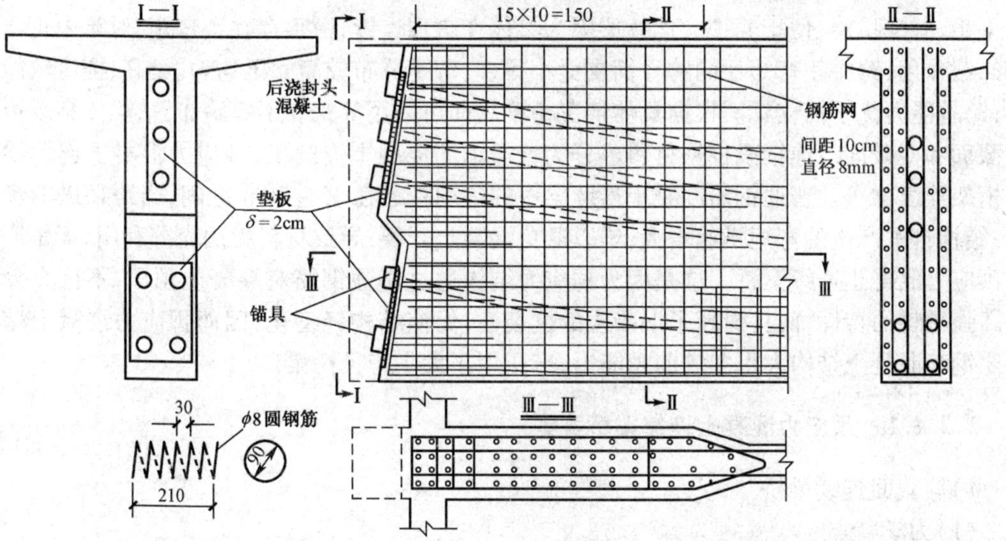

图 2-2-40　梁端锚垫板和锚下加强钢筋网构造图

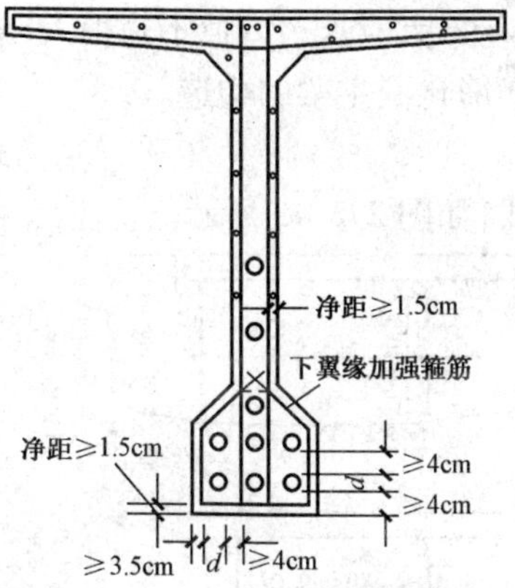

图 2-2-41　横截面内钢筋布置

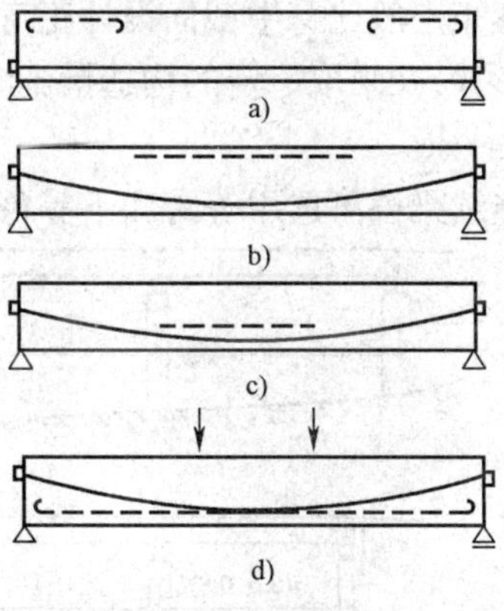

图 2-2-42　非预应力纵向受力钢筋布置示意(虚线部分)

图 2-2-42c)所示在跨中部分下翼缘内设置的钢筋,多半是在全预应力梁中为了加强混凝土承受预加压力的能力。

对于部分预应力梁也往往利用通常布置在下翼缘的纵向钢筋来满足极限强度的要求,见图 2-2-42d),并且这种钢筋对于配置无黏结预应力筋的梁能起到分布裂缝的作用。

此外,无预应力的钢筋还能增加梁在反复荷载作用下的疲劳极限强度。

4)横向连接

装配式预应力混凝土梁桥的横向连接构造一般与钢筋混凝土梁桥相同,但也可在横隔梁内预留孔道,采用横向预应力筋张拉集整。这样的连接整体性好,但对梁的预制精度要求较高,施工稍复杂。

2.2.4　连续梁桥构造

不同于简支梁,连续梁是将简支梁梁体在支点上连接形成梁体连续,在支点只设置一排(或一个)支座,属超静定结构。连续梁是由若干跨梁组成一联,桥梁可由 联或多联组成。

常见的连续梁桥每联由3~8跨梁组成,联内跨数增加了结构计算量,使施工难度增大,温度变化及混凝土收缩、徐变所需伸缩缝宽度增大。但是增加联内桥跨数量对行车是有利的,能使行车平稳、减少噪声、便于养护。连续梁因为梁体在墩顶连续,墩顶存在负弯矩,对跨中正弯矩起到卸载作用,跨中正弯矩比同跨径简支梁小得多,弯矩分布较简支梁均匀,梁高、挠度较简支梁小,跨越能力优于简支梁。根据具体情况桥梁立面可采用等跨和不等跨布置,梁体高度可采用等截面和变截面。连续梁根据材料可分为普通钢筋混凝土连续梁、预应力混凝土连续梁以及钢桁架连续梁等。普通钢筋混凝土连续梁桥的适用跨径在15~30m之间,当跨径进一步增大时,结构自重产生的弯矩迅速增大,难以避免混凝土开裂,导致材料无法充分利用,于是广泛采用预应力混凝土连续梁桥。这是因为预应力结构通过高强钢筋对混凝土预压,不仅充分发挥了高强材料的特性,而且提高了混凝土的抗裂性,促使结构轻型化,因而预应力混凝土结构具有比钢筋混凝土结构大得多的跨越能力,广泛用于大中跨径桥梁。

2.2.4.1 预应力混凝土连续梁桥类型

1)等截面连续梁桥

(1)力学特点

除了简支-连续法施工的连续梁桥,超静定结构的连续梁在结构重力和活载作用下,支点截面设计负弯矩一般比跨中截面设计正弯矩大,但在跨径不大时这个差值不是很大,可以考虑采用等截面形式,并采取一定的构造措施予以调节,从而简化了主梁的构造。

(2)构造特点

等截面连续梁桥可选用等跨和不等跨两种布置方式,如图2-2-43所示。

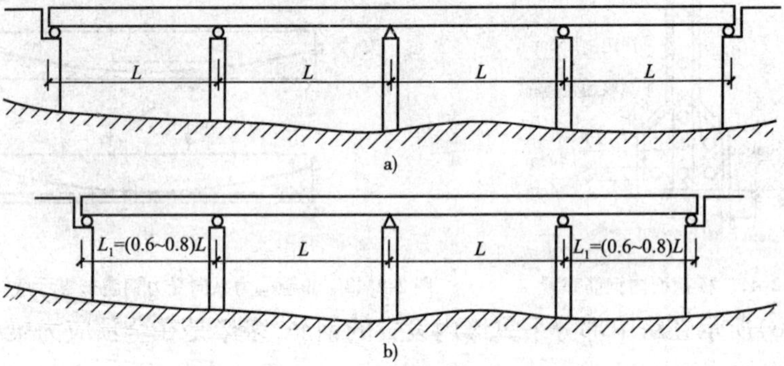

图2-2-43 等截面连续梁桥的立面布置

等跨布置的跨径大小主要取决于经济分孔和施工设备条件,高跨比一般为1/25~1/15;在顶推施工的等截面连续梁桥中梁高 H 与顶推跨径之比一般为1/17~1/12。当标准跨径较大时,有时为减少边跨正弯矩,将边跨跨径取小于中跨的结构布置,一般边跨与中跨长之比在0.6~0.8。

当标准跨径不能满足通航或桥下交通要求而需要加大个别跨的跨径时,常常不需改变高度,而是采用增加钢筋束和调整截面尺寸的方式予以解决,使桥梁外观仍保持等截面布置。这样做既使桥梁的立面协调一致,又能减少构件及模板的规格。

(3)适用范围及特点

①桥梁一般采用中等跨径,以40~60m为宜(国外也有达到80m的跨径)。这样可以使主梁构造简单,施工快捷。

②立面布置以等跨径为宜,也可以采用不等跨布置。

③适合有支架施工、逐孔架设施工、移动模架施工及顶推法施工。

2)变截面连续梁桥

(1)力学特点

当连续梁的主跨跨径接近或大于70m时,若主梁仍采用等截面布置,在结构重力和活载作用下,主梁支点截面设计负弯矩将比跨中截面的设计正弯矩大得多,从受力上讲就显得不太合理且不经济。因此,主梁采用变截面形式才更符合受力要求,高度变化基本上与内力变化相适应。

(2)构造特点

变截面形式的大跨径预应力混凝土梁桥,立面一般采用不等跨布置。但多于三跨的连续梁桥,除边跨外,其中间各跨一般采用等跨布置,以方便悬臂施工。对于多于两跨的连续梁桥,其边跨一般为中跨的0.6~0.8倍,如图2-2-44a)所示。当采用箱形截面的三跨连续梁时,边孔跨径甚至可减少至中孔的0.5~0.7倍。有时为了满足城市桥梁或跨线桥的交通要求而需增大中跨跨径时,可将边跨跨径设计成仅为中跨的0.5倍以下,在此情况下,端支点上将出现较大的负反力,故必须在该位置设置能抵抗拉力的支座或压重以消除负反力,如图2-2-44b)所示。

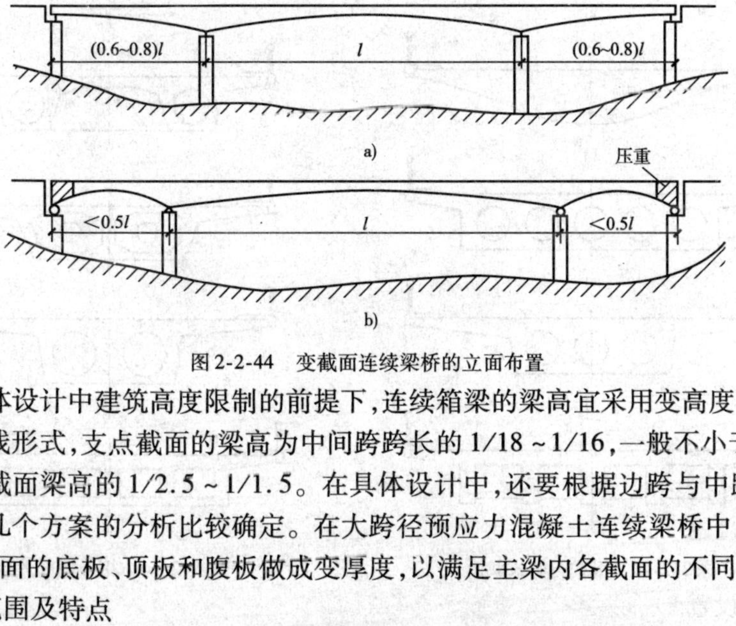

图2-2-44 变截面连续梁桥的立面布置

在不受总体设计中建筑高度限制的前提下,连续箱梁的梁高宜采用变高度的,其底曲线可采用二次抛物线形式,支点截面的梁高为中间跨跨长的1/18~1/16,一般不小于1/20,跨中截面梁高为支点截面梁高的1/2.5~1/1.5。在具体设计中,还要根据边跨与中跨比例、荷载等级等因素通过几个方案的分析比较确定。在大跨径预应力混凝土连续梁桥中,除截面高度变化外,还可将截面的底板、顶板和腹板做成变厚度,以满足主梁内各截面的不同受力要求。

(3)适用范围及特点

①当连续梁的主跨跨径达到70m及其以上时,从结构受力和经济的角度出发,主梁采用变截面布置比较符合梁的内力变化规律。

②适合悬臂法施工(悬臂浇筑和悬臂拼装两种),施工阶段的主梁内力与运营阶段的主梁内力基本一致。

③采用变截面结构外形美观,可节省材料并增大桥下净空高度。

2.2.4.2 横截面形式和尺寸

预应力混凝土连续梁桥的截面形式很多,一般应根据桥梁的总体布置、跨径、宽度、梁高、支承形式和施工方法等方面综合确定。合理地选择主梁的截面形式对减轻桥梁自重、节约材料、简化施工和改善截面受力性能十分重要。预应力连续梁桥横截面形式主要有板式、肋梁式和箱形截面。其中,板式、肋梁式截面构造简单、施工方便;箱形截面具有良好的抗弯和抗扭性能,是预应力混凝土连续体系梁桥的主要截面形式。

1)板式和T形截面

板式截面分实体截面[图2-2-45a)、b)]和空心截面[图2-2-45c)、d)]。矩形实体截面使用较少,曲线形整体截面近年相对使用较多,实体截面多用于中小跨径,且多配以有支架现浇施工,此时跨中板厚为跨径的(1/28 ~1/22),支点板厚为跨中的1.2 ~1.5倍;空心截面常用于跨径15 ~30m的连续梁桥,板厚一般为0.8 ~1.5m,亦用有支架现浇为主。肋式截面预制方便,常用于预制架设施工,并在梁段安装后经体系转换为连续梁桥。常用跨径为25 ~50m,梁高取1.3 ~2.6m,如图2-2-45e)所示。

箱形截面有单箱单室、单箱双室和分离式双箱单室等几种,第一种应用较多。单箱单室截面的顶板宽度一般小于20m[图2-2-46a)];单箱双室的宽度为25m左右[图2-2-46c)、d)];双箱单室的宽度可达40m左右[图2-2-46b)]。等高度箱梁可采用直腹板或斜腹板,变高度箱梁宜采用直腹板。

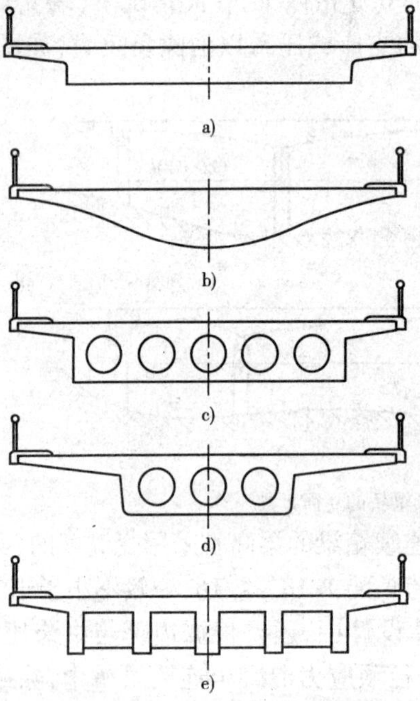

图2.2-45　板式与肋式截面

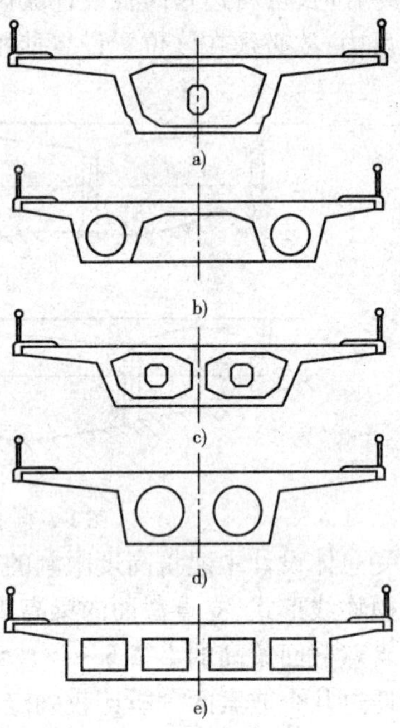

图2-2-46　箱形截面形式

2)横隔板设置

采用T形和I形截面以及组合小箱梁的连续梁桥,因其抗扭刚度较小,为增加桥梁的整体性和使荷载有良好的横向分布,宜设置中横隔梁和端横隔梁。中横隔梁的数目及位置依主梁的构造和桥梁的跨径确定,常用横隔梁肋宽度为12 ~20cm。

箱形截面梁的抗弯及抗扭刚度大,除在支点处设置横隔梁以满足支座布置及承受支座反力需要外,可设置少量中横隔梁。对于单箱单室截面,目前的趋势为不设中横梁;对于多箱截面,为加强桥面板和各箱间的联系,可在箱间设置数道横隔梁。

2.2.4.3　预应力筋布置

连续梁主梁的内力主要有三个,即纵向受弯、受剪以及横向受弯。通常所说的三向预应力就是为了抵抗上述三个内力。纵向预应力抵抗纵向受弯和部分受剪，竖向预应力抵抗受剪，横向预应力则抵抗横向受弯。预应力筋数量和布筋位置都需要根据结构在使用阶段的受力状态予以确定，同时，也要满足施工各阶段的受力需要。施工方法不同，施工阶段的受力状态差别很大，因此，结构配筋必须结合施工方法考虑。

1）纵向预应力筋

沿桥跨方向的纵向预应力筋又称主筋，是用以保证桥梁在结构重力和活载作用下纵向跨越能力的主要受力钢筋，可布置在顶、底板和腹板中。预应力混凝土连续梁桥中纵向预应力筋的布置方式多种多样，与所采用的施工方法以及预应力筋的种类等有密切的关系，施工方法不同，桥梁受力过程不同，预应力筋布置差异较大。

图 2-2-47a）表示采用顶推法施工的直线形预应力筋布置方式。上、下的通束使截面接近轴心受压，以抵抗顶推过程中各截面承受的正负弯矩的交替变化。待顶推完成后，再在跨中的底部和支点的顶部增加局部预应力筋，用来满足运营荷载下相应的内力要求。有时按设计要求在跨中的顶部和支点附近的底部设置局部的施工临时束，待顶推完成后即予卸除。

图 2-2-47b）表示采用先简支后连续施工方法的预应力筋布置方式。待墩上接缝混凝土达到强度后，用设置在接缝顶部的局部预应力筋来建立结构的连续性。

图 2-2-47c）、d）表示采用悬臂施工方法的预应力筋布置方式。梁中除了负弯矩区和正弯矩区各需布置顶部和底部预应力筋外，在有正、负弯矩交替作用的区段内，顶、底板中均需设置预应力筋。图 2-2-47c）所示为直线布束方式，即顶板预应力筋沿水平布置并锚固在梗肋处，此种布束方式可减少预应力筋的摩阻损失，并且穿束方便，也改善了腹板的混凝土浇筑条件。水平预应力筋的设计和构造仅由弯曲应力决定，而抗剪强度则由竖向预应力筋来提供。

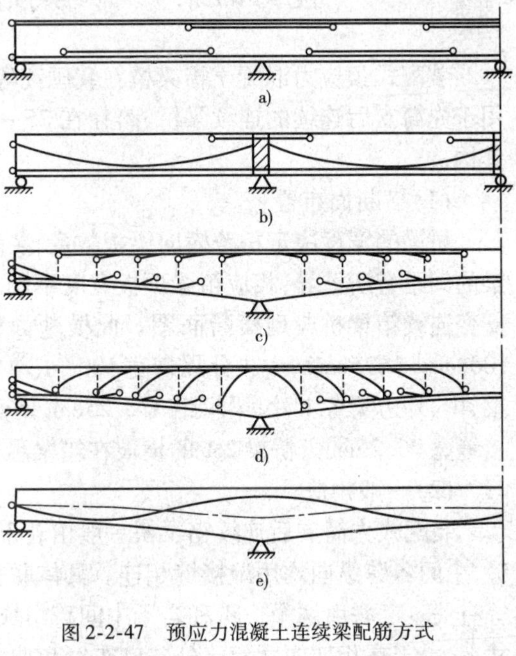

图 2-2-47　预应力混凝土连续梁配筋方式

图 2-2-47d）所示为顶板预应力筋在腹板内弯曲并下弯锚固在腹板上，以减小外荷载所产生的剪力。此时腹板应具有足够的厚度以承受集中的锚固力。

图 2-2-47e）表示整根曲线形通束锚固于梁端的布置方式，一般用于整联现浇的情形。在此情况下，若预应力筋既长且弯曲次数又多，这就显著加大了预应力筋的摩阻损失，因而联长或力筋不宜过长。

预应力筋的布置要考虑到张拉操作的方便。当需要在梁内、梁顶或梁底锚固预应力筋时，应根据预应力筋锚固区的受力特点给予局部加强，以防开裂损坏。

2）横向预应力筋和竖向预应力筋

横向预应力筋是用以保证桥梁的横向整体性、桥面板及横隔板横向抗弯能力的主要受力钢筋，一般布置在顶板和横隔板中。竖向预应力一般施加在截面腹板内，用以提高截面的抗剪能力。图 2-2-48 为对箱梁截面的顶板施加横向预应力筋构造。

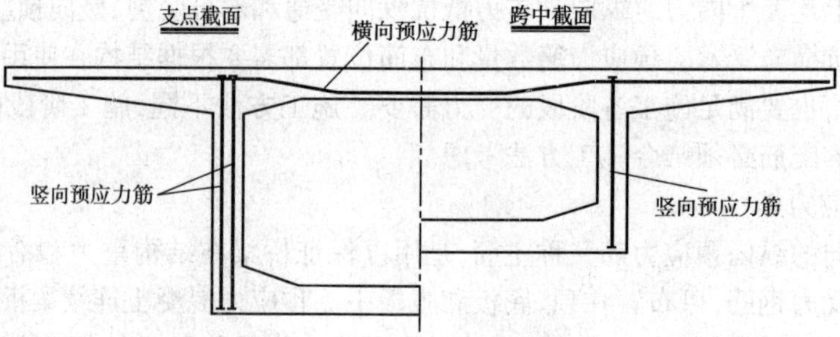

图 2-2-48　箱梁横向及竖向配筋布置方式

能力训练 4　识读预应力箱梁构造图和配筋图

装配式预应力混凝土箱梁桥在我国高等级公路以及城市道路中有着大量的应用，一般适用于先简支后连续的连续梁桥，跨径在 25 ~ 40m，现以 30m 跨径先简支后连续箱梁为例说明其构造。

(1) 横断面布置

桥梁的宽度决定桥跨横向梁板数量，装配式箱梁桥由于桥宽各异的原因，横断面布置上主梁的间距有所差异，相应箱梁顶板宽度不同。图 2-2-49 为高速公路 2 × 净-15.25m 桥宽的简支变连续箱梁桥典型横断面图。此横断面为双幅分离布置，相接路基宽 3450cm（1675cm + 100cm + 1675cm），中央分隔带宽 100cm，单幅总宽 1675cm，单幅宽度由 5 片箱梁组成，3 片中梁，内、外边梁各 1 片，梁间距 336.25cm，两侧边梁外缘距边梁中心 165cm，相邻梁体间纵向湿接缝宽 96.25cm。桥梁 2% 的横坡在箱梁顶板上形成。

(2) 一般构造

装配式先简支后连续箱梁桥一般由若干联构成，一联由 3 ~ 8 跨组成，每联的两端设伸缩缝，中间各跨纵向均用湿接缝相连。具体联长大小与桥梁所在环境温差以及伸缩装置伸缩梁等有关。一联由两个边跨和若干中间跨组成，边跨的边梁、中梁和中跨的边梁、中梁在构造尺寸上，由于在相邻两联相接处支座布置和伸缩装置布置的原因而有所差异。

图 2-2-50 为中跨中梁一般构造图，单片中跨中梁预制顶宽 240cm，中心高 160cm，由于 2% 横坡在顶板形成，相应左右两侧梁高不同，分别为 162.4cm 和 157.6cm，底宽 100cm。跨中截面底板、腹板、顶板厚度均为 18cm，在距梁端 40cm 处开始设 200cm 长的过渡段，底板厚度由 18cm 变为 25cm，腹板厚度由 18cm 变为 28cm。这样一方面是为了承受剪力的需要，另一方面是为了在梁端提供足够的承压面积，以便布设预应力锚具。为了方便墩顶箱梁顶板内预应力钢束的张拉，于一联内对称于桥墩中心线相邻两跨上，在箱梁顶板上设置工作孔，每片中跨箱梁设置四个工作孔，工作孔尺寸分别为 70cm × 100cm、100cm × 100cm，相邻两跨工作孔对称于墩中心线设置。为了满足顶板负弯矩钢束锚下局部承压和锚具尺寸的要求，在箱梁顶板上设置齿板，齿板在距锚固面 170cm 处开始，在 120cm 范围内由顶板厚度 18cm 逐渐加厚到 28cm，在距锚固面 50cm 范围内保持 28cm 不变。图中阴影线部分为墩顶相邻两跨后浇混凝土连续段。梁体标准跨径 30m，实际预制长度 2940cm。为便于锚具布设，并使梁端锚下承压面与预应力索垂直，梁的两端均设计成企口台阶式，从梁的顶面向下 120cm 范围内倾斜 7.5°。为了调节箱梁内外温差，防止温度作用导致梁体开裂，在底板两端距离墩中心线 290cm 处间隔 300cm 分别设置两个直径 100mm 的通气孔。

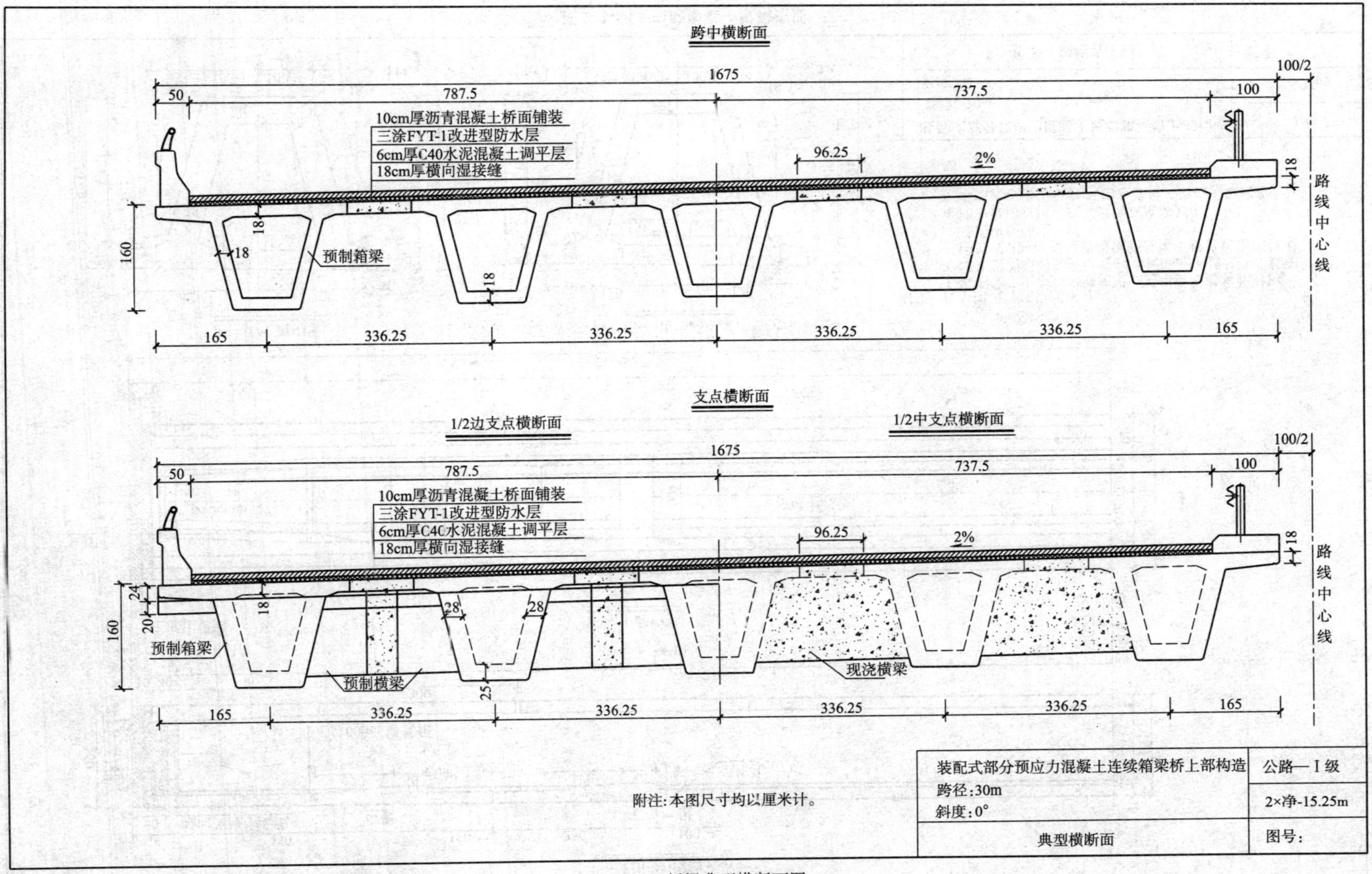

图 2-2-49　桥梁典型横断面图

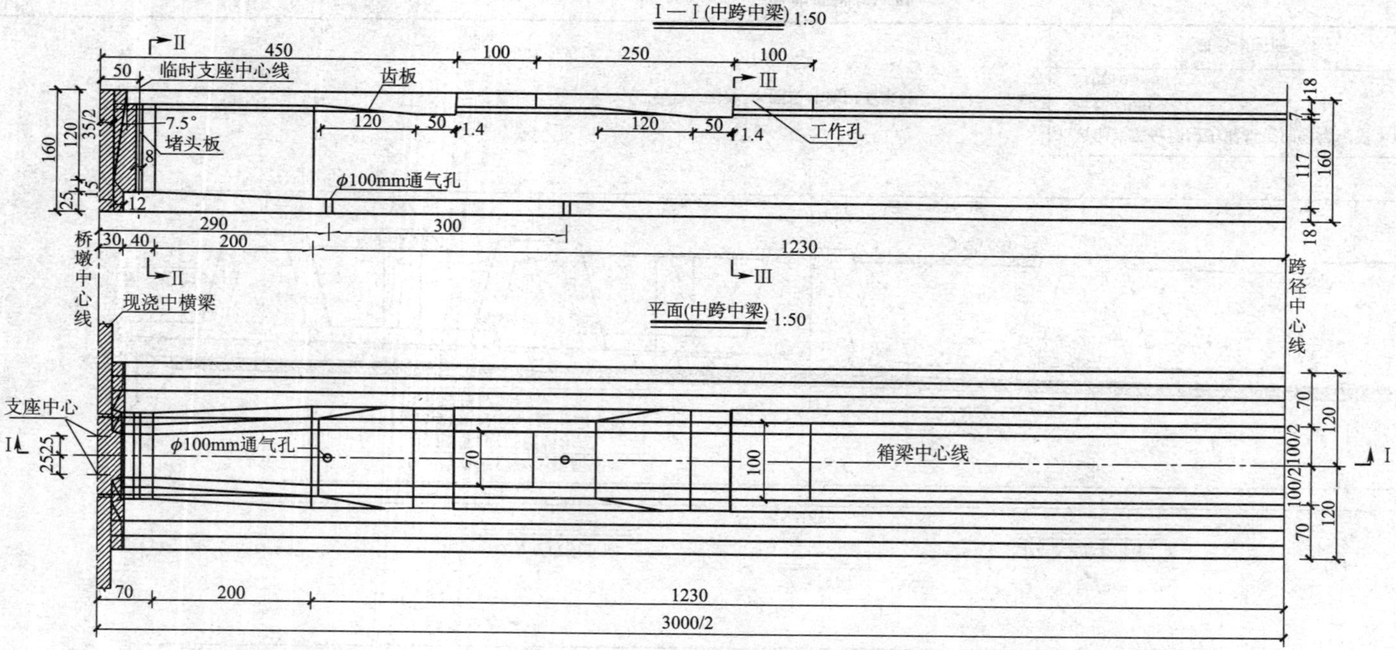

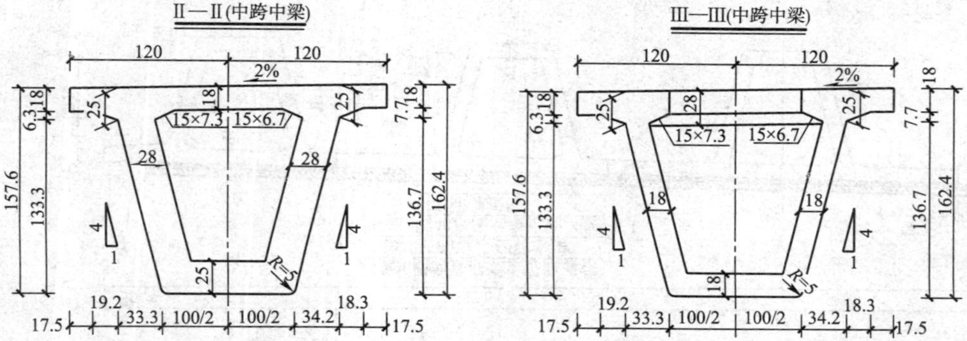

附注：1. 本图尺寸均以厘米计。
2. 本图仅示出中跨半跨箱梁，另半跨箱梁与此对称。
3. 每片预制箱梁底板设置4个ϕ100mm的通气孔，如图中通气孔的位置与普通钢筋发生干扰，可适当挪动普通钢筋的位置。
4. 图中梁端有阴影线部分为现浇部分。
5. 本图齿板仅为示意,其构造详见“齿板一般构造”。

装配式部分预应力混凝土连续箱梁桥上部构造 跨径：30m 斜度：0°	公路—Ⅰ级 2×净-15.25m
箱梁一般构造（一）	图号：

图 2-2-50　中跨中梁一般构造图

图 2-2-51 为中跨外边梁一般构造图，与中跨中梁所不同，边梁预制宽度为 285cm，靠桥外侧一边的翼板全部预制，翼缘板宽度 81.7cm。同时为了防止雨水沿翼缘板下流至梁体，在翼缘板底面设置滴水槽。其余构造与中跨中梁相同。

图 2-2-52 为边跨中梁一般构造图，边跨中梁与中跨中梁的截面尺寸一致，单片边跨中梁预制顶宽 240cm，中心高 160cm。边跨箱梁两端面构造不同。一端为连续端，与中跨相连；一端为非连续端，梁体在墩顶断开与其他联相接，或于桥台终止，梁的预制长度为 2962cm（包括非连续端封锚混凝土），非连续端张拉锚固后浇筑封锚混凝土，使梁端达到预制长度所要求的直线形截面。连续端与中跨梁构造相同，预制施工时保持企口状不封锚，只将普通钢筋预留出端头，架梁后现场焊接连接钢筋并用混凝土现浇，即实现简支变连续。途中阴影线部分为伸缩装置预留槽口，伸缩装置安装后，浇注槽口部分混凝土。为减弱地震过程中，相邻两联之间梁端的积压、碰撞，在非连续端端面腹板上设置减振橡胶块，尺寸为 200mm × 20mm × 200mm。边跨中梁只在连续端一侧设置顶板负弯矩钢束张拉工作孔和锚固齿板，非连续端不设置工作孔和齿板。

图 2-2-53 为边跨外边梁一般构造图，与边跨中梁有所不同，边梁预制宽 285cm，靠桥外侧一边的翼板全部预制，翼缘板宽 81.7cm。同时为了防止雨水沿翼缘板下流至梁体，在翼缘板底面设置滴水槽。其余构造与边跨中梁相同。

图 2-2-54 为边跨、中跨内边梁横断面图，内边梁除翼缘板长度为 80.8mm 与相应中、边跨外边梁不同外，其余构造尺寸均与相应中、边跨梁体相同。

（3）预应力钢束布置

图 2-2-55 为中跨预应力钢束构造图，每片箱梁设 6 股腹板束，2 股底边束，左右对称布置，N_1、N_2、N_3 为腹板束，N_4 为底板束，每束预应力筋由四根钢绞线构成。预应力筋为低松弛高强度钢绞线，单根钢绞线直径 $\phi^j 15.24$mm，单根面积为 140mm^2，标准抗拉强度 $f_{pk} = 1860$MPa，弹性模量 $E = 1.95 \times 10^5$MPa。底板束 N_4，下料长度 3071cm，在跨中按直线布设，在距跨中截面 1290.1cm 处开始弯起，曲线半径 2314.3cm；N_3、N_4 为第一层腹板束，管道长度 2993.1cm，在距跨中截面 1086.8cm 处开始弯起，曲线半径 3000cm，弯起角度 1.4°；腹板束 N_3，下料长度 3090cm，在距跨中截面 613.4cm 处开始弯起，曲线半径 4000cm，弯起角度 7.5°；腹板束 N_2，下料长度 3085cm，在距跨中截面 382.3cm 处开始弯起，曲线半径 5500cm，弯起角度 7.5°；腹板束 N_1，下料长度 3079cm，在距跨中截面 184cm 处开始弯起，曲线半径 6500cm，弯起角度 7.5°；N_1、N_2、N_3、N_4 两端均留有 65cm 张拉工作长度。因为腹板在由跨中的 18cm 加厚到端部的 28cm，所以腹板束在竖弯的同时还需要平弯，才能锚于梁端腹板中心上，平弯半径 2500cm，平弯角度 1.5°。为了定位预应力筋管道，保证预应力筋的线形，预应力筋大样图上以跨径中心梁底为原点，跨径方向为 X 轴，梁高方向为 Y 轴，沿 X 轴每间隔 1m 标注预应力束中心距离梁底的距离 Y。中跨边梁和中跨中梁预应力筋布置相同，每片中跨箱梁所用预应力筋为 1086.6kg。

图 2-2-56 为边跨非连续端预应力钢束构造图，边跨预应力筋布置除腹板束每束比中跨腹板束多一根（为 5 根）外，其余布置情况基本与中跨预应力筋布置基本一致。边跨跨边梁和边跨中梁预应力筋布置相同，每片边跨箱梁所用预应力筋为 1293.3kg。

图 2-2-57 为顶板负弯矩预应力钢束构造图，顶板负弯矩钢束对称于墩顶中心线布置，实现一联内相邻两跨的有效连接，一道墩顶连续互相连续的箱梁顶板内设置 5 束预应力钢束，每束有 5 根 $\phi^j 15.24$mm 钢绞线组成，分别为 2 根短束 T_1 和 3 根长束 T_2，为便于 T_1 和 T_2 张拉和锚固，对称于连续端墩顶中心线在箱梁顶板上设置四个工作孔和四个对应的齿板，齿板在 120cm

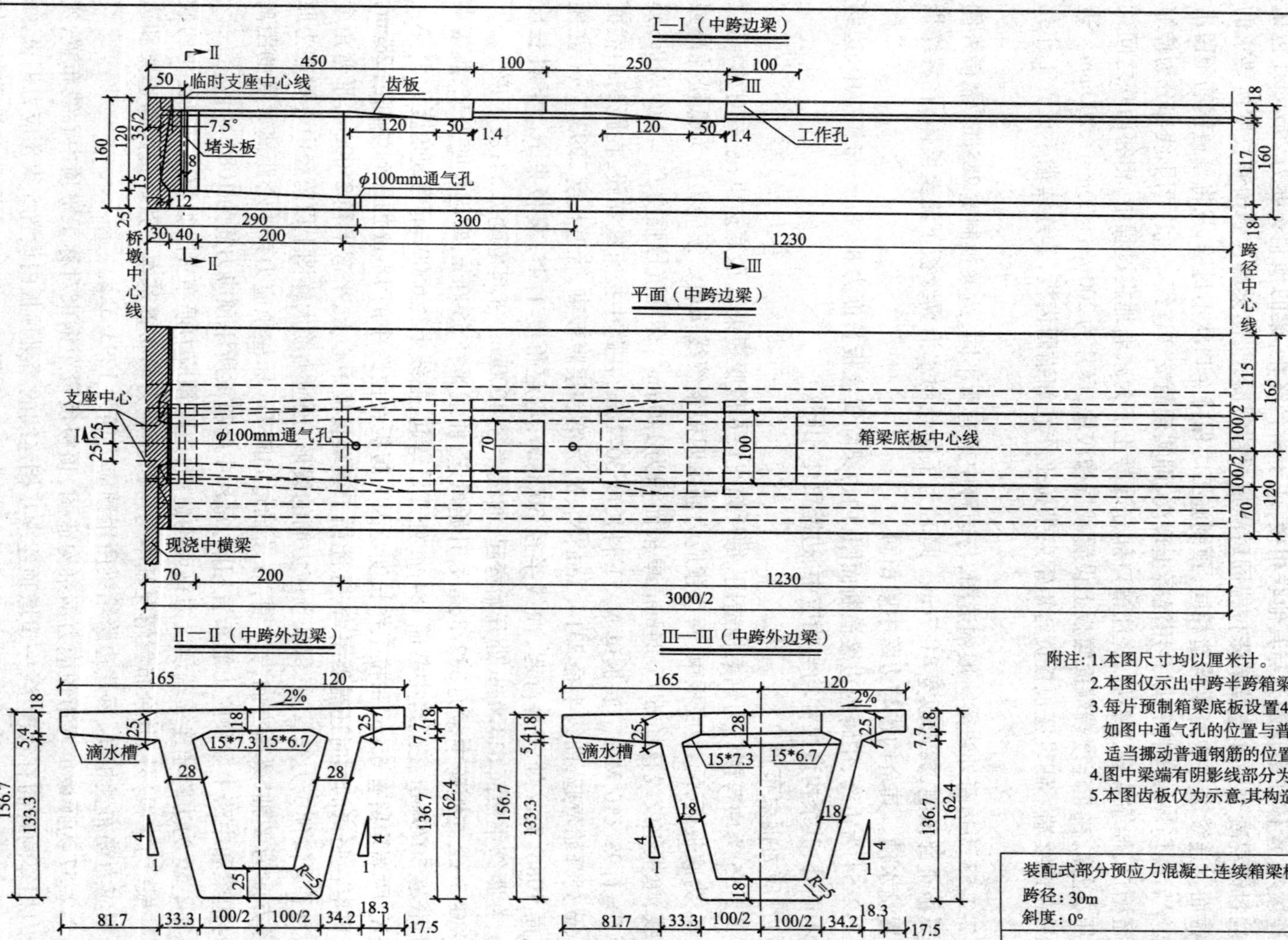

附注：1.本图尺寸均以厘米计。
2.本图仅示出中跨半跨箱梁,另半跨箱梁与此对称。
3.每片预制箱梁底板设置4个 φ100mm的通气孔，如图中通气孔的位置与普通钢筋发生干扰，可适当挪动普通钢筋的位置。
4.图中梁端有阴影线部分为现浇部分。
5.本图齿板仅为示意,其构造详见“齿板一般构造”。

装配式部分预应力混凝土连续箱梁桥上部构造 跨径：30m 斜度：0°	公路—I级
	2×净-15.25m
箱梁一般构造（二）	图号：

图 2-2-51　中跨外边梁一般构造图

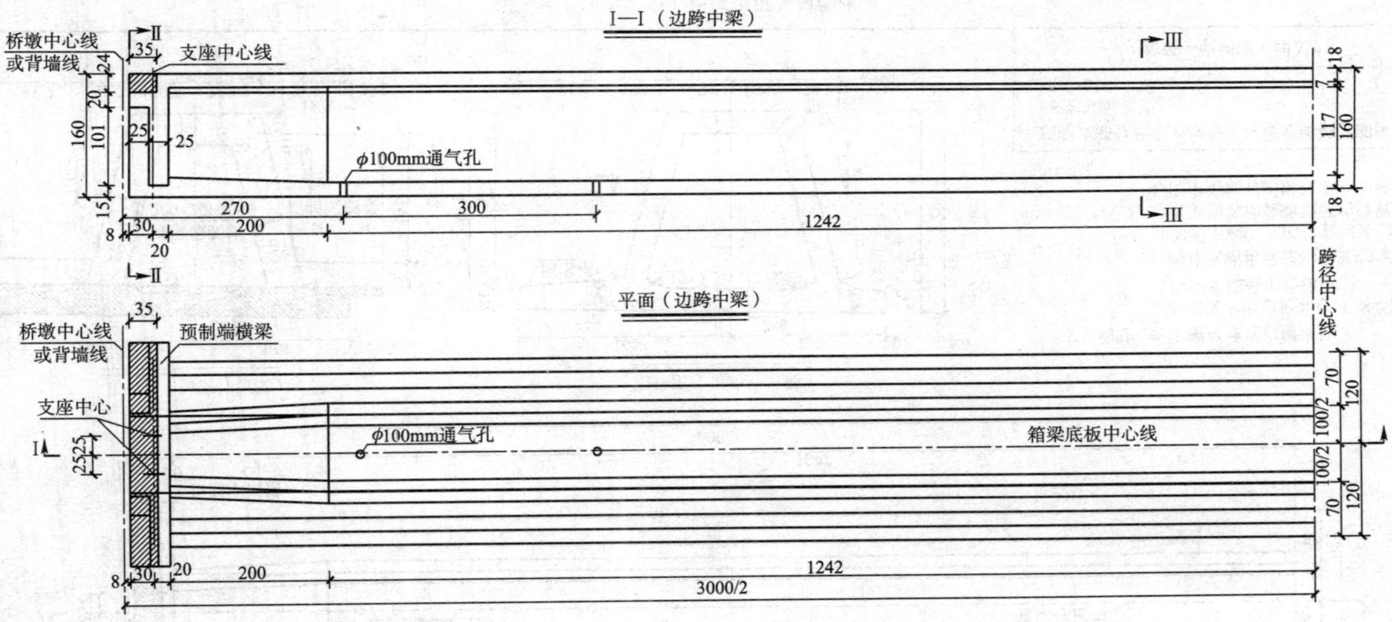

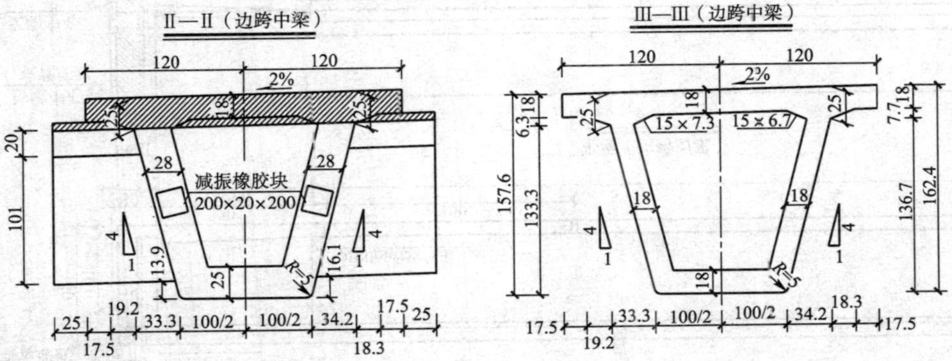

附注：1.本图尺寸均以厘米计。
2.本图仅示出边跨非连续端半跨箱梁，连续端半跨箱梁同中跨箱梁。
3.每片预制箱梁底板设置4个ϕ100mm的通气孔，如图中通气孔的位置与普通钢筋发生干扰，可适当挪动普通钢筋的位置。
4.图中梁端有阴影线部分为伸缩缝预留槽。

装配式部分预应力混凝土连续箱梁桥上部构造 跨径：30m 斜度：0°	公路—Ⅰ级
	2×净-15.25m
箱梁一般构造（三）	图号：

图 2-2-52　边跨中梁一般构造图

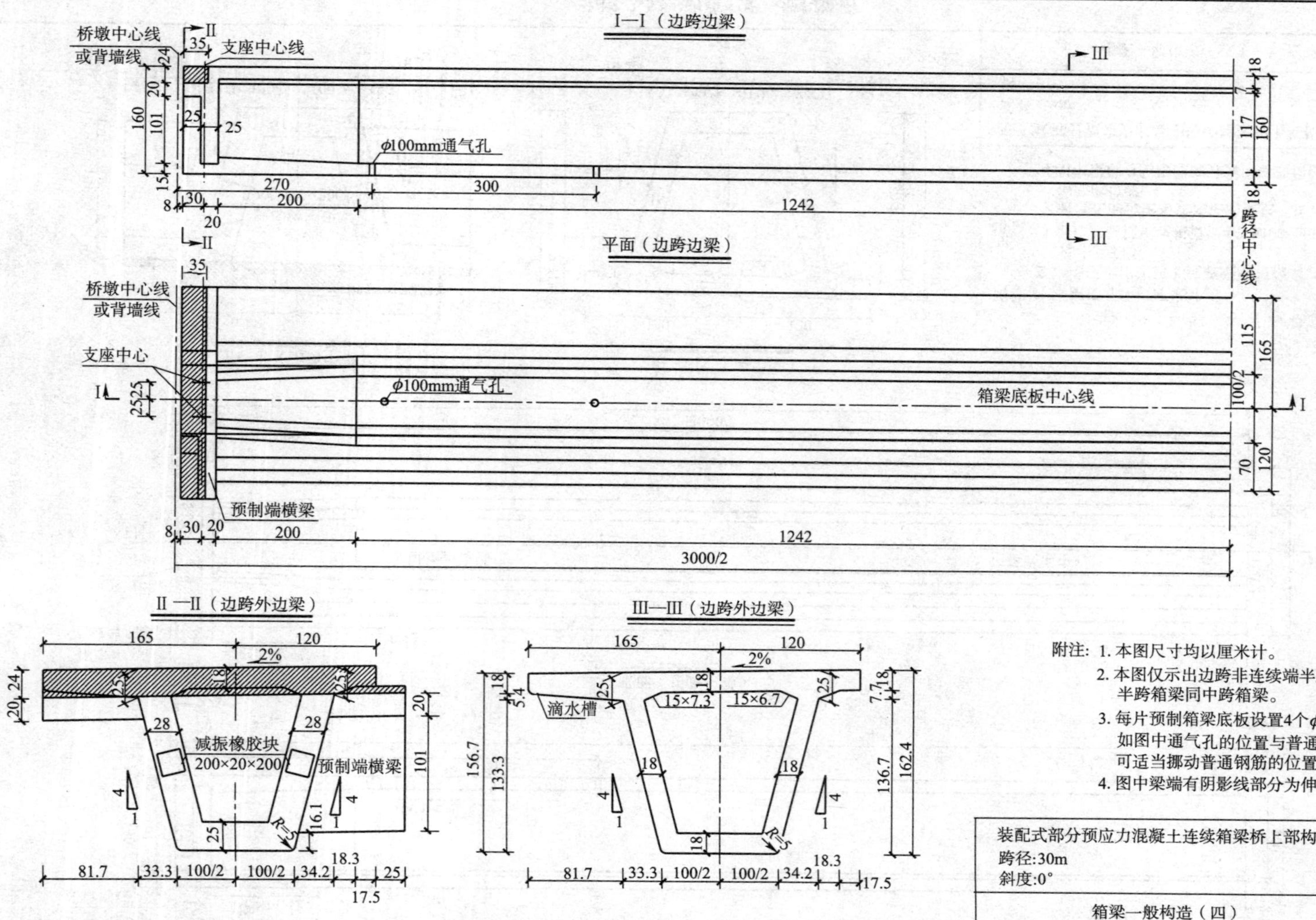

附注：1. 本图尺寸均以厘米计。
2. 本图仅示出边跨非连续端半跨箱梁，连续端半跨箱梁同中跨箱梁。
3. 每片预制箱梁底板设置4个φ100mm的通气孔，如图中通气孔的位置与普通钢筋发生干扰，可适当挪动普通钢筋的位置。
4. 图中梁端有阴影线部分为伸缩缝预留槽。

装配式部分预应力混凝土连续箱梁桥上部构造 跨径:30m 斜度:0°	公路—Ⅰ级
	2×净-15.25m
箱梁一般构造（四）	图号：

图 2-2-53 边跨边梁一般构造图

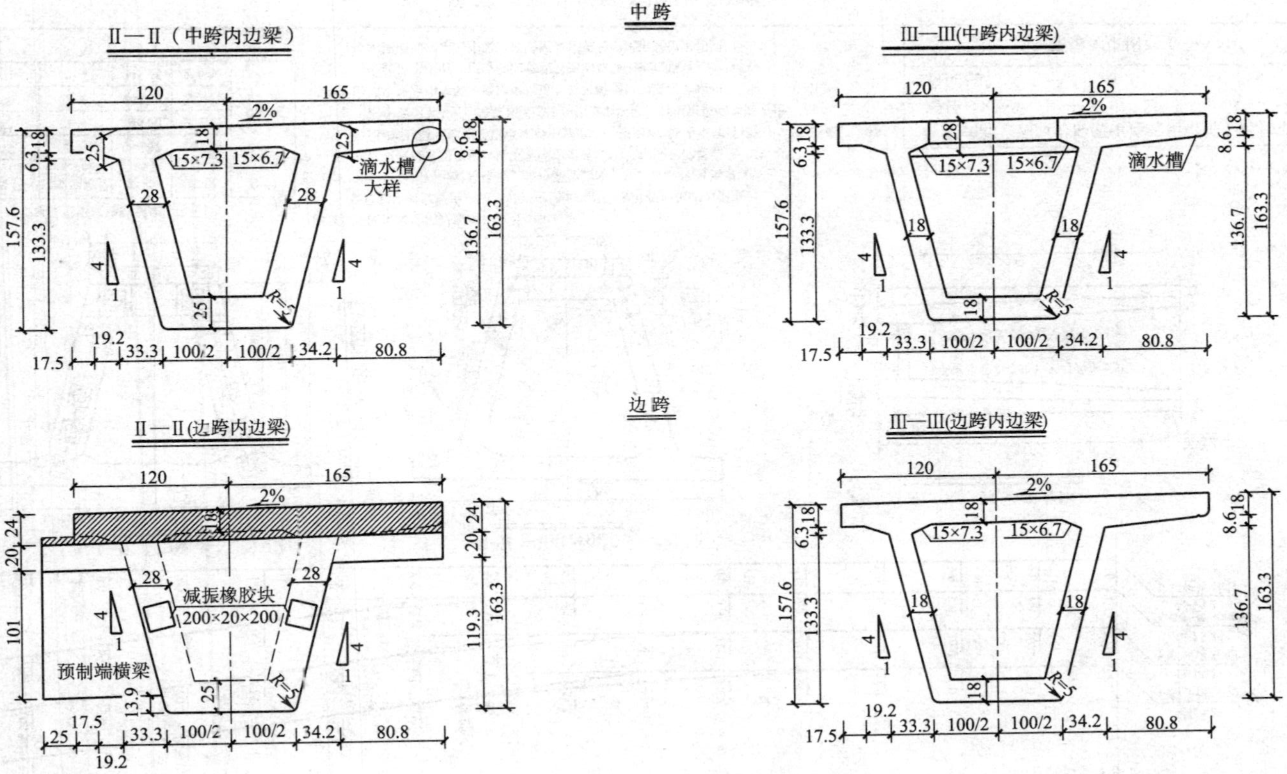

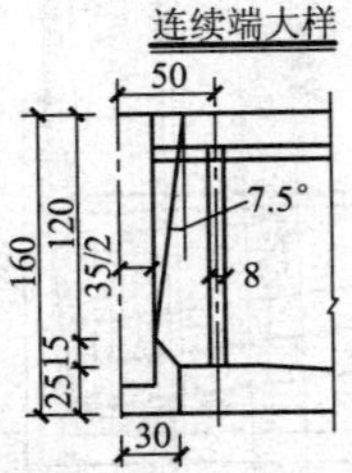

附注：1. 本图尺寸均以厘米计。
2. 图中有阴影线部分为伸缩缝预留槽。
3. 断面位置详见其他相关图纸。
4. 滴水槽可采用木条形成，其深度不大于1cm。
5. 待预制箱梁封锚完成后，可用环氧树脂在边跨非连续端梁端每片梁贴2块200mm×20mm×200mm的减振橡胶块。

装配式部分预应力混凝土连续箱梁桥上部构造 跨径：30m 斜度：0°	公路—Ⅰ级 2×净-15.25m
箱梁一般构造（五）	图号：

图 2-2-54　内边梁横断面图

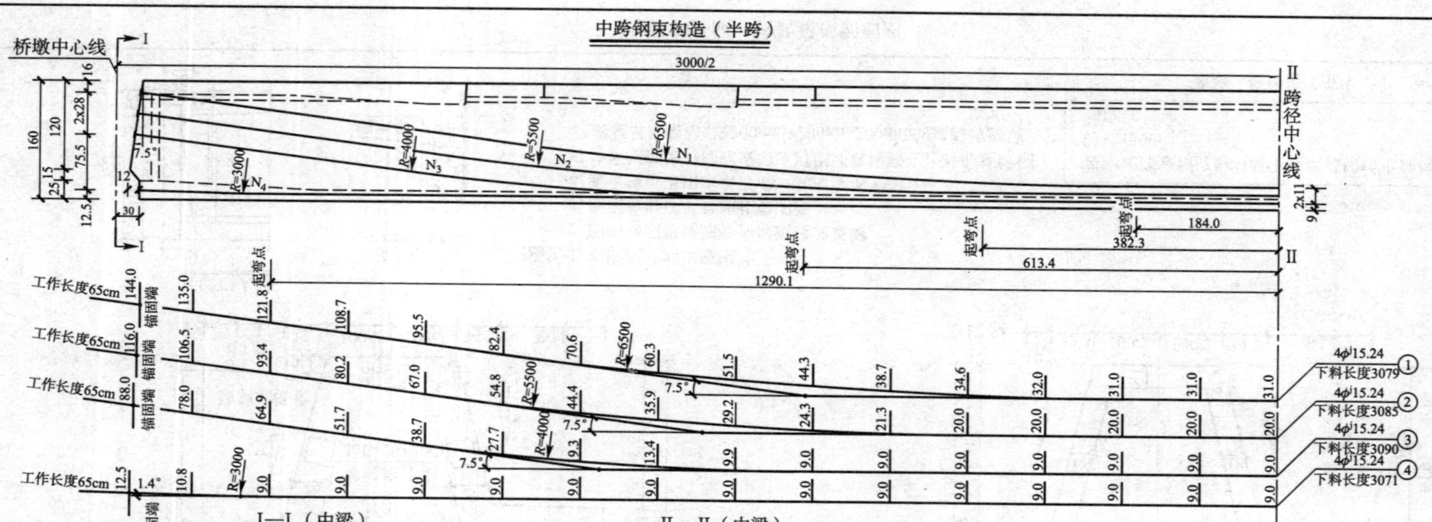

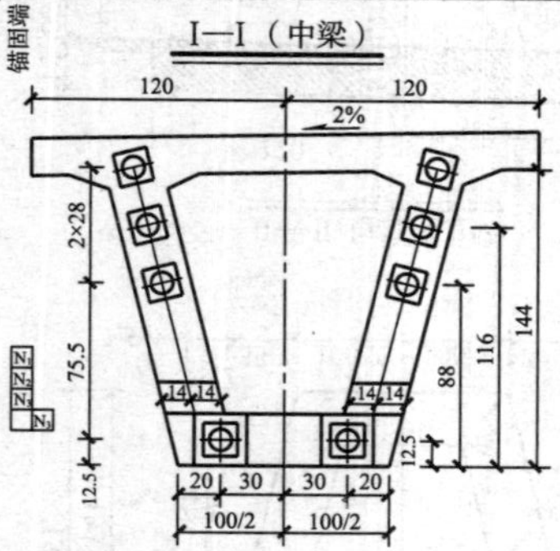

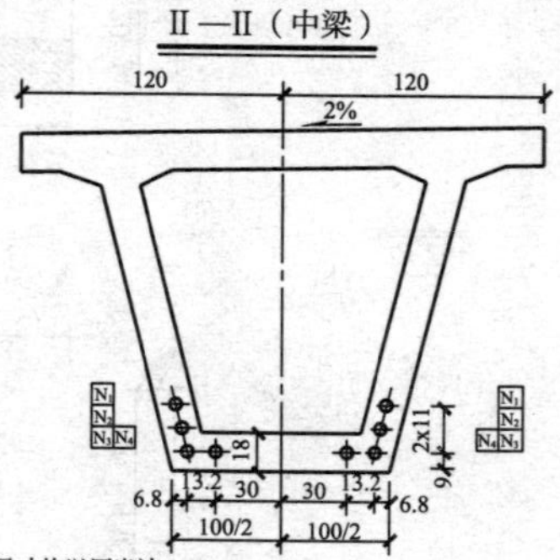

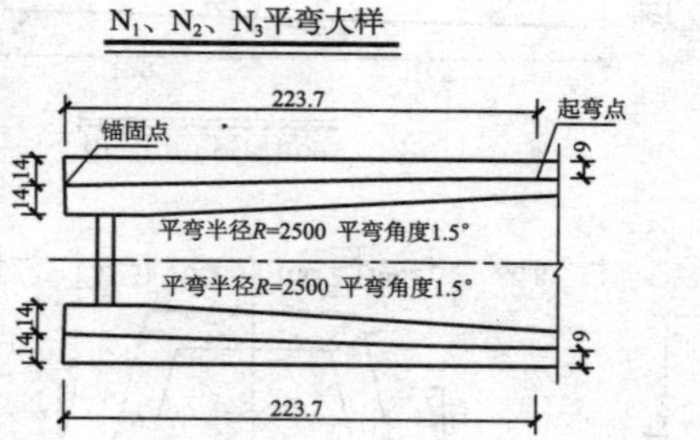

中跨一片预制箱梁钢绞线数量表

钢束编号	钢绞线规格 (mm)	钢绞线下料长度 (cm)	钢绞线数量 (m束×n股)	共长 (m)	共重 (kg)	合计 (kg)
N_1	ϕ15.24	3079	2×4	246.32	271.44	1086.6
N_2	ϕ15.24	3085	2×4	246.80	271.97	
N_3	ϕ15.24	3090	2×4	247.20	272.41	
N_4	ϕ15.24	3071	2×4	245.68	270.74	

附注：1. 图中尺寸均以厘米计。
2. 预制箱梁混凝土达到设计强度的90%时，方可张拉预应力钢束。
3. 钢束采用两端对称张拉，张拉顺序为N_1、N_3、N_2、N_4号钢束。
4. 钢束张拉采用双控。锚下控制应力为$0.75f_{pk}$，钢束引伸量详见“总说明”。
5. 图中钢束X坐标值是以箱梁跨中为原点，竖向Y坐标为梁底至钢束中心的距离，大样图中数值为X坐标每隔1m对应的钢束Y坐标值，直至钢束锚固面为止。
6. 图中仅示出中跨半跨钢束构造，另半跨钢束构造与此相同。
7. 安装锚垫板时，应特别注意使其锚固面与钢束相垂直。
8. 本图断面仅示出中梁，边梁钢束位置与中梁钢束位置相同。

装配式部分预应力混凝土连续箱梁桥上部构造 跨径：30m 斜度：0°	公路—I级
	2×净-15.25m
预制箱梁钢束构造（一）	图号：

图 2-2-55　中跨预应力钢束构造图

边跨非连续端钢束构造（半跨）

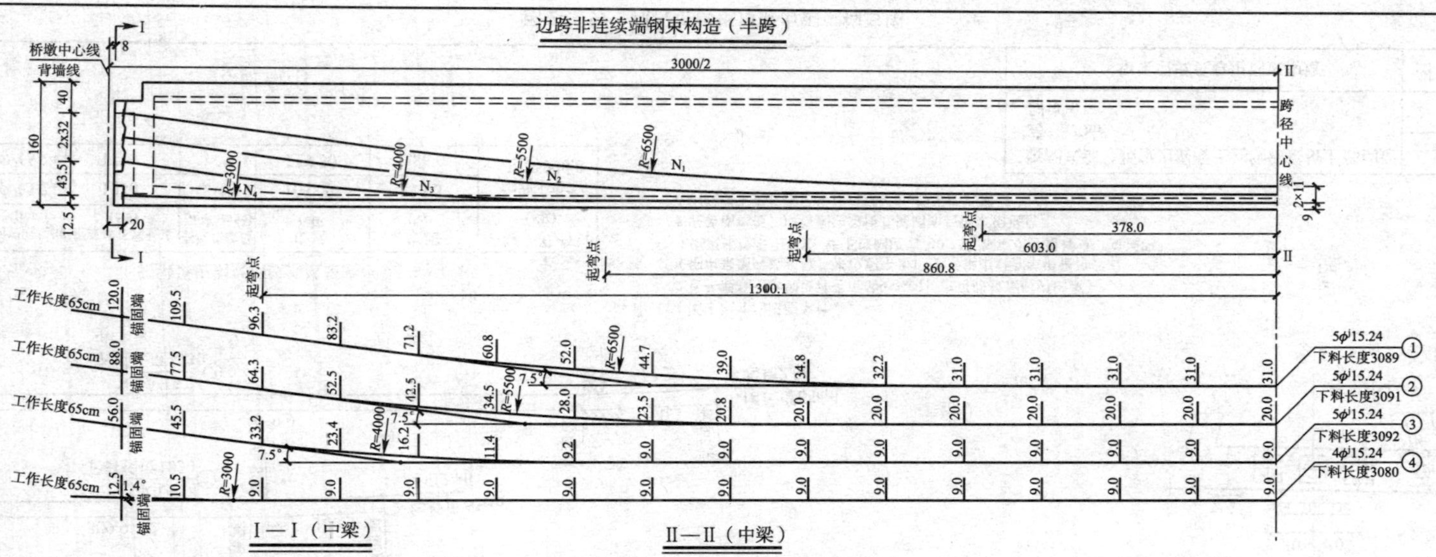

Ⅰ—Ⅰ（中梁）

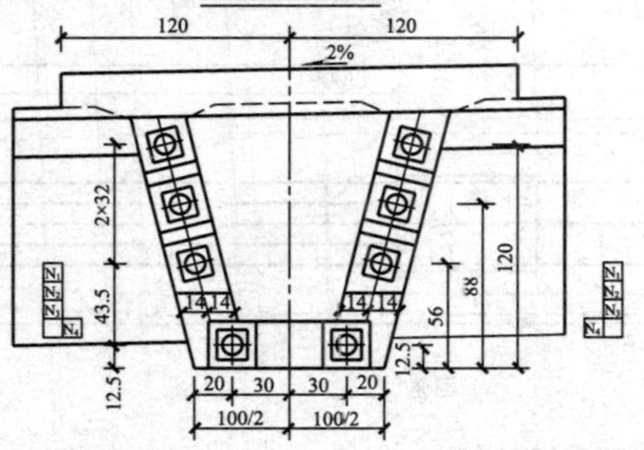

Ⅱ—Ⅱ（中梁）

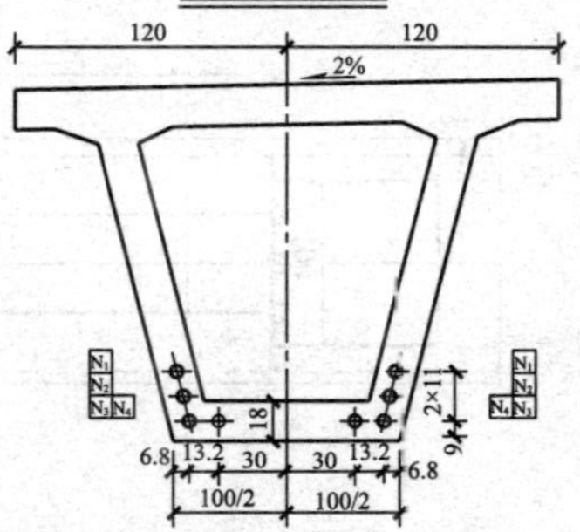

N1、N2、N3平弯大样

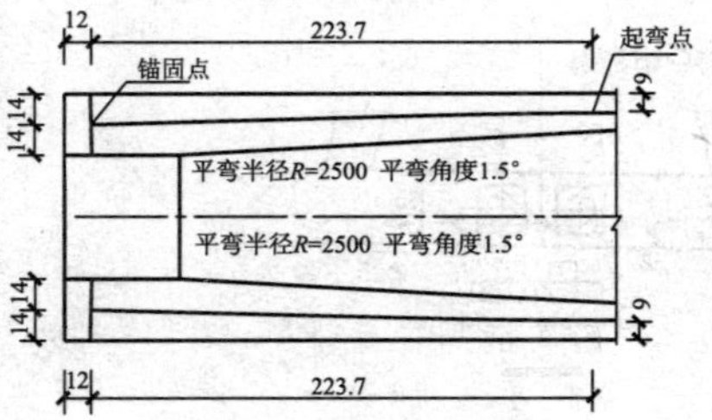

边跨一片预制箱梁钢绞线数量表

钢束编号	钢绞线规格 (mm)	钢绞线下料长度 (cm)	钢绞线数量 (m束×n股)	共长 (m)	共重 (kg)	合计 (kg)
N1	φ15.24	3089	2×5	308.90	340.41	1293.3
N2	φ15.24	3091	2×5	309.10	340.63	
N3	φ15.24	3092	2×5	309.20	340.74	
N4	φ15.24	3080	2×4	246.40	271.53	

附注：1.图中尺寸均以厘米计。
2.预制箱梁混凝土达到设计强度的90%时，方可张拉预应力钢束。
3.钢束采用两端对称张拉，张拉顺序为N_1、N_3、N_2、N_4号钢束。
4.钢束张拉采用双控。锚下控制应力为$0.75f_{pk}$,钢束引伸量详见《总说明》。
5.图中钢束X坐标值是以箱梁跨中为原点，竖向Y坐标为梁底至钢束中心的距离，大样图中数值为X坐标每隔1m对应的钢束Y坐标值，直至钢束锚固面为止。
6.图中仅示出边跨设伸缩缝半跨，边跨连续端半跨详见《预制箱梁钢束构造（一）》。
7.安装锚垫板时，应特别注意使其锚固面与钢束相垂直。
8.本图断面仅示出中梁，边梁钢束与中梁钢束相同。

装配式部分预应力混凝土连续箱梁桥上部构造 跨径：30m 斜度：0°	公路—Ⅰ级
	2×净-15.25m
预制箱梁钢束构造（二）	图号：

图 2-2-56 边跨非连续端预应力钢束构造图

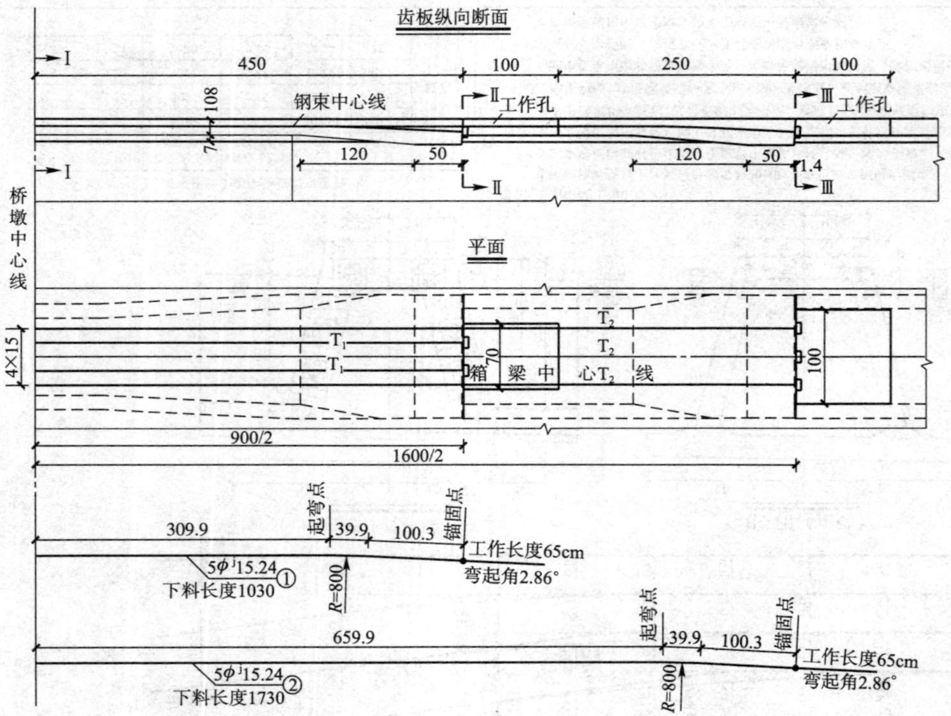

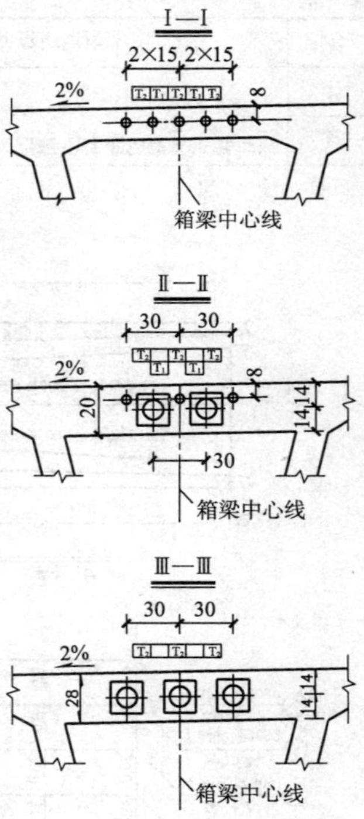

箱梁顶板钢束钢绞线数量表

钢束编号	钢绞线规格 (mm)	钢绞线下料长度 (cm)	钢绞线数量 (m束×n股)	共 长 (m)	共 重 (kg)	一幅一孔合计 (kg)
T_1	ϕ^j15.24	1030	2×5	103.00	113.5	中跨1997.5 边跨998.8
T_2	ϕ^j15.24	1730	3×5	259.50	286.0	

附注：1.图中尺寸均以厘米计。
2.接头混凝土达到设计强度的95%时，方可张拉预应力钢束。
3.钢束采用两端张拉，张拉顺序为T_1、T_2号钢束对称单根张拉。
4.钢束张拉采用双控 锚下控制应力为$0.75f_{pk}$,钢束引伸量详见“总说明”。
5.安装锚垫板，应特别注意使其锚固面与钢束相垂直。
6.钢绞线下料长度已考虑每端65cm的工作长度。

装配式部分预应力混凝土连续箱梁桥上部构造 跨径:30m 斜度:0°	公路—I级 2×净-15.25m
箱梁顶板负弯矩钢束构造	图号:

图 2-2-57 顶板负弯矩预应力钢束构造图

IV—IV(中跨中梁)

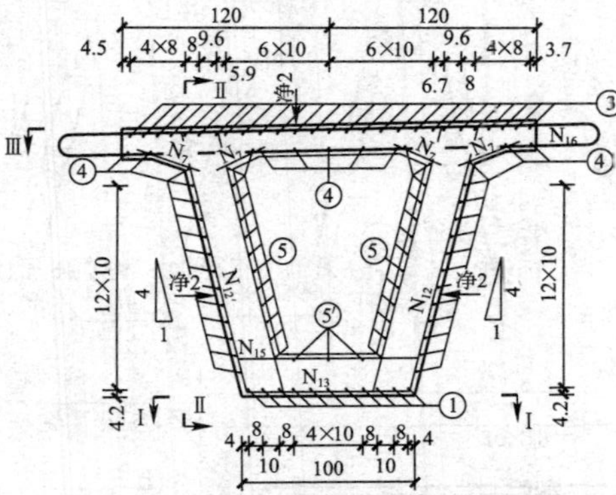

V—V(中跨中梁)

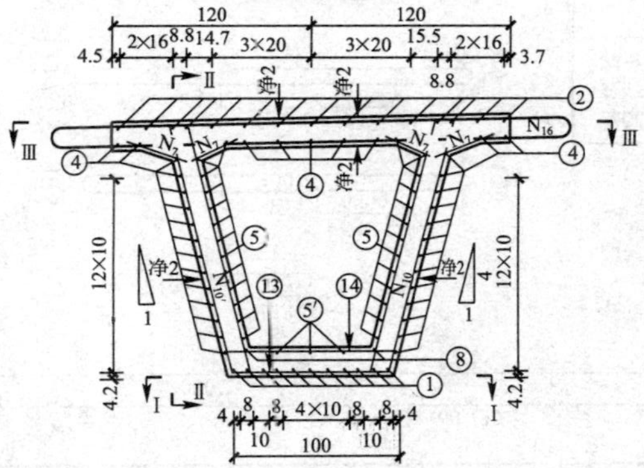

IV—IV(中跨边梁)

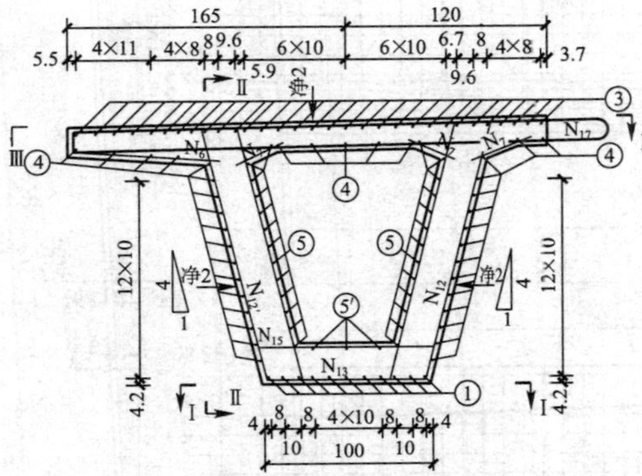

V—V(中跨边梁)

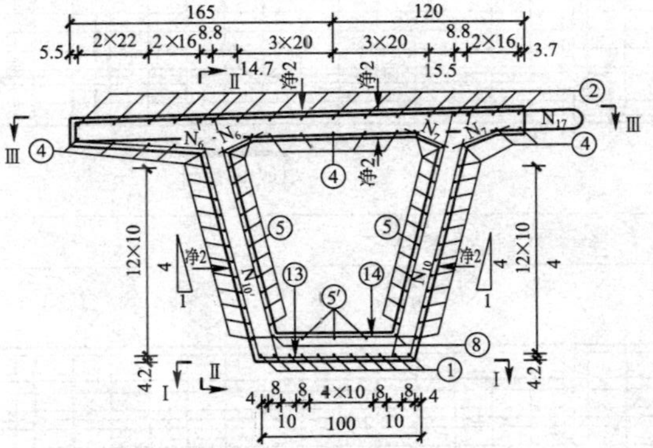

一片中跨边梁材料数量表

直径(mm)	总长(m)	单位重(kg/m)	总重(kg)	C50混凝土(m³)
⌀20	260.40	2.470	643.2	35.82
⌀16	331.76	1.580	524.2	
⌀12	3740.66	0.888	3321.7	
φ10	397.80	0.617	245.4	
φ8	2334.02	0.395	921.9	
φ8定位钢筋			108.7	

一片中跨中梁材料数量表

直径(mm)	总长(m)	单位重(kg/m)	总重(kg)	C50混凝土(m³)
⌀20	226.80	2.470	560.2	32.83
⌀16	331.76	1.580	524.2	
⌀12	3761.66	0.888	3340.4	
φ10	351.00	0.617	216.6	
φ8	2183.22	0.395	862.4	
φ8定位钢筋			108.7	

钢筋明细表

编号	直径(mm)	每根长(cm)	根数	共长(m)
1	⌀16	3016	11	331.76
2	φ10	2340	17(15)	397.80(351.00)
3	⌀20	420	62(54)	260.40(226.80)
4	φ8	3040	37(35)	1124.80(1064.00)
5	φ8	3040	26	790.40
5′	φ8	3040	3	91.20
6	φ8	90	150(0)	135.00(0.00)
7	φ8	30	450(600)	135.00(180.00)
8	φ8	2881	2	57.62
9	⌀12	210	8	16.80
10	⌀12	362	127	459.74
10′	⌀12	356	127	452.12
11	⌀12	平均372	38	141.36
11′	⌀12	平均366	38	139.08
12	⌀12	382	15	57.30
12′	⌀12	376	15	56.40
13	⌀12	107	180	192.60
14	⌀12	114	127	144.78
15	⌀12	平均116	53	61.48
16	⌀12	(680)	(300)	(2040.00)
17	⌀12	673	300(0)	2019.00(0.00)

附注：1. 图中尺寸除钢筋直径以毫米计外，余均以厘米计。
2. 预应力管道定位钢筋本图仅为示意，施工时可按直线段100cm设置一组，曲线段50cm设置一组。
3. 图中数字有括号并列表示者，括号内、外分别适用于中梁和边梁，其余数字共用。
4. N_6、N_7钢筋每间隔20cm设置一组。
5. N_{14}、N_{15}钢筋与N_{13}钢筋对应布置。

装配式部分预应力混凝土连续箱梁桥上部构造 跨径：30m 斜度：0°	公路—Ⅰ级 2×净-15.25m
箱梁普通钢筋构造	图号：

图 2-2-58　中跨箱梁钢筋断面图

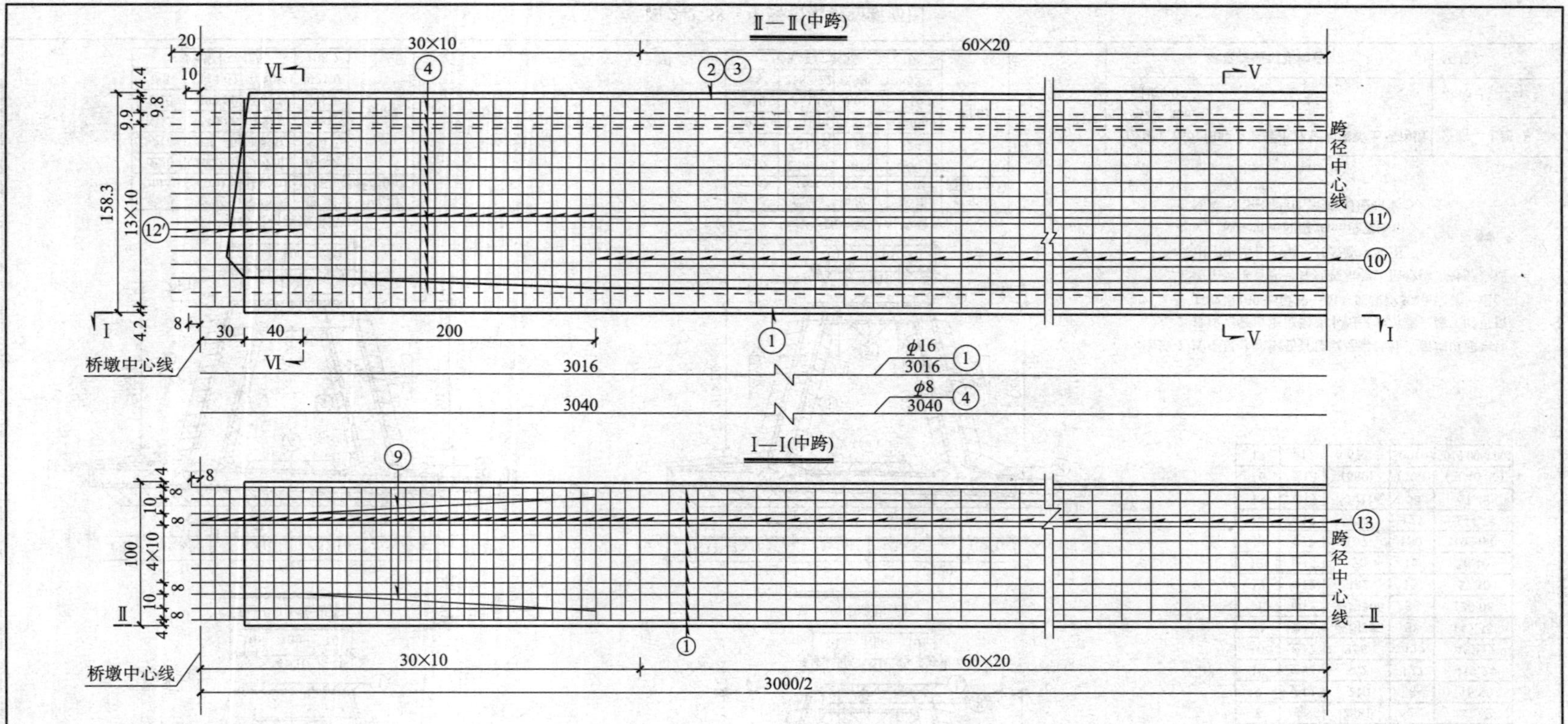

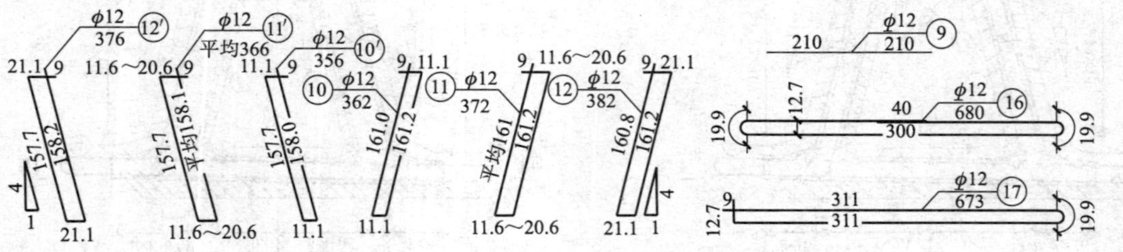

附注：1. 图中尺寸除钢筋直径以毫米计外，余均以厘米计。
2. N_9钢筋设置在腹板变化段箍筋角隅处。
3. 图中数字有括号并列表示者,括号内、外数字分别用于中梁和边梁，其余数字共用。

装配式部分预应力混凝土连续箱梁桥上部构造 跨径：30m 斜度：0°	公路—Ⅰ级
	2×净-15.25m
箱梁普通钢筋构造（一）	图号：

图 2-2-59　中跨腹板、底板钢筋构造图

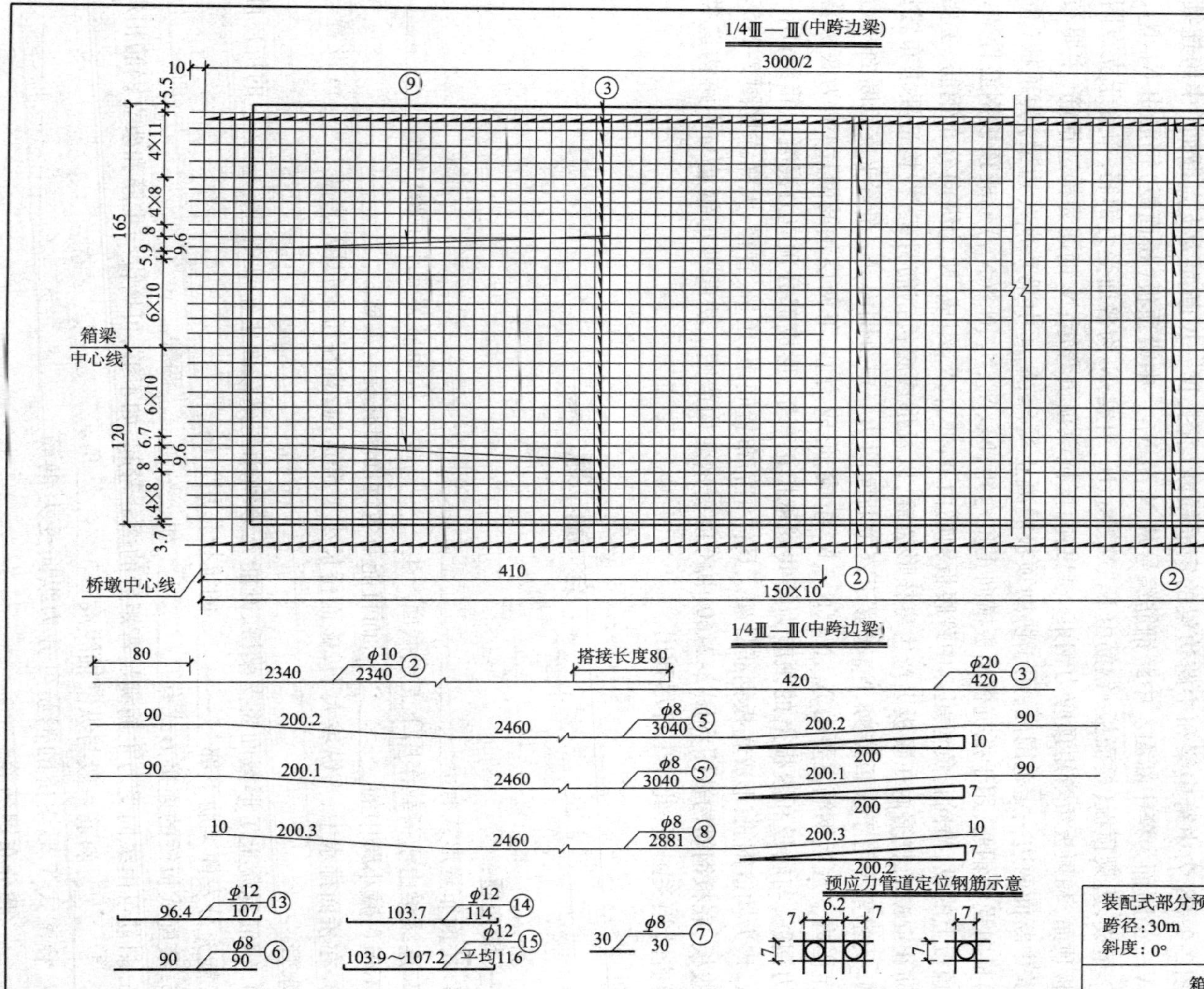

附注：1.图中尺寸除钢筋直径以毫米计外，余均以厘米计。
2.图中数字有括号并列表示者，括号内、外数字分别用于中梁和边梁，其余数字共用。
3.Ⅲ—Ⅲ断面未示出槽口位置，预制主梁时，桥面板纵、横向钢筋可在顶板束张拉预留槽处截断，以方便施工，待负弯矩钢束张拉完毕后再用相同直径的短钢筋与顶板束张拉预留槽处截断的桥面板钢筋采用单面焊连接，焊缝长度两侧各12cm。

装配式部分预应力混凝土连续箱梁桥上部构造 跨径：30m 斜度：0°	公路—Ⅰ级 2×净-15.25m
箱梁普通钢筋构造（二）	图号：

图 2-2-60　中跨顶板钢筋构造图

范围内由顶板厚度 14cm 增加到 28cm，以满足锚下局部承压和锚具布置的要求。钢束 T_1 下料长度 1030cm，两端距离墩中心线 309.9cm 对称下弯，半径 800cm，弯起角 2.86°，对称于墩中心分别锚固于相邻两跨箱梁顶板上预留的工作孔，工作孔尺寸 70cm × 100cm；钢束 T_2 下料长度 1730cm，两端距离墩中心线 659.9cm 对称下弯，半径 800cm，弯起角 2.86°，对称于墩中心分别锚固于相邻两跨箱梁顶板上预留的工作孔，工作孔尺寸 100cm × 100cm。在预应力钢束张拉时，将箱梁顶板上工作孔处的钢筋剪断，张拉完毕后再将钢筋连接，将工作孔用箱梁同强度等级混凝土封补。

(4)普通钢筋布置

箱梁的普通钢筋分为顶板钢筋、底板钢筋、腹板钢筋、齿板钢筋、横隔板钢筋和端部锚下钢筋网片六部分。

图 2-2-58 为中跨中梁和中跨边梁的钢筋横断面图，Ⅳ—Ⅳ断面为支点断面（中跨连续端），Ⅴ—Ⅴ断面为跨中断面。中跨钢筋编号从 N_1 至 N_{17}。中梁顶板（桥面板）钢筋由 N_3、N_2、N_4、N_{16}组成，边梁顶板（桥面板）钢筋由 N_3、N_2、N_4、N_{17}组成；N_3为普通受力钢筋，布置于支点附近顶板顶面，和顶板负弯矩预应力钢束一起共同抵抗墩顶负弯矩；N_2钢筋为构造钢筋，主要布置于跨中断面两边一定范围内，用于协助顶板混凝土受压；N_{16}（中梁）、N_{17}（边梁）为顶板（桥面板）横向受力钢筋，用于抵抗桥面板横向正负弯矩；N_3、N_2、N_4、N_{16}（N_{17}）形成顶板钢筋骨架，抵抗顶板上的纵、横向正负弯矩。中跨腹板钢筋由 N_5、N_{10}、N_{12}组成，N_5为纵向分布钢筋，主要用于防止混凝土收缩而在腹板上产生枣核形裂缝，以及形成腹板钢筋骨架，按构造要求布置；N_{10}、N_{12}为箍筋，用于腹板抗剪，N_{10}布置于跨中断面两边一定范围内，N_{12}布置于支点断面两边一定范围内。底板钢筋主要由 N_1、N_{13}、N_{15}、$N_{5'}$组成，形成为上、下两层钢筋网片，N_1为底板普通受力钢筋，与底板和腹板上的预应力筋共同承担正弯矩，形成部分预应力混凝土箱梁；N_{13}、N_{15}、$N_{5'}$均为构造钢筋，形成底板钢筋骨架。具体钢筋布置间距、用量、直径、大样详见图 2-2-59 中跨腹板、底板钢筋构造图和图 2-2-60 中跨顶板钢筋构造图。边跨普通钢筋与中跨构造类似，可查阅相关图纸，此处未详尽列出。

自 测 题

一、填空题

1. 桥面布置形式有__________、__________、__________。

2. 连续梁由于荷载作用下支点截面产生__________，从而显著减小了跨中的__________，这样不但可减小跨中的__________，而且能节省钢筋和混凝土数量。

3. 在桥面排水中，当纵坡大于 2% 而桥长小于 50m 时，宜在桥上每隔__________ m 设置一个泄水管。

4. 钢筋混凝土 T 形截面简支梁桥，既能充分利用主梁截面中扩展的__________的抗压能力，又能充分发挥梁肋下部__________的抗拉作用。

5. 装配式板桥的连接方式有__________和__________两种。

6. 斜筋可由纵向受力主筋满足弯矩后的部分弯起，如不够，可增设与主筋和架立钢筋相焊的__________。斜筋一般与纵梁轴线成__________角。

7. 装配式 T 形梁桥的钢筋可分为纵向受力钢筋__________、__________、__________、__________和分布钢筋等。

8. 板式橡胶支座标准构造的加劲钢板厚为________mm，中间橡胶片厚________mm。

9. 圆形板式橡胶支座适用于________，矩形板式橡胶支座适用于________。

10. 对于坡桥宜将固定支座布置在________。

11. 装配式主梁的横向连接方式有________、________和________。

12. 横隔梁在装配式T形梁桥中起着________作用，它的刚度愈大，桥梁的________愈好。

13. 常用的桥梁伸缩装置有________、________、________和________等伸缩装置。

14. 当T形梁梁肋较高，为防止薄壁的梁肋部分由于混凝土的收缩和外荷载引起的________，在梁肋侧面设置________钢筋。

二、简答题

1. 钢筋混凝土梁桥和预应力混凝土梁桥各有什么特点？

2. 梁式桥主要有哪几种类型？各适用于什么条件？

3. 支座的作用是什么？常用的类型有哪些？各适用于什么条件？

4. 板式橡胶支座的变位机理是什么？

5. 支座布置应服从怎样的总原则？

6. 桥面系构造包括哪些？各有什么作用？

7. 钢筋为什么要设保护层？应如何设置？

8. 横隔梁的作用是什么？怎样布置？

9. 预应力混凝土连续梁的配筋方式有哪几种？各适用于什么情况？

10. 三向预应力含义是什么？

11. 简述马蹄形截面的作用和构造上的要求。

12. 简述装配式箱梁、T梁的横向连接构造。

13. 梁式桥承重结构常见哪些截面形式？

14. 为了满足预应力筋的锚固受力，对预应力混凝土梁端常采取哪些措施？

2.3 拱桥构造

拱桥是我国公路上常用的一种桥梁形式。拱桥与梁桥的区别，不仅在于外形不同，更重要的是两者受力性能有差别。梁式结构在竖向荷载作用下，支承处仅产生竖向支承反力，而拱式结构在竖向荷载作用下，支承处不仅产生竖向反力，而且还产生水平推力。由于这个水平推力的存在，使拱内产生轴向压力，拱的弯矩将比相同跨径的梁的弯矩小很多，而使整个拱主要承受压力。这样，拱桥不仅可以利用钢、钢筋混凝土等材料来修建，而且还可以根据拱的这个受力特点，充分利用抗压性能较好而抗拉性能较差的圬工材料（石料、混凝土、砖等）来修建。这种由圬工材料修建的拱桥又称为圬工拱桥。根据理论推算，混凝土拱桥的极限跨度在500m左右，钢拱桥的极限跨度在1200m左右。

拱桥的主要优点是：跨越能力较大；能充分做到就地取材，与钢桥和钢筋混凝土梁式桥相比，可以节省大量的钢材和水泥；耐久性好，而且养护、维修费用少；外形美观；构造较简单。

拱桥的主要缺点是：自重较大，相应的水平推力也较大，增加了下部结构的工程量，当采用无铰拱时，对地基要求高；拱桥与梁桥相比，由于拱桥拱圈曲线形状的影响，对桥面上下建桥空间有一定要求,尤其是上承式拱桥建筑高度较高,用于城市及平原区时,会增加桥头引线长度或纵坡,增加工程量,不易与原有道路衔接;由于拱桥水平推力较大,在连续多孔的大、中桥梁中,为防止一孔破坏而影响全桥的安全,需要设置单向推力墩,增加了造价。

2.3.1　拱桥的组成及类型

2.3.1.1　拱桥的主要组成

拱桥和其他梁桥一样,也由上部结构和下部结构及附属结构组成。图2-3-1为拱桥各主要组成部分的名称。

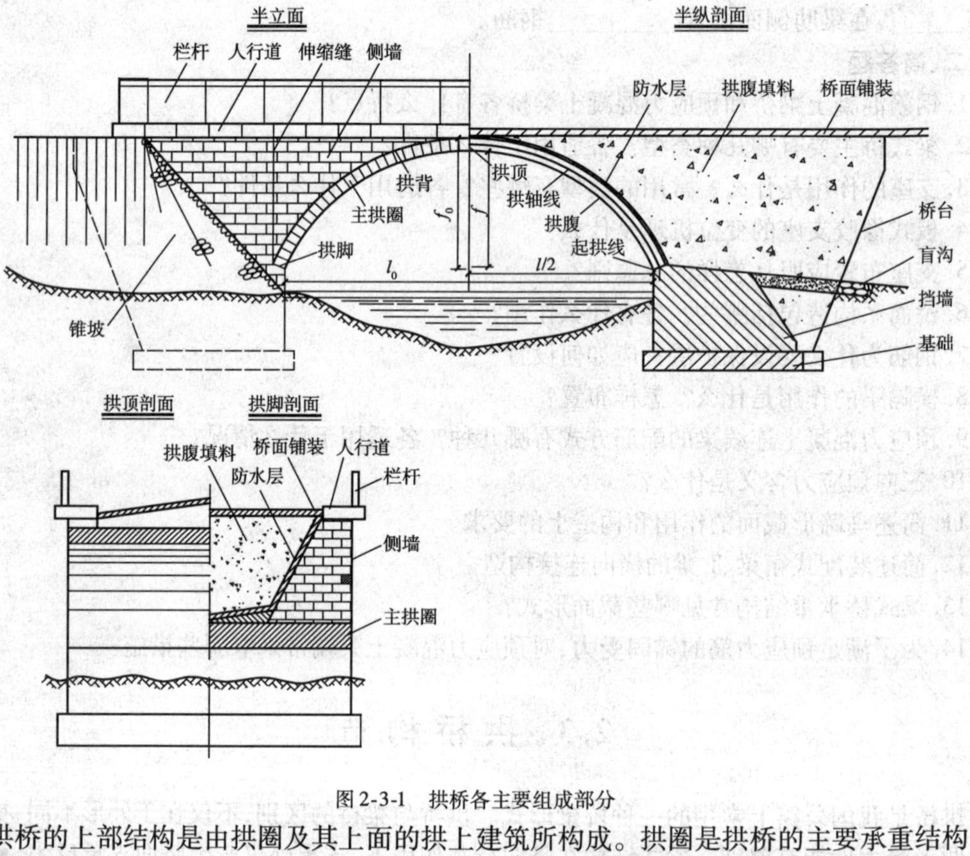

图2-3-1　拱桥各主要组成部分

拱桥的上部结构是由拱圈及其上面的拱上建筑所构成。拱圈是拱桥的主要承重结构。由于拱圈呈曲线形,一般情况下车辆都无法直接在弧面上行驶,所以在桥面系与拱圈之间需要有传递压力的构件或填充物,以使车辆能在平顺的桥面上行驶。桥面系和这些传力构件或填充物统称为拱上结构或拱上建筑。桥面系包括行车道、人行道及两侧的栏杆或砌筑的矮墙等构造。

拱桥的下部结构由桥墩、桥台及基础等组成,用以支承桥跨结构,将桥跨结构的荷载传至地基并与两岸路堤相连接。

拱圈最高处横向截面称为拱顶,拱圈和墩台连接处的横向截面称为拱脚(或起拱面)。拱圈各横向截面形心的连线称为拱轴线。拱圈的上曲面称为拱背,下曲面称为拱腹。起拱面与拱腹相交的直线称为起拱线。一般将矢跨比大于或等于1/5的拱称为陡拱;矢跨比小于1/5的拱称为坦拱。

2.3.1.2 拱桥的主要类型

1)按拱圈横截面形式分类

(1)板拱桥[图2-3-2a)]。主拱圈采用矩形实体截面是圬工拱桥的基本形式。由于它的构造简单、施工方便,因而使用广泛。但由于在相同截面积的条件下,实体矩形截面比其他形式截面的截面抵抗矩小,如果为了获得较大的截面抵抗矩,必须增大截面尺寸,这就相应增加了材料用量和结构自重,从而更进一步加重了下部结构的负担,这是不经济的,所以通常只在地基条件较好的中、小跨径圬工拱桥中采用板拱形式。

(2)肋拱桥[图2-3-2b)]。在板拱桥的基础上,将板拱划分成两条(或多条),形成分离的、高度较大的拱肋,肋与肋间用横系梁相连。这样就可以用较小的截面面积获得较大的截面抵抗矩,以节省较多的材料,从而大大地减小拱桥的自重,因此多用于较大跨径的拱桥。

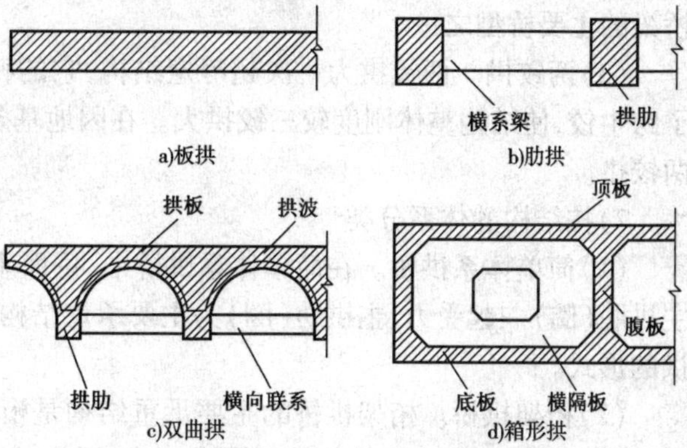

图2-3-2 拱圈截面形式

(3)双曲拱桥[图2-3-2c)]。双曲拱桥的主拱圈横截面是由一个或数个小拱组成的,由于主拱圈在纵向及横向均呈曲线型,故称之为双曲拱桥。由于双曲拱桥的截面抵抗矩较相同材料用量的板拱大得多,因此可以节省材料。加上具有装配式桥梁的特点,适合于工业化生产,具有加快施工进度,缩短工期,施工工艺简单等优点,因此得到广泛推广。

(4)箱形拱[图2-3-2d)]。箱形截面拱圈的拱桥,外形与板拱相似,由于截面挖空,使箱形拱的截面抵抗矩较相同材料用量的板拱大很多,所以能节省材料,对于大跨径桥则效果更为显著。特别适用于无支架施工。但由于箱形截面施工制作较复杂,一般情况下,跨径在50m以上的拱桥采用箱形截面才是合适的。

2)按建筑材料分类

可分为圬工拱桥、钢筋混凝土拱桥、钢拱桥、钢管混凝土拱桥。

3)按拱上建筑形式分类

(1)实腹式拱桥。其构造比较简单,施工方便,但重力大,常用于跨径20m以下拱桥。

(2)空腹式拱桥。其圬工体积小,桥型美观,还可以增大泄洪能力,但施工不如实腹式拱桥简单,常用于跨径25m以上的拱桥。

4)按主拱圈所采用的拱轴线形式分类

可分为圆弧拱、悬链线拱和抛物线拱。从施工方面看,圆弧拱比悬链线拱简单。从力学性能方面来看,悬链线拱比圆弧拱好。大跨径拱桥,为了改善受力,可以采用高次抛物线。

5)按桥面的位置分类

可分为上承式拱、中承式拱、下承式拱。

6)按静力体系分类

(1)三铰拱。三铰拱属静定结构。温度变化、混凝土收缩、地基沉陷等原因引起的变形不会在拱圈内产生附加内力。所以,在地基条件较差或寒冷地区建拱桥时可以采用三铰拱。但是由于拱铰的存在,使其构造复杂,施工困难,而且降低了整体刚度,尤其是减小了抗震的能力，因此主拱圈一般不采用三铰拱。三铰拱常用于空腹式拱上建筑的腹拱圈。

(2)无铰拱。无铰拱属于三次超静定结构。在自重及外荷载作用下，由于拱的内力分布比三铰拱均匀，所以它的材料用量较三铰拱省。又由于没有设铰，使结构的整体刚度大，而且构造简单，施工方便，因此在实际中使用最广泛。由于无铰拱的超静定次数高，温度变化、混凝土收缩，特别是墩台位移会在拱内产生较大的附加内力，所以无铰拱一般适宜修建在地基良好的条件下。但随着跨径的增大，附加力的影响也相对减小，因此钢筋混凝土无铰拱仍是大跨径桥梁的主要桥型之一。

(3)两铰拱。两铰拱为一次超静定结构，它的特点介于三铰拱与无铰拱之间。由于取消了跨中铰，使结构整体刚度较三铰拱大。在因地基条件较差而不宜修建无铰拱时，可考虑采用两铰拱。

7)按结构的体系分类

(1)简单体系拱桥。在简单体系拱桥中，桥面系结构(拱上结构或拱下悬吊结构)不参与主拱肋(圈)一起受力，主拱肋(圈)为主要承重结构。一般采用拱肋(圈)与墩台固结，即无铰拱的形式。

(2)桁架拱桥。桁架拱桥的主要承重结构是桁架拱片，也称为拱片桥，如图 2-3-3。桁架拱桥是由拱和桁架两种结构体系组合而成，因此具有桁架和拱的受力特点。即由于受推力的作用，跨间的弯矩得以大大减小；由于把一般拱桥的传力构件(拱上建筑)与承重结构(拱肋)联合成整体桁架，结构整体受力，能充分发挥各部分构件的作用。结构刚度大、自重小、用钢量省。桁架拱的拱脚一般采用铰接方式，以减少次内力影响。

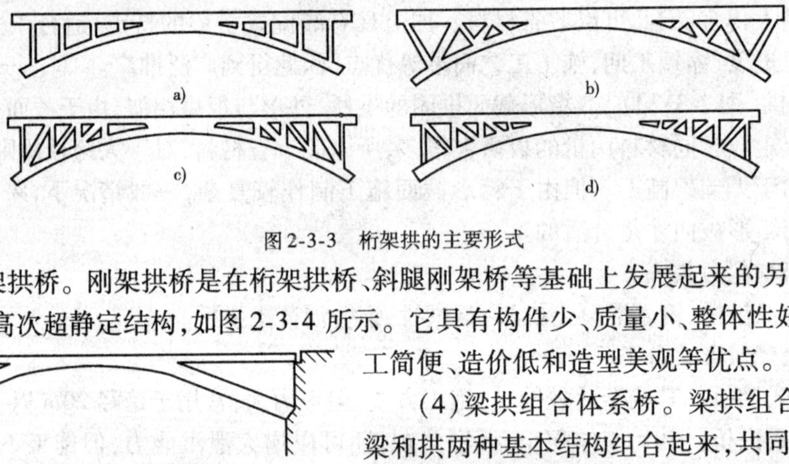

图 2-3-3　桁架拱的主要形式

(3)刚架拱桥。刚架拱桥是在桁架拱桥、斜腿刚架桥等基础上发展起来的另一种桥型，属于有推力的高次超静定结构，如图 2-3-4 所示。它具有构件少、质量小、整体性好、刚度大、施工简便、造价低和造型美观等优点。

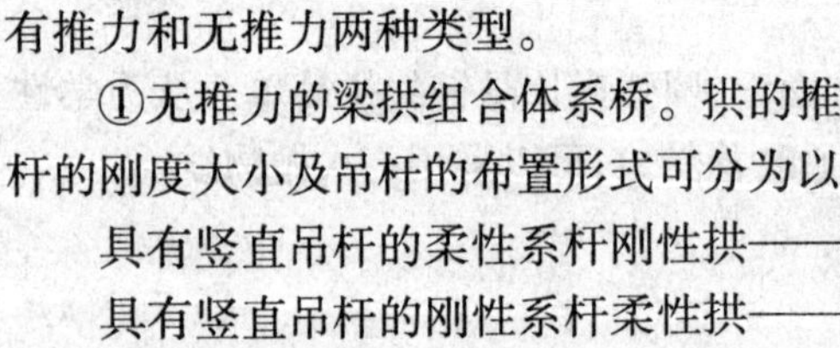

图 2-3-4　刚架拱桥

(4)梁拱组合体系桥。梁拱组合体系桥是将梁和拱两种基本结构组合起来，共同承受荷载，充分发挥梁受弯、拱受压的结构特性。一般可分为有推力和无推力两种类型。

①无推力的梁拱组合体系桥。拱的推力由系杆承受，墩台不承受水平力。根据拱肋和系杆的刚度大小及吊杆的布置形式可分为以下几种：

具有竖直吊杆的柔性系杆刚性拱——称系杆拱[图 2-3-5a)]。

具有竖直吊杆的刚性系杆柔性拱——称蓝格尔拱[图 2-3-5b)]。

具有竖直吊杆的刚性系杆刚性拱——称洛泽拱[图 2-3-5c)]。

以上三种拱，当用斜吊杆来代替竖直吊杆时，称为尼尔森拱[图 2-3-5d)、e)、f)]。

②有推力的梁拱组合体系桥。这种组合体系拱桥没有系杆，由单独的梁和拱共同受力。拱的推力仍由墩台承受，图 2-3-5g)所示为刚性梁柔性拱(倒蓝格尔拱)，图 2-3-5h)所示为刚

性梁刚性拱(倒洛泽拱)。

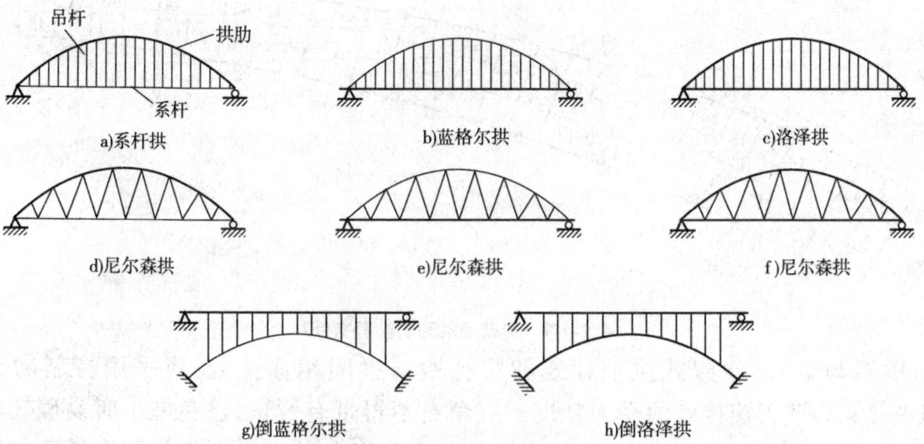

图 2-3-5　组合体系拱桥

2.3.2　主拱圈的构造

2.3.2.1　板拱

1)石板拱

按照砌筑拱圈的石料规格,又可以分为料石拱、块石拱及片石拱等各种类型。用来砌筑拱圈的石料应石质均匀,不易风化,其强度等级不应低于 MU50。砌筑用的砂浆强度等级,对大、中跨径拱桥不得小于 M10,小跨径不得小于 M7.5。

在砌筑料石拱圈时,根据受力的需要,构造上应满足以下几点要求:

(1)对于料石拱,拱石受压面的砌缝应是辐射方向,即与拱轴线相垂直。这种辐向砌缝一般可做成通缝,不必错缝。

(2)当拱圈厚度不大时,可采用单层拱石砌筑[图 2-3-6a)],其横向砌缝必须错开且不小于 10cm。

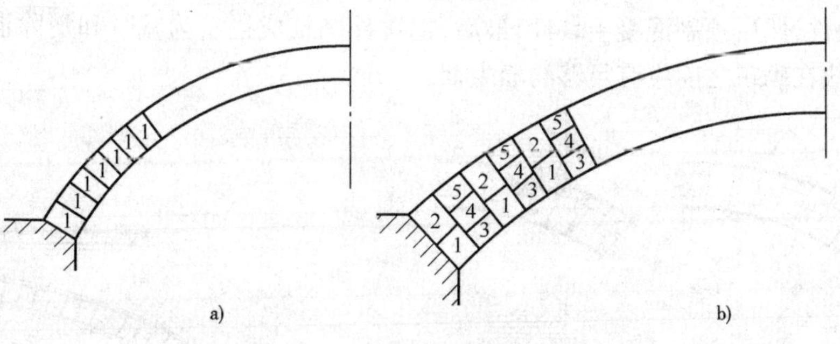

图 2-3-6　等截面圆弧拱的拱石编号

(3)当拱厚较大时可采用多层拱石砌筑[图 2-3-6b)、图 2-3-7)],其垂直于受压面顺桥向砌缝、拱圈横截面内拱石竖向砌缝以及各层横向砌缝必须错开且不小于 10cm(图 2-3-8)。这样,在纵向或横向剪力作用下,可以避免剪力单纯由砌缝内砂浆承担,从而可以增大砌体的抗剪强度和整体性。

(4)砌缝的缝宽不应大于 2cm。

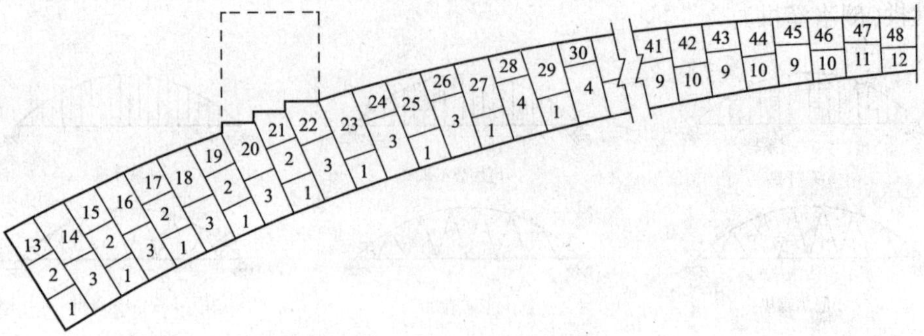

图 2-3-7　变截面拱圈的拱石编号

(5)拱圈与墩台、空腹式拱上建筑的腹孔墩与拱圈相连接处，应采用特制的五角石[图 2-3-9a)]，以改善连接处的受力状况。五角石不得带有锐角，已免施工时易破坏和被压碎。目前为了简化施工，也常采用现浇混凝土拱座及腹孔墩底梁来代替制作复杂的五角石[图 2-3-9b)]。

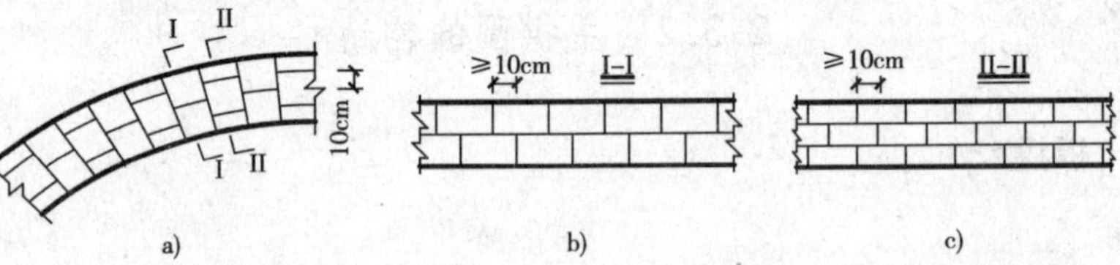

图 2-3-8　拱石的错缝要求

当用块石或片石砌筑拱圈时，应选择较大的平整面与拱轴线垂直，并使石块的大头向上、小头向下。石块间的砌缝必须相互交错，较大的缝隙应用小石块嵌紧。同时还要求砌缝用砂浆或小石子混凝土灌满。

2)素混凝土板拱

在缺乏合格天然石料的地区，可以用素混凝土来建造板拱，混凝土板拱(图 2-3-10)可以采用整体现浇，也可以采用预制砌筑。整体现浇混凝土拱圈，拱内收缩应力大，对受力不利，同时，拱架模板等用量大，费时费工，且质量不易控制，故较少采用。预制砌筑就是将混凝土板拱划分成若干块件，然后预制混凝土块件，最后，把块件砌筑成拱。为减少和消除混凝土的收缩影响，预制砌块在砌筑之前应有足够的养生期。

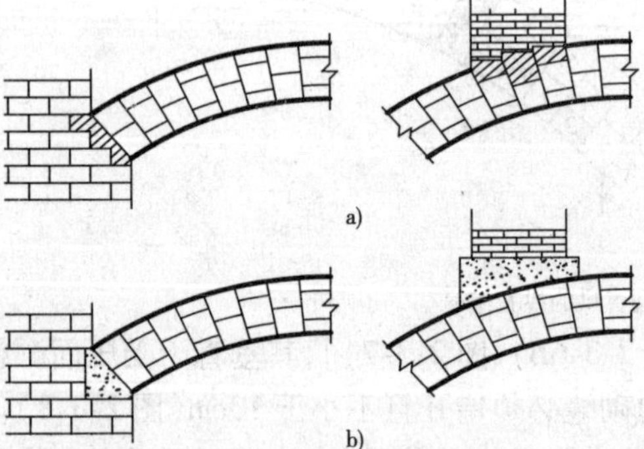

图 2-3-9　拱圈与墩台及腹孔墩连接

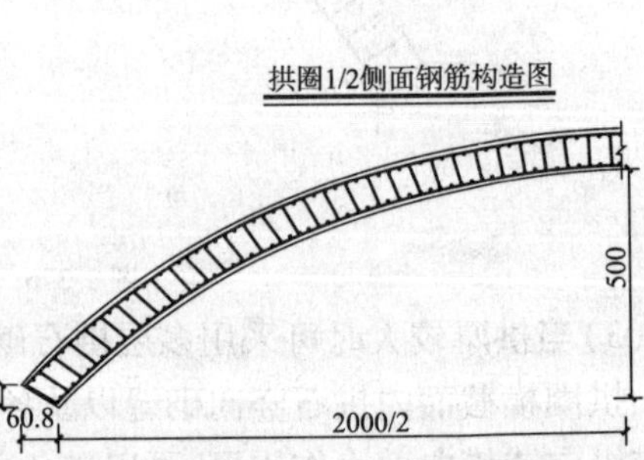

图 2-3-10　钢筋混凝土板拱钢筋构造图

3)钢筋混凝土板拱

与混凝土板拱相比，钢筋混凝土板拱具有构造简单，外表整齐，可以设计成最小的板厚，轻巧美观等特点。钢筋混凝土板拱根据桥宽需要可做成单条整体拱圈或多条平行板(肋)拱圈,施工时,可反复利用一套较窄的拱架与模板来完成,大大节省材料。钢筋混凝土等截面板拱的拱圈高度可按跨径的 1/70 ~ 1/60 初拟,跨径大时取小者。

2.3.2.2 肋拱

肋拱桥是由两条或多条分离的平行拱肋,以及在拱肋上设置的立柱和横梁支承的行车道部分组成(图 2-3-11)。

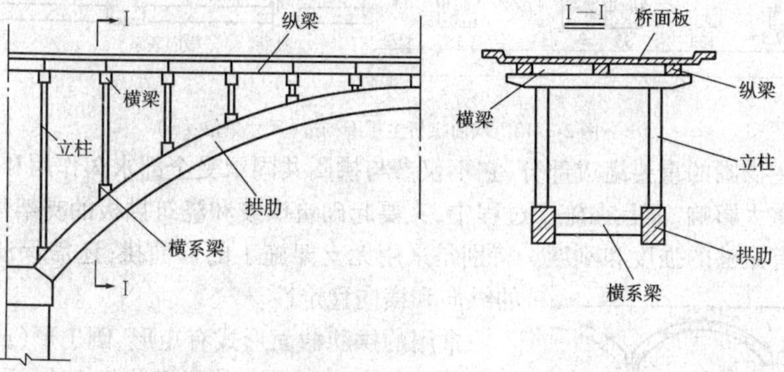

图 2-3-11 肋拱桥

拱肋是肋拱桥的主要承重结构,通常是由混凝土或钢筋混凝土做成。拱肋的数目和间距以及拱肋的截面形式等,均应根据使用要求(跨径、桥宽等)、所用材料和经济性等条件综合比较选定。为了简化构造,宜选用较少的拱肋数量。同时,与其他形式拱桥一样,为了保证肋拱的横向整体稳定性,肋拱桥两侧的拱肋最外缘间的距离,一般也不应小于跨径的 1/20。

拱肋的截面,在小跨径中,拱肋多采用矩形,肋高为跨径的 1/60 ~ 1/40,肋宽为肋高的 0.5 ~ 2.0 倍;在较大跨径中,拱肋常做成工字形截面,肋高为跨径的 1/35 ~ 1/25,肋宽约为肋高的 0.4 ~ 0.5 倍,其腹板厚度常采用 0.3 ~ 0.5m。当肋拱桥的跨径大、桥面宽时,拱肋还可以采用箱形截面,这就可以减少更多的圬工体积。

在分离的拱肋间,需设置横系梁,以增强肋拱桥的横向整体稳定性。拱肋的钢筋配置按计算确定。横系梁一般可按构造要求配置钢筋,但不得少于四根(沿四周放置),并用箍筋连接。

钢筋混凝土肋拱桥与板拱桥相比,优点有:能较多地节省混凝土用量,减小拱体重力;桥墩、桥台的工程量也相应减少;同时随着永久作用对拱肋内力的影响减小,可变作用影响相应增大,钢筋可以较好地承受拉应力,这样就能充分发挥建筑材料的作用而且跨越能力也较大。缺点有:比混凝土板拱所使用的钢筋数量多,施工较复杂。

2.3.2.3 双曲拱桥

双曲拱桥主拱圈通常是由拱肋、拱波、拱板和横向联系等组成(图 2-3-12)。双曲拱桥主要特点是将主拱圈以“化整为零”的方法按先后顺序进行施工,再以“集零为整”的组合式整体结构承重。因此,双曲拱的构造与板拱、肋拱相比具有其独自的特点。

双曲拱桥主拱圈截面,根据桥梁的跨度、宽度、设计荷载的大小、所用材料以及施工等不同情况,可以采用不同的形式(图 2-3-13)。

目前,公路双曲拱桥采用最多的是多肋多波的截面形式[图 2-3-13a)、b)、c)]。一般说来,肋与肋的间距不宜过小,以免限制了拱波的矢高,减小拱圈的截面刚度,但采用无支架施工时，拱肋间距又不宜过大，以免拱肋数量少而过分加大拱肋截面尺寸，增加吊装质量，给施工带来困难。在跨径荷载质量较小的单车道桥梁中，还可以采用单波的形式［图2-3-13d)］。

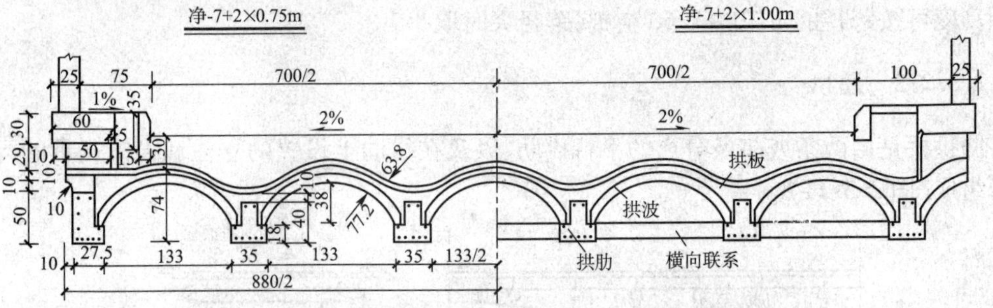

图2-3-12　双曲拱桥主拱圈构造（尺寸单位：cm）

拱肋是主拱圈的重要组成部分，它不仅参与拱圈共同承受全部永久作用和可变作用，对主拱圈质量有重大影响，而且在施工过程中，又要起砌筑拱波和浇筑拱板的支架作用。因此必须保证拱肋具有足够的强度和刚度。特别是采用无支架施工的双曲拱，还需保证拱肋具有足够的纵向和横向稳定性。

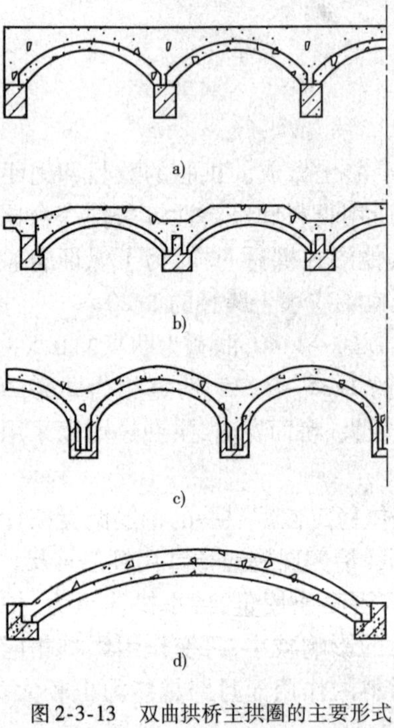

图2-3-13　双曲拱桥主拱圈的主要形式

常用的拱肋截面形式有矩形、倒T形（凸形）、槽形和工字形等（图2-3-14）。一般根据跨径大小、受力性能、施工难易等条件综合选择合理的截面形式，要求所选拱肋截面有利于增强主拱圈的整体性，制作简单且能保证施工安全。

拱肋通常可以利用支架现浇混凝土或采用预制安装的方法施工。预制的拱肋，如果长度太大，则不便于预制、运输和吊装，故常常分成几段。分段数目和长度应根据桥梁跨径大小、运输设备和吊装能力等条件来考虑。由于拱顶往往是受力最不利的截面，因此拱肋分段时接头不宜布置在拱顶。而接头宜设置在拱肋自重作用下弯矩最小的地方，一般在跨径的0.29～0.32倍附近。这样，拱肋一般均可分为三段。

当前，随着我国吊装设备的发展，起吊质量逐步增大，施工技术不断提高，当跨径在30m以内时，可以单根拱肋整体预制吊装；而跨径在80m以内，均可分为三段预制安装；只有当跨径超过80m时，可考虑分为5～7段。同时，为了保证拱肋在吊运、安装过程中的稳定性，拱肋的每段长度一般也不宜超过拱肋宽度的50倍。

图2-3-14　拱肋截面形式

拱波一般都用混凝土预制，常做成圆弧形。拱波不仅是参与主拱圈共同承受荷载的组成部分，而在浇筑拱板混凝土时，它又起模板的作用。

拱板在拱圈截面中占最大比重，而且现浇混凝土拱板又将拱肋、拱波连成整体，使拱圈实现“集零为整”。因此，拱板在加强拱圈整体性方面起着重要的作用。

设置横向联系能使活载在主拱圈上均匀分布，并能承受拱波作用在拱肋的水平推力，还能保证在无支架施工中裸拱的稳定性。横向联系常用的形式是横系梁和横隔板，通常布置在拱顶、腹孔墩下面、分段吊装的拱肋接头处等，间距一般为 3 ~ 5m。考虑到横向联系在拱顶附近作用更为明显，因此在拱顶部分（或在整个拱顶实腹区段）可适当加密。对于跨径较小的宽桥，拱顶部分的横向联系更应特别加强。

2.3.2.4　箱形拱

大跨径拱桥的主拱圈可以采用箱形截面。根据已建成的箱形拱桥的资料，箱形截面挖空率可达全截面的 50% ~ 80%。因此，与板拱相比，可以大量地减少圬工体积，减轻质量，节省上下部结构的造价。与双曲拱桥相比，在相同的截面积下，可增大截面抵抗矩，且抗扭刚度更大，因而截面经济、横向整体性强、稳定性好。而且它的中性轴靠近中部，对于正负弯矩有几乎相等的截面抵抗矩，能够较好地适应拱桥不同截面正负弯矩变化的要求，并能充分利用材料。同时在无支架施工中，由于是薄壁箱形截面，吊装时构件的刚度大、稳定性好，操作安全。但是箱形拱的制作要求高，需要较大的吊装能力，因此，跨径在 50m 以上的大跨径拱桥才宜于采用箱形拱。

箱形拱的拱圈，可以由一个闭合箱（单室箱）或由几个闭合箱（多室箱）组成。每一个闭合箱又由腹板、顶板（盖板）、底板及横隔板组成（图 2-3-15）。

单室箱可以采用矩形或工字形箱形［图 2-3-16a）、c）］等，它的构造简单，施工较方便，但一般只宜于现浇的窄桥或作为肋拱桥的箱形拱肋。箱形拱的构造与施工方法有密切的关系。修建箱形拱，可以采用预制拱箱无支架吊装或有支架现场浇筑等施工方法。若采用无支架施工时，拱箱可分段预制，其分段方法及拱箱接头构造等均可参考双曲拱桥拱肋的有关部分。当吊装能力很大时，可以采用封闭式拱箱，这样可以增加拱箱在施工过程中的整体稳定性，减少施工步骤。目前，为了减小吊装质量或方便操作，拱箱往往不是一次预制成型，而是采用装配-整体式结构形式，分阶段施工，最后组拼成一个整体。

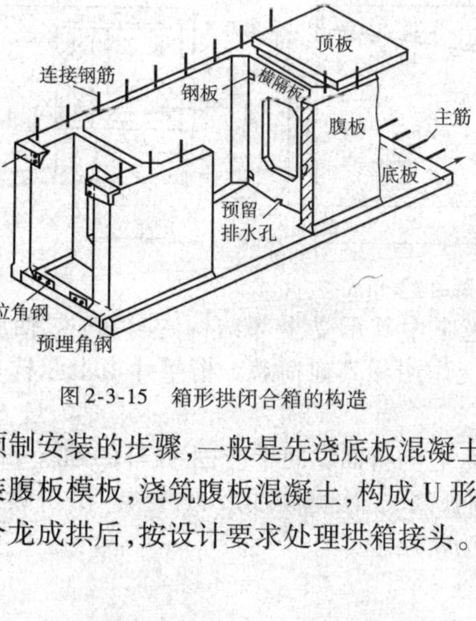

图 2-3-15　箱形拱闭合箱的构造

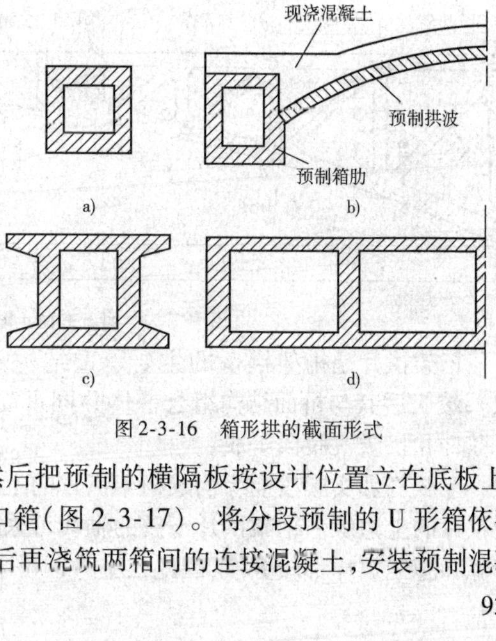

图 2-3-16　箱形拱的截面形式

预制安装的步骤，一般是先浇底板混凝土，然后把预制的横隔板按设计位置立在底板上，再安装腹板模板，浇筑腹板混凝土，构成 U 形开口箱（图 2-3-17）。将分段预制的 U 形箱依次吊装合龙成拱后，按设计要求处理拱箱接头。然后再浇筑两箱间的连接混凝土，安装预制混凝土盖板(或微弯板),由于盖板与拱箱之间的接触面是一抗剪薄弱面,除填缝混凝土应与拱板混凝土一起浇筑外,宜在拱箱之间的空缝内每隔 0.5m 预埋一根抗剪钢筋(两端应设半圆弯钩)。最后浇筑顶面(拱板)混凝土。为了增强拱圈的整体性及抵抗混凝土的收缩作用,拱板内宜铺设直径为 8 ~ 10mm、间距为 20cm × 20cm 的钢筋网。这样就建成了箱形拱圈。

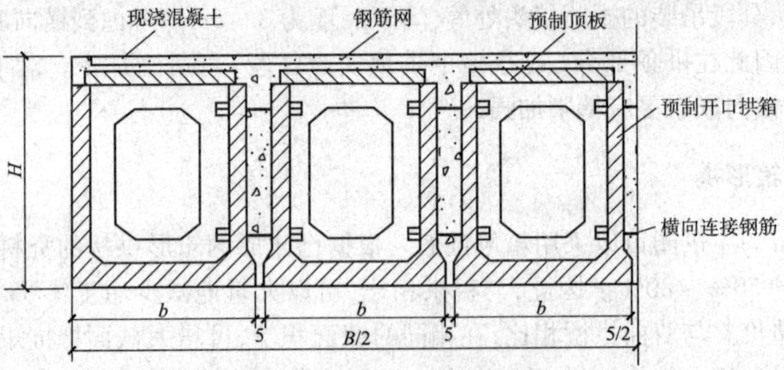

图 2-3-17 箱形拱预制构造示意图

近年来,随着我国吊装能力和施工水平的提高,在预制拱箱时可以进一步减薄腹板厚度,使中腹板减至 30 ~ 50cm,从而又减小了吊装质量,于是在大跨径箱形拱桥中又开始广泛采用封闭式拱箱,其施工步骤与上述装配-整体式拱箱结构相似,只是在施工预制场上将 U 形开口箱与预制顶板组装成一个完整的闭合箱后再整体吊装,这对减少高空作业、加快施工进度、节省投资等都是有利的。

2.3.2.5 桁架拱

桁架拱桥又称拱形桁架桥,是一种具有水平推力的桁架结构,其下弦杆为拱形,上弦杆一般与桥道结构组合成一整体而共同工作。桁架拱兼备了桁架和拱式结构的有利因素,因此能充分发挥材料的受力性能。其外形轻巧美观,各部构件截面尺寸较小,重力较小,结构受力合理,整体性强,不仅节省材料,而且减少对墩台的垂直压力和水平压力。

桁架拱桥的上部结构一般均由桁架拱片、横向连接系和桥面三部分组成(图 2-3-18)。

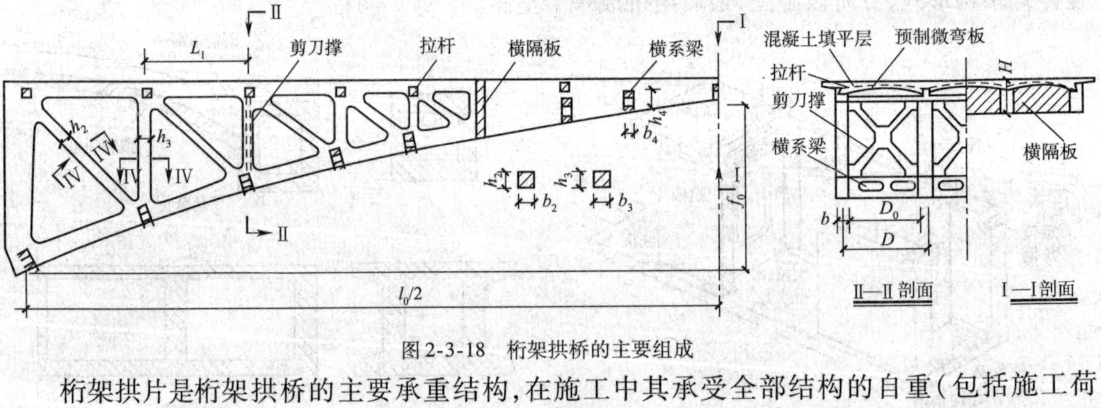

图 2-3-18 桁架拱桥的主要组成

桁架拱片是桁架拱桥的主要承重结构,在施工中其承受全部结构的自重(包括施工荷载),竣工后其与桥面结构组合一体共同承受可变作用和其他荷载。桁架片由上弦杆、腹杆、下弦杆和拱顶实腹段组成。

上弦杆和实腹段上缘构成桁架拱片的上边缘,它与桥面纵向平行;上弦杆的轴线平行于桁架拱片的上边缘。桁架拱片下弦的轴线可采用圆弧线、二次抛物线或悬链线。由于圆弧线的计算和施工放样都较方便,因此在小跨径桥中较为常用。

腹杆包括斜杆和竖杆。根据腹杆的不同布置情况，可分为竖杆式、三角形、斜压杆和斜拉杆四种形式（图 2-3-19）。竖杆式桁架拱[图 2-3-19a）]外形美观，施工较方便，但整体刚度较小，竖杆与上、下弦杆连接的节点处易开裂，故适用于荷载小、跨径较小的桥梁。三角形腹杆的桁架拱片[图 2-3-19b）]，腹杆根数少，杆件的总长度也最短，因此腹杆用料省，整体刚度较大。但是当拱跨较大，矢高较大时，三角形体系的节间就过大，为了承受桥面荷载，就要增加桥面构件的钢筋用量。因此宜增设竖杆来减少节间长度，成为带竖杆的三角形桁架拱。根据斜杆倾斜方向的不同，又有斜压杆[图 2-3-19c）]和斜拉杆[图 2-3-19d）]两种，前者斜杆受压、竖杆受拉，后者斜杆受拉、竖杆受压。斜杆是目前采用较多的一种形式。

为把桁架拱片连成整体，使之共同受力，并保证其横向稳定，需在桁架拱片之间设置横向联系。横向联系由拉杆、横系梁、横隔板和剪刀撑等组成（图 2-3-18）。

拉杆和横系梁分别设置在上、下弦杆的节点处，拱顶实腹段每隔 3 ~ 5m 也应设置横系梁。当跨径较小时，横系梁也可用拉杆代替。而对于城市宽桥，拱顶实腹段的横向联系宜加强，有利于可变作用横向分布。

横隔板一般设置在实腹段与桁架部分连接处及跨中，它在高度方向常直抵桥面板。横桥向的剪刀撑一般设置在 1/4 跨径附近的上、下节点之间及跨径端部。较小跨径的桁架拱可不设端部剪刀撑。对于大跨径桁架拱桥，除设置竖向剪刀撑外，还可在下弦杆平面内设置一些连接系杆件，以加强桥梁的横向刚度。

桁架拱桥的桥面结构形式很多，有横向微弯板、纵向微弯板和预应力混凝土空心板等。横向微弯板桥面比较省钢材，但跨径较小，因此拱片的片数较多。较大跨径的桁架拱桥，为了减少拱片的片数，可采用空心板或纵向微弯板，但纵向微弯板需要较强的横梁，各有优缺点，应根据具体情况选用。

桁架拱与墩（台）的连接包括：下弦杆、上弦杆与桥墩（台）的连接和多孔桁架拱桥桥跨结构之间的连接等。下弦杆与墩台的连接，中小跨径桁架拱桥通常是在墩台帽上预留深 10cm 左右的槽孔，将下弦杆的端头插入，四周用砂浆填塞。在跨径较大时，可采用钢筋混凝土制成的平面铰和弧面铰连接。桁架拱上部与墩台的连接，以及多跨拱间的连接，有悬臂式[图 2-3-20a）、b）]、过梁式[图 2-3-20c）、d）]和伸入式[图 2-3-20e）、f）]三种，一般以过梁式为好。

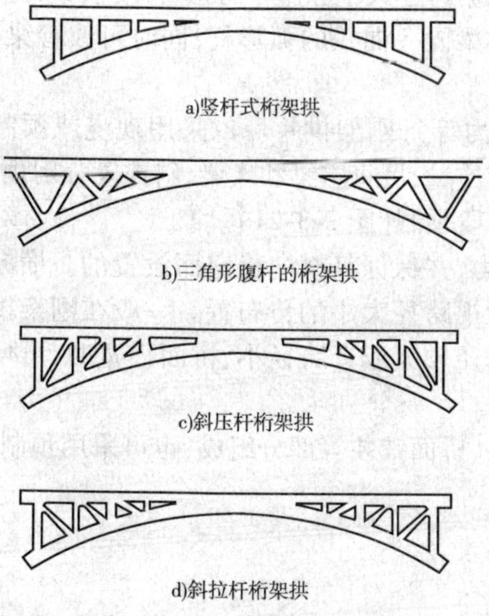

图 2-3-19　桁架拱的主要形式

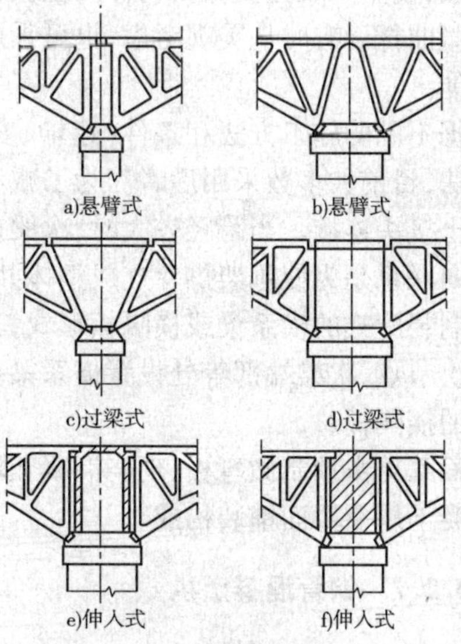

图 2-3 20　桁架拱与墩台的连接形式

2.3.2.6 刚架拱

刚架拱桥是在桁架拱、斜腿刚架等基础上发展起来的另一种新桥型，属于有推力的高次超静定结构。

刚架拱桥外形轻巧美观，自重小，整体性好，刚度大，具有桁架拱桥分块预制构件的优点，而且预制块件的形状简单。由于这种桥型施工方便，预制构件数量少，造价低，节约钢材，施工工期快，对地基承载力要求低，所以在我国得到了广泛应用。

刚架拱桥的上部结构由刚架拱片、横向连接系和桥面系等部分组成（图 2-3-21）。

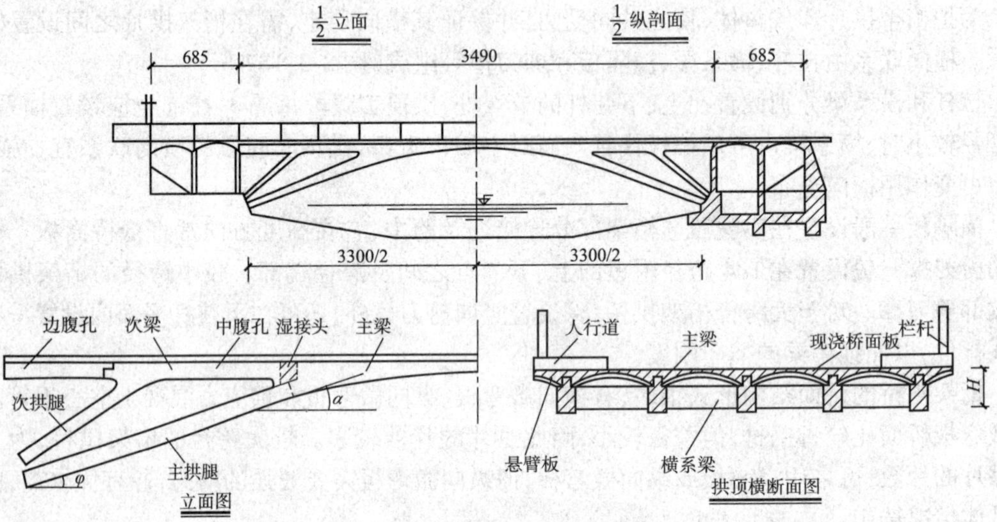

图 2-3-21　刚架拱桥的主要组成（尺寸单位：cm）

刚架拱片是刚架拱桥的主要承重结构，一般由跨中实腹段的主梁、空腹段的次梁、主拱腿（主斜撑）、次拱腿（斜撑）等构成。

主梁和主拱腿构成的拱形结构的几何形状是否合理，对全桥结构的受力有显著的影响。主梁和次梁的梁肋上缘线一般与桥面纵向平行，主梁下边缘线一般可采用二次抛物线、圆弧线或悬链线，使主梁成为变截面构件。主拱腿可根据跨径大小和施工方法等不同，设计成等截面直杆或微曲杆。有时从美观考虑，也可采用与主梁同一曲线的弧形杆，同时可改善梁、拱腿的受力性能。

根据不同的施工方法和条件（运输、安装能力等），刚架拱片可以采用现浇或预制安装的施工方法，目前大多数采用后者。为了减小吊装质量，可将主梁和次梁、斜撑等分别预制，用现浇混凝土接头连接。当跨径较大时，次梁还可分段预制（图 2-3-21）。

横向联系是为使刚架拱片连成整体共同受力，并保证其横向稳定而设置的。横向联系可采用预制装配式的横系梁或横隔板形式，其间距视跨径大小酌情布置。一般在刚架拱片的跨中，主、次节点，次梁端部等处设置横系梁。当跨径较大或者跨径小、桥面很宽时，可增设直抵桥面板的横隔板。

桥面系可由预制微弯板、现浇混凝土填平层、桥面铺装等部分组成，也可采用预制空心板、现浇混凝土层及桥面铺装构成。

2.3.2.7 钢管混凝土拱

钢管混凝土拱桥上部结构由钢管混凝土拱肋、横向联系、桥面系、立柱、吊杆、系杆等组成。

详细构造将在第2.4节中学习。

2.3.3 拱上建筑的构造

拱桥不同于梁桥,主拱圈是曲线形,车辆无法直接在主拱圈上行驶,需要在桥面系与主拱之间设置传递荷载的构件或填充物,使车辆能在桥面上行驶。桥面系和这些传载构件或填充物统称为拱上建筑(又称拱上结构)。拱上建筑的形式一般分为实腹式和空腹式两大类,空腹式又分为拱式拱上建筑和梁式拱上建筑。

2.3.3.1 实腹式拱上建筑

实腹式拱上建筑由侧墙、拱腹填料、护拱以及变形缝、防水层、泄水管和桥面等部分组成(图2-3-22)。

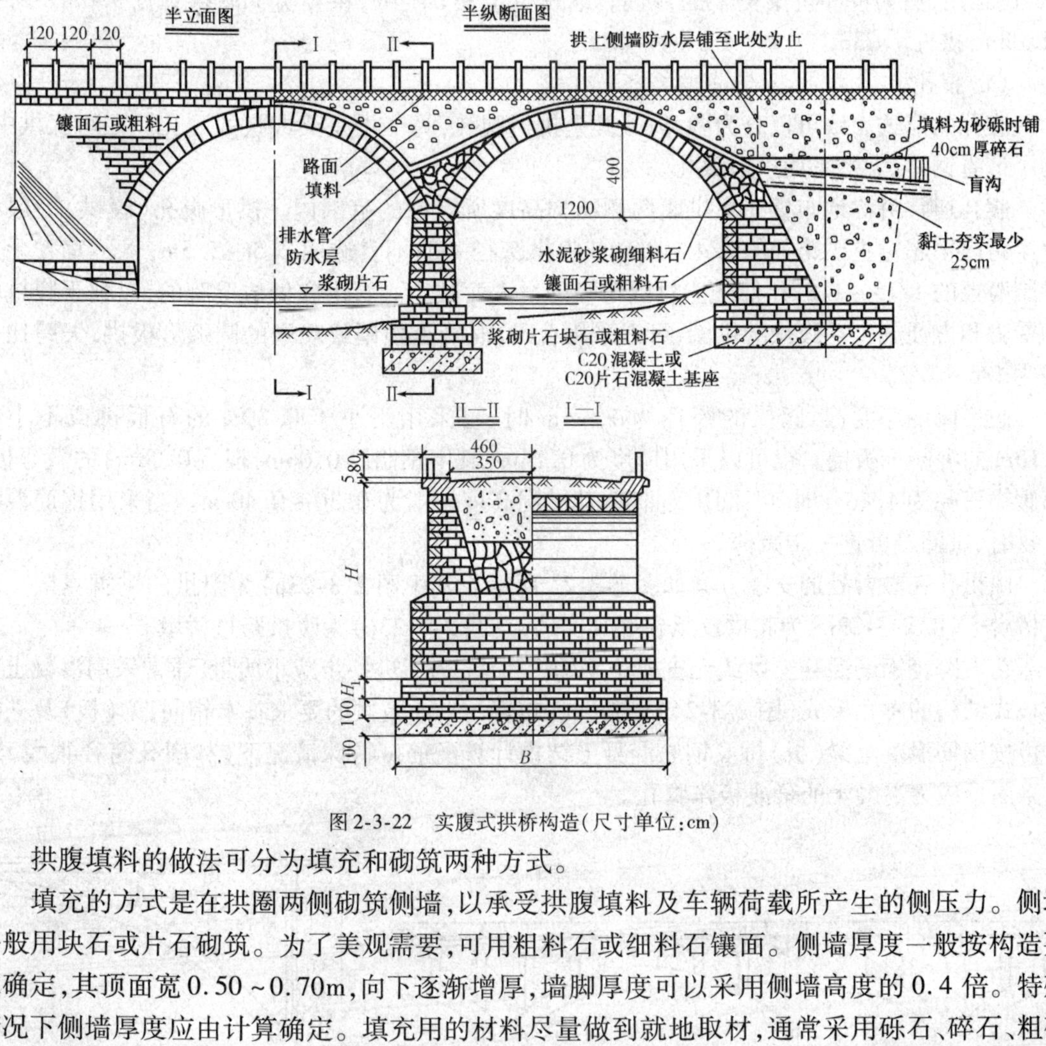

图2-3-22 实腹式拱桥构造(尺寸单位:cm)

拱腹填料的做法可分为填充和砌筑两种方式。

填充的方式是在拱圈两侧砌筑侧墙,以承受拱腹填料及车辆荷载所产生的侧压力。侧墙一般用块石或片石砌筑。为了美观需要,可用粗料石或细料石镶面。侧墙厚度一般按构造要求确定,其顶面宽0.50~0.70m,向下逐渐增厚,墙脚厚度可以采用侧墙高度的0.4倍。特殊情况下侧墙厚度应由计算确定。填充用的材料尽量做到就地取材,通常采用砾石、碎石、粗砂或卵石夹黏土并加以夯实。这些材料的透水性较好,成本较低,而且还能减小对侧墙的推力。在地质条件较差的地区,为了减小拱上建筑的质量,可以采用其他轻质材料(如炉渣、石灰、黏土等混合料)作填料。

当填充材料不易取得时,可改用砌筑的方式,也就是采用干砌圬工或浇筑贫混凝土作为拱腹填料。当用贫混凝土时,往往可以不另设侧墙,而在外露混凝土表面用砂浆饰面或设置镶面。

在多孔拱桥中,为了便于敷设防水层和排出积水,又设置了护拱。护拱一般用现浇混凝土或砌筑块片石修筑。如图 2-3-22 中用浆砌片石做的护拱,还起着加强拱圈的作用。

2.3.3.2 空腹式拱上建筑

大、中跨径的拱桥,特别是当矢高较大时,实腹式拱上建筑的填料用量多、重力大,因而以采用空腹式拱上建筑为宜。空腹式拱上建筑除具有实腹式拱上建筑相同的构造外,还具有腹孔和腹孔墩。图 1-2-1 赵州桥距今已有近 1400 多年历史,它不仅是我国而且也是世界上现存最早,保存最完整的石拱桥,对世界桥梁建筑有着十分深远的影响,特别是拱上加拱的"敞肩拱"的运用,更为世界桥梁史上的首创。赵州桥全长 64.4m,拱顶宽 9m,拱脚宽 9.6m。跨径 37.02m,拱矢 7.23m。

(1)腹孔

腹孔的形式大致可以分为两类:一类是拱形腹孔,另一类是梁或板式腹孔。在圬工拱中,为了节省钢材,大多采用拱形腹孔。

腹孔通常对称地布置在主拱圈两侧结构高度所容许的范围内。拱形腹孔(腹拱)一般在每半跨内不超过主拱跨径的 1/4 ~ 1/3,其腹拱跨径一般不宜选用 2.5 ~ 5.5m,也不宜大于主拱圈跨径的 1/15 ~ 1/8,比值随主拱圈跨径的增大而减小。腹拱宜做成等跨的,以利于腹拱墩的受力和方便施工。腹拱的拱圈,可以采用石砌、混凝土预制或现浇的圆弧形板拱,矢跨比一般为 1/6 ~ 1/2。

腹拱圈的厚度:当腹拱的跨径为 1 ~ 4m 时,可采用不小于 0.30m 的石板拱或不小于 0.15m 的混凝土板拱。也可以采用厚度为 0.14m(其中预制厚 0.06m,现浇 0.08m)的微弯板。当腹拱跨径为 4 ~ 6m 时,可采用双曲拱,其拱圈高度一般为 0.30 ~ 0.40 m。当采用钢筋混凝土拱时,拱圈厚可进一步减薄。

腹拱孔在墩台处的支承方案如图 2-3-23 所示。其中图 2-3-23a)为腹拱的拱脚直接支承在桥台上;图 2-3-23b)为腹拱支承在墩顶实墙上;图 2-3-23c)为腹拱跨过桥墩。

在大跨径钢筋混凝土拱或无支架施工的拱桥中,为了进一步减小质量,通常采用混凝土梁或板式结构的腹孔形式(图 2-3-24)。腹孔的布置与上述腹拱的要求基本相同,梁(板)及立柱等可按钢筋混凝土梁(板)桥及钢筋混凝土结构计算配筋。特殊情况下(如腹孔跨径很大)还可采用预应力混凝土的梁或板作腹孔。

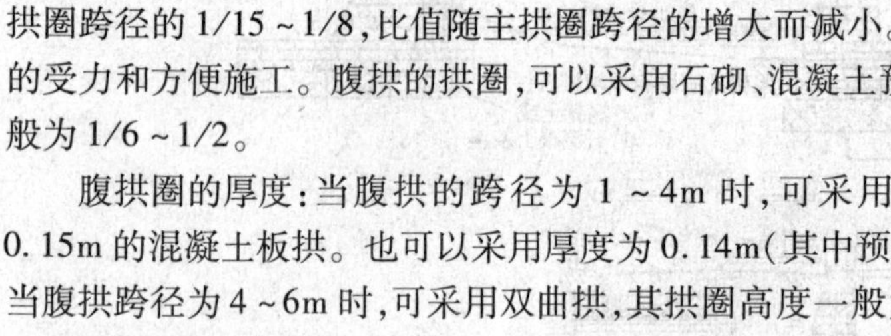

图 2-3-23　腹拱布置形式及伸缩缝、变形缝设置

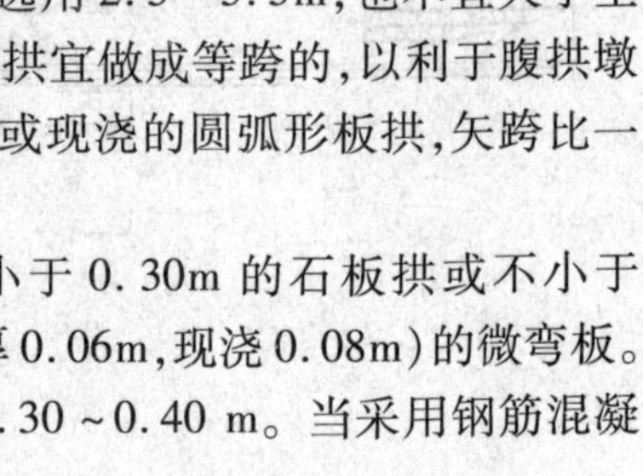

图 2-3-24　梁(板)式空腹式拱上建筑

(2)腹孔墩

腹孔墩可分为横墙(立墙)式和立柱式两种。横墙式通常用石料、混凝土预制块砌筑,或现浇混凝土做成实体墙。有时为了节省圬工、减小质量或便于检修人员在拱上建筑内通行,也可在横墙上挖孔[图2-33-25a)]。腹孔墩的厚度,用浆砌片石、块石时,不宜小于0.6m;用混凝土浇筑时,一般应大于腹拱圈厚度的一倍。

立柱式腹拱墩[图2-3-25b)]是由立柱和盖梁组成的钢筋混凝土排架结构。为了使立柱传递给主拱圈的压力不致过分集中,通常在立柱下面还设置底梁。立柱及盖梁常采用矩形截面。截面尺寸及钢筋配置除按受力要求拟订外,并应考虑与拱桥的外形及构造相协调。底梁可以与拱圈一起施工完成。如采用混凝土浇筑时,可按构造要求布置钢筋。在河流有漂流物或流水时,如果拱圈会被部分淹没,就不宜采用立柱式腹孔墩。

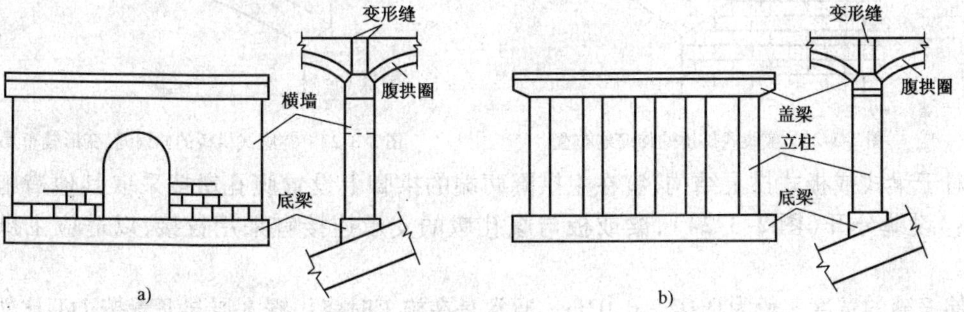

图2-3-25 腹孔墩构造形式

2.3.3.3 拱上填料、桥面及人行道

拱上建筑中的填料,一方面能起扩大车辆荷载分布面积的作用,同时还能够减小车辆荷载的冲击作用,但也增加了拱桥的恒载重力。一般情况下,无论是实腹式与空腹式拱桥(除无拱上填料的轻型拱桥),主拱圈及腹拱圈的拱顶处,填料厚度(包括路面厚度)均不宜小于0.3m。根据《公路桥涵通用设计规范》(JTG D60—2004)的规定,填料厚度(包括路面厚度)等于或大于0.5m的拱桥,设计时均不计汽车荷载的冲击力。

在大跨径钢筋混凝土拱桥或在地基条件很差的情况下,为了进一步减小拱上建筑质量,可以减小填料厚度,甚至可以不用填料,直接在拱顶上修建混凝土路面。这时,除要采取措施保证主拱圈的横向整体性外,计算时还应计入汽车荷载的冲击力。

拱桥行车道部分的桥面铺装类型,应根据桥梁所处地区的公路等级、使用要求、交通量大小等条件综合考虑。目前采用较多的是碎(砾)石路面、沥青混凝土路面或水泥混凝土路面。行车道两侧应根据需要设置人行道和栏杆,其构造和梁桥相似。

2.3.3.4 伸缩缝与变形缝

在可变作用、温度变化、混凝土收缩等因素影响下,主拱圈将产生挠度,拱上建筑也随之变形。这时侧墙或腹拱圈与墩台连接处将产生裂缝。为了防止这种不规则裂缝的出现,须设置伸缩缝和变形缝。

实腹式拱桥的伸缩缝通常设在两拱脚的上方,并需在横桥方向贯通全宽和侧墙的全高及至人行道构造。目前多将伸缩缝做成直线形(图2-3-26),以使构造简单,施工方便。

拱式拱上结构的空腹式拱桥,一般将紧靠桥墩(台)的第一个腹拱圈做成三铰拱,并在靠墩台的拱铰上方的侧墙上也相应地设置伸缩缝,在其余两铰上方的侧墙,可设变形缝(图2-3-27及图2-3-23)。在大跨径拱桥中,根据温度变化情况和跨径长度,必要时还需将靠近拱顶的腹拱圈或其他腹拱也做成两铰拱或三铰拱。拱铰上面的侧墙也需相应地设置变形缝,以便使拱上建筑更好地适应主拱圈的变形。

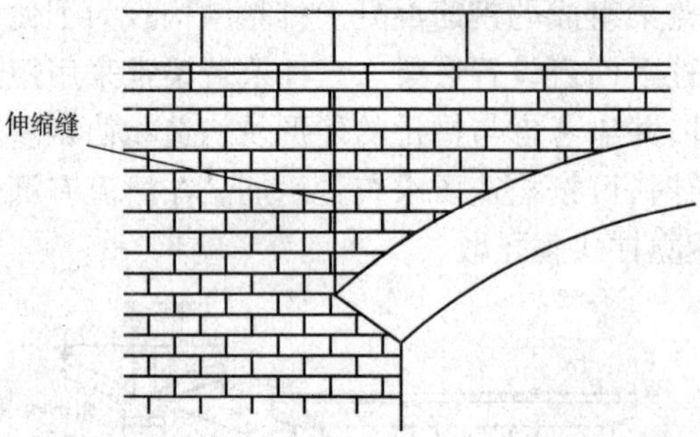

图2-3-26　实腹式拱桥的伸缩缝布置

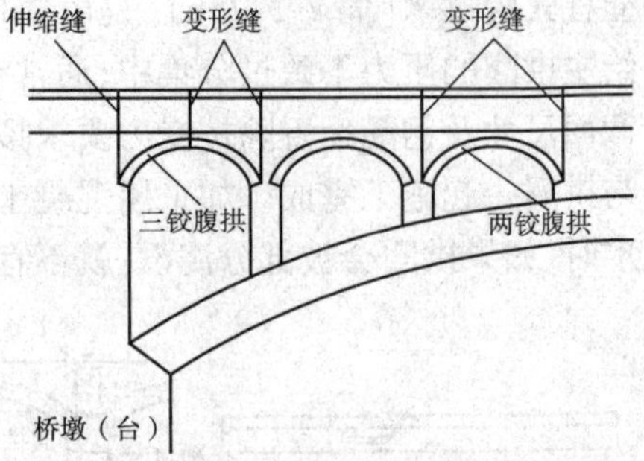

图2-3-27　空腹式拱桥的伸缩缝、变形缝布置

对于梁式或板式拱上结构,宜在主拱圈两端的拱脚上设置腹孔墩或采取其他措施与桥墩(台)设缝分开(图2-3-24),梁或板与腹孔墩的支承连接宜采用铰接,以适应主拱圈的变形。

伸缩缝的宽度一般为0.02~0.03m。通常是在施工时将用锯木屑与沥青按1:1比例配合压制成的预制板嵌入砌体或埋入现浇混凝土中即可。变形缝则不留缝宽,可用干砌或油毛毡隔开即可。

人行道、栏杆、缘石和混凝土桥面,在腹拱铰的上方或侧墙有变形缝处,均应设置贯通全桥宽度的伸缩缝或变形缝,以适应主拱圈的变形,其构造形式可参照梁桥选用。

2.3.3.5　排水及防水层

水分渗入砌体,易于溶解混凝土和砂浆中的游离石灰,在寒冷地区还会造成冻胀,因此,对于拱桥,不仅要求能够及时排除桥面的雨、雪水,而且要求将透过桥面铺装渗入到拱腹内的雨水也能及时排除。

关于桥面雨水的排除,除桥梁设置纵坡和桥面设横坡外,一般还沿桥面两侧缘石边缘设置泄水管,其构造情况可参见图2-3-28。

透过桥面铺装渗入拱腹内的雨水,应由防水层汇集于预埋在拱腹内的泄水管排出。防水层和泄水管的敷设方式与上部结构的形式有关。

对于实腹式拱桥,防水层应沿拱背护拱、侧墙铺设。如果是单孔,可以不设拱腹泄水管,积水沿防水层流至两个桥台后面的盲沟,然后沿盲沟排出路堤。如果是多孔拱桥、可在1/4跨径处设泄水管[图2-3-29a)]。对于空腹式拱桥,防水层应沿腹拱上方与主拱圈跨中实腹段的拱背设置,泄水管也宜布置在1/4跨径处[图2-3-29b)]。

泄水管常采用PVC管材,泄水管的内径一般为6~10cm,在严寒地区或雨水特别多的地区需适当加大(不宜小于15cm)。泄水管应伸出结构外表面5~10cm,以免雨水顺着结构物外表面下流。为了便于泄水,泄水管尽可能采用直管,并减小管节长度。

防水层在全桥范围内不宜断开,当通过伸缩缝或变形缝处应妥善处理,使其既能防水又可以适应变形,其构造可参见图2-3-30。

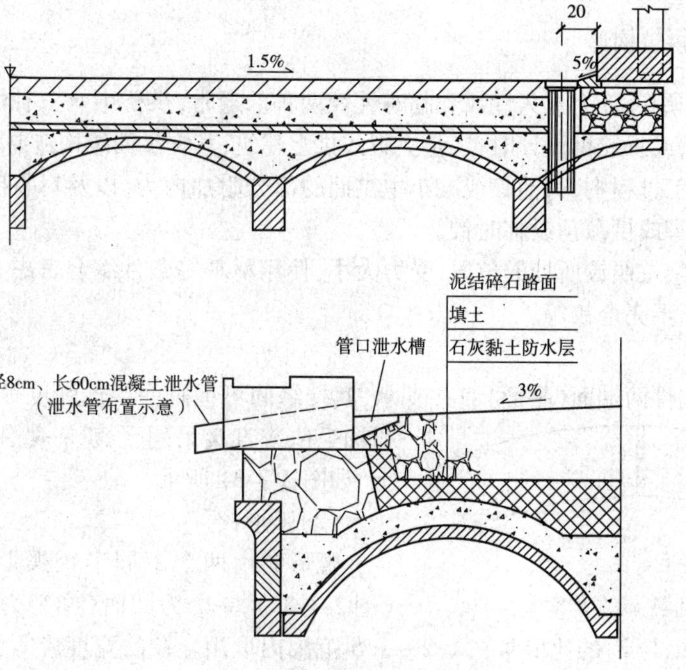

图 2-3-28　拱桥桥面排水装置

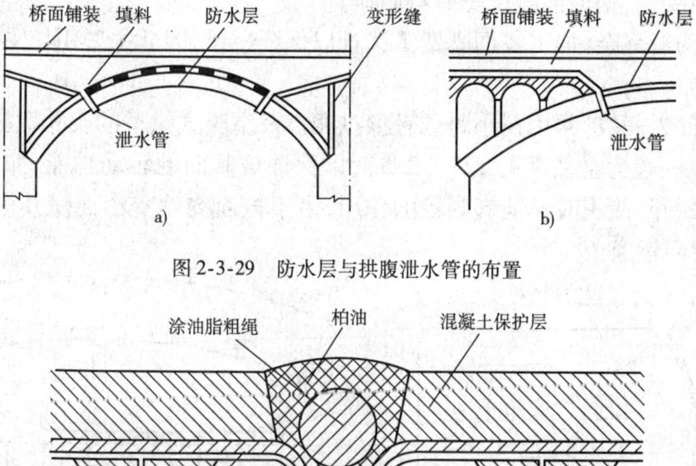

图 2-3-29　防水层与拱腹泄水管的布置

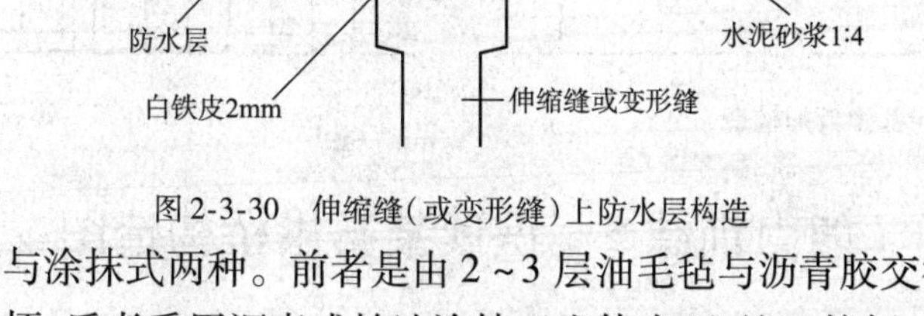

图 2-3-30　伸缩缝(或变形缝)上防水层构造

防水层有粘贴式与涂抹式两种。前者是由 2 ~ 3 层油毛毡与沥青胶交替贴铺而成，效果较好，但造价高，施工麻烦，后者采用沥青或柏油涂抹于砌体表面，施工简便，造价低廉，但效果较差，适用于雨水较少的地区。有时也可以就地取材选用石灰三合土(厚 15cm，水泥、石灰、砂的配合比约为 1:2:3)、石灰黏土砂浆、黏土胶泥等简易办法代替粘贴式防水层。但这种简易方法的防水性能很差，只能用于公路等级很低的小型圬工拱桥。目前，防水层多用 SBS 防水卷材，防水效果较好。

2.3.3.6 拱铰构造

拱铰按其作用可分为永久性铰和临时性铰两种。通常,拱桥中有三种情况需设铰。一是主拱面按两铰拱或三铰拱设计时;二是空腹式拱上建筑,其腹拱面按构造要求需要采用两铰或三铰;三是在施工过程中,为消除或减小主拱面的部分附加内力,以及对主拱面内力作适当调整时,往往在拱脚或拱顶预设临时铰。

拱铰的形式,按照铰所处的位置,受力大小,使用材料等条件综合考虑。目前常用的形式有平铰、弧形拱、不完全铰等。

(1)平铰

平铰就是构件两端面(平面)直接支承,其接缝间可铺砌一层低强度等级的砂浆,也可垫衬油毛毡或直接采用干砌,一般用于空腹式腹拱圈上,如图 2-3-31 所示。

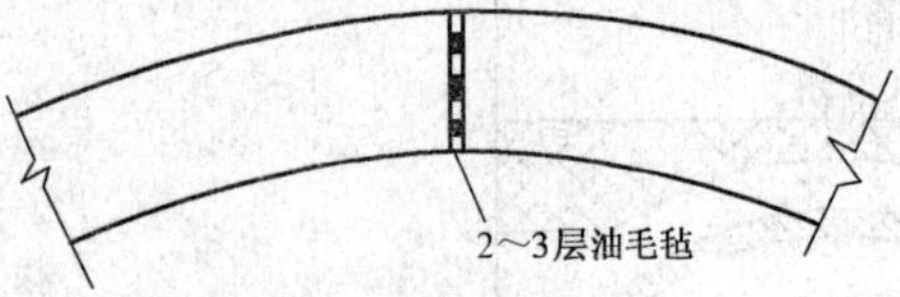

图 2-3-31　平铰的构造

(2)弧形铰

弧形铰由两个不同半径弧形表面的块件合成(图 2-3-32),一个为凹面(半径为 R_2),一个为凸面(半径为 R_1)。R_2 与 R_1 的比值常在 1.2 ~ 1.5 范围内取用。铰的宽度应等于构件的全宽。沿拱轴线方向的长度,取厚度的 1.15 ~ 1.20 倍。铰的接触面应精确加工,以保证紧密结合。弧形铰可用石料、混凝土、钢筋混凝土等材料制作。

弧形铰由于构造复杂,加工铰面既费工又难以保证质量,因此主要用作主拱圈的拱铰。

(3)不完全铰

不完全铰也称为假铰,常用在小跨或轻型拱圈以及空腹式拱桥的腹孔墩柱上,其构造是将拱截面突然减小(一般为全截面的 1/3 ~ 2/5),以保证该截面的转动功能,如图 2-3-33 所示。在施工时拱圈不断开,使用时又能起到铰的作用,由于截面突然变小而使其应力很大,容易开裂,所以必须配置斜钢筋。

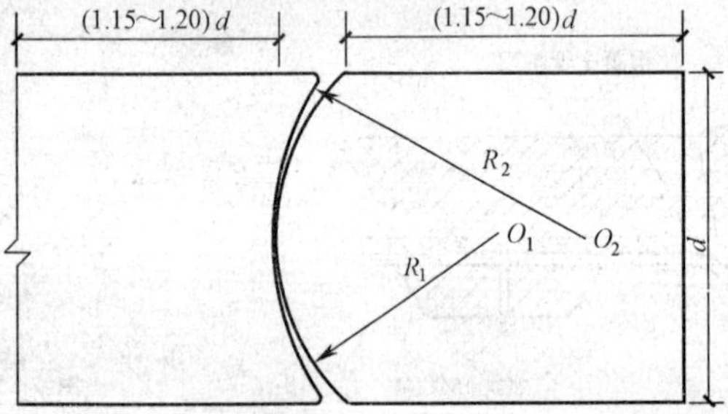

图 2-3-32　弧形铰的构造

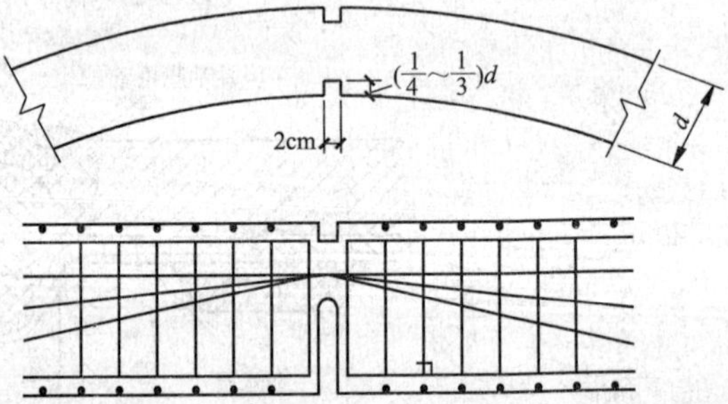

图 2-3-33　不完全铰构造

能力训练 5　识读某石拱桥构造图

石拱桥因钢材用量小或不用钢材、造价较低、构造简单、受力明确、施工方便,特别适用于山区等石料丰富地区,广泛用于中小跨径桥梁,在我国有着悠久的历史。石拱桥拱圈截面基本均为矩形截面板拱,截面尺寸与跨径和桥宽相关。拱上建筑有实腹式和空腹式两种,其中空腹式主要为拱式拱上建筑。跨径小时,多为实腹式;跨径大时,为减小拱上建筑自重,多采用空腹式拱上建筑。

为进一步掌握石拱桥的构造，现以一孔跨径30m石拱桥为例，对其构造进行识读。

此桥水泥混凝土桥面铺装厚度30cm，桥面双向横坡2%，纵坡2%。图2-3-34为桥型布置图中的立面图，图中标示了桥梁结构的形式和纵断面布置情况（跨径、矢跨比、桥长、纵坡、高程、水位等）。此桥拱上建筑为空腹拱式拱上建筑，分实腹段和空腹段，实腹段和空腹段分界一般在主拱圈1/4跨径和3/4跨径左右处，腹孔为圆弧拱，半径 $R = 253.75$cm，共四孔，单孔跨径350cm。主拱圈标准跨径（拱桥标准跨径同净跨径）3000cm，净矢高600cm，净矢跨比1/5，拱轴线型为悬链线，拱轴系数 $m = 2.814$，主拱圈厚度80cm，下部结构为重力式U形桥台，扩大基础。桥梁全长4600cm（U形桥台侧墙尾端之间的距离）。桥面不设竖曲线，桥梁起点桩号和高程分别为K4 + 712和794.74m，桥梁终点桩号和高程分别为K4 + 758和795.66m，纵坡 $i = (795.66 - 794.74) / (4758 - 4712) = 2\%$。各部分高程计算以桥面高程向下推算，起拱线高程和基础底面高程推算如下：桥梁跨中处桩号和桥面高程分别为K4 + 735和795.2，桥面铺装厚30cm，拱顶填料厚30cm，主拱圈厚80cm，净矢高600cm，拱脚下缘至基础顶面部分台身高200cm，单层基础厚度100cm，两层基础厚200cm，图中未示出的结构尺寸见桥台构造图。

起拱线高程（拱脚下缘高程）= 跨中处桥面高程795.2m − 桥面铺装厚30cm −
拱顶填料厚30cm − 主拱圈厚80cm − 净矢高600cm = 787.8m

基础底面高程 = 起拱线高程787.8m − 拱脚下缘至基础顶面部分台身高200cm −
两层基础厚200cm = 783.8m

图2-3-35为主拱圈及腹拱的构造、横断面布置以及主拱和腹拱的拱石大样。由A—A断面可知桥面净宽为：净7m（行车道）+ 2 × 净0.75m（人行道），主拱圈全宽8.5m，人行道向外悬出拱圈30cm，有利于增加桥面宽度，桥面双向横坡2%。图2-3-35半立面图可知主拱圈为双层拱石砌筑，主拱圈共有105路拱石，拱上腹拱圈为单层拱石砌筑，拱石及砌缝尺寸可见拱石大样图。拱座采用混凝土材料（也有采用石料砌筑成五角石拱座的情况），拱脚截面投影到水平面的尺寸为56cm，投影到立面的尺寸为57cm，拱脚投影尺寸由拱脚截面厚度以及拱脚截面水平倾角计算而得，水平倾角为拱轴线切线与水平线的夹角，相同跨径和矢高情况下，其值可由拱轴线函数方程求导得到，关于悬链线拱轴线方程，可参考其他拱桥计算相关书籍。依据拱脚截面投影尺寸可得到拱圈的计算矢高和计算跨径：

计算矢高 = 净矢高 + 拱顶截面厚度/2 − 拱脚立面投影尺寸/2 = 600 + 80/2 − 57/2 = 611.5cm

计算跨径 = 标准跨径 + 拱脚水平投影尺寸 = 3000 + 56 = 3056cm

为满足主拱圈在荷载以及温度等作用下的变形要求，主拱圈上两边的腹拱圈做成三铰拱，即在腹拱圈拱顶和拱脚设置变形缝，与梁桥伸缩缝类似，变形缝的变形功能通过设置平铰来实现，平铰构造见图2-3-31。

图2-3-36主拱圈坐标表列出了半个主拱圈的拱轴线和主拱圈拱腹内弧线的坐标，将半个拱圈沿水平长度方向12等分，拱轴线和主拱圈拱腹内弧线各有13对坐标点。主拱圈坐标在施工过程保证拱轴线线形的关键。主拱圈坐标表拱脚0号截面和拱顶12号截面坐标与拱圈跨径、矢高、拱圈厚度相关；其他截面主要与拱轴线型（圆弧、抛物线、悬链线）相关，跨径和矢高相同，拱轴线形不同的主拱圈，拱脚截面坐标和拱顶截面坐标相同，但其他相对应点的坐标却不相同。拱轴线的0号和12号点与计算跨径和计算矢高相关，拱腹内弧的0号和12号点与净跨径、净矢高、拱圈厚度相关。

图2-3-37为AAA岸桥台构造图，关于桥台相关知识可在后续章节中学习。

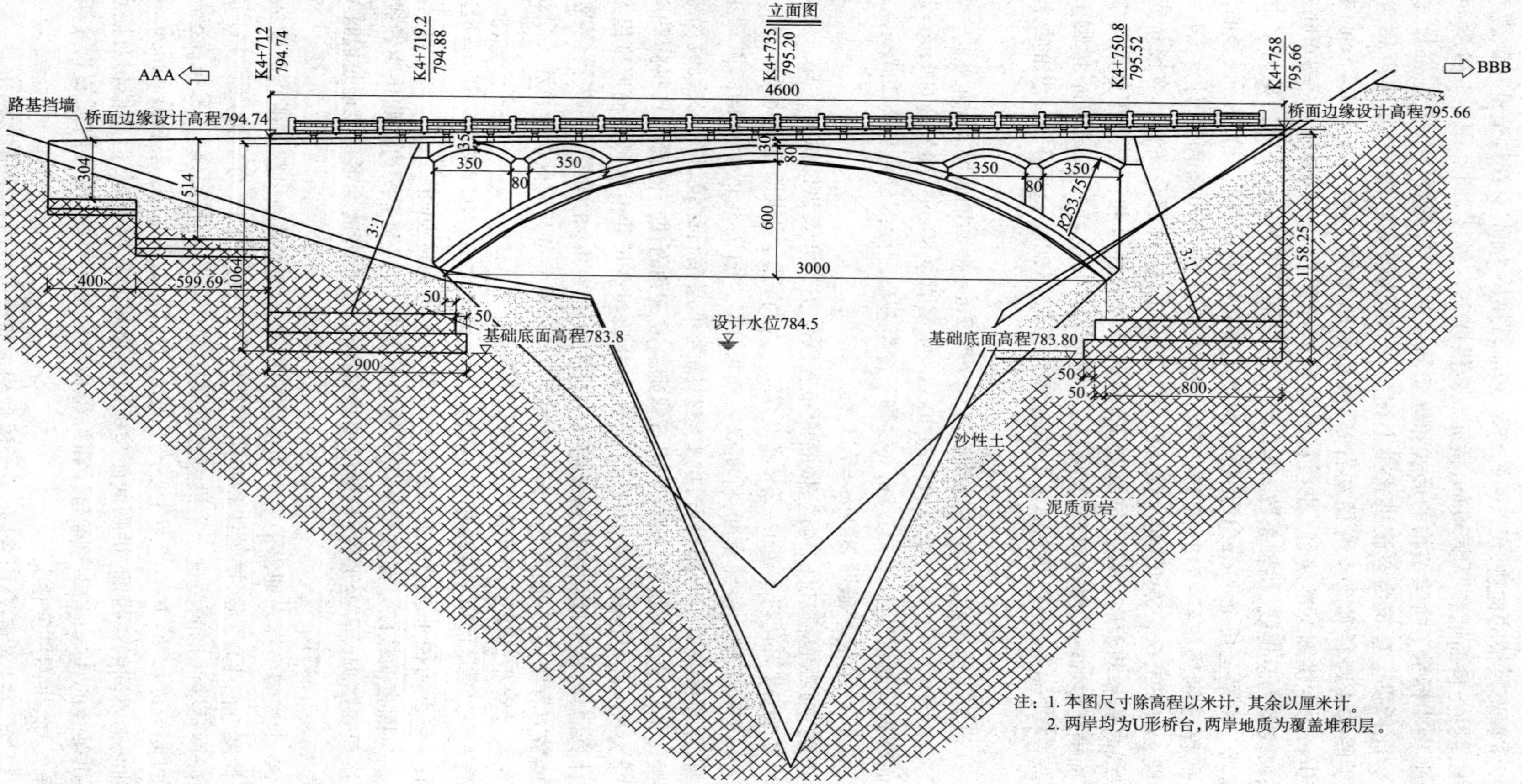

注：1. 本图尺寸除高程以米计，其余以厘米计。
2. 两岸均为U形桥台，两岸地质为覆盖堆积层。

图 2-3-34　石拱桥立面布置图

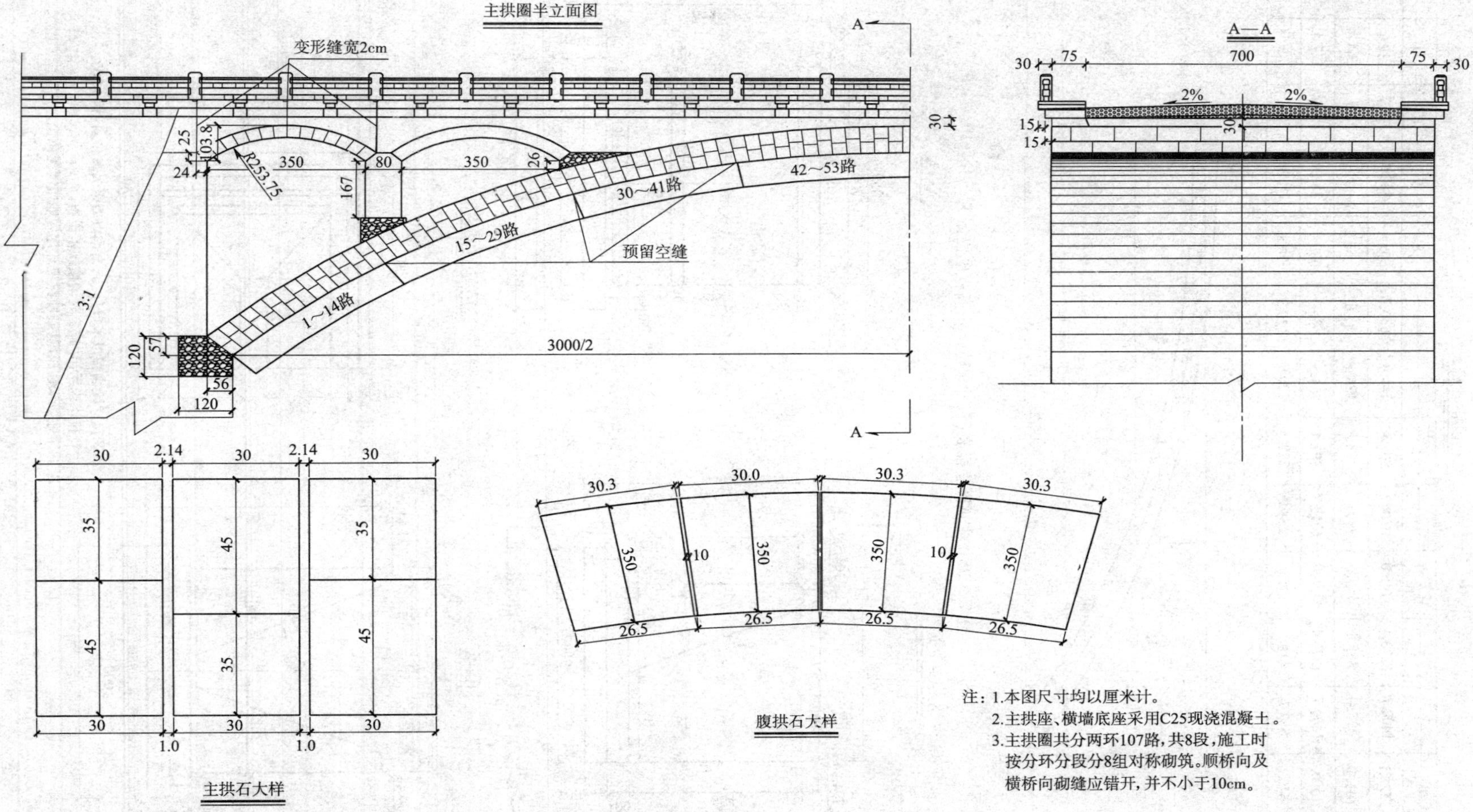

注：1.本图尺寸均以厘米计。
2.主拱座、横墙底座采用C25现浇混凝土。
3.主拱圈共分两环107路，共8段，施工时按分环分段分8组对称砌筑。顺桥向及横桥向砌缝应错开，并不小于10cm。

图 2-3-35　石拱桥半立面图和横断面图

主拱圈坐标表

截面号	0	1	2	3	4	5	6	7	8	9	10	11	12
X(拱轴)	1528.1	1400.7	1273.4	1146.0	1018.7	891.4	764.0	636.7	509.4	382.0	254.7	127.4	0
Y(拱轴)	611.5	495.4	395.8	310.9	239.0	178.6	128.4	87.6	55.2	30.7	13.5	3.4	0
X(内弧)	1500	1400.7	1273.4	1146.0	1018.7	891.4	764.0	636.7	509.4	382.0	254.7	127.4	0
Y(内弧)	640	547.7	445.1	357.9	284.0	222.2	170.9	129.2	96.2	71.3	53.7	43.5	40

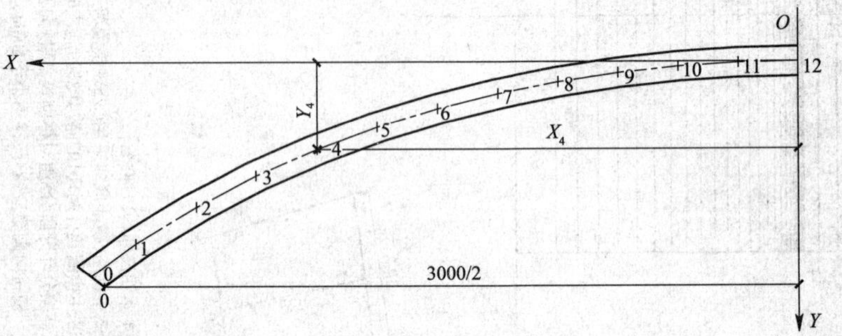

图 2-3-36　主拱圈坐标表(尺寸单位:cm;高程单位:m)

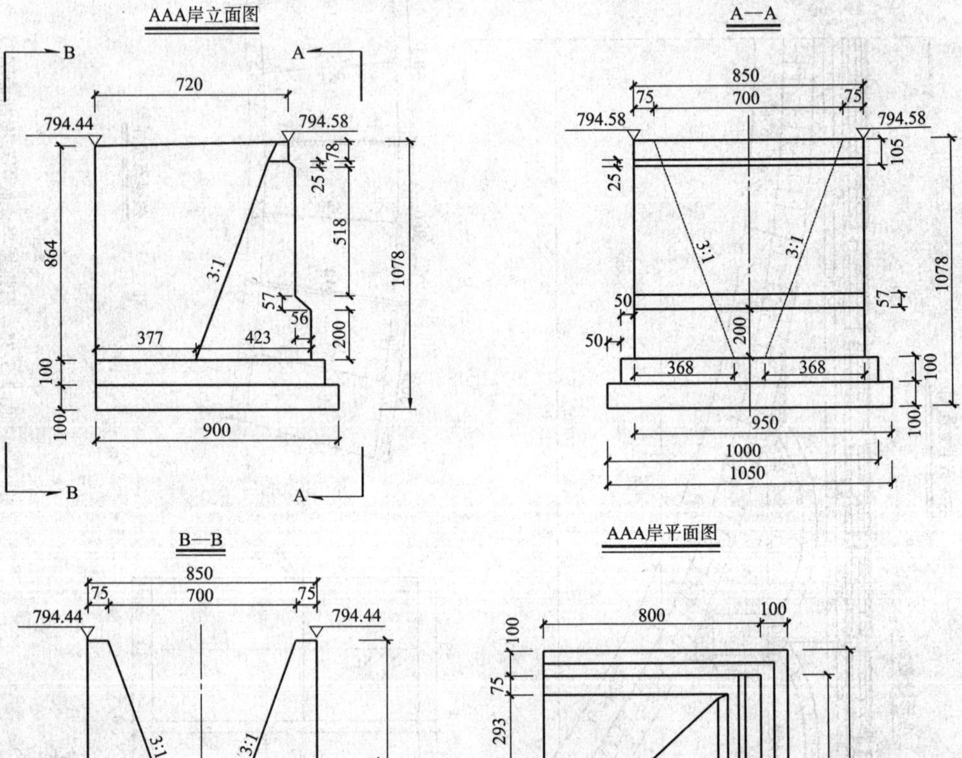

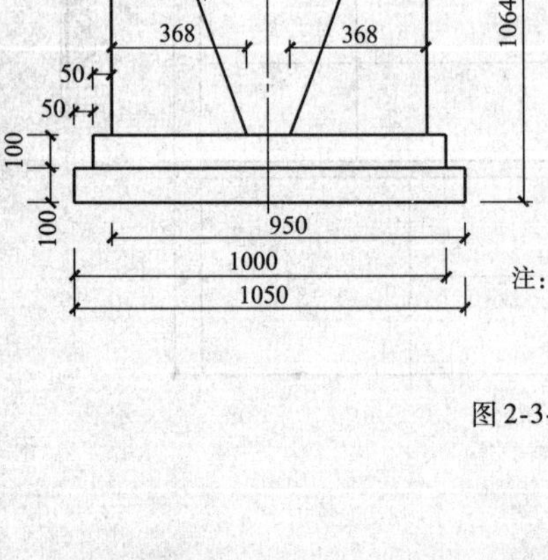

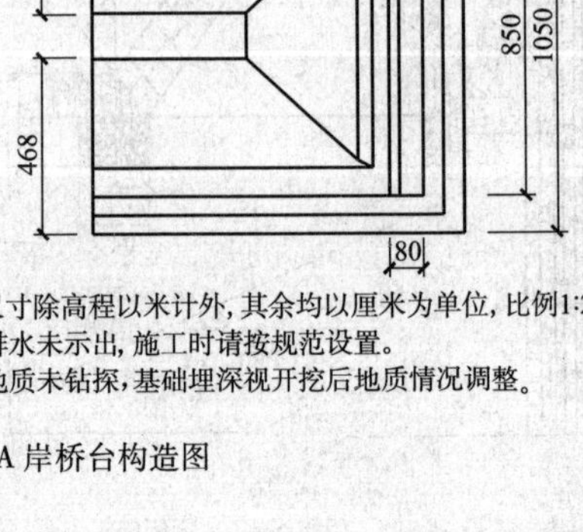

注: 1. 本图尺寸除高程以米计外,其余均以厘米为单位,比例1:200。
2. 台背排水未示出,施工时请按规范设置。
3. 两岸地质未钻探,基础埋深视开挖后地质情况调整。

图 2-3-37　AAA 岸桥台构造图

自 测 题

简答题

1. 试述拱桥的主要特点。
2. 试述拱桥的分类及适用条件。
3. 试述双曲拱、箱形拱、桁架拱的组成及构造特点。
4. 简述拱上建筑的分类及主要构造。
5. 拱上填料的构造要求是什么？为何要设置伸缩缝和变形缝？如何设置？
6. 简述拱铰的类型及构造。

2.4 钢管混凝土拱桥构造

2.4.1 钢管混凝土拱的特点

钢管混凝土是在薄壁圆形钢管内填充混凝土而形成的一种复合材料，它一方面借助内填混凝土增强钢管壁的稳定性，同时又利用钢管对混凝土的套箍作用，使核心混凝土处于三向受压状态，从而使其具有更高的抗压强度和抗变形能力，比钢筋混凝十结构尺寸较小，结构轻盈，景观效果较好。

钢管混凝土本质属于套箍混凝土，因此，除具有一般套箍混凝土的强度高、塑性好、质量轻、耐疲劳、耐冲击外，尚具有以下几方面的独特优点：

(1)钢管本身就是耐侧压的模板，因而浇注混凝土时，可以省去支模、拆模等工序，并可适应泵送混凝土工艺。

(2)钢管本身就是钢筋，其兼有纵向钢筋和横向钢筋的作用，既能受压，又能受拉。

(3)钢管本身又是劲性承重骨架，在施工阶段可起劲性刚骨架的作用，在使用阶段又是主要的承重构件，因此可以节省脚手架，缩短工期，减少施工用地，降低工程造价。

(4)在受压构件中采用钢管混凝土，可大幅度节省材料，理论分析表明，钢管混凝土与钢结构相比，在保持结构自重力相近和承载力相同的条件下，可节省钢材约50%，焊接工作量显著减少；与普通钢筋混凝土相比，在保持钢材用量相当和承载力相同的条件下，可减少构件截面积约50%，混凝土和水泥用量以及构件自重也减少一半。

我国于20世纪50年代末开始进行钢管混凝土的研究。1963年在北京地铁车站中采用了钢管混凝土柱，随后应用于一些厂房立柱。1987年华北电管局微波塔采用了钢管混凝土。20世纪80~90年代钢管混凝土结构在高层建筑和桥梁等方面得到应用，90年代钢管混凝土拱桥发展快速。1990年建成国内第一座钢管混凝土拱桥——四川旺苍大桥，1997年建成了以钢管混凝土为劲性骨架的世界上跨径最大的钢筋混凝土拱桥——四川万县长江大桥。

钢管混凝土结构属于钢-混凝土组合结构中的一种。钢管混凝土结构的英文为 Concrete Filled Steel Tube(Tublar)，简写为 CFST。根据钢管与混凝土的组合关系，可分为内填型和内填外包型。内填型钢管外露，结构含钢率较高，主要用于以受压为主的柱子和拱桥。钢管在混凝土施工中可作为支架和模板。内填外包型主要用于大跨径拱桥之中，用以解决大跨度拱桥施工的“自架设问题”。首先架设自重轻、强度、刚度均较大的钢管骨架，然后在空钢管内浇注混凝土形成钢管混凝土骨架,再在钢管混凝土骨架外围挂模板浇注混凝土形成内填外包型钢管混凝土,钢管用量主要根据施工设计荷载确定。

2.4.2 钢管混凝土拱的构造要点

2.4.2.1 钢管混凝土拱的主要组成和类型

钢管混凝土拱桥上部结构由钢管混凝土拱肋、横向联系(风撑)、桥面系、立柱、吊杆、系杆等组成。钢管混凝土拱肋是主要承重结构,它承受桥上的全部荷载,并将荷载传递给墩台和基础。

钢管混凝土拱桥根据行车道位置不同分为:上承式(图2-4-1)、下承式(图2-4-2)和中承式(图2-4-3)三种类型,不管哪种形式一般都做成肋拱形式。

图2-4-1 上承式钢管混凝土拱桥

图2-4-2 下承式钢管混凝土拱桥

上承式钢管混凝土拱桥建筑高度大,对地基要求较高,适合于峡谷桥位。拱圈形式有:肋拱、桁拱、箱拱(内填外包型)等。上承式肋拱常采用多肋形式,以节省材料、方便施工。上承式桥面系支承与立柱上,拱圈和桥面系上下分离,拱肋间横向联系容易,桥梁整体性、横向稳定性和抗震性均较好。

图2-4-3 中承式钢管混凝土拱桥

下承式钢管混凝土拱一般带拉杆(系杆拱),为无推力或少推力结构。一般应用于平原区、跨线桥和城市景观桥梁。根据拱肋和墩台连接方式的不同,系杆拱可分为两种:一种是上下部之间刚接,不设支座,系杆采用预应力钢绞线锚固于刚接点,独立于桥面系之外,不参与桥面系受力,桥面系为局部受力构件,称之为刚架系杆拱;另一种是上部结构简支于墩台上,通常情况下系杆即纵梁,属弯拉结构,因而是一种拱梁组合体系。第一种方式由于拱墩固结,可像一般固定无铰拱一样采用无支架施工,且横向稳定性也较好;但属高次超静定结构,活载内力和次内力对下部结构影响较大。第二种方式结构受力明确,为外部静定、内部超静定结构,下部结构类似梁桥;但节点处理和拉杆张拉调整困难,支座构造复杂,施工须采用少数支架或整片浮运。钢管混凝土下承式拱,常采用柔性系杆和柔性吊杆,主要靠风撑将拱肋联成整体,因此横撑间距较密,刚度也较大,甚至用一系列K撑。如果要取消风撑,须改用刚性系梁,或加大拱肋刚度。

中承式钢管混凝土拱桥建筑造型较好,在城市桥梁中应用较多。中承式拱桥常用在主跨,跨径大，边跨配上承式，跨径小，一般不带系杆，通常通过边孔小跨采用小的矢跨比和较大的恒载集度比（如钢筋混凝土板拱、肋拱、刚架拱）来解决不等跨的不平衡推力问题，这样处理较经济，有时受建筑高度限制或由于其他原因，边跨也用中承式。

中承式钢管混凝土拱桥为减小水平推力对墩台的不利影响，可以设计成用系杆平衡水平推力的带悬臂半孔的无推力拱（又据其形状通俗地称为飞鸟式或飞燕式），它同下承式无推力拱一样又可分为带悬臂刚架系杆拱和连续拱梁组合体系。钢管混凝土拱桥中应用的一般均是带悬臂刚架系杆拱。

对于中下承式的肋拱桥，根据横向联系情况，又可分为有风撑和无风撑两种。无风撑结构，应加强单肋的横向刚度。有风撑中又可分为平行肋和提篮拱。对于长宽比较大的拱桥，为加强横向稳定性，将两拱肋内倾而成提篮拱。根据拱上建筑和主拱圈的关系，除了一般拱桥外，钢管混凝土结构还应用于桁架拱和刚架拱之中。

2.4.2.2 主拱圈构造

钢管混凝土拱桥的主拱圈形式主要有肋式和桁式。肋式中又可分为单管、哑铃形，桁式中可分为横哑铃形桁式、多肢桁式、混合桁式以及集束式。钢管混凝土劲性骨架钢筋混凝土拱桥的主拱圈形式主要有箱肋、箱拱以及板拱。

（1）钢管混凝土单管拱肋

钢管混凝土拱桥中，肋拱数量最多，跨径不大时拱肋可采用单管截面。单管截面主要有圆形和圆端形，见图2-4-4。

单圆管加工简单，抗扭性能好，抗轴向力性能由于紧箍力作用显示出优越性；但抗弯效率低，主要用于跨径不大（80m以下）的城市桥梁和人行桥中，管壁较厚，截面含钢率较高，一般达8%。圆端形截面加强了圆端方向的面内抗弯刚度，加工较简单，同时也使拱肋的造型富于变化，但钢管对核心混凝土的套箍作用比圆钢管混凝土小很多。目前，这类结构设计一般不考虑钢管对混凝土的套箍作用，而将其视为钢筋混凝土进行设计计算，所以含钢率也较高，仅用于跨径较小的城市桥梁之中。

（2）钢管混凝土哑铃形拱肋

钢管混凝土肋拱桥中绝大部分为哑铃形断面，见图2-4-5，哑铃形断面的特征是由两管组成，且腹腔较薄，两根圆管可竖向排列和横向排列，一般多为竖向排列，哑铃形钢管混凝土肋拱的钢管直径D为45～150cm，以75～90cm最多；D/L为1/150～1/60（L为净跨径）；高度H为120～270cm，以180～200cm为多；$H/L=1/160\sim1/30$；$D/H=1/2.67\sim1/2.11$，以1/2.5居多；钢板厚为8～16mm，10mm最常用（16mm用于变截面的拱脚段）。D/L和H/L一般随着跨径增大而减少。

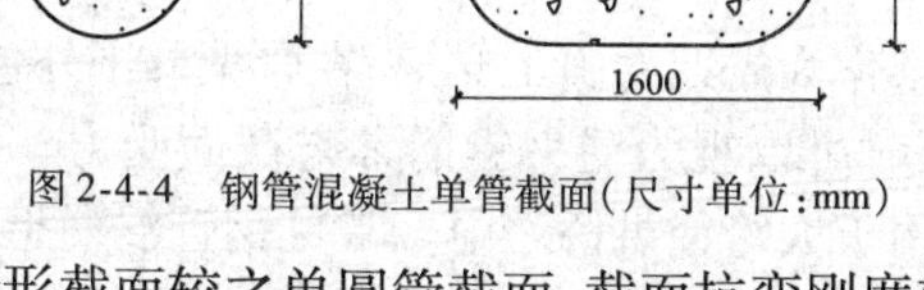

图2-4-4 钢管混凝土单管截面（尺寸单位：mm）

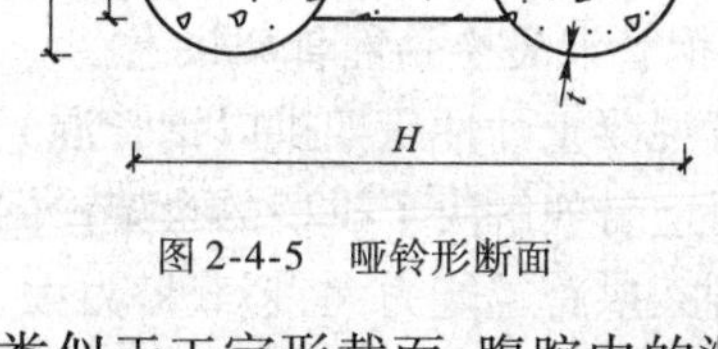

图2-4-5 哑铃形断面

哑铃形截面较之单圆管截面，截面抗弯刚度较大，类似于工字形截面，腹腔内的混凝土受钢板横向套箍作用机理复杂，考虑到腹腔内混凝十处于中和轴附近，设计计算常将其忽略，而只计及自重。对哑铃形截面缀板内腔充填混凝土模型的试验表明，腹腔内不填充混凝土时，在同等荷载作用下拱肋的位移与填充混凝土后的变形基本一致，但缀板承受的剪力却较后者大。缀板内的混凝土主要用于防止钢缀板局部失稳和增大截面抗剪能力。

(3)钢管混凝土桁拱

桁式拱肋能够采用较小的钢管直径取得较大的纵横向抗弯刚度，且杆件以受轴向力为主，能够发挥材料的特性。对跨径超过 100m 的钢管混凝土肋拱，是一个比较合适的截面形式。这种拱肋弦杆采用钢管混凝土材料，腹杆和平联均采用钢管。多肢桁式断面中四肢最为常见，截面的高度与宽度之比在 2∶1 附近较为合理，拱肋的面外稳定性主要通过横向联系来保证。钢管混凝土桁拱拱肋截面形式如图 2-4-6。

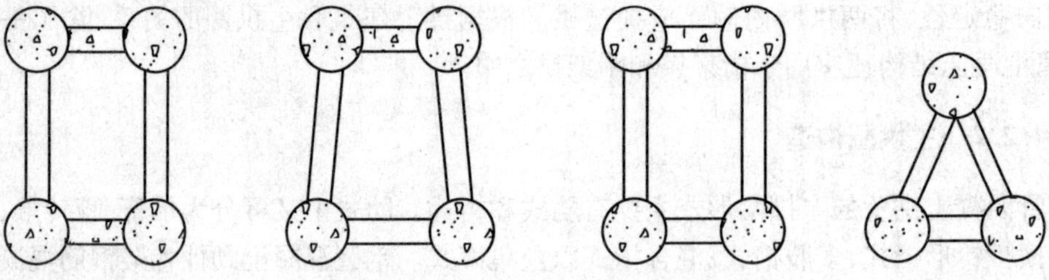

a)横哑铃形桁式　b)横哑铃形桁式　c)四肢桁式　d)三肢桁式

图 2-4-6　钢管混凝土桁拱拱肋截面形式

钢管混凝土多肢桁式截面与横哑铃形桁式截面相比，由于取消了钢管间的横向缀板和缀板内的混凝土而采用缀条，节省了用钢量和混凝土用量，减轻了自重，使钢管混凝土拱桥具有更强的跨越能力。同时，由于各肢以受轴向力为主，更易于采用钢管混凝土理论进行计算。桁拱的腹杆常做成拉杆，以避免压杆出现局部失稳的问题。由于受力不大，腹杆采用小直径的空心钢管，如 $\phi200 \times 10 \sim \phi350 \times 10$mm。腹杆的布置有两种形式：一种是垂直式，即与拱轴垂直[见图 2-4-7a)]，直腹杆间距一般使斜腹杆成 30° ~ 60°，常在 45°左右。在等高度桁拱中直腹杆和斜腹杆规格一致易于加工，但它与向下的吊杆之间的处理较为复杂，所以这种形式布置的桁式截面仅在劲性骨架中出现，在钢管混凝土桁拱中尚未见过，主要是吊杆布置很困难。另一种是平行式，即直腹杆与水平线垂直[见图 2-4-7b)]。吊杆和直腹杆一致，结构上易于处理，直腹杆间距除应考虑斜腹杆距离外，还得与吊杆间距综合考虑。但是这种布置，每根直腹杆和斜腹杆的尺寸都不一样，斜腹杆的角度也都在变化，给拱肋加工带来困难。

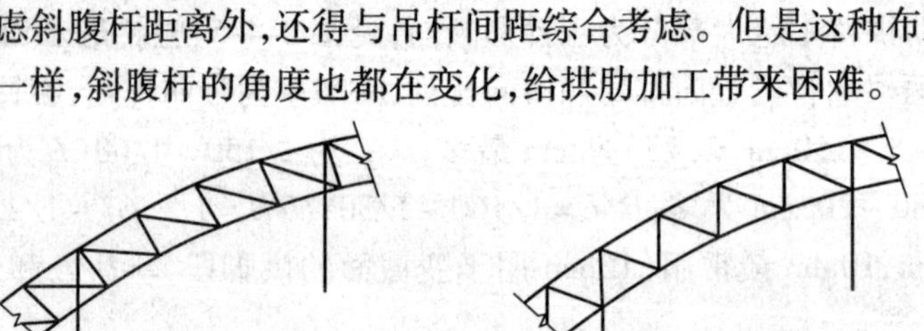

a)垂直式　b)平行式

图 2-4-7　钢管混凝土桁拱节点构造

(4)钢管混凝土劲性骨架拱

钢管混凝土劲性骨架拱以钢管混凝土骨架作为先期的施工支架，在骨架外围外包混凝土，钢管混凝土骨架解决了拱桥的自架设问题，同时可以视为受力钢筋参与截面受力。钢管混凝土劲性骨架拱跨越能力大，超载潜力大，主要用于大跨径拱桥之中。常见钢管混凝土劲性骨架拱有钢管混凝土劲性骨架箱肋拱、钢管混凝土劲性骨架工字形拱肋、钢管混凝土劲性骨架箱拱。如图 2-4-8。

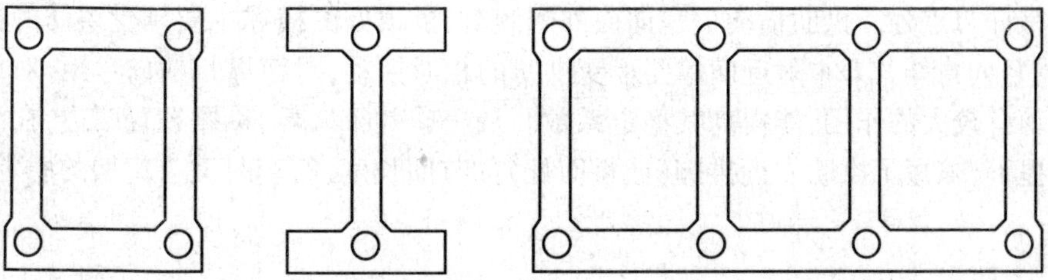

a)箱肋式断面　　b)工字形拱肋断面　　c)钢管混凝土劲性骨架箱拱

图 2-4-8　钢管混凝土劲性骨架拱截面形式

钢管混凝土拱桥结构轻巧,上承式拱上建筑均采用梁板式,而下承式悬挂部分的恒载变化就更小,所以拱轴线常选用二次抛物线和拱轴系数较小的悬链线。

2.4.2.3　拱肋横向联系构造(风撑、横撑)

钢管混凝土拱桥中肋拱桥采用最多。拱肋横向联系主要设置在拱顶、拱脚、拱肋与桥面系交接处,主要作用是将钢管混凝土拱肋连接成整体,确保结构稳定。拱桥特别是大跨径肋拱桥,横向稳定问题突出,所以其横向结构的合理采用至关重要。对于中下承式拱,有时为加强其横向稳定性,将其两肋内倾而成提篮拱。与之相对应,一般肋拱则称为平行肋拱。

当然,对于跨径不是很大的城市桥梁,或出于景观考虑,也有做成无风撑拱(敞口拱)。

钢管混凝土拱肋的横撑多采用钢管桁架,钢管可以是空心,也可以内填混凝土,做成钢管混凝土横撑。在拱脚段横撑多做成 K 形撑或 X 形撑,在桥面系以上则多采用直撑、K 形撑或 H 形撑。如图 2-4-9 所示下承式钢管混凝土拱桥 K 形撑。

图 2-4-9　下承式钢管混凝土拱桥 K 形撑

上承式肋拱可采用多肋结构(多于两肋);其横向联系也易于布置,通常布置成等间距的径向横撑(或横系梁),其横向稳定主要取决于整桥的宽跨比。对于中下承式拱,横向联系的布置受到行车空间的限制,因此靠桥面一节的横撑间距较大,拱顶附近则可以密些,这种不等间距的问题随矢跨比的减小而突出。同时,横撑布置过密时,行车空间的压抑感则增加,这个问题在国外的一些大跨径钢拱中十分突出。因此,横向联系布置既要能满足横向稳定要求,又要简捷美观,当然简捷美观通常也经济,从使用效果来看,钢管混凝土拱桥的横向联系只要处理得好,一般不会给行车造成压抑感。

对于中承式拱,一部分拱肋在桥面以下,而桥面以上部分受行车空间限制不可能设置很多的横撑,这时,桥面以下部分可采用刚度较大的 K 式或 X 式横撑,以加强拱脚段的横向刚度,又不至于影响美观。在拱肋与桥面交汇处,一般可将横梁与横撑相结合,这根与拱肋固结的横梁,称固定横梁。

固定横梁既要承受桥面荷载产生的竖向弯矩,又要起横撑的作用承担拱肋水平失稳时产生的横向弯矩。也有在桥面拱肋相交处仅设横撑而不设横梁的,这时纵向桥面板一端放在立柱横梁上,另一端放在吊杆横梁上。

桥面以上横撑一般设置成奇数,因为拱顶处横撑所起的作用较大,同时奇数根也比较美观。横撑一般与吊杆间距成倍数关系,可将横撑设在吊杆节点处,但有时因几何布置需要也可以设在非吊杆节点处。拱肋横向失稳向面外侧倾时,拱顶处的横撑主要承受拱肋的扭转变形(横撑承受竖向弯矩),$L/4$ 附近横撑要承受拱肋的相对错动,对横撑是横向弯矩,对约束拱肋的相对错动有较大的作用,能提高其稳定系数。从美学效果来看,K 撑布置两边,在满足通行净空的前提下,缩短了拱肋靠近拱脚(或桥面处)的节间长度,行车时又有门架的感觉,视觉效果较好。

2.4.2.4 桥面系

钢管混凝土拱桥大部分为中下承式,桥面系通过吊杆等悬吊构造将荷载传递给主拱。钢管混凝土拱桥一般采用梁板式桥面系,梁板式桥面系的布置形式有三种,即整体肋板式、纵铺桥面板式和横铺桥面板式。以下仅介绍整体肋板式和纵铺桥面板式。

(1)整体肋板式

如图 2-4-10c)整体肋板式的纵横梁采用固结构造,纵横梁形成梁格。桥面板可以采用预制,也可以采用现浇。当桥面较宽时,桥面板为单向板,桥面较窄时为双向板。整体肋板式主要用于刚性系杆刚性拱和刚性系杆柔性拱的拱梁组合体系中,具有较大刚度,由参与总体受力的纵梁和承受主要局部荷载的横梁以及桥面板组成整体。这种采用刚性系杆的拱梁组合体系,可以看成是用拱肋来加强纵梁,降低纵梁的弯矩值。对于桥面较窄的非拱梁组合体系,桥面系也有做成整体肋板式的,但其纵梁的刚度小或者连接较弱,以保证纵梁不参与总体受力。

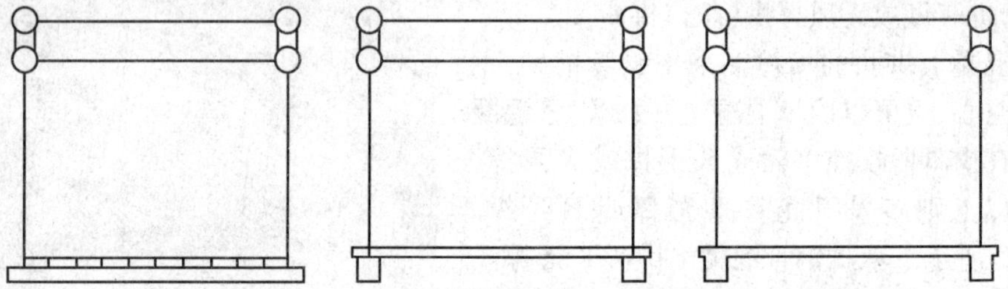

图 2-4-10　钢管混凝土拱桥桥面系布置形式

纵梁是整体肋板式桥面系的主要受力构件,除受弯外,还要受拉。一般采用预应力结构,截面以箱形为主,跨径小时可采用矩形截面。若采用无风撑形式,则纵梁的抗扭刚度应进一步加强。

横梁有端横梁和普通横梁两种。端横梁在拱脚处与拱肋纵梁刚性连接,需要较大的刚度以约束拱肋和纵梁的扭转变形,同时拱肋与纵梁对其梁端转动也有较大的约束,因此通常视为固端梁;普通横梁相对端横梁的刚度要小,纵梁对其约束也没有对端横梁那么大,横梁间距和吊杆间距对应。

(2)纵铺桥面板式

如图 2-4-10a)纵铺桥面板式将横梁设置于立柱上或吊杆下,然后纵向铺设桥面板,活载经桥面系通过横梁传给立柱或吊杆,立柱或吊杆再将荷载传给拱肋,结构受力明确,施工方便,因而被广泛采用。纵铺桥面板式的桥面系主要由横梁和桥面板组成,由于桥面系不参与总体受力,因而属于局部受力传力结构,其单位自重不随着桥梁跨径的增加而明显增加。在已建成的钢管混凝土中下承式拱桥中,主拱跨径在 50 ~ 60m 时,吊杆间距一般在 4m 左右;主拱跨径在 60 ~ 150m 时,吊杆间距在 5 ~ 10m 之间;跨径超过 150m 以后,吊杆间距宜在 12m 附近。吊杆间距再大以后,桥面板的自重会增加较多,建筑高度也会随之增大,这对中下承式拱,特别是下承式拱的总体经济性是不利的。

对于上承式拱桥,当跨径很大时,拱脚附近的立柱很高,立柱的截面与材料主要受稳定控制,而非强度控制,因而适当加大立柱的间距是合理的。另一方面,对上承式拱,桥面系的建筑高度一般不成为桥梁总体设计的控制因素。因此,可以采用截面高度较大的T形梁以抵抗较大的局部弯矩。

为缩短横梁跨径,降低跨中弯矩,横梁一般做成伸臂式,将非机动车道以及人行道悬挑。对下承式拱,虽然与桥面相交的拱肋要占据一定的桥面宽度,但系杆或系梁一般会高出桥面以降低建筑高度,它所占据的宽度与拱肋相当,整个桥梁就可采用同宽,以简化设计与施工。对于中承式拱,只有当跨径较小时全桥采用同宽,这样或者在桥面与拱肋相交处通行净宽(人行道宽度)不够,或者在其他地方有些浪费。对于跨径较大的,通常在拱肋与桥面相交处桥面较宽,以保证通行净宽,这样横梁的规格就相应增多。如果上承部分长度较短,也可将拱肋与桥面相交处的横向加宽延伸至墩台处,以简化构造。下承部分通常采用柔性吊杆,而柔性吊杆体积较小,拱肋与桥面系相交的一定范围以外的人行道可利用拱肋的一部分宽度甚至全部,因此人行道宽度又可回缩。当横梁跨径在10m附近时,通常采用钢筋混凝土构造;在20m附近时,则应采用预应力构造;跨径更大时,近年来则出现了应用钢-混凝土或钢-预应力混凝土叠合梁构造。

纵铺桥面板式桥面系中的桥面板根据其跨径的大小可选用实心板、空心板、π形板、槽形板和T形板。跨径小时采用钢筋混凝土结构,跨径大时采用预应力混凝土结构,纵梁可做成简支桥面连续或先简支后连续结构。桥面板一般采用预制吊装,施工快捷简单。但这种搭架式的构造,整体性较差,特别是中下承式的悬吊结构,桥面动力性能较差,因此应注意桥面板之间和桥面板与横梁之间的连接,以提高整体性和抗震防落梁的能力。为加强桥面整体性,当横梁间距不大时,还可采用现浇连续的桥面板。

2.4.2.5 立柱、吊杆与系杆

(1)立柱

立柱用于上承式拱桥和中承式拱桥上承部分,是桥面系与主拱肋之间的传力结构。钢管混凝土拱桥的立柱主要形式有钢筋混凝土立柱和钢管混凝土立柱。钢筋混凝土立柱的柱脚通常为焊接于拱肋之上的钢板箱,以适应拱的曲率变化和拱肋钢管的弧线,钢板箱内灌有混凝土,立柱钢筋焊于钢板箱上,见图2-4-11。对于小跨径拱桥中的短立柱,也有直接采用钢板箱立柱的。

图2-4-11　上承式钢管混凝土拱桥立柱

对于大跨径或大矢跨比拱桥,立柱高度较大,尤其是靠近拱脚处,可采用钢管混凝土立柱,既能满足结构受力需要,又与轻型的主拱肋相适应,同时也能加快施工进度。钢管混凝土用于以受压为主的立柱是非常合适的,但要注意立柱的轴压失稳问题。

对于长立柱,因其柔度较大,立柱本身能产生一定的变形以适应桥面系与拱肋变形不协调的问题。对于短立柱,特别是宽桥、长桥的短立柱,因其刚度较大,需要采取一定的构造措施来

适应桥面系与拱肋之间不协调的变形。一种做法是将立柱与拱肋相接处的截面削弱,以产生类似铰的作用。另一种做法是立柱横梁(或称盖梁)与立柱不采用刚接(即不做成门式刚架),而是在立柱上安放支座,然后在其上放置立柱横梁。这种做法对于结构的抗震性能不利,应在构造上采取一定的防震措施。另外,对于中承式拱桥,当桥面纵梁有固定与活动两种支座时,固定支座一般不设在拱上门式刚架上,以减小刚架的纵向水平力。

(2)吊杆

钢管混凝土中下承式拱桥一般采用柔性吊杆,吊杆材料有圆钢、高强钢丝和钢绞线。吊杆的工作环境要求吊杆有高的承载能力和稳定的高弹性模量(低松弛)、良好的耐疲劳和抗腐蚀能力,易于施工,而且价格便宜。锚具主要有热铸锚、镦头锚、冷铸镦头锚(或称冷铸锚)和夹片群锚。

对于单圆形截面和哑铃形截面,吊杆上端需穿过拱肋锚固于拱肋之上或主拱圈内部。锚固于拱肋之上的应在锚头下垫平,锚头也要加罩防腐,一般认为美观上稍差。锚固于拱肋内部的构造见图2-4-12,它对拱肋截面的削弱较多,安装时要保持锚垫板的水平,使吊杆中的钢丝能均匀受力,施工较麻烦,对管内吊杆附近的混凝土泵送施工带来困难,且影响密实度。另外,哑铃形吊杆力从上管通过缀板腹腔传至下管,当缀板内不填充混凝土时,应注意缀板的稳定性。

对桁式断面,弦杆的直径一般较小,且有平联可利用,所以通常吊杆穿过平联,以免削弱弦杆的断面,也方便施工。三肢桁式,吊点设在两下弦管的横联上,见图2-4-13。四肢桁式,吊点可设在两上管或两下管的横联上。为避免吊杆处腹杆的局部受力过大,在吊杆横截面上应加设内腹杆,见图2-4-14 内腹杆也同时加强了拱肋的抗扭能力。

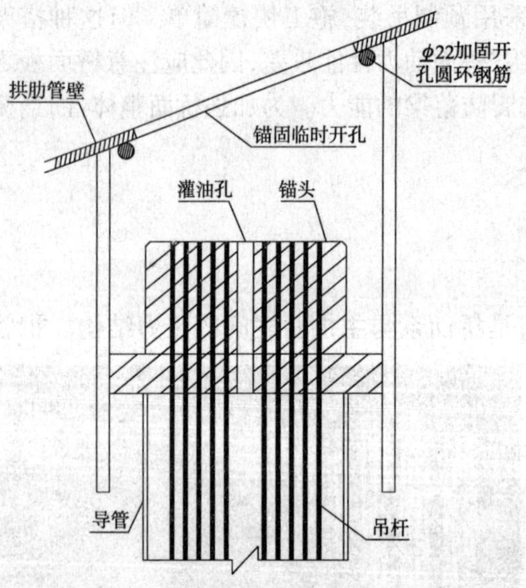

图 2-4-12　吊杆锚固在拱肋内部的构造图

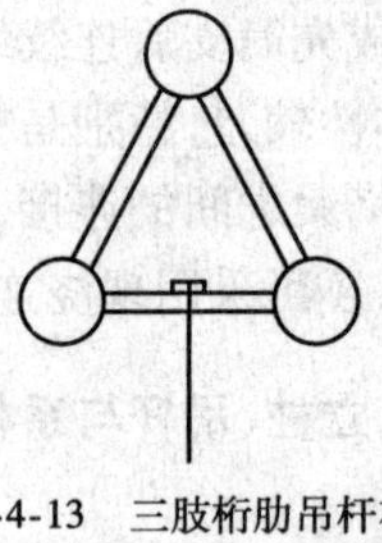

图 2-4-13　三肢桁肋吊杆布置

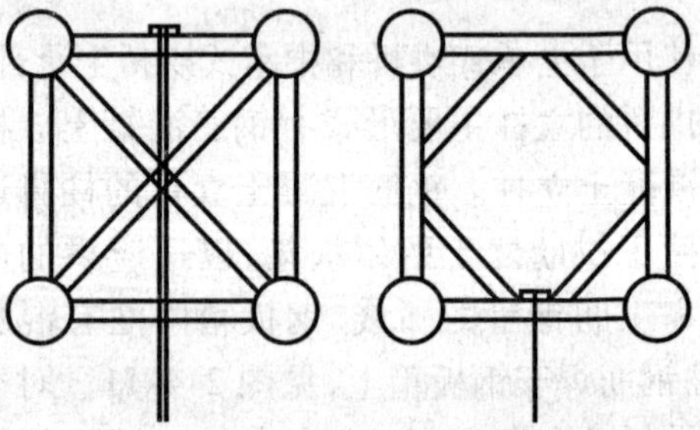

图 2-4-14　四肢桁肋吊杆布置

高强钢丝吊杆的防护措施主要有两种。一种是外包钢管内灌填砂浆或黄油防护,外包的钢管不参与受力,在上端采用套入式,下端可以焊在横梁上。采用这一种形式,须在施工现场张拉镦头,控制每根钢丝均匀受力尤其重要。压浆须待全桥桥面调整完毕后进行。这种构造相对提高了吊杆的刚度,对桥面系的整体性能有所改善,造价也比成品索低许多,砂浆密实度和接头的防锈(密封)要引起高度重视。另一种是采用PE防护,一般在工厂加工成成品索,两端锚头可以完全由工厂加工镦头,也可以一端在现场镦头。

吊杆的布置有平行式和斜交叉式。平行式构造简单,施工方便,大多数桥梁采用了这种形式;但平行式吊杆桥面系刚度较低。为加强桥面系刚度,减少锚具尺寸和应力集中现象且利于今后换索,近年来在一些钢管混凝土拱桥中采用了双吊杆构造。双吊杆构造有纵桥向双吊杆和横桥向双吊杆两种。纵桥向双吊杆主要用于箱形横梁中,有利于加强桥面系的纵向刚度和发挥箱形横梁的抗扭刚度。横向双吊杆则有利于加强桥面系的桥向刚度和改善横梁的受力,若横梁为箱形时,则要通过与之固结的纵梁来提供箱梁的抗扭刚度。

(3)系杆

系杆用于拱梁组合体系和刚架系杆拱中。钢管混凝土拱梁组合体系中的系杆为预应力混凝土梁。钢管混凝土刚架系杆拱中采用的系杆为预应力拉索。系杆所采用的拉索体系有配夹片群锚的半平行钢绞线索和配镦头锚或冷铸锚的平行高强钢丝索。由于系杆为总体受力构件,恒载所占的比例较大,活载引起的应力幅值较小,且主要由桥墩和拱肋承受,基本不存在振动问题,所以更多地采用了配夹片群锚的平行钢绞线索。平行钢丝束的锚具需在工厂与索联在一起,需预留较大的孔道,这对锚固点的局部受力不利;而且实际索长需考虑张拉变形,因此张拉之前的索长小于两锚固点间的实际长度,使施工工艺较复杂,而且工厂下料长度应非常精确。因此,平行钢丝束体系在拉索中应用较少。

预应力系杆拉索一般置于系杆箱中,也有直接置于大气中的。因为系杆施加的预应力平衡了大部分拱的水平推力,因此系杆的耐久性对刚架系杆拱的使用寿命至关重要。有鉴于此,有些桥梁的系杆设计成将来可换索的构造,但即便如此,将来的换索仍是一项很困难的工作。因此,不论系杆是置于系杆箱中还是暴露于大气之中,其防腐问题均应得到高度重视。

系杆防腐通常采用 PE 防护,高强钢丝有采用镀锌的,也有采用非镀锌的。系杆箱中可灌以防腐密封材料,如石蜡、黄油、沥青麻絮等。个别系杆直接置于大气中的,则采用了多层防护措施。如四川峨边大渡河桥,系杆钢束上涂裹橡胶沥青层,用两层 1.0mm × 10mm × 10mm 的钢丝网包裹,再抹 M40 水泥砂浆,总厚达 10mm,作为系杆防锈钢丝水泥保护层。钢丝网水泥保护层外侧再涂油漆,与主拱色彩相协调。

自 测 题

简答题

1. 钢管混凝土拱桥的优点有哪些?
2. 钢管混凝土拱桥的组成有哪些?
3. 钢管混凝土拱桥主拱圈的形式有哪些?
4. 钢管混凝土拱桥拱肋的横向联系的作用是什么?有哪几种?
5. 钢管混凝土拱桥桥面系如何布置?
6. 钢管混凝土拱桥吊杆布置形式有哪些?如何对吊杆进行防护?

2.5 刚构桥构造

2.5.1 刚构桥的特点

桥跨结构(主梁)和墩台(支柱)整体相连的桥梁叫做刚构桥。刚构桥是介于梁与拱之间的一种结合体系,它是由受弯的上部梁板结构与承压的下部墩柱整体结合在一起。由于两者之间是刚性连接，在竖向荷载作用下，将在主梁端部产生负弯矩，梁因柱的抗弯刚度而得到卸载，因而减少了跨中的正弯矩，跨中截面尺寸也相应得以减小，故刚构桥的主梁高度可以比梁桥小。因此，刚构桥通常适用于需要较大的桥下净空和建筑高度受到限制的桥梁，如立交桥、高架桥等。

刚构桥在竖向荷载作用下，支柱除承受压力外，还承受弯矩，同时将产生水平推力。结构形式大多为超静定结构，故在混凝土收缩、温度变化、墩台不均匀沉陷、预加应力和施工中结构体系转换等因素的影响和作用下，会产生相当大的附加内力（次内力）。为此，必须要有良好的地基条件，或用较深的基础和用特殊的构造措施来抵抗推力的作用。

刚构桥的主要优点有：外形尺寸小，桥下净空大，桥下视野开阔，混凝土用量少。主要缺点有：钢筋的用量较大，基础的造价也较高。

2.5.2 刚构桥的类型

刚构桥有单跨和多跨两种形式。单跨刚构桥主要有门形刚构桥和斜腿刚构桥；多跨刚构桥主要有连续刚构桥、非连续刚构桥（T形刚构桥）、"V"字墩身刚构桥。

2.5.2.1 单跨刚构桥

（1）门式刚构桥

单跨刚构桥的支柱可以做成直柱式，叫做直腿刚构或门形刚构［图2-5-1a）、b）c）］，或做成斜柱式，叫做斜腿刚构［图2-5-1d）、e）］。

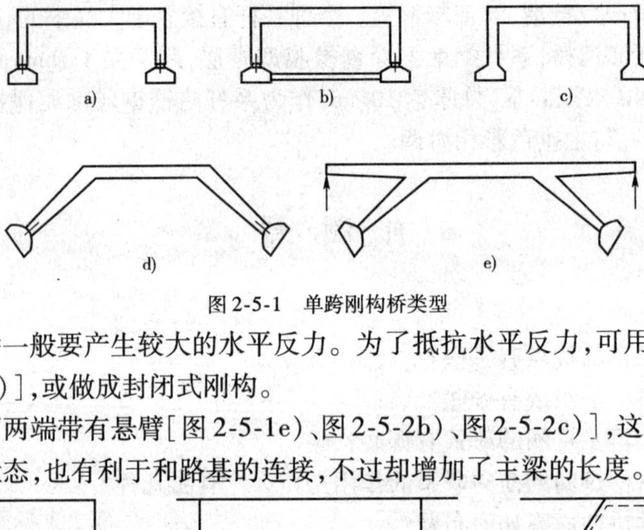

图2-5-1　单跨刚构桥类型

单跨的刚构桥一般要产生较大的水平反力。为了抵抗水平反力，可用拉杆连接两根支柱的底端［图2-5-1b）］，或做成封闭式刚构。

门形刚构也可两端带有悬臂［图2-5-1e）、图2-5-2b）、图2-5-2c）］，这样可减小水平反力，改善基础的受力状态，也有利于和路基的连接，不过却增加了主梁的长度。

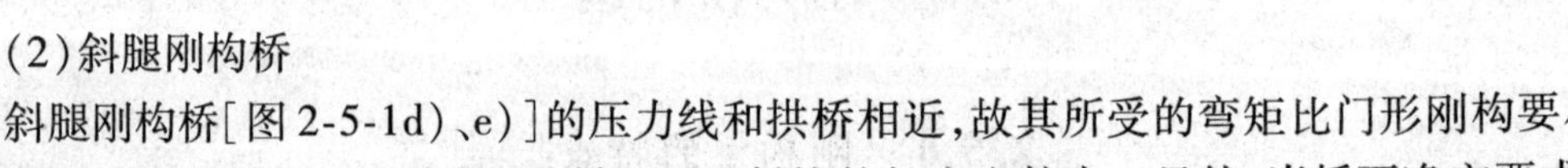

图2-5-2　单跨刚构桥的形式

（2）斜腿刚构桥

斜腿刚构桥［图2-5-1d）、e）］的压力线和拱桥相近，故其所受的弯矩比门形刚构要小，主梁跨度减小了，但支承反力却有所增加，而且斜柱的长度也较大。显然，当桥下净空要求为梯形时，采用斜腿刚构是有利的，它可用较小的主梁跨度来跨越深谷或同其他线路立交［图2-5-2c）］。因此，不仅造型轻巧美观，施工也较拱桥简单。

2.5.2.2 多跨刚构桥

(1)非连续刚构桥(T形刚构桥)

在主梁跨中设铰或悬挂简支梁,形成所谓带铰T形刚构桥[图2-5-3a)]或带挂梁的T形刚构桥[图2-5-3b)],全桥梁体有不连续处,称为非连续刚构桥。

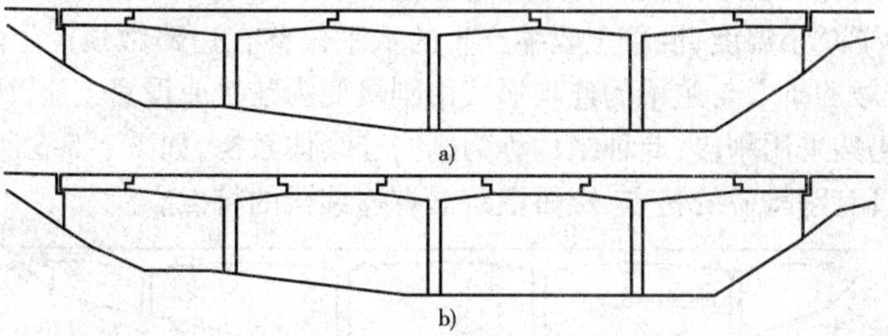

图2-5-3 非连续刚构桥(T形刚构桥)

带铰的T形刚构桥主跨跨中通过剪力铰相连接,剪力铰只能传递竖向剪力而不传递纵向水平力和弯矩的连接构造。当在一个T形结构单元上作用有竖向荷载时,相邻的T形结构单元通过剪力铰而共同参与受力。因而,从结构受力和牵制悬臂端变形来看,剪力铰起到有利的作用。带挂梁的T形刚构桥与带铰的T形刚构相比,虽各个T形刚构单元单独受力,受力与变形不如带铰刚构桥,但它受力明确,不受各种内外因素的影响。带挂梁的T形刚构桥在跨内因有正、负弯矩分布,其弯矩图总面积要比带铰的T形刚构小,而且可以通过调节挂梁的长度来调节正、负弯矩的比例。挂梁的经济长度一般为跨径的0.22~0.50倍。

T形刚构桥由于梁体存在铰接不连续,荷载作用下桥面变形不连续,铰接处构造复杂,需要在跨内设置伸缩缝和支座,运营中铰接处因下挠形成折角,对高速行车不利,易损快、养护维修困难。在受力性能和使用方面的缺陷,目前已很少采用,取而代之的是连续刚构桥。

(2)连续刚构桥

预应力混凝土连续刚构桥是连续梁桥与T形刚构桥的组合体系,也称墩梁固结的连续梁桥,如图2-5-4所示。大跨径连续刚构桥结构的受力特点主要为梁体连续,墩、梁、基础三者固结为一个整体共同受力。在结构重力作用下,连续刚构桥与连续梁桥的跨中弯矩和竖向位移基本一致,但在采用双肢薄壁墩的连续刚构桥[图2-5-4a)]时,墩顶截面的结构重力负弯矩要较相同跨径连续梁桥的小;其次,由于墩梁固结共同参与工作,与连续梁相比,墩柱对主跨正弯矩进一步卸载,连续刚构桥由活载引起的跨中正弯矩较连续梁要小,因而可以降低跨中区域的梁高,并使结构重力内力进一步降低。因此,连续刚构桥的主跨径可以比连续梁桥设计得大一些。

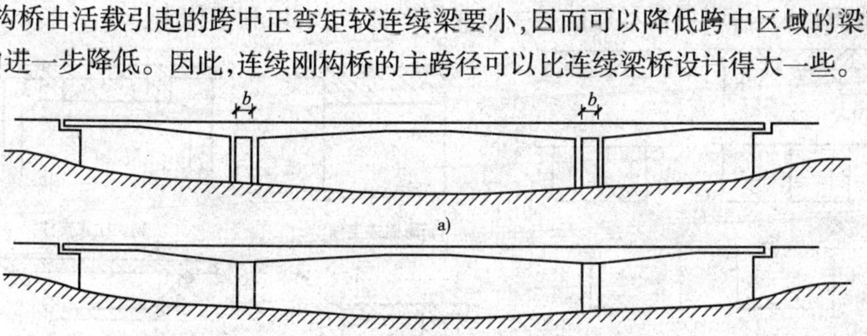

图2-5-4 连续刚构桥

连续刚构桥墩梁固结,温度、混凝土收缩将在墩顶产生较大的水平位移,为减小水平位移在墩顶产生的弯矩,连续刚构桥一般采用水平抗推刚度较小的柔性墩。桥墩纵向刚度较小,在竖向荷载作用下，基本上属于一种无推力的结构。连续刚构桥柔性墩柱的立面形式主要有竖直双肢薄壁墩、竖直单薄壁墩。

(3)刚构连续体系桥

当采用刚构桥跨越较宽的深沟、深水河流时，经常采用多跨连续刚构桥，边跨和中跨的桥墩高度差异较大，边跨的桥墩高度小，水平抗推刚度大，矮墩墩顶水平推力较大，失去连续刚构柔性墩的功能，为了减小温度、混凝土收缩产生的水平位移在边跨墩顶产生的弯矩，避免混凝土开裂，将边跨较矮的桥墩与主梁的连接形式由刚接变为铰接或设置支座，而其他较高桥墩与主梁的连接形式仍然采用刚接，此种结构称为刚构连续体系桥，如图2-5-5所示。刚构连续体系桥高桥墩主跨具有刚构桥的特点，矮桥墩跨具有连续梁的特点。

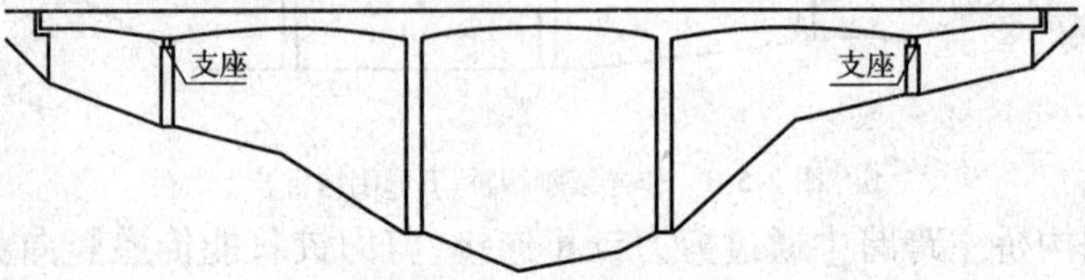

图2-5-5　刚构连续体系桥

2.5.3　刚构桥的特点

刚构桥的桥面构造和梁式桥相同。但是刚构桥的主梁、节点、铰支座及墩柱构造，以及T形刚构桥和连续刚构桥的构造均有其独特的构造特点。

2.5.3.1　刚构桥一般构造特点

(1)主梁构造

刚构桥主梁截面形式与梁桥略同，可做成图2-5-6所示的各种形式。主梁在纵方向的变化可做成等截面、等高变截面和变高度三种。变高度主梁的底缘形状可以是曲线形、折线形、曲线加直线形等，这主要应根据主梁内力的分布情况，按等强度原则选定。在下缘转折处，为保证底板的刚度，一般均宜设置横隔墙。

支柱有薄壁式和立柱式，如图2-5-7所示。立柱式中又可分为多柱和单柱。多柱式的柱顶通常都用横梁相连，形成横向框构，以承受侧向作用力。当立柱较高时，尚应在其中部用横撑将各柱连接起来。支柱的横截面可以做成实体矩形、工字形或箱形等。对于单柱式，其截面要与主梁截面相配合，腹板要尽可能与主梁腹板布置一致，以利于传力。

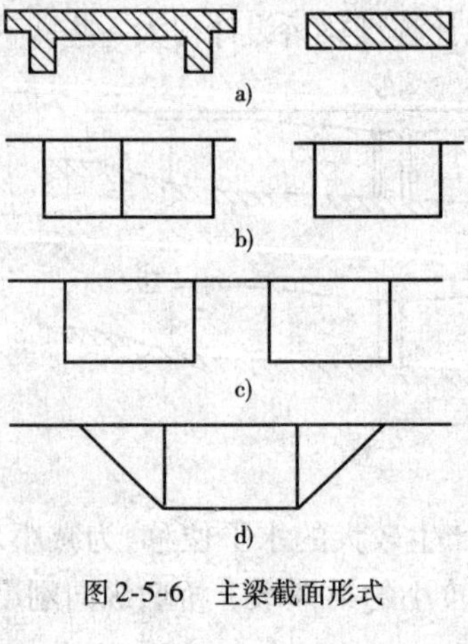

图2-5-6　主梁截面形式

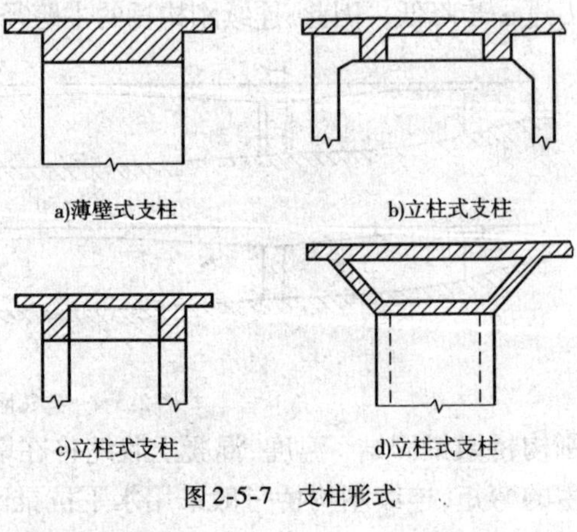

图2-5-7　支柱形式

(2)单跨刚构的节点构造

单跨刚构桥的节点系指立柱(或斜支撑腿)与主梁相连接的部位,又称角隅节点,该节点必须具有强大的刚性,以保证主梁和立柱的可靠连接。角隅节点和主梁(或立柱)相连接的截面受很大的负弯矩,因此节点内缘的混凝土会产生很高的压应力,而节点外缘的拉力则由钢筋承担,于是压力和拉力形成一对巨大的对角压力,对隅节点产生不利的劈裂作用(见图 2-5-8)。

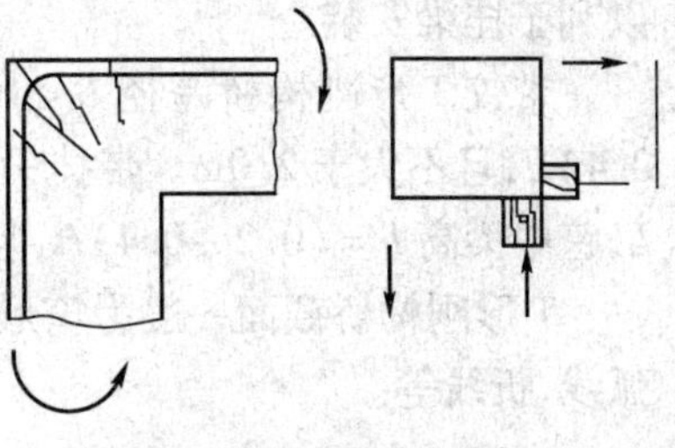
图 2-5-8 角隅节点受力示意图

当主梁和立柱都是箱形截面时,角隅节点可做成图 2-5-9所示的三种形式:图 2-5-9a)仅在箱形截面内设置斜隔板,斜隔板抵抗对角压力最为有效,且传力直接,施工简单,但主筋的布置不如图 2-5-10b)、c)方便。图 2-5-9b)设有竖隔板和平隔板,其传力间接,受力情况较差,但构造和施工较简单。图 2-5-9c)兼有竖隔板、平隔板和斜隔板,节点刚性强,布置主筋也较方便,但施工很麻烦。采用图 2-5-9a)时,斜隔板应有足够的厚度。有时,为了使隅节点有强大的刚性,并简化施工,也可将它做成实体。

斜腿刚构桥的斜支柱与主梁相交的节点,根据截面形式的不同,可以做成图 2-5-10 所示的两种形式。图 2-5-11 为后一种形式的预应力钢筋布置。

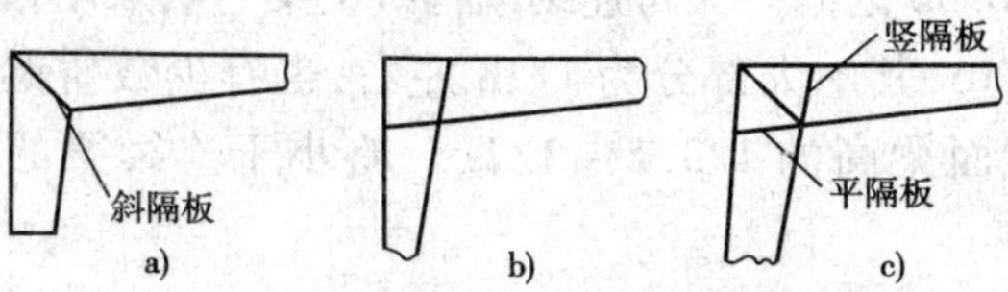

图 2-5-9 箱形截面刚构角隅节点形式

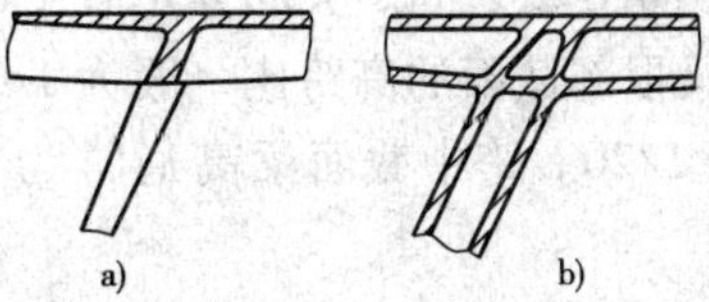

图 2-5-10 斜支柱与主梁相交节点形式

关于角隅节点的配筋,当采用普通钢筋混凝土时,一定要有足够的连续钢筋绕过隅节点外缘(图 2-5-12),否则,外缘混凝土由于受拉会产生裂缝。对于受力较大的节点,在对角力的方向要设置受压钢筋,在和对角力相垂直的方向要设置防劈钢筋。如果是预应力混凝土刚构桥,与隅节点相邻截面的预应力钢筋宜贯穿隅节点,并在隅角内交叉后锚固在梁顶和端头上。预应力钢筋锚头下面的局部应力区段内尚应设置箍筋或钢筋网,用以承受局部拉应力。对于加设梗腋的隅节点,要设置与梗腋外缘相平行的钢筋。

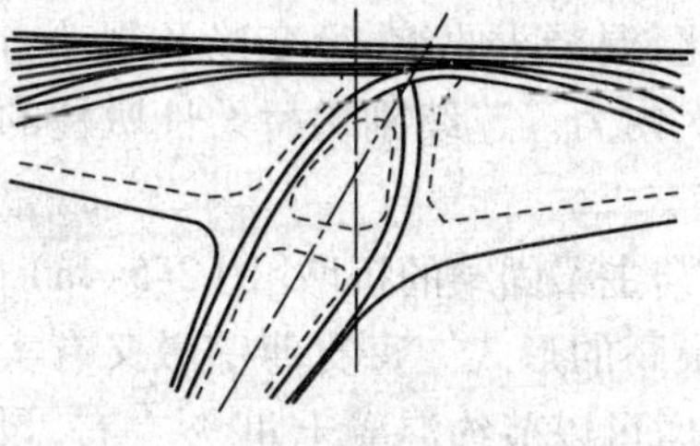
图 2-5-11 角隅节点预应力钢筋设置

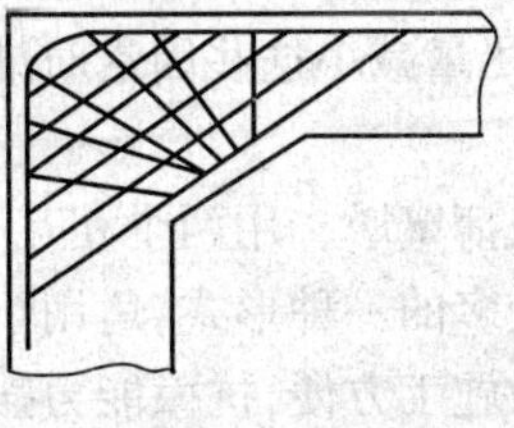
图 2-5-12 角隅节点普通钢筋设置

2.5.3.2 T 形刚构桥的构造特点

T 形刚构桥一般采用预应力混凝土结构,而且采用悬臂施工方法,其施工阶段的受力与结构使用状态下的受力一致,是比较经济的桥型方案。多跨预应力混凝土 T 形刚构桥的选择和布置,除应考虑一般桥型所遵循的基本原则外,还应考虑以下几点:

(1)全桥的T形单元尺寸尽可能相同,以便简化设计、方便施工。

(2)T形刚构的纵向布置应尽可能对称,以防止桥墩承受不平衡恒载弯矩。

(3)为减少全桥上部结构工程量,对带挂孔的T形刚构桥,挂孔长度与主孔长度之比取0.25~0.50之间,主孔跨径大时取小值,减小弯矩图总面积,但挂梁长度不宜超过35~40m,以利于挂梁安装。

带铰T形刚构桥跨径$L<100$m时,支点梁高$H=(1/22\sim1/14)L$,跨中梁高$h=(0.2\sim0.4)H$,且不大于2.0m。带挂梁的T形刚构桥跨径$L>100$m时,支点梁高$H=(1/21\sim1/17)L$,跨中梁高$h=(0.2\sim0.4)H$,且不大于1.5m。

T形刚构桥截面一般为箱形截面,梁底沿桥纵向的变化曲线可以是抛物线、正弦曲线、圆弧线、折线等。

2.5.3.3 连续刚构桥的构造特点

连续刚构桥墩梁固结,利用桥墩的柔性来适应桥梁的纵向变形,适用于大跨高墩结构。一般采用平衡悬臂法施工。主梁在纵桥向大都采用不等跨变截面的结构布置形式,以适应主梁内力的变化。主梁底部的线形基本上与变截面连续梁桥相类似,可以是曲线形、折线形、曲线加直线形等,具体应根据主梁内力的分布情况,按等载强比原则选定。边跨和中跨的跨径比值在0.5~0.692之间。大部分比值在0.55~0.58之间。大跨连续刚构桥主梁一般采用箱形截面,箱梁根部截面的高跨比一般为1/20~1/16,其中大部分为1/18左右,也有少数桥梁达到或低于1/20。跨中截面梁高通常为支点截面梁高的1/3.5~1/2.5,略小于连续梁的跨中梁高。

为减小上部结构自重,达到增加跨度、减少下部结构的工程量、增加截面抗扭刚度的目的,连续刚构桥主梁截面基本为单箱单室截面,在顶板、底板、腹板中均布置预应力钢束,其构造与变截面连续箱梁一致。顶板为行车道板,其厚度主要考虑两个因素:腹板间距大小不同而在顶板上产生的大小不同的横向弯矩和预应力钢束布置要求,一般沿桥纵向顶板厚度基本保持一致。墩顶底板主要承压,底板厚度随着负弯矩增大从跨中向支点逐渐加厚,墩顶处底板厚度约为墩顶梁高的1/12~1/10;跨中底板厚度主要由构造要求确定,厚度一般在20~25cm。腹板承受截面的剪应力和主拉应力,考虑结构构造和施工,其厚度不小于38cm。

大跨度连续刚构桥的桥墩不仅应满足施工、运营等各阶段支承上部结构重量和稳定性等方面的要求,而且桥墩的柔度应适应由于温度变化、混凝土收缩、徐变以及制动力等因素引起的水平位移,以尽量减小这些因素对结构产生的次内力。连续刚构桥柔性墩柱的立面形式主要有以下三种:

①竖直双肢薄壁墩。用两个相互平行的薄壁与主梁固结的桥墩[图2-5-4a)]。这是连续刚构桥中应用较多的一种形式,适用于桥墩不是很高的形式。每支薄壁墩又有实心和空心之分。实心双壁墩施工方便,抗撞能力强,空心双壁墩可以节约混凝土40%左右,设计中应根据具体条件通过分析后选用。

②竖直单薄壁墩。在深谷和深水河流的高桥墩上经常采用竖直单薄壁墩[图2-5-4b)]。它在外观上呈"一"字形,其截面形式一般可为箱形截面的空心桥墩,具体尺寸需根据对柔性的要求确定。箱形截面单薄壁墩的抗扭性能好,稳定性强,能增大通航孔的有效跨径,但其柔性不如双肢薄壁墩大,但随着墩身高度的不断增加,单薄壁墩的柔性逐渐增加,允许的纵向变位增大。因此,对于墩身很高的大跨径连续刚构或中等跨径的连续刚构来说,箱形单薄壁墩是

理想的墩身形式。

③V 形墩(或 Y 形柱式墩)。在刚构桥中为了减小内支点处的负弯矩峰值,可将墩柱做成 V 形墩形式,V 形托构可使主梁的负弯矩峰值降低一倍以上,如图 2-5-13 所示。

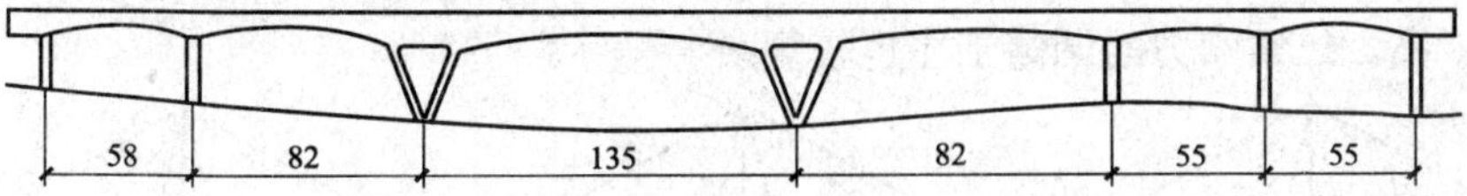

图 2-5-13 V 形墩身刚构桥(尺寸单位:m)

Y 形柱式墩是上部为 V 形托构,下部为单柱式,两者在立面上构成 Y 字形。下部的单柱具有一定的柔性,可满足纵向变形的要求。

连续刚构桥保持了连续梁无伸缩缝、行车平顺的优点,又保持了 T 构不需设大吨位支座的优点,同时避免了连续梁(存在临时固结和体系转换)和 T 构(伸缩缝)两者的缺点,养护工作量小。此外,连续刚构施工稳固性好,减少或避免边跨梁端搭构合龙的难度。但连续刚构桥对地基承载力的要求更高,若地基发生过大的不均匀沉降,连续梁可通过调整墩顶支座的高程,抵消下沉来补救,而连续刚构则做不到。对于大跨度连续刚构,当其主墩抗推刚度过大时,中跨梁体会产生过大的温差拉力而对结构受力不利。此外,梁墩连接处应力复杂也是连续刚构的一个缺点。

自 测 题

简答题

1. 什么是刚构桥?刚构桥主要特点有哪些?
2. 刚构桥有哪些类型?各适用于什么情况?
3. 连续刚构桥为何适用于高墩大跨结构?
4. 刚构连续体系和连续刚构有什么区别?刚构连续体系适用于什么情况?
5. 简述单跨刚构角隅节点构造。
6. 简述连续刚构桥常用的墩柱形式。

2.6 斜拉桥构造

斜拉桥又称斜张桥,属组合体系桥梁,它的上部结构由主梁、拉索和索塔三种构件组成。它是一种桥面体系以主梁受轴向力(密索体系)或受弯(稀索体系)为主、支承体系以拉索受拉和索塔受压为主的桥梁。

图 2-6-1 为几座著名的混凝土斜拉桥的立面图。由图看出,斜拉桥是索塔上用若干斜向拉索支承起主梁以跨越较大的河谷等障碍的大跨径桥梁。拉索的作用相当于在主梁跨内增加了若干弹性支承,使主梁跨径显著减小,从而大大减少了梁内弯矩、梁体尺寸和梁体重力,使桥梁的跨越能力显著增大。与悬索桥相比,斜拉桥不需要笨重的锚固装置,抗风性能又优于悬索桥。由调整拉索的预拉力可以调整主梁的内力,使主梁的内力分布更均匀合理。

混凝土斜拉桥的主梁是由钢筋混凝土或预应力混凝土建成。拉索的水平分力可对混凝土主梁产生轴向预压作用,增强了主梁的抗裂性能并节省了高强钢材。斜拉桥利用主梁、拉索、索塔三者的不同组合形成不同的结构体系以适应不同的地形和地质条件;斜拉桥便于采用悬臂法施工和架设,且安全可靠。但是,斜拉桥是一种高次超静定的组合结构,包含较多的设计变量,全桥总的技术经济合理性不能单从结构体积小、用料省或者满应力等概念来衡量,选定合理的桥型方案和经济合理的设计带来困难,同时,拉索与主梁和索塔的连接构造较复杂,施工技术要求高。拉索索力的调整工序也较复杂。

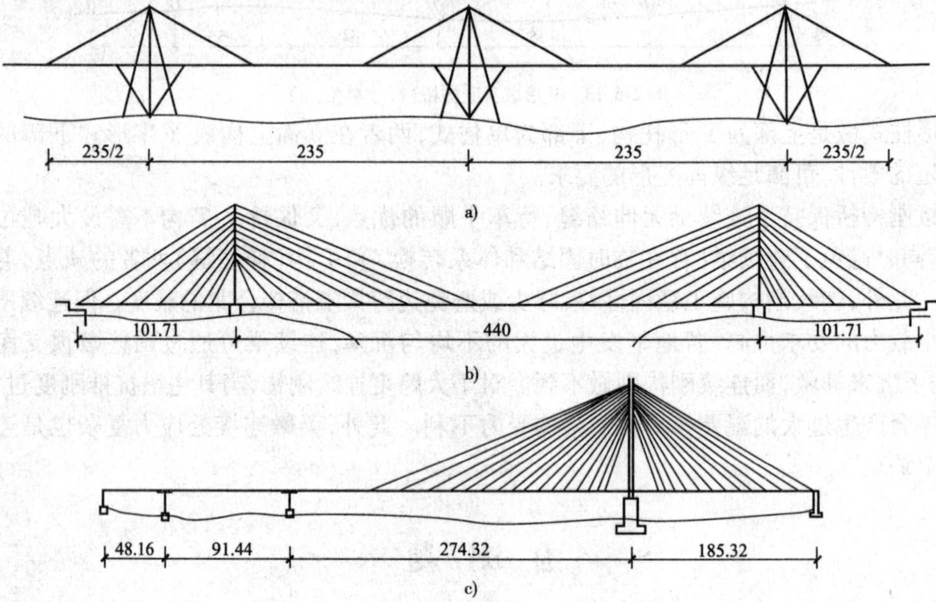

图 2-6-1　斜拉桥概貌(尺寸单位:m)

2.6.1　斜拉桥构造特点

斜拉桥基本承载构件由主梁、拉索和索塔三部分组成。实际设计时三者密不可分。

2.6.1.1　主梁

主梁直接承受车辆荷载,是斜拉桥主要承重构建之一。与其他体系桥梁相比,由于拉索的支承,斜拉桥主梁具有跨越能力大、梁的建筑高度小和能够借助拉索的预应力对主梁内力进行调整等特点。斜拉桥主梁自重应尽量小,梁高与主跨比 h/L 变化范围在 1/100 ~ 1/50,对密索体系大跨径斜拉桥,高跨比可小于 1/200;单索面要按抗扭刚度确定。密索特别适合于混凝土桥面,无需刚度很大的主梁,刚度越大纵向弯矩越大,因此应尽可能选择较柔的桥面系,因此导致很柔的断面发展,h/L 甚至达到了 1/500。主梁的截面形式应根据跨径、索距、桥宽等不同需要,综合考虑结构的力学要求、抗风稳定性、施工方法等选用。斜拉桥常用的主梁形式有混凝土梁、钢梁、叠合梁、混合梁。

(1)混凝土梁

混凝土主梁常用的截面形式如图 2-6-2 所示。

图 2-6-2a)为实体双主梁截面,适用于双索面体系的混凝土主梁截面。两个分离的主梁之间由混凝土桥面板及横梁连接,拉索可直接锚固在主梁中心处,也可以锚在伸臂横梁的端部。这是一种较简单的混凝土主梁截面形式,也是近年来采用得较多的一种主梁截面形式。

图 2-6-2b)为板式边主梁截面形式,边主梁梁高相对于桥宽很小,两主梁之间的连接横梁底部与主梁齐平,形成底部挖有一个空槽的板式梁底。低高度边主梁的截面带有风嘴尖角,以

适应大跨径斜拉桥的抗风要求。拉索直接锚固在边主梁的下面，以不致削弱原来较小的主梁截面。横梁间距一般取拉索索距的一半，为 5 ~6m。

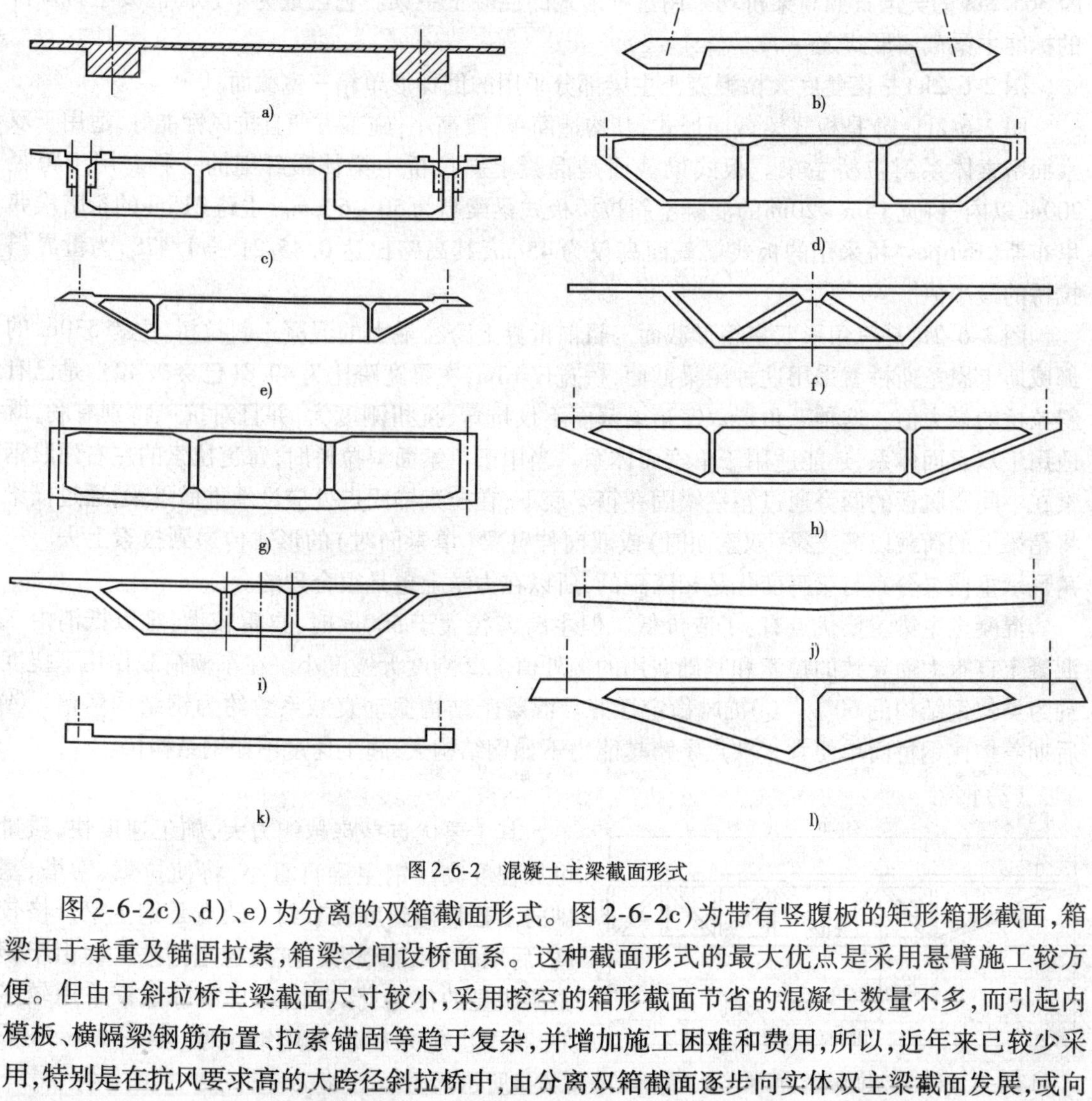

图 2-6-2 混凝土主梁截面形式

图 2-6-2c)、d)、e) 为分离的双箱截面形式。图 2-6-2c) 为带有竖腹板的矩形箱形截面，箱梁用于承重及锚固拉索，箱梁之间设桥面系。这种截面形式的最大优点是采用悬臂施工较方便。但由于斜拉桥主梁截面尺寸较小，采用挖空的箱形截面节省的混凝土数量不多，而引起内模板、横隔梁钢筋布置、拉索锚固等趋于复杂，并增加施工困难和费用，所以，近年来已较少采用，特别是在抗风要求高的大跨径斜拉桥中，由分离双箱截面逐步向实体双主梁截面发展，或向外侧为斜腹板、内侧为竖腹板的倒梯形箱形截面[图 2-6-2d)]和三角形箱形截面[图 2-6-2e)]发展，两箱之间为整体桥面板，横截面外侧做成风嘴状以减少迎风阻力，端部加厚以锚固拉索。这种主梁截面形式有良好的抗风性能，特别适用于风荷载较大的双索面密索体系斜拉桥。

图 2-6-2f)、g)、h)、i) 为整体箱形截面，具有较大的抗弯及抗扭刚度，既适用于双索面体系，也适用于单索面斜拉桥，但使用于双索面桥与单索面桥时箱形截面应有所不同，如单箱三室截面使用在双索面桥时应将两个中间竖腹板尽量拉开，使中室大于边室，以获得较大的截面横向惯性矩，如图 2-6-2g)、h) 所示截面适用于双索面桥。而单箱三室截面使用在单索面桥时，应将中间两个竖腹板尽量靠拢，这样才便于将拉索锚固在较窄的中室内，如图 2-6-2i) 所示截面。

图 2-6-2f) 这种单室箱形截面，是一种单索面混凝土斜拉桥采用的典型主梁截面形式，箱室内部设置一组人字形加劲斜杆，以传递单索面的索力。一般加劲斜杆的纵向间距为拉索索

距的一半。桥面中央设置索面保护带,正好用作上下行车道的分隔带。倾斜的腹板虽然施工困难,但抗风性能好,外形美观,并可减少下部结构宽度。主跨320m的法国伯劳东纳桥及主跨365.8m的美国日照高架桥均采用这种形式的混凝土主梁。它已成为单索面混凝土斜拉桥的标准主梁截面形式之一。

图2-6-2h)是诺曼底大桥混凝土主梁部分采用的倒梯形单箱三室截面。

图2-6-2j)、k)是板式梁截面形式,其构造简单,梁高小,施工方便且抗风性能好,适用于双索面密索体系斜拉桥主梁。板式梁截面是混凝土斜拉桥中梁体最纤细的一种。用于跨径200m以内、桥宽15m~20m的混凝土斜拉桥板式梁梁高为50~60cm。主跨215m的希腊埃弗里布斯(Evripos)桥采用的板式梁截面高仅为45cm,其高跨比达0.45/215=1/478,为世界斜拉桥的最小值。

图2-6-2l)是三角形双室箱形截面。目前世界上跨径最大的混凝土斜拉桥,主跨530m的挪威斯卡恩圣斯桥就采用这种主梁截面,桥宽仅13m,主梁宽跨比为40.8(已突破40),是已有斜拉桥的最大值。这种三角形双室箱梁截面不仅抗弯、抗扭刚度大,并且对抗风特别有利,既适用于双索面体系,还能适用于单索面体系。当用于单索面斜拉桥时,每道拉索的左右两股钢索在中间竖腹板的两旁通过箱室锚固在箱梁底下,在拉索锚固点处应设承重横隔梁,通过横梁将箱梁上的荷载以简支梁(双索面时)或双向伸臂梁(单索面时)的形式传递到拉索上去。三角形承重横梁分布与梁高变化是相匹配的,所以在力学上也是很合理的。

混凝土主梁主要优点有:①造价低。但主跨跨径大于500m时,自重较大,难以抵消由于混凝土自重大而导致的拉索和基础费用的额外值。②刚度大挠度小。在车辆荷载作用下挠度约为类似钢结构的60%。③抗风稳定性好。混凝土结构振动衰减系数约为钢结构两倍。④后期养护比钢桥简单便宜。缺点是跨越能力不如钢结构大,施工速度不如钢结构快。

(2)钢梁

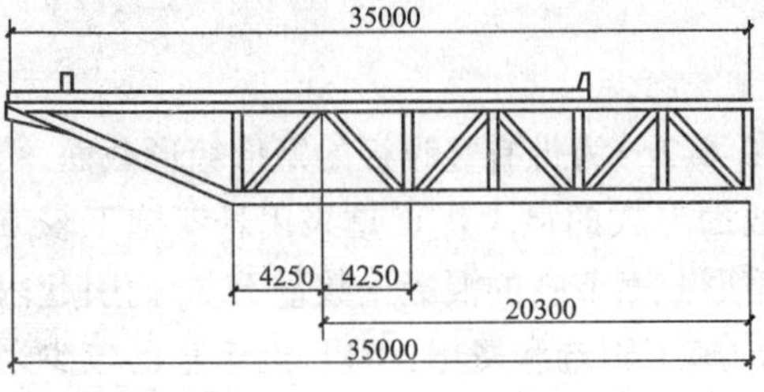

图2-6-3　斜拉桥钢加劲梁截面图(尺寸单位:mm)

其主要优点是跨越能力大,施工速度快,质量可靠程度高。钢主梁自重小,将使拉索、索塔、基础的工程量得到可观节约。缺点是钢主梁价格较高,后期养护工作量大,抗风稳定性差。但由于钢主梁明显的优势,除美国和日本等国家采用较多外,我国也越来越多采用钢主梁,如图2-6-3、图2-6-4所示。

(3)叠合梁

叠合梁又称结合梁,叠合梁是由钢和混凝土两种材料组成。钢主梁、钢横梁及钢纵梁等组成钢梁,与混凝土桥面板通过连接构件形成一个整体叠合梁,作为主梁共同受力。叠合梁一般采用钢双主梁,其断面形式常采用开口Ⅰ字形、箱形、Ⅱ形等。由于结合梁自重力小,相应也减少了钢索用量和基础工程量;钢主梁及钢横梁可在工厂加工制作,混凝土桥面板可以预制,精度较高,质量容易控制;现场拼装简便,施工迅速,工期短,且结合梁梁高小,外观轻巧,体现桥梁建设新技术等优点。随着跨径的增大,桥梁建设的发展和工业化程度的提高,在21世纪我国将会修建更多的结合梁斜拉桥。

(4)混合梁

混合梁是在中跨全部或部分采用钢主梁,两侧采用预应力混凝土主梁。这种结构的优点是:①加大了边跨主梁的重量和刚度,减小了主跨变形和内力。②可减少边跨端支点出现负反力。③边跨 PC 梁容易架设,主跨钢主梁也可较容易从主塔开始悬臂法连续架设。④减少全桥钢梁长度,节约造价。预应力混凝土梁与钢梁的连接位置宜选择在弯矩和剪力较小的位置,同时要考虑施工方便和造价经济。连接位置一般距离主塔中心一定距离,以预应力混凝土梁伸入主跨 20 ~40m 为宜。

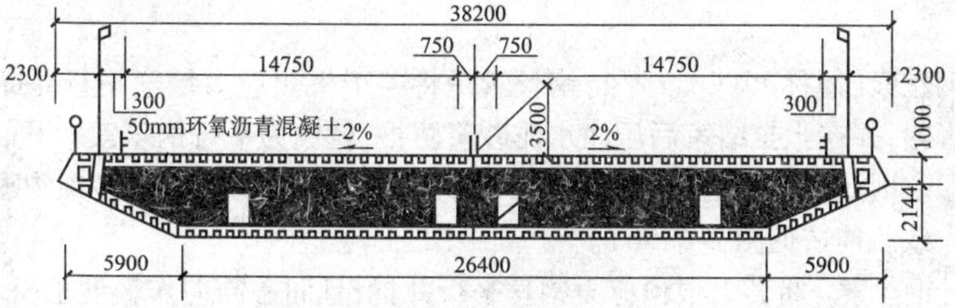

图 2-6-4　南京长江第二大桥钢加劲梁截面图(尺寸单位:mm)

2.6.1.2　拉索

拉索是斜拉桥的重要组成部分,并显示了斜拉桥的特点。斜拉桥桥跨结构的重量和桥上荷载绝大部分通过斜拉索传递到塔柱上。每一根斜拉索包括钢索和锚具两部分。钢索承受拉力,设置在钢索两端的锚具用来传递拉力。拉索的索力要根据设计要求进行调整,是结构体系处于最佳工作状态。斜拉索的技术经济指标有强度、刚度、耐疲劳性能、耐腐蚀性能、施工难易和造价等。

1)拉索种类和构造

作为拉索的主体,钢索应由高强度钢筋、钢丝或钢绞线制作。钢索必须满足的要求有:组成钢索的钢丝、钢绞线要排列整齐、规则;组成的钢索断面应紧密并易于成型,使每索中的钢丝或钢绞线受力均匀;钢索的形式应便于穿过预埋管道,并易于锚固;钢索应易于防护和施工安装等。

(1)平行钢筋索

平行钢筋索是由一定根数的高强度粗钢筋平行布置组成。其标准强度不宜低于1470MPa,每根钢筋在截面中的位置由带孔定位板来保持和隔离。全部钢筋穿在一根粗大的聚乙烯套管中,待索力调整完毕后,在套管内压注水泥砂浆,将钢筋之间的空隙填封密实以对钢筋进行防护,见图 2-6-5a)。

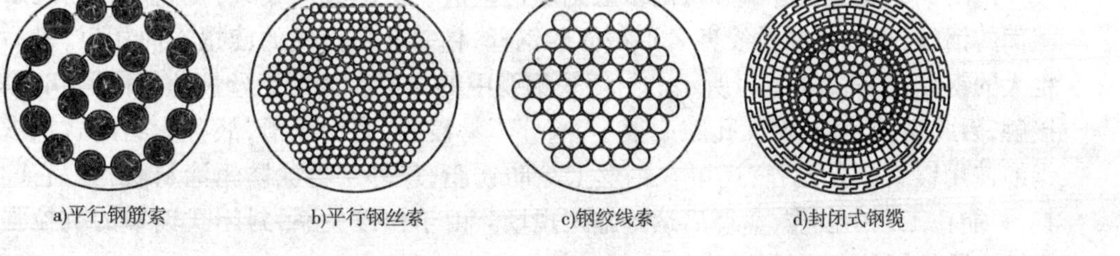

a)平行钢筋索　b)平行钢丝索　c)钢绞线索　d)封闭式钢缆

图 2-6-5　拉索种类和构造

平行钢筋索必须在现场架设过程中形成,操作过程繁杂,且由于钢筋出厂长度一般均小于拉索长度,使索中每根钢筋都有接头,即使各钢筋接头错开,但对拉索的疲劳强度仍有影响,因此,平行钢筋索已很少采用。

(2)钢丝索

①平行钢丝股索(简称 PWS)。平行钢丝股索是将一定根数的镀锌钢丝平行地捆扎成股,

每根钢丝都是顺直而无扭转的，股索的截面呈六角形，所以每股的钢丝根数是一定的，为19、37、61、91、127等。大型的平行钢丝股索可直接单独用做拉索，大多数情况是每根拉索由多股平行钢丝股索组成。平行钢丝股索由于钢丝未经旋扭，抗拉强度和弹性模量均无损减，与单根镀锌钢丝相同，抗疲劳性能也较好。缺点是钢索刚度较大，不易弯曲，架设困难，易引起弯曲二次应力。

②平行钢丝索（简称PWC）。平行钢丝索是将若干根预应力钢丝平行并拢、扎紧，整体穿入聚乙烯套管内，并在张拉结束后压注水泥砂浆防护，就成为平行钢丝索。平行钢丝索截面不要求是六角形。因此截面内的钢丝根数可以自由选定。平行钢丝索的各项物理特性与平行钢丝股索基本一致。构造见图2-6-5b）。

③半平行钢丝索。将若干根预应力钢丝平行并拢，且同心同向作轻度扭绞，扭绞角为2°～4°，再用包带扎紧，最外层直接挤裹聚乙烯索套防护，就成为半平行钢丝索，也称为新型PWS、螺旋形PWC，或称为半平行钢丝股索。这种索挠曲性能好，可以自由地缠绕在卷筒上进行长途运输，宜在工厂中机械化制作。从试验得知，扭绞角小于4°时，其弹性模量和疲劳性能不受损减。组成钢丝索的高强钢丝，其标准强度不得低于1600MPa，目前，常用$\phi5$或$\phi7$镀锌钢丝制作。钢丝索配用镦头锚或冷铸锚。半平行钢丝索由于可在工厂内制作并配装锚具，不仅制作质量有保证，而且大大简化了施工现场工作，因此，正在逐步取代平行钢丝索。

（3）钢绞线索

钢绞线的标准强度可达1860MPa，用钢绞线制成钢索可以进一步减轻拉索的重力。

①平行钢绞线索。将7丝钢绞线按平行钢丝股索中的钢丝排列方法平行排列，布置成正六角形截面，就成为平行钢绞线索，如图2-6-5c）所示。平行钢绞线索可在工厂制造，也可在现场制作。在工地用若干根钢绞线制成拉索后，穿入预制的聚乙烯套管、钢管或玻璃纤维加筋的塑料管，然后压注水泥砂浆，或者将每一根钢绞线涂防锈油脂后挤裹聚乙烯护套，再将带有护套的钢绞线穿入大的聚乙烯套管中，并压注水泥砂浆。平行钢绞线常配用夹片式群锚，先逐根张拉建立初应力，然后整索张拉至设计应力。

②半平行钢绞线索。半平行钢绞线构造和制作方法与平行钢绞线相同，只是在索中钢绞线集中排列后再轻度扭绞而成。钢索中钢绞线的扭绞方向应与单根钢绞线中的钢丝扭绞方向相反。半平行钢绞线索均在工厂制作好后运往工地，它可以配装冷铸锚。

（4）封闭式钢缆

封闭式钢缆的核心部分是由多层圆形钢丝组成的单股钢绞缆，在它的外面逐层绞裹梯形截面的钢丝，接近外层时绞裹Z形截面的钢丝，相邻各层钢丝的旋扭方向相反，最后形成一根粗大的钢缆，如图2-6-5d）所示。封闭式钢缆中的梯形和Z形钢丝彼此侧向紧扣，基本上是面接触，因此结构紧密，截面孔隙率很小，水分不易浸入，表面光滑，故称为封闭式钢缆。封闭式钢缆使用镀锌钢丝制作，还可在钢丝上涂防锈脂，最外层再涂防锈涂料防护。它配用热铸锚具，只能在工厂中制作，盘绕后运到施工现场。由于扭绞关系，封闭式钢缆的抗拉强度和弹性模量比平行钢丝索略低些。

（5）单股钢绞缆

单股钢绞缆以一根钢丝为缆心，逐层增加钢丝，同一层的钢丝直径相同，但逐层钢丝的扭绞方向相反，以抵抗张拉时的扭矩，最后形成一根单股钢绞缆。

单股钢绞缆配用热铸锚。由于扭绞关系，其抗拉强度及弹性模量有所降低，截面孔隙率也较大。单股钢绞缆用作斜拉桥拉索时，可采用镀锌钢丝制作，最外层应加涂防锈涂料。单股钢绞缆只能在工厂中生产，其柔性好，可成盘运输至现场安装，但用作混凝土斜拉桥的拉索较少。

2）拉索端部锚具

钢索只有在其两端配装了合适的锚具后才成为可以承受拉力的拉索，把斜拉桥桥跨结构的重力和桥上活载的绝大部分（或全部）传递到索塔上，然后由索塔传至地基。锚具必须能顺畅地将索力传给索塔和主梁。锚具是斜拉桥的极其重要的部件，它的质量和性能对整个斜拉桥结构的可靠性有着直接影响。常用的拉索锚具有热铸锚、镦头锚、冷铸锚及夹片群锚等几种。前面三种是拉锚式锚具，可以事先装固在钢索两端。配装夹片式群锚的拉索，张拉时千斤顶直接拉钢索，张拉结束后锚具才发挥作用，所以夹片式群锚又称为拉丝式锚具。

锚具的主要构造为锚环、锚圈、锚垫板、填充固化料、防漏板及夹片等。为便于穿索、张拉，在锚具尾部须设置张拉连接器及引出杆连接等附属构造。

3）拉索的防护

拉索都是由钢材组成，如不加防护，锈蚀将是十分惊人的。为了提高拉索的耐久性，增长拉索的使用寿命，减少养护工作，必须重视拉索的防护。拉索的防护方法因其构造不同而不同。拉索的防护可分为钢丝防护和拉索防护两个方面。防护主要是防止拉索锈蚀。拉索的锈蚀主要是电化学腐蚀，因此采用的防护材料必须经过严格检验分析，要求它不含有腐蚀钢材的成分，并要求防护层有足够的强度而不致老化或开裂，有良好的耐候性，延长使用时间。

（1）钢丝的防护

钢丝的防护可以采用镀锌、镀防锈脂、涂防锈底漆等，防止钢丝在拉索施工过程中锈蚀。钢丝防护前应将表面油脂或锈迹去掉。

（2）拉索的防护

拉索防护措施得当，可以延长整个斜拉桥的使用寿命。因此常用的拉索防护方法可归为四类：涂料保护、卷带保护、套管保护及拉索外施加塑料缠绕保护层等。对于封闭式钢缆，由于截面紧密，封闭性较好，空隙率很小，可以只对各组成索的钢丝镀锌，并对钢缆表面施加涂料进行防护。但对于由钢丝索组成的拉索，由于拉索空隙率大，封闭性差，必须进行钢丝和拉索两部分防护。

国内已建成的斜拉桥，其拉索的防护方法有以下几种：

①在拉索外面用多层玻璃纤维缠绕并加涂沥青或环氧树脂形成玻璃钢外壳防护；

②拉索外套钢套管，管内压注水泥浆，套管内的拉索表面用多层玻璃纤维缠绕，加涂沥青膏及聚氨酯橡胶，钢套管外涂防锈漆防护；

③拉索套在高密度聚乙烯套管内（即PE套），管内再压注水泥浆填满空隙；

④拉索套在PE管内，除在管内压注水泥浆外，管外再缠包环氧树脂玻璃纤维布形成玻璃钢外壳防护；

⑤在拉索外面热挤压高密度聚乙烯套管；

⑥在热挤压高密度聚乙烯套管前，对拉索表面用铝粉或锌进行金属喷涂，或先用聚酯带缠包后进行热挤压PE管。

目前最常用的拉索防护方法是热挤高密度聚乙烯套管，它不仅成本低，防腐效果好，而且可以工厂化生产，在制索的同时完成拉索的防护工作。国内许多大跨径混凝土斜拉桥的拉索防护就采用这种方法，如武汉长江公路大桥拉索由ϕ7mm镀锌钢丝组成平行钢丝索，两端配冷铸锚，拉索防护采用10mm厚高密度聚乙烯热挤索套，在制索中完成。全部拉索施工完毕后，再用缠包机在黑色聚乙烯套管外表面缠包一层带色的粘胶保护层，以加强拉索的防护体系。

2.6.1.3 索塔

作用于斜拉桥主梁的恒载和活载通过拉索传递给索塔,因而索塔是通过拉索对主梁起弹性支承作用的重要构件。索塔上的作用力除索塔自身的重力外,还有拉索索力的垂直分力引起的轴向力、拉索的水平分力引起的弯矩和剪力。

索塔设计应满足强度、刚度和稳定性要求。索塔的结构形式及截面尺寸应根据索塔的强度、刚度及稳定性要求、拉索布置、桥面宽度、主梁的截面形式、下部结构及桥位处的地形等综合考虑确定,同时还要考虑施工简便、降低造价及造型美观等要求。

城市中的斜拉桥,应更多地从造型、景观及与周围环境相协调等建筑艺术方面的要求来确定索塔的结构形式。斜拉桥在美学上以其柔细感取胜,这种柔细感是人们对斜拉桥梁塔的整体感觉,因此索塔的形状和尺寸比例是美学设计中的一个重要课题。需要特别指出的是,在人类文明高度发达的今天,在保证结构安全的前提下,斜拉桥在美学上的效果已逐渐成为该建筑成败的关键,造型优美且与周围环境配合协调的斜拉桥往往成为该城市的标志建筑,成为人们精神文化享受的艺术品。

索塔的顶部通常有一些附属建筑,如观光厅等旅游设施、避雷针、航空与航道用的标志等,设计时也应予以考虑。

斜拉桥的塔柱形式从桥梁立面上看,有独柱形、A 形和倒 Y 形三种,在横桥向又可做成单柱式、双拄式、门式、斜腿门式、倒 V 式、宝石式和倒 Y 式等多种形式,如图 2-6-6 所示。

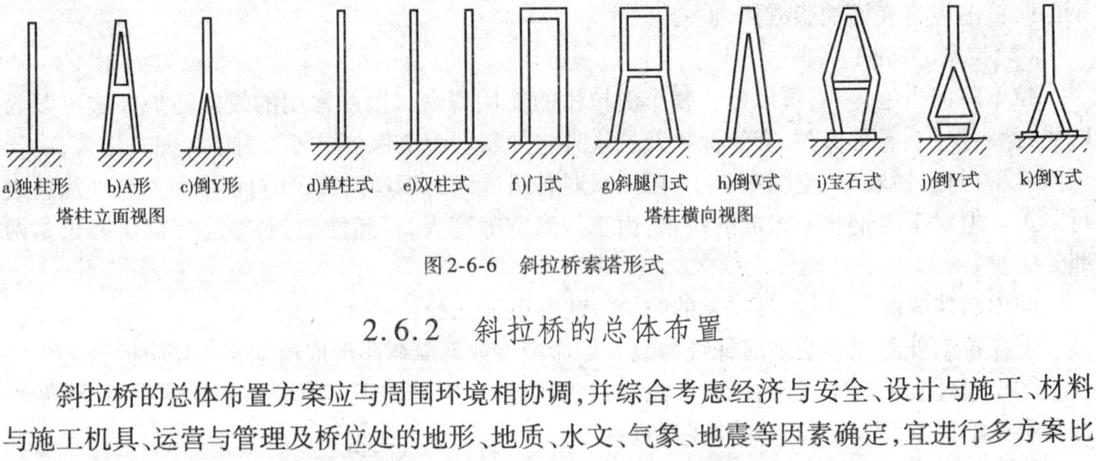

图 2-6-6 斜拉桥索塔形式

2.6.2 斜拉桥的总体布置

斜拉桥的总体布置方案应与周围环境相协调,并综合考虑经济与安全、设计与施工、材料与施工机具、运营与管理及桥位处的地形、地质、水文、气象、地震等因素确定,宜进行多方案比较,以寻求经济合理的最优方案。

总体布置应主要解决索塔布置、跨径布置、拉索及主梁的布置、塔高与跨径的关系等问题。

2.6.2.1 索塔布置

斜拉桥的结构特点决定了它跨越能力大,可减少水中墩及深水基础,故总体布置时一般从经济角度考虑,宜采用独塔布置方案,根据桥位地形及跨径需要等各种因素也可选用双塔布置或多塔布置方案。

2.6.2.2 跨径布置

与索塔布置相配合,现代斜拉桥最典型的跨径布置有双塔三跨式和独塔双跨式两种。在特殊情况下也可布置成独塔单跨式、双塔单跨式及多塔多跨式等,见图 2-6-7。

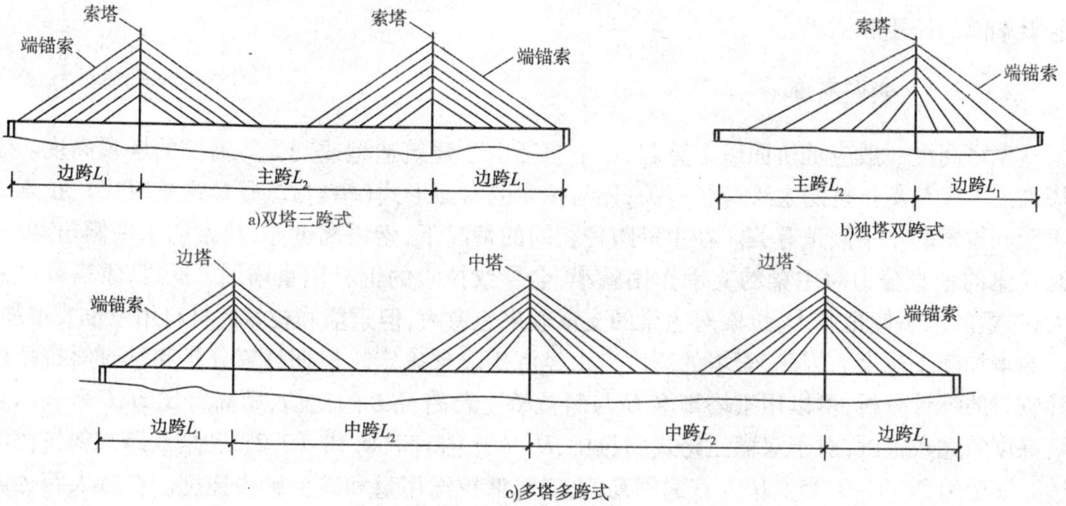

图 2-6-7 斜拉桥跨径布置

(1)双塔三跨式

双塔三跨式是斜拉桥最常见的跨径布置方式。主孔跨径根据通航要求、水文、地形、地质及施工条件等确定。由于主孔跨径较大,适用于跨越较大的河流及海面。从简化设计、方便施工考虑,双塔三跨式斜拉桥常布置成两个边跨相等的对称布置,也可采用两个边跨不相等的非对称布置。

边跨与主跨的跨径比应考虑全桥的刚度、拉索的疲劳强度、锚固墩承载能力等多种因素。一般来说,主跨有活载会增加端锚索的应力,而边跨上有活载时,端锚索应力会减少。拉索的应力变化幅度则必须保持在钢拉索的疲劳强度安全范围内,所以拉索的疲劳强度是边跨与主跨跨径允许比值的判断标准。当边跨与中跨的跨比为 0.5 时,可对称悬臂施工至跨中合龙,施工方便。但考虑到施工时长悬臂的稳定性及提高成桥后的刚度,很多情况下跨比取小于 0.5,以使中跨有一段悬臂施工是在有后锚的情况下进行的。大跨径斜拉桥为了减小中跨跨中挠度和提高全桥的刚度,常采用较小的跨比。所以,一般情况下,双塔三跨式斜拉桥边跨与主跨的跨比可取 0.25 ~ 0.50,从经济角度考虑宜取 0.4。当边跨与主跨的跨比小于 0.5 时,边跨应设置端锚索(边索),以平衡两跨间的索力差,控制塔顶变位。

在特殊的地形条件下,可采用更小的跨比,或边跨采用地锚式。如我国郧阳汉江桥边跨与中跨比值为 0.203,跨径布置为(85 + 414 + 85)m,为此,边跨两端设置了重力式平衡桥台,将部分拉索以地锚方式锚固在重力式桥台中。

(2)独塔双跨式

独塔双跨式是一种常用的斜拉桥跨径布置方式。但由于它的主孔跨径一般比双塔三跨式的小,故特别适用于跨越中小河流、谷地作为跨线桥,或用于跨越较大河流的主航道部分,也可用主跨跨越河流,索塔及边跨布置在河流一岸的方式。

独塔双跨式斜拉桥可以布置成两跨跨径相等的对称布置或两跨跨径不等的非对称布置,即分为主跨与边跨。但两跨对称布置,由于一般没有端锚索,不能有效约束塔顶位移,故在受力与变形方面不能充分发挥斜拉桥的优势。而如果用增大桥塔的刚度来减少塔顶变位则不经济。而两跨不对称布置,通过端锚索减少塔顶变位比增大索塔刚度更有效,因此,独塔双跨式采用不对称布置较合理,在实践中采用较多。

独塔两侧跨径不对称布置时,边跨与主跨的比值更多的是依据桥位处地基条件和地形情况及跨越能力来选择,各种比例都可能出现,一般可取 0.5 ~ 1.0。采用不对称布置时,应注意悬臂端部的压重和锚固。

2.6.2.3 索塔高度

索塔高度一般应从桥面以上算起,也不包括由于建筑造型或观光等需要的塔顶高度。索塔高度不仅与斜拉桥的主跨跨径有关,还与拉索的索面形式(辐射式、竖琴式或扇式)、拉索的索距和拉索的水平倾角有关。在主跨跨径相同的情况下,索塔高度小,拉索的水平倾角就小,则拉索的垂直分力对主梁的支承作用就小,会导致拉索的钢材用量增加。反之,索塔高度愈大,拉索的水平倾角愈大,拉索对主梁的支承效果也愈大,但索塔和拉索的材料用量也要增加,还会增加施工难度。因此,索塔的高度应由经济比较来确定。根据计算分析和已有斜拉桥设计资料的统计分析,可以用索塔高度 H 与斜拉桥主跨跨径 L 的比值,即高跨比 H/L 来表示索塔高度的大致范围,对于双塔三跨式斜拉桥,H/L 比值宜取 0.18 ~0.25,独塔双跨式斜拉桥的 H/L 宜选用 0.30 ~0.45。H/L 宜选用高值,以降低拉索用量和减少跨中挠度。在特大跨径斜拉桥中,单以提高索塔高度来取得全桥刚度是不经济的,较好的选择是加强端锚索(边索)及地锚的方式,H/L 宜选用低值。

2.6.2.4 拉索布置

拉索是斜拉桥的主要承重构件之一。拉索对主梁有一个弹性支承作用,对整个斜拉桥的结构刚度和经济合理性起着重要作用。拉索宜采用抗拉强度高、疲劳强度好和弹性模量较大的高强钢丝、钢绞线及高强粗钢筋等钢材制作。众多拉索在梁与塔之间形成一个索面。目前,斜拉桥已从大索距的稀索发展到小索距的密索,世界各国的斜拉桥绝大多数采用密索布置。

(1)拉索在空间的布置形式

由于塔、梁、索之间的连接及支承方式不同,桥面宽度不同,索塔和主梁的形式不同,拉索索面在空间可布置成单索面和双索面,而双索面又可分为竖直双索面和倾斜双索面。

(2)拉索在索面内的布置形式

拉索在索面内的布置应根据设计总体构思、受力情况及美学要求等因素确定,常选用以下三种基本形式:辐射形、竖琴形及扇形,见图 2-6-8 所示。

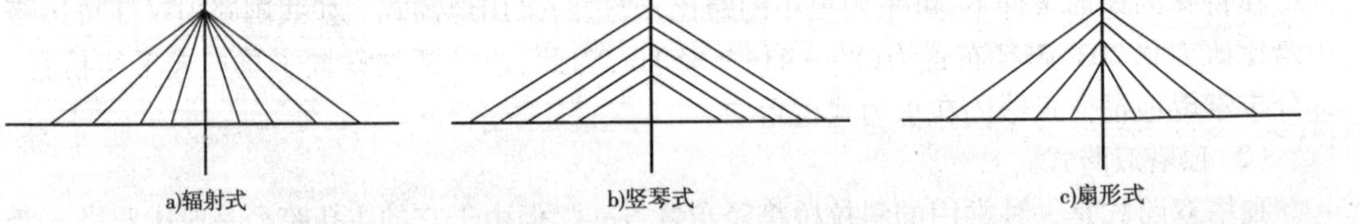

图 2-6-8 拉索在索面内的布置形式

①辐射形:拉索与水平面的平均交角较大,拉索垂直分力对主梁的支承效果好,拉索用量最省。索塔高度较其他索面形式小一些,但锚固系统复杂。

②竖琴形:由于所有拉索的倾角完全相同,且拉索与索塔的锚固点分散布置,使拉索与索塔、拉索与主梁的连接构造简单,易于处理。竖琴形布置拉索加强了索塔的顺桥向刚度,对减小索塔的弯矩和提高索塔的稳定性都是有利的。从外观上看,拉索平行布置外形简洁美观,无辐射形拉索的视觉交叉感。如将中间拉索用边孔内设置的辅助墩锚固,可大大减少索塔的弯矩和变形。但竖琴形布置拉索倾角较小,拉索对主梁的支承效果差,拉索总拉力大,拉索用量相应较多,又无法形成飘浮体系,于抗风、抗震不利,且难于控制中跨挠度,故拉索竖琴形布置

一般仅用于中、小跨径的斜拉桥中。

③扇形：拉索在索面内呈扇形布置，兼有辐射形和竖琴形索的优点，又可灵活地布置，与索塔的各种构造形式相配合，是采用最多的一种索型，特别是在大跨径斜拉桥中，几乎都采用扇形布置形式。

拉索在索面内的布置形式，除了上述三种基本形式外，有时还可采用星形、叉形及混合型的布置。

(3)拉索索距

拉索索距是指索面内相邻两根拉索的间距。索面内拉索根数多则索距小，拉索根数少则索距大。拉索索距的选择应根据主梁内力、拉索张拉力、锚固构造、施工吊装能力、材料规格及经济等因素综合考虑。拉索索距的确定应结合施工方法一起考虑。

索面内拉索根数多，使主梁由受弯为主向受轴向力为主转变，主梁弯矩的减少使梁高降低，直至主梁可采用高宽比例接近于薄板的梁式板截面形式，这样不仅取得了较好的经济效益，也大大改善了结构的动力性能，提高了结构的抗风、抗震能力，并使斜拉桥的造型更加柔细轻巧。由于索面内多索布置，对每根拉索索力的要求相应降低，简化了拉索锚固构造，张拉千斤顶可小型化、轻型化。尤其是多索布置与悬臂平衡的施工方法相适应，更有利于斜拉桥的施工控制。多索、密索布置使每根拉索索力和截面较小，有可能使每根拉索在工厂制索中就能完成防护、配装好锚具，也使在通车条件下更换索面内任何一根拉索成为可能，而且十分方便。

2.6.2.5 主梁布置

斜拉桥的主梁，不管整个斜拉桥的结构体系和支承方式如何，混凝土主梁一般有两种布置形式，即主梁为连续体系和非连续体系两种。

(1)主梁为连续体系

无论是双塔三跨式或是独塔双跨式，主梁在斜拉桥全长范围内布置成连续体系，这时，主梁为连续梁或连续刚构(拉索作为跨内的弹性支承)，为改善结构受力布置外边孔时，斜拉桥主梁梁体还与边跨或引桥的上部结构主梁相连续。

(2)主梁为非连续体系

在双塔三跨式斜拉桥的主跨中央部分，带有一个简支挂孔或剪力铰，全桥的主梁布置为非连续体系，这时，主梁成为单悬臂梁或T形刚构体系。

带有挂孔的主梁布置形式简化了结构体系，减少了结构的超静定次数。它能较好地适应两个索塔基础的不均匀沉降，可用于地基较差的地区。但是，主梁的非连续布置破坏了桥梁的整体性，施工时还需增加一套架设简支挂梁的设备。

用剪力铰取代双塔三跨式斜拉桥主跨中央的简支挂梁，形成非连续主梁体系是另一种布置形式。剪力铰可以只传递剪力和轴向力，不传递弯矩；也可以只传递剪力和弯矩，不传递轴向力，根据结构内力要求而定。剪力铰可以缓解温度内力的影响，但也破坏了桥面的连续性和桥梁的整体性，同时，剪力铰设计、施工和养护较困难，除非不得已，一般应尽量避免采用这种布置。

2.6.2.6 斜拉桥的结构体系

斜拉桥的主要组成部分是主梁、斜拉索和索塔，这三者还可以按相互的结合方式组成四种不同的结构体系，即飘浮体系、支承体系、塔梁固结体系、刚构体系。它们各具特点，如图2-6-9

所示，在设计中应依据具体情况选择最合适的体系。下面简述这四种基本体系的特点。

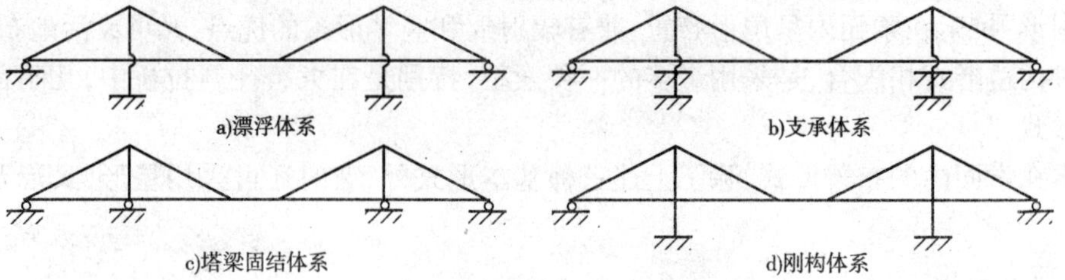

图 2-6-9　斜拉桥结构体系

(1)飘浮体系

如图 2-6-9a)所示，飘浮体系又称悬浮体系。该体系塔墩固结、塔梁分离，主梁除两端外全部用缆索吊起而在纵向可稍作浮动，是一种具有多跨弹性支承的单跨梁。

该体系的优点是：全跨满载时，塔柱处主梁无负弯矩峰值；由于主梁可以随塔柱的缩短而下降，所以温度、收缩和徐变的内力均较小，密索体系主梁各截面的变形和内力变化较平缓，受力较均匀；地震时允许全梁纵向摆荡，成为长周期运动，从而抗震消能，因此地震烈度较高地区可考虑选择这类体系。

该体系的缺点是：当采用悬臂施工时，塔柱处主梁需临时固结。另外，斜拉索不能对梁提供有效的横向支承，需为抵抗风力等所引起的横向摆动时，必须增加一定的横向约束。

(2)支承体系

如图 2-6-9b)所示，该体系塔墩固结、塔梁分离，主梁在塔墩上设置竖向支承，接近于在跨度内具有弹性支承的三跨连续梁，又称半飘浮体系。这种体系的主梁内力在塔墩支点处产生急剧变化，出现了负弯矩尖峰，通常须加强支承区段的主梁截面。

支承体系的主梁一般均设置活动支座，在横桥方向亦需在桥台和塔墩处设置侧向水平约束。

(3)塔梁固结体系

如图 2-6-9c)所示，塔梁固结并支承在墩上，斜拉索为弹性支承，相当于梁顶面用斜索加强的一根连续梁。这种体系的优点是：减小了塔墩弯矩和主梁中央段的轴向拉力。缺点是：中孔满载时，主梁在墩顶处转角位移导致塔柱倾斜，显著增大主梁跨中挠度和边跨负弯矩；上部结构重力和可变作用反力都需由支座传给桥墩，这就需要设置很大吨位的支座。在大跨径斜拉桥中，这种结构体系可能要设置上万吨级的支座，支座的设计制造及日后的养护，更换均较困难。

(4)刚构体系

如图 2-6-9d)所示，梁、塔、墩互为固结，形成跨度内具有多点弹性支承的刚构。这种体系的优点是：既免除了大型支座又能满足悬臂施工的稳定要求，结构的整体刚度比较好，主梁挠度小。然而，刚度的增大是由梁、塔、墩固结处能抵抗很大的负弯矩换取来的，因此这种体系在固结处附近区段内主梁的截面必须加大。

自测题

简答题

1. 斜拉桥的组成部分有哪些？

2. 斜拉桥主梁形式有哪些？混凝土主梁截面形式有哪些？

3. 什么是叠合梁？什么是混合梁？

4. 斜拉桥跨径布置形式有哪几种?

5. 索塔高低对斜拉桥布置有何影响?

6. 斜拉索在索面内的布置有哪几种形式?

7. 斜拉索索距对主梁受力有何影响?

8. 斜拉桥结构体系有哪几种? 各有什么特点?

2.7 桥梁墩台构造

桥梁墩台是桥梁的重要组成部分,称为桥梁的下部结构。它主要由墩台帽、墩台身和基础三部分组成(图 2-7-1)。

桥梁墩台支承着桥梁上部结构所传来的作用效应,并将作用效应传递给地基。墩台主要是决定桥梁的高度和平面上的位置,它受地形、地质、水文和气候等自然因素影响较大。

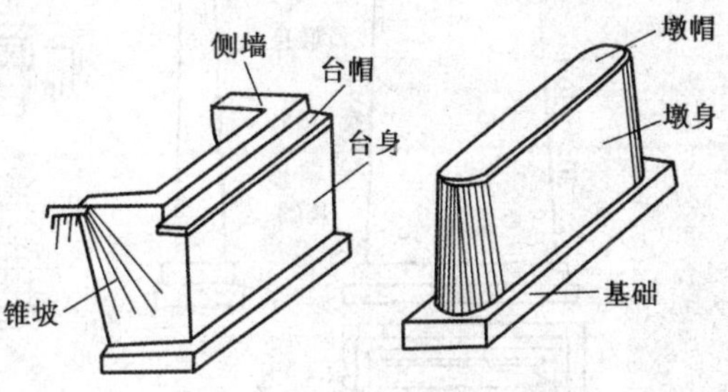

图 2-7-1 重力式墩台

桥墩是指多跨桥梁中的中间支承结构物,它除承受上部结构作用的受力外,还承受风力、流水压力及可能发生的冰压力,船只和漂流物的撞击力等。桥台是设置在桥的两端,除了支承桥跨结构作用的受力外还与两岸接线路堤衔接的构造物;它既要挡土护岸,又要承受台背填土及填土上车辆作用所产生的附加土侧压力。因此,桥梁墩台自身应具有足够的强度、刚度和稳定性,而且对地基的承载能力、沉降量、地基与基础之间的摩擦阻力等提出一定的要求,以避免在作用下产生危害桥梁整体结构的位移。这一点对超静定结构桥梁尤为重要。

桥梁墩台结构应遵循安全耐久、满足交通要求,且造价低、养护费用少、施工方便、工期短、与周围环境协调、造型美观等原则。桥梁墩台设计与桥跨结构形式及其受力有关;与地质构造和土质条件有关;与水文、水流流速和河床性质有关。因此,桥梁墩台要置于稳定可靠的地基上,应考虑各种因素的组合作用,通过设计和计算确定基础形式和埋置深度,确保墩台在洪水、地震、桥梁活载等动力作用下安全、耐久。

墩台的造价通常在桥梁总造价中占有很大的比例。同时墩台的修建,在很多情况下较之建造桥跨结构更为复杂和艰巨。

2.7.1 桥墩构造

2.7.1.1 梁桥桥墩

1)重力式桥墩

重力式桥墩也称实体式桥墩,它主要依靠自身的重力和桥跨结构重力来平衡外力,从而保证桥墩的稳定。一般由圬工材料修筑而成。它的优点是取材方便、施工简单、养护工作量小、对抵抗外界不利因素如撞击、侵蚀的能力较强;缺点是自重大、圬工数量多、阻水面积较大、对地基承载力要求较高。一般宜修建在地基承载力较高、基岩埋藏较浅的地基上,适合荷载较大或河流中流冰和漂浮物较多的河流中,以及砂石料丰富的地区。

重力式桥墩由墩帽、墩身和基础三部分组成(见图 2-7-2)。

(1)墩帽

墩帽是桥墩顶端的传力部分，它通过支座支承上部结构，并将荷载传递到墩身上。一般用C20以上的混凝土浇注，其顶面在横桥向常做成一定的排水坡，四周应挑出墩身5～10cm作为滴水。

在墩帽内，大中跨径的桥梁应该设置构造钢筋（如图2-7-3）；小跨径的桥梁，当桥宽比较窄的时，除严寒地区以外，可不设构造钢筋。对于中小跨径的桥梁，支座可以直接安置在墩帽上。为了使支座传来的压力均匀分布到墩顶上，可在支座下方设置1～2层钢筋网。钢筋网的平面分布范围为支座垫板的两倍，钢筋直径一般为8～12mm，网格间距为7～10cm。

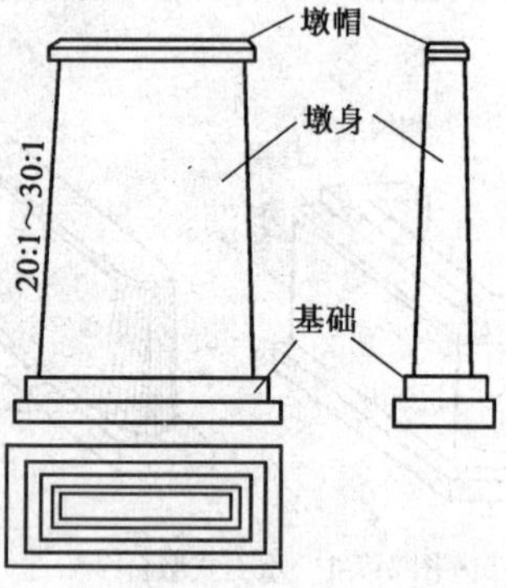

图2-7-2　重力式桥墩

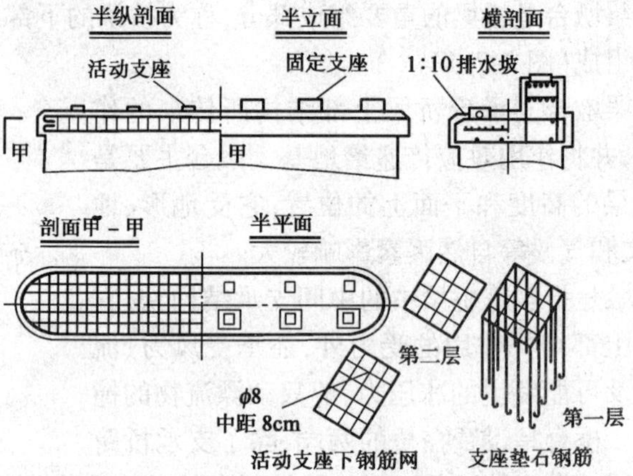

图2-7-3　墩帽钢筋构造

对于大跨径的桥梁，需要在墩顶上设置钢筋混凝土支撑垫石。支座要放置在支撑垫石上。支撑垫石的平面尺寸要根据支座大小、支座传来的荷载大小和支撑垫石下混凝土的强度而定，一般要求支座边缘距支撑垫石边缘的距离不小于15～20cm，支撑垫石的厚度一般为其长度的1/3～1/2。

对一些宽桥或高墩桥梁，为了节省墩身圬工体积，常常将墩帽做成悬臂式或托盘式。悬臂的长度和宽度根据上部结构的形式、支座的位置及施工荷载的要求确定，悬臂的受力钢筋需经计算确定。一般要求，挑臂式墩帽的混凝土强度等级要高些，悬臂端部的最小高度不小于0.3～0.4m。

(2)墩身

墩身是桥墩的主体部分，石砌桥墩应采用强度等级不低于MU25的石料、M5以上砂浆砌筑。混凝土桥墩多用C15或C15以上混凝土浇筑，并可掺入不多于25%的片石。混凝土预制块不低C20。用于梁式桥的墩身顶宽，小跨径桥不宜小于80cm，中跨径桥不宜小于100cm，大跨径桥的墩身顶宽视上部结构类型而定。墩身侧坡一般采用20:1～30:1，小跨径桥桥墩不高时也可以不设侧坡，做成直坡。实体桥墩的截面形式有圆形、圆端形、尖端形、矩形、菱形等，如图2-7-4所示。其中圆形、圆端形、尖端形的导流性好，圆形截面对各方向的水流阻力和导流情况相同，适应于潮汐河流或流向不定的桥位。矩形桥墩主要用无水的岸墩或高架桥墩。在有强流水或大量漂浮物的河道上（冰厚大于0.5m，流冰速度大于1m/s），桥墩的迎水端应做成破冰棱体。破冰体可由强度较高的石料砌成，也可用强度等级高的混凝土辅以钢筋加固。

(3)基础

基础是桥墩与地基直接接触的部分，设在天然地基上的桥墩基础一般采用C15以上的混凝土或M5砂浆砌片石（或块石）。基础平面尺寸应较墩身底面尺寸略大，四周各放大20cm左右。在竖向，基础可以做成单层式的也可做成 2 ~ 3 层台阶式的，每层厚度一般不大 100cm。

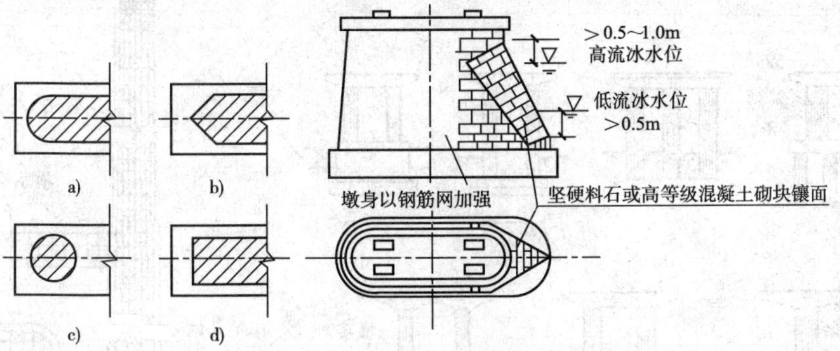

图 2-7-4　重力式桥墩墩身形式

2）桩柱式桥墩

桩柱式桥墩是公路桥梁广泛采用的桥墩形式，一般由柱式墩身和盖梁组成。此类桥墩常采用的形式有在灌注桩顶设置承台，然后在承台上设立柱[图 2-7-5a)]；或在浅基础上设立柱[图 2-7-5b)]；为了增强墩柱间抗撞击的能力，在两柱中间加做隔墙[图 2-7-5c)]；当桥墩较高时，也可以把水下部分做成实体式，以上部分仍为柱式[图 2-7-5d)]；单柱式桩墩见图 2-7-5e)；等截面双柱式桩墩见图2-7-5f)；变截面双柱式桩墩见图2-5-5g)。

桩柱式桥墩的优点是能减轻墩身重力，节约圬工材料，施工方便，外形轻巧又较美观，特别是对于桥宽较大的桥梁和立交桥。

盖梁是桩柱式桥墩的墩帽，一般用 C20 ~ C30 的钢筋混凝土就地浇筑，也有采用预制安装或预应力混凝土的。盖梁的横截面形状一般为矩形或者 T 形。盖梁宽度由上部构造形式、支座间距和尺寸等确定，高度一般为梁宽的 0.8 ~ 1.2 倍。盖梁的长度应保证上部构造放置与抗震构件设置需要的距离，并应满足上部构造安装时的要求，另外设置橡胶支座的桥梁应考虑预留更换支座所需位置。盖梁各截面尺寸与配筋需要通过计算确定，悬臂端高度应不小于 30cm。

墩柱一般采用 C20 ~ C30 的钢筋混凝土，直径 0.6 ~ 1.5m 的圆柱或方形、六角形柱，其构造如图 2-7-6 所示。墩柱配筋由计算确定，纵向受力钢筋的直径应不小于 12mm，纵向受力钢筋截面积的配筋率应不小于混凝土计算截面的 0.5%，纵向受力筋之间净距不应小于 50mm 且应不大于 350mm，净保护层厚不小于 30cm（Ⅰ类环境）或 40mm（Ⅱ类环境）或 45mm（Ⅲ类环境）。箍筋直径不小于 8mm，在受力钢筋接头处，箍筋间距应不大于纵向钢筋直径的 15 倍或构件横截面的较小尺寸，宜不大于 400mm。为使桩柱与盖梁或承台有较好的整体性，桩柱一般应嵌入盖梁或承台 15 ~ 20cm，露出柱顶与柱底的主筋可弯成与铅垂线约成 15°倾斜角的喇叭形，伸入盖梁或承台中，喇叭形主筋外围应设置直径不小于 8mm 的箍筋，间距一般为 10 ~ 20cm。单排桩基的主筋应与盖梁主筋连接。

当用横系梁加强桩柱的整体性时，横系梁的高度可取为桩（柱）径的 0.8 ~ 1.0 倍，宽度可取为桩（柱）径的 0.6 ~ 1.0 倍。横系梁一般不直接承受外力，可不计算内力，按横截面积的 10% 配置构造钢筋即可。构造钢筋伸入桩内与主筋连接。

3）薄壁空心墩

薄壁空心墩是采用强度高、墩身壁较薄的钢筋混凝土构件，其最大的特点是大幅度减小了墩身圬工体积和墩身自重，减小了地基负荷，因而适用于桥梁跨径较大的高墩和软弱地基桥墩。

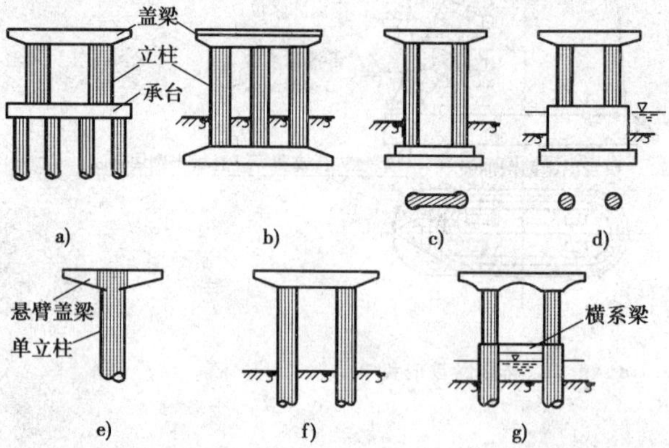

图 2-7-5　桩柱式桥墩

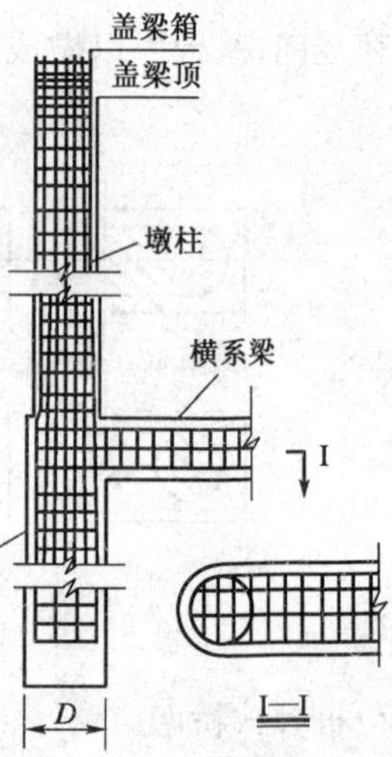

图 2-7-6　墩柱与桩的构造

薄壁空心墩的混凝土一般采用 C20 ~ C30，墩身壁厚为 30 ~ 50cm，其构造除应满足部分镂空桥墩规定外，为了降低薄壁墩身内外温差或避免冻胀，应在墩身周围设置适当的通风孔与泄水孔；为了保证墩壁稳定和施工方便，应按适当间距设置水平横隔板，对于 40m 以上的高墩，按 6 ~ 10m 的间距设置横隔板；墩顶实体段高度不小于 1.0 ~ 2.0m；主筋按计算配筋，一般配筋率在 0.5% 左右，并应配置承受局部应力或附加应力的钢筋。如图 2-7-7 和图 2-7-8 所示。

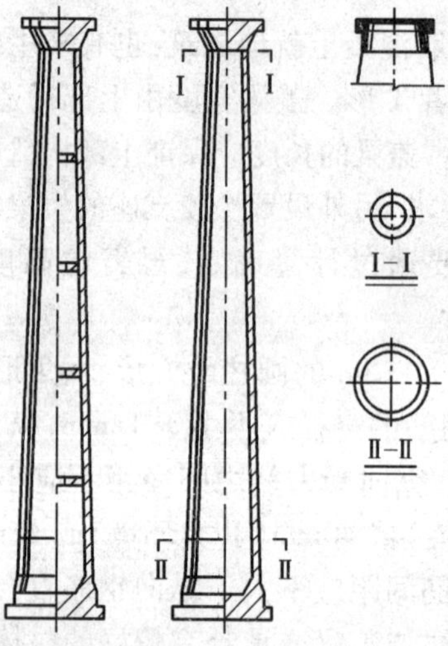

图 2-7-7　圆形空心桥墩

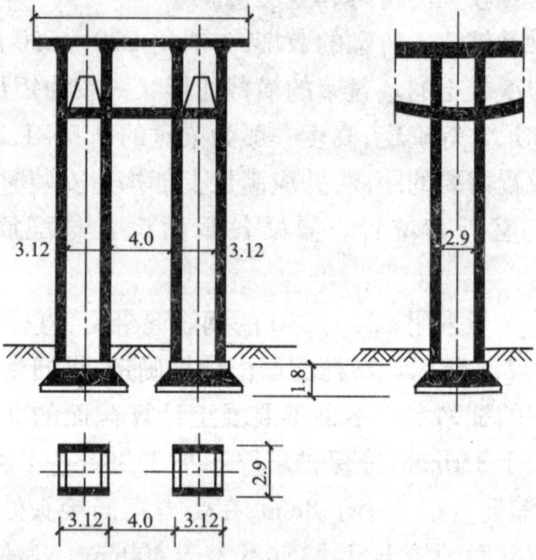

图 2-7-8　矩形空心桥墩(尺寸单位:m)

4)轻型桥墩

轻型桥墩一般用于中小跨径的桥梁，与重力式墩相比，其圬工体积显著减小，自重减小，因而其抗冲击能力较低，不宜用于流速大并夹有大量泥沙的河流或可能有航船、冰等漂浮物撞击的河流中。

墩帽用混凝土浇筑，厚度不小于 30cm。墩帽四周挑檐宽度为 5cm，周边做成 5cm 削角。当桥向的横向排水不用三角垫层调整时，可在墩帽顶面以中心向两端加做三角垫层，如图 2-7-9所示。墩帽上要预埋栓钉，位置与上部结构块件的栓孔相适应。

墩身用混凝土、浆砌块石或钢筋混凝土材料做成，其中钢筋混凝土薄壁桥墩最为典型，如

图 2-7-10 所示，墩身宽度不小于 60cm，两边坡度为直立，两头做成圆端形。

基础采用 C15 混凝土或 MU5 浆砌片石（或块石）做成，平面尺寸较墩身底面尺寸略大（一般大 20cm）。基础多做成单层式的，其高度在 60cm 左右。

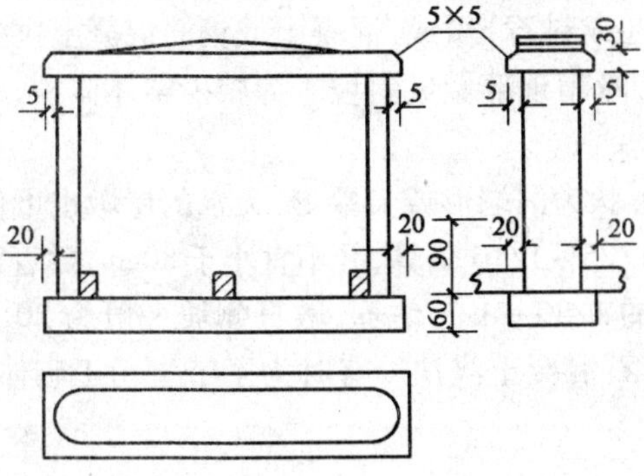

图 2-7-9　轻型桥墩（尺寸单位：cm）

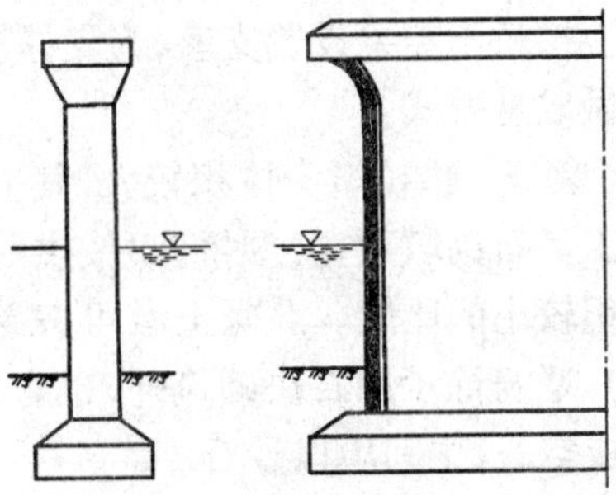

图 2-7-10　钢筋混凝土薄壁桥墩

5）框架式桥墩

框架式桥墩采用钢筋混凝土或预应力混凝土等压弯或弯曲构件组成平面框架代替墩身支承上部结构，必要时可做成双层或多层框架。桥墩结构可采用顶部分开底部连在一起的 V 形桥墩［图 2-7-11a）］和顶部分开底部与直立桥墩连在一起的 Y 形桥墩［图 2-7-11b）］。这类桥墩结构不仅轻巧美观，给桥梁建筑增添了新的艺术造型，而且使桥梁的跨越能力提高，缩短了主梁的跨径，降低了梁高，但其结构复杂，施工比较麻烦。

框架墩形式较多，受力形式常取决于它同桥面部分的连接方式，所有受力钢筋均应通过计算确定。对于有分叉的墩来说，可有墩帽，也可无墩帽。无墩帽时，分叉张开角一般小于 90°；有墩帽时，张角可略大些，视受力情况而定。墩帽内的配筋可参照柱式墩盖梁配筋，墩按计算配置抗拉、抗压主筋，并应特别重视分叉点钢筋的配置与连接。分叉处的钢筋应与帽顶面（上）或柱侧面（下）外层主筋相连接，并在分叉附近加密箍筋（用多肢或减小箍筋间距）。墩柱中的主筋对纵横两个方向应有不同的考虑，并与两叉上足够数量的主筋连接在一起，见图 2-7-12。

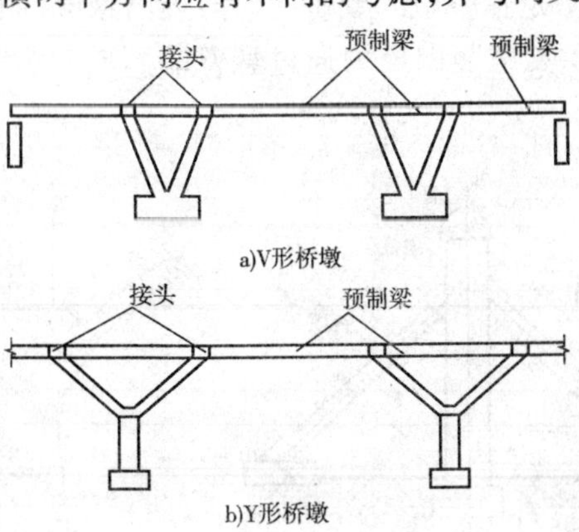

图 2-7-11　V 形桥墩和 Y 形桥墩

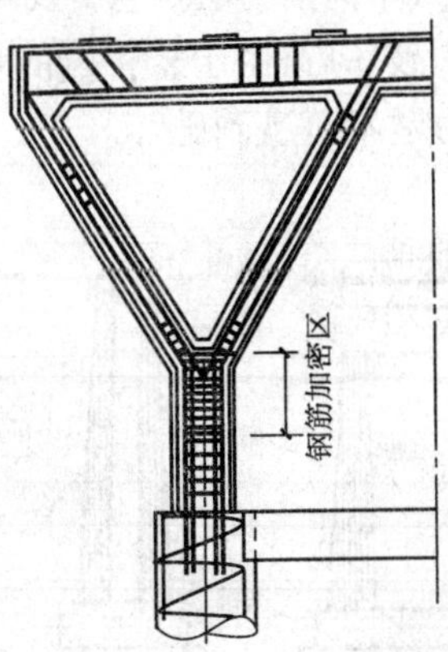

图 2-7-12　Y 形桥墩分叉处钢筋布置图

2.7.1.2　拱桥桥墩

1）重力式桥墩

拱桥重力式桥墩，其形式基本上和梁桥重力式桥墩相仿，也由墩帽、墩身、基础三部分组成

(见图 2-7-13)。因为拱桥桥墩承受较大的水平推力,所以拱桥重力式桥墩的顺桥向宽度尺寸比梁桥大,墩壁坡度比梁桥缓。同时,墩帽顶部做成斜坡,尽量考虑设置成与拱轴线正交的拱座。

(1)墩帽。石拱桥的墩帽可用浆砌块石(或料石)做成,混凝土或钢筋混凝土拱桥由混凝土做成。拱桥不需要设置支座,为支撑拱圈,墩帽顶部做成斜坡。为减少整体体积,也可将墩顶部分做成悬臂式。

(2)墩身。拱桥墩身体积较大,其平面形状为圆端形或尖端形,无水的岸墩也可做成矩形以便施工。石砌墩顶宽(顺桥向)按拱跨的 1/25 ~ 1/10 估算,并不宜小于 80cm,随着跨径的增大而采用较小的比值。混凝土墩可按跨径的 1/30 ~ 1/5 估算,墩身侧坡一般为 20:1 ~ 30:1(竖:横)。墩身除了用石块砌筑外,也有用片石混凝土浇注。有时为了节省圬工砌体,也可将墩身做成空心,中间填以砂石。

(3)基础。拱桥桥墩的基础与梁桥相同。

2)桩柱式桥墩

拱桥桩柱式桥墩与梁桥基本相同,但由于拱桥桥墩承受较大的水平推力,柱和桩的直径要比梁桥的大,根数也比梁桥的多,而且在盖梁上还需设置拱座用以支承拱圈。拱桥桩柱式桥墩一般采用单排桩,跨径在 40 ~ 50m 以上的高墩,可采用双排桩,在桩顶设置承台,与墩柱连成整体。如果墩柱与桩直接连接,则应在接合处设置横系梁,若柱高于 6 ~ 8m 时,还应在柱的中部设置横系梁。

3)单向推力墩

多孔拱桥在采用桩柱式墩时,应每隔 3 ~ 5 孔设置单向推力墩。其形式应根据单向推力的大小、基础的形式、埋置深度等因素,因地制宜的选择。目前常用的有以下几种形式:

(1)普通柱墩加设斜撑及拉杆式单向推力墩(图 2-7-14)。这种墩的特点是在普通墩的墩柱上,从两侧对称地增设钢筋混凝土斜撑和水平拉杆,接头处只承受压力不承受拉力,这种形式适用于桥墩不太高的旱地上。

(2)悬臂式单向推力墩。悬臂式单向推力墩是在桥墩的顺桥向双向挑出悬臂(图 2-7-15)。当相邻孔遭到破坏后,由于悬臂端的存在,使拱支座竖向反力通过悬臂端而成为稳定力矩,保证了单向推力墩不至遭到破坏。

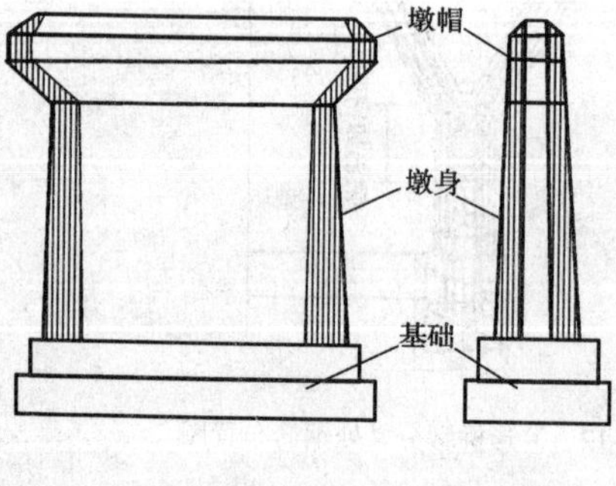

图 2-7-13 重力式桥墩

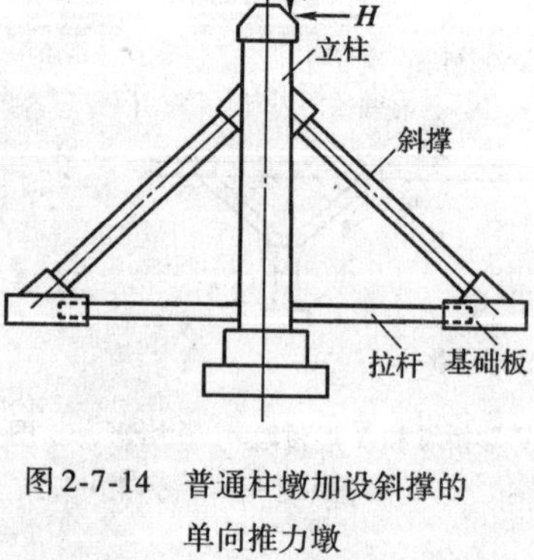

图 2-7-14 普通柱墩加设斜撑的单向推力墩

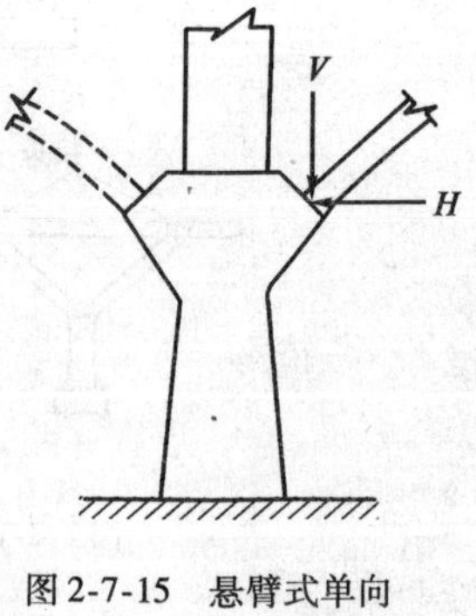

图 2-7-15 悬臂式单向推力墩

(3)实体单向推力墩。当桥墩较矮及单向推力不大时,只需要加大实体墩身的尺寸即可。

2.7.2 桥台构造

2.7.2.1 梁桥桥台构造

1)重力式U形桥台

U形桥台由台帽、台身(前墙和侧墙)和基础组成,在平面上呈U字形,见图2-7-16。前墙是U形桥台的主要受力部件,除承受上部结构传来的荷载外,还承受路堤的水平压力。前墙顶部设置台帽,以放置支座和安设上部构造,其构造要求与墩帽基本相同。台顶部分用防护墙(雉墙)将台帽与填土隔开,侧墙是用以连接路堤并抵挡路堤填土向两侧的压力。U形桥台台身由前墙(含上端的防护墙)和侧墙组成。

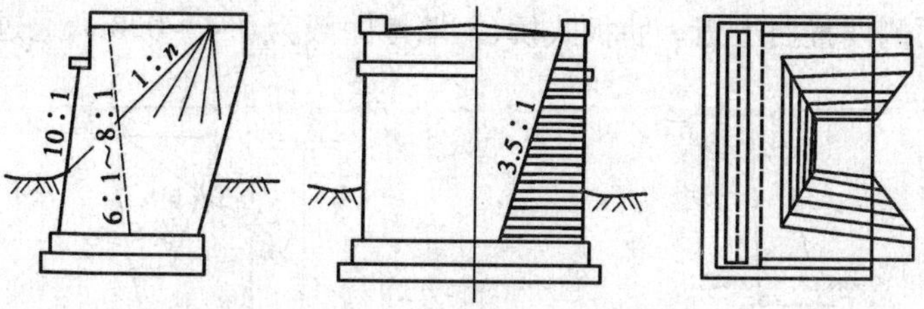

图2-7-16 梁桥重力式U形桥台

梁桥U形桥台防护墙顶宽,对片石砌体不小于50cm,对块石料石砌体及混凝土不小于40cm。前墙任一水平截面的宽度不宜小于该截面至墙顶高度的0.4倍,背坡一般采用5:1~8:1,前坡为10:1或直立,桥台前墙的下缘一般与锥坡下缘相齐。侧墙长度可根据锥形护坡长度决定。尾端上部做成垂直,下部按一定坡度缩短,前端与前墙相连,改善了前墙的受力条件。侧墙外侧直立,内侧为3:1~5:1的斜坡,侧墙顶宽一般为60~100cm。任一水平截面的宽度,对片石砌体不小于该截面至墙顶高度的0.4倍,对块石、料石砌体及混凝土不小于0.35倍;如桥台内填料为透水性良好的砂性土或砂砾,则上述两项可分别相应减为0.35倍和0.3倍。

桥台内的填土容易积水,应注意防水,防止冻胀,以免桥台结构开裂。为了排除桥台前墙后面的积水,应于侧墙间略高于高水位的平面上铺一层向路堤方向设有斜坡的夯实黏土作为防水层,并在黏土层上再铺一层碎石,将积水引向设于桥台后横穿路堤的盲沟内。

基础尺寸可参照桥墩拟定。桥台两侧设锥坡,坡度由纵向的1:1逐渐变到横向的1:1.5,锥坡的平面形状为1/4椭圆,用土夯实填筑,其表面用片石砌筑。

2)埋置式桥台

当路堤填土高度超过6~8m时,可采用埋置式桥台,见图2-7-17。它是将台身埋在锥形护坡中,只露出台帽,以安放支座和上部结构。埋置式桥台仅适用于桥头为浅滩,受冲刷较小,填土高度在10m以下的中等跨径的多跨桥中。

埋置桥台的台身按结构形式可分为重力式[图2-7-17a)]、桩柱式[图2-7-17b)]、框架式[图2-7-17c)]及肋板式(图2-7-19)。重力式埋置式桥台台身可用混凝土、片石混凝土或浆砌块石筑成,台帽及耳墙用钢筋混凝土浇筑,台身常做成向后倾斜,这样可减小台后土压力和基底合力偏心距。但施工时应注意桥台前后均匀填土,以防倾倒。由于作用在桥台上的水平力较U形桥台小,在拟定尺寸后,台身底部可略大于顶部尺寸,最后由验算确定。埋置式桥台挡土采用耳墙,耳墙长度一般不超过3~4m,厚度为0.15~0.3m,高度为0.5~2.5m,其主筋伸入台帽或背墙借以锚固。

桩柱式埋置式桥台和框架式埋置式桥台均较重力式埋置式桥台轻巧，常采用钢筋混凝土材料浇筑而成。桩柱式桥台指台帽置于立柱上，台帽两端设耳墙以便与路堤衔接，台身与基础的构造和柱式与桩柱式桥墩相似，可以在浅基础上设立柱，形成柱式桥台；也可在桩基础顶部直接设立柱形成桩柱式桥台，这种结构的特点是构造简单、圬工数量小，适用于填土高度小于5m的情况。桥台的立柱可采用双柱式或多柱式，根据桥宽确定，尺寸可参照桩柱式桥墩拟定，并通过计算配筋。钢筋的上、下端分别伸入台帽和桩基或浅基础。立柱一般用普通箍筋柱。

当填土高度大于5m时，用钢筋混凝土薄墙（肋板）代替立柱支承台帽，即成为肋板式桥台（图2-7-18），可以在浅基础上设置肋板；也可在桩基础顶部设承台，承台上设置肋板支承台帽，当水平力较大时，桩基础设置成双排或多排桩。台帽两端同样设耳墙便于同路堤衔接，必要时在台帽前方两侧设置挡土板。肋板式桥台，墙厚一般为0.4～0.8m，通过计算配筋。

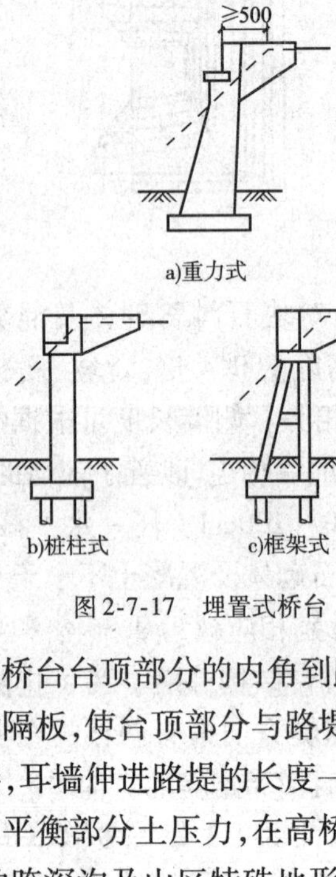

图2-7-17　埋置式桥台

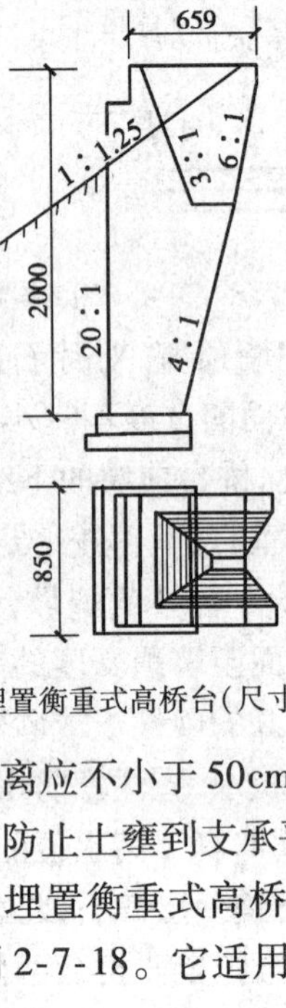

图2-7-18　埋置衡重式高桥台（尺寸单位：cm）

埋置式桥台台顶部分的内角到路堤锥坡表面的距离应不小于50cm，否则应在台顶缺口的两侧设置横隔板，使台顶部分与路堤锥坡的填土隔开，防止土壅到支承平台上。桥台通过耳墙与路堤衔接，耳墙伸进路堤的长度一般不小于50cm。埋置衡重式高桥台，利用衡重台及其上的填土重力平衡部分土压力，在高桥中圬工较省，见图2-7-18。它适用于跨径大于20m，高度大于10m的跨深沟及山区特殊地形的桥梁。

3）轻型桥台

轻型桥台通常用钢筋混凝土或圬工材料砌筑。圬工轻型桥台只限于桥台高度较小的情况，而钢筋混凝土轻型台应用范围更广泛。从结构形式上分，轻型桥台有薄壁型轻型桥台和支撑梁型轻型桥台。

（1）薄壁轻型桥台

薄壁轻型桥台常用的形式有悬壁式、扶壁式、撑墙式和箱式等，其主要特点是利用钢筋混凝土结构的抗弯能力来减少圬工体积从而使桥台轻型化。相对而言，悬臂式桥台的柔性较大，钢筋用量较大，而撑墙式和箱式桥台刚度大，但模板用量多。

用得较多的钢筋混凝土薄壁轻型桥台，是由扶壁式挡土墙和两侧的薄壁侧墙构成。挡土墙由厚度不小于15cm的前墙和间距为2.5～3.5m的扶壁组成。其顶帽及背墙成L形，并与其下的倒T形竖墙台身及底板连成钢筋混凝土整体结构。

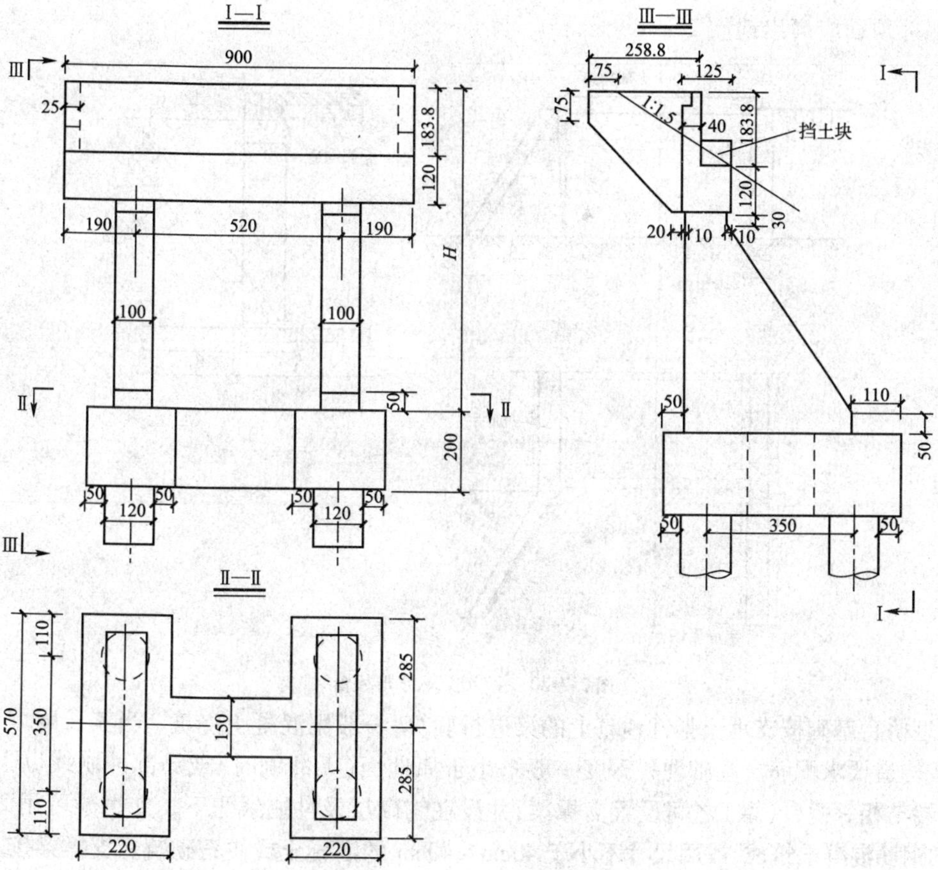

图 2-7-19 埋置式肋板桥台构造图(尺寸单位:cm)

(2)支撑梁轻型桥台

支撑梁轻型桥台用于跨径不大于 13m 的板(梁)桥,且不宜多于 3 孔,全长不大于 20m。在墩台基础间设置支撑梁,在上部结构与台帽之间设置锚固栓钉连接,使上部结构与支撑梁共同支撑桥台承受台后土压力,减小桥台尺寸,节省圬工数量。其主要特点是:利用上部结构及下部的支撑梁作为桥台的支撑,防止桥台向跨中移动或倾覆;整个构造物成为四铰刚构系统,台身按上下铰接支承的弹性地基梁验算。

台帽用钢筋混凝土浇筑,混凝土强度等级不低于 C20,厚度不小于 30cm,并应设 5~10cm 的挑檐。当填土高度较高或跨径较大时,宜采用有台背的台帽。当上部构造不设三角垫层时,可在台帽上做成有斜坡的三角垫层。

上部构造与台帽之间应采用栓钉连接,栓钉孔、上部结构与台背之间需用小石子混凝土(强度等级同上部结构)或砂浆(强度等级为 M12)填实。栓钉直径不宜小于上部构造主筋的直径,锚固长度为台帽厚度加上三角垫层和板厚。

台身可用混凝土或浆砌块石砌筑,混凝土强度等级不低于 C15,砂浆强度等级不低于 M5,块石强度等级不低于 MU25。台身厚度(含一字翼墙),块石砌体不宜小于 60cm,混凝土不宜小于 30~40cm,两边坡度为直立。翼墙与桥台设缝分离,翼墙与水流方向成 30°夹角,成为八字形桥台(图 2-7-20)。或者两边翼墙与桥台连成整体,成为一字形桥台(图 2-7-20),为了节约圬工数量,也可在边柱上设置耳墙(图 2-7-20)。为了增加桥台抵抗水平推力的抗弯刚度,也可将台身做成 T 形截面。八字翼墙的顶面宽度,混凝土不宜小于 30cm,块石砌体不宜小于

50cm，端部顶面应高出地面 20cm。

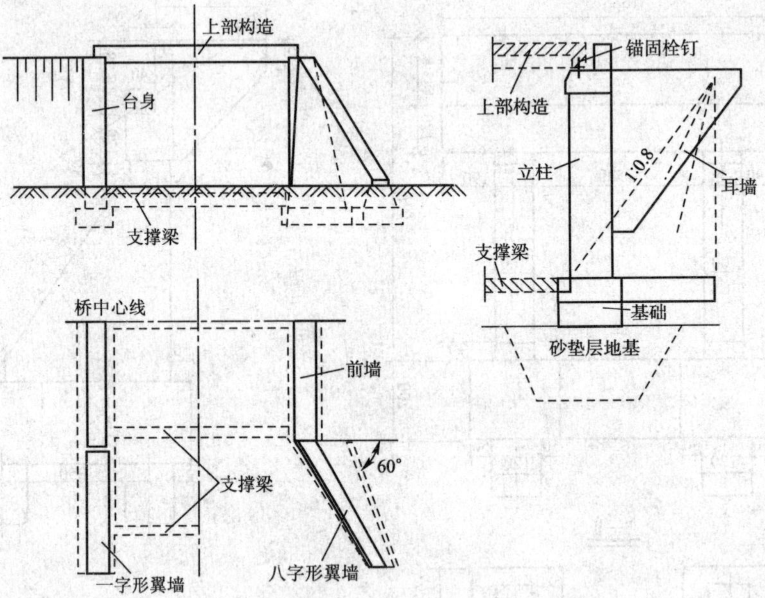

图 2-7-20　一字形、八字形桥台

轻型桥台基础按支承于弹性地基上的梁进行验算，一般用混凝土浇筑。当其长度大于 12m 时，应按构造要求配筋。基础埋置深度一般不小于原地面（无冲刷时）或局部冲刷线以下 1.0m 桥台下端与相邻桥台（墩）之间设置支撑梁，并设在铺砌层及冲刷线之下。支撑梁可用 20cm × 30cm 的钢筋混凝土筑成，或用尺寸不小于 40cm × 40cm 的混凝土或块石砌筑。支撑梁按基础长度之中线对称布置，其间距 2 ~ 3m。当基础能嵌入未风化岩层 15 ~ 25cm 时，可不设支撑梁。

2.7.2.2　拱桥桥台构造

1）重力式 U 形桥台

重力式 U 形桥台（图 2-7-21）在拱桥桥台中使用非常广泛。同梁桥 U 形桥台一样，拱桥重力式 U 形桥台也由台帽、台身和基础三部分组成，其尺寸拟定也与梁桥基本相同。拱桥 U 形桥台与梁桥 U 形桥台的主要差别在于拱脚截面处前墙顶宽比梁桥桥台前墙宽，可用于抵抗拱桥产生的水平推力。空腹式拱桥前墙顶部还要还应设置防护墙（背墙）以挡住路堤填土和支撑腹拱。拱桥桥台前墙背坡的坡度一般为 4:1 ~ 2:1，前坡的坡度为 30:1 ~ 20:1 或直立。

2）组合式桥台

组合式桥台由台身和台座两部分组成（图 2-7-22）。台身基础承受竖向力，一般采用桩基础或沉井基础。拱的水平推力则主要由后座基底摩阻力及台后的土侧压力来平衡。组合式桥台的承台与后座间必须密切贴合，并设置沉降变形缝，以适应两者的不均匀沉降及荷载传递。后座基底高程应低于拱脚下缘高程，力求台后土侧压力和基底摩阻力的合力作用点同拱座中心高程一致。当地基土质较差时，后座基础应适当处理，以免后座向后倾斜，从而导致台身和拱圈的位移和变形。

3）轻型桥台

（1）八字形轻型桥台

八字形轻型桥台的台身可以做成等厚度的或变厚度的。变厚度的台身背坡一般为 2:1 ~

4:1，台口尺寸应满足抗剪强度要求。两边八字翼墙与台身分开，其顶宽为 40cm，前坡为 10:1，后坡为 5:1（图 2-7-23）。

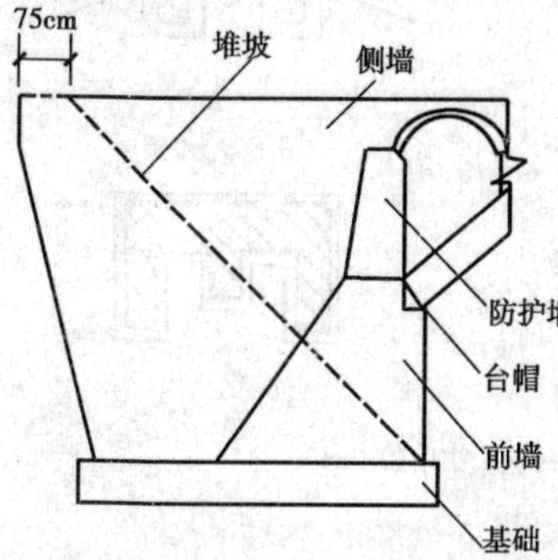

图 2-7-21　拱桥重力式 U 形桥台

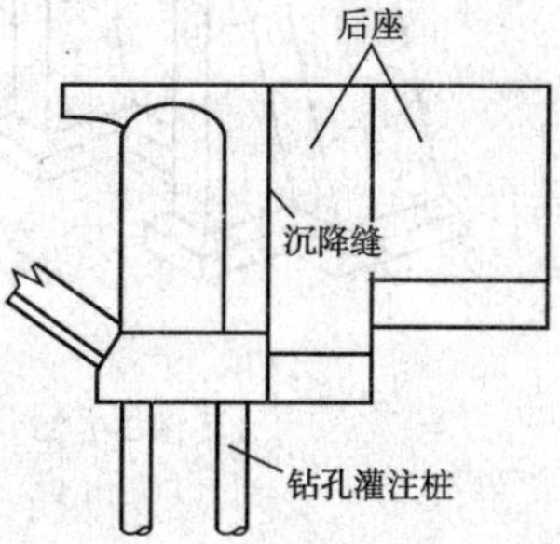

图 2-7-22　组合式桥台

（2）U 字形桥台

U 字形桥台是由前墙和平行于行车方向的侧墙组成，构成 U 字形的水平截面（图 2-7-24）。它与 U 形重力式桥台的区别是，后者是靠扩大桥台底面积，以减小基地压力，并利用基底与地基的摩阻力和适当利用台背土压力，以平衡拱的水平推力，因此基础底面积较轻型桥台的要大，通常从前墙一直延伸到侧墙尾端，侧墙与前墙连成整体，而与拱上侧墙断开。U 字形轻型桥台的前墙的构造和八字形桥台相同，但侧墙却是拱上侧墙的延伸，它们之间应设变形缝，以适应桥的可能变位。轻型桥台侧墙的顶宽一般为 50cm，内侧坡度一般为 5:1，若有人行道，则上端做成等厚直墙，直到按 5:1 内坡相交为止，以下仍用 5:1 的坡度。

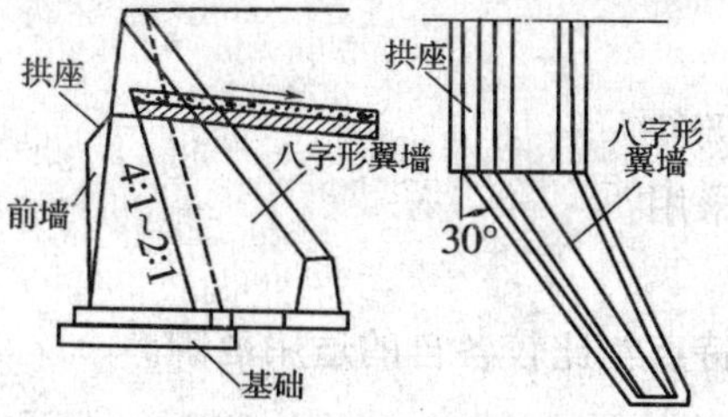

图 2-7-23　八字形轻型桥台

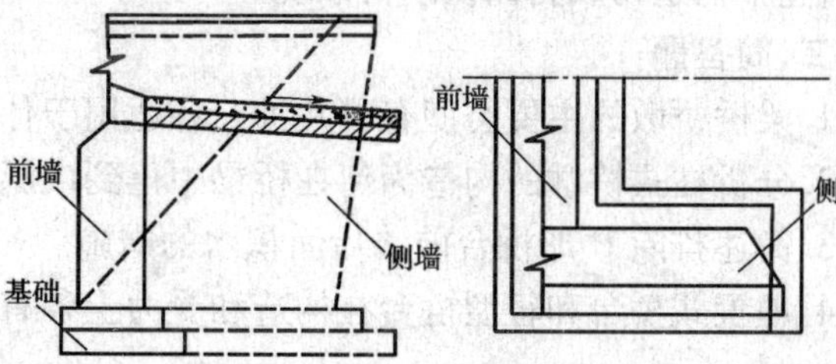

图 2-7-24　U 字形轻型桥台

（3）前倾式轻型桥台

前倾式桥台由于台身向桥孔方向倾斜，因此比直立台身的受力情况要好，用料要省。前倾台身可做成等厚度的，前倾坡度可达 4:1 其缺点是施工比较麻烦。

（4）背撑式桥台

当桥台较宽时，为了保证结构的强度和稳定性，可以在八字形或 U 字形桥台的前墙背后加一道或几道背撑，构成 Π 字形或 E 字形等水平截面形式的前墙（图 2-7-25）。背撑顶宽为 30～60cm，厚度为 30～60cm，背坡为 3:1～5:1 的梯形。这种桥台比八字形桥台的稳定性要好，但开挖量及圬工体积都有增多。然而加背撑的 U 字形桥台却能适用于较大跨径的高桥和宽桥。

（5）靠背式框架桥台

靠背式框架桥台将台帽、前壁、耳墙和设置在不同高程且具有不同斜度的分离式基础连接而成。桥台的底板一定要紧贴承重地基。靠背式框架桥台受力合理，圬工体积小，比重力式桥台节约 85% 左右，且基坑挖方量小，其主要缺点是使用钢筋较多，适合于在非岩石地基上修建拱桥桥台。

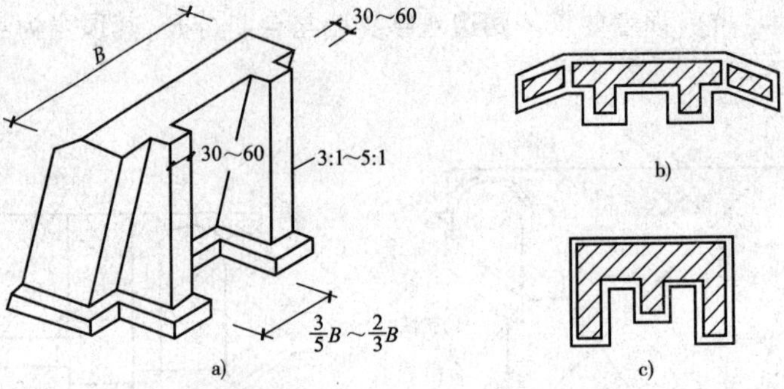

图 2-7-25　背撑式桥台(尺寸单位:cm)

自 测 题

一、填空题

1. 重力式桥墩墩身的截面形式有________、________、________、________、矩形等,矩形桥墩主要用于______________。

2. 为使桩柱与盖梁或承台有较好的整体性,桩柱一般应嵌入盖梁或承台______ cm,露出柱顶与柱底的主筋可弯成与铅垂线约成________倾斜角的喇叭形,伸入盖梁或承台中。

3. U 形桥台由________、________、________和基础组成。

4. 支撑梁式轻型桥台在桥台基础间设置________,在上部结构与台帽之间设置________连接,整个构造物成为四铰刚构系统。

二、简答题

1. 梁桥桥墩的主要类型有哪几种？各适用于什么条件？

2. 分析柱式桥墩的构造为何在桥梁中得到广泛的采用？

3. 简述排除 U 形桥台前墙后面积水的措施。

4. 埋置式桥台和轻型桥台在构造和受力上各有何特点？比较各自的适用范围。

第3章 桥梁设计

【知识目标】

1. 桥梁总体设计原则及设计方法；

2. 公路梁桥标准图、通用设计图分类及内容，桥梁相关技术规范。

【能力目标】

1. 能掌握桥梁规划设计的基本原则和桥梁野外勘测的内容，能够根据相关资料对桥梁平、纵、横断面进行设计；

2. 能够看懂桥梁标准图及通用设计图，具备套用桥梁标准图及通用设计图进行桥梁设计的能力；

3. 能力训练6：设计某箱形梁桥上部结构。

【任务描述】

教师根据班级分组情况准备桥梁标准图及通用设计图，给出具体的工程实例资料，每组推选一名组长负责任务的组织与实施，最终以组为单位上交工程实例中某梁桥的上部结构设计图，要求上部结构设计均按照梁桥标准图进行施工图设计，并给出工程实例中桥梁上部结构主要材料工程数量表及部分设计图。

【学习引导】

本章按照以下顺序进行学习：

桥梁规划与设计→识读梁桥标准图→识读梁桥通用设计图→识读桥梁设计相关规范→能力训练6（设计某箱形梁桥上部结构）

3.1 桥梁规划与设计

3.1.1 桥梁规划设计

3.1.1.1 桥梁设计基本原则

桥梁工程须遵照“安全、适用、经济、美观、环保”的基本原则进行设计，同时应充分考虑建造技术的先进性以及环境保护和可持续发展的要求。

1）安全

（1）所设计的桥梁结构在强度、稳定和耐久性方面应有足够的安全性；

（2）防撞栏杆应具有足够的高度和强度，人与车流之间应做好防护栏，防止车辆撞入人行道或撞坏栏杆而落到桥下；

（3）对于交通繁忙的桥梁，应设计好照明设施并有明确的交通标志，两端引桥坡度不宜太陡，以避免发生车辆碰撞等；

（4）对于修建在地震区的桥梁，应按抗震要求采取防震措施；对于河床易变迁的河道，应设计好导流设施，防止桥梁基础底部被过度冲刷；对于通行大吨位船舶的河道，除按规定加大桥孔跨径外，必要时设置防撞构筑物等。

2）适用

（1）桥面宽度能满足当前以及今后规划年限内的交通流量（包括行人通行）；

（2）桥梁结构在通过设计荷载时不出现过大的变形和过宽的裂缝；

（3）桥跨结构的下面有利于泄洪、通航（跨河桥）或车辆和行人的通行（旱桥）；

（4）桥梁的两端方便车辆的进入和疏散，而不致产生交通堵塞的现象等；

（5）考虑综合利用，方便各种管线（水、电气、通信等）的搭载。

3）经济

（1）桥梁设计应遵循因地制宜、就地取材和方便施工的原则；

（2）经济的桥型应该是造价和养护费用综合最省的桥型，设计中应充分考虑维修方便和维修费用少，维修时尽可能不中断交通，或中断交通的时间最短；

（3）所选择的桥位应是地质、水文条件好，桥梁长度也较短；

（4）桥位应考虑建在能缩短河道两岸的距离，促进该地区的经济发展，产生最大的效益，对于过桥收费的桥梁应能吸引更多的车辆通过，达到尽快回收投资的目的。

4）美观

一座桥梁应具有优美的外形，而且这种外形从任何角度看都应该是优美的，结构布置必须精练，并在空间有和谐的比例。桥型应与周围环境相协调，城市桥梁和游览地区的桥梁可较多地考虑建筑艺术上的要求。合理的结构布局和轮廓是美观的主要因素，另外，施工质量对桥梁美观也有重大影响。

5）有利环保

桥梁设计必须考虑环境保护和可持续发展的要求，环保包括生态、水、空气、噪声等方面，设计时应从桥位选择、桥跨布置、基础方案、墩身外形、上部结构施工方法、施工组织设计等多方面全面考虑环境要求，采取必要的工程控制措施，并建立环境监测保护体系，桥梁建设完成后要在周边修建绿化带，清理建筑垃圾，把对环境的影响降到最低。也就是说，要从根本上防止污染，节约资源和能源，关键在于设计与制造，不能等产生了不良的环境后再采取防治措施。施工完成后，遭受施工破坏的植被应进行恢复或对桥梁周边景观进一步美化。

除了满足上述基本要求之外，因桥梁建设与当地的社会、经济、文化和人民生活密切相关，应适当考虑当地的需要，如考虑农田排灌的需要，靠近村镇、城市、铁路及水利设施的桥梁，应结合各有关方面的要求，适当考虑综合利用。

3.1.1.2 野外勘测与调查研究

（1）桥梁调查的具体任务：调查桥上的交通种类和行车、行人的来往密度等，实际交通量和增长率，从而确定桥梁的荷载等级和行车道及人行道的宽度等。

（2）选择桥位：大、中桥桥位的选择原则上应服从路线的总方向，公路与桥梁应综合考虑。一方面，从整个路线网的角度来看，既要力求降低桥梁的建筑和养护费用，也要避免或减少因车辆绕道而增加的运输费用；另一方面，从桥梁本身的经济性和稳定性出发，应尽量选择在河道顺直、水流稳定、河面较窄、地质良好、冲刷较少的河段上，以降低造价和养护费用，并防止因冲刷过大而发生桥梁倒塌的危险。

（3）测量桥位附近的地形，并绘制地形图，供设计和施工使用。

（4）通过钻探调查桥位的地质情况，并将钻探资料绘制成地质剖面图，作为基础设计的重要依据。为使地质资料更接近实际，可以根据初步拟订的桥梁分孔方案将钻孔布置在墩台附近。

(5)调查和测量河流的水文情况，为确定桥梁的桥面高程、跨径和基础埋置深度提供依据。其内容包括：了解河道性质，如河道的自然变迁和人工规划的情况，河床及两岸的冲刷和淤积，测量桥位处河床断面，调查了解洪水位的多年历史资料，推算设计洪水位，测量河床比降，调查河槽各部分的形态标志和粗糙率等，计算流速、流量等有关的资料，向航运部门了解和协商确定设计通航水位和通航净空。

(6)调查当地建筑材料(砂、石料等)的来源，水泥、钢材的供应情况以及水陆交通的运输情况。

(7)调查了解施工单位的技术水平、施工机械等装备情况，以及调查了解施工现场的动力设备和电力供应情况。

(8)调查和收集有关气象资料，包括气温、雨量及风速(或台风影响)等情况。

(9)调查新建桥位上、下游有无旧桥，其桥型布置和使用情况等。

3.1.1.3　桥梁纵断面设计

桥梁纵断面设计包括总跨径的确定、桥梁的分孔、桥面高程、桥上和桥头引道的纵坡以及基础的埋置深度。

1)桥梁总跨径的确定

桥涵孔径的设计必须保证设计洪水以内的各级洪水及泥石流、漂流物等安全通过，并应考虑壅水、冲刷对上下游的影响，确保桥涵附近路堤的稳定。桥梁的总跨径一般根据水文计算确定。由于桥梁墩台和桥头路堤压缩了河床，使桥下过水断面减小，流速加大，引起河床冲刷，因此桥梁总跨径必须保证桥下有足够的排洪面积，使河床不致产生过大的冲刷。但为了使总跨径不致过大而增加桥梁的总长度，同时又要允许有一定的冲刷，因此桥梁的总跨径不能机械地根据计算和规定冲刷系数来确定，而必须按具体情况分别对待。如当桥梁墩台基础埋置较浅时，桥梁的总跨径应大一些，可接近于洪水泛滥宽度，以避免河床被过多冲刷而引起桥梁破坏；对于深基础，允许较大冲刷，可适当压缩河床。

2)桥梁的分孔

桥梁的分孔关系到桥梁的造价。跨径和孔数不同时，上部结构和墩台的总造价是不同的。跨径愈大，孔数愈少，上部结构的造价就愈大，而墩台的造价就愈小。最经济的跨径就是要使上部结构和墩台的总造价最低，因此当桥墩较高或地质不良，基础工程较复杂而造价较高时，桥梁跨径应选择大一些；反之，当桥墩较矮或地基较好时，跨径应可选择小一些。

在通航的河流上，首先应以考虑桥下通航的要求来确定孔径，当通航跨径大于经济跨径时，通航孔按通航要求确定孔径，其余的桥孔应根据上下部结构总造价最低的经济原则来确定跨径。当通航的跨径小于经济跨径时，应按经济跨径布置桥孔。

在布置桥孔时，遇到不利的地质地段，如岩石破碎带、裂隙、溶洞等，应将桥基位置移开，或适当加大跨径。在山区河谷或水深流急的江河上，宜减少中间桥墩，应加大跨径或采用特大跨径单孔跨越。

在有些体系中，为了结构受力合理和用材经济，分跨布置时要考虑合理的跨径比例。例如：三跨连续梁中跨与边跨的比例为1.00:(0.70~0.80)。

跨径选择还与施工技术能力和机械设备有关，有时选用较大的跨径虽然在技术上和经济上是合理的，但由于缺乏足够的施工技术能力和机械设备，则不得不放弃较大跨径，而改用较小跨径。

3）桥面高程的确定

桥面的高程根据路线的纵断面设计，根据设计洪水位、桥下通航需要的净空来确定。满足流水净空的要求；通航桥孔应满足通航净空的要求；桥下通车桥孔应满足建筑净空限界的要求；桥的两端能够与公路或城市道路顺利衔接。

（1）为了保证支座的安全和正常工作，对于设置支座的桥梁，支座底面应高出计算水位（即设计洪水位加壅水和浪高）不小于0.25m，并高出最高流冰面不小于0.5m，上部结构最低点应高出计算水位不小于0.5m，如图3-1-1所示。

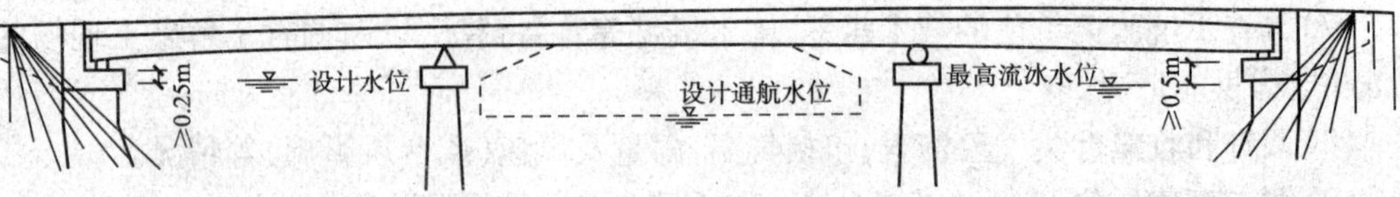

图3-1-1　有支座桥梁的桥下控制高程

无铰拱的拱脚允许被洪水淹没，但淹没深度不宜超过拱圈高度的2/3，且拱顶底面应高出计算水位1.0m，拱脚的起拱线应高出最高流冰面不小于0.25m，如图3-1-2所示。

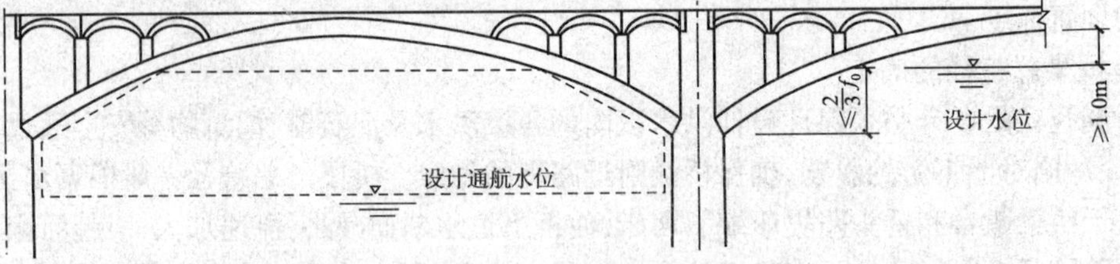

图3-1-2　拱桥桥下控制高程

当河流中有形成流冰阻塞的危险或有漂浮物通过时，桥下净空应当按当地具体情况确定，对于有淤积的河床，桥下净空应当适当加高。

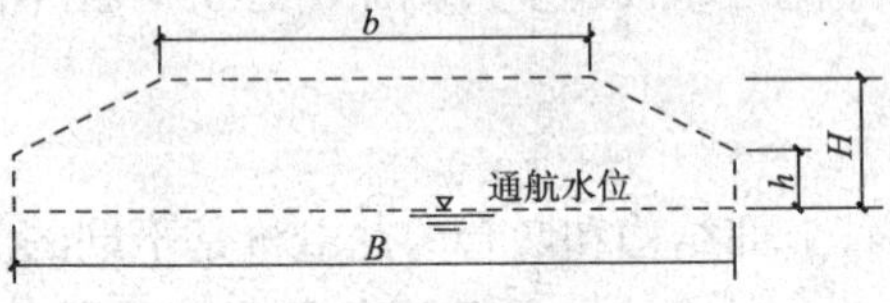

图3-1-3　通航净空

（2）在通航和流放木筏的河流上，桥下净空应符合通航标准及流放木筏的要求。必须设置一孔或几孔能保证桥下有足够通航净空的通航孔。通航孔的最小净空应根据不同航道等级所规定的桥下净空尺寸确定，且应满足《内河通航标准》（GB 50139—2011）的要求。如图3-1-3所示。

（3）在不通航或无流放木筏的河流上及通航河流的不通航桥孔内，桥下净空应不小于表3-1-1的规定。

非通航河流桥下最小净空　　表3-1-1

桥梁的部位		高出计算水位(m)	高出最高流冰面(m)
梁底	洪水期无大漂流物	0.50	0.75
	洪水期有大漂流物	1.50	—
	有泥石流	1.00	—
支撑垫石顶面		0.25	0.50
拱脚		0.25	0.25

在不通航和无流筏的水库区域内，梁底面离开水面的高度应不小于计算浪高的0.75倍加上0.25m。

无压力式涵洞内顶点至洞内设计洪水频率标准水位的净高见表3-1-2。

无压力式涵洞内顶点至最高流水面净高 表3-1-2

净空高度Δ 涵洞类型 / 涵洞进口净高(或内径)h'_J(m)	圆管涵	拱涵	矩形涵
<3	$\geqslant h_d/4$	$\geqslant h'_d/4$	$\geqslant h'_d/4$
≥3	≥0.75	≥0.75	≥0.5

(4)对于跨线桥,桥下应按公路(或铁路、城市道路)中建筑限界的规定,预留出桥下净空。

(5)桥梁纵坡。桥面高程确定后,可根据两端桥头的地形和线路要求来设计桥梁的纵断面线形,为了利于桥面排水和降低引道高度,往往设置中间高两端低的双向纵坡,桥上纵坡不宜大于4%,桥头引道纵坡不宜大于5%;位于市镇混合交通繁忙处,桥上纵坡和桥头引道纵坡均不得大于3%,桥上或引道纵坡变更处均应按规定设置竖曲线。

3.1.1.4 桥梁横断面设计

桥梁的横断面设计,主要是确定桥面的宽度和桥跨结构横断面的布置。设计时需要考虑桥面的宽度:满足行人和行车的交通需要。桥跨结构横断面布置:行车道、人行道、栏杆、护栏安全带、缘石等。设计横坡:为利于桥面排水,设置从桥面中央倾向两侧的横坡(1% ~2%)。

为了保证车辆和行人安全通过,应在桥面以上垂直于行车方向保留一定限界的空间,这个空间称为桥面净空。它包括净宽和净高,桥涵净空应符合图3-1-4公路建筑限界规定及桥规其他各款规定。

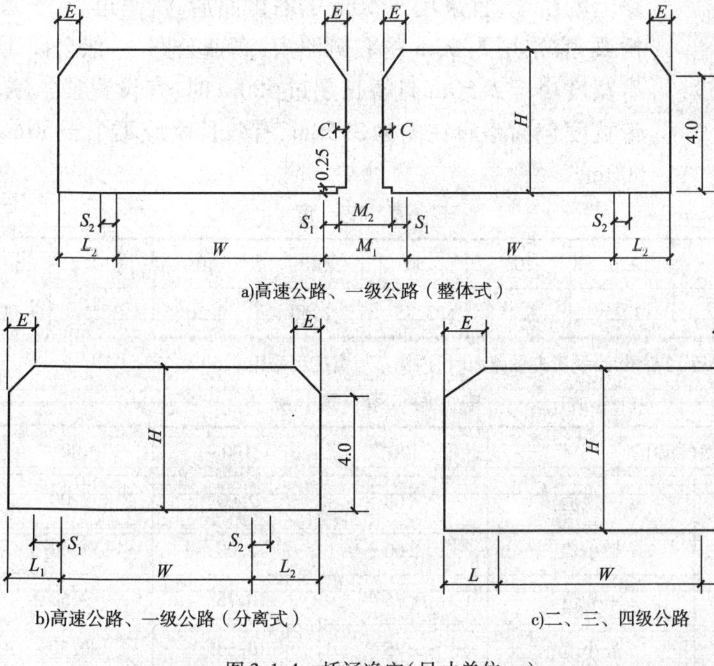

图3-1-4 桥涵净空(尺寸单位:m)

注:(1)当桥梁设置人行道时,桥涵净空应包括该部分的宽度;

(2)人行道、自行车道与行车道分开设置时,其净高应不小于2.5m。

图3-1-4中:W——行车道宽度(m),为车道数乘以车道宽度,并计入所设置的加(减)速

车道、紧急停车道、爬坡车道、慢车道或错车道的宽度，车道宽度规定见表3-1-3；

C——当设计速度大于100km/h时为0.5m，当设计速度等于或小于100km/h时为0.25m；

S_1——行车道左侧路缘带宽度（m），见表3-1-4；

S_2——行车道右侧路缘带宽度（m），应为0.5m；

M_1——中间带宽度（m），由两条左侧路缘带和中央分隔带组成，见表3-1-4；

M_2——中央分隔带宽度（m），见表3-1-4；

E——桥涵净空顶角宽度（m），当$L \leq 1$m时，$E=L$；当$L>1$m时，$E=1$m；

H——净空高度（m），高速公路和一级、二级公路上的桥梁应为5.0m，三、四级公路上的桥梁应为4.5m；

L——侧向宽度，高速公路、一级公路上桥梁的侧向宽度为路肩宽度（L_1、L_2）；二、三、四级公路上桥梁的侧向宽度为其相应的路肩宽度减去0.25m；

L_1——桥梁左侧路肩宽度（m），见表3-1-6，八车道及八车道以上高速公路上的桥梁宜设置左路肩，其宽度应为2.50m，左侧路肩宽度内含左侧路缘带宽度；

L_2——桥涵右侧路肩宽度（m），见表3-1-5，当受地形条件及其他特殊情况限制时，可采用最小值，高速公路和一级公路上桥梁应在右侧路肩内设右侧路缘带，其宽度为0.5m。设计速度为120km/h的四车道高速公路上的桥梁，宜采用3.50m的右侧路肩，六车道、八车道高速公路上的桥梁，宜采用3.00m的右侧路肩，高速公路、一级公路上桥梁的右侧路肩宽度小于2.50m且桥长超过500m时，宜设置紧急停车带，紧急停车带宽度包括路肩在内为3.50m，有效长度应不小于30m，间距不宜大于500m。

车 道 宽 度 表3-1-3

设计速度（km/h）	120	100	80	60	40	30	20
车道宽度（m）	3.75	3.75	3.75	3.50	3.50	3.25	3.00（单车道为3.5m）

注：高速公路上的八车道桥梁，当设置左侧路肩时，内侧车道宽度可采用3.50m。

中 间 带 宽 度 表3-1-4

设计速度（km/h）		120	100	80	60
中央分隔带宽度（m）	一般值	3.00	2.00	2.00	2.00
	最小值	2.00	2.00	1.00	1.00
左侧路缘带宽度（m）	一般值	0.75	0.75	0.50	0.50
	最小值	0.75	0.50	0.50	0.50
中间带宽度（m）	一般值	4.50	3.50	3.00	3.00
	最小值	3.50	3.00	2.00	2.00

注："一般值"为正常情况下的采用值；"最小值"为条件受限制时可采用的值。

右侧路肩宽度 表3-1-5

公路等级		高速公路、一级公路				二、三、四级公路				
设计速度(km/h)		120	100	80	60	80	60	40	30	20
右侧路肩宽度(m)	一般值	3.50 3.00	3.00	2.50	2.50	1.50	0.75	—	—	—
	最小值	3.00	2.50	1.50	1.50	0.75	0.25	—	—	

注:"一般值"为正常情况下的采用值;"最小值"为条件受限制时可采用的值。

分离式断面高速公路、一级公路左侧路肩宽度 表3-1-6

设计速度(km/h)	120	100	80	60
左侧路肩宽度(m)	1.25	1.00	0.75	0.75

在进行桥梁横断面设计时,有以下几个方面需要注意:

①各级公路应选用的设计速度见表3-1-7。确定桥涵净宽时,其所依据的设计速度应沿用各级公路选用的设计速度。

各级公路选用的设计速度 表3-1-7

公路等级	高速公路			一级公路			二级公路		三级公路		四级公路
设计速度(km/h)	120	100	80	100	80	60	80	60	40	30	20

②桥涵净宽应与路基同宽。高速公路、一级公路的特殊大桥为整体式上部结构时,其中央分隔带和路肩的宽度可根据具体情况适当减小,但减小后的宽度应不小于表3-1-4和表3-1-5规定的"最小值"。

③高速公路、一级公路上的桥梁宜设计为上、下行两座分离的独立桥梁。

④高速公路上的桥梁应设检修道,不宜设人行道。一、二、三、四级公路上桥梁的桥上人行道和自行车道的设置,应根据需要而定,并应与前后路线布置协调。人行道、自行车道与行车道之间,应设分隔设施。一个自行车道的宽度为1.0m;当单独设置自行车道时,不宜小于两个自行车道的宽度。人行道的宽度宜为0.75m或1.0m;大于1.0m时,按0.5m的级差增加。当设路缘石时,路缘石高度宜为0.25~0.35m。

⑤通行拖拉机或兽力车为主的慢行道,其宽度应根据当地行驶拖拉机或兽力车车型及交通量而定;当沿桥梁一侧设置时,应不小于双向行驶要求的宽度。

⑥高速公路、一级公路上的桥梁必须设置护栏。二、三、四级公路上特大、大、中桥应设护栏或栏杆和安全带,小桥和涵洞可仅设缘石或栏杆。不设人行道的漫水桥和过水路面应设标杆或护栏。

3.1.1.5 桥梁平面布置

特大、大、中桥桥位应尽量选择在河道顺直稳定、河床地质良好、河滩较窄且河槽能通过大部分设计流量的地段。桥梁纵轴线应尽量与洪水主流流向正交。对通航河流上的桥梁,桥墩(台)沿水流方向的轴线应与通航水位的主流方向一致,必须斜交时,斜交角(水流方向与支撑边垂线之间的夹角)不宜大于5°。一般小桥或城市桥梁受原有街道的制约时,也允许修建斜交桥,斜度(水流方向与桥轴线之间的夹角)通常不宜小于45°。一般公路上的特大、大、中桥桥位,原则上应服从路线走向,路桥综合考虑。当桥上线形为曲线时,各项技术指标应符合路线布设的规定。桥梁平面布置图要反映桥轴线与水流方向线的关系,反映桥梁与两岸引道或交叉路口的关系。在进行桥梁平面布置时要特别注意以下几个问题：

(1)特大、大桥的桥位是路线布设的重要控制点，路线布设直接影响桥梁方案的选择及工程规模。路线设计要与桥梁设计相互配合，不要片面强调“桥位选择服从路线走向”的原则，尽量避免高墩大跨、弯、坡、斜桥，减小工程难度和工程规模。

(2)因条件限制而必须采用斜交桥梁时，平面布置时应采取以下措施：当桥梁较窄时，设置小型矩形桥台和纤细墩柱使斜度减至60°左右；当斜交桥是宽桥时，必须采用斜桥斜做，所有横向构件的线和面都要与河流平行，如图3-1-5所示。

(3)在峡谷的陡坡上，与路线正交的宽桥墩可能与斜坡斜交，不仅外表不美观而且会增加基础工程数量，因此，可按山坡走向设计成斜交桥梁，如图3-1-6所示。

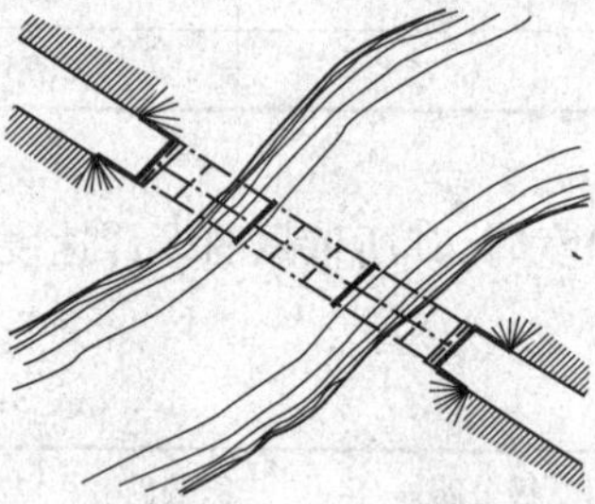

图3-1-5　桥梁与河流斜交时，桥墩与河流平行

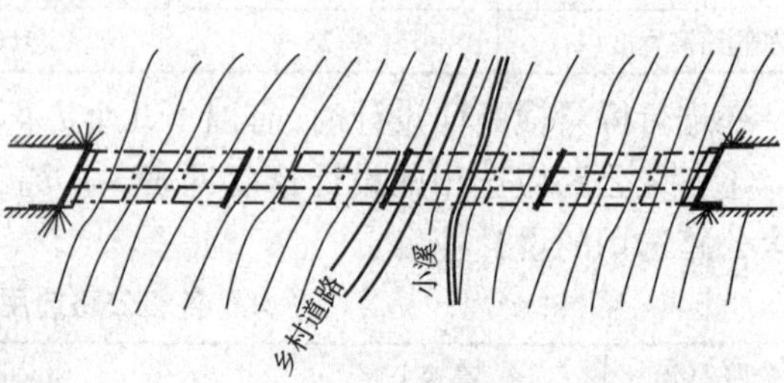

图3-1-6　桥梁与峡谷斜交时，桥台与峡谷平行

(4)弯桥的所有外边线和纵轴线都要与弯曲轴线平行，桥墩或桩柱群的横向轴线应垂直于弯曲轴线，当桥梁与跨越道路或河流斜交，不得已时可采用斜交斜做的弯斜组合桥梁，如图3-1-7所示。

(5)如果路线宽度需要在桥上变化(曲线加宽或道路分叉)，就不能使所有的线条都平行，这时桥的边缘应设置成平缓而稳定变化的曲线，避免出现突然变化，如图3-1-8所示。

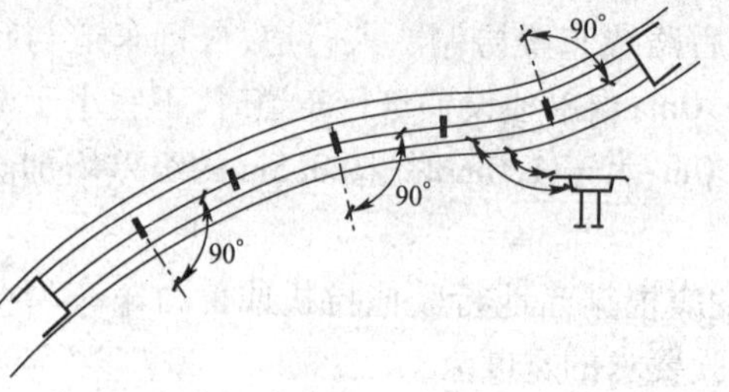

图3-1-7　曲线桥

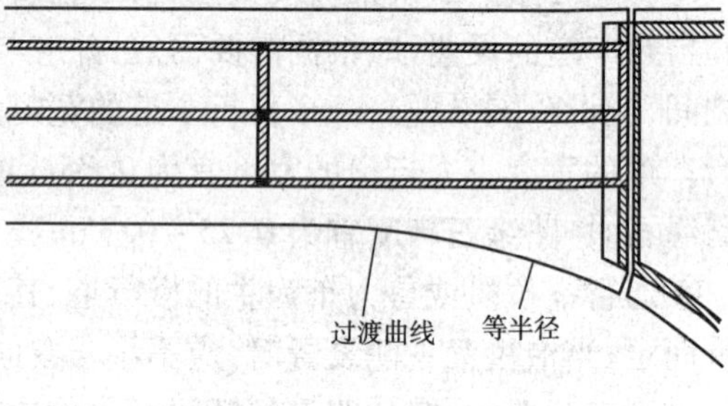

图3-1-8　桥面变宽的处理

(6)城市桥梁的两岸桥台要满足道口转弯半径的要求，必要时将翼墙按曲线布设。

3.1.1.6　桥梁总体布置图绘制

桥梁总体布置图包括立面图、平面图、侧面图、高程尺度、下示栏、附注、图框等内容，如图3-1-9所示。设计及绘图顺序如下。

1)确定绘图比例尺

除一些独立的特大、大桥项目采用A0、A1或A2大型图幅外，一般桥梁施工图为携带方便均采用A3或A3加长图幅，其图幅高度为297mm，上下图框线距图幅边缘均为10mm，故图框净高度为277mm。据此计算确定绘图比例尺，比例尺确定以图框内能合理布局立面图、平面图并留有图名位置为原则。现以一座高15m、宽12m、桩长20m、总长36m的桥梁为例，说明比例尺的计算确定方法。

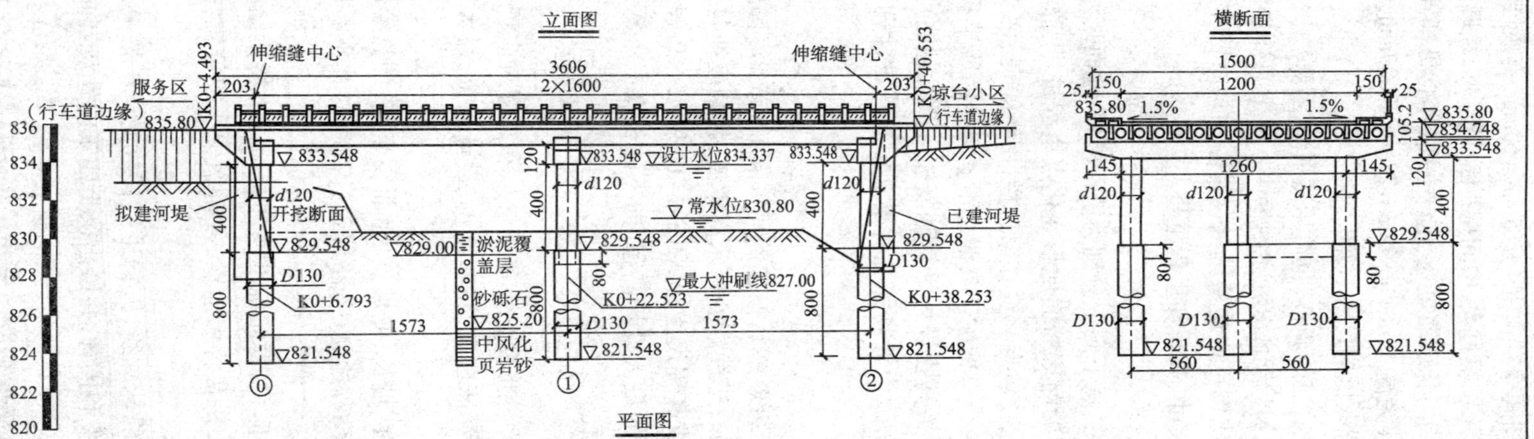

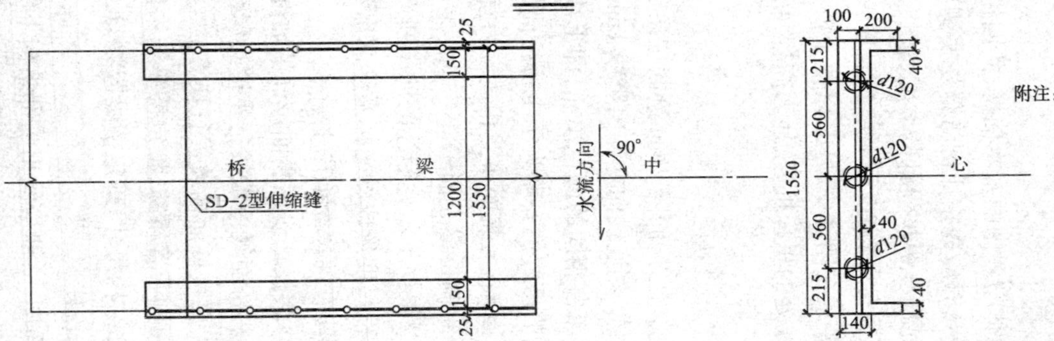

设计高程(m)		835.80	835.80					835.80			835.80		835.80
坡度(%) / 坡长(m)								0% / 60					
地面高程(m)	833.909	833.90	833.90	834.00	834.80	832.694	830.694	830.80	830.673	828.663	828.00	815.80	814.00
里程桩号	K0+000.00	+4.493	+6.523	+7.483	+8.683	+10.733	+11.733	+22.523	+34.259	+35.247	+38.523	+39.203	+40.553

附注：1.本图尺寸除高程和里程桩号以m计外，余均以cm计。
2.下示栏内设计高程指桥面行车道边缘外高程。
3.桥面横坡为1.5%，由桥面铺装层调整形成。
4.0号、2号、台顶各设一道SD-2型伸缩缝，1号墩顶均为桥面连续。
5.桥梁结构：上部为2×16m钢筋混凝土空心板，下部为柱式墩、钻孔灌注桩基础。
6.本桥设计荷载为汽-20，挂-100。
7.为增大泄洪能力，对桥下靠0号台河床进行开挖，上下游各开挖20m。
8.两岸桥台处均设有河堤进行防护，其工程数量不计入本桥。

×××桥总体布置图	设计		复核		审核		比例	1:200	日期		图号	

图 3-1-9　桥梁总体布置图

图纸签名栏高度10mm，下示栏共4栏总高40mm，图间净空预留4×15mm＝60mm，有效绘图高度为277－10－40－60＝167mm。考虑到桩长20m占用图幅过大，中间用折断线绘制以缩减图幅，拟定其占用高度为50mm，(绘图时根据实际空间适当增长或缩短)。这样立面(不含桩基础)和平面的有效绘图高度为167－50＝117mm，其实际尺寸为高15m＋宽12m＝27m＝27000mm，绘图比例尺为117/27000＝1/230.77，为计算及绘图方便选取比例尺为1:200。

用上述思路和方法计算的比例尺在绘图中还要做适当的调整，也可用试画法，看哪种比例尺绘图效果更好。计算机绘图时可先按1:1比例绘出，然后缩小放在图框内。桥梁总体布置图常用的比例尺为1:100、1:200、1:400、1:500，合适的比例尺应使桥梁的三视图均匀布置在图框内，使结构的主要轮廓线清晰展示并能标注主要的尺寸、高程和里程桩号。

2)标注下示栏

下示栏是绘制桥梁总体布置图的基本依据，共四栏，从下到上分别为里程桩号、地面高程、坡度/坡长、设计高程。设计时应先按比例将野外实测的河床断面地形变化点里程桩号、高程标注在第一栏和第二栏；把路线纵坡设计的坡度、坡长、变坡点标注在第三栏，用竖线表示变坡点，斜线表示纵坡，坡度以百分数标注于斜线之上，坡长(m)标注于斜线之下。将竖曲线半径、切线长、曲线长等竖曲线要素在附注中写明，以便于桥梁高程设计计算和复核。桥梁起终点、桥台台背前缘、各桥墩中线处的里程桩号、地面高程、桥面设计高程在桥梁立面布孔设计完成后计算填写，如图3-1-9所示。

3)绘制高程尺度

高程尺度绘制于图纸左上方，间隔2mm绘制三条竖线，然后按比例尺每隔1m或2m高差绘制水平线作为高程刻度线，刻度线向左伸出竖线1mm，于线端处标示高程值，将刻度线与竖线相交形成的小矩形框用黑白相间的颜色填充，即形成高程尺度，如图3-1-10所示。高程尺度顶面的高程值要略大于全桥桥面的最大设计高程，向下的长度以不深入平面图图幅，与立面布置相适应为宜。

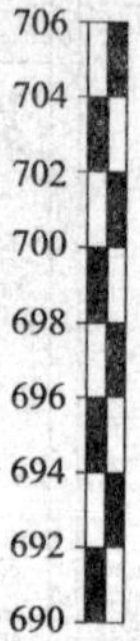

图3-1-10　高程尺度

4)绘制桥梁立面图

(1)根据下示栏标注的河床断面地形变化点里程桩号和高程对应于桩号和高程尺度形成的坐标系绘制出河床断面，将常水位、设计水位、最大冲刷线标注在河床断面图上。

(2)根据路线纵断面设计的坡度、坡长、变坡点、竖曲线半径，计算绘制桥面线。桥面线一般按行车道边缘高程绘制，若路线设计高程与其不在同一位置，要按桥面横坡进行换算。

(3)按照桥梁分孔的原则布置桥跨，拟定桥梁结构形式；参照标准图和其他同类桥梁结构图纸，分析确定桥梁上下部结构尺寸；确定桥梁起终点、桥台背墙前缘、各桥墩中心线位置，并把墩中心线用点画线标示出来。

(4)绘制上部结构立面图，一般应绘出上部结构下缘轮廓线、人行道栏杆或安全护栏上下轮廓线；若采用拱桥结构，则应按拱轴线坐标绘制出拱腹和拱背，并绘出拱上建筑的外观立面。

(5)计算墩台顶面高程。

①梁式桥：墩台顶高程＝桥面高程－铺装层厚度－梁板高度－三角垫层中心厚度－支座厚度－垫石高度。

注意：对于顶面水平的桥墩或桥台，可以按其任意一个支座位置来计算墩台顶面高程，但此时的桥面高程必须是与其横向对应的桥面点高程，应由行车道边缘高程和横坡、该点到车道边缘距离推算。铺装层厚度、三角垫层厚度、垫石高度均应取对应位置的尺寸，不得混淆。

②拱桥：墩台顶高程即为起拱线高程。计算方法为：起拱线高程（单位：m）= 对应桥面高程 - 拱上填料厚度 - 拱顶拱圈厚度 - 净矢高。

桥面为平坡时等跨径拱桥的起拱线高程相同，若桥上有纵坡，则每个墩台的左右起拱线高程要逐一计算。

(6)拟定基础高程和尺寸。承台或系梁顶面高程一般应在地面线下50cm处，对于河道有挖砂或严重冲刷时还要适当下埋，防止其露出地表。采用高桩承台时，其顶面应在枯水位以下。重力式桥台的基底应放置在有足够承载力的持力层上，并在最大冲刷线以下不小于2m。若采用桩基础，桩长应按承载力计算确定，用承台底面或系梁顶面高程减去桩长即为桩底高程。公路桥梁钻孔灌注桩的直径一般不小于120cm，墩柱的直径不小于100cm，可参照下部结构标准图拟定。

(7)绘制下部结构立面图。根据已确定的墩顶、基顶高程和桥墩、盖梁尺寸，先画盖梁（墩帽）、挡块，再绘制墩身，然后绘制桩基。若桩比较长，按比例绘出图幅中放不下，可用折断线断开，示意性画出桩底，标出桩底高程即可。除桩柱式桥台的桩基可用折断线以外，其他类型的桥台必须按比例绘出全部立面轮廓，包括台帽、背墙、耳（翼）墙、台身、基础、锥坡以及台后搭板。按路线前进方向把桥台、桥墩逐一编号，第一个桥台为0号，第一个桥墩为1号，后面以此类推。在立面图各墩台轴线底部画一圆圈，圈内标注墩台编号。

(8)标注立面尺寸。

纵向尺寸包括跨径、联长、伸缩缝宽度、桥台长度、桥梁总长，一般在立面图顶面分两层标注。第一层标注每联的孔数×跨径、伸缩缝宽度和桥台长度，第二层标注桥梁总长，在桥梁的起点和终点标注路线里程桩号。第一层尺寸相加应等于第二层尺寸桥梁总长，并等于桥梁终点与起点桩号之差。

竖向尺寸包括桩长、柱高、盖梁（墩台帽）厚度、台高、基础高度、承台或系梁高度等。竖向尺寸一般标注于下部结构图左侧，离开轮廓线5~10mm，分一层或两层标注，内层标各段构件长度、外层标准墩高和桩长，尺寸均以厘米为单位。结构图右侧标注墩柱直径、各控制部位高程和墩轴线桩号。直径尺寸前以大写字母“*D*”或小写字母“*d*”，一般桩的直径用大写字母“*D*”、柱的直径则用或小写字母“*d*”表示。在标注高程部位画一条约20mm水平线，线上方标注高程值（以米为单位），数字前绘制“▽”符号，表示“高程”。设计水位、通航水位、低水位、最大冲刷线高程也要标注出来，一般在桥梁中间一孔尺寸标注后的空白位置选对应高程处绘一水平线，在其下画两条长度稍短的水平细线，其上绘制“▽”符号，写上“设计水位”等文字，后面标注高程值。墩轴线桩号通常用一斜线从轴线处引出再连接一段水平线，桩号注于水平线上，用K××+×××形式标注，单位为m。

墩台轴线里程桩号，按桥跨纵向尺寸进行推算。

对于梁式桥，1号墩轴线桩号为桥梁起点桩号+桥台长度+第一孔标准跨径，2号墩轴线桩号为1号墩轴线桩号+第二孔标准跨径，其他墩同理计算。特别要注意的是，桥台桩基轴线桩号的计算，它取决于台帽结构形式和桩轴线与台背前缘的距离e，不能用标准跨径推算。0号台背墙前缘桩号为桥梁起点桩号+桥台长度，桩轴线桩号=台背前缘桩号+e，最后一个桥台桩轴线桩号=桥梁终点桩号-桥台长度-e。

对于拱式桥，墩台轴线桩号受到跨径、上部结构形式、下部结构形式的影响，要依据其形状和尺寸逐一推算。

为方便施工,也可在立面图上标出各墩台轴线之间的水平距离。

5)绘制桥梁平面图

桥梁平面图应包括桥面布置及尺寸、桥梁墩台的位置及轮廓尺寸、桥头引线与桥梁的连接、水流方向与桥轴线的夹角等,对于曲线桥梁还要标注桥轴线、内外边缘线的曲线半径和平曲线主点桩号。

一般情况下,将桥梁平面图从桥梁中心桩号处断开,前半部分绘桥面平面,后半部分去掉桥梁上部,绘制墩台平面图。

绘图方法是,先用点画线标出桥梁中心线,在桥梁中心桩号处画折断线,用箭头标出水流方向并标注其与桥梁轴线前进方向的夹角。按比例将桥梁边缘线、人行道缘线、中央分隔带边缘线绘制出来,用竖线标注伸缩缝位置并用斜线引出标注伸缩缝类型。在桥台处标注引道路基示坡线、锥坡线或平交道口转弯半径。标注行车道、分隔带、人行道或安全护栏宽度和桥梁总宽度,必要时用文字或符号对桥面各部分的功能予以说明。在平面图的右半部分,先与立面位置对应绘制墩台横向轴线,然后按比例并借助对称关系绘制各墩台的平面图,标注其横向和纵向的主要尺寸。如果是桩基础,应标注桩径和各桩位中心与墩台中心的相对关系和距离。如果为斜交桥梁,还要标示墩台轴线与桥轴线的夹角。

6)绘制桥梁侧面图或剖面图

桥梁侧面图反映桥梁的立面结构组成和横向尺寸,其主要目的是展示上部结构的横断面组成和其与下部结构之间的连接关系。一般选用两个剖面,一个选在墩顶处,反映上部与桥墩的连接关系,另一个选在桥台伸缩缝处,反映上部结构与桥台的关系。为节省图幅,左右对称的桥梁结构也可两个剖面各画左右一半,对接在一起。

按照“高平齐、宽相等”原理,依据前面已绘制的立面图和平面图,即可绘制桥梁侧面图或剖面图。在剖面图上应重点反映的内容有:桥面横坡、桥面铺装组成及厚度,人行道或安全护栏的宽度、高度以及与上部主要承重构件的连接方式,上部结构的构件个数、断面形式以及横向连接方式,上下部结构之间的连接方式、支座间距和垫石高度,下部结构的墩帽长度和高度、桩柱个数、间距,横系梁、承台的厚度和长度等。应采用尺寸、高程、坡度线、文字引注等方式将这些内容表达清楚。

在侧面图或剖面图顶部,应采用两层尺寸标注桥面行车道净宽、人行道或护栏宽度和桥面总宽度,在其两侧应标注上部结构厚度、桥墩高度和基础高度,分别标注墩顶、基础顶面、基底的高程。必要时绘出地面线,为制订施工方案提供依据。

7)附注

附注放在图纸的右下角,内容根据图纸的需要撰写,以表达清楚设计意图为目标,应简明扼要,条理清晰。一般包括以下内容:

(1)图纸的尺寸单位。通常写法为:本图尺寸除高程、里程桩号以米计外,其余均以厘米计。

(2)图纸下示栏设计高程的所指位置。一般普通公路为行车道右侧边缘,高速公路为中央分隔带边缘。

(3)桥面纵坡的设计情况,包括变坡点、竖曲线半径、切线长等竖曲线要素。

(4)桥梁的结构形式、设计荷载等级、抗震等级。

(5)桥下设计流量及其他水文情况。

(6)其他需要说明的问题。

3.1.2 桥梁的设计程序

桥梁设计是一个分阶段、循序渐进的工作过程。根据国家基本建设程序要求，我国大型桥梁的桥梁设计程序分为前期工作和设计阶段。前期工作包括编制预可行性研究报告和可行性研究报告；设计阶段按“三阶段设计”进行，即初步设计阶段、技术设计阶段和施工图设计阶段。如图3-1-11所示，各阶段的设计目的、内容、要求均不同，现分述如下。

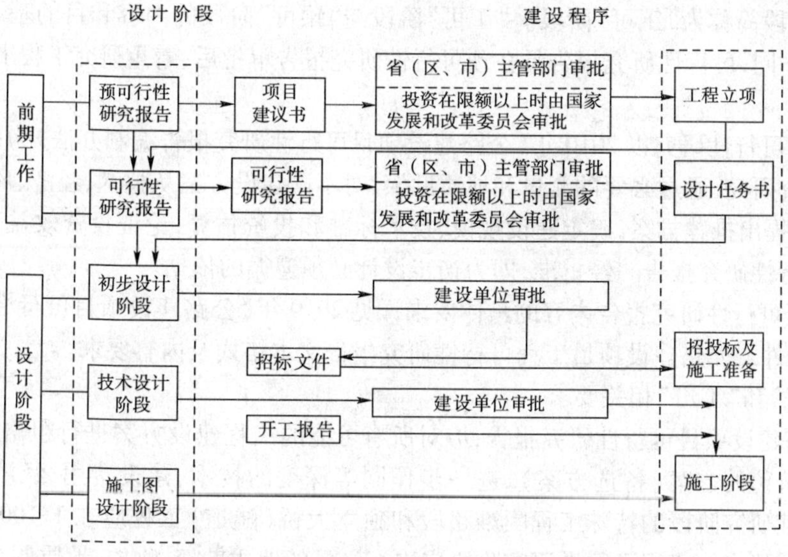

图3-1-11 桥梁基本建设程序图

3.1.2.1 桥梁设计基本原则

桥梁设计基本原则详见3.1.1.1部分。

3.1.2.2 桥梁设计前期工作

桥梁建设项目可行性研究分为预可行性研究和工程可行性研究。编制预可行性研究报告，应以项目所在地的社会经济发展规划和公路网规划为依据；编制工程可行性研究报告，原则上应以批准的项目建议书为依据。桥梁建设项目可行性研究报告的主要内容应包括：项目影响区域社会经济、交通运输的现状及发展；交通量预测；建设的必要性；建设规模及技术标准；建设条件；工程环境影响分析；路线方案及工程情况；方案选定；投资估算及资金筹措；经济评价和敏感性分析；节能分析；实施安排等。

1）预可行性研究报告的编制

（1）此阶段简称为“预可”阶段。预可行性研究报告是在工程可行的基础上，着重研究建设上的必要性和经济上的合理性，解决要不要修建桥梁的问题。对于区域性桥梁，应通过对准备建桥地点附近的渡口车辆流量调查，并从发展的观点以及桥梁修建后可能引入的车流，科学分析和确定通过桥梁的可能车流量，论证工程的必要性。

（2）预可行性研究可按2010年《公路建设项目可行性研究报告编制办法》规定章节编制，要求通过实地踏勘和调查，重点研究项目建设的必要性，并对项目的建设规模、技术标准、建设资金、经济效益等进行必要的分析论证，编制研究报告，作为项目建议书的依据。

（3）预可行性研究报告内容的具体要求详见2010年《公路建设项目可行性研究报告编制

办法》中附件一公路建设项目预可行性研究报告文本格式及内容要求。

在预可行性研究报告中，应编制几个可能的桥型方案，对工程造价、投资回报、社会效益、政治意义和国防意义等进行分析，论述经济上的合理性，并对资金来源有所设想。

设计方将预可行性研究报告交业主后，由业主据此编制“项目建议书”报上级主管部门审批。

2）工程可行性研究报告的编制

（1）此阶段简称为“工可”阶段。“工可”阶段与“预可”阶段的内容和目的基本一致，只是研究的深度不同，可行性研究报告是在预可行性研究报告审批后，着重研究工程上和投资上的可行性。

（2）工程可行性研究以2010年《公路建设项目可行性研究报告编制办法》为基础，要求进行充分的调查研究，通过必要的测量和地质勘探，对不同建设方案从技术、经济、环境等方面进行综合论证，提出推荐方案，确定建设规模、技术标准和投资估算，论证投资效益，编制研究报告。工程可行性研究报告一经批准，即为初步设计必须遵循的依据。

（3）工程可行性研究报告内容的具体要求详见2010年《公路建设项目可行性研究报告编制办法》中附件二公路建设项目工程可行性研究报告文本格式及内容要求。

3）“预可”和“工可”相关要求

（1）公路建设项目可行性研究报告，应对所有可能的工程建设方案进行粗略比选论证，筛选出有比较价值的方案（备选方案），进一步作同等深度的技术、建设费用、经济效益论证比较。预可行性研究阶段的特殊工程困难路段和独立大桥（隧道）工程应在1:10000及1:2000地形图上进行研究。工程可行性研究阶段应进行必要的地质勘探、物探、地质调绘等进行专项的地质勘探和调查，在地质条件复杂时应进行必要的钻探分析。工程可行性研究阶段投资估算与初步设计概算之差，应控制在上下浮动10%以内。

（2）交通量预测相关内容，应按《公路建设项目可行性研究报告编制办法》中附件三公路建设项目交通量分析与预测方法编制。

（3）可行性研究报告由主报告及附件两部分组成。幅面尺寸：主报告采用297mm×210mm（A4），附件采用297mm×420mm（A3）。封面颜色：预可行性研究报告采用淡黄色；工程可行性研究报告采用墨绿色。

3.1.2.3　桥梁正式设计

我国桥梁的设计程序一般采用两阶段设计，即初步设计阶段和施工图设计阶段。对于技术简单、方案明确的小桥可采用一阶段设计，即一阶段施工图设计。以扩大的初步设计来包含两阶段设计的主要内容。对于技术复杂又缺乏经验的建设项目或特大桥、互通式立体交叉等，必要时采用三阶段设计，即初步设计阶段、技术设计阶段和施工图设计阶段。

1）初步设计阶段

可行性研究报告批复后，即可进行初步设计。在本阶段要进一步开展水文、勘测工作，以获取更详细的水文资料、地形图和工程地质资料。在初步设计阶段，应拟定桥梁结构的主要尺寸、估算工程数量和主要材料的用量、提出施工方案的意见和编制设计概算。初步设计的概算成为控制建设项目投资的依据。

初步设计的目的是确定设计方案，应拟定几个桥式方案，综合分析每个方案的优缺点，通过对每个方案的主要材料用量、总造价、劳动力数量、工期、施工难易程度、养护费用等各种技术经济指标以及美观性进行比较，选定一个最佳的推荐方案，报建设单位审批。

初步设计阶段需要做出桥梁的总体布局、拟定出几个方案的桥梁结构的主要尺寸、估算工作数量，提供主要材料的用量和全桥造价的概算指标等。具体内容有：

(1)调查桥梁的使用任务、桥位的地形、地质、水文情况(此部分内容在《设计任务书》中有所反映)，了解当地修建材料来源和施工单位的技术水平和施工机械等情况。

(2)选择桥位：一般地，桥位的选择，原则上应服从路线的总方向，路桥综合考虑。

(3)桥梁纵、横断面设计：包括桥梁总跨径的确定，桥梁分孔、桥面高程和桥下净空，桥上及桥头的纵坡布置等。

(4)选择墩、台及基础形式。

(5)初步拟定上、下部结构各部分主要尺寸。

(6)明确桥面构造措施。

完成上述步骤后，即可绘制方案图和编制说明书。

初步设计方案图应按三视图绘制纵向立面图和横向剖面图，并加纵向平面图。

其中纵向立面图和平面图的比例尺应相同，可采用1:1000～1:500；对于剖面图，为清楚起见比例尺可用大一些，如1:200～1:150，根据设计图纸的图幅尺寸来定。

注：(1)立面图中应做如下标注：

①桥梁总长度；

②桥梁结构的计算跨径；

③桥台顶面设计高程和桥台护坡的锥度；

④枯水位、常水位、通航水位和推算的洪水位；

⑤桥面纵坡以及各控制点的设计高程，如基础高程、墩(台)帽高程、桥面高程、通航桥孔的梁底高程等；对于桥下有通航(或通车)要求的桥孔，需用虚线标明净空界限框图；

⑥注明桥台和桥墩的编号，自左至右按0、1、2等，顺序编号(0号为左桥台)。

(2)在横剖面图中应标注行车道宽及桥面总宽、主梁(或拱肋的间距、或墩台)的横向尺寸，横坡大小，并绘出桥面铺装和泄水管等。

(3)平面图中需注明主要平面尺寸(栏杆、人行道和行车道、墩台距离等)，对城市道路桥梁还要求标明管线位置。

(4)初步方案图中还应列出各方案的主要材料数量，并加注说明采用的单位名称和荷载等级。编制初步设计方案依据的原则、孔径推算、工程材料估算及其依据，并编制相应的说明书。其中引用的文献资料名称以及推算过程，应列入附录中。

2)技术设计阶段

技术设计的主要内容是对选定的桥式方案中重大、复杂的技术问题通过科学试验、专题研究、加深勘探调查及分析比较，进一步完善批复的桥型方案的总体及细部各种技术问题，绘出详尽的设计图纸，包括结构断面、配筋、细节处理、材料清单及工程量等，并修正工程概算。

本阶段的工作是对初步设计的补充修改、深化和完善。技术设计中所进行的补充勘探工作，称为“技勘”，对水中基础每墩要有必要的数量的地质钻孔。进一步研究解决所批准桥式方案的总体及细部的技术问题，并提交详细的结构设计图纸和工程数量，如果初步设计中有批准下达的科研项目，也要在这个阶段予以实施。

3)施工图设计阶段

施工图设计是在批复的技术设计(三阶段设计时)或初步设计(两阶段设计时)所有技术

文件基础之上,进一步进行具体设计。此阶段工作包括详细的结构分析计算,配筋计算,验算并确保各构件强度、刚度、稳定和裂缝等各种技术指标满足规范要求,绘制施工详图,编制施工组织设计和施工图预算。

施工图设计的主要内容如下:

(1)设计说明书

包括设计依据;主要测设经过;工程规模及主要工程内容;地质、水文、航运等基础资料;技术设计标准;材料、设备及产品采用的技术指标或标准;桥梁结构设计;附属构筑物设计;新技术采用情况;施工方案及注意事项;施工质量验收标准(常规桥梁可略去)。

(2)设计图纸

桥位平面图:包括桥梁平面布置,桥位附近地形,河流流向,桥头接线,调治构筑物,相关管线、防护工程等。

桥型布置图:包括立面、平面、横断面,需示出桥梁主要结构控制尺寸(桥梁全长、跨度、桥宽、桥高、基础、墩台、梁等),各部主要高程(基础底、顶面、墩台的顶面、桥面中心等处),坡度(桥面纵坡,车行道、人行道的横坡),河床断面、水流方向、特征水位、冲刷深度,地质剖面,弯桥、斜桥应示出桥轴线半径、斜交角度,注明尺寸单位、中线桩号、水准基点(必要时)、荷载等级、航道等级、地震烈度。

上部结构设计图:包括上部结构细部尺寸,预应力结构钢束布置图、张拉次序、钢束数量表,各部位结构配筋图,钢筋明细表,上部构造预拱度,特殊构件和大样图,钢结构需标明主要焊缝及链接大样图,上部构造工程数量汇总表,说明图中未表达的内容、施工要求和注意要点。

下部结构设计图:墩柱、桥台及基础的平面、立面布置图,构造尺寸及配筋图、大样图,并附工程数量表等。如为预应力结构时,其设计图的绘制要求同上部预应力结构,说明图中未表达的内容、施工要求和注意要点。

附属设施构造图:支座、桥面连续构造、伸缩装置、栏杆及防撞护栏、人行道、人行扶梯、各种过桥管线布置等。

附属工程(适用于独立立项的大桥及特大桥):桥梁附属建筑;道路平、纵、横、路面结构、挡土墙;照明工程;排水工程;护岸码头工程等。

另外,施工图设计还包括施工图预算及工程数量和材料用量表。

三阶段设计时,技术设计应根据批准的初步设计和补充初测资料(或定测资料)编制;施工图设计应根据批准的技术设计和定测(或补充定测)资料编制。

自 测 题

一、填空题

1. 桥梁工程必须遵照______、______、______、______和______的基本原则进行设计。

2. 桥梁工程基本建设程序的前期工作包括______和______两阶段。

3. 桥梁纵断面设计内容是确定桥梁的______、______、______、______以及______等。

4. 桥面高程的确定主要考虑三个因素:______、______、______。

二、判断题

1. 对于技术上复杂的特大桥、互通式立交桥或新型桥梁结构,不需进行技术设计。 (　　)

2. 最经济的分孔方式就是使上下部结构的总价趋于最低。 （ ）

3. 桥梁分孔与施工方法、施工能力及施工进度等无关。 （ ）

4. 桥梁横断面的设计，主要是决定桥面的宽度和桥跨结构横截面的布置。 （ ）

5. 通航净空就是在桥孔中垂直于水流方向所规定的空间界限，任何结构构件或航运设施均不得伸入其内。 （ ）

三、简答题

1. 桥梁设计的基本原则和要求是什么？

2. 桥梁设计的外业工作应搜集哪些资料？

3. 桥梁分孔应考虑哪些主要因素？

4. 一般情况下，桥梁的设计程序是怎样的？

3.2 公路标准图及规范应用

3.2.1 标准图简介

近20多年来，我国公路桥梁建设取得了举世瞩目的成绩，截至2012年底，我国公路桥梁总数71.34万座、总长3662.78万米。其中90%以上为中小跨径的混凝土桥梁，而且特大跨径桥梁的引桥大多也为中小跨径桥梁。中小跨径桥梁中梁桥的使用最为广泛，数量最多，因此中小跨径梁桥设计的经济性、合理性显得尤为重要。

为提高中小跨径混凝土桥梁的设计和施工技术，保证其质量，可以通过设计和施工的标准化、生产的机械化和工厂化予以实现，使桥梁的构件具有可维修性，进一步提高整体的工作效率、社会效益和经济效益，中小跨径桥梁一般采用标准图进行设计。在新中国成立初期至1953年，我国基本引进前苏联的设计图，此后我国逐渐开始编制桥梁标准图，历经数次规范颁布和修订，相应桥梁设计标准图不断更新，于2008年颁布了最新的公路桥梁设计通用图。

我国《公路工程技术标准》（JTG B01—2003）规定：当跨径在50m以下时，一般均应尽可能采用标准化跨径，桥涵标准化跨径为：0.75m、1.0m、1.25m、1.5m、2.0m、2.5m、3.0m、4.0m、5.0m、6.0m、8.0m、10m、13m、16m、20m、25m、30m、35m、40m、45m、50m。当采用标准跨径时，设计者就可套用和参考标准图进行桥涵设计。

3.2.1.1 公路梁桥标准图

《公路桥涵标准图》是公路工程标准化的重要组成部分。20世纪70年代以来，交通部先后批准发布了50本标准图（见图3-2-1），对加快公路建设，保证设计质量起到了积极作用。随着公路建设的飞速发展，以及新的技术标准、规范的制定，早期发布的标准图已不能满足生产的需要，各地在使用中也存在一些问题。为此，交通部公路司组织有关设计院对标准图进行了清理和复审，交通部1993年~1998年批准发布的15本标准图可继续使用，但重申了使用中应注意的问题。对交通部在20世纪70~80年代发布的35本标准图，经复审，终止使用的有12本，继续使用的有23本。明确要求设计、施工、监理单位以及建设单

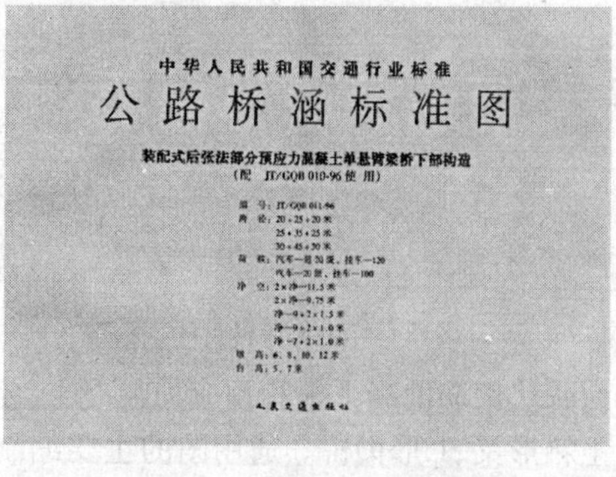

图3-2-1 公路桥涵标准图封面

位准确使用标准图，在设计中采用标准图的要注明图号，严禁施工中随意变更部颁标准图的结构尺寸、钢筋规格、混凝土强度等级。

表3-2-1为公路桥涵部分标准图目录。

公路桥涵标准图目录 表3-2-1

图册名称	编号
单孔钢筋混凝土箱涵	JT/GQB 016—2000
钢筋混凝土圆管涵洞	JT/GQB 015—98
钢筋混凝土盖板涵	JT/GQB 003—2003
整体式钢筋混凝土连续板桥上部构造	JT/GQB 008—96
装配式钢筋混凝土斜板桥上下部构造	JT/GQB 002—93
装配式后张法部分预应力混凝土单悬臂梁桥上部构造	JT/GQB 010—96
装配式后张法部分预应力混凝土单悬臂梁桥下部构造	JT/GQB 011—96(配 JT/GQB 010—96 使用)
装配式后张法预应力混凝土Ⅰ型组合梁斜桥下部构造	JT/GQB 014—98
装配式后张法预应力混凝土工形组合梁斜桥(钢绞线)	JT/GQB 005—93
装配式后张法预应力混凝土工形组合梁斜桥(钢绞线)	JT/GQB 006—93
装配式后张法预应力混凝土工形组合梁斜桥(钢绞线)	JT/GQB 007—93
装配式钢筋混凝土斜空心板下部构造	JT/GQB 013—97(配 JT/GQB 002—93 使用)
装配式预应力混凝土斜空心板桥上部构造(后张法钢绞线)	JT/GQB 001—93
装配式预应力混凝土斜空心板桥下部构造	JT/GQB 012—97(配 JT/GQB 001—93 使用)

3.2.1.2 公路梁桥通用设计图

为贯彻科学发展观，保证中小跨径公路混凝土桥梁结构的安全度，提高结构的耐久性，实现设计和施工的标准化、生产的工厂化和机械化，并具有良好的可维修性和可变换性，交通部专家委员会组织全国20多家甲级设计企业，对影响和制约中小跨径桥梁设计和施工的关键技术和常见病害，开展针对性的联合技术攻关，编制了公路桥梁上部结构系列通用设计图(图3-2-2)。该系列通用图的出版发行进一步提高了我国中小跨径公路桥梁的设计技术，保证了公路桥梁结构的安全度，促进了公路桥梁工程的技术进步。

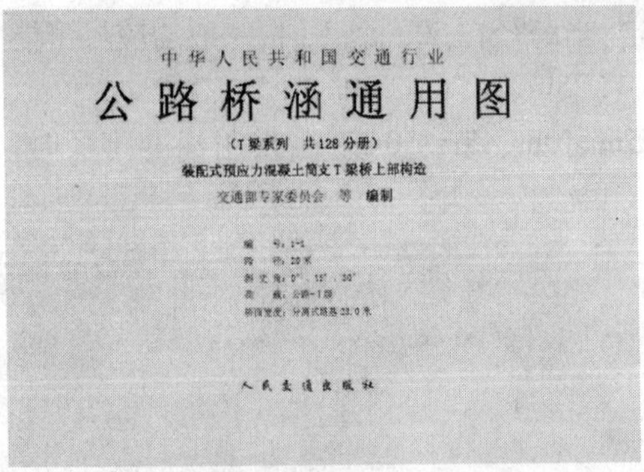

图3-2-2 公路桥涵通用图

本系列通用图的内容涵盖了装配式先张法或后张法钢筋混凝土板和预应力混凝土(空心)板(简支和简支变连续体系)、装配式预应力混凝土箱形梁、T形梁桥。通用图的主要编制依据是《公路工程技术标准》(JTG B01—2003)、《公路桥涵设计通用规范》(JTG D60—2004)、《公路钢筋混凝土及预应力混凝土桥涵设计规范》(JTG D62—2004)和现行《公路桥涵施工技术规范》(JTG/T F50—2011)等标准规范。

本教材将梁桥上部结构通用图目录列出，以供桥梁工程学习和设计工作者查阅，见表3-2-2～表3-2-4。

公路桥梁结构上部构造系列通用设计图(板梁系列)总目录表

表 3-2-2

序号	图册名称	主要技术指标			
		跨径(m)	汽车荷载等级	桥梁宽度(m)	斜交角
1	装配式先张法预应力混凝土简支空心板梁上部构造(1m板宽)	10	公路—Ⅰ级	2×11.25、2×12、2×12.75、2×13.5、2×16.5、2×16.75	0°,15°,30°
2		13	公路—Ⅰ级		0°,15°,30°
3		16	公路—Ⅰ级		0°,15°,30°
4		20	公路—Ⅰ级		0°,15°,30°
5	装配式先张法预应力混凝土简支空心板梁上部构造(1m板宽)	10	公路—Ⅱ级	8.5、10.0、12.0	0°,15°,30°
6		13	公路—Ⅱ级		0°,15°,30°
7		16	公路—Ⅱ级		0°,15°,30°
8		20	公路—Ⅱ级		0°,15°,30°
9	装配式先张法预应力混凝土连续空心板梁上部构造(1m板宽)	16	公路—Ⅰ级	2×11.25、2×12、2×12.75、2×13.5、2×16.5、2×16.75	0°,15°,30°
10		20	公路—Ⅰ级		0°,15°,30°
11	装配式先张法预应力混凝土简支空心板梁上部构造(1.25m板宽)	10	公路—Ⅰ级	2×11.25、2×12、2×12.75、2×13.5、2×16.5、2×16.75	0°,15°,30°
12		13	公路—Ⅰ级		0°,15°,30°
13		16	公路—Ⅰ级		0°,15°,30°
14		20	公路—Ⅰ级		0°,15°,30°
15	装配式先张法预应力混凝土简支空心板梁上部构造(1.25m板宽)	10	公路—Ⅱ级	8.5、10.0、12.0	0°,15°,30°
16		13	公路—Ⅱ级		0°,15°,30°
17		16	公路—Ⅱ级		0°,15°,30°
18		20	公路—Ⅱ级		0°,15°,30°
19	装配式先张法预应力混凝土连续空心板梁上部构造(1.25m板宽)	16	公路—Ⅰ级	2×11.25、2×12、2×12.75、2×13.5、2×16.5、2×16.75	0°,15°,30°
20		20	公路—Ⅰ级		0°,15°,30°
21	装配式后张法预应力混凝土简支空心板梁上部构造(1.25m板宽)	10	公路—Ⅰ级	2×11.25、2×12、2×12.75、2×13.5、2×16.5、2×16.75	0°,15°,30°
22		13	公路 Ⅰ级		0°,15°,30°
23		16	公路—Ⅰ级		0°,15°,30°
24		20	公路—Ⅰ级		0°,15°,30°
25	装配式后张法预应力混凝土简支空心板梁上部构造(1.25m板宽)	10	公路—Ⅱ级	8.5、10.0、12.0	0°,15°,30°
26		13	公路—Ⅱ级		0°,15°,30°
27		16	公路—Ⅱ级		0°,15°,30°
28		20	公路—Ⅱ级		0°,15°,30°
29	装配式后张法预应力混凝土连续空心板梁上部构造(1.25m板宽)	16	公路—Ⅰ级	2×11.25、2×12、2×12.75、2×13.5、2×16.5、2×16.75	0°,15°,30°
30		20	公路—Ⅰ级		0°,15°,30°
31	装配式钢筋混凝土简支板梁上部构造(1m板宽)	6	公路—Ⅰ级	2×11.25、2×12、2×12.75、2×13.5、2×16.5、2×16.75	0°,15°,30°
32		8	公路—Ⅰ级		0°,15°,30°
33		10	公路—Ⅰ级		0°,15°,30°

续上表

序号	图 册 名 称	主要技术指标			
		跨径(m)	汽车荷载等级	桥梁宽度(m)	斜交角
34	装配式钢筋混凝土简支板梁上部构造(1m板宽)	6	公路—Ⅱ级	8.5、10.0、12.0	0°,15°,30°
35		8	公路—Ⅱ级		0°,15°,30°
36		10	公路—Ⅱ级		0°,15°,30°

装配式预应力混凝土T梁桥(先简支后结构连续)上部构造通用图总目录(共计128分册) 表3-2-3

序号	主要技术指标			
	跨径(m)	汽车荷载等级	路基宽度	斜交角
1-1	20m	公路—Ⅰ级	分离式路基23.0m	0°,15°,30°
1-2	20m	公路—Ⅰ级	分离式路基24.5m	0°,15°,30°
1-3	20m	公路—Ⅰ级	分离式路基26.0m	0°,15°,30°
1-4	20m	公路—Ⅰ级	分离式路基28.0m	0°,15°,30°
1-5	20m	公路—Ⅰ级	分离式路基33.5m	0°,15°,30°
1-6	20m	公路—Ⅰ级	分离式路基34.5m	0°,15°,30°
1-7	20m	公路—Ⅰ级	整体式路基23.0m	0°,15°,30°
1-8	20m	公路—Ⅰ级	整体式路基24.5m	0°,15°,30°
1-9	20m	公路—Ⅰ级	整体式路基26.0m	0°,15°,30°
1-10	20m	公路—Ⅰ级	整体式路基28.0m	0°,15°,30°
1-11	20m	公路—Ⅰ级	整体式路基33.5m	0°,15°,30°
1-12	20m	公路—Ⅰ级	整体式路基34.5m	0°,15°,30°
2-1	25m	公路—Ⅰ级	分离式路基23.0m	0°,15°,30°
2-2	25m	公路—Ⅰ级	分离式路基24.5m	0°,15°,30°
2-3	25m	公路—Ⅰ级	分离式路基26.0m	0°,15°,30°
2-4	25m	公路—Ⅰ级	分离式路基28.0m	0°,15°,30°
2-5	25m	公路—Ⅰ级	分离式路基33.5m	0°,15°,30°
2-6	25m	公路—Ⅰ级	分离式路基34.5m	0°,15°,30°
2-7	25m	公路—Ⅰ级	整体式路基23.0m	0°,15°,30°
2-8	25m	公路—Ⅰ级	整体式路基24.5m	0°,15°,30°
2-9	25m	公路—Ⅰ级	整体式路基26.0m	0°,15°,30°
2-10	25m	公路—Ⅰ级	整体式路基28.0m	0°,15°,30°
2-11	25m	公路—Ⅰ级	整体式路基33.5m	0°,15°,30°
2-12	25m	公路—Ⅰ级	整体式路基34.5m	0°,15°,30°
3-1	30m	公路—Ⅰ级	分离(整体)式路基23.0m	0°,15°,30°
3-2	30m	公路—Ⅰ级	分离式路基24.5m	0°,15°,30°
3-3	30m	公路—Ⅰ级	分离式路基26.0m	0°,15°,30°
3-4	30m	公路—Ⅰ级	分离式路基28.0m	0°,15°,30°
3-5	30m	公路—Ⅰ级	分离式路基33.5m	0°,15°,30°
3-6	30m	公路—Ⅰ级	分离式路基34.5m	0°,15°,30°

续上表

序号	主要技术指标			
	跨径(m)	汽车荷载等级	路基宽度	斜交角
3-7	30m	公路—I级	整体式路基24.5m	0°,15°,30°
3-8	30m	公路—I级	整体式路基26.0m	0°,15°,30°
3-9	30m	公路—I级	整体式路基28.0m	0°,15°,30°
3-10	30m	公路—I级	整体式路基33.5m	0°,15°,30°
3-11	30m	公路—I级	整体式路基34.5m	0°,15°,30°
4-1	35m	公路—I级	分离(整体)式路基23.0m	0°,15°,30°
4-2	35m	公路—I级	分离式路基24.5m	0°,15°,30°
4-3	35m	公路—I级	分离式路基26.0m	0°,15°,30°
4-4	35m	公路—I级	分离式路基28.0m	0°,15°,30°
4-5	35m	公路—I级	分离式路基33.5m	0°,15°,30°
4-6	35m	公路—I级	分离式路基34.5m	0°,15°,30°
4-7	35m	公路—I级	整体式路基24.5m	0°,15°,30°
4-8	35m	公路—I级	整体式路基26.0m	0°,15°,30°
4-9	35m	公路—I级	整体式路基28.0m	0°,15°,30°
4-10	35m	公路—I级	整体式路基33.5m	0°,15°,30°
4-11	35m	公路—I级	整体式路基34.5m	0°,15°,30°
5-1	40m	公路—I级	分离式路基23.0m	0°,15°,30°
5-2	40m	公路—I级	分离式路基24.5m	0°,15°,30°
5-3	40m	公路—I级	分离式路基26.0m	0°,15°,30°
5-4	40m	公路—I级	分离式路基28.0m	0°,15°,30°
5-5	40m	公路—I级	分离式路基33.5m	0°,15°,30°
5-6	40m	公路—I级	分离式路基34.5m	0°,15°,30°
5-7	40m	公路—I级	整体式路基23.0m	0°,15°,30°
5-8	40m	公路—I级	整体式路基24.5m	0°,15°,30°
5-9	40m	公路—I级	整体式路基26.0m	0°,15°,30°
5-10	40m	公路—I级	整体式路基28.0m	0°,15°,30°
5-11	40m	公路—I级	整体式路基33.5m	0°,15°,30°
5-12	40m	公路—I级	整体式路基34.5m	0°,15°,30°
6-1	20m	公路—I级	分离式路基23.0m	0°,15°,30°
6-2	20m	公路—I级	分离式路基24.5m	0°,15°,30°
6-3	20m	公路—I级	分离式路基26.0m	0°,15°,30°
6-4	20m	公路—I级	分离式路基28.0m	0°,15°,30°
6-5	20m	公路—I级	分离式路基33.5m	0°,15°,30°

续上表

序号	主要技术指标			
	跨径(m)	汽车荷载等级	路基宽度	斜交角
6-6	20m	公路—I级	分离式路基34.5m	0°,15°,30°
6-7	20m	公路—I级	整体式路基23.0m	0°,15°,30°
6-8	20m	公路—I级	整体式路基24.5m	0°,15°,30°
6-9	20m	公路—I级	整体式路基26.0m	0°,15°,30°
6-10	20m	公路—I级	整体式路基28.0m	0°,15°,30°
6-11	20m	公路—I级	整体式路基33.5m	0°,15°,30°
6-12	20m	公路—I级	整体式路基34.5m	0°,15°,30°
7-1	25m	公路—I级	分离式路基23.0m	0°,15°,30°
7-2	25m	公路—I级	分离式路基24.5m	0°,15°,30°
7-3	25m	公路—I级	分离式路基26.0m	0°,15°,30°
7-4	25m	公路—I级	分离式路基28.0m	0°,15°,30°
7-5	25m	公路—I级	分离式路基33.5m	0°,15°,30°
7-6	25m	公路—I级	分离式路基34.5m	0°,15°,30°
7-7	25m	公路—I级	整体式路基23.0m	0°,15°,30°
7-8	25m	公路—I级	整体式路基24.5m	0°,15°,30°
7-9	25m	公路—I级	整体式路基26.0m	0°,15°,30°
7-10	25m	公路—I级	整体式路基28.0m	0°,15°,30°
7-11	25m	公路—I级	整体式路基33.5m	0°,15°,30°
7-12	25m	公路—I级	整体式路基34.5m	0°,15°,30°
8-1	30m	公路—I级	分离(整体)式路基23.0m	0°,15°,30°
8-2	30m	公路—I级	分离式路基24.5m	0°,15°,30°
8-3	30m	公路—I级	分离式路基26m	0°,15°,30°
8-4	30m	公路—I级	分离式路基28m	0°,15°,30°
8-5	30m	公路—I级	分离式路基33.5m	0°,15°,30°
8-6	30m	公路—I级	分离式路基34.5m	0°,15°,30°
8-7	30m	公路—I级	整体式路基24.5m	0°,15°,30°
8-8	30m	公路—I级	整体式路基26m	0°,15°,30°
8-9	30m	公路—I级	整体式路基28m	0°,15°,30°
8-10	30m	公路—I级	整体式路基33.5m	0°,15°,30°
8-11	30m	公路—I级	整体式路基34.5m	0°,15°,30°
9-1	35m	公路—I级	分离(整体)式路基23.0m	0°,15°,30°
9-2	35m	公路—I级	分离式路基24.5m	0°,15°,30°
9-3	35m	公路—I级	分离式路基26.0m	0°,15°,30°

续上表

序号	主要技术指标			
	跨径(m)	汽车荷载等级	路基宽度	斜交角
9-4	35m	公路—Ⅰ级	分离式路基28.0m	0°,15°,30°
9-5	35m	公路—Ⅰ级	分离式路基33.5m	0°,15°,30°
9-6	35m	公路—Ⅰ级	分离式路基34.5m	0°,15°,30°
9-7	35m	公路—Ⅰ级	整体式路基24.5m	0°,15°,30°
9-8	35m	公路—Ⅰ级	整体式路基26.0m	0°,15°,30°
9-9	35m	公路—Ⅰ级	整体式路基28.0m	0°,15°,30°
9-10	35m	公路—Ⅰ级	整体式路基33.5m	0°,15°,30°
9-11	35m	公路—Ⅰ级	整体式路基34.5m	0°,15°,30°
10-1	40m	公路—Ⅰ级	分离式路基23.0m	0°,15°,30°
10-2	40m	公路—Ⅰ级	分离式路基24.5m	0°,15°,30°
10-3	40m	公路—Ⅰ级	分离式路基26.0m	0°,15°,30°
10-4	40m	公路—Ⅰ级	分离式路基28.0m	0°,15°,30°
10-5	40m	公路—Ⅰ级	分离式路基33.5m	0°,15°,30°
10-6	40m	公路—Ⅰ级	分离式路基34.5m	0°,15°,30°
10-7	40m	公路—Ⅰ级	整体式路基23.0m	0°,15°,30°
10-8	40m	公路—Ⅰ级	整体式路基24.5m	0°,15°,30°
10-9	40m	公路—Ⅰ级	整体式路基26.0m	0°,15°,30°
10-10	40m	公路—Ⅰ级	整体式路基28.0m	0°,15°,30°
10-11	40m	公路—Ⅰ级	整体式路基33.5m	0°,15°,30°
10-12	40m	公路—Ⅰ级	整体式路基34.5m	0°,15°,30°
11-1	20m	公路—Ⅱ级	8.5m	0°,15°,30°
11-2	20m	公路—Ⅱ级	10.0m	0°,15°,30°
11-3	20m	公路—Ⅱ级	12.0m	0°,15°,30°
11-4	25m	公路—Ⅱ级	8.5m	0°,15°,30°
11-5	25m	公路—Ⅱ级	10.0m	0°,15°,30°
11-6	25m	公路—Ⅱ级	12.0m	0°,15°,30°
11-7	30m	公路—Ⅱ级	8.5m	0°,15°,30°
11-8	30m	公路—Ⅱ级	10.0m	0°,15°,30°
11-9	30m	公路—Ⅱ级	12.0m	0°,15°,30°
11-10	35m	公路—Ⅱ级	8.5m	0°,15°,30°
11-11	35m	公路—Ⅱ级	10.0m	0°,15°,30°
11-12	35m	公路—Ⅱ级	12.0m	0°,15°,30°

混凝土箱梁桥上部构造目录 表3-2-4

序号	图册名称	主要技术指标			
		跨径(m)	汽车荷载等级	路基宽度(m)	斜交角
1	装配式预应力混凝土箱形连续桥梁上部构造通用图	20	公路—Ⅱ级	10	0°,15°,30°
2		20	公路—Ⅱ级	12	0°,15°,30°
3		20	公路—Ⅰ级	23	0°,15°,30°
4		20	公路—Ⅰ级	24.5	0°,15°,30°
5		20	公路—Ⅰ级	26	0°,15°,30°
6		20	公路—Ⅰ级	28	0°,15°,30°
7		20	公路—Ⅰ级	33.5	0°,15°,30°
8		20	公路—Ⅰ级	34.5	0°,15°,30°
9		25	公路—Ⅱ级	12	0°,15°,30°
10		25	公路—Ⅰ级	24.5	0°,15°,30°
11		30	公路—Ⅱ级	12	0°,15°,30°
12		30	公路—Ⅰ级	24.5	0°,15°,30°
13		35	公路—Ⅱ级	12	0°,15°,30°
14		35	公路—Ⅰ级	24.5	0°,15°,30°
15		40	公路—Ⅱ级	12	0°,15°,30°
16		40	公路—Ⅰ级	24.5	0°,15°,30°
17	现浇等截面预应力混凝土箱形连续桥梁上部构造通用图	2×25	公路—Ⅱ级	7.5 8.5 10 12	0°
18		20+32+20	公路—Ⅱ级	7.5 8.5 10 12	0°
19		16+2×20+16	公路—Ⅱ级	7.5 8.5 10 12	0°
20		20+2×30+20	公路—Ⅱ级	7.5 8.5 10 12	0°

3.2.1.3 公路梁桥标准图(通用设计图)内容简介

公路梁桥标准图包括上部结构标准图和下部结构标准图,一般上部结构标准图要说明配合使用的下部结构标准图图册及编号。设计者可根据具体的地质、水文和施工等条件,选择上部结构标准图,而下部结构一般应参考标准图进行设计计算。

现以装配式后张法预应力混凝土斜空心板桥上部构造标准图为例,说明桥梁上部结构标准图的基本内容。

1)目录

位于标准图的第一页,载明了本册图的内容及排列顺序,是使用标准图时必需查看的一项内容,它为我们查找相应跨径、斜交角、宽度、荷载等级的桥梁上部结构标准图提供索引。其内容由图号、图纸内容、页数三部分组成。图号是图纸的编号,与图纸内容一一对应。图纸内容即图纸的名称。页数则表示图纸装订的顺序,一般按一孔桥数量表、上部结构横向布置图、中板、边墩一般构造图、普通钢筋构造图、预应力钢筋构造图、板端部钢筋构造图、附加钢筋构造图、桥面铺装、桥面连续、人行道、护栏、伸缩缝的顺序排列。不同跨径、不同斜交角以及不同荷载等级的边板、中板图分别绘制,查找时应注意区别。

2)说明

说明是对整个图纸结构组成、使用方法及相关技术依据和施工注意事项的简要叙述,包括以下内容:

(1)技术标准与设计规范,标明设计所依据标准和规范的文号。

(2)技术指标包括净空布置、车道宽度、路肩宽度、荷载等级、跨径、斜交角等。

(3)主要材料:说明本标准图对混凝土、预应力钢筋及普通钢筋的规格要求以及使用的支座、伸缩缝类型等。

(4)设计要点:介绍结构受力分析的要点,设计中所考虑的相关因素。

(5)施工要点:介绍使用该标准图在施工过程中所必须注意的有关事项,如张拉吨位、张拉工序、构件吊装运输方法等。

3)设计内力及应力表

将各种跨径、宽度、斜交角、荷载等情况下梁内的受力分析结果列表表示出来,包括跨中弯矩,预应力钢筋所受应力,混凝土的法向压应力、法向拉应力、支点剪力、剪应力以及主拉应力,供设计时参考。如果设计中对结构尺寸或材料规格有调整,应参见该内力情况相应调整有关部位的结构和构造。

4)一孔预制空心板桥材料数量汇总表

按不同桥宽、不同跨径、不同斜交角分别列出。项目包括:中板块数、边板块数、钢筋、混凝土四栏。其中钢筋一栏又分别为预应力钢绞线、R235、HRB335 三个级别类型。钢筋材料用量的单位为千克,混凝土材料用量的单位为立方米。

5)横向一般布置图

按不同桥宽绘制,桥宽不同,布置的板块数不同。使用的护栏或栏杆形式不同,则边板的构造不同。边板的耳板宽度有 0cm、25cm 两种,最宽时可达到 50cm。在曲线桥上,边板的耳板宽度还可按曲线布设,以满足桥面线形的要求。板厚用 H 表示,不同跨径的板厚 H 值在一般构造图上查阅。

6)板的一般构造图

板的一般构造图描述板的形状和尺寸,中板、边板分别绘制,由立面、平面、跨中断面、支点断面、铰缝构造等几幅图构成。反映板的长、宽、高、中间挖空、外形等尺寸和形状。图中尤其要注明斜交角 φ 的大小和方向。斜度方向不能搞反,否则预制板无法架设,只能作报废处理。

7)板的普通钢筋构造

图的外轮廓与一般构造图完全一致,但内部仅绘制钢筋构造,用粗实线表示,标注出其位置、间距和相互关系并分别编号,包括底板钢筋、顶板钢筋、架立钢筋、箍筋、横向钢筋、内模定位钢筋等。应逐一编号绘制其大样图。套用时,注意斜度不同,有些钢筋的长度、形状和根数会相应变化,要查取相应数据或计算调整,不能盲目套用。

8)预应力钢筋构造图

不同跨径的板预应力钢筋的根数和长度不同,但同一跨径不同斜度的板的预应力钢筋的根数和长度是相同的。该图包括立面布置,跨中和支点横断面布置和预应力钢筋的大样图,钢束曲线坐标和数量表五部分。

在立面图上展示预应力钢束的立面位置、层数;在断面图上反映预应力钢筋的根数、横向位置和横竖向间距,以及到各边界的净保护层厚度。大样图中反映钢筋的直线段长度、弯起点、弯起角度、曲线半径以及曲线长并标注每一编号预应力钢筋的长度和根数。在预应力钢束曲线坐标表中，以跨中为原点，沿跨径方向每隔 0.5m 给出预应力钢束中心的立面坐标，以方便施工放样。

9）桥面铺装及桥面连续钢筋构造图

装配式预应力混凝土板桥的桥面铺装一般采用 C40 混凝土，厚度 10cm，其上加铺 5 ~ 8cm 沥青混凝土。桥面混凝土铺装层中钢筋网靠顶层布设，净保护层 2cm，采用 ϕ12 钢筋，间距 10cm，全桥贯通布设。斜桥的桥面钢筋网按平行四边形布设，在两个钝角处顶面沿垂直于角平分线方向布设附加钢筋，以防止其顶面开裂。在桥面连续处 100cm 范围内顶面、底面各加铺一层 ϕ16 纵向钢筋，并布设间距 5 ~ 8cm 的横向分布钢筋，对该处面部进行加强，以保证应力传递并避免产生桥面横向裂缝。

3.2.2 桥梁规范简介

桥梁的建设必须满足国家交通建设规划和服务经济建设的要求，桥梁的设计、施工、管理、养护维修必须依据国家颁布的相关的法规、技术标准和规范进行，从而保证结构技术先进、安全可靠、适用耐久、经济合理。随着我国公路桥梁建设的发展和工程技术经验的积累与进步，公路桥梁设计、施工等相关技术标准、规范不断修订和颁布，规范体系逐渐完善。公路桥梁规范分四个层次：综合基础标准、专业基础标准、专业通用标准、专业专用标准。

（1）综合基础标准

综合基础标准是指导制定专业基础标准的国家统一标准。如《工程结构可靠度设计统一标准》（GB 50153—92）是房建、交通、市政、水利等工程建设的综合基础标准。

（2）专业基础标准

专业基础标准是指导专业通用标准和专业专用标准的行业统一标准。如《公路工程技术标准》（JTG B01—2003）及《公路工程结构可靠度设计统一标准》（GB/T 50283—1999）。

（3）专业通用标准

公路桥梁涉及的专业通用标准主要有：《公路桥涵设计通用规范》（JTG D60—2004）、《公路圬工桥涵设计规范》（JTG D61—2005）、《公路钢筋混凝土及预应力混凝土桥涵设计规范》（JTG D62—2004）、《公路桥涵地基与基础设计规范》（JTG D63—2007）、《公路桥梁抗震设计细则》（JTG/T B02-01—2008）、《公路桥涵施工技术规范》（JTG/T F50—2011）、《公路桥涵养护技术规范》（JTG H11—2004）、《公路桥梁加固设计规范》（JTG/T J22—2008）、《公路桥梁加固施工技术规范》（JTG/T J23—2008）、《公路桥梁承载力检测评定规程》（JTG/T D65-01—2011）、《公路工程质量检验评定标准》（JTG F80/1—2004）等。

（4）专业专用标准

公路桥梁涉及的专业专用标准主要有：《公路斜拉桥设计细则》（JTG/T D65-01—2007）、《公路桥梁抗风设计规范》（JTG/T D60-01—2004）、《公路桥梁抗震设计细则》（JTG/T B02-01—2008）等。

公路桥梁相关规范是桥梁设计、施工、监理、管理、养护维修的基本准则。桥梁建设相关工作要以规范为依据，满足规范要求。我国的公路桥梁规范根据作用不同有设计规范、施工规范、养护规范等。随着公路事业的发展和科学技术的进步，公路桥梁规范历经数次修订，例如《公路桥梁通用设计规范》修订中：根据专题研究，适当调整了公路桥涵大小的分类标准；明确了公路桥涵结构应进行承载能力极限状态和正常使用极限状态设计，并引入了结构设计的持久状况、短暂状况和偶然状况三个设计状况；取消了原标准汽车荷载等级，改为采用公路—

Ⅰ级和公路—Ⅱ级标准汽车荷载。同时新规范相继颁布，填补空白，例如《公路桥梁抗震设计细则》、《公路桥梁加固设计规范》、《公路桥梁加固施工技术规范》。

3.2.3　套用标准图设计简支梁桥上部结构

设计一座桥梁首先要重视总体方案、桥型及布置的合理性。上部结构的结构形式、跨径被确定后就要进行桥梁各部件的详细计算。简支梁桥设计计算的项目一般有主梁、横梁、桥面板和支座等，其具体的计算方法可参考其他参考书和桥涵设计规范。单孔跨径在50m以下的简支梁桥应用极为广泛，一般采用套用标准图方法进行设计。

桥梁设计，首先应进行外业勘测和调查，主要任务是调查桥上交通需求情况、桥位处地形、地质和水文情况，以及收集有关气象资料等。根据水文统计资料确定桥位断面的设计流量和设计水位，推算出桥孔的最小长度和桥面中心最低高程。

确定桥孔长度时，首先应满足排洪和输沙的要求，保证设计洪水及其所夹带的泥沙从桥下顺利通过，并应综合考虑桥孔长度、桥前壅水和桥下冲刷的相互影响。确定桥孔长度应根据河流特点、地形、工程地质情况并结合施工条件等。桥孔长度计算出后，可选定标准跨径进行分孔。单孔跨径尽量采用标准跨径，尽可能套用标准图进行桥梁设计。

桥面高程必须满足桥下通过设计洪水、流沙、流木和通航的要求，并且应该考虑壅水、波浪、水拱、河湾超高等各种因素引起的桥下水位升高，以及河床淤积的影响。

当使用标准图时，应领会标准图说明所提出的标准图的使用场合、技术标准、设计规范、设计荷载、主要技术指标、建筑材料、设计要求和施工要求等内容，选择桥梁上部结构不同类型，根据设计荷载、标准跨径、建筑材料及斜交角选用标准图。

标准图的套用分为上部结构标准图套用及下部结构标准图套用，此处只介绍上部结构标准设计图的套用，下部结构的形式、尺寸一般应根据实际地质情况拟定，桩长、承台尺寸、工程数量等均应通过分析计算确定。

梁桥上部结构施工图一般包括目录、设计说明、全桥工程数量表、桥梁总体布置图、梁（板）一般构造图、钢筋构造图、桥面系各部构造图等。一套梁桥施工图按其结构的复杂程度不同，可以由几张图甚至上百张图纸组成。

（1）绘制桥型布置图

通过桥涵的外业勘测和调查工作，我们可以得到桥址的河床断面图、河床处钻探的工程地质报告、地质剖面柱状图、当地的水文资料，根据河流水位、水流速度和河床地质，计算设计水位、一般冲刷线和最大冲刷线等。按照桥梁分孔、跨径确定的基本原则，设计人员即可选定桥梁的布孔和上部结构的体系，以及基础的形式和埋置深度、墩台的形式和位置等。

要想通过套用标准图进行设计，需要选择标准图中包含的标准跨径来进行布孔，也即选择的跨径应该是6.0m、8.0m、10m、13m、16m、20m、25m、30m、35m、40m、45m、50m中的一种，否则将不能沿用标准图中的桥型、结构尺寸、工程数量等。

选定了标准跨径后，可根据桥梁的总跨径确定分孔数量，根据纵断面设计的原则选定桥下净空高度、根据横断面设计原则确定横向布置等内容，结合上部结构所配套的下部结构标准图，就可绘制出桥型布置图，包括桥梁总体布置立面图、平面图和剖面图。

（2）绘制梁（板）横断面布置图

几乎所有梁桥上部结构标准图都提供了各种桥面宽度的横断面布置图可供选择，例如装配式钢筋混凝土斜空心板桥上部结构，列出斜交角分别为10°、20°、30°、40°，桥面净空2×净-

11.5m、2×净-9.75m、净-9+2×1.50m、净-9+2×1.00m、净-9+2×0.25m、净-9+2×1.00m和净-9+2×0.25m的标准图。设计者可根据公路等级及交通要求确定桥面净空，并确定桥面各部分宽度。然后据此直接选用标准图中上部结构的横断面布置图，从图中可见梁(板)的块数、尺寸等。

如果设计要求与标准图相符，可直接套用；如果设计宽度和标准图不相符，可通过增加梁(板)的数量或调整悬臂长度来满足。如果仍不能满足要求，设计者可自行设计悬臂宽度，增加的悬臂宽度要根据荷载和设计要求计算尺寸和配筋。增加的梁(板)不用调整尺寸，和其他梁(板)的尺寸、配筋及横向连接方式相同，此时梁桥上部结构的一般构造图就需要设计人员根据具体情况来绘制。

(3)绘制梁(板)钢筋构造图

上部结构标准图的目录中，我们可见各种标准跨径的内力表、一孔预制梁(板)材料总表、一孔桥面细部构造的材料总表、各中、边梁(板)的平面构造示意图、配筋图、单板钢筋数量表等。设计者可以根据需要选用跨径、斜交角、桥面宽度一致的标准图进行单块梁(板)的配筋图的绘制。

预应力混凝土梁(板)钢筋图一般分为预应力钢筋构造图和普通钢筋构造图。根据预加应力的方法选用不同的配筋图绘制。除特殊情况以外，一般都可直接套用。这里特别要说明的是，桥梁斜度有左斜、右斜之分，标准图上提供的构造图一般为左斜时的情况。如果桥梁为右斜，则应参照标准图的钢筋构造，将标准图内容对称镜像后形成设计图，且不可直接照抄照画。如果桥梁的斜交角与标准图所给的斜交角不同且不能调整时，应参照相邻两个斜交角度时的钢筋图，纵向主筋的尺寸和数量不变，但横向和斜向布置的钢筋应按间距不变的原则重新计算布设，其根数、长度均与标准图不同。

(4)绘制桥面及栏杆等构造图

如前所述，上部结构标准图目录中，详细列有桥面铺装、横向连接、桥面连续、护栏(栏杆)、人行道、安全带等配筋、构造图，抗震设施构造图以及上部结构配用支座构造示意图。设计者一般可以根据设计图说明直接套用，但要注意桥面的结构层次及其厚度要符合路面设计的相关规定。对于梁桥支座设计，可根据支座型号使用表选用适宜的支座类型，无特殊情况时不需要修改设计图。

(5)工程数量计算

工程数量计算是为桥梁设计编制概预算提供数据，同时也是为编制桥梁施工组织设计方案提供依据。招投标时的工程量清单、施工中的材料采购、计量支付都需要工程数量。

上部结构工程数量是按先局部后整体的方法计算的。首先计算一片梁、一个构件的材料用量。然后按一孔桥所用的中梁、边梁片数以及其他构件个数计算一孔桥的材料用量，其用量如无设计更改，可直接从标准图中一孔预制梁(板)的材料总表、一孔人行道、桥面铺装及铰缝、护栏(栏杆)等材料总表中查出。如有更改，则只计算更改部分的用量，其他可查表得到。一孔工程量计算出来之后，多孔工程数量就可汇总得出。汇总时按部位、材料类别列表计算。工程数量计算中常用到三种表格：钢筋明细表用于构件的钢筋构造图中，用于计算每一编号钢筋的长度和重量(表3-2-5)；工程材料数量表也绘制在构件钢筋构造图中，用于该构件所用所有类别材料的合计(表3-2-6)；工程材料汇总表列于整册图纸的最前面，是对全桥所有材料的分类统计(表3-2-7)。

一块中板钢筋明细表 表 3-2-5

编号	直径(mm)	每根长(cm)	根　数	共长(m)	编号	直径(mm)	每根长(cm)	根　数	共长(m)
1	$\phi^{S}12.7$	1996	16	319.39	8	$\phi8$	243	118	286.74
2	$\phi12$	1992	8	159.36	9	$\phi8$	1990	10	199.00
3	$\phi12$	1500	4	60.00	10	$\phi8$	104	100	114.00
4	$\phi12$	1000	4	40.00	11	$\phi8$	116	100	116.00
5	$\phi8$	800	2	16.00	12	$\phi25$	195	4	7.80
6	$\phi8$	126	118	148.68	13	$\phi8$	2002	2	40.04
7	$\phi8$	196	50	98.00	14	$\phi12$	415	6	24.9

工程材料数量表 表 3-2-6

材料名称及规格		单　位	一块中板	全桥数量(63 块板)
钢材	$\phi^{S}12.7$	kg	247.50	15592.50
	$\phi12$	kg	252.42	15902.46
	$\phi25$	kg	30.03	1891.89
	$\phi8$	kg	398.343	25095.61
C40 混凝土		m^3	7.736	487.37

工程材料数量汇总表 表 3-2-7

构件 \ 材料		钢筋 (kg)						泄水管(套)	混凝土(m^3)	
		钢绞线	HRB335		R235		型钢		C40	C30
		$\phi^{S}12.7$	$\phi12$	$\phi25$	$\phi10$	$\phi8$				
上部结构	空心板	19490.7	24041.9	2312.3		28805.6			628.6	
	桥面铺装		18145.4					70	291.6	
	桥面连续					1892.5				
	伸缩缝									
	防撞护栏		4430.1		2133.2	455.2	5463.4			74.3
	路灯				149.8					1.8
	支座垫石					1119.2			5.4	
	小计	19490.7	46617.4	2312.3	2283.0	32272.5	5463.4	70	925.6	76.1

(6)编制设计说明书

设计说明书位于目录之后,设计图纸之前,但它是在全部设计完成后编写的。设计说明书一般包括以下几部分内容:

①工程概况;

②设计依据;

③主要技术指标;

④工程地质情况;

⑤主要材料;

⑥设计计算要点;

⑦施工注意事项。

其内容要详略得当、言简意赅、重点突出。

能力训练 6　设计某空心板桥上部结构

根据已知资料设计某空心板桥上部结构。

1)桥位工程概况及自然概况

(1)工程概况

路线在 K44+168.900 处与某河交叉,交叉角度为 90°。该处水流较大且急,基础冲刷较严重。雨季水量较大,主要用于排山洪。

本次设计拟新建 1-16m 后张法预应力混凝土空心板,简支结构。新建桥台采用 U 形桥台、扩大基础,一并修建锥坡、河底铺砌及河道护坡防护等。

(2)地形地貌、地质及建设条件

桥位处地层浅层发育有厚度在 1.0m 左右的碎石层,其下为风化岩(玄武岩),风化岩(玄武岩)承载力高,拟建中桥可将此层作为天然地基持力层,采用扩大基础。

2)主要技术指标(见表 3-2-8)

主要技术指标　　表 3-2-8

公路等级	汽车荷载等级	行车道数	桥面净宽度(m)	斜度(°)	桥横向板块数	板宽(m)	预制板长(m)	预制板高(m)	预制板最大吊装静载(kN)	设计安全等级	环境类别
高速公路	公路—Ⅱ级	2	11.4	90	9	1.25	15.96	0.8	边板 284;中板 222	二级	Ⅱ类

3)设计要点

(1)桥型及上部结构

①本桥的结构体系为简支结构体系,其中:预制空心板采用部分预应力 A 类构件设计,现浇连续段按钢筋混凝土构件设计。

②设计计算采用平面杆系结构计算软件进行,桥面现浇层参与结构受力,荷载横向分配系数按铰接板法计算。

③设计参数。

混凝土:重力密度 $\gamma=26.0\text{kN/m}^3$,弹性模量 $E_c=3.45\times10^4\text{MPa}$。

沥青混凝土:重力密度 $\gamma=24.0\text{kN/m}^3$。

预应力钢筋及其锚具见表 3-2-9。

支座不均匀沉降:$\Delta=5\text{mm}$。

竖向温度梯度效应:按《公路钢筋混凝土及预应力混凝土桥涵设计规范》(JTG D62—2004)规定取值,按照 100mm 沥青混凝土铺装层的值采用,不考虑混凝土整体化层厚度;竖向日照反温差为正温差乘以 -0.5。

(2)下部结构及基础

本桥下部结构:桥台采用 U 形桥台、扩大基础。

(3)抗震设计措施

本桥采用的抗震措施有以下几点:

①本桥桥面横坡通过台身调整,桥面现浇层采用等厚度 C50 混凝土(10cm 厚),且加强了

铰缝配筋，以提高装配式板的整体化强度。

②在桥台台帽上设置抗震挡块，并设置抗震锚栓。

③桥台台帽宽度按照抗震规范确定。

预应力钢筋及其锚具参数表 表3-2-9

材料	项目	参数
混凝土特性参数	桥梁所处地区相对湿度	0.60
低松弛钢绞线	控制张拉应力	1395MPa
	弹性模量 E_p	1.95×10^5 MPa
	公称面积 A	139mm^2
	松弛率 ρ	0.035
	松弛系数 ξ	0.3
锚具及波纹管	钢束管道摩阻系数 μ	0.25
	钢束管道偏差系数 k	0.0015
	单端锚具变形及回缩值 Δ_1	0.006m

4)部分设计计算

(1)桥长和里程桩号推算

预制空心板标准长度为1596cm(含梁两端封锚厚度)。本桥共1孔，桥梁为简支体系，两桥台处设伸缩缝，缝宽4cm。U形桥台翼墙长700cm，故桥长为 $1596 + 2 \times 4 + 2 \times 700 = 3004$cm。河沟中心桩号为K52+001.400。各墩台桩号计算如下：

桥梁起点：K52+001.400－30.04/2＝K51+986.38；

0号台顶：K51+986.38+7.0+0.04/2＝K51+993.400；

1号台顶：K51+993.400+15.96+0.04＝K52+009.400；

桥梁终点：K52+009.400+7.0+0.04/2＝K52+016.420。

(2)桥面高程计算

由设计资料知，桥上纵坡为0.6%，横坡为2%，路线设计高程为桥梁中线高程。已知桥梁起点K51+986.38处路线设计高程为1590.69，据此推算桥面各点高程见表3-2-10。

桥面各点高程 表3-2-10

位置	里程桩号(m)	设计高程(m)
桥梁起点	K51+986.38	1590.569
0号台	K51+993.400	1590.569－(993.4－986.38)×0.6%＝1590.527
1号墩	K52+009.400	1590.569－(52009.4－51986.38)×0.6%＝1590.431
桥梁终点	K52+016.420	1590.431－(1590.569－1590.527)＝1590.389

(3)主要工程数量(见设计图纸)

5)设计图纸

上部结构设计均按梁桥标准图进行施工图设计，不再详细介绍。该桥上部结构主要材料工程数量表及部分设计图，图3-2-3～图3-2-6。

立面

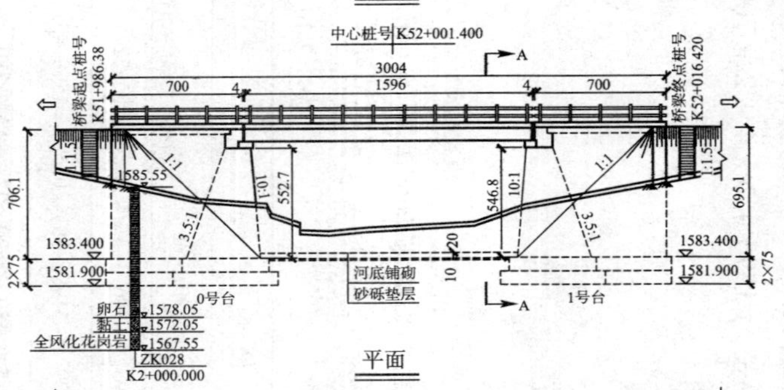

平面

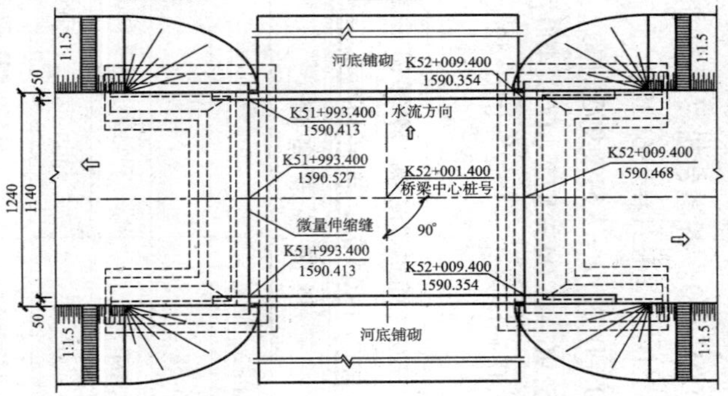

里程桩号(m)	K51+993.400　K52+009.400
设计高程(m)	1590.527　1590.468
地面高程(m)	1586.165　1586.456
坡度(%) / 坡度(m)	0.600 / 150.000
竖曲线(m)	R-10000　T-42　E-0.088
直线及平曲线(m)	R-∞

A—A

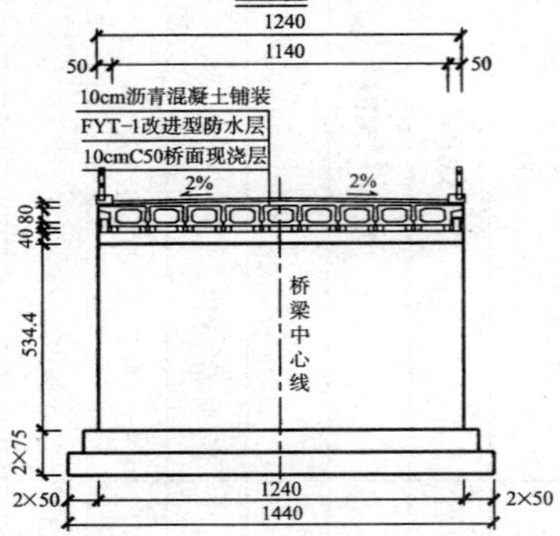

微量伸缩缝布置示意图

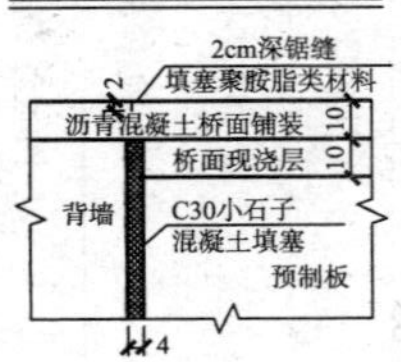

注：1. 本图尺寸除高程以米计外，余均以厘米为单位。
2. 荷载等级：公路—Ⅱ级；地震峰值加速度0.20g；桥面净宽：11.4m。
3. 本桥上部结构为后张法预应力混凝土空心板；下部结构为U形桥台、扩大基础。
4. 本桥位于路线平面的直线段内。
5. 本桥在0、1号桥台均设置微量伸缩缝。
6. 桥底采用浆砌片石防护，铺砌长度按照进口10m、出口15m，浆砌片石157.08m^3，砂砾垫层52.36m^3。
7. 本图A—A断面中锥坡及桥底铺砌未示出。
8. 桥台地基容许承载力应不小于300kPa。

	桥型总体布置图	设计		复核		审核		图号		日期	

图3-2-3　桥型总体布置图

上部结构横断面

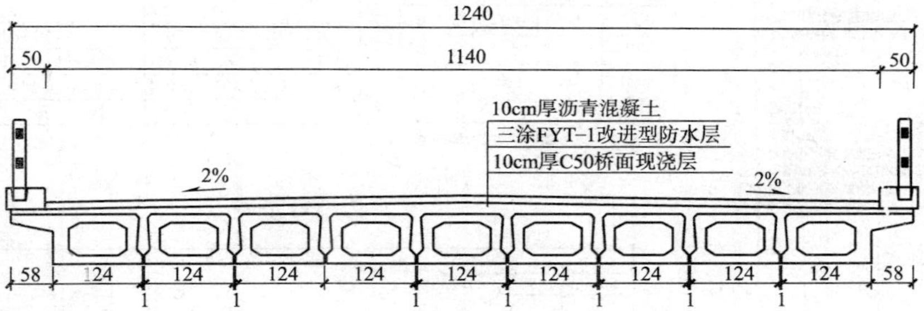

全桥预制板工程数量汇总表

材料 / 项目	钢绞线(kg)	张拉锚具(套)			波纹管(kg)		钢筋(kg)									C50混凝土 (m³)	C40混凝土 (m³)	铰缝凿毛 (m²)	M15砂浆 (m³)
	φˢ15.2	15-3	15-4	15-5	D56	D67	Φ16	Φ14	Φ12	Φ10	Φ8	φ16	φ14	φ10	φ8				
预制板	2482.0	28	36	8	288.0	44.0	2718.0	388.0	2675.0	2331.0	1587.0	58.0	181.0	52.0	3496.0	79.9		216.0	
封头																	2.97		
铰缝									760.0	128.0						10.4			0.272
板端加强										270.0									
封锚端钢筋									630.0	360.0									
小计	2482.0	28	36	8	288.0	44.0	2718.0	388.0	4065.0	3089.0	1587.0	58.0	181.0	52.0	3496.0	90.3	2.97	216.0	0.272
合计	2482.0	28	36	8	288.0	44.0	15634.0									90.3	2.97	216.0	0.272

注：1.本图除钢筋、钢绞线、锚具、波纹管直径以毫米计外，余均以厘米为单位。
2.设计荷载等级：公路—Ⅱ级。

		上部结构断面布置图	设计		复核		审核		图号		日期	

图 3-2-4　桥型总体布置图

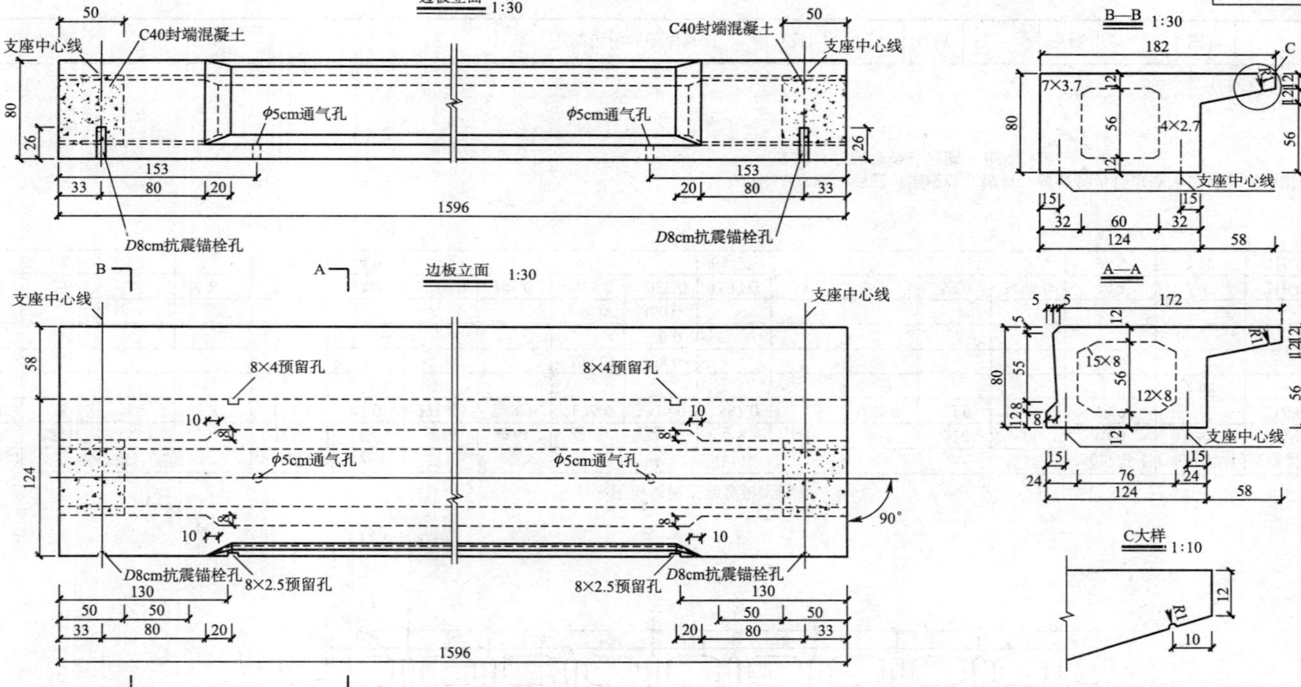

注：1.本图尺寸除钢筋以毫米计外，其余均以厘米为单位。
2.为了保证铰缝浇注质量，铰缝端部113cm范围内和底缝采用M15水泥砂浆填筑，其余部分采用C50混凝土。
3.每块空心板板底两端各设置2个ϕ5cm的通气孔(共4个)，第一个通气孔位置见图，第二个通气孔距第一个通气孔250cm，如图中通气孔的位置与普通钢筋发生干扰，可适当挪动普通钢筋的位置。
4.在距板端130cm处，有铰缝一侧设8×2.5cm预留孔，在悬臂根部设8×4cm的预留孔，以便于空心板的吊装。
5.预制空心板顶面拉毛，铰缝面凿毛成凹凸不小于0.6cm的粗糙面，凿毛混凝土包括铰缝和两个板端的面积，利于新旧混凝土良好结合。
6.钢筋数量表中未计入封锚端钢盘、板端加强钢筋、现浇连续段钢筋、锚下钢筋，已计入钢束定位钢筋、锚具螺旋钢筋。

全桥边板(2块)钢筋工程数量表

材料 / 项目	钢绞线(kg)		张拉锚具(套)		波纹管(kg)		钢筋(kg)							
	$4\phi^s15.2$	$5\phi^s15.2$	15-4	15-5	$D56$	$D67$	$\phi16$	$\phi14$	$\phi12$	$\phi10$	$\phi8$	$\phi16$	$\phi14$	$\phi8$
1块边板	148.0	185.0	4	4	18	22	302.0	194.0	368.0	245.0	181.0	29.0	20.0	451.0
2块边板	297.0	370.0	8	8	36	44	604.0	388.0	736.0	490.0	362.0	58.0	41.0	903.0
合计	667.0		16		80		3582.0							

全桥边板(2块)混凝土工程数量表

材料名称	预制C50 (m^3)	封端C40 (m^3)	凿毛混凝土 (m^2)
1块边板	10.7	0.33	13.5
2块边板	21.4	0.66	27.0

边板一般构造图	设计	复核	审核	图号	日期

第 页 共 页

图 3-2-5　边板一般构造图

边板立面

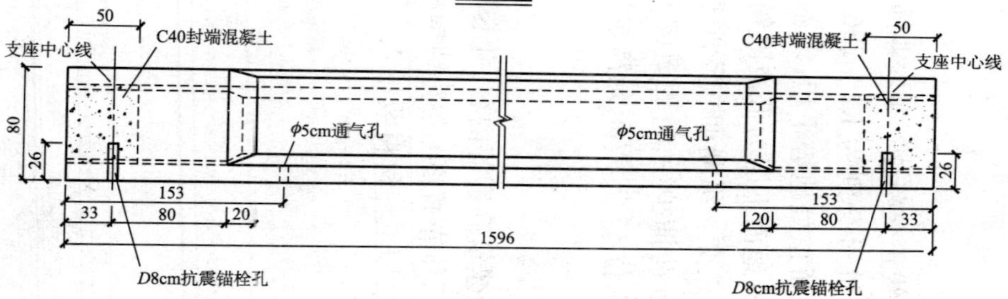

B—B

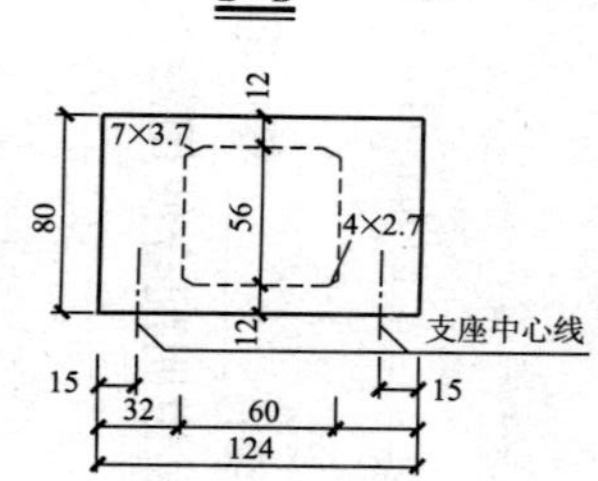

中板立面

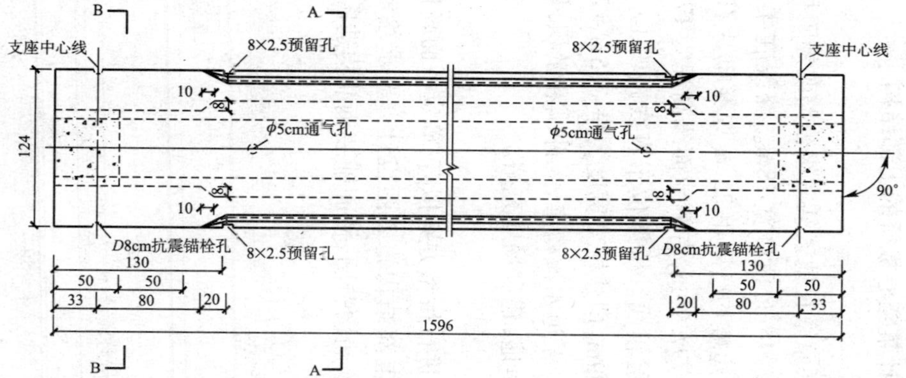

A—A

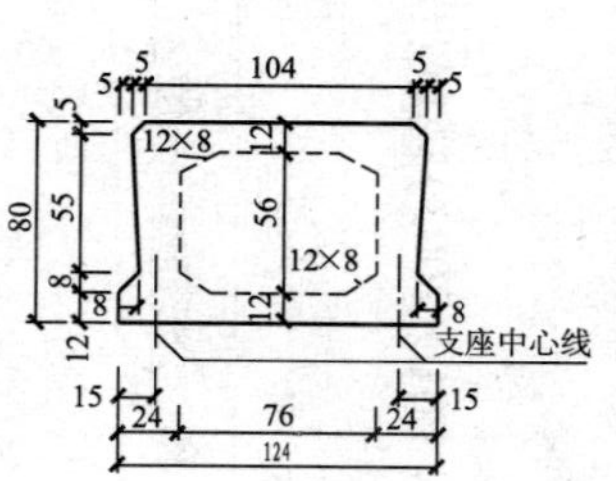

注：1.本图尺寸除钢筋以毫米计外，其余均以厘米为单位。
2.为了保证铰缝浇注质量,铰缝端部113cm范围内和底缝采用M15水泥砂浆填筑,其余部分采用C50混凝土。
3.每块空心板板底两端各设置2个φ5cm的通气孔(共4个)，第一个通气孔位置见图,第二个通气孔距第一个通气孔250cm,如图中通气孔的位置与普通钢筋发生干扰，可适当挪动普通钢筋的位置。
4.在距板端130cm处,有铰缝一侧设8×2.5cm预留孔,在悬臂根部设8×4cm的预留孔,以便于空心板的吊装。
5.预制空心板顶面拉毛,铰缝面凿毛成凹凸不小于0.6cm的粗糙面,凿毛混凝土包括铰缝和两个板端的面积,利于新旧混凝土良好结合。
6.钢筋数量表中未计入封锚端钢盘、板端加强钢筋、现浇连续段钢筋、锚下钢筋，已计入钢束定位钢筋、锚具螺旋钢筋。

全桥边板(2块)钢筋工程数量表

材料	钢绞线(kg)		张拉锚具(套)		波纹管(kg)	钢筋(kg)						
项目	$3\phi^s15.2$	$4\phi^s15.2$	15−3	15−4	D56	φ16	φ12	φ10	φ8	φ14	φ10	φ8
1块边板	110.0	148.0	4	4	36	302.0	277.0	263.0	175.0	20.0	7.0	370.0
2块边板	779.0	1036.0	28	28	252	2114.0	1939.0	1841.0	1225.0	140.0	52.0	2593.0
合计	1815.0		56		252	9904.0						

全桥边板(2块)混凝土工程数量表

材料名称	预制C50 (m^3)	封端C40 (m^3)	凿毛混凝土 (m^2)
1块中板	8.4	0.33	27.0
7块中板	58.8	2.31	189.0

中板一般构造图	设计	复核	审核	图号	日期

图 3-2-6　边板一般构造图

自测题

一、填空题

1. 我国《公路工程技术标准》(JTG B01—2003)规定:当跨径在________以下时,一般均应尽可能采用标准化跨径。

2. 通用图的主要编制依据是________、________、________和现行________等标准规范。

3. 公路梁桥标准图包括________和________,一般________要说明配合使用的________图册及编号。

4. 公路桥梁规范分四个层次:________、________、________、________。

5. 桥梁设计,首先应进行________和________,主要任务是________、________、________及________等。

二、根据已知资料设计某空心板桥的上部结构

1. 设计资料

本桥位于我国新疆平原微丘地区某三级公路改建工程上,路线正交跨越一条农业灌溉渠,渠底宽12m,高程为1796.15m,顶口宽18m。路线在渠顶口的桩号分别为K2+236.00和K2+254.00。渠底及两岸边坡均已采用25cm厚浆砌片石砌护。桥位处地势平坦,地基稳定,左侧渠岸地面线高程为1797.79m,右侧地面线高程为1797.65m,地面下层为低液限粉土,厚1.5m,下层为圆砾,持力层较浅。桥梁位于直线路段上,与水流正交。纵断面位于平坡度路段,路线设计高程1798.99m,拟建桥梁宽度为净-7.5m+2×0.5m防撞护栏,桥面横坡1.5%,设计荷载为公路—Ⅱ级。渠道水流稳定,无冲刷和淤积,最高洪水位1797.37m,最高水位可人工控制。桥周围为平坦旱地,建设场地充裕。

2. 设计任务

根据所给设计资料,进行桥型方案拟订、确定桥面高程、桥梁建筑高度等内容,并套用梁桥标准图(或通用图)进行上部结构施工图设计。要求绘制桥梁总体布置图、上部结构横断面图、预制板一般构造图、钢筋构造图,桥面铺装钢筋构造图,上部结构工程材料数量表。

第4章　桥梁墩台施工

【知识目标】

1. 桥梁施工的准备工作内容；
2. 施工测量的方法及测量精度控制；
3. 桥梁施工的基础知识，即混凝土工程、钢筋工程、模板工程、常用设备；
4. 混凝土和石砌墩台的施工方法；
5. 高墩的安全施工技术。

【能力目标】

1. 能完成桥梁的施工放样工作；
2. 能运用桥梁施工基础知识及相关规范进行下部结构现场施工管理；
3. 能根据桥梁墩台形式、地形等情况合理选择墩台施工方案；
4. 能描述墩台施工工艺流程；
5. 具备工程安全施工的能力；
6. 能力训练7：桥梁下部结构施工方案编制。

【任务描述】

桥梁墩台施工是桥梁工程施工中的重要部分，其施工质量的优劣不仅关系到上部结构的施工质量，也影响桥梁的使用功能。按照桥梁施工工作过程，首先要做精细的施工准备工作，完成墩台位置放样，再进行下部施工。本章主要学习桥梁施工的准备工作内容、桥梁施工测量的方法、施工中的混凝土工程、钢筋工程、模板工程、常用设备等基础知识，混凝土和石砌墩台及高墩的施工工艺流程、施工方法及支座安装施工要点。教师根据班级分组情况准备桥梁墩台模型及有关桥梁下部施工案例，每组推选一名组长负责任务的组织与实施，最终以组为单位上交某桥墩（台）施工方案。

【学习引导】

本章按照以下顺序进行学习：

桥梁施工准备工作内容→桥梁施工测量工作内容→熟悉混凝土施工、钢筋加工各工序施工质量控制要点→熟悉桥梁施工常用设备的功能和适用场合→混凝土和石砌墩台施工施工工艺、施工方法及质量控制要点→墩台常用模板加工、安装质量要求→墩台施工放样方法→滑模、翻模施工工艺、施工方法及质量控制要点→支座安装方法及质量控制要点

4.1　施工准备工作和施工测量

4.1.1　桥梁施工准备工作

施工准备工作的基本任务是为桥梁工程的施工创造必要的技术和物资条件，统筹安排施工力量和施工现场，是施工企业搞好目标管理，推行技术经济承包的重要依据，也是施工得以顺利进行的基本保证。

施工单位在中标后，要尽快做好各项准备工作，创造有利的施工条件，使施工工作能连续、均衡、有节奏、有计划地进行，从而按质、按量、按期完成施工任务。施工准备通常包括技术准

备、劳动组织准备、资源准备和施工现场准备等工作。

4.1.1.1 技术准备

技术准备是施工准备的核心。由于任何技术上的差错和隐患都可能危及人身安全和造成质量事故,带来生命、财产和经济的巨大损失,因此必须认真做好技术准备工作。

(1)熟悉设计文件,研究施工图纸并进行现场核对

施工单位在收到拟建工程的设计图纸和有关技术文件后,应尽快组织工程技术人员熟悉、研究所有技术文件和图纸,全面领会设计意图;检查图纸与其各组成部分之间有无矛盾和错误;检查各几何尺寸、坐标、高程、说明等是否一致;技术要求是否正确;并与现场情况进行认真核对。同时要做详细记录,记录应包括对设计图纸的疑问和有关建议。

(2)施工调查与分析

施工调查主要是对拟建工程进行实地勘察,进一步获得有关原始数据的第一手资料,这对于正确选择施工方案、采取相应技术措施、合理安排施工顺序和施工进度计划是非常必要的。施工调查一般包括自然条件和技术经济条件两方面的内容,自然条件包含地质、水文、气象和施工现场的地形地物,即河流流量和水质、年水位变化情况、最高洪水位和最低枯水位的时期及持续时间、流速和漂浮物、地下水位的高低变化、含水层的厚度和流向;冰冻地区的河流封冻时间、融冰时间、流冰水位、冰块大小;受潮汐影响河流或水域中潮水的涨落时间、潮水位的变化规律和潮流等情况。技术经济条件通常包含施工现场的动迁、当地可利用的地方材料、地方能源和交通运输、地方劳动力及技术水平、当地生活资料供应、可提供的施工用水用电、设备租赁,以及消防治安等状况。

(3)施工前的设计技术交底

设计技术交底一般由建设单位(业主)主持,设计、监理和施工单位(承包人)参加。先由设计单位说明工程的设计依据、意图和功能要求,并对特殊结构、新材料、新工艺和新技术提出设计要求,进行技术交底。然后施工单位根据研究图纸的记录以及对设计意图的理解,提出对设计图纸的疑问、建议和变更。最后在统一认识的基础上,对所探讨的问题逐一做好记录,形成"设计技术交底纪要",由建设单位正式行文,参加单位共同会签盖章,作为与设计文件同时使用的技术文件和指导施工的依据,以及建设单位与施工单位进行工程结算的依据。当工程为设计施工总承包时,应由总承包人主持进行内部设计技术交底。

(4)制订施工方案、进行施工设计

在全面掌握设计文件和设计图纸,正确理解了设计意图和技术要求,以及进行了以施工为目的的各项调查之后,应根据进一步掌握的情况和资料,对投标时初步拟定的施工方法和技术措施等进行重新评价和深入研究,以制订出详尽的更符合现场实际情况的施工方案。

施工方案一经确定,即可进行各项临时性结构的施工设计,诸如基坑围堰、浮运沉井和钢围堰的制造场地及下水、浮运、就位、下沉等设施,钻孔桩水上工作平台、连续梁桥顶推施工的台座和预制场地、悬浇桥梁的挂篮、导梁或架桥机、模板支架及脚手架、自制起重吊装设备、施工便桥便道及装卸码头的设计。施工设计应在保证安全的前提下,尽量考虑使用现有材料和设备,因地制宜,使设计出的临时结构经济适用、装拆简便、实用性强。

(5)编制施工组织设计

实施性施工组织设计是桥涵工程施工准备工作的重要组成部分,是工程施工全过程中实施各项活动的技术、经济和组织的综合性文件,同时也是使施工得以按连续性、均衡性、节奏

性、协调性和经济性进行的指导性文件,也是对施工实行科学管理的重要手段。编制实施性施工组织设计的目的在于能对工程进行全面、合理、有计划地组织施工,从而具体实现设计意图,按质、按量、如期完成施工任务。一般中、小桥大多附属在路基的施工范围内,因此,中、小桥的实施性施工组织设计应配合路基施工方案编制,以便路基施工与桥涵施工统一安排。特殊结构桥梁、大桥和特大桥的实施性施工组织设计则应单独编制。

实施性施工组织设计一般包括以下内容:

①编制说明;

②编制依据;

③工程概况(包括对工程施工特点的分析);

④施工准备工作;

⑤施工方案;

⑥施工进度计划;

⑦各项资源(工、料、机)需要量及进场计划;

⑧资金供应计划;

⑨施工平面图设计;

⑩施工管理机构及劳动力组织;

⑪季节性施工的技术组织保证措施;

⑫质量管理与质量控制的组织保证措施;

⑬安全施工的组织保证措施(包括技术安全和安全生产);

⑭环境保护和文明施工的措施。

(6)编制施工预算

施工预算是根据施工图纸、施工组织设计或施工方案、施工定额等文件进行编制的。施工预算是施工企业内部控制各项成本支出、考核用工、签发施工任务单、限额领料以及基层进行经济核算的依据,也是制订分包合同时确定分包价格的依据。

4.1.1.2 劳动组织准备和物资准备

(1)建立组织机构

确定组织机构应遵循的原则是:根据工程项目的规模、结构特点和复杂机构中各职能部门的设置,人员的配备应力求精干,以适应任务的需要;坚持合理分工与密切协作相结合,使之便于指挥和管理,分工明确,责权具体。

(2)合理设置施工班组

施工班组的建立,应认真考虑专业和工种之间的合理配置,技工和普工的比例要满足合理的劳动组织,并符合流水作业方式的要求,同时制订该工程的劳动力需要量计划。

(3)集结施工力量,组织劳动力进场

进场后应对工人进行技术、安全操作规程以及消防、文明施工等方面的培训教育。

(4)施工组织设计、施工计划和施工技术的交底

在单位工程或分部分项工程开工之前,应将工程的设计内容、施工组织设计、施工计划和施工技术等要求,详尽地向施工班组和工人进行交底,以保证工程能严格按照设计图纸、施工工艺、安全技术措施、降低成本措施和施工验收规范的要求进行施工。施工交底还应包括:新技术、新材料、新结构和新工艺的实施方案和保证措施;有关部位的设计变更和技术核定等

事项。

(5)建立健全各项管理制度

各项管理制度通常包括:技术质量责任制度,工程技术档案管理制度,施工图纸学习与会审制度,技术交底制度,技术部门及各级人员的岗位责任制,工程材料和构件的检查验收制度,工程质量检查与验收制度,材料出入库制度,安全操作制度,机具使用保养制度等。

(6)物资准备工作包括的主要内容

①工程材料准备,如钢材、木材、水泥、砂石材料等。

②工程施工设备的准备。

③其他各种小型生产工具、小型配件等的准备。

4.1.1.3 施工现场准备

施工现场的准备工作,主要是为工程的施工创造有利的施工条件和物资保证。

(1)施工控制网测量

按照勘测设计单位提供的桥位总平面图和测图控制网中所设置的基线桩、水准点以及重要桩志的保护桩等资料,进行三角控制网的复测,并根据桥梁结构的精度要求和施工方案补充加密施工所需要的各种标桩,建立满足施工要求的平面和立面施工测量控制网。

(2)补充钻探

桥梁工程在初步设计时所依据的地质钻探资料往往因钻孔较少、孔位过远而不能满足施工的需要,因此必须对有些地质情况不甚明了的墩位进行补充钻探,以查明墩位处的地质情况和可能的隐蔽物,为基础工程的施工创造有利条件。

(3)搞好"四通一平"

"四通一平"是指水通、电通、通信通、路通和平整场地。有蒸气养生需要的工程项目以及在寒冷冰冻地区施工,还要考虑暖气供热的要求。

(4)建造临时设施

按照施工总平面图的布置,建造所有生产、办公、生活、居住和储存等临时用房,以及临时便道、码头、混凝土拌和站、构件预制场地等。

(5)安装调试施工机具

对所有施工机具都必须在开工前进行检查和试运转。

(6)材料的试验和储存堆放

水泥、砂、石、外加剂等施工原材料的选择应在工程开工前通过试验确定。混凝土、砂浆的配合比和强度、钢材的机械性能试验,按照材料的需要量计划,应及时提供材料的试验申请计划。各种原材料进场时,应按施工规范的有关规定进行相应的质量检测和试验工作;进场后,应根据不同的品种、规格及用途分别妥善存放,对容易受潮、锈蚀的材料应有防雨、防潮或防锈的措施。

(7)新技术项目的试制和试验

对拟采用新技术、新工艺、新材料、新设备的工程项目,应提前做好试验研究和论证等工作,保证工程施工能顺利进行。

(8)冬雨季施工安排

按照施工组织设计要求,落实雨季施工的临时设施和技术措施,做好施工安排。

(9)消防、保安措施

建立消防、保安等组织机构和有关的规章制度,布置安排好消防保安等工作。

(10)建立健全施工现场各项管理制度

根据工程特点,制订施工现场必要的各项规章制度。

4.1.1.4 施工准备工作计划

为较好地落实各项施工准备工作,应根据各项准备工作的内容、时间和人员,编制出施工准备工作计划,责任落实到人,并加强计划的检查和监督,以使准备工作能如期完成。

施工准备工作计划可参考表4-1-1。

施工准备工作计划　　表4-1-1

序号	施工准备项目	简要内容	负责单位	负责人	起止期限		备注
					月、日	月、日	

4.1.1.5 提交开工报告

做好上述施工准备工作后,应及时填写开工申请报告,并上报业主单位批准。

单位工程开工必须具备下列条件:

①施工图纸经过会审,图纸中存在的问题和错误已得到纠正。

②施工组织设计或施工方案已经得到监理工程师的批准并进行交底。

③场内外施工便道已经修通,施工用水、用电、排水和通信能满足施工需要。

④材料、成品、半成品等物资能满足连续施工的要求。

⑤附属加工场和职工生活福利设施的建设能满足施工和生活的需要。

⑥施工机械和设备已进场,并经过检验能保证正常运转。

⑦施工力量已经调集,并已经过必要的技术安全和防火教育,安全消防设备已经备齐。

⑧已办理好施工许可证。

4.1.2 桥梁平面控制测量

桥梁平面控制测量的主要任务:测设与校核桥位中心线控制桩;测设桥梁墩、台中心位置,并进行上部结构平面形状的测量放样。以此作为施工、纠正施工偏差和检查验收的依据。

4.1.2.1 建立平面控制网

施工前应由勘测设计单位对控制性桩点进行现场交桩,并应在复测原控制网的基础上,根据施工需要适当加密、优化,建立施工测量控制网。

导线点的复测采用附合导线测量法,即在桥梁工程项目前(后)范围内导线点中选用两点作为测量基准点,在桥梁工程项目后(前)范围内导线点中选取两点作为附合导线点,按照导线测量的要求使用全站仪对桥梁工程项目内导线点进行认真测量,平差后若不能符合规范要求时,则报业主调整后重新进行复测,直到满足要求,并报监理工程师认可。

水准点的复测采用附合水准测量法,并按照业主提供的水准点等级进行同级复测。其方法是:在桥梁工程项目前(后)范围内选取一至两个设置牢固的点作基准点(若路线附近有国家级水准点则优先选用)，另在桥梁工程项目前(后)范围内选取一水准点作为附合点，对桥梁工程项目内所有提供的水准点进行往返复测，并认真做好记录，平差后若不符合规范要求，则报请业主调整后进行复测，直到满足要求，并报监理工程师认可。

对复测合格的导线点、水准点，应编号绘于施工总平面图上，应采取必要的加固保护措施，设立可靠标志以利寻找，并在施工期间定期进行复测，以保证控制的精度。当发现控制点的稳定性有问题时，应立即进行局部或全面复测。

测设桥梁总体(各桥墩、桥台纵横轴线)时，应在桥位两侧布置墩台轴线控制点，在设定控制点时要充分考虑施工对场地的需要，把控制点布置在不影响施工的地方，桥位两侧各布置两点，并用混凝土护桩。注意相邻桥墩位置和距离的校核，控制点的斜交角方向，相邻桥墩距离精度确保 ±5mm，并记录控制点之间的距离及控制点到桥位点的距离。桥墩、桥台纵横轴线测设完毕经现场监理复核认可后方可使用。

桥涵工程施工的平面控制测量应符合下列规定：

①各等级平面控制测量，其最弱点点位中误差为 ±50mm，最弱相邻点间相对点位中误差为 ±30mm，最弱相邻点边长相对中误差不得大于表 4-1-2 的规定。

平面控制测量精度要求 表 4-1-2

测量等级	最弱相邻点边长相对中误差	测量等级	最弱相邻点边长相对中误差
二等	1/100000	四等	1/35000
三等	1/70000	一级	1/20000

②桥梁工程平面控制测量的等级不得低于表 4-1-3 的规定，同时桥梁轴线精度尚应符合表 4-1-4 的规定。对特大跨径及特殊结构桥梁，应根据其施工允许误差，确定控制测量的精度和等级。

平面控制测量精度要求 表 4-1-3

多跨桥梁总长 L(m)	单跨桥梁跨径 L_K(m)	其他构造物	测量等级
$L \geqslant 3000$	$L_K \geqslant 500$	—	二等
$2000 \leqslant L < 3000$	$300 \leqslant L_K < 500$	—	三等
$1000 \leqslant L < 2000$	$150 \leqslant L_K < 300$	高架济	四等
$L < 1000$	$L_K < 150$	—	一级

桥梁轴线相对中误差 表 4-1-4

测量等级	桥梁轴线相对中误差	测量等级	桥梁轴线相对中误差
二等	≤1/150000	四等	≤1/60000
三等	≤1/100000	一级	≤1/40000

③在布设平面控制点时，四等及以上平面控制网中相邻点之间的距离不得小于 500m；一级平面控制网中相邻点之间的距离在平原、微丘区不得小于 200m，重丘、山岭区不得小于 100m；最大距离不应大于平均边长的 2 倍。特大桥及特殊结构桥梁的每一端应至少埋设两个平面控制点。

4.1.2.2 桥梁墩台中心定位的基本方法

桥梁墩台的中心定位，是根据桥梁设计施工详图上所设计的两桥台及各桥墩中心的里程，以桥梁中心线控制桩、桥梁三角网控制点为基准，按规定精度放样出墩台中心的位置。

(1)直接丈量法

桥梁中线的测定,就是要在实地标定桥梁中线和两岸控制桩(即定位桩)的位置,并精确地测定两控制桩之间的距离(即桥轴线的长度)。

位于浅水河道、干河或封冻的深水河道上的大中桥,以及河水虽深,但桥台间距在50m(钢尺长度)以内时,均可采用直接丈量法测定桥轴线长度。图4-1-1中,A、B为桥梁中线定位桩。精确地测定A、B长度后,即可分别由A、B点标定出桥台和桥墩的位置。

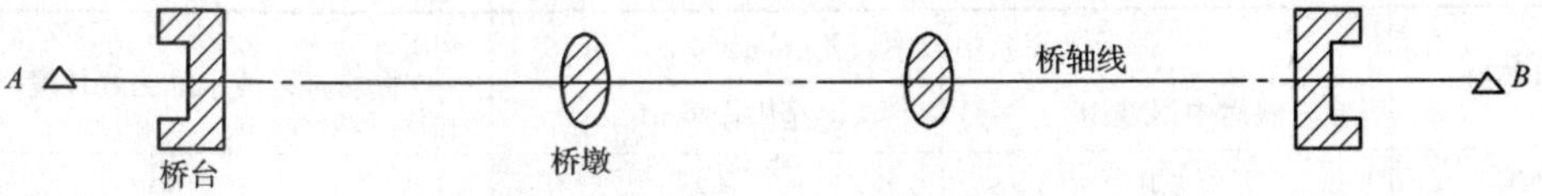

图4-1-1 直接丈量法测定桥梁中线

丈量使用的钢尺必须经过检定。丈量前要以经纬仪定线把尺段点标定在地面上。选择尺段点时,应注意尽可能将尺段点设在墩台的设计位置上或附近,以利于今后墩台的定位。沿中线的地面平坦时,尺段点打桩可与地面齐平。若地面起伏,应使所选点位能满足尺段悬空丈量的要求,最大尺段应小于尺长10cm以上,点位桩顶应给出桥轴线方向,桩顶中心应加一小钉。

直接丈量桥轴线长度时,读数要精确到毫米,有时还要估读毫米以下数字,并对尺长、温度、拉力和倾斜进行改正计算。其施测与计算方法同精密丈量。精度一般需符合《公路桥涵施工技术规范》(JTG/T F50—2011)的要求。

(2)光电测距法

此法是借助视距仪或全站仪直接测定距离的方法,运用此法时一定要精心挑选适宜的全站仪,并认真分析仪器本身和外界条件及施测方法带来的误差。一般情况下,如条件许可时,应与常规法对比放样并至少放两次。

放样后的旱桥桥梁墩台中心位置可用大木桩标定,在木桩顶中心处加钉一铁钉。然后在这些点位上设置经纬仪,以桥梁轴线为基准放样出与桥轴线相重合的墩台纵向轴线和与桥轴线相垂直的墩台横向轴线,并在纵横轴线的每端方向上至少定出两个方向桩(护桩),各桩应在基坑开挖线以外1~2m,见图4-1-2。墩台纵横轴线方向桩是施工过程中随时恢复墩台中心位置和细部放样的基础,应妥善进行保护。如有必要,在使用前应进行必要的复测工作。尤其应注意防止桥梁墩台纵横轴线方向桩被偶发的洪水冲毁,必要时在其四周筑岛围堰并使用深埋钢筋混凝土桩。

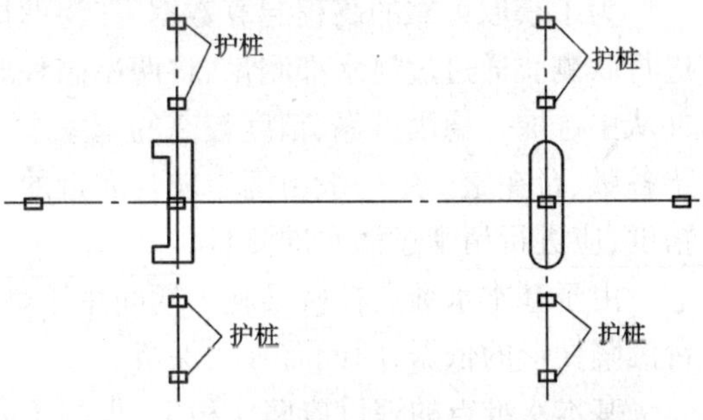

图4-1-2 桥梁墩台定位

4.1.3 桥梁高程控制测量

4.1.3.1 桥梁高程控制网的建立

桥梁高程控制网是在桥址附近设立的一系列基本水准点和施工水准点。基本水准点是桥梁高程的基本控制点,是桥梁施工中墩台高程放样的依据,在桥梁建成投入运营之后,高程控制网还要作为沉陷变形观测的依据。

桥涵工程施工的高程控制测量应符合下列规定:

①同一工程项目应采用同一高程系统,并应与相邻工程项目的高程系统相衔接。桥位水准点的高程测量应与路线控制高程联测。

②用于跨越水域或深谷的大桥、特大桥的高程控制网最弱点高程中误差为±10mm。

③高程控制网每千米观测高差中误差和附合(环线)水准路线长度应小于表4-1-5的规定。

高程控制测量的技术要求 表4-1-5

测量等级	每千米高差中数中误差(mm)		附合或环线水准路线长度(km)
	偶然中误差 $M_{\triangle}$	全中误差 M_w	
二等	±1	±2	100
三等	±3	±6	10
四等	±5	±10	4

④桥梁工程的高程控制测量等级不得低于表4-1-6的规定。

⑤施工水准网中的各水准点,对于大桥和特大桥应构成连续水准环。大桥和特大桥的每端应至少设置两个水准点,作为水准网的控制点。

高程控制测量等级 表4-1-6

多跨桥梁总长 L(m)	单跨桥梁跨径 L_K(m)	其他构造物	测量等级
$L \geqslant 3000$	$L_K \geqslant 500$	—	二等
$1000 \leqslant L < 3000$	$150 \leqslant L_K < 500$	—	三等
$L < 1000$	$L_K < 150$	高架桥	四等

为了获取可靠的高程起算数据,江河两岸的基本水准点应与桥址附近的国家高级水准点进行联测。通过过河水准测量,将两岸高程联系起来,以此可检核两岸国家水准点有无变动,并从中选取一稳固可靠、精度较高的国家水准点作为桥梁高程控制网的高程起算点。由于桥梁各墩、台在施工中一般由两岸较为靠近的水准点引测高程,为了确保两岸水准点高程的相对精度,应进行精密过河水准测量。

由于基本水准点在桥梁施工期间用于墩、台的高程放样,在桥梁建成后作为检测桥梁墩、台沉陷变形的依据,因此需永久保留。

基本水准点的埋设应坚实稳定,根据不同的地质条件可埋设不同类型的标识。如果地面覆盖层较浅,可埋设普通混凝土、钢管标识或将标识直接设置在岩石上。当地面覆盖层较厚且覆盖物较疏松时,则应埋设深层标识,如管柱标识、钻孔桩标识以及基岩标识等。无论采用何种类型的标识,均应在标识上嵌入不锈蚀的铜质或不锈钢凸形标志。

标识埋设后不能立即用于水准测量,应有10~15d以上的稳定期,之后才能进行观测。为了满足桥梁墩、台施工高程放样的要求,在基本水准点的基础上,尚需增设一定数量的施工水准点。施工水准点标识的埋设标准可略低于基本水准点,测量等级也可略低于基本水准点。

所有水准点,包括基本水准点和施工水准点,都应定期进行测量,检验其稳定性,以保证桥梁墩、台及其他施工高程放样测量的精度。在水准点标识埋设初期,检测的时间间隔宜短些,随着标识逐渐稳定,时间间隔可适当放长。

桥梁高程控制网所采用的高程基准应与公路路线的高程基准相一致,一般应采用国家高程基准。

宽阔水域和海上桥梁工程的施工测量宜采用GPS测量,宜在水域或海上建立专门的测量平台。

4.1.3.2 桥梁施工高程放样

桥梁结构物的高程放样，主要采用几何水准测量的方法，有时也采用钢尺直接丈量竖直距离的方法；深基坑的高程放样，可采用悬挂钢尺的方法；对于高桥墩（塔）则可采用悬挂钢尺进行高程传递或采用三角高程测量的方法进行。

高墩墩顶的精度要求往往较高，特别是支座垫石高程要求更高，因此要正确地将地面的水准高程引测到墩顶。

如图4-1-3所示，可在靠近墩边处，用一个稳定支架将钢尺垂挂至距地面约1m左右，钢尺下端悬挂一个与标定钢尺时拉力相等的重锤，钢尺的零端读数放在下面，然后在地面上合适的某点安置水准仪一台，按水准测量的方法进行观测，在观测水准尺时，宜用三丝读数，取其平均值。应特别注意的是，每次读数前都必须使水准仪气泡居中。

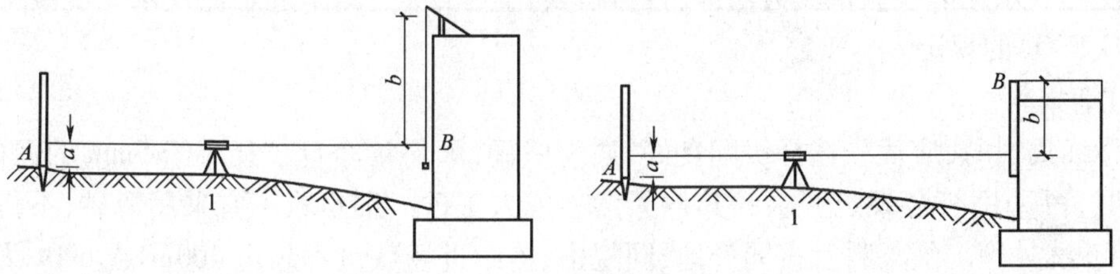

图4-1-3　桥墩台高程放样示意图

自 测 题

一、填空题

1. 施工准备通常包括________、________、________和________等工作。

2. 设计技术交底一般由________主持，________、________和施工单位（承包人）参加。

3. "四通一平"是指水通________、________、________和平整场地。

4. 直接丈量法中每一尺段的丈量结果应进行________、________、________、________改正。

二、简答题

1. 单位工程开工必须具备哪些条件？

2. 简述墩台中心测量的要求及要点。

4.2 桥梁施工基础知识

4.2.1 混凝土工程

《公路钢筋混凝土及预应力混凝土桥涵设计规范》（JTG D62—2004）规定，公路桥涵受力构件的混凝土强度等级应按下列规定采用：钢筋混凝土构件不宜低于C25，不应低于C20；当采用强度等级400MPa及以上钢筋配筋时，不宜低于C30，不应低于C25；预应力混凝土构件不应低于C40。

4.2.1.1 原材料的检查

原材料在进场之前，施工单位应自检，做好混凝土配合比设计，并报请监理工程师验证批准后才能进场，具体内容如下。

(1)水泥的检查与保管

公路桥涵工程采用的水泥应符合现行国家标准《通用硅酸盐水泥》(GB 175)的规定，水泥品种和强度等级应通过混凝土配合比试验选定。

水泥进场时，应附有生产厂的品质试验检验报告等合格证明文件，并应按批次对同一生产厂、同一品种、同一强度等级及同一出厂日期的水泥进行强度、细度、安定性和凝结时间等性能的检验，散装水泥应以每500t为一批，袋装水泥应以每200t为一批，不足500t或200t时，亦按一批计。当对水泥质量有怀疑或受潮或存放时间超过3个月时，应重新取样复验，并应按其复验结果使用。水泥的检验试验方法应符合现行行业标准《公路工程水泥及水泥混凝土试验规程》(JTG E30)的规定。

(2)细集料

选择细集料时，应优先选择级配良好，质地坚硬，颗料洁净且粒径小于5mm的河砂，当没有河砂时，可采用符合规定要求的其他天然砂或人工砂。细集料不宜采用海砂；不得不采用时，应经冲洗处理。细集料宜按同产地、同规格、连续进场数量不超过400m^3或600t为一验收批，小批量进场的宜以不超过200m^3或300t为一验收批进行检验；当质量稳定且进料量较大时，可以1000t为一验收批。

检验内容应包括外观、筛分、细度模数、有机物含量、含泥量、泥块含量及人工砂的石粉含量等；必要时尚应对坚固性、有害物质含量、氯离子含量及碱活性等指标进行检验。检验试验方法应符合现行行业标准《公路工程集料试验规程》(JTG E42)的规定。各项技术指标均应满足《公路桥涵施工技术规范》(JTG/T F050—2011)要求方可使用。

(3)粗集料

粗集料对混凝土质量有较大的影响，使用干净、坚硬、具有耐久性的集料很重要。

桥梁施工粗集料的颗料级配，根据混凝土最大粒径采用连续两级或连续多级配，不宜采用单粒级配或间断级配配置。同细集料一样，选用的粗集料必须满足《公路桥涵施工技术规范》(JTG/T F050—2011)中的各项指标要求，并且现场取样进行筛分、杂质含量、强度、针片状颗粒含量等试验，只有当试验结果满足规范要求才能使用。

粗集料最大粒径不得超过结构最小边长的1/4和钢筋最小净距的3/4；在两层或多层密布钢筋结构中，最大粒径不得超过钢筋净距的1/2，同时不得超过75.0mm。混凝土实心板粗集料最大粒径不宜超过板厚的1/3且不得超过37.5mm。

无论是粗集料还是细集料，在进场之前，必须报请监理抽验，填写进场材料检验申请单，经监理工程师检验合格并签证后方可进场使用。

此外，组成混凝土的材料还有水以及外加剂。人畜可用的洁净水可用来拌制混凝土。主要的外加剂类型有普通和高效减水剂、早强减水剂、缓凝减水剂、引气减水剂、抗冻剂、膨胀剂、阻锈剂和防水剂等。混合材料包括粉煤灰、火山灰质材料、粒化高炉矿渣等。混合材料的技术条件可以参考《公路桥涵施工技术规范》(JTG/T F050—2011)。但应注意，在预应力钢筋混凝土结构中不得使用加气剂、加气型减水剂及掺加氯化钠、氯化钙等氯盐，各组成材料中引入的氯离子一般不超过水泥用量的0.06%。

4.2.1.2 混凝土配合比

除城市桥梁和运输较方便的大型立交工程施工采用商品混凝土外，大部分桥梁施工远离城市，特别是中、小桥以及涵洞工程，混凝土用量不大，基本上都是采用现场拌制混凝土。因此，工程技术人员要设计并控制好现场混凝土配合比，确保混凝土质量。

配合比的设计是依据设计图纸中混凝土强度等级进行的，选择配合比的原则是在具有适合作业要求的和易性范围内，应尽量减少单位用水量，并根据试验确定配合比。由于计量、拌和、养生、浇筑以及集料的含水率等方面的原因，施工现场拌制混凝土时与试验室存在着一定的差异，因此试配强度应大于设计标准强度。

另外，在做配合比试验时，所有材料都应当与施工用料相同；否则，试配将是无效的。为了节约水泥和改善和易性，缩短或延长凝结时间，提高耐冻性，应积极使用外加剂。

4.2.1.3 混凝土拌制

混凝土拌制通常以机械为主，人工为辅，主要工程一般为机械拌制，人工拌制速度慢，劳动强度大，仅用于少量的辅助或修补工程中，少量的塑性混凝土采用人工拌制。对于大桥或特大桥以及混凝土用量较多时，应设置混凝土拌和站，各种混凝土采用集中拌制，采用自动计量装置，利于混凝土的质量控制。计量器具应定期标定，迁移后需重新进行标定。

混凝土拌和完毕，应按要求检测混凝土拌和物的各项性能。

4.2.1.4 混凝土的运输

混凝土的运输能力应与混凝土的凝结速度和浇筑速度相适应，应使浇筑工作不间断且混凝土运到浇筑地点仍能保持其均匀性和规定的坍落度。混凝土的运输宜采用搅拌运输车，或在条件允许时采用泵送方式输送；采用吊斗或其他方式运输时，运距不宜超过100m且不得使混凝土产生离析。采用搅拌运输车运输混凝土时，途中应以2～4r/min的慢速进行搅动，卸料前应以常速再次搅拌。混凝土运至浇筑地点后发生离析、泌水或坍落度不符合要求时，应进行第二次搅拌。二次搅拌时不宜任意加水，确有必要时，可同时加水、相应的胶凝材料和外加剂并保持其原水胶比不变；二次搅拌仍不符合要求时，则不得使用。

4.2.1.5 混凝土的浇筑

浇筑混凝土前应进行以下准备工作：

①应根据待浇筑结构物的情况、环境条件及浇筑量等制订合理的浇筑工艺方案，工艺方案应对施工缝设置、浇筑顺序、浇筑工具、防裂措施、保护层的控制等作出明确规定。

②应对支架、模板、钢筋和预埋件等进行检查，模板内的杂物、积水及钢筋上的污物应清理干净。模板如有缝隙或孔洞时，应堵塞严密且不漏浆。

③应对混凝土的均匀性和坍落度等性能进行检测。

自高处向模板内倾卸混凝土时，应防止混凝土离析。直接倾卸时，其自由倾落高度不宜超过2m；超过2m时，应通过串筒、溜管（槽）或振动溜管（槽）等设施下落；倾落高度超过10m时，应设置减速装置。

混凝土应按一定的厚度、顺序和方向分层浇筑，且应在下层混凝土初凝或能重塑前浇筑完成上层混凝土；上下层同时浇筑时，上层与下层的前后浇筑距离应保持1.5m以上；在倾斜面上浇筑混凝土时，应从低处开始逐层扩展升高，并保持水平分层。混凝土分层浇筑的厚度一般为15～30cm。

采用振动器振捣混凝土时，应符合下列规定：

①插入式振动器的移位间距应不超过振动器作用半径的1.5倍，与侧模应保持50～100mm的距离，且插入下层混凝土中的深度宜为50～100mm。

②表面振动器的移位间距应使振动器平板能覆盖已振实部分不小于100mm。

③附着式振动器的布置距离，应根据结构物形状和振动器的性能通过试验确定。

④每一振点的振捣延续时间宜为20～30s，以混凝土停止下沉、不出现气泡、表面呈现浮浆为度。

混凝土的浇筑宜连续进行，因故中断间歇时，其间歇时间应小于前层混凝土的初凝时间或能重塑时间。混凝土的运输、浇筑及间歇的全部时间不宜超出表4-2-1的规定；当超出时应按浇筑中断处理，并应留置施工缝，同时应记录。

混凝土运输、浇筑时间及间歇的全部允许时间（单位：min） 表4-2-1

混凝土强度等级	气温≤25℃	气温>25℃
≤C30	210	180
>C30	180	150

注：当混凝土中掺有促凝剂或缓凝剂时，其允许时间应通过试验确定。

施工缝的位置应在混凝土浇筑之前确定，且宜留置在结构受剪力和弯矩较小并便于施工的部位，施工缝宜设置成水平面或垂直面。对施工缝的处理应符合下列规定：

①处理层混凝土表面的松弱层应予以凿除。对处理层混凝土的强度，当采用水冲洗凿毛时，应达到0.5MPa；人工凿毛时，应达到2.5MPa；采用风动机凿毛时，应达到10MPa。

②经凿毛处理后的混凝土面，应用洁净水冲洗干净。

③重要部位及有抗震要求的混凝土结构或钢筋稀疏的钢筋混凝土结构，宜在施工缝处补插锚固钢筋；有抗渗要求的混凝土，其施工缝宜做成凹形、凸形或设置止水带；施工缝为斜面时，宜浇筑或凿成台阶状。

4.2.1.6 混凝土养护

混凝土浇筑完成后应及时进行养护。养护可分自然养护和蒸气养护两种。在养护期间，应使其保持湿润，防止雨淋、日晒、受冻及受荷载的振动、冲击，以促使混凝土硬化，并在获得强度的同时，防止混凝土干缩引起的裂缝。为此，对于混凝土外露面，在表面收浆、凝固后，即用草帘等物覆盖，并应经常在覆盖物上洒水。洒水保湿养护时间应不少于7d。

当日平均气温低于+5℃或日最低气温低于-3℃时，应按冬季施工要求进行养护。

4.2.1.7 混凝土的质量检查

（1）混凝土浇筑前的质量检查

①检查混凝土浇筑设备、场地、原材料和配合比。

②检查钢筋和预埋件等隐蔽工程和支架、模板、拱架等构件。

（2）混凝土浇筑过程中的质量检查

①每日开工前及气候有较大变化时，检测砂石的含水率，并根据砂石实际含水率调整搅拌用水量。

②每个工作班至少2次检查混凝土组成材料的质量，砂石料有显著变化时，则进行级配调整；同时检查混凝土的用量，要求投料量偏差在允许范围内。

③每个工作班至少2次检查混凝土的和易性（坍落度等）。

④随时检查混凝土的拌和时间、拌和方法、运输方法、浇筑方法和模板支架的稳固性等。

（3）混凝土浇筑后的质量检查

①检查养护情况、混凝土外观、拆模时间和外形尺寸。

②检查所制取混凝土试件的强度。

（4）混凝土试件制取

混凝土强度的大小直接反映构件的质量，检测强度用的试块，一组为3块，根据工程量大小，按下列要求留置：

①不同强度等级及不同配合比的混凝土应分别制取试件，试件在浇筑地点或搅拌点随机制取。

②浇筑一般体积的结构物（如基础、墩台、柱梁等）时，每个结构物制取2组试件。

③连续浇筑大体积结构物混凝土时，每80～200m^3或每一工作班制取2组试件。

④每片梁长16m以下制取1组试件，16～30m制取2组试件，31～50m制取3组试件，50m以上者不少于5组试件。

⑤就地浇筑的混凝土小桥涵，每一座桥涵或每一工作班制取不少于2组试件；当原材料和配合比相同，并由同一拌和站拌制时，可几座桥涵合并制取2组试件。

⑥根据施工需要，制取多组与构件相同养护条件的混凝土试块，可以通过这些试块反映构件的实际强度情况，并在如拆模、出槽、吊装、张拉、加载等施工阶段为施工提供可靠的控制依据。

（5）试块抗压强度代表值

混凝土抗压强度采用边长为150mm的立方体标准试件在温度为（20±3）℃及相对湿度不低于90%的环境中养护28d做抗压试验测得（单位：MPa）。在进行混凝土强度试配和质量评定时，取其保证率为95%。

混凝土试块抗压强度代表值按以下方法确定：

①一般取3个试块强度的算术平均值作为每组试块的抗压强度代表值。

②当一组试块中强度的最大值或最小值与中间值之差有一个超过中间值的15%时，取中间值作为该组试块的抗压强度代表值。

③当一组试块中强度的最大值和最小值与中间值之差两个都超过中间值的15%时，该组试块的试验结果无效。

当采用非标准尺寸试件做抗压强度试验时，其抗压强度应按表4-2-2所列系数进行换算。

混凝土试件抗压强度换算系数 表4-2-2

集料最大粒径(mm)	试件尺寸(mm×mm×mm)	换算系数
60	200×200×200	1.05
40	150×150×150	1.00
30	100×100×100	0.95

（6）混凝土质量标准

①混凝土抗压强度以标准条件下养护28d试件的抗压强度进行评定，其合格条件如下：

a. 应以强度等级相同、龄期相同以及生产工艺条件和配合比相同的混凝土组成同一验收批，同一验收批的混凝土强度应以同批内所有各组标准尺寸试件的强度测定值（当为非标准尺寸试件时应进行强度换算）为代表值。

b. 大桥等重要工程及中小桥、涵洞工程的试件数大于或等于 10 组时，应以数理统计方法按下述条件评定：

$$m_{f_{cu}} \geqslant f_{cu,k} + \lambda_1 S_{f_{cu}} \tag{4-2-1}$$

$$f_{cu,min} \geqslant \lambda_2 f_{cu,k} \tag{4-2-2}$$

$$S_{f_{cu}} = \sqrt{\frac{\sum_{i=1}^{n} f_{cu,i}^2 - n m_{f_{cu}}^2}{n-1}} \tag{4-2-3}$$

式中：n——同批混凝土试件组数；

$m_{f_{cu}}$——同批 n 组试件强度的平均值（MPa）；

$f_{cu,k}$——混凝土立方体抗压强度标准值（MPa）；

$S_{f_{cu}}$——同批 n 组试件立方体抗压强度的标准差（MPa），当计算值小于 2.5MPa 时，应取 2.5MPa；

$f_{cu,i}$——第 i 组试件的立方体抗压强度代表值（MPa）；

$f_{cu,min}$——n 组试件中混凝土立方体抗压强度最小值（MPa）；

λ_1、λ_2——合格判定系数，取值见表 4-2-3。

混凝土强度合格判定系数 λ_1、λ_2 的值 表 4-2-3

试件组数 n	10～14	15～24	≥25
λ_1	1.15	1.05	0.95
λ_2	0.9	0.85	0.85

c. 中小桥及涵洞等工程，同批混凝土试件少于 10 组时，可用非统计方法按下述条件进行评定：

$$m_{f_{cu}} \geqslant \lambda_3 \cdot f_{cu,k} \tag{4-2-4}$$

$$f_{cu,min} \geqslant \lambda_4 \cdot f_{cu,k} \tag{4-2-5}$$

式中：λ_3、λ_4——合格判定系数，取值见表 4-2-4。

混凝土强度非统计方法合格判定系数 λ_3、λ_4 的值 表 4-2-4

混凝土强度等级	<C60	≥C60
λ_3	1.15	1.10
λ_4	0.95	

②试件强度达不到合格条件的处理方法：

当混凝土强度按试件强度进行评定达不到合格条件时，可采用钻取试样或以无损检测法查明结构实际混凝土的抗压强度和浇筑质量；如仍有不合格，应采取措施进行处理。

③结构混凝土应符合以下规定：

a. 表面应密实、平整。如有蜂窝、麻面，其面积不得超过结构同侧面积的 0.5%，如有裂缝，其宽度不得大于设计规范的有关规定。

b. 小型构件无翘曲现象。

c. 对蜂窝、麻面、掉角等缺陷，应凿除松弱层，用钢丝刷清理干净，用压力水冲洗、湿润，再用较高强度的水泥砂浆或混凝土填塞捣实，覆盖养护；如用环氧树脂等胶凝材料修补，应先经试验验证。

d. 如有严重缺陷，影响结构性能时，应分析情况，研究处理。

④结构物的位置和外形尺寸要求：

混凝土和钢筋混凝土结构物的位置及外形尺寸允许偏差应符合有关规定。

4.2.2 钢 筋 工 程

桥梁工程中把钢筋混凝土构件中的钢筋和预应力混凝土构件中的非预应力钢筋统称为普通钢筋，把预应力混凝土构件中承受预应力的钢筋称为预应力筋。

《公路钢筋混凝土及预应力混凝土桥涵设计规范》(JTG D62—2004)规定，公路混凝土桥涵的钢筋应按下列规定采用：钢筋混凝土及预应力混凝土构件中的普通钢筋宜选用 HPB235、HPB300、HRB335、HRB400、HRB500、HRBF335、HRBF400、HRBF500 和 RRB400 钢筋，预应力混凝土构件中的箍筋应选用其中的带肋钢筋；按构造要求配置的钢筋网可采用冷轧带肋钢筋；预应力混凝土构件中的预应力钢筋应选用钢绞线、钢丝；中、小型构件或竖、横向预应力钢筋，也可选用精轧螺纹钢筋。

4.2.2.1 钢筋加工前的准备工作

1）材料

桥梁常用的普通钢筋有强度等级代号为 HPB235 的热轧光圆钢筋，牌号为 HRB335、HRB400 的热轧带肋钢筋和强度等级代号为 KL400 的余热处理钢筋。抗拉强度标准值 f_{sk}、弹性模量 E_s 等指标见表 4-2-5。

桥梁普通钢筋抗拉强度标准值和弹性模量 表 4-2-5

钢筋种类	公称直径 (mm)	符号	抗拉强度标准值 f_{sk}(MPa)	抗拉强度设计值 f_{sd}(MPa)	抗压强度设计值 f'_{sd}(MPa)	弹性模量 E_s(MPa)
HPB235	6~22	ϕ^1	235	195	195	2.1×10^5
HPB300	6~22	ϕ^2	300	250	250	
HRB335	6~50	$\underline{\phi}$	335	280	280	2.0×10^5
HRBF335	6~50	ϕ^F	335	280	280	
HRB400	6~50	$\underline{\Phi}$	400	330	330	
HRBF400	6~50	$\underline{\Phi}^F$	400	330	330	
HRB500	6~50	$\overline{\underline{\Phi}}$	500	415	415	
HRBF500	6~50	$\overline{\underline{\Phi}}^F$	500	415	415	

注：HPB235、HPB300 钢筋指热轧光圆钢筋，摘自国家标准《钢筋混凝土用钢第 1 部分：热轧光圆钢筋》(GB 1499.1—2008)；HRB335、HRB400、HRB500 钢筋指热轧带肋钢筋，HRBF335、HRBF400、HRBF500 指细晶粒热轧带肋钢筋，HRB400 钢筋指余热处理带肋钢筋，均摘自国家标准《钢筋混凝土用钢第 2 部分：带肋钢筋》(GB 1499.2—2007)；冷轧带肋钢筋取自国家标准《冷轧带肋钢筋》(GB 13788—2000)。

桥梁常用预应力钢筋有钢绞线、钢丝和精轧螺纹钢筋，其有关符号和抗拉强度标准值 f_{pk}、弹性模量 E_p 指标见表 4-2-6。

桥梁常用预应力钢筋抗拉强度标准值和弹性模量 表4-2-6

钢筋种类		符号	公称直径(mm)	抗拉强度标准值 f_{pk}(MPa)	弹性模量 E_p(MPa)
钢绞线	1×2(两股)	ϕ^s	8.0、10.0、12.0	1470、1570、1720、1860、1960、1470、1570、1720、1860	1.95×10^5
	1×3(三股)		8.6、10.8、12.9	1470、1570、1720、1860、1960	
	1×7(七股)		9.5、12.7、15.2、17.8、21.6	1860、1960、1720、1860	
消除应力钢丝	光面	ϕ^P	5	1570、1770、1860	2.05×10^5
			7	1570	
			9	1470、1570	
	螺旋肋	ϕ^H	5	1570、1770、1860	
			7	1570	
			9	1470、1570	
精轧螺纹钢筋		JL	18、25、32	540、785、930、1080	2.0×10^5
			40	540、785	

2)普通钢筋的检验

普通钢筋进场后,应检查出厂质量证明书和试验报告单,并对桥梁所用的钢筋抽取试样做拉伸和冷弯试验。如钢筋需要焊接,需增加焊接工艺试验。试验要符合下列规定:

(1)钢筋试验应分批进行,热轧钢筋每批质量不能超过60t。

(2)每批钢筋中取试件9根,3根做拉伸试验(确定屈服点、抗拉强度和伸长率),3根做冷弯试验,3根做焊接工艺试验。

(3)做拉伸试验时,应同时确定抗拉强度、屈服点和伸长率三个指标。在第一次拉伸试验时,如果有一个指标不符合规定,即认为拉伸试验项目不合格,应再做拉伸试验,重新测定三个指标。第二次试验中,如仍有一个指标不符合规定,不论这个指标在第一次试验中是否合格,拉伸试验项目即作为不合格处理。

(4)做冷弯试验时,应按要求将试件绕一定直径的芯棒弯曲至规定角度,其背后不发生裂纹、鳞落、断裂等现象为合格。

(5)若有任何一项试验结果不合格,允许重做该项试验。重作试验时,应另从其他钢筋中选取试件,试件数量应为第一次试件数量的2倍。第二次重做试验仍有不合格时,则认为该批钢筋是不合格的。

3)预应力钢筋的检验

预应力钢筋进场后,要分批验收。验收时除应对其质量证明书、包装、标志和规格等进行检查外,并要按预应力钢筋种类进行其他检验。

(1)钢绞线

钢绞线分批检验时,每批质量不大于60t。从每批钢绞线中任取3盘,从每盘所选的钢绞线端部正常部位截取一根试样进行表面质量、直径偏差和力学性能试验。如每批少于3盘,则逐盘取样进行上述试验。试验结果如有一项不合格,则不合格盘报废,并再从该批未试验过的钢绞线中取双倍数量的试样进行该不合格项的复验,如仍有一项不合格,则该批钢绞线为不合格。

(2)钢丝

钢丝分批检验时,每批质量不大于60t。先从每批中抽查5%,但不少于5盘,进行形状、尺寸和表面检查,如检查不合格,则对该批钢丝逐盘检查。在上述检查合格的钢丝中抽取5%,但不少于3盘,在每盘钢丝的两端取样进行抗拉强度、弯曲和伸长率的试验。试验结果如有一项不合格,则不合格盘报废,并从同批未试验过的钢丝盘中取双倍数量的试样进行该不合格项的复验,如仍有一项不合格,则该批钢丝为不合格。

(3)精轧螺纹钢筋

精轧螺纹钢筋分批检验时,每批质量不大于100t。对外观质量要逐根目测检查,外观检查合格后在每批中任选2根钢筋截取试件进行拉伸试验(对拉伸试验的试件,不允许进行任何形式的加工)。试验结果如有一项不合格,则另取双倍数量的试件重做全部各项试验,如仍有一根试件不合格,则该批钢筋为不合格。

上述试验结果的判定以《公路桥涵施工技术规范》(JTG/T F050—2011)的规定为准。其中应注意的是,除大桥等重要工程以外的其他桥梁使用的预应力钢材中,钢丝、钢绞线的力学性能检测,可以仅进行抗拉强度试验,或由生产厂家提供力学性能试验报告。

4)钢筋保存

钢筋应尽量堆放在仓库或加工棚内,堆放场地应选择在地势较高处,堆放时应垫高架空,离地至少200mm,不要和酸、盐、油类物品一起存放,以避免污染。钢筋进场后,必须按不同钢种、等级、牌号、规格及生产厂家分批验收,分别堆存,不可混杂,且应设立识别标志,并妥善保管,尽量缩短存放时间。

预应力钢筋堆放时必须保持清洁,在存放和搬运过程中要避免机械损伤和有害的锈蚀。如进场后需长时间存放时,必须定期进行外观检查。预应力钢筋在仓库内保管时,仓库要求干燥、防潮、通风良好、无腐蚀气体和介质;在室外存放时,时间不宜超过6个月,不得直接堆放在地面上,必须采取垫以枕木并用苫布覆盖等有效措施,防止雨露和各种腐蚀性气体等的影响。

5)钢筋下料

(1)普通钢筋下料长度

钢筋下料要根据构件配筋图,绘出各种形状和规格的单根钢筋简图并加以编号,分别计算钢筋的直线下料长度、根数和钢筋的质量,并绘制配料单,以作为钢筋加工的依据。

公路桥梁设计图纸中钢筋的设计长是考虑弯折折减和弯钩增长以后的钢筋轴线长。有些桥梁设计图纸中设计图样中注明的钢筋尺寸是钢筋外轮廓尺寸,即外包尺寸。在加工前对每一根钢筋设计长要进行仔细的复核。钢筋的下料长度则是指轴线长度。如果按设计图样中钢筋的外包尺寸下料,则加工后钢筋尺寸将大于设计要求的外包尺寸,会导致保护层不够甚至无法放入模板内,造成返工并浪费材料。这是由于钢筋弯曲时,外皮伸长而内皮缩短,其轴线长度不变,而量得的外包尺寸总和要大于钢筋的轴线长度。弯曲钢筋的外包尺寸与轴线长度之间存在的差值,称之为量度差值,也叫弯曲调整值,弯曲折减值。

钢筋下料长度按下列方法进行计算:

直钢筋下料长度 = 外包线长度 + 弯钩加长值 + 接头长度 − 冷弯伸长量

弯起钢筋(包括箍筋)的下料长度 = 外包线总长度 − 弯曲调整值 + 弯钩加长值

钢筋的弯钩应符合设计要求,《公路钢筋混凝土及预应力混凝土桥涵设计规范》(JTG D62—2004)对钢筋的弯钩做了具体规定,见表4-2-7。

弯曲伸长计算一般可按下列数字估算伸长量,弯45°时伸长$0.5d$(d为钢筋直径);弯90°时伸长$1d$;弯180°时伸长$1.5d$。

钢筋弯钩要求 表 4-2-7

弯曲部位	弯曲角度	形状图	钢筋种类	弯曲直径	平直部分长度	备注
末端弯钩	180°	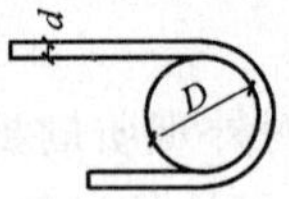	HPB235	≥2.5d	≥3d	d为钢筋直径
	135°	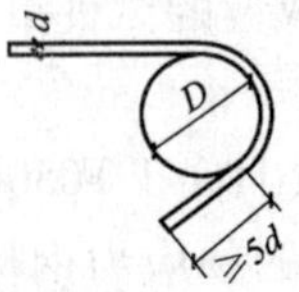	HRB335	ϕ8~ϕ25 ≥4d	≥5d	
			HRB400	Φ28~Φ40 ≥5d		
	90°	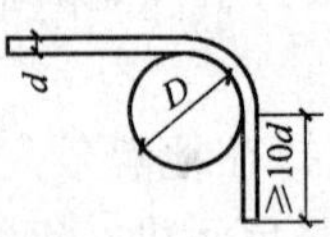	HRB335	ϕ8~ϕ25 ≥4d	≥10d	
			HRB400	Φ28~Φ40 ≥5d		
中间弯钩	90°以下	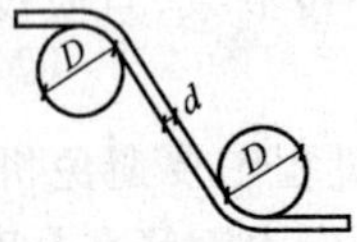	各类	≥20d	—	

(2)预应力钢筋下料长度

钢绞线、钢丝和精轧螺纹钢筋等预应力钢筋的下料长度,应通过计算确定。计算时,应考虑台座长度、夹具长度、千斤顶长度、焊接接头、冷拉伸长值、弹性回缩值、张拉伸长值和外露长度等因素。几种常见预应力钢筋下料长度计算式见表 4-2-8。

常见预应力钢筋下料长度的计算式 表 4-2-8

预应力筋名称	计算公式	符号含义
预应力粗钢筋	两端用螺栓端杆锚具时: $L_1 = l + 2l_2$ $L_0 = L_1 - 2l_1$ $L = nl_3 + L_0/(1+\gamma-\delta)$ 一端用螺栓端杆,另一端用帮条(或镦粗头)锚具时: $L_1 = l + l_2 + l_3$ $L_0 = L_1 - l_1$ $L = nl_0 + L_0/(1+\gamma-\delta)$	L——预应力筋钢筋部分的下料长度; L_0——预应力筋钢筋部分的成品长度; L_1——预应力筋的成品长度; l——构件的孔道长度; l_1——螺栓杆端长度; l_2——螺栓杆端伸出构件外的长度; l_3——镦头或帮条锚具长度(包括垫板厚 h); l_0——每个对焊接头的压缩长度; n——对焊接头的数量; γ——钢筋冷拉伸长率; δ——钢筋冷拉弹性回缩率
预应力钢绞线	用夹片式锚具时: 两端张拉 $L = l + 2(l_1 + l_2 + l_3 + 100)$ 一端张拉 $L = l + 2(l_1 + 100) + l_2 + l_3$	l_1——夹片式工作锚厚度; l_2——穿心式千斤顶长度; l_3——夹片式工具锚厚度; 其余符号意义同上

续上表

预应力筋名称	计 算 公 式	符 号 含 义
长线台座预应力筋	$L_1 = l + 2l_2$ $L_0 = L_1 - 2l_1 - l_7(m-1)$ $L = nl_1 + 2m + l_8 + L_0/(1+\gamma-\delta)$	m——钢筋分段数； l_7——钢筋连接器中间部分的长度； l_8——每个镦头的压缩长度； 其余符号意义同上
预应力钢丝束	用钢质锥形锚具时： 两端张拉　$L = l + 2(l_1 + l_2 + 80)$ 一端张拉　$L = l + 2(l_1 + 80) + l_2$	l_1——锚环厚度； l_2——千斤顶分丝头至卡盘外端距离； l_6——锥形螺杆锚具套筒长度； α——钢丝伸出套筒的长度； 其余符号意义同上
	用锥形螺杆锚具时： $L_1 = l + 2l_2$ $L_0 = L_1 - 2l_1 + 2(l_6 + \alpha)$	

4.2.2.2　钢筋加工

1）钢筋的调直

直径 12mm 以下的 HPB235 钢筋和钢丝常卷成盘形，粗钢筋常为 6～12m 的直条，但有时候会因为运输和储存不当造成局部弯曲。因此，钢筋使用前先予以调直。盘形钢筋、钢丝采用调直机调直或冷拉调直。局部弯曲人工采用横口扳手调直。

2）钢筋的除锈去污

钢筋应有洁净的表面，使钢筋与混凝土间有可靠的黏结力。油渍、漆皮、鳞锈均应在使用前清除干净。

3）钢筋的切断

目前，常用电动切割机切断钢筋，它适用于切割直径为 40mm 以下的钢筋，对直径较细的钢筋一次可切断数根。对 10mm 以下的光圆钢筋，可采用剪筋刀剪断。对预应力钢筋也可用砂轮锯，但不得采用电弧切断。

4）钢筋弯曲成型

（1）手工弯曲成型：主要用于施工现场小批量钢筋的加工。手工弯曲成型工具主要有操作台、手摇板、卡盘和钢筋扳手（图 4-2-1）等。

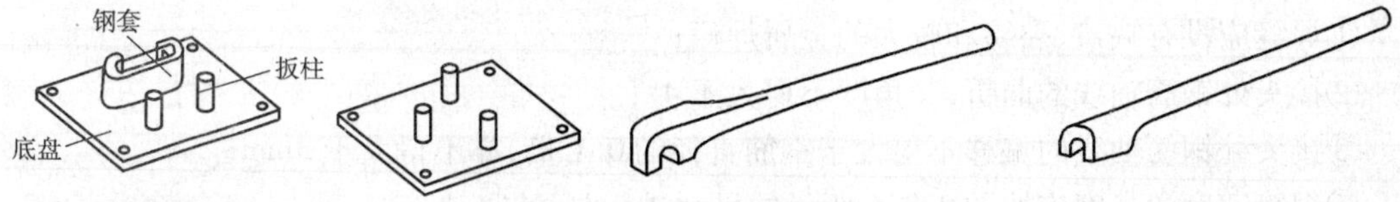

a)四扳柱卡盘　b)三扳柱卡盘　c)横口扳手　d)顺口扳手

图 4-2-1　卡盘和钢筋扳手

（2）机械弯曲成型：采用钢筋弯曲机弯曲成型。钢筋弯曲机的工作程序如图 4-2-2 所示。

5）钢筋连接

钢筋连接方法有闪光接触对焊、电弧焊（搭接焊、帮条焊）、螺套及套筒挤压连接和绑扎等几种。一般钢筋连接均应使用焊接接头；当结构钢筋特别长，无法运输时，可用螺套及套筒挤压连接；当焊接有困难时，才可用绑扎接头。

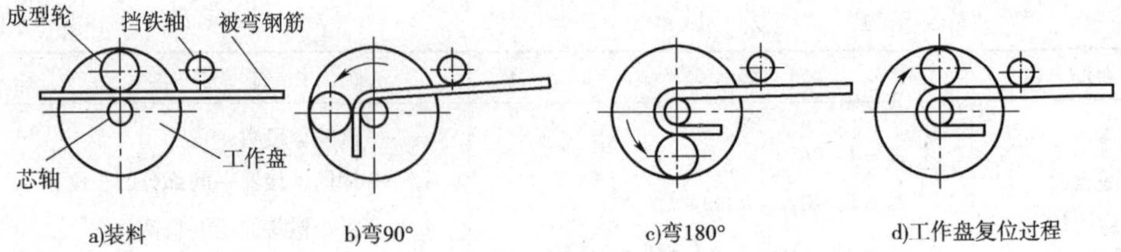

图 4-2-2　钢筋弯曲机的工作程序

对于焊接接头，受拉钢筋接头的截面积在同一截面（钢筋长度方向 $35d$ 并≮50cm）内不得超过钢筋总面积的 50%。

（1）闪光接触对焊

图 4-2-3 所示为接触对焊示意图，图 4-2-4 所示为接触对焊的接头形式。

（2）电弧焊

电弧焊系将一根导线接在被焊钢筋上，另一根导线接在夹有焊条的焊钳上，将接触焊件接通电流，并立即将焊条提起 2～3mm，产生电弧（温度高达 4000℃），将焊条和钢筋熔化并汇合成一条焊缝，至此焊接过程结束。图 4-2-5 所示为电弧焊的接头形式。

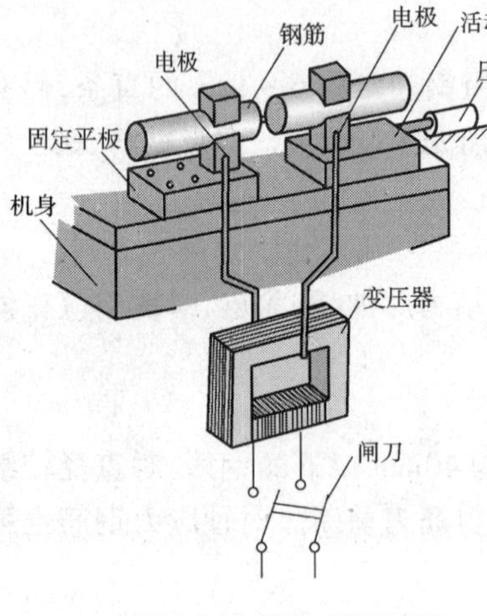

图 4-2-3　接触对焊示意图

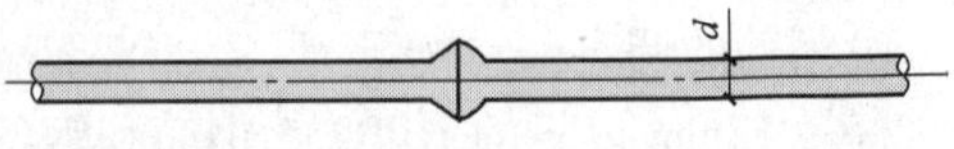

图 4-2-4　接触对焊接头

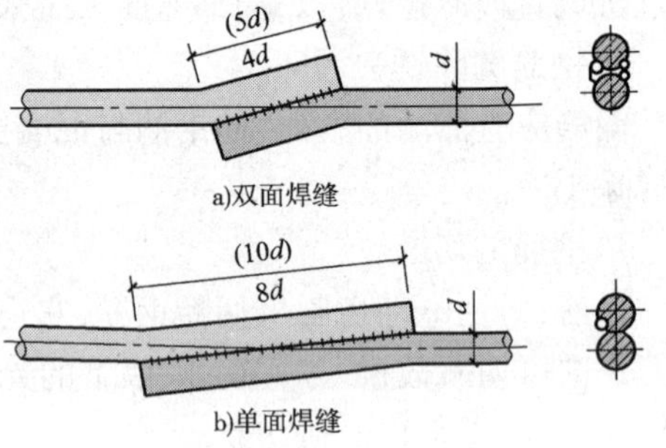

图 4-2-5　电弧焊接头

钢筋焊接完毕，同样应对接头进行外观检查，并进行力学性能试验。外观检查应满足下列要求：

①焊缝应没有缺口、裂缝和较大的金属焊瘤；

②接头处钢筋轴线的曲折，其角度不得大于 4°；

③接头处钢筋轴线的偏移不得大于钢筋直径的 0.1 倍，亦不得大于 3mm；

④焊缝宽度和高度应按图 4-2-6 所示的尺寸进行测量。

（3）螺套及套筒挤压连接

当构件特别长（如连续梁内的纵向构造钢筋），很难做到先焊接后放入模板内。此时可先用钢筋套螺纹机床将钢筋两端绞出锥形螺纹，再用特制的螺套连接器将钢筋连接起来（图 4-2-7），也可以在两根待接钢筋的端头处先后插入一个优质钢套筒，用压接器在侧向将钢筋接头处的钢套筒压紧，当套筒发生塑性变形后，即与钢筋紧密咬合，达到连接效果。螺套及套筒挤压连接可用于 20～40mm 的螺纹钢筋，其优点是使用方便，能缩短工期，适用范围大；缺点是需要大量钢材，成本较高。

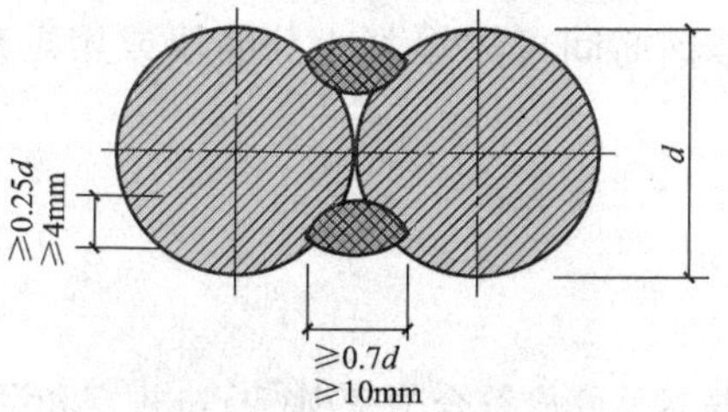

图 4-2-6 焊缝宽度

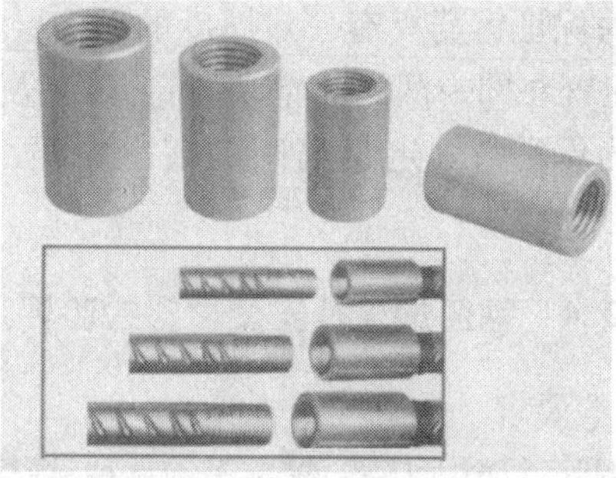

图 4-2-7 直螺纹套筒接头

(4)钢筋绑扎连接

当没有条件焊接时,接头可用铁丝绑扎搭接,但钢筋直径不应超过25mm。当采用绑扎连接时,应在搭接中心和两端用铁丝扎牢。绑扎前,应根据钢筋直径选择铁丝,钢筋直径 $d \leq 12$mm 时,宜采用22号铁丝;钢筋直径 $12\text{mm} < d < 16\text{mm}$ 时,宜采用20号铁丝;钢筋直径 $d \geq 16$mm 时,宜采用单根18号或双根22号铁丝。

6)钢筋骨架的焊接与绑扎

为减少在现场的钢筋安装工作,构件内的钢筋一般预先在工厂或工地制成平面或立体骨架,当跨径较大时,可分段制成骨架。钢筋骨架的焊接一般采用电弧焊,先焊成单片平面骨架,然后再将平面骨架组焊成立体骨架。制作骨架时应焊接坚固,使骨架有足够的刚度,以便吊装和运输。为防止骨架在焊接过程中发生变形,骨架焊接应遵循一定顺序。钢筋骨架的施焊顺序宜由中到边对称地向两端进行,先焊骨架下部,后焊骨架上部。每一条焊缝应一次焊成。相邻的焊缝采用分区对称跳焊,不得顺一个方向一次焊成,骨架焊成后应全部敲掉药皮。当多层钢筋直径不同时,可先焊直径相同的,再焊直径不同的,若相同直径钢筋在同一焊位有好几根,则分层跳焊,如图4-2-8所示。

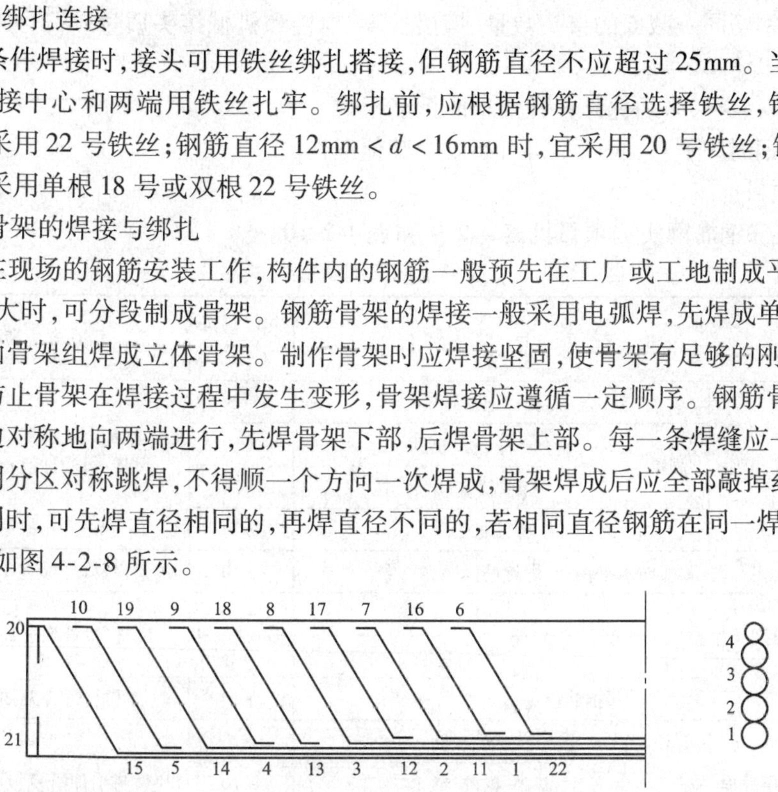

图 4-2-8 钢筋骨架的施焊顺序

4.2.2.3 钢筋骨架的安装

钢筋安装应按事先决定的顺序与支模工作互相配合,安装钢筋前,必须详细检查模板各部分尺寸,检查模板有无歪斜、裂缝及变形,模板间拼接是否牢固。

焊接成型的钢筋骨架,安装一般用起重设备吊入模板内即可。

对于绑扎钢筋的安装,应拟定安装顺序。一般的梁肋钢筋,先放箍筋,再安下排钢筋,后装上排钢筋。在钢筋安装工作中,为了保证达到设计及构造要求,应注意下列几点:

(1)钢筋的接头应按规定要求错开布置。

(2)钢筋的交叉点,应用钢丝绑扎结实,必要时可用点焊焊牢。

(3)除设计有特殊要求外,梁中箍筋应与主筋垂直,箍筋弯钩的叠合处,在梁中应沿梁长方向置于上面并交错布置,在柱中应沿柱高方向交错布置。

(4)为保证钢筋具有一定厚度的保护层,钢筋与底模、侧模之间一般设置设计保护层厚度的垫块,配置在同一截面的垫块应错开布置,垫块间距为70~100cm。

(5)为保证与固定钢筋间的横向净距,两排钢筋间可用混凝土分隔块或用短钢筋扎结固定。

4.2.2.4 钢筋加工及安装质量检验评定

1)基本要求

(1)钢筋、机械连接器、焊条等的品种、规格和技术性能应符合国家现行标准规定和设计要求。

(2)冷拉钢筋的力学性能必须符合规范要求,钢筋平直,表面不应有裂皮和油污。

(3)受力钢筋同一截面的接头数量、搭接长度、焊接和机械接头质量应符合施工技术规范要求。

(4)钢筋安装时,必须保证设计要求的钢筋根数。

(5)受力钢筋应平直,表面不得有裂纹及其他损伤。

2)实测项目

钢筋安装和钢筋网实测项目见表4-2-9和表4-2-10。

钢筋安装实测项目 表4-2-9

项目	检查项目			允许偏差(mm)	检查方法和频率	权值
1△	受力钢筋间距	两排以上排距		±5	尺量:每构件检查2个断面	3
		同排	梁、板、拱肋	±10		
			基础、锚碇、墩台、柱	±20		
		灌注桩		±20		
2	箍筋、横向水平钢筋、螺旋筋间距			±10	尺量:每构件检查5~10个间距	2
3	钢筋骨架尺寸	长		±10	尺量:按骨架总数30%抽查	1
		宽、高或直径		±5		
4	弯起钢筋位置			±20	尺量:每骨架抽查30%	2
5△	保护层厚度	柱、梁、拱肋		±5	尺量:每构件沿模板周边检查8处	3
		基础、锚碇、墩台		±10		
		板		±3		

注:表中"△"标识为关键项目,指涉及结构安全和使用功能的重要实测项目。

钢筋网实测项目 表4-2-10

项次	检查项目	规定值或允许偏差(mm)	检查方法和频率	权值
1	网的长、宽	±10	尺量:全部	1
2	网眼尺寸	±10	尺量:抽查3个网眼	1
3	对角线	15	尺量:抽查3个网眼对角线	1

4.2.3 模板工程

模板不仅控制着构件的形状和尺寸,还直接影响混凝土工程进度及工程造价。模板在整个钢筋混凝土工程中所占比例较大,材料和劳动力消耗较多,合理选择模板的材料、形式并组织施工,对加快钢筋混凝土工程施工和降低造价有显著的效果。

4.2.3.1 模板的类型

1)按材料分类

模板工程的材料种类很多,木、钢、复合材料、塑料、铝合金,甚至混凝土本身都可作为模板工程的材料。模板材料的选用要根据建筑物的结构形状、工期要求、工程费用和当地材料来源、施工条件、施工方法等因地制宜地进行。以下是桥梁中常用的模板。

(1)木模板

模板所用的木材,大部分为松木与杉木,其含水率不宜过高,以免干燥后产生变形。为节约木材,模板和支撑最好由加工厂或木工棚加工成基本元件拼板,如图 4-2-9 所示,然后在现场拼接出所需要的形状和尺寸。

拼板由一些板条用拼条钉拼而成,板条厚度一般为 25 ~ 50mm,宽度不宜超过 200mm。拼条的间距取决于新浇混凝土的侧压力和板条的厚度,多为 400 ~ 500mm。

木模板取材灵活,制作容易,且可做成任意可能的形状,但对木材的消耗大,成本高且施工效率低,故木模板常应用在定型模板(如钢模)不易实现的混凝土构件中。

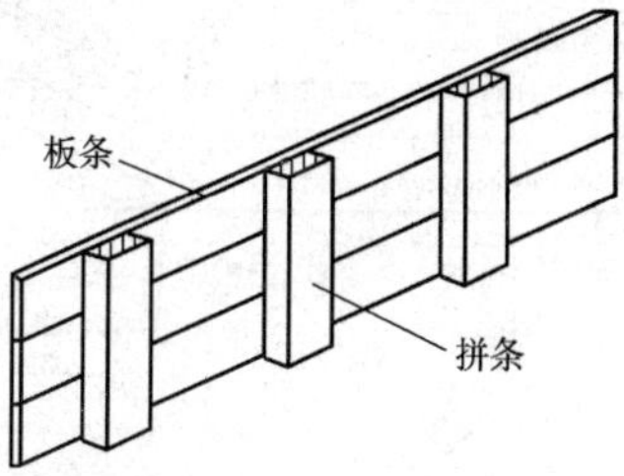

图 4-2-9　基本元件拼板

(2)组合钢模板

组合钢模板是一种工具式模板,它由具有一定模数的很少类型的模板、角模、支撑件和连接件组成,用它可以拼出多种尺寸的几何形状,以适应各种结构类型,如梁、板、基础等施工的需要,可在现场直接组装拼成大模板,亦可以预拼装成大块模板或构件模板用起重机吊运安装。

组合钢模板的主要优点是:可以节约大量木材;混凝土成型质量好;轻便灵活、拆装方便,可用人力装拆;板块小、重量轻,存放、修理、运输极方便;使用周转次数多,每套钢模可重复使用 50 ~100 次以上;每次摊销费比木模低,所以目前被广泛应用于桥梁建设中。

①平面模板和角模。平面模板是组合钢模板的主要组成构件,它由边框、面板和纵横肋组成。面板厚度有 2.3mm 和 2.5mm 两种。宽度以 100mm 为基础,50mm 为模数;长度以 450mm 为基础,150mm 为模数。用平面模板可以组合拼成长度和宽度方向上以 50mm 为模数的各种尺寸。进行配板设计时,如出现不足 50mm 的空缺,则用方木补缺,用钉子或螺栓将方木与板块边框上的孔洞连接。

平面模板间形成角的连接靠阴角模板、阳角模板和连接角模。阴角模板用于混凝土构件阴角;阳角模板主要用于混凝土构件阳角;连接角模用于平模作垂直连接构成阳角,如图 4-2-10所示。

②连接件。平面模板通过连接件的连接使各板块拼装成符合设计要求的几何形状,连接件有 U 形卡、L 形插销、钩头螺栓、紧固螺栓、对拉螺栓以及扣件等,见图 4-2-11。

(3)覆面胶合板模板

覆面胶合板是在胶合板表面经涂层或覆膜处理后制成的。覆面胶合板表面平整光滑,加工灵活,每次使用前不必刷脱膜剂,用加设密封条和覆贴胶带纸等方法封堵拼缝。覆面胶合板比木模板高效省力,可降低施工费用,而且比组合钢模板板块尺寸大、模板拼缝少、拼装和拆除效率高,并且浇筑的混凝土表面平整光滑,能减少其表面气泡,有效提高表面质量。

模板用的木胶合板通常由 5、7、9、11 等奇数层单板(厚 1.5 ~4.0mm),按相邻层的纹理方向相互垂直,经热压固化而胶合成型。其长度一般为 1800 ~2400mm,宽度为 500 ~1219mm,

厚度为 12 ~ 24mm。模板用的竹胶合板通常主要由竹材采用酚醛树脂热压胶合而成,如竹条胶合板和竹芯木面胶合板。模板用的竹胶合板的长度为 1830 ~ 3000mm,宽度为 915 ~ 1500mm,厚度为 9 ~ 18mm。通常长度方向是宽度方向的 2 倍左右,常用竹胶合板厚度为 12mm 和 15mm 两种。

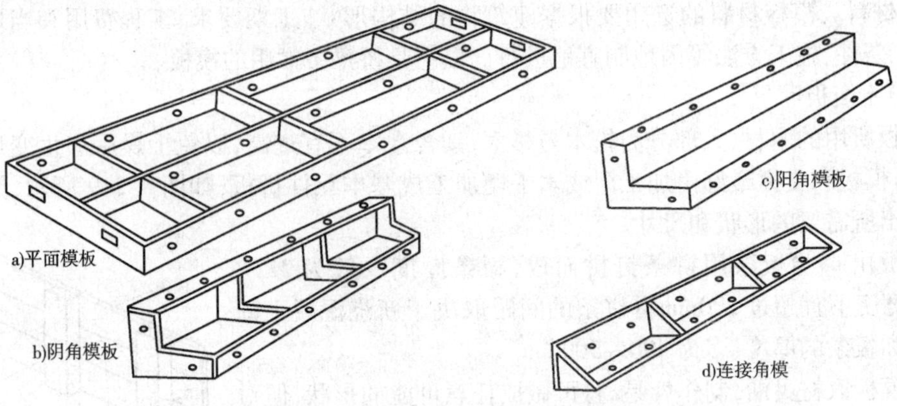

图 4-2-10　组合钢模的模板类型

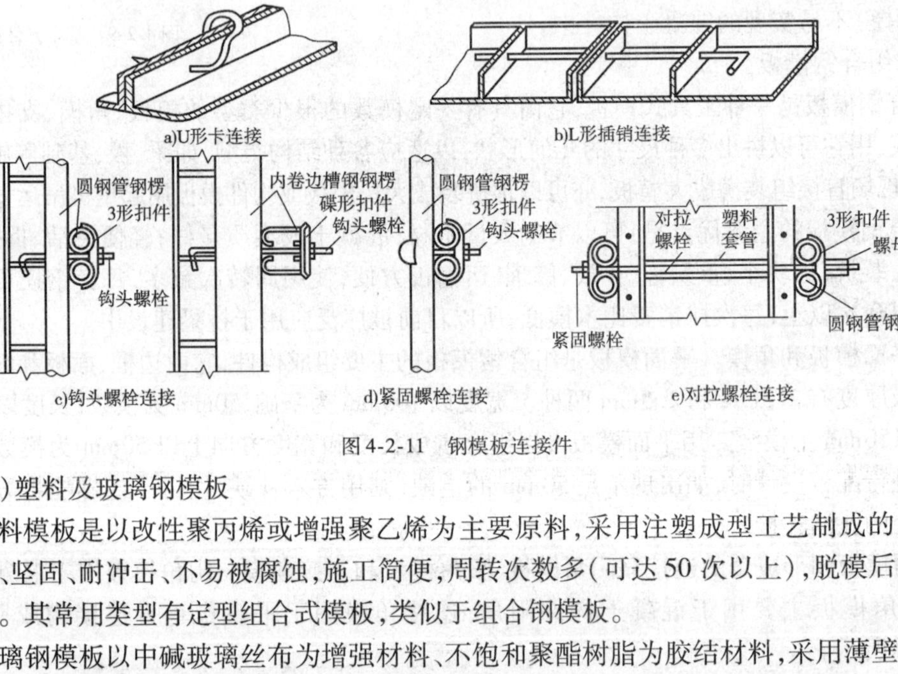

图 4-2-11　钢模板连接件

(4)塑料及玻璃钢模板

塑料模板是以改性聚丙烯或增强聚乙烯为主要原料,采用注塑成型工艺制成的。塑料模板质轻、坚固、耐冲击、不易被腐蚀,施工简便,周转次数多(可达 50 次以上),脱模后混凝土表面光滑。其常用类型有定型组合式模板,类似于组合钢模板。

玻璃钢模板以中碱玻璃丝布为增强材料、不饱和聚酯树脂为胶结材料,采用薄壁加肋的构造形式,用阴模逐层黏结成型。它与塑料模板相比,具有刚度大、模具制作方便、尺寸灵活、周转次数多等优点。

塑料及玻璃钢模板可节约木材、钢材,降低成本,但一次投资费用大。

(5)充气橡胶管内模

现在桥梁工程上更多地采用充气橡胶管来代替木制内模,因为它更容易架设和拆除。在充气时,所施气压的大小要根据橡胶管的管径、新筑混凝土的压力以及气温等因素计算确定。在浇筑混凝土之前要事先用定位钢筋或压块将橡胶管的位置加以固定。以防止其上浮和偏位。泄气抽出橡胶管的时间长短与混凝土的强度和气温有关,也要根据试验来确定。

2)按施工方法分类

(1)现场装拆式模板

现场装拆式模板就是在施工现场按照设计要求的结构形状、尺寸及空间位置现场组装,当混凝土达到拆模强度后将其拆除的模板。现场装拆式模板多由定型模板(如组合钢模板和覆面胶合板模板)和工具式支撑(如钢管脚手架和门式脚手架)组成。

现场装拆式模板是桥梁施工中最常用的模板,常见的有组合式模板、拼装式模板、整体吊装式模板等。

(2)固定式模板

固定式模板多用于制作预制构件。按照构件的形状、尺寸在现场或预制场制作模板,涂刷隔离剂,浇筑混凝土,当混凝土达到规定强度后脱模清理模板。涂刷隔离剂,再制作下一批构件。

(3)移动式模板

随着混凝土浇筑,模板可沿着垂直方向或水平方向移动,称为移动式模板。如高墩混凝土浇筑的提升模板、滑升模板。

4.2.3.2 模板的制作与安装

1)模板的一般要求

(1)模板宜优先使用胶合板和钢模板。

(2)在计算荷载作用下,对模板结构应按受力程序分别验算其强度、刚度及稳定性。

(3)模板板面之间应平整,接缝严密,不漏浆,保证结构物外露面美观,线条流畅,可设倒角。

(4)模板结构应简单,制作、装拆方便。

(5)在浇筑混凝土之前,模板应涂刷脱模剂,外露面混凝土模板的脱模剂应采用同一品种,不得使用废机油等油料,且不得污染钢筋及混凝土的施工缝处。

(6)重复使用的模板应经常检查、维修。

2)模板的制作

(1)钢模板制作

钢模板宜采用标准化的组合模板。组合钢模板的拼装应符合现行国家标准《组合钢模板技术规范》(GB 50214—2001)。各种螺栓连接件应符合国家现行有关标准的规定。

钢模板及其配件应按批准的加工图加工,成品经检验合格后方可使用。

(2)木模板制作

木模板可在工厂或施工现场制作,木模与混凝土接触的表面应平整、光滑,多次重复使用的木模应在内侧加钉薄铁皮。

常用的接缝形式有平缝、搭接缝和企口缝等。

重复使用的模板应始终保持其表面平整,形状准确,不漏浆,有足够的强度和刚度。

(3)其他材料模板制作

钢框覆面胶合板模板的板面组配宜采用错缝布置,支撑系统的强度和刚度应满足要求。

高分子合成材料面板、硬塑料或玻璃钢模板,制作接缝必须严密,边肋及加强肋安装牢固,与模板成一整体。

3)模板的安装

(1)模板安装的技术要求

①模板与钢筋安装工作应配合进行,妨碍绑扎钢筋的模板应待钢筋安装完毕后安设。

②安装侧模时,应防止模板移位和凸出。

③模板安装完毕后,应对其平面位置、顶部高程、节点联系及纵横向稳定性进行检查,签认后方可浇筑混凝土。

④模板在安装过程中必须设置防倾覆设施。

⑤纵向预拱度可做成抛物线或圆曲线。

(2)使用芯模注意事项

①充气胶囊在使用前应经过检查,不得漏气;安装时应有专人检查钢丝头,钢丝头应弯向内侧,充气胶囊涂刷隔离剂。

②从开始浇筑混凝土到胶囊放气为止,其充气压力应保持稳定。

③浇筑混凝土时,为防止充气胶囊上浮和偏位,应采取有效措施加以固定,并应对称平衡地进行浇筑。

④充气胶囊的放气时间应经试验确定,以混凝土强度达到能保持构件不变形为宜。

⑤木芯模使用时应防止漏浆和采取措施便于脱模,应根据施工条件通过试验确定拆除芯模时间。

(3)滑升、提升、爬升及翻转模板的技术要求

①滑升模板适用于较高的墩台和吊桥、斜拉桥的索塔施工。采用滑升模板时,应遵守现行《液压滑动模板施工技术规范》(GBJ 113—87)的规定。

②提升模架其结构应满足使用要求。大块模板应用整体钢模板,加劲肋在满足刚度需要的基础上应进行加强,以满足使用要求。

③模板、模架爬升或翻转时结构的混凝土强度必须满足拆模时的强度要求。

4)模板的拆除

模板的拆除期限应根据工程特点、模板位置及混凝土所达到的强度来决定,非承重模板一般应在混凝土抗压强度达到2.5MPa时方可拆除;芯模应在混凝土强度能保证其表面不发生塌陷和裂缝时拆除,一般混凝土强度应达到0.4~0.8MPa;钢筋混凝土的承重模板,应在混凝土强度能承受其自重及其他可能的荷载时拆除,跨径不大于4m及大于4m的构件,在其混凝土强度符合设计强度标准值的50%及75%后方可拆除。

模板的拆除应按设计顺序进行,设计无规定时,应遵循先支后拆、后支先拆的顺序。

拆除模板时,不允许用猛烈地敲打和强扭等方法进行,严禁对模板进行抛扔。模板拆除后,应维修整理,分类妥善存放。

5)模板安装的允许偏差

模板、支架安装质量标准可见表4-2-11。

4.2.3.3 桥梁常见模板的构造实例

(1)空心板的模板。图4-2-12为装配式钢筋混凝土预制空心板模板的横截面构造。中小跨径的空心板的芯模可用充气胶囊芯模。

(2)T形梁的模板。图4-2-13为装配式钢筋混凝土T形梁的模板构造。

(3)箱梁的模板。箱梁的模板一般由底模、侧模及内模组成。图4-2-14所示为箱梁内模构造图。图4-2-15所示为箱梁底模、侧模构造图。

模板、支架安装质量标准　　表 4-2-11

项　　目		允许偏差(mm)
模板高程	基础	±15
	柱、梁	±10
	墩台	±10
模板尺寸	上部构造的所有构件	+5，-0
	基础	±30
	墩台	±20
轴线偏位	基础	15
	柱	8
	梁	10
	墩台	10
装配式构件支承面的高程		+2，-5
模板相邻两板表面高低差		2
模板表面平整度		5
预埋件中心线位置		3
预留孔洞中心线位置		10
预留孔洞截面内部尺寸		+10，-0

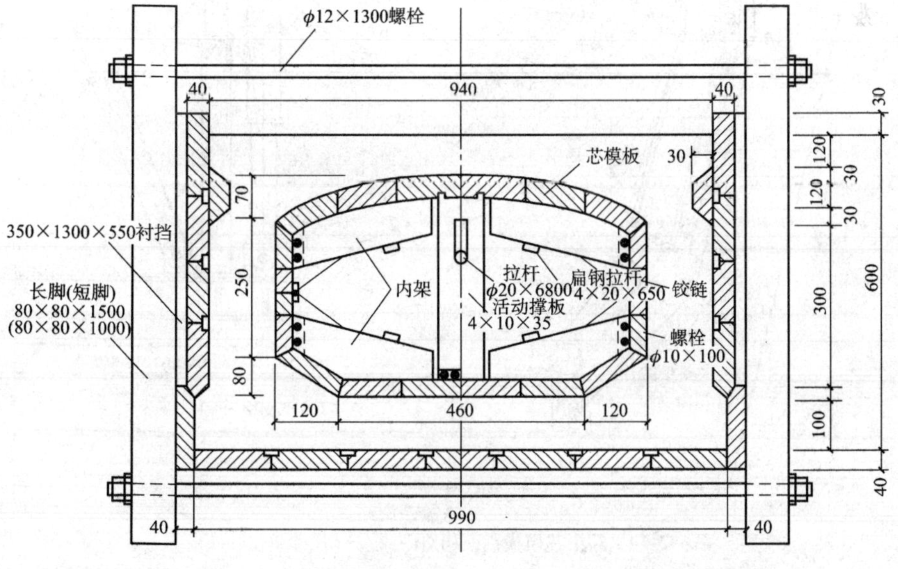

图 4-2-12　空心板模板的横截面构造(尺寸单位:mm)

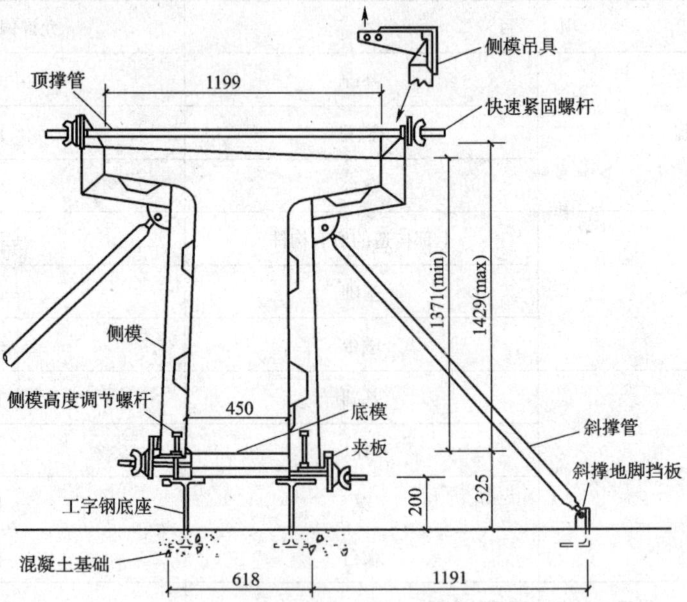

图 4-2-13　装配式钢筋混凝土预制 T 梁模板的横截面构造图(尺寸单位:mm)

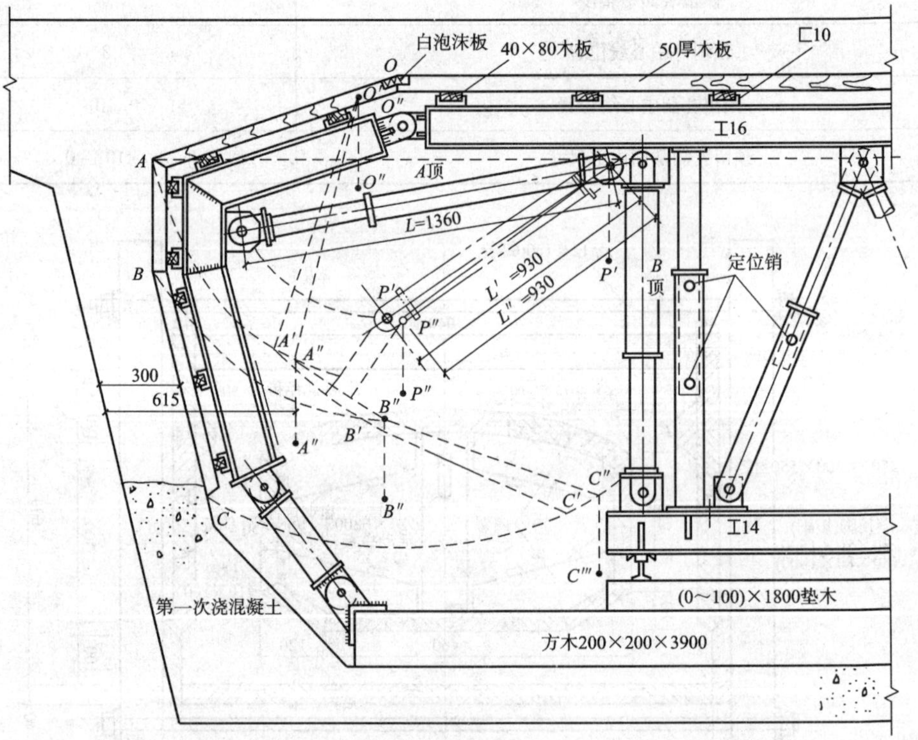

图 4-2-14　箱梁芯模横截面构造图(1/2)(尺寸单位:mm)

注:1. O、A、B、C 等各点为模板完成时的位置;2. O′、A′、B′、C′等各点为 A 顶收缩后各点的位置;
3. O″、A″、B″、C″等各点为 B 顶落下 300mm 后各点的位置。

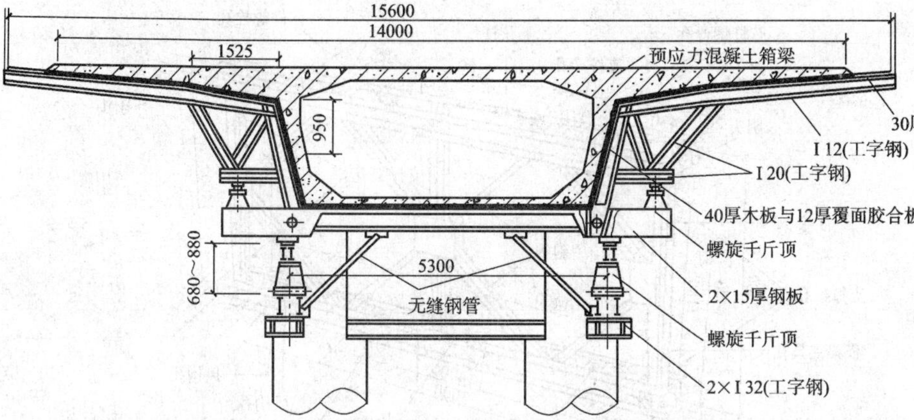

图 4-2-15　箱梁底模、侧模的横截面构造图(尺寸单位:mm)

4.2.4　桥梁施工常用设备

4.2.4.1　桥梁施工常备式结构

1)贝雷梁

贝雷梁也称贝雷片、贝雷架,其每一桁架片形式相同,通过销钉或螺栓可迅速接长,还可拼成多层、多排,适用于不同长度及荷载的临时承重结构,现在也普遍用于装配式钢桁架桥和支架。

根据需要贝雷梁可以拼装成以下结构:桥梁施工中用的脚手架、塔架等临时设备;架桥机、起重机等架桥设备;装配式钢桥的梁体及各种钢桥的承重结构;其他临时承重设备。图 4-2-16 所示为由贝雷梁装配的装配式钢桥。

贝雷梁由桁架片、销子、横梁、纵梁等通过铰接和螺栓拼装而成。按用途不同可分为主体结构、桥面系、支撑连接结构和桥端结构四大部分,图 4-2-17 为贝雷梁装配示意图。下面介绍贝雷梁的主要组拼构件。

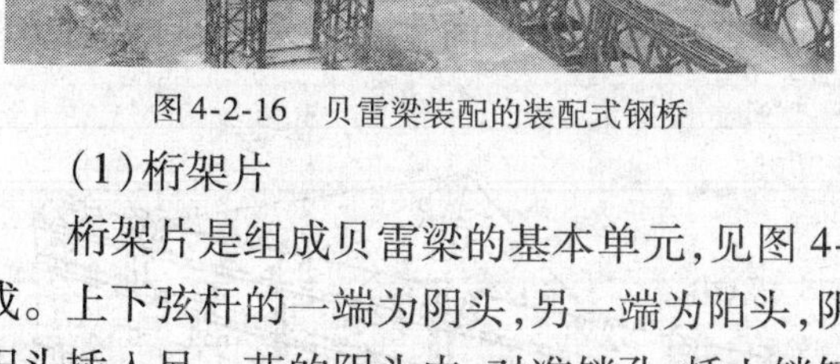

图 4-2-16　贝雷梁装配的装配式钢桥

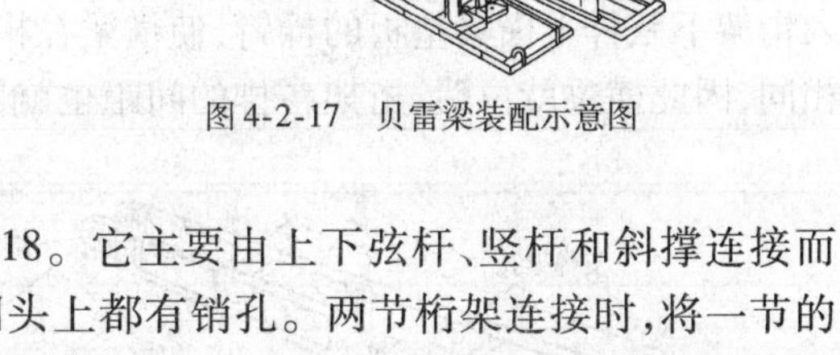

图 4-2-17　贝雷梁装配示意图

(1)桁架片

桁架片是组成贝雷梁的基本单元,见图 4-2-18。它主要由上下弦杆、竖杆和斜撑连接而成。上下弦杆的一端为阴头,另一端为阳头,阴阳头上都有销孔。两节桁架连接时,将一节的阳头插入另一节的阴头内,对准销孔,插上销钉和保险插销。上下弦杆由两根热轧槽钢组合而成,弦杆上焊有多块带圆孔的钢板,这些圆孔包括弦杆螺栓孔和支撑架孔等。在拼装双层或加强桥梁时,可在弦杆螺栓孔插桁架螺栓或弦杆螺栓,使双层桁架或桁架与加强杆结合起来。支撑架孔可用于安装支撑架。桁架下弦槽钢腹板上的长圆孔叫作风构孔,用以连接抗风拉杆。下弦杆上设有横梁垫板,上有栓钉,可用于固定横梁位置。

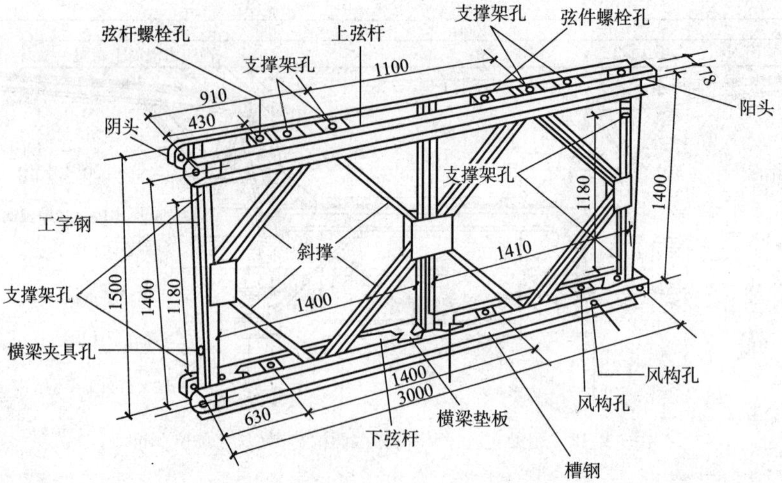

图 4-2-18　桁架片构造(尺寸单位:mm)

每节桁架质量为 270kg,用杠肩抬时 4 人即可搬运,用手搬运则需要 6 ~ 8 人。

(2)销子与保险插销

销子用于连接桁架,其端部有一小圆孔,用来安装保险插销,防止销钉脱落。销钉头有一凹槽,其方向与小圆孔相同,安装时如看不见插销孔,可借凹槽方向以定插销孔方向,使插销能顺利装上。

架设三列贝雷梁时,为了装拆方便,销钉应按下列规定安装:下层第一排(内排)桁架的销钉由内(靠桥面一边)往外插,第二、第三排的销钉由外向内插;上层各排的桁架销钉均由内往外插。

(3)加强弦杆

加强弦杆可提高贝雷梁的抗弯能力,发挥桁架腹杆的抗剪作用。贝雷梁端部弯矩小,故首尾节桁架不需设加强弦杆。

加强弦杆(图 4-2-19)两端设有阴阳头,中部设有支撑架孔和弦杆螺栓孔,其作用同桁架片中的支撑架孔和弦杆螺栓孔。不同的是,加强弦杆中的弦杆螺栓孔板仅焊在杆件的一面,使连接加强弦杆与桁架的弦杆螺栓的螺母不至外露,保证贝雷梁推出时顺利通过滚轴。

(4)横梁

横梁(图 4-2-20)质量为 245kg,由工字钢制成,中部设 4 个卡子,用以固定纵梁位置。横梁两端焊有短柱,用来连接斜撑。横梁底部两端各有 3 个栓钉孔,当安装横梁时,将栓钉孔套入桁架下弦杆上横梁垫板的栓钉,使横梁在桁架上就位。栓钉孔的间距与桁架各排间的间距相同,因此横梁就位后,桁架各排的间距也就固定了。

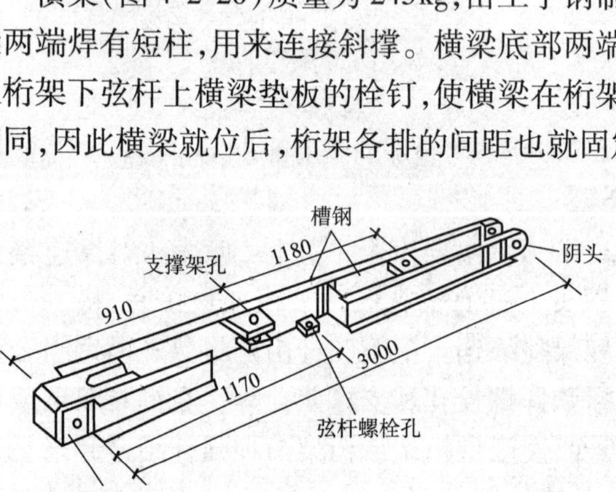

图 4-2-19　加强弦杆(尺寸单位:mm)

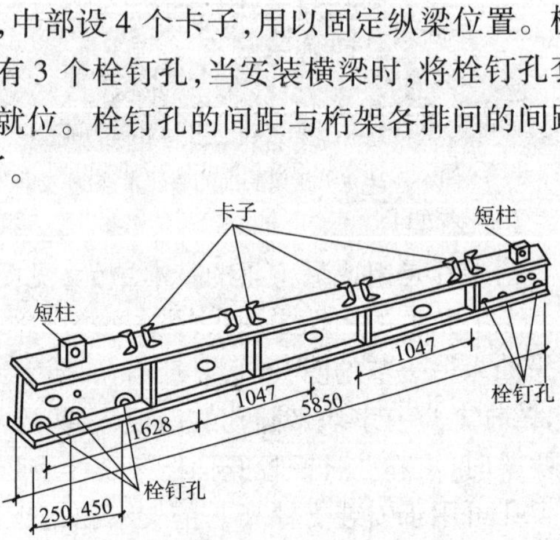

图 4-2-20　横梁(尺寸单位:mm)

(5)纵梁

纵梁分有扣纵梁和无扣纵梁两种(图4-2-21)。有扣纵梁质量为107kg,在梁的一边焊有扣子,桥面板榫头安放在扣子之间,从而使桥面板位置固定。其中4个扣子开有朝天孔,用护木螺栓通过此孔可将护轮木和桥面板与有扣纵梁联系起来。无扣纵梁质量为105kg,安置在有扣纵梁的中间,可以不分正反面任意安装。

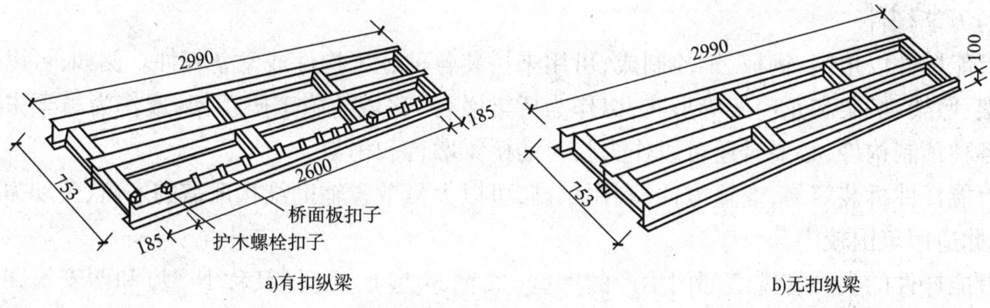

图4-2-21 纵梁(尺寸单位:mm)

(6)支撑连接结构

①斜撑。斜撑的作用是增强贝雷梁的横向稳定性。在斜撑的两端各有一个空心圆锥形套筒,上端与桁架端竖杆的支承架孔连接,下端连在横梁的短柱上。每节贝雷梁在桁架后端竖杆(以贝雷梁推出方向为前方)上各装一对斜撑,桥头端柱上另增加一对。斜撑与桁架和横梁的连接用斜撑螺栓。

②联板。拼装三排桁架时才使用联板。安装时将联板用撑架螺栓连在第二排和第三排桁架的端竖杆上。

③支撑架。支撑架是多排桁架间的连接构件,可用撑架螺栓将支撑架连接于第一排和第二排桁架之间,使桁架成为整体。

上述斜撑、支撑架及联板都备有空心圆锥形套筒,安装时如套筒不能完全压入孔眼,只需旋紧螺栓,套筒可自行导入孔眼内。

④抗风拉杆。抗风拉杆用圆钢制成,每节桁架交叉设置两根,承受垂直于贝雷梁任何一侧的横向风力。抗风拉杆必须保持正确长度,以避免拉杆松紧不均,并保证结构顺直并能有效地承受横向风力。抗风拉杆两端各有一个销钉孔,并设有用链条系挂的销钉,利用该销钉可使抗风拉杆与桁架下弦杆相连。抗风拉杆中部设有连接夹,使拉杆能够弯折,便于运输。杆上还备有带反向螺纹的松紧螺旋套,用来调整拉杆长度,使拉杆拉紧或松开。松紧螺旋套内设有"长度指示块",转动松紧螺旋套至杆端触及"长度指示块",表示拉杆已处于正确长度。松紧螺旋套一端附设锁紧螺母,以防拉杆松脱。

⑤横梁夹具。横梁夹具用来固定横梁位置,以保持横梁的稳定。横梁夹具由拉杆、悬梁和支承杆三部分组成。安装时,当横梁置于桁架的横梁垫板上就位后,将夹具拉杆的凸头扣在横梁垫块缺口下面,端部带钩的悬梁穿过桁架竖杆上的长方孔并钩于其上,用把杆或扳手转动支承杆,使横梁压紧在垫板上。横梁夹具不能承受很大的向上的荷载,因此当横梁用夹具钳住时,切不可用千斤顶在横梁下顶起。

⑥桁架螺栓和弦杆螺栓。桁架螺栓可用来连接上下层桁架,使用时将螺栓自下而上插入双层桁架的螺栓孔内,然后将螺母拧紧。桁架螺栓设有弯曲垫板,当旋紧螺母时,弯曲垫板卡在桁架弦杆内,使螺杆不至随着螺母转动。弦杆螺栓用于连接桁架和加强弦杆,其结构形式和桁架螺栓相同,但其长度比桁架螺栓大约短70mm。安装弦杆螺栓时必须注意将螺杆头埋在

加强弦杆内，不使贝雷梁在推出时受到阻碍。

⑦撑架螺栓和斜撑螺栓。撑架螺栓用来在桁架上连接支撑架与联板；斜撑螺栓用来在横梁与桁架竖杆上连接斜撑。这两种螺栓的形状几乎完全一样，但斜撑螺栓比撑架螺栓略长一些，使用时注意不要混淆。两种螺栓均在一头焊有偏心垫板，其作用是拧紧螺母时，偏心垫板扣在杆件的边缘，不使螺杆同螺母一起转动。

2）万能杆件

万能杆件以角钢、钢板、螺栓制成，可用来拼装各种施工构件或常备杆件。例如，可以组拼成桁架、墩架、塔架和龙门架等形式，以作为桥梁墩台、索塔的施工脚手架，或作为吊车主梁以安装各种预制构件，必要时还可以作为临时的桥梁墩台和桁架。

万能杆件拆装容易，运输方便，利用率高，可以大量节省辅助结构所需的木料、劳动力和工期，因此适用范围较广。

万能杆件的类型有铁道部门生产的甲型（又称 M 型）、乙型（又称 N 型）和西安筑路机械有限公司生产的乙型（称为西乙型）三种。这三者在结构、拼装形式上基本相同，只在局部构件的尺寸上略有差异。

下面介绍西乙型万能杆件的构造和有关技术资料。

西乙型万能杆件共有大小构件 24 种。其中杆件及拼接用的角钢零件 9 种，编号分别为 1、2、3、4、5、6、7、7A、16；节点板 9 种，编号分别为 8、11、13、17、18、22、22A、23、28；缀片 2 种，编号为 19、20；填板 1 种，编号为 15；支承靴 1 种，编号为 21；普通螺栓 2 种，编号为 24、25。

西乙型万能杆件的规格尺寸及质量见表 4-2-12。

西乙型万能杆件规格尺寸及质量 表 4-2-12

编号	名 称	规 格	单位长度质量(kg)	附 注
1	长弦杆	∟100×100×12×3994	71.49	
2	短弦杆	∟100×100×12×1994	35.69	
3	斜杆	∟100×100×12×2350	42.07	
4	立杆	∟75×75×8×1770	15.98	
5	斜撑	∟75×75×8×2478	22.38	
6	连接角钢	∟90×90×10×580	8.20	用于 1 或 2
7	支承角钢	∟100×100×12×494	8.84	用于 1 或 2
7A	支承靴角钢	∟100×100×12×594	10.63	用于 1 或 2
8	节点板	□250×280×10	9.42	1、2 与 4、5 相连
11	节点板	□860×552×10 $A=33.89cm^2$	35.88	1、2 与 3、4 相连
13	节点板	□580×552×10 $A=2492cm^2$	19.56	1、2 与 4、16 相连
15	弦杆填塞板	□8×480×10	3.01	用于 1 或 2
16	长立杆	∟75×75×8×3770	34.04	
17	节点板	□626×350×10 $A=2005cm^2$	15.74	4、16 与 4、5 水平相连
18	节点板	□305×314×10 $A=606cm^2$	4.76	4、16 与 4、5 水平相连
19	缀板	□210×180×10	2.97	用于 1 或 2
20	缀板	□170×160×10	2.14	用于 3、4、5、16
21A	支承靴		24.01	

续上表

编号	名 称	规 格	单位长度质量(kg)	附 注
22	节点板	□580×392×10	17.85	1、2与4、5相连
22A	节点板	□580×566×10	25.77	1、2与4、5相连
23	节点板	□540×262×10 $A=334\text{cm}^2$	10.47	4、16与4、5相连
24	普通螺栓	ϕ22×(40、50、60)		
25	普通螺栓	ϕ27×(40、50、60、70、80)		
28	大节点板	□860×886×10 $A=7042\text{cm}^2$	73.84	1、2与3、4相连

注:1. 表中规格以毫米为单位。

2. 各种杆件除编号19、20用Q235钢制作外,其余均用Q345(16Mn)制作。

3. 表中A为节点板面积。

用万能杆件组拼成桁架时,其高度可为2m、4m及2m的倍数。当高度为2m时,腹杆为三角形;当高度为4m时,腹杆为菱形;高度超过6m时,则可做成多斜杆的形式。用万能杆件组拼墩架、塔架时,其柱与柱之间距离,可以和桁架一样,按每节2m排列。

3)钢管脚手架

(1)钢管扣件式脚手架

钢管扣件式脚手架是目前使用较广泛的脚手架,它具有装拆方便、搭设灵活的特点。

钢管扣件式脚手架由钢管和扣件两种构件组拼而成。扣件有直角扣件、旋转扣件和对接扣件三种,见图4-2-22。钢管直角连接时,采用直角扣件;钢管之间呈锐角连接时,采用旋转扣件;钢管需要接长时,采用对接扣件。

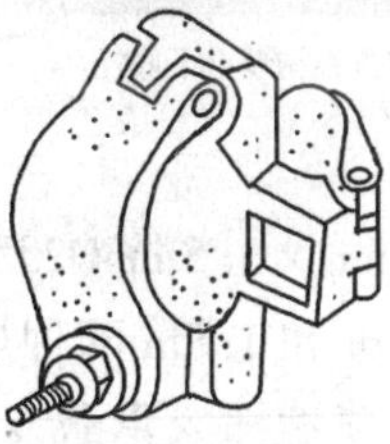
a)直角扣件

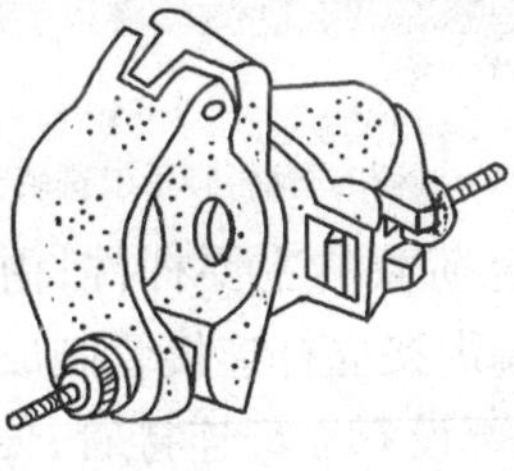
b)旋转扣件

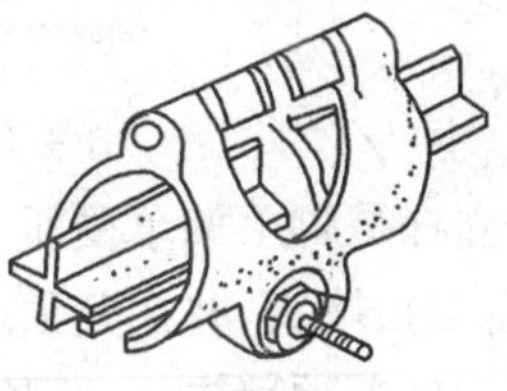
c)对接扣件

图4-2-22 扣件

(2)碗扣式钢管脚手架

①特点和构造。碗扣式钢管脚手架是在吸取国外同类型脚手架的先进接头和配件的基础上,结合我国实际情况研制的一种新型脚手架,广泛用作桥梁工程的支撑架。碗扣式钢管脚手架接头构造合理,拼装快速、省力,在三维方向上均有可靠的力学强度和自锁性能,避免了螺栓作业和零散扣件的拼装,能方便地组装成各种脚手架和支撑承力架等。

碗扣式钢管脚手架主要由碗扣接口、立杆、横杆、顶杆、支座和其他配套构件组成。其中碗扣接头是核心部件,由上碗扣、下碗扣、横杆接头和上碗扣限位销组成,见图4-2-23。下碗扣焊在钢管上,上碗扣对应地套在钢管上。横杆由钢管两端焊接横杆接头制成。连接时,只需将横杆接头插入下碗扣内,将上碗扣沿限位销扣下,并顺时针旋转,靠上碗扣螺旋而使横杆接头与限位销顶紧,从而将横杆与立杆牢固地连在一起,形成框架结构。碗扣式钢管脚手架拼装实物图见图4-2-24。

②构配件。这部分将以常用的WDJ碗扣式钢管脚手架为例说明脚手架的构配件。WDJ

碗扣式钢管脚手架的构配件比较多，共计有23类、50多种规格，按其用途可以分为主构件和配套构件两大类。以下介绍其中的主要构件。

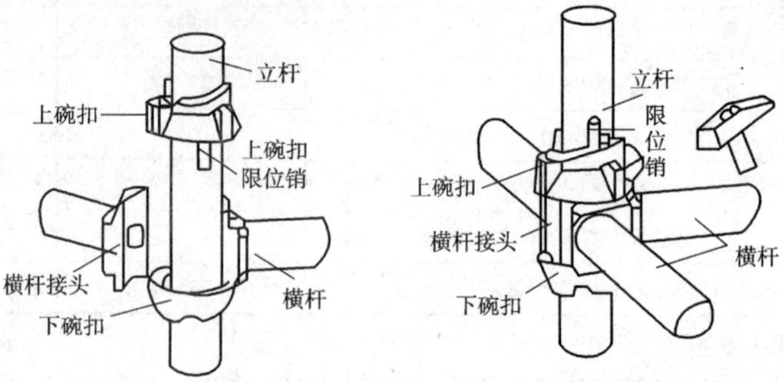

a)连接前　　b)连接后

图4-2-23　碗扣接头构造

a)框架结构　　b)节点结构及上下底托

图4-2-24　碗扣式钢管脚手架拼装实物图

a. 立杆。立杆是脚手架承受垂直荷载的主要杆件，由ϕ48mm×3.5mmQ235钢管上每隔0.6m安装一套碗扣接头，并在其顶端焊接立杆连接管制成，有3m和1.8m两种规格。

b. 顶杆。顶杆即顶部立杆，其顶部设有立杆连接管，便于在顶端插入承载支座或顶托，见图4-2-24b)，长度有2.1m、1.5m、0.9m三种，主要用于支撑架、支撑柱和物料提升架等。

c. 横杆。横杆是脚手架的水平支承杆件，由一定长度的ϕ48mm×3.5mmQ235钢管两端焊接横杆接头制成。横杆有五种规格，可以组成不同框架尺寸的脚手架。

d. 支座。支座是装在立杆底部，防止其下沉，并将上部荷载分散传递给地基基础的构件，有垫座和可调底座等形式，见图4-2-24b)。

4.2.4.2　混凝土施工设备

1)混凝土搅拌设备

(1)混凝土搅拌机

混凝土搅拌机是对混凝土的组成材料进行拌和的专用设备。混凝土的强度不仅和组成材料的性能及配合比有关，同时还取决于拌和的均匀性。采用机械搅拌，不仅能提高搅拌速度和拌和料的均匀度，而且可使混凝土强度提高20%~30%，同时能大大减轻劳动强度，提高生产率。在混凝土浇筑量大的桥梁等大型工程中，大量混凝土只有机械搅拌才能完成。因此，搅拌机械是制备混凝土的必要设备。

①混凝土搅拌机的分类。

a. 按搅拌方式分类。

自落式搅拌机。该种搅拌机的搅拌筒旋转时,筒内壁固定的叶片将物料带到一定高度,然后物料靠自重自由坠落,周而复始,使物料得到均匀拌和。

强制式搅拌机。该种搅拌机的搅拌筒固定不动,筒内物料由转轴上的拌铲和刮铲强度挤压、翻转和抛掷,使物料拌和。这种搅拌机生产率高,拌和质量好,但能耗大。

b. 按卸料方式分类。

倾翻式。这种搅拌机搅拌筒的轴线位置是可变的,卸料时必须将搅拌筒倾翻至一定角度,使拌和料从筒内卸出。

不倾翻式。这种搅拌筒的旋转轴线固定不变,搅拌筒两端各有一个开口供装料和卸料用。根据出料方式不同,又可分为反转卸料式和斜槽卸料式两种。

②常用的混凝土搅拌机。

a. 锥形反转出料搅拌机。锥形反转出料搅拌机是我国当前使用较多的一种搅拌机。它的主要特点是搅拌筒轴线始终保持水平位置,筒内设有交叉布置的搅拌叶片,在出料端设有一对螺旋形出料叶片,正转搅拌时,物料一方面被叶片提升、落下,另一方面被强迫作轴向窜动,搅拌运动比较强烈;反转时,由出料叶片将拌和料卸出。锥形反转出料搅拌机可用于搅拌塑性较高的普通混凝土和半干硬性混凝土。

锥形反转出料搅拌机现已批量生产的有 JZY150、JZC200、JZM200、JZC350、JZM350、JZY350、JZ750 等型号。各型搅拌机的结构基本相同,使用较多的为采用齿轮传动的 JZC 型。

现以 JZC350 型为例,简述锥形反转出料搅拌机的构造。该机的搅拌筒呈双锥形,由齿轮传动,其主要结构由搅拌系统、上料系统、供水系统、电气控制系统等组成,并安装有两轮行定装置。其外形结构见图 4-2-25、图 4-2-26。

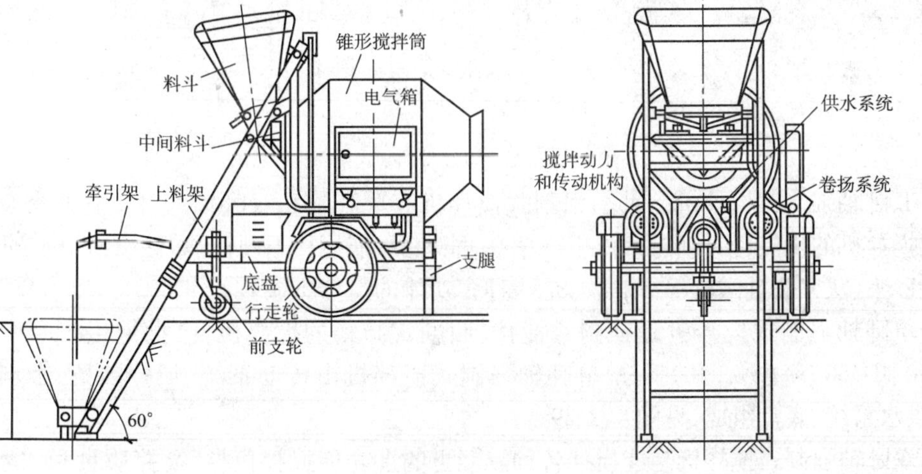

图 4-2-25　JZC350 型锥形反转出料搅拌机示意图

b. 锥形倾翻出料搅拌机。锥形倾翻出料搅拌机为自落式搅拌机,其搅拌筒为锥形,进出料在同一口。搅拌时,搅拌筒轴线具有约 15°的倾角;出料时,搅拌筒向下旋转俯角 50°~60°将拌和料卸出。这种搅拌机卸料快,搅拌筒容积利用系数大,生产率高,能搅拌大集料的混凝土,适用于混凝土搅拌站(楼)作主机使用。现已批量生产的有 JF750、JF1000、JF1500、JF3000 等型号,各型号结构相似,由搅拌系统和倾翻机构组成,见图 4-2-27。

图 4-2-26　JZC350 型锥形反转出料搅拌机

图 4-2-27　JF1000 型锥形倾翻出料搅拌机

c. 立轴涡桨式搅拌机。立轴涡桨式搅拌机为强制式搅拌机，它是靠搅拌筒内的涡桨式叶片的旋转将物料挤压、翻转、抛掷而进行强制搅拌的，具有搅拌均匀、时间短、密封性好的优点，适用于搅拌干硬混凝土和轻质混凝土。现已批量生产的立轴涡桨式搅拌机有 JW250、JW350、JW500、JW1000 等型号，其中 JW500 和 JW1000 主要用作预制构件厂和搅拌站（楼）的主机，施工现场常用 JW250 和 JW350。JW250 型立轴涡桨式搅拌机由动力传动系统、进料和出料机构、搅拌系统、操纵机构和底盘组成，见图 4-2-28。

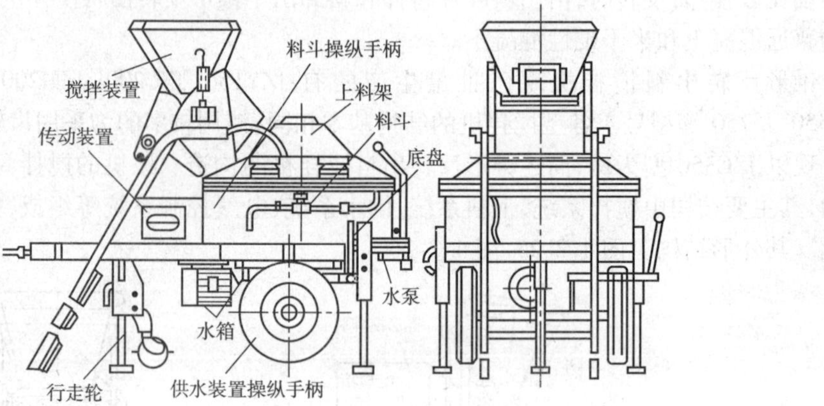

图 4-2-28　JW250 立轴涡桨式搅拌机示意图

d. 卧轴强制式搅拌机。卧轴强制式搅拌机有单卧轴和双卧轴两种。它兼有自落式和强制式搅拌机的优点，搅拌质量好，生产率高，能耗少，能搅拌干硬性、塑性、轻骨料等混凝土以及各种砂浆、灰浆和硅酸盐等混合物，是一种多功能的搅拌机械。

单卧轴强制式搅拌机是强制式搅拌、倾翻式卸料的搅拌机，已批量生产 JD150、JD200、JD250、JD350 等型号。JD150 型单卧轴强制式搅拌机由传动系统、搅拌装置、上料和卸料机构、供水系统、底盘组成，见图 4-2-29。

双卧轴强制式搅拌机是能搅拌各种混凝土的多功能搅拌机械，搅拌质量和效率比单卧轴强制式搅拌机好，适用于较大容量的混凝土搅拌作业，一般用于搅拌站（楼）或混凝土构件预制厂。国内批量生产的双卧轴强制式搅拌机有 JS350、JS500、JS1000、JS1500 等型号。

JS350 型双卧轴强制式搅拌机由搅拌系统、上料和卸料机构、供水系统、电气系统等组成，见图 4-2-30。

③混凝土搅拌机的使用。

a. 混凝土搅拌机的选择。

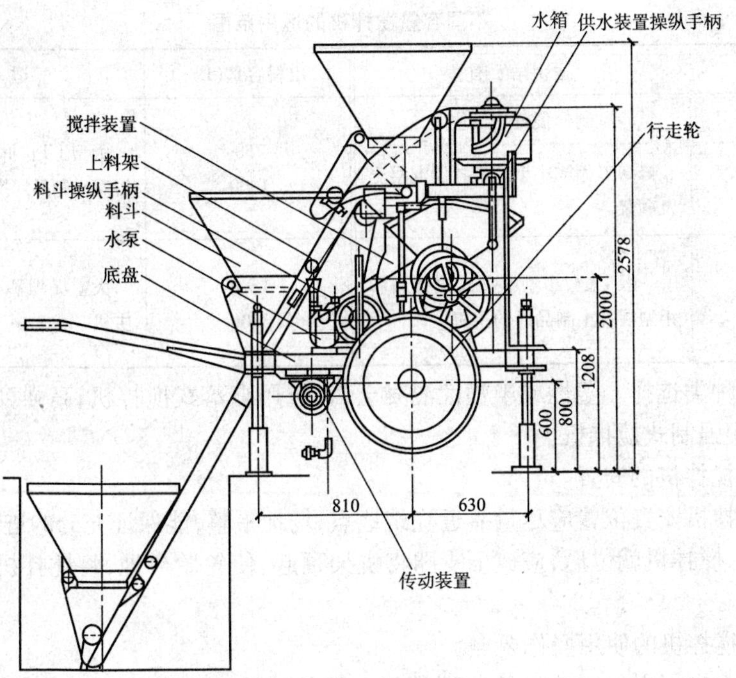

图 4-2-29　JD150 型单卧轴强制式搅拌机示意图(尺寸单位:mm)

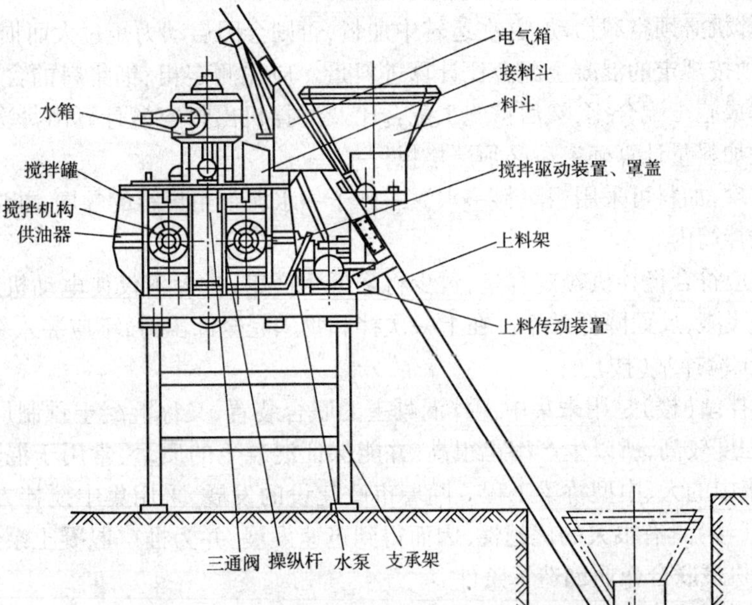

图 4-2-30　JS350 型双卧轴强制式搅拌机示意图

按工程量和工期要求选择。混凝土工程量大且工期长,宜选用中型或大型固定式混凝土搅拌机或搅拌站;混凝土工程量小且工期短,宜选用中小型移动式搅拌机。额定容量是混凝土搅拌机的主要参数,有进料容量和出料容量之分,我国规定以出料容量为主参数,并作为搅拌机型号的表示依据。例如,JZ150 即表示该搅拌机为锥形反转出料搅拌机,其出料容量为 150L。不同容量搅拌机的适用范围见表 4-2-13。

不同容量搅拌机的适用范围　　表 4-2-13

出料容量(L)	适用范围	出料容量(L)	适用范围
60	试验室制作混凝土试块	750 1000	大型工地、拆装式搅拌站和大型混凝土制品厂搅拌楼主机
150 200	修缮工程或小型工地拌制混凝土及砂浆		
250 350 500	一般工地、小型移动式搅拌站和小型混凝土制品厂的主机	1500 3000	大型堤坝和水工工程的搅拌楼主机

按混凝土种类选择。塑性或半塑性混凝土,宜选用自落式搅拌机;高强度、干硬性或轻质混凝土,宜选用强制式搅拌机。

b. 混凝土搅拌机的安置。

混凝土搅拌机安置位置应尽量靠近浇筑地点,场地平整,能保证充分的进料、出料通道,供水、供电方便。搅拌机就位后,应放下支腿将机架顶起,使轮胎离地,将搅拌机调到水平位置,用插销固定。

c. 混凝土搅拌机的使用操作要点。

作业前应先进行空载试验以检查搅拌筒和搅拌叶片运转是否正常;检查料斗提升、离合器、制动器是否灵活可靠;检查供水系统是否正常。

启动:搅拌机必须空载启动,并在运转中加料,否则会因启动力矩过大而损坏电动机。

加料:必须按规定的混凝土配合比计算进料量。应先测定粗、细集料的含水率,并将试验室配合比换算成施工配合比,然后按施工配合比及搅拌机出料容量计算出每次需加的各组成物料的质量。加料量计算确定后必须严格执行。

为减少黏罐,加料可采用粗集料→水泥→砂子→水泥→粗集料的顺序,并应在 15s 内将物料全部加入搅拌筒内。

加料容量应符合搅拌机额定容量,过少将降低生产率;过大不仅使电动机超载运行,还会使水泥浆外溢飞溅,反而降低效率。在上一次拌和物未完全卸出时,不应装入新的物料。

(2)混凝土搅拌站(楼)

混凝土搅拌站(楼)是用来集中搅拌混凝土的联合装置,又称混凝土预制厂。由于它的机械化、自动化程度较高,所以生产率也很高,并能保证混凝土的质量,常用于混凝土工程量大、工期长、工地集中的大、中型桥梁工程。随着市政建设的发展,采用集中搅拌方式提供商品混凝土的搅拌站(楼)具有很大的优越性,因而得到迅速发展,并为推广混凝土泵送施工,实现搅拌、输送、浇筑机械联合作业创造了条件。

搅拌站和搅拌楼的区别是:搅拌站生产能力较小,结构容易拆装,适用于桥梁工程现场;搅拌楼体积大,生产率高,只能作为固定式的搅拌装置,适用于产量大的商品混凝土供应。

①混凝土搅拌站(楼)的分类。

a. 按其结构不同,可分为移动式搅拌站和固定式搅拌楼。

b. 按其工艺布置形式不同,可分为单阶式和双阶式两类,其工艺流程见图 4-2-31。

单阶式:单阶式把砂、石子、水泥等物料一次提升到楼顶料仓,各种物料按工艺流程经称量、配料、搅拌,制成混凝土拌和料装车外运。搅拌楼自上而下分成料仓层、称量层、搅拌层和底层。单阶式工艺流程合理,生产率高,但要求厂房高,因而投资较大。

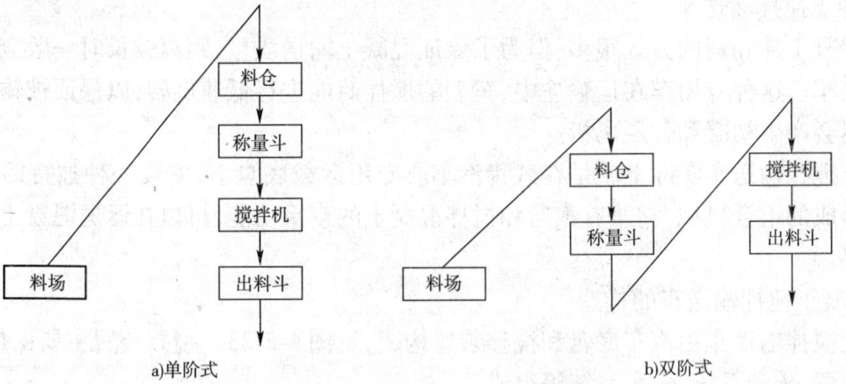

图 4-2-31 混凝土搅拌站(楼)工艺流程示意图

双阶式:双阶式物料的储料仓和搅拌设备大体上是在同一水平面上。物料经提升送至储料仓,在储料仓下进行累计称量和分别称量,然后再用提升斗或带式输送机送到搅拌机内进行搅拌。由于物料需经两次提升,因此双阶式生产率较低,但能使全套设备的高度降低,拆装方便,并可减少投资,一般搅拌站多采用这种形式。

近年来,由于各工程混凝土量的增加和施工机械化程度的提高,搅拌站得到迅速发展,尤其是引进国外技术或中外合作生产的、具有当代先进水平的搅拌站得到研制并批量生产,其型号、规格也不断增多。生产率的提高加上拆装方便等优点,使搅拌站在桥梁工程中逐渐取代搅拌楼成为使用面很广的搅拌设备。

②混凝土搅拌站(楼)的型号。

混凝土搅拌站表示为 HZ,混凝土搅拌楼表示为 HL,其后加搅拌主机的代号,并应在混凝土搅拌站(楼)的型号后加上其生产率参数(m^3/h)。

例如,HZS150(图 4-2-32),表示搅拌主机为双卧轴强制式搅拌机的混凝土搅拌站,其最大生产率为 $150m^3/h$。

图 4-2-32 HZS150 混凝土搅拌站

③混凝土搅拌站(楼)的组成。

混凝土搅拌站(楼)虽然型号多样,但其基本组成相似,均由搅拌主机、供料系统、称量系统、电气控制系统组成。

搅拌主机是混凝土搅拌站(楼)的核心,用于混合料的搅拌。一般要求具有较大进、出料容量,搅拌质量好,搅拌效率高,适用于不同性质的混凝土搅拌机作为主机。目前双卧轴强制式使用得较多。

供料系统由料仓和材料输送机组成,其功能是储料和送料。料仓包括砂石料仓、水泥筒仓、水箱等,材料输送机可采用带式输送机、螺旋输送机、水泵等。

称量系统用于材料的称量,包括砂石秤、水泥秤、水及外加剂流量计等。称量系统应能根据混凝土配合比的要求;定量地向搅拌筒内供给材料。

电气控制系统将各组成系统联系在一起,能实现全过程自动控制及实时动态数据监测。

以上四个组成系统按"储料→给料→定量→送料→搅拌→出料"的工艺流程实现混凝土的搅拌工作。

2)混凝土搅拌输送车

输送混凝土拌和料的方式很多,但为了保证混凝土输送质量,距离较长时一般应采用混凝土搅拌输送车。这种专用车在运输途中,车上的搅拌筒能进行低速旋转,以保证被输送的混凝土拌和料不会产生初凝和分层离析。

混凝土搅拌输送车实际上就是在载货汽车或专用运载底盘上,安装一种独特的混凝土搅拌装置而形成的组合机械,它兼有载运和搅拌混凝土的双重功能,可以在运送混凝土的同时对其进行搅拌。

(1)混凝土搅拌输送车的构造

混凝土搅拌输送车由汽车底盘和搅拌装置构成,见图4-2-33。搅拌装置主要由搅拌筒、加料和卸料装置、传动系统、供水系统等组成。

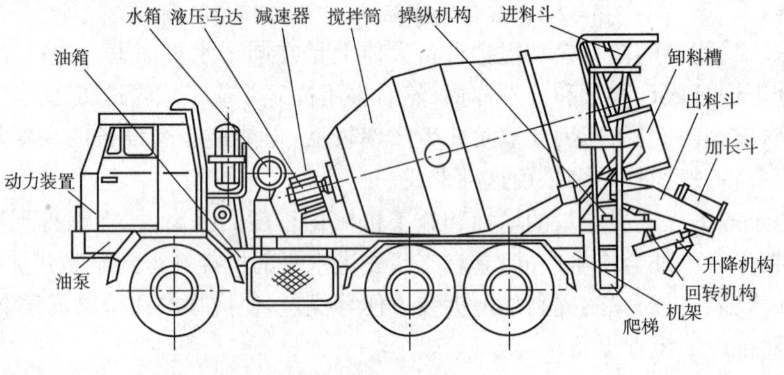

图4-2-33　混凝土搅拌输送车示意图

搅拌筒的壳体外形如梨,底段锥体较短,端面封闭,上段锥体较长,端部开口。整个搅拌筒通过中心轴和环形滚道倾斜卧置,固定于机架上的调心轴承和一对支承滚轮所组成的三点支承结构上,这样能使搅拌筒平稳地绕其轴线转动。搅拌筒内部从筒口到筒底沿内壁对称地焊接着两条连续的带状螺旋叶片,当搅拌筒旋转时,两条叶片作围绕搅拌筒轴线的螺旋运动,它的作用是对混凝土拌和料进行搅拌或卸出。

在搅拌筒的筒口部位沿两条螺旋叶片的内边缘还焊接一段进料圆筒,将筒口以同心圆形式分隔为内外两部分,中心部分的圆筒为进料口,圆筒和筒壁形成的环形空间为出料口。进料口连接一广口漏斗状加料斗,以便受料;卸料时,混凝土拌和料在叶片反向螺旋运动的顶推作用下,从出料口排出。出料口下是固定卸料溜槽,固定卸料溜槽下端对着活动卸料溜槽,活动卸料溜槽可以作180°水平扇形转动,以适应不同的卸料位置。

(2)混凝土搅拌输送车的使用

新车开始使用时,必须进行全面技术试验,以考核整机的基本性能和安全可靠性,确认一切正常后,方可使用。

搅拌车露天停放时,装料前应先将搅拌筒反转几圈,使筒内积水和杂物排出,以免混入混凝土拌和料中,影响混凝土质量。

装料时,将操纵杆放在"装料"位置,并调节搅拌筒转速使进料顺利。输送前,排料槽应锁定在"行驶"位置,以防止其自由摆动。

运送混凝土拌和料时间不可超过搅拌站规定的时间,一般规定为冬期60min内、夏期40min内必须到达现场并卸料浇筑。进料时搅拌筒转速应为6~10r/min,搅拌时间为进料完毕后5~10min;在输送途中,搅拌筒应以1~3r/min的转速搅动,不可停转;出料时,搅拌筒转速应为 2 ~ 10r/min。

搅拌筒出料时由正转改为反转,必须待搅拌筒停转后,再将操纵手柄放至反转位置。每装运一次混凝土,当装料完毕后,应在装料现场冲洗搅拌筒外壁及进料斗;在卸料完毕后,应在卸料现场冲洗搅拌筒口及卸料槽,并加水清洗搅拌筒内部。每天工作完毕后,除冲洗搅拌筒内外,还要清除各机件外表的积留灰浆及杂物。

3)混凝土泵送设备

(1)泵送混凝土的概念

泵送混凝土,是指拌和物的坍落度不低于 100mm 并采用泵送施工的混凝土。与传统的普通混凝土施工方法不同,泵送混凝土是在混凝土泵的推动下沿输送管道进行运输和浇筑的。泵送混凝土技术具有工效高、劳动强度低、快速方便、浇筑范围大、适应性强等优点,适用于各种大体积混凝土和连续性强、浇筑效率要求高的混凝土工程。在桥梁工程中泵送混凝土应用得很广泛。

(2)混凝土泵的类型和构造

混凝土泵是将混凝土拌和物加压并通过管道水平或垂直连续输送到浇筑工作面的混凝土输送机械,是泵送混凝土施工的主要设备。

混凝土泵按驱动形式主要分为挤压式和活塞式。目前一般采用液压活塞式混凝土泵。混凝土泵按其移动方式可分为固定式、拖式、臂架式和车载式等。固定式混凝土泵适用于移动少的施工场合。拖式混凝土泵是把泵安装在简单的台车上,由于装有车轮,所以既能在施工现场移动,又能在道路上被牵引拖运。拖式混凝土泵的结构见图 4-2-34。

用叠式臂架管道(又称布料杆)来输送混凝土。臂架具有变幅、曲折和回转等动作,在其活动范围内可任意改变混凝土浇筑位置,并可在有效工作幅度内进行水平和垂直方向的混凝土拌和物输送。混凝土泵车由泵送系统(混凝土泵)、驱动系统(汽车底盘)和臂架系统(布料杆)三部分组成。由于这三部分组合在一起,具有非常好的灵活性,能很好地与混凝土搅拌车配套作业,可快捷、高效地完成混凝土的输送和浇筑工作,因此目前混凝土泵车被广泛应用于建筑、桥梁等各种混凝土工程中,特别适合于场地狭窄的城市混凝土工程施工。混凝土泵车的结构见图 4-2-35。混凝土泵车具有机动性强、布料灵活等特点,但价格比拖式混凝土泵贵,结构复杂,维修费用高,能耗大,泵送距离短,适用于零星分散工程和泵送距离较短的混凝土浇筑

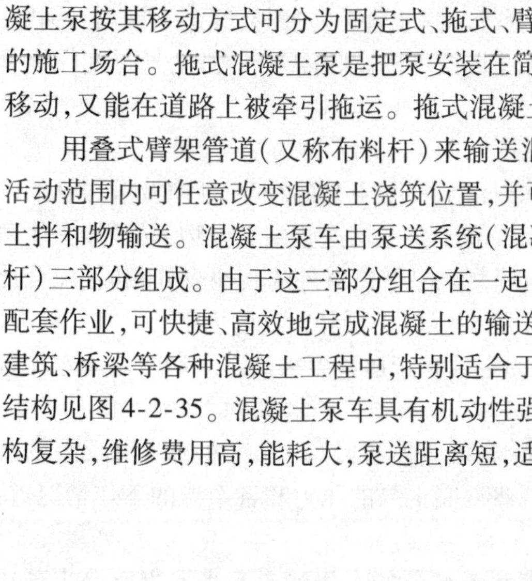

图 4-2-34 拖式混凝土泵结构示意图

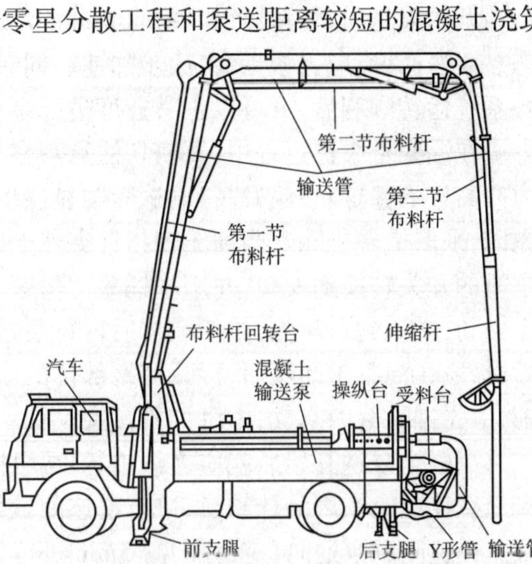

图 4-2-35 混凝土泵车结构示意图

施工。拖式混凝土泵结构较简单，价格较低，能耗较少，使用费也低，输送距离长，适用于需要在固定地点长时间作业、远距离泵送的混凝土工程。

(3)混凝土泵及泵车的主要技术参数

①输送量。混凝土泵的输送量是混凝土泵型号划分的主要依据。在混凝土泵的型号中，能直接读出其最大理论输送量。例如，HBT70，该型号是拖式混凝土泵，其最大理论输送量约为 $70m^3/h$。早期生产的混凝土泵输送量较小，现已向大输送量发展，最大输送量可达 $100m^3/h$。

②输送压力。液压活塞式泵是通过压力油推动活塞，再通过活塞杆推动混凝土工作缸中的活塞压送混凝土的。混凝土泵选用的液压泵额定压力一般为 15 ~ 22MPa。泵的输送压力应能足以克服混凝土在管内的输送阻力。

③最大输送距离。泵的最大输送距离取决于工作缸活塞的推压力。当泵的推压力确定后，输送距离决定于输送管径、混凝土在管路内的流速以及混凝土的坍落度。泵的最大水平输送距离应大于配管的水平换算长度。泵的输送量、输送压力和最大输送距离是混凝土泵选型的主要参数，三者间的相互关系为：当输送量增大时，输送压力降低，输送距离也就减少；反之，输送量减少，则输送压力增加，输送距离也相应增加。

(4)输送管道

混凝土泵的输送管有直管、锥形管、弯管和软管等。除软管为橡胶外，其余一般均为钢管。直管管径一般有 100mm、125mm、150mm 三种。管道直径可按实际需要和可能，通过变径锥管连接。

(5)混凝土泵送施工方法

泵送前应先开机进行空运转，然后泵送适量水以湿润混凝土泵的料斗、活塞及输送管的内壁等直接与混凝土接触的部位。经泵水检查，确认混凝土泵和输送管中无异物，并且接头严密后，应采用泵送水泥浆，或者 1:2 水泥砂浆，或者与混凝土除粗集料外的其他成分相同、配合比也相同的水泥砂浆(上述三种物质称为润滑浆)，来润滑混凝土泵和输送管内壁。

润滑浆的数量可根据混凝土泵操作说明提供的定额和管道长度来确定。润滑用的水泥浆或水泥砂浆应分散布料，不得集中浇筑在同一处。

开始泵送时，转速以 500 ~ 550r/min 为好，混凝土泵应处于慢速、匀速并随时可反泵的状态。泵送速度，应先慢后快，逐步加速。同时，应观察混凝土泵的压力和各系统的工作情况，待各系统运转顺利后，方可以正常速度进行泵送。

在混凝土泵送过程中，要密切注意观察油压表和各部分的工作状态。当混凝土泵出现压力升高且不稳定、油温升高、输送管明显振动等现象而泵送困难时，不得强行泵送，应立即查明原因，采取措施排除。当油压表指针突然上升而不回落时，说明已发生堵塞，这时应立即把泵主机的开关转换到反转，并用木锤敲击弯管、锥形管等部位，让在弯管或锥形管内堵塞的混凝土松动，逆流到料斗内，重新搅拌后再行泵送。如此反复数次，直至排除堵塞。当上述方法无效时，应在混凝土卸压后，拆除堵塞部位的输送管，排出混凝土堵塞物后，方可接管。重新泵送前，应先排除管内空气，方可拧紧接头。

混凝土泵送开始后就应连续进行，尽可能不要中途停顿。如遇混凝土供应不上，可利用混凝土搅拌运输车内的拌和料，进行慢速间歇泵送，或利用料斗内的拌和料，进行间歇反泵和正泵。慢速间歇泵送时，应每隔 4 ~ 5min 进行四个行程的正、反泵，以防混凝土在管道内结块或沉淀造成管道堵塞。

泵送中应注意不要使料斗里的混凝土降到200mm以下。料斗内剩料过少,不但会使泵送量减少,还会因吸入空气而造成堵塞。如果遇到由于吸入空气而在转换开启闸阀造成混凝土逆流时,应立即反泵将混凝土吸至料斗中重新搅拌,排出空气后再泵送。

料斗内的混凝土部分带有离析倾向时,应先搅拌均匀后再压送。压送过程中,应经常注意输送管道内混凝土的输送声和油压表的变化。当出现异常声响和油压表指针在较高部位停留并上下小幅度摆动时,表明泵送的混凝土带有离析倾向。此时不要停泵,而是尽量把较差的混凝土压送出去。如果反复出现上述情况,表明供应的混凝土可泵性差,应调整其配合比。泵送时,应每2h更换一次清洗水箱里的水,并检查泵的活塞行程,如有变化应及时调整。活塞行程虽可调整,但为了减少缸筒的不均匀磨损,泵送混凝土时,活塞应保持最大行程运转。仅在混凝土坍落度小或开始启动时才用短行程压送。

向下泵送混凝土时,由于混凝土自由下落,压缩管内混凝土下面的空气,形成气柱阻碍混凝土下落,也会使混凝土产生离析。因此,开始向下泵送混凝土时,要先打开输送管上的气阀,待输送管下段混凝土有了一定压力时,方可关闭气阀。此外,向下泵送混凝土前,应先在管中放入海绵球作为泵送的先导,以防止混凝土由于自重流淌造成离析,保证顺利泵送。

泵送过程中,废弃的和泵送终止时多余的混凝土,应按预先确定的处理方法和场所,及时进行妥善处理。

混凝土泵送即将结束前,应正确计算尚需用的混凝土数量,并应及时告知混凝土搅拌站。泵送完毕时,应将混凝土泵和输送管清洗干净。

4.2.4.3 预应力锚固体系和张拉设备

预应力技术在桥梁工程中应用非常广泛。制作预应力桥梁构件需要使用预应力设备,常用的预应力设备有预应力锚固体系、预应力筋张拉机具等。

1)预应力锚固体系

锚固体系是预应力混凝土体系的重要组成部分,按用途可分为锚具、夹具和连接器。在后张法结构或构件中,锚具起着保持预应力筋的拉力并将其传递到混凝土上去的作用,是一种永久性的锚固装置。在先张法构件施工中,为保持预应力筋的拉力将其固定在张拉台座(或设备)上所使用的机械装置称为夹具。夹具是一种临时性的锚固装置。预应力张拉中使用的工具锚(有的位于张拉设备内部)也是夹具的一种。工具锚的作用是把千斤顶或其他张拉设备的张拉力传递给预应力筋。当结构或构件中的预应力筋需要连接时,要使用连接器。

连接器可使分段施工的预应力筋分别张拉锚固而又保持其连续性,它实际上也是一种锚具。

预应力锚固体系按锚固方式分为夹片式、支承式、锥锚式和握裹式锚固体系。

(1)夹片式锚固体系

夹片式锚固体系是目前使用最多的一系列锚固体系,主要用于后张法预应力工艺,可锚固多根高强钢绞线。夹片式锚固体系张拉端锚具常见的型号有XM型锚具、QM型锚具、OVM型锚具、JM型锚具、BM型锚具等,固定端锚具常用P型或H型。

①张拉端锚具。张拉端锚具虽然型号多样,但其锚固原理近似,该系列张拉端锚具都由锚板和夹片组成,属于独立锚固单元的群锚锚具。

a. XM型锚具。XM型锚具(图4-2-36)是普遍采用的大吨位预应力锚固体系,用来锚固标准强度为1860MPa的ϕ^s15.2mm钢绞线,操作方便,使用范围广。

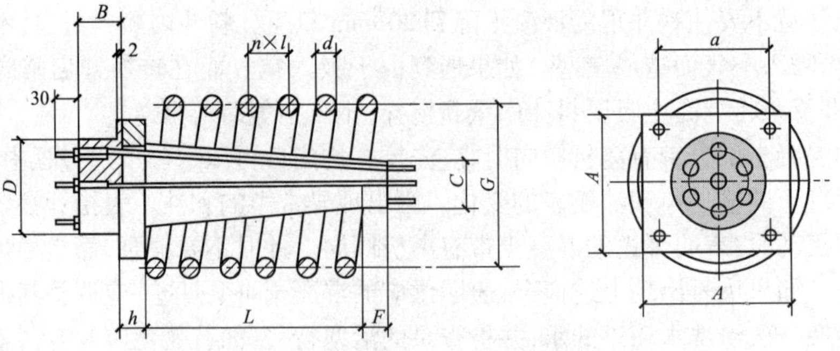

图 4-2-36　XM 型锚具(尺寸单位:mm)

b. OVM 型锚具。目前,OVM 型锚具已成为当今较成功的预应力群锚体系之一,广泛应用于国内外桥梁建设、预应力混凝土工程。OVM 型锚具的锚固效率系数高,锚固性能稳定、可靠,适应范围广泛,一般情况下一套锚具可锚固 1 ~ 55 根钢绞线。

OVM 型锚具(图 4-2-37)由夹片、锚板、锚垫板以及螺旋筋四部分组成。按钢绞线直径分为 OVM13 型、OVM15 型、OIVM18 型、OVM22 型和 OVM28 型,可锚固宜径分别为 ϕ^{s}12.7mm、ϕ^{s}12.9mm、ϕ^{s}15.2mm、ϕ^{s}15.7mm、ϕ^{s}17.8mm、ϕ^{s}21.8mm、ϕ^{s}28.6mm 的钢绞线。

c. BM 型锚具。BM 型锚具(图 4-2-38)是一种扁形夹片式群锚锚具。BM 型张拉端锚具由扁形工作锚板、工作夹片、扁形锚垫板、扁形螺旋筋、扁形波纹管等组成,适用于锚固各种规格的高强钢绞线,使用它可使后张构件减薄。

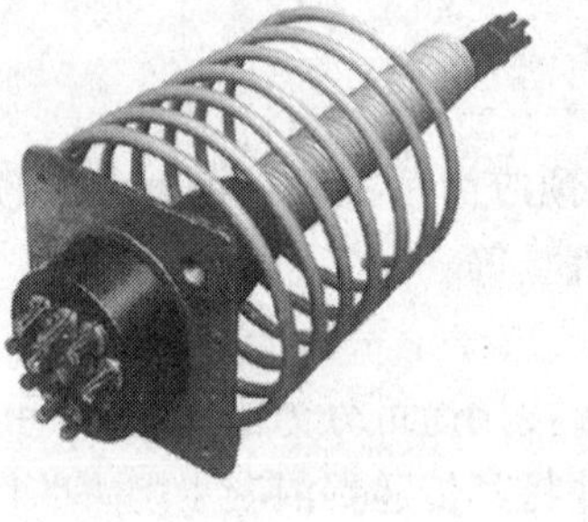

图 4-2-37　OVM 型锚具

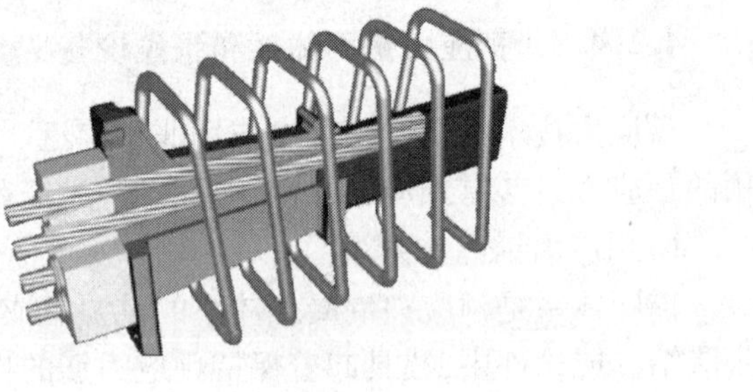

图 4-2-38　BM 型锚具

②固定端锚具。通常,一个完整的锚固体系既包括张拉端锚具,还包括固定端锚具。固定端锚具有 P 型和 H 型两种。

固定端 P 型锚具(图 4-2-39)适用于需要把后张力直接传至梁端时的情况。它利用锚固单元受挤压产生塑性变形的原理来夹持钢绞线,其中挤压锚具由挤压套与钢绞线通过专用的挤压机挤压而形成锚固单元。

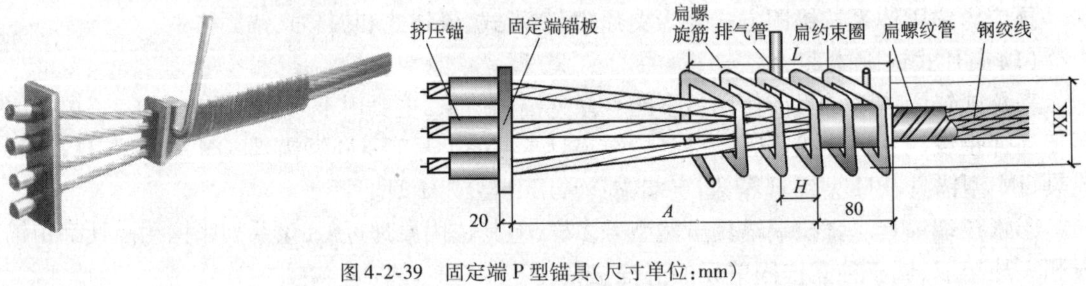

图 4-2-39　固定端 P 型锚具(尺寸单位:mm)

固定端 H 型锚具(图 4-2-40)适用于需要把后张力传至混凝土时的情况。它的锚固单元是钢绞线经过专用压花机挤压后形成的,依靠混凝土对钢绞线的握裹力进行锚固。

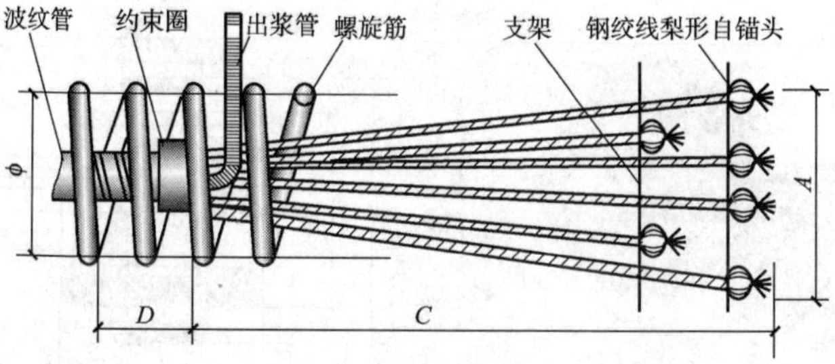

图 4-2-40　固定端 H 型锚具

（2）支承式锚固体系

①LM 型螺栓端杆锚具。LM 型螺栓端杆锚具由螺栓端杆、螺母、垫板组成（图 4-2-41），用于冷拉预应力钢筋的张拉锚固，依靠对焊与预应力钢筋连接。

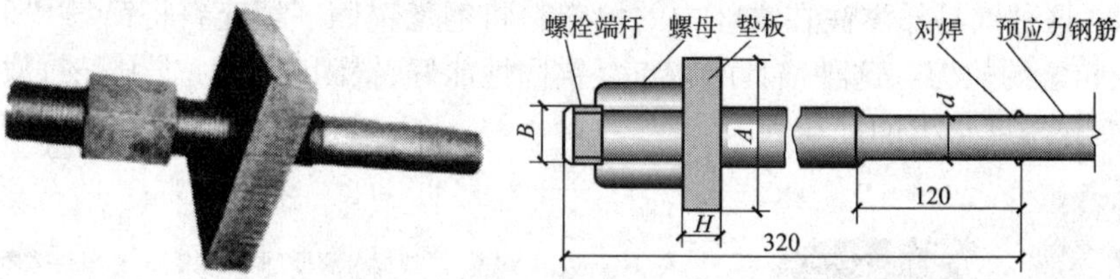

图 4-2-41　LM 型螺栓端杆锚具（尺寸单位：mm）

②JLM 型精轧螺纹钢锚具。JLM 型精轧螺纹钢锚具由螺母和垫板等组成（图 4-2-42），适用于 ϕ25mm、ϕ32mm 高强精轧螺纹钢筋的张拉锚固。钢筋的接长采用连接器，不用对焊，具有连接与锚固简单、安全可靠、施工方便等优点。

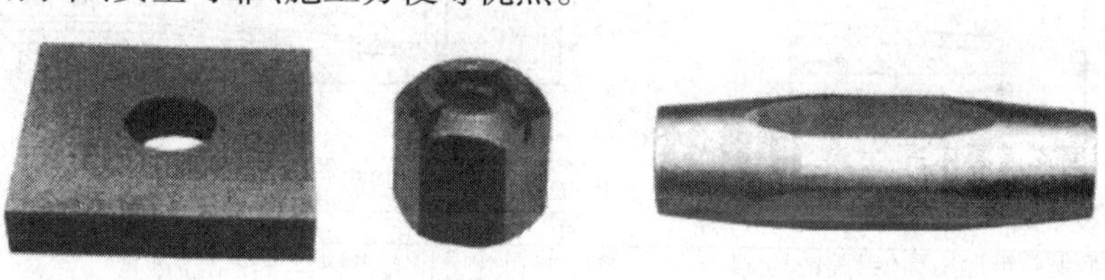

a)垫板　　b)螺母　　c)连接器

图 4-2-42　JlM 型精轧螺纹钢锚具

③DM 型镦头锚具。镦头锚具是我国使用较早的锚具（图 4-2-43），它既可作为锚具又可作为夹具。DM 型镦头锚具包括四种：A 型、B 型、C 型和 K 型，可张拉锚固标准强度为 1570MPa、1670MPa 的 ϕ5mm、ϕ7mm 高强钢丝束。钢丝镦头成形采用专用镦头器。镦头锚具最大的缺点是对下料长度的准确性要求较高，尤其当锚固的钢丝较多时，长度的准确性和一致性就更难保证，这将直接影响预应力筋的受力状况，并增加施工难度。为了克服这一缺点，出现了两种锚具混合使用的方法。如固定端仍采用 DM 型镦头锚具，而张拉端则采用夹片式锚固体系的张拉端锚具锚固。由于这种方法对预应力筋的长度无严格要求，而且只需一端镦头，因此施工简便易行。

（3）锥塞式锚固体系

锥塞式锚固体系以常用的 GZ 型钢质锥形锚具（弗氏锚具）为代表。GZ 钢质锥形锚具也叫弗氏锚具，它是我国推广使用较早、应用较普遍的锚固体系之一，适用于锚固标准强度为 1570MPa 及以下各级别的 ϕ5mm 高强钢丝。锚具由锚环和锚塞组成（图 4-2-44）。

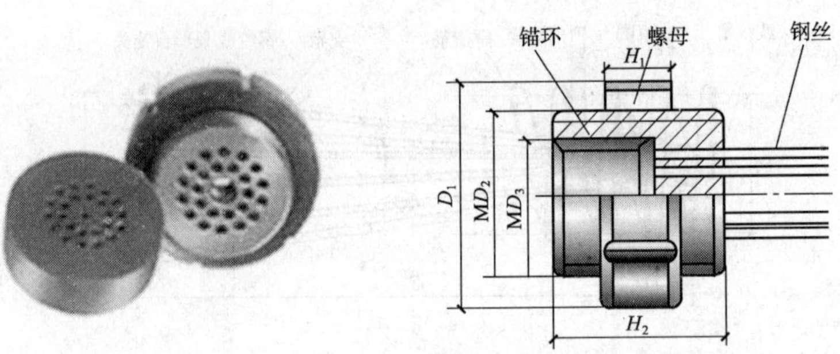

图 4-2-43　DM 型镦头锚具

(4)握裹式锚固体系

下面将以 LZM 型冷铸锚具为例说明握裹式锚固体系的结构特点。LZM 型冷铸锚具适用于锚固斜拉桥的预应力拉索,是近年发展起来的大吨位无黏结预应力体系的锚固装置(图 4-2-45)。这种锚具靠灌注在锚杯内的填充料将钢丝锚固。填充料将锚具和钢丝结成一体,用于承受拉索的拉力。这种锚具的特点是锚固性能好,锚固吨位大,尤其是抗疲劳性强,可以承受应力变化幅度很大的动荷载。

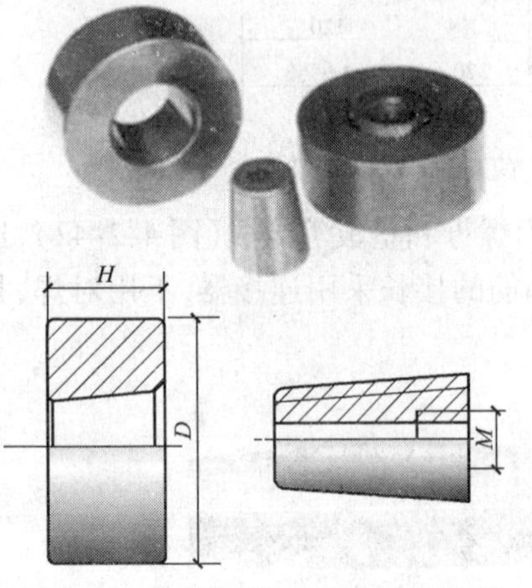

图 4-2-44　GZ 型钢质锥形锚具(弗氏锚具)

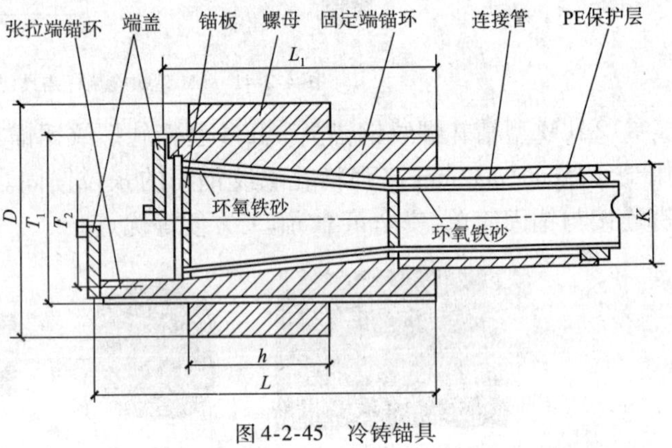

图 4-2-45　冷铸锚具

2)预应力千斤顶

预应力千斤顶是预应力施工中重要的配套设备。预应力千斤顶可分为拉杆式(代号为 YL)、穿心式(代号为 YC)、锥锚式(代号为 YZ)和台座式(代号为 YT)四种。预应力千斤顶代号后接主参数张拉力,单位为 kN。预应力千斤顶的形式和主参数的选定与预应力筋种类、锚夹具形式、构造参数和张拉方法有关。

(1)拉杆式千斤顶

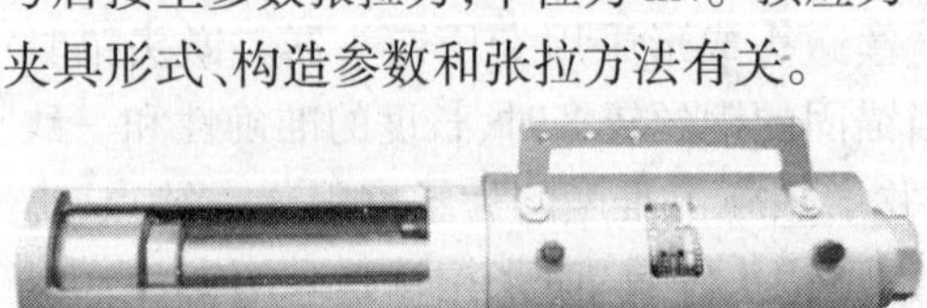

图 4-2-46　拉杆式千斤顶

①构造。拉杆式千斤顶(图 4-2-46)以活塞杆作为拉力杆件,适用于张拉 LM 型螺纹端杆锚具、JLM 精轧螺纹钢锚具、LZM 冷铸锚具等。拉杆式千斤顶主要由液压缸、活塞、拉杆、连接头及撑脚等部件组成。

②使用。

a. 张拉前准备工作。液压泵停止运行或空载运转,千斤顶连接头拧入螺纹端杆,对中就位。

b. 张拉工作。千斤顶撑脚顶住构件端面，张拉钢筋，钢筋张拉到设计张拉力后保持荷载，并拧紧螺纹端杆上的螺母。

c. 液压差动回程。差动阀活塞杆顶开锥阀，活塞拉杆回程，复位后打开液压泵上的控制阀，液压泵停止运行或空载运转，卸下连接头。

(2)穿心式千斤顶

①构造。穿心式千斤顶是一种适应性较强的千斤顶，它既适用于张拉采用各种夹片式锚固体系的预应力钢丝束、钢绞线束，而且配上撑脚、控杆等附件后，也可作为拉杆式千斤顶使用，因此它是目前较为常用的预应力筋张拉设备。

穿心式千斤顶的构造特点是沿千斤顶轴线有一穿心孔道，供预应力筋或张拉杆穿过。它有两个液压缸，分别负责张拉和顶压锚固，张拉活塞采用液压回程，顶压活塞采用弹簧或液压回程。穿心式千斤顶的构造见图4-2-47。

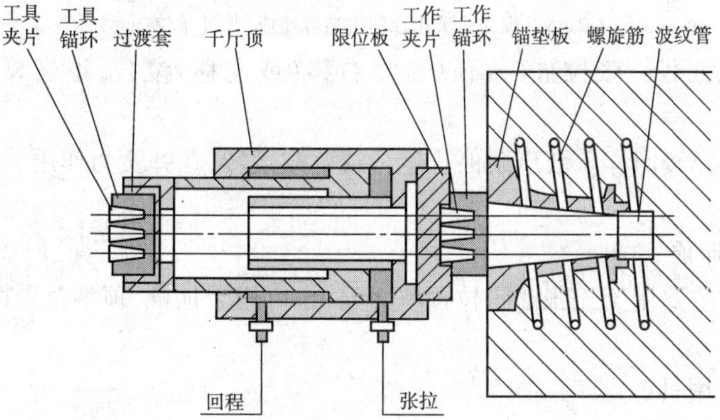

图4-2-47　穿心式千斤顶和夹片式锚固体系安装示意图

②使用。

a. 张拉前准备工作。液压泵停止运行或空载运转，安装锚具，穿筋后安装工具锚，千斤顶对中就位。

b. 张拉工作。顶压缸和撑套右移顶住锚环，张拉缸左移张拉钢筋。

c. 顶压锚固。保持张拉缸荷载稳定在设计的张拉力，顶压活塞右移，将夹片强力顶入锚环内，顶压活塞回程弹簧回缩。

d. 张拉缸液压回程。张拉缸(或顶压缸)右移(或左移)复位，工具锚松脱。

e. 顶压活塞弹簧回程。液压泵停止运行或空载运转，在弹簧力作用下，顶压活塞左移复位，卸下工具锚和千斤顶。穿心式千斤顶和夹片式锚固体系安装见图4-2-47。

(3)锥锚式千斤顶

①构造。锥锚式千斤顶是一种专用千斤顶，主要用于张拉带有钢质锥形锚具的钢丝束。锥锚式千斤顶具有张拉、顶锚和退楔三个功能。

锥锚式千斤顶的构造和组成见图4-2-48，其工作原理是当张拉液压缸进油时，张拉缸被压移，使固定在其上的钢筋被张拉。钢筋张拉后，由顶压液压缸进油，随即由副缸活塞将锚塞顶入锚圈中。张拉缸、顶压缸同时回油，则在弹簧力的作用下复位。

②使用。

a. 张拉前准备工作。液压泵停止运行或空载运转，安装锚环、对中套、千斤顶，开泵后将顶压液压缸伸出一定长度供推楔用。

b. 张拉工作。顶压缸右移顶住对中套、锚环，张拉缸带动卡盘左移张拉钢丝束。

c. 顶压锚塞。保持张拉缸荷载稳定在设计的张拉力，顶锚活塞杆右移，将锚塞强力顶入锚环内，弹簧回缩。

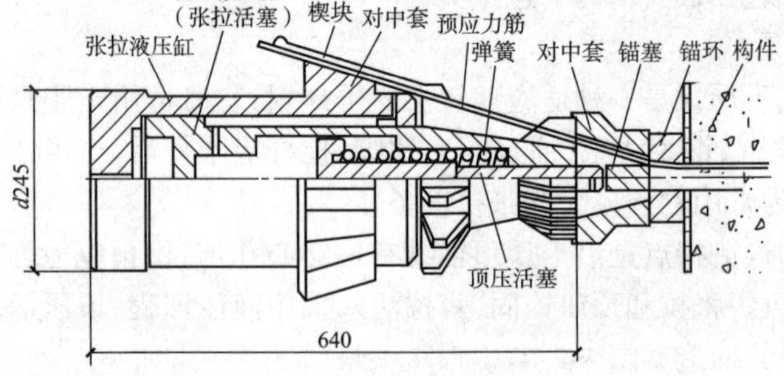

图 4-2-48　锥锚式千斤顶的构造和组成（尺寸单位：mm）

d. 张拉缸液压回程。张拉缸（或顶压缸）右移（或左移）复位，退楔翼板顶住楔块使之松脱。

e. 顶锚活塞杆弹簧回程。液压泵停止运行或空载运转，在弹簧力作用下，顶锚活塞杆左移复位。

(4) 台座式千斤顶

台座式千斤顶主要用于先张法张拉预应力筋，也可用于顶推、顶举及更换桥梁支座等施工（图 4-2-49）。

3) 其他预应力用具

(1) 预应力波纹管

后张法预应力工艺需要在构件中预留孔道，以便穿入预应力筋，其孔道预留的方法有很多，目前使用最多的方法是采用金属波纹管预埋在构件中成孔。

金属波纹管（图 4-2-50）是用镀锌或不镀锌薄钢带用卷管机经压波、螺旋折叠咬口制成，有圆管和扁管之分（扁形波纹管配合扁形锚具使用）。金属波纹管具有重量轻、刚度大、弯折方便、连接简单、摩擦因数小、与混凝土黏结性能好等优点，是后张预应力筋孔道成型的理想材料。

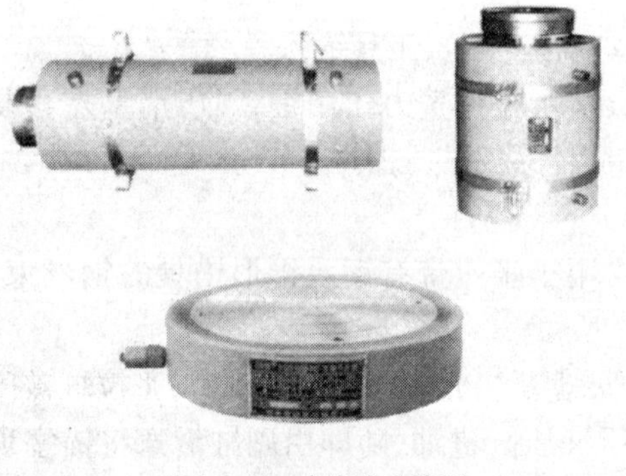

图 4-2-49　台座式千斤顶

图 4-2-50　金属波纹管

工程中还有塑料波纹管（图 4-2-51），用于后张预应力混凝土结构预留孔道。塑料波纹管具有如下特点：

①具有良好的耐腐蚀性，能提高对预应力筋的防腐保护。

②具有良好的物理性能，不导电，可防止杂散电流腐蚀预应力筋；密封性能好，不渗透，不生锈；强度高，刚度大，抗冲击性能好，不怕踩压。

③可减少张拉过程中的预应力摩擦损失。

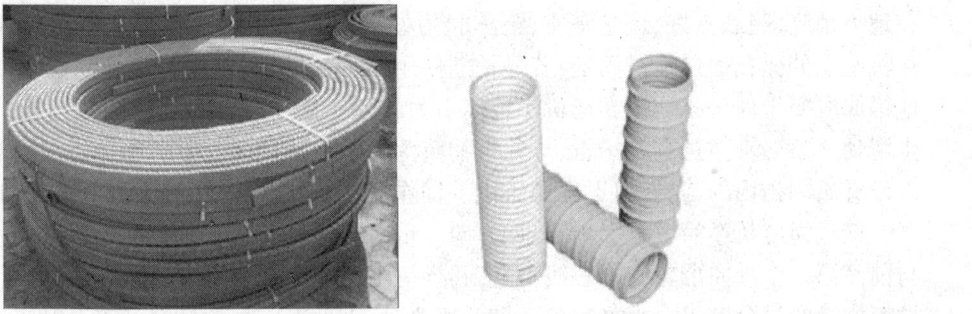

图 4-2-51　塑料波纹管

(2)预应力液压泵

液压泵是预应力千斤顶的动力和操控装置，根据需要供给预应力千斤顶用液压油。目前常用的液压泵是 ZB 系列（图 4-2-52），型号后接主参数额定流量（L/min）和额定压力（MPa），图 4-2-52 中“ZB2 ×2/50”表示其额定流量为 2 ×2L/min，额定压力为 50MPa。

4.2.4.4　起重机具设备

1)卷扬机

卷扬机又称绞车，有手动和电动两种，常用的是电动卷扬机（图 4-2-53）。电动卷扬机是起重及其他施工操作的动力设备，在工程施工中应用广泛。

图 4-2-52　预应力液压泵

图 4-2-53　电动卷扬机

(1)卷扬机的种类、规格和选择

电动卷扬机按操作方式可分为电动可逆式卷扬机和电动摩擦式卷扬机两种。前者的电动机与卷筒有固定联系，卷筒可强制正转和反转，只需要换电路就可进行起吊和下降重物。后者的电动机与卷筒没有固定联系，而是通过摩擦离合器带动卷筒旋转，只有起吊时才使用电动机，重物下降时全靠自身重力，其速度快慢用制动器来控制。

电动卷扬机有慢速（JM 型）与快速（JK 型）之分。慢速卷扬机的钢丝绳牵引速度一般为 7 ~ 13m/min，牵引力为 30 ~ 110kN。快速卷扬机的牵引速度一般为 15 ~ 48m/min，牵引力为 3 ~ 60kN。另外还有用于桥梁钻孔施工的双卷筒脱档式快速卷扬机，牵引力为 50 ~ 80kN。选择卷扬机时应考虑起重能力（牵引力）、钢丝绳牵引速度和卷筒容绳量（即所能绕钢丝绳的长度）

等是否符合施工要求。

(2)卷扬机的使用

安全使用卷扬机不仅能防止事故,延长卷扬机使用寿命,还可以提高工效。卷扬机应安放在地势稍高、视线良好、地基坚实、距离起吊处15m以外的地方。若为临时使用,可将钢绳拉住机座上的座孔通过地锚固定;若是长期使用,则通过地脚螺栓将机座固定在混凝土基础上。地锚或混凝土地基必须按卷扬机额定牵引力的大小来埋设并与机座可靠连接,以防使用中产生滑动、位移,甚至拉翻卷扬机,导致重物坠落等重大事故的产生。卷扬机在室外装用时,上方应设有遮阳挡雨的工棚,但不得妨碍机手操作,或影响机手对指挥人员及提升物的视线。

钢丝绳应从卷筒下方引出,出绳方向尽量与地面平行,当钢丝绳处于卷筒中间位置时,要与前面第一个导向滑轮的中心线垂直,卷扬机不可离滑轮太近,以免引起钢丝绳与导向滑轮或卷筒槽缘的过分磨损。当重物落至最低位置时,钢丝绳应在卷扬机卷筒上保留3圈以上。

卷筒上的钢丝绳应按顺序排列整齐,不能发生乱层现象,也不可高于卷筒的侧边,以防受力后引起跳绳或滑出,从而造成联轴器损伤、钢丝绳断裂等故障。当钢丝绳断丝超过10%时必须更换;新换钢丝绳的安全系数应大于5,并注意质量要合格。卷扬机工作时,不可让钢丝绳在地面拖曳,以防泥沙玷污而加剧磨损,为此可设绳槽或托辊。另外,卷扬机运转时,不准用手或脚去拉、踩钢丝绳;不准任何人跨越钢丝绳或在提升物下穿越、停留。

电动机要有单独的操作开关,并加装过载与短路保护装置,其金属外壳应可靠接地,以保证安全,若电动机可以正、反转来驱动卷扬机,则卷筒的旋转方向必须与操纵开关上的指向一致。

卷扬机的制动器大都为短行程常闭电磁式结构。合闸时制动电磁铁与电动机同时通电,于是磁铁吸合、制动瓦张开,电动机便通过减速器带着卷筒旋转,从而卷入或放出钢丝绳。

拉闸断电时,制动瓦抱住制动轮,使卷筒可靠地停住。为此,试机前应先检查电磁制动器,要求制动瓦与制动轮之间的间隙为0.5~0.6mm,且两瓦的间隙相等、开闭灵活,然后,先空载试运转,让卷扬机正、反向各转15min,若无异常噪声、振动或冲击,才可投入全载试运转,最后做超载10%试验,此时将重物提至2.5m高度,制动后观其下滑量,下滑量小于6cm时为合格;否则应重新调整电磁制动器,必要时更换磨损超限的制动瓦或制动轮。

采用胶带或开式齿轮传动的卷扬机,其传动部位应加装防护罩,以防卷扬机运转时将人员或物料卷入。

操作时,机手要集中精力,看清信号,听从指挥。卷扬机运转中,机手不准离岗。提升重物时操作应柔和平稳,不可急速升起或急速下降,尽量避免空中紧急制动。若被吊物需要在空中临时停留,除使用制动器外,还要用保险棘轮卡牢。

若遇上工作中突然停电,应先将开关扳到断电位置,接着将吊笼降至地面或将牵引重物落到坡底。若遇雷雨、浓雾或6级以上大风气候,应立即停止工作。

卷扬机运转中,若出现声响异常、制动失灵、减速器轴承部位温度过高等情况,应停机检查,排除故障;切忌让卷扬机带“病”作业以免发生机械或人身事故。

卷扬机要做好日常保养工作。

2)链滑车

链滑车俗称倒链或神仙葫芦,是一种简单、实用的起重工具,可用于人力手工吊装轻型构件,在桥梁架设安装、构件落位和收紧缆风绳等工作中使用较多。

(1)链滑车的种类和组成

常用链滑车分蜗轮式和齿轮式两种,一般蜗轮式较齿轮式工作效率低。链滑车由链轮、手拉链、行星齿轮装置、起重链及吊钩等组成，见图4-2-54。

(2)链滑车的使用

链滑车使用前要检查吊钩、链条、轮轴、链盘，如有锈蚀、裂纹、损伤、传动部分不灵活应严禁使用；起重链如有打结、扭结现象应缠放理顺后方可使用。

使用时，倒松链条挂好起吊物件，慢慢拉动牵引链条，待起重链条受力后，再检查齿轮啮合，以及自锁装置的工作状态，确认无误方可继续作业。当提升重物时，可用手牵引链轮顺时针方向旋转。牵引停止时，由于链滑车制动装置的作用，重物不会自动下落，而维持悬吊不动。已吊起的重物在中途停留的时间过长时，要将手拉链拴在起重链上，以防制动失灵。

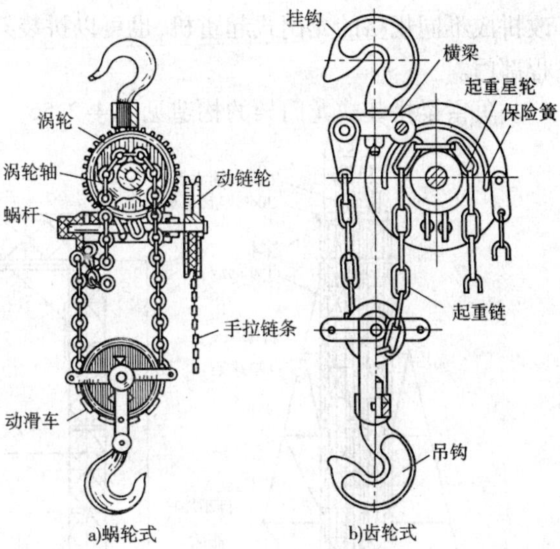

图4-2-54 链滑车

起重时不得超载使用，应根据链滑车的起重能力确定拉链人数，如手拉链拉不动时，应检查原因，切忌盲目猛拉，以免发生事故。

在任何方向使用时，拉链方向均应与链轮方向相同，注意防止手拉链脱槽，拉链时用力应均匀，不能过快过猛。

3)龙门架

龙门架是一种较常用的垂直起吊设备。在龙门架顶横梁上设有横移装置时，可横向吊运构件。如在龙门架两腿下设有平车和轨道，可在轨道上进行纵向运输。龙门架一般可设于构件预制场用来吊移构件，或设在墩顶或墩旁用来安装大梁构件。

(1)简单龙门架

简单龙门架可用圆木、方木或型钢组拼构成，其构造见图4-2-55。

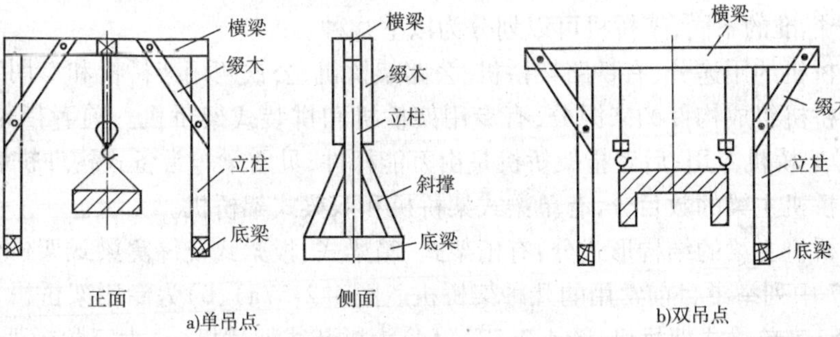

图4-2-55 简单木龙门架

顶横梁必须选择较好的木料，其尺寸大小应按起吊重量和跨径经过计算确定。缀木可用螺栓连接到横梁和立柱上。横梁可设一个吊点或两个吊点。预制构件较宽、质量较大或横梁木直径较小时，可以采用双吊点式的横梁，横梁端头悬出部分应加缀木。

(2)贝雷梁拼装式龙门架

贝雷梁拼装式龙门架是由公路装配式钢桥的桁架(贝雷梁)等配件组拼而成的，它是安装预制梁的常用起重设备。如图4-2-56所示的龙门架易于拆装、运输，承力构件通用性好，可以改拼成不同规格的龙门式起重机，也可以拼装架桥机、便桥、支架等，特别适用于经常流动的工程部门。

贝雷梁拼装式龙门架的构造见图 4-2-56。

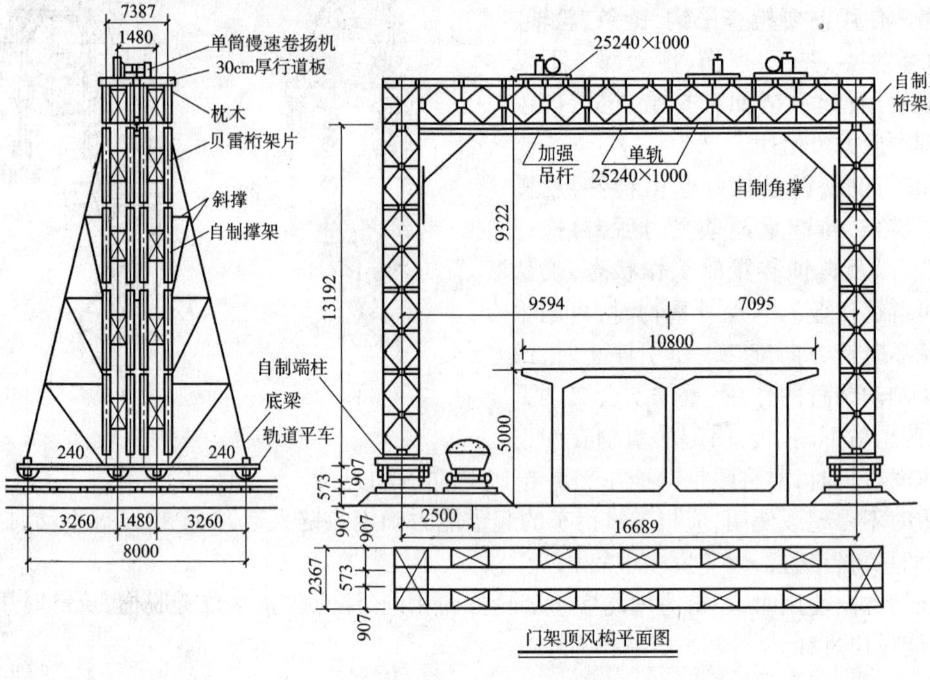

图 4-2-56　贝雷梁拼装式龙门架构造图（尺寸单位：mm）

4）架桥机

架桥机是架设预制梁的专用设备。铁路常用的 32m 以下及公路常用的 50m 以下的混凝土简支梁，通常采用预制安装的方法施工，梁体的架设就需要使用架桥机。

目前，我国使用的架桥机类型很多，没有统一的架桥机命名、分类标准。在工程实践中习惯以各生产厂家的型号来表示。

根据划分标准的不同，架桥机可以划分为以下几种。

（1）按架桥机的用途分，有铁路架桥机、公路架桥机、公铁两用架桥机和专用架桥机。

（2）按架桥机组成构件的来源分，有专用架桥机和拼装式架桥机。前者指架桥机的主要构件为该型号架桥机专用；后者指架桥机是由万能杆件、贝雷梁等常备式构件拼装而成。

（3）按架桥机主梁的数目分，有单梁式架桥机和双梁式架桥机。

（4）按架桥机主梁的结构形式分，有桁架式、箱梁式、板梁式及蜂窝梁式架桥机等。

图 4-2-57 中列举了目前常用的几种架桥机。图 4-2-57a）、b）为专用架桥机，其中 a）为双梁式架桥机，b）为单梁式架桥机；图 4-2-57c）、d）为拼装式架桥机，c）为三角桁架式架桥机，d）为贝雷梁式架桥机。

5）塔式起重机

塔式起重机俗称塔吊，起初主要应用于建筑工程中，目前在桥梁工程中也逐渐开始推广使用（图 4-2-58）。

目前，桥梁工程中主要使用小车变幅水平臂架式塔式起重机。该塔式起重机臂架可以水平旋转，臂架下弦杆上安装有起重小车，可沿臂架移动，同时进行起吊、旋转、变幅三个动作的作业。

a)专用双导梁架桥机

b)专用单导梁架桥机

c)拼装式三角桁架式架桥机

d)拼装式贝雷梁式架桥机

图 4-2-57 常用架桥机实物图

塔式起重机的作业参数包括幅度、起重量、起重力矩和起重高度。塔式起重机的主要施工操作要点如下：

(1)塔式起重机操作员必须是经过专业培训并有一定驾驶经验的持证上岗的合格人员。

(2)塔式起重机使用应符合操作规程。

(3)当风速超过 6 级时应停止使用塔式起重机。

(4)当多台塔式起重机围绕着一个工程项目施工时，相邻两台塔式起重机相近部位间最小安全操作距离一般规定为 5m。

图 4-2-58 桥梁施工中的塔式起重机

自 测 题

一、填空题

1. 水泥进场时，应附有生产厂的品质试验检验报告等合格证明文件，并应按批次对同一生产厂、同一品种、同一强度等级及同一出厂日期的水泥进行________、________、________和________等性能的检验。

2. 混凝土各组成材料中引入的氯离子一般不超过水泥用量的______%。

3. 自高处向模板内倾卸混凝土时，其自由倾落高度不宜超过______ m；否则，应通过________、________或________等设施下落，以防止混凝土离析。

4. 混凝土洒水保湿养护时间应不少于____ d。

5. 桥梁常用的普通钢筋的牌号 HPB235、HRB335、HRB400、HRBF400 分别代表的是________、________、________和________钢筋；其符号分别是________、________、________

和________。

6. 普通钢筋进场后，应检查________和________，并对桥梁所用的钢筋抽取试样做________、________和________试验。

7. 对于焊接接头，受拉钢筋接头的截面积在同一截面（钢筋长度方向 $35d$ 并≮50cm）内不得超过钢筋总面积的____%。

8. 贝雷梁可以拼装成________、________、________等结构和设备。

9. 贝雷梁由________、________、________、________等通过铰接和螺栓拼装而成。

10. 碗扣式钢管脚手架主要由________、________、________、________、________和其他配套构件组成。

11. 混凝土搅拌时，为减少粘罐，加料可采用________、________、________、________、________的顺序。

12. 预应力锚固体系按锚固方式分为________、________、________和________锚固体系。

13. 拼装式架桥机是由________、________等常备式构件拼装而成。

二、简述题

1. 简述混凝土试件制取的规定与要求。

2. 桥梁普通钢筋和钢绞线如何进行检验和保存？

3. 简述电弧焊外观检查质量要求。

4. 简述模板的一般要求。

5. 组合钢模的优点和主要组成构件有哪些？

6. 模板拆除有哪些要求？

7. 简述混凝土搅拌站（楼）的组成和工作流程。

8. 混凝土泵车由哪几部分组成，适用于怎样的工程？

9. 预应力锚固体系按用途分为哪三类，各用于什么情况的预应力工程？

10. 波纹管在预应力工程中的作用是什么？有哪几种？

11. 龙门架是干什么用的？常见的龙门架有哪几种？

4.3 混凝土和石砌墩台的施工

4.3.1 混凝土及钢筋混凝土墩台的施工

混凝土及钢筋混凝土墩台是应用较多的一类墩台，具有形式多样、适应性强、施工快速等优点。其施工顺序为：搭设墩台模板→绑扎、安装钢筋骨架→浇筑混凝土。

4.3.1.1 墩台模板

1）常用的墩台模板类型

模板可采用钢材、胶合板、塑料或其他符合设计要求的材料制成。浇筑混凝土之前，模板应涂刷脱模剂，外露面混凝土模板的脱模剂应采用同一种品种，不得使用废机油等油料，且不得污染钢筋及混凝土的施工缝处。重复使用的模板应经常检查、维修。

常用的模板类型有以下介绍的几种类型。

(1)拼装式模板

系用各种尺寸的标准模板利用销钉连接，并与拉杆、加劲构件等组成墩台所需形状的模板。如图4-3-1所示，将墩台表面划分为若干小块，尽量使每部分板扇尺寸相同，以便于周转使用。板扇高度通常与墩台分节灌筑高度相同，一般可为3～6m，宽度可为1～2m，具体视墩台尺寸和起吊条件而定。拼装式模板由于在厂内加工制造，因其板面平整尺寸准确、体积小、质量小，拆装容易、快速，运输方便，故应用广泛。图4-3-2为圆柱形桥墩的拼装式钢模板。

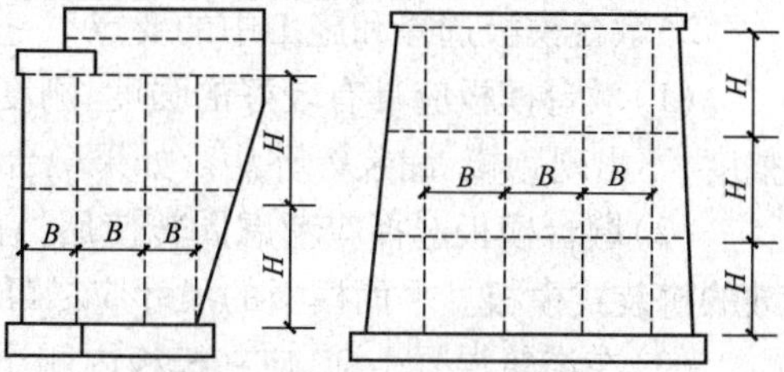

图4-3-1　墩台模板划分示意图

(2)整体吊装模板

将墩台模板水平分成若干段，每段模板组成一个整体，在地面拼装后吊装就位。分段高度可视起吊能力而定，一般可为2～4m(图4-3-3)。整体吊装模板的优点是：安装时间短，无须设施工接缝，加快施工进度，提高了施工质量；将拼装模板的高空作业改为平地操作，有利于施工安全；模板刚性较强，可少设拉筋或不设拉筋，节约钢材；可利用模外框架作简易脚手架，不需另搭施工脚手架；结构简单，装拆方便，对建造较高的桥墩较为经济。

图4-3-2　圆柱形桥墩的拼装式钢模板

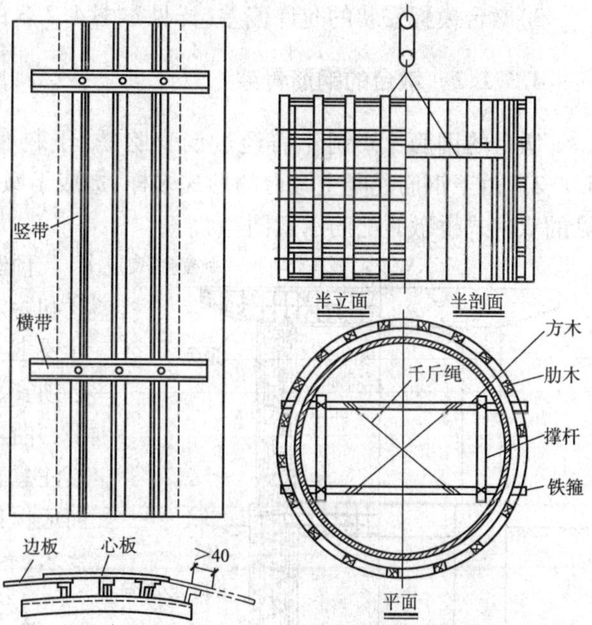

图4-3-3　圆柱形桥墩的整体吊装式模板

(3)组合型钢模板

以各种长度、宽度及转角标准构件，用定型的连接件将钢模拼成结构用模板，具有体积小、质量小、运输方便、装拆简单、接缝紧密等优点，适用于在地面拼装，整体吊装的结构上。

(4)滑动钢模板

适用于各种类型的桥墩(详见第4.4节)。各种模板在工程上的应用，可根据墩台高度、墩台形式、机具设备、施工期限等条件，因地制宜，合理选用。

模板安装前应对模板尺寸进行检查；安装时要坚实牢固，以免振捣混凝土时引起跑模漏浆;安装位置要符合结构设计要求。

2)墩台模板选择和施工中的要点

(1)墩台模板应具有较好的强度、刚度和稳定性,必须保证浇筑混凝土前后模板表面的平整度,不出现跑模、漏浆等弊病。如果墩台模板较高,必须设置撑木或抗风拉索等稳定设施。

(2)墩台模板选择应考虑周转使用,宜采用标准规格的组合式模板或适合大量同类型桥墩的拼装式模板。平面模板的尺寸应尽可能选择大面积的,以使墩台表面减少接缝。

(3)在浇筑混凝土前,应在模板内侧涂刷脱模剂,不得使用会使混凝土表面变色或变质的脱模剂。

(4)墩台预埋件或孔洞必须预先考虑,并准确牢固地和模板相固定,以防振捣混凝土或其他外力使之变位。

侧模上的拉杆一般均埋于墩台混凝土中。如需在浇筑完混凝土后取出拉杆,必须在拉杆外设套管。拆模后,墩台表面留下的无用孔洞,必须及时用砂浆或细石混凝土抹平。

(5)模板安装完毕,检查其平面位置、顶面高程、节点连接及其他稳定性符合要求后,方可浇筑混凝土。

(6)墩台模板宜在上部结构施工前拆除。拆除模板时,不允许粗暴地敲打和甩掷模板,更要注意拆除的顺序,以防出现事故。

3)墩台模板安装的允许偏差(详见本书4.2.3的表4-2-11)

4.3.1.2 墩台的钢筋骨架

墩台的钢筋骨架制作需经过调直除锈、下料、弯制、绑扎等工序,具体施工工艺见本书4.2.2。由于钢筋混凝土墩台的形式多样,造成了墩台中钢筋骨架形状的各异。图4-3-4是常见的双柱式桥墩的配筋示意图。

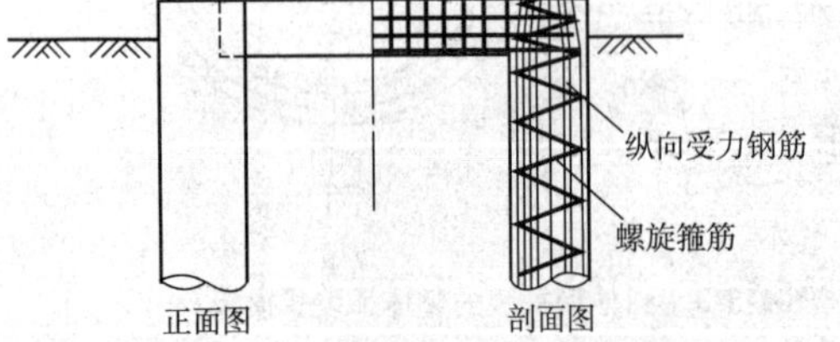

图4-3-4 双柱式桥墩的配筋示意图

预制成的墩台钢筋骨架,必须具有足够的刚度和稳定性,以利于吊装;尺寸要求准确,符合设计要求。墩台钢筋骨架通常体量较大,制作好后必须安放在平整、干燥的场地上,下部用方木垫平,并挂上标识牌,以防止混淆。钢筋骨架吊装时应注意轻起慢落,防止骨架变形。骨架进入模板前应保持顺直。安装后,保护层厚度要符合设计要求。

4.3.1.3 墩台混凝土工程

(1)浇筑墩台混凝土前,应对支架、模板、钢筋和预埋件进行检查,并做好记录,符合要求后方可浇筑。

(2)墩台基底为非黏性土或干土时,应将其润湿;基面为岩石时,应湿润后,铺一层厚20~30mm的水泥砂浆,然后于水泥砂浆凝结前浇筑第一层混凝土。

(3)浇筑混凝土时,应根据墩台结构形状、钢筋布置,按一定厚度、顺序和方向分层、分块浇筑。为保证灌筑质量,混凝土的配制、输送及灌筑的速度为:

$$v \geqslant Sh/t \tag{4-3-1}$$

式中：v——混凝土配料，输送及灌筑的容量最小速度（m^3/h）；

S——灌筑的面积（m^2）；

h——灌筑层的厚度（m），可根据使用捣固方法按规定数值采用；

t——所用水泥的初凝时间（h）。

如混凝土的配料、输送及灌筑需时较长，则应采用下式计算：

$$v \geqslant Sh/(t-t_0) \tag{4-3-2}$$

式中：t_0——混凝土配制、输送及灌筑所消费的时间（h）；

其余符号含义同前。

墩台是大体积圬工，为避免水化热过高使混凝土因内外温差过大引起裂缝，可采用以下措施：

①用改善集料级配、降低水灰比、掺加混合材料与外加剂、掺入片石等方法减少水泥用量；

②采用 C_3A、C_3S 含量小、水化热低的水泥，如大坝水泥、矿渣水泥、粉煤灰水泥、低强度等级水泥等；

③减小浇筑层厚度，加快混凝土散热速度；

④混凝土用料应避免日光暴晒，以降低初始温度；

⑤在混凝土内埋设冷却管通水冷却。

当浇筑的平面面积过大，不能在前层混凝土初凝或能重塑地浇筑完成次层混凝土时，为保证结构的整体性，宜分块浇筑。分块时应注意：各分块面积不得小于 $50m^2$；每块高度不宜超过 2m；块与块间的竖向接缝面应与墩台身或基础平截面短边平行，与平截面长边垂直；上下邻层间的竖向接缝应错开位置做成企口，并应按施工接缝处理。混凝土中填放片石时应符合有关规定。

（4）墩台混凝土浇筑，混凝土下落高度较大，为防止混凝土离析，混凝土的自由倾落高度应符合规定。

（5）墩台混凝土浇筑完成后，对混凝土裸露面应及时进行抹平并压光。

4.3.2 石砌墩台的施工

圬工砌体墩台是采用岩石和砂浆砌筑而成的墩台，具有施工简便、经久耐用、外表美观等优点。在岩石丰富的地区，可优先考虑采用此种墩台。

4.3.2.1 放样要点

圬工砌体墩台在砌筑前，应按设计放出实样挂线砌筑。

当墩台身和基础较低时，可依平面轮廓线砌筑圬工。

对于直坡墩台可用吊垂球的方法来控制定位石的位置，如图 4-3-5a）所示；对于斜坡墩台可用规板控制定位石的位置，如图 4-3-5b）所示。

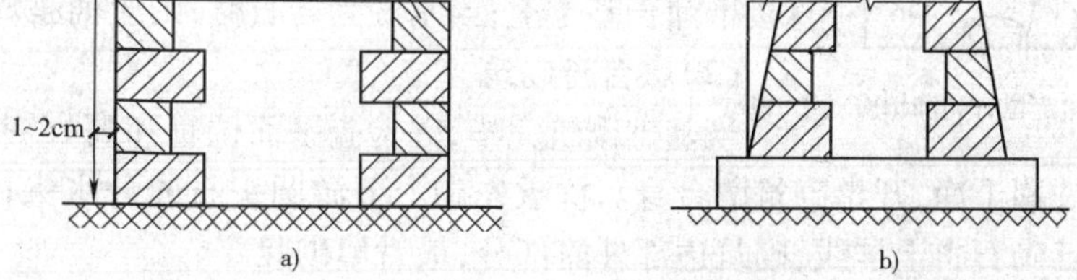

图 4-3-5　垂线定位法

此外,砌筑前还可先树立墩台身样架,即根据设计横截面尺寸,用竹、木扎成样架,规板构造见图4-3-6,使用时以斜边靠近墩台面,悬垂线若与所画墨线重合,则表示所砌墩台斜度符合要求。当墩台身较高时,可采用瞄准法控制定位石的位置,如图4-3-7所示。砌筑时,拉直铅丝,使与下段铅丝瞄成一直线,即可依此安砌定位石于正确位置。

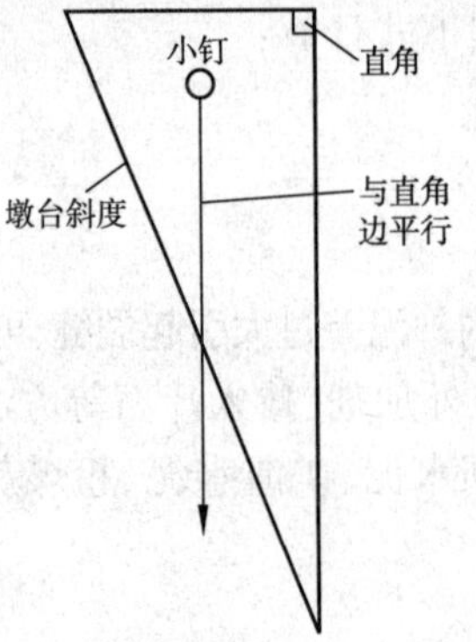

图4-3-6　规板

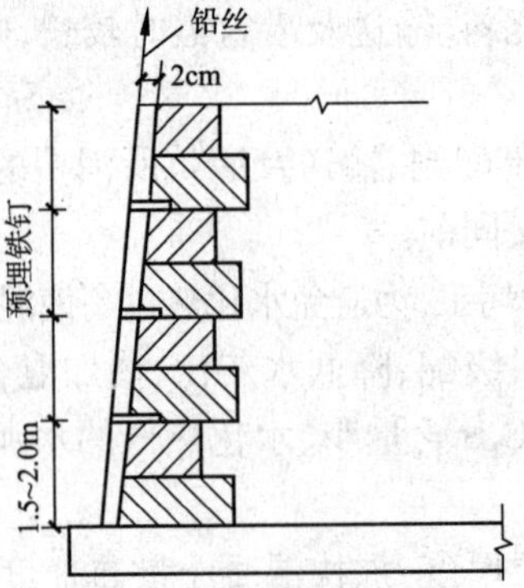

图4-3-7　瞄准法

4.3.2.2　墩台砌筑施工要点

1)相关规范要求

(1)砌块在使用前必须浇水湿润,表面如有泥土、水锈,应清洗干净。

(2)砌筑基础的第一层砌块时,如基底为岩层或混凝土基础,应先将基底表面清洗、湿润,再坐浆砌筑;如基底为土质,可直接坐浆砌筑。

(3)砌体应分层砌筑,但两相邻工作段砌筑差一般不宜超过1.2m;分段位置宜尽量设在沉降缝或伸缩缝处,各段水平砌缝应一致。

(4)各砌层应先砌外圈定位行列,然后砌筑里层,外圈砌块应与里层砌块交错连成一体。砌体外露面镶面种类应符合设计规定,砌体外露面应进行勾缝,砌体隐蔽面砌缝可随砌随刮平,不另勾缝。

(5)各砌层的砌块应安放稳固,砌块间应砂浆饱满,黏结牢固,不得直接贴靠或脱空。

(6)砌筑上层块时,应避免振动下层块。砌筑工作中断后恢复砌筑时,已砌筑的砌层表面应加以清扫和湿润。

2)墩台砌筑程序和方法

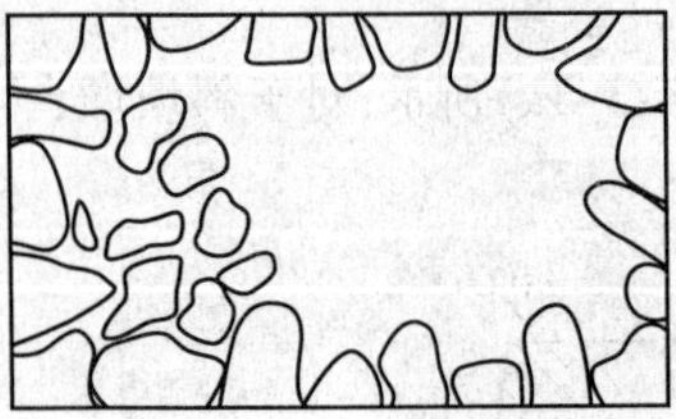

图4-3-8　片石砌体定位行列和填腹

(1)基础砌筑

当基础开挖完毕并处理后,即可砌筑基础。砌筑时,应自最外边缘开始(定位行列),砌好外圈后填砌腹部(图4-3-8)。

基础一般采用片石砌筑。当基底为土质时,基础底层石块直接干铺于基土上;当基底为岩石时,则应铺座灰再砌石块。

(2)墩台身砌筑

当基础砌筑完毕,并检查平面位置和高程均符合设计要求后,将基础顶面洗刷干净,开始砌筑墩台身。桥墩先砌上下游圆头石或分水尖;桥台先砌四角转角石,然后在已砌石料上挂线,砌筑边部外露部分,最后填砌腹部。

勾缝的形式,一般采用凸缝或平缝,浆砌规则块材也可采用凹缝,勾缝形式见图4-3-9。勾缝最好在整个墩台砌筑后,自上而下进行,以保证勾缝整齐干净。

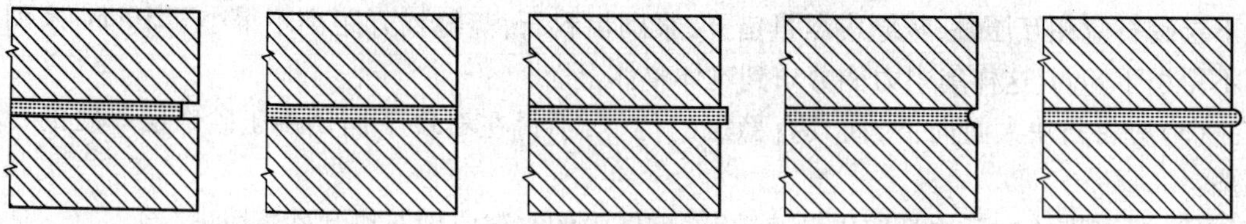

a) 方形凹缝　b) 方形平缝　c) 方形凸缝　d) 圆形凹缝　e) 圆形凸缝

图 4-3-9　勾缝的形成

3）墩台砌筑工艺

（1）浆砌片石

一般采用铺浆和灌浆相结合的方法。砌筑时先铺一层砂浆，把片石铺上，每层高度不超过 40cm，空隙处先灌满较稠的砂浆，再用合适的小石块卡紧填实。然后再铺上砂浆，以同样方法继续砌筑上层石块。

（2）浆砌块石

一般采用铺浆和挤浆相结合的方法。砌筑时先铺一层砂浆，再把块石铺上，经左右轻轻揉动几下，再用手锤轻击石块，将灰缝砂浆挤压密实。在已砌好的石块侧面继续安砌时，应在相邻侧面先抹砂浆，再砌块石，并向下面和抹浆的侧面用手压，用锤轻击，使下面和侧面砂浆密实。砌体应分层平砌，石块丁顺相间，分层厚度一般不小于 20cm。

对于厚大砌体，如不易按石料厚度砌成水平层时，可设法搭配，使每隔 70 ~ 120cm 能够砌成一个比较平整的水平层，如图 4-3-10 所示。

（3）浆砌粗料石

一般采用铺浆和挤浆相结合的方法。砌筑前应按石料尺寸和灰缝厚度，预先计算层数，使其符合砌体竖向尺寸。

砌筑时宜先用已修凿的石块试摆，力求水平缝一样。可先将料石干放于木条或铁棍上，然后将石块沿边棱（A—A）翻开（图 4-3-11），在石块砌筑地点的砌石上及侧缝处铺抹砂浆一层并将其摊平，再将石块翻回原位，以木槌轻击，使石块结合紧密。垂直缝中砂浆若有不满，应补填捣至溢出为止。石块下垫放的木条或铁棍，在砂浆捣实后即行取出，空隙处再以砂浆填补压实。

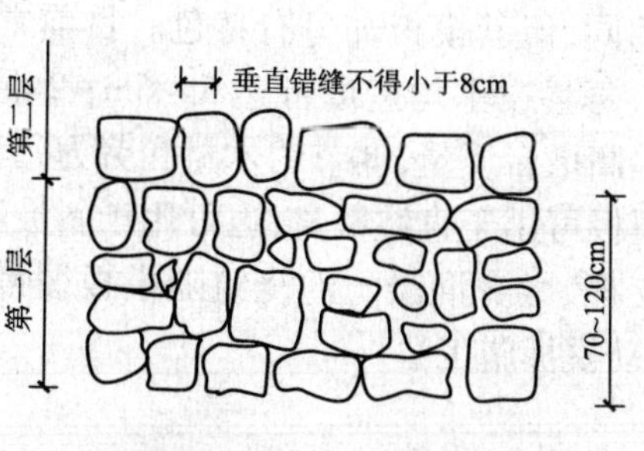

图 4-3-10　厚大块石砌体

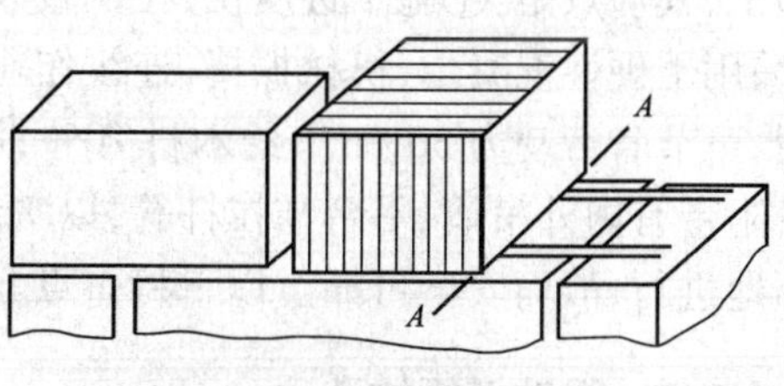

图 4-3-11　粗斜石砌筑

4）砌筑注意事项

为了使各个石块结合而成的砌体紧密，能够抵抗作用在其上的外力，砌筑时必须做到下列几点：

（1）石料在砌筑前应清除污泥和其他杂质，以免妨碍石块与砂浆的结合；并将石块充分润湿，以免石块吸收砂浆中的水分。

（2）浆砌片石的砌缝宽度不得大于 4cm；浆砌块石不得大于 3cm；浆砌料石不得大于 2cm。

上下层砌石应相互压叠,竖缝应尽量错开,浆砌粗料石,竖缝错开距离不得小于10cm;浆砌块石不得小于8cm,这样集中力能分布到砌体整体上。

(3)应将石块大面向下,使其有稳定的位置,不得在石块下面用高于砂浆层厚度的石块支垫。

(4)浆砌砌体中石块都应以砂浆隔开,砌体中的空隙应用石块和砂浆填满。

(5)在砂浆尚未凝固的砌层上,应避免受外力碰撞。砌筑中断中应洒水润湿,进行养护。重新开始砌筑时,应将原砌筑表面清扫干净,洒水润湿,再铺浆砌筑。

自 测 题

一、填空题

1. 常用的模板类型有________、________、________、________。

2. 为保证灌筑质量,混凝土的配制、输送及灌筑的速度必须满足________。

3. 基础采用片石砌筑时,当基底为土质时____________;当基底为岩石时,________。

4. 砌缝宽度浆砌片石不得大于____ cm;浆砌块石不得大于____ cm;浆砌料石不得大于____ cm。

二、简答题

1. 简述石砌墩台的施工要点。

2. 简述大体积混凝土墩台施工减少水化热的措施有哪些?

4.4 高墩施工

4.4.1 滑升模板施工

公路通过深沟宽谷或大型水库,采用高桥墩,能使桥梁更为经济合理,不仅可以缩短路线、节省造价,而且可以提高运营效益,减少日常维护工作。

高桥墩的施工设备与一般桥墩所用设备大体相同,但其模板却另有特色。目前常用滑动模板施工,其优点是:①施工进度快,在一般气温下,每昼夜平均进度可达5~6m;②混凝土质量好,采用干硬性混凝土,机械振捣,连续作业,可提高墩台质量;③节约木材和劳力,有资料统计表明,可节省劳动力30%,节约木材70%;滑动模板可用于直坡墩身,也可用于斜坡墩身,模板本身附带有内外吊篮、平台与拉杆等,以墩身为支架,墩身混凝土的浇筑随模板缓慢滑升连续不断地进行,故而安全可靠。以下将重点介绍滑动模板施工法。

4.4.1.1 滑动模板构造

滑动模板主要是将模板悬挂在工作平台的围圈上,沿着所施工的混凝土结构截面的周界组拼装配,并随着混凝土的灌筑由千斤顶带动向上滑升。由于桥墩类型、提升工具的类型不同,滑动模板的构造也稍有差异,但其主要部件与功能则大致相同,一般主要由工作平台、内外模板、混凝土平台、工作吊篮和提升设备等组成,如图4-4-1所示。

(1)工作平台由外钢环5、辐射梁3、内钢环6、栏杆4、步板18组成,除提供施工操作的场地外,还用它把滑模的其他部分与顶杆14相互连接起来,使整个滑模结构支承在顶杆上。可以说，工作平台是整个滑模结构的骨架，因此，应具有足够的强度和刚度。

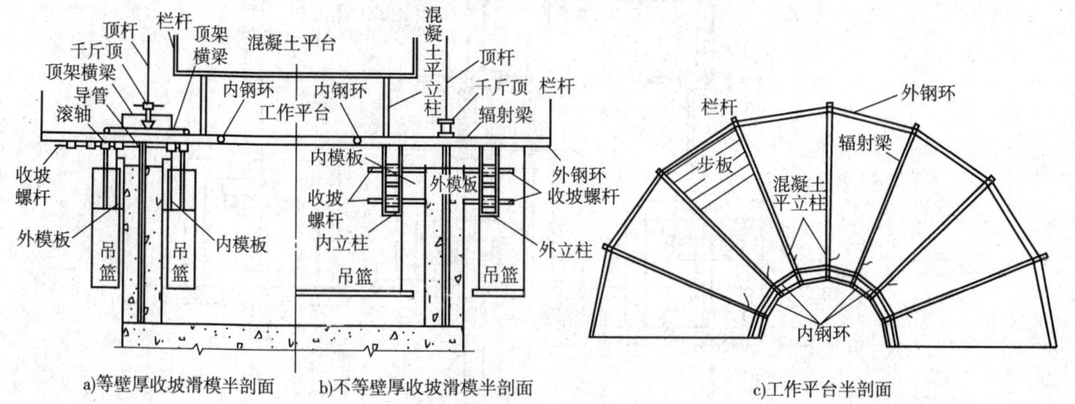

图 4-4-1　滑动模板构造示意图

(2)内外模板10、11采用薄钢板制作，用于上下壁厚相同的直坡空心桥墩的滑模。内外模板均通过立柱7、8固定在工作平台的辐射梁上。用于上下壁厚相同的斜坡空心墩的收坡滑模，内外模板仍固定在立柱上，但立柱架(或顶梁17)不是固定在辐射梁上，而是通过滚轴9悬挂在辐射梁上，并可利用收坡丝杆16沿辐射方向移动立柱架及内外模板位置。用于斜坡式不等壁厚空心墩的收坡滑模，则内外立柱固定在辐射梁上，而在模板与立柱间安装收坡丝杆，以便分别移动内外模板的位置。

(3)混凝土平台2由辐射梁、步板栏杆组成，利用立柱19支承在工作平台的辐射梁上，供堆放及灌筑混凝土的施工操作用。

(4)工作吊篮12系悬挂在工作平台的辐射梁和内外模板的立柱上，它随着模板的提升而向上移动，供施工人员对刚脱模的混凝土进行表面修饰和养生等施工操作之用。

(5)提升设备由千斤顶13、顶杆14、顶杆导管15等组成，通过顶升工作平台的辐射梁使整个滑模提升。

4.4.1.2　滑动模板提升工艺

滑动模板提升设备主要有提升千斤顶、支承顶杆及液压控制装置等几部分。以下介绍其提升过程。

1)螺旋千斤顶提升步骤(图4-4-2)

(1)转动手轮2使螺杆3旋转，使千斤顶顶座4及顶架上横梁5带动整个滑模徐徐上升。此时，上卡头6、卡瓦7、卡板8卡住顶杆，而下卡头9、卡瓦7、卡板8则沿顶杆向上滑行，当滑至与上下卡瓦接触或螺杆不能再旋转时，即完成一个行程的提升。

(2)向相反方向转动手轮，此时，下卡头、卡瓦、卡板卡住顶杆1，整个滑模处于静止状态。仅上卡头、卡瓦、卡板连同螺杆、手轮沿顶杆向上滑行，至上卡头与顶架上横梁接触或螺杆不能再旋转时为止，即完成整个一个循环。

2)液压千斤顶提升步骤(图4-4-3)

(1)进油提升：利用油泵将油压入缸盖3与活塞5间，在油压作用时，上卡头6立即卡紧顶杆1，使活塞固定于顶杆上，见图4-4-3a)。随着缸盖与活塞间进油量的增加。使缸盖连同缸筒4、底座9及整个滑模结构一起上升，直至上、下卡头8顶紧时，提升暂停，见图4-4-3b)。此时，缸筒内排油弹簧完全处于压缩状态。

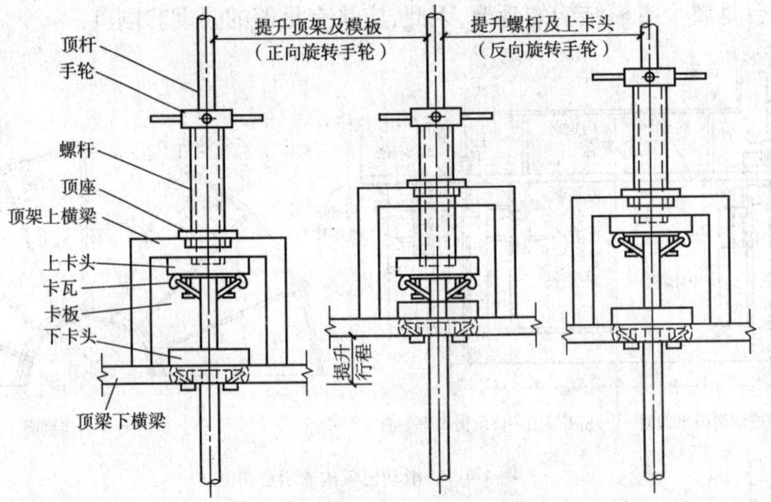

图 4-4-2　螺旋千斤顶提升示意图

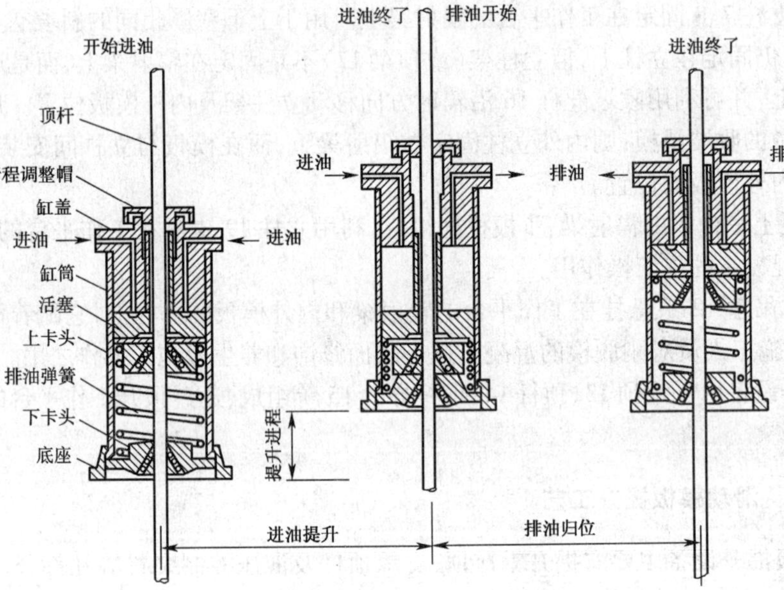

图 4-4-3　液压千斤顶顶升步骤

(2)排油归位：开通回油管路，解除油压，利用排油弹簧 7 推动下卡头使其与顶杆卡紧，同时推动上卡头将油排出缸筒，在千斤顶及整个滑模位置不变的情况下，使活塞回到进油前位置。至此，完成一个提升循环，见图 4-4-3c)。为了使各液压前千斤顶能协同一致地工作，应将油泵与各千斤顶用高压油管连通，由操作台统一集中控制。

4.4.1.3　滑动模板的设计要点

滑动模板整体结构是混凝土成型的装置，也是施工操作的主要场地，必须具有足够的整体刚度、稳定性和合理的安全度。为了保证施工质量与安全，滑动模板各组成部件必须按强度和刚度进行设计与验算。

1)荷载取值

作用在滑动模板整个结构上的荷载有静荷载与活荷载。工作平台、内外模板、混凝土平台、工作吊篮、提升设备、液压管线等自重都属于静荷载;操作人员、施工机具、平台上堆放的材料及半成品等的重力,以及滑升时混凝土与模板间的摩阻力等属于垂直活荷载;向模板内倾倒混凝土时产生的冲击力,新浇筑混凝土对模板的侧压力,以及风荷载等属于水平活荷载。具体可按有关规范与设计要求分别取值。

2)确定支撑顶杆和千斤顶的数量

(1)支承顶杆的数量

其最小值 n 按下式计算:

$$n = KP/N \tag{4-4-1}$$

式中:P——滑动模板提升时全部静荷载和垂直活荷载;

N——单根支承顶杆的容许承载能力,按下式取值:

$$N = \psi A[\sigma] \tag{4-4-2}$$

ψ——纵向弯曲系数,可根据长细比大小查表确定;支承顶杆的计算长度 L_0 应根据不同的施工情况予以确定,如正常提升时,其自由长度 L 取千斤顶上卡头至新浇筑层混凝土底部的距离,并视其上卡头处为固结、下端为铰接,所以 $L_0 = 0.7L$;

A——支承顶杆的截面面积;

$[\sigma]$——支承顶杆的抗压容许应力;

K——工作条件系数,液压千斤顶取值为 0.8。

提升过程中支承顶杆实际受力情况比较复杂,其容许承载能力应根据工程实践的经验选用。上述计算确定的支承杆数量,还应根据结构物的平面和局部构造加以适当的调整。

(2)千斤顶的数量

液压千斤顶起重力约为 30kN,施工时考虑其他因素后,按 15kN 取值,大体上与支承顶杆的承载能力相同,即一根支承顶杆上安装一台千斤顶,所需千斤顶数量与支承杆数量相同。

3)确定支承顶杆、千斤顶、顶升架和工作平台的布置方案

(1)支承顶杆和千斤顶的布置方案

一般有均匀布置、分组集中布置以及分组集中与均匀布置相结合等方式。在筒壁结构中多采用均匀布置方案,在平面较为复杂的结构中则宜采用分组集中与均匀相结合布置方案。

千斤顶在布置时,应使各千斤顶所承受的荷载大致相同,以利同步提升。当平台上荷载分布不均匀时,荷载较大的区域和摩阻力较大的区段,千斤顶布置的数量要多些。考虑到平台荷载内重外轻,在数量上内侧应较外侧布置多些,以避免顶升架提升时向内倾斜。

(2)顶升架的布置方案

应根据结构形式、建筑平面、平台荷载与刚度等进行布置。筒壁结构顶升架可采用均匀布置方案,间距控制在 1.2 ~ 2.5m。

(3)工作平台的布置方案

必须保证其结构的整体性与足够的刚度,应根据施工对象的结构特点、荷载大小和分布情况,顶升架和千斤顶的布置要求,以及垂直运输方式等来确定工作平台的布置方案。圆形结构中,工作平台的承重结构、承重桁架或梁宜采用辐射形布置。应使平台的刚度好,作用在各顶升架上的荷载比较均匀。方形结构中,工作平台的承重结构可单向或双向布置,单向布置时,承重梁间应设置水平支承,两端的承重梁应设置垂直支撑,以加强平台的结构整体性和稳定性。

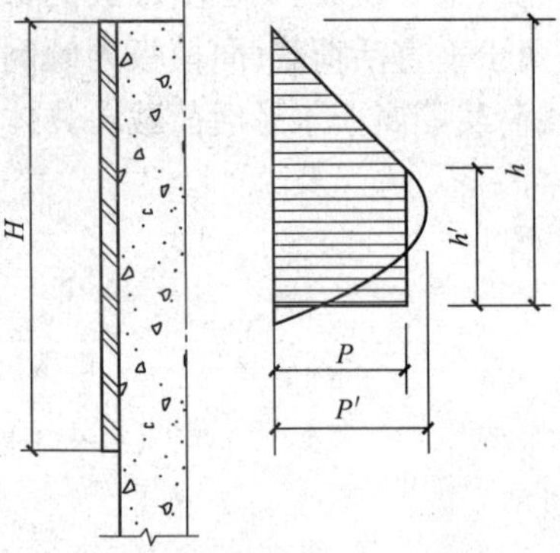

图 4-4-4　模板侧压力计算简图

4）模板的设计

模板的设计包括模板尺寸的确定和模板的刚度。模板必须具有足够的刚度，才能保证浇筑混凝土和提升过程中，在混凝土侧压力作用下不发生超过允许的变形值。一般条件下，模板在水平荷载作用下，其支点间在力作用方向的变形不应超过1/1000。作用在模板上的水平荷载主要是新浇筑混凝土的侧压力，此时，模板按简支板计算。因为模施工中，模板有一定倾斜度，出模混凝土具有0.05～0.25MPa的强度，所以模板底部的混凝土对模板已不存在侧压力。在侧压力作用的高度范围内，模板承受的侧压力图形如图4-4-4所示。

新浇混凝土的侧压力计算式为：

$$P = 1/2\gamma h \tag{4-4-3}$$

式中：P——新浇混凝土侧压力的计算最大值（kPa）；

γ——混凝土的重度（kN/m^3）；

h——侧压力的计算作用高度，$h = 0.65H \sim 0.70H$，H为模板高度。

侧压力的合力为$0.75Ph$，合力作用点距模板上口的距离在$3h/5$处。

5）顶升架与工作平台的设计

顶升架的构造形式，主要是根据结构水平截面形状、部位和千斤顶的类型决定的。一般常采用一字形的单横梁式或双横梁式。顶升架承受提升时的全部垂直荷载，以及混凝土与模板的侧压力等水平荷载，其计算内容包括顶升架立柱间的净宽W和立柱设计。对于等截面结构的滑模工程，净宽W为：

$$W = A + 2(B + C + D) + E \tag{4-4-4}$$

式中：A——结构的截面宽度（m）；

B——模板的厚度（m）；

C——围圈的宽度（m）；

D——支承围圈的支托宽度（m）；

E——由于模板的倾斜度要求两侧放宽的尺寸（m）。

顶升架的横梁底面与模板顶面间的距离，对于钢筋混凝土结构取值0.45～0.50m，主要是为了满足绑扎水平钢筋和预埋件的要求。顶升架的立柱按拉弯构件计算。工作平台的计算可视其具体受力情况，按常用的结构计算方法验算其强度。此外，还有液压系统的设计。

4.4.1.4　滑模浇筑混凝土施工要点

1）滑模组装

在墩位上就地进行组装时，安装步骤如下：

（1）在基础顶面搭枕木垛，定出桥墩中心线。

（2）在枕木垛上先安装内钢环，并准确定位，再依次安装辐射梁、外钢环、立柱、千斤顶、模板等。

（3）提升整个装置，撤去枕木垛，再将模板落下就位，随后安装余下的设施；内外吊架待模板滑升至一定高度，及时安装；模板在安装前，表面需涂润滑剂，以减少滑升时的摩阻力；组装完毕后,必须按设计要求及组装质量标准进行全面检查,并及时纠正偏差。

2)灌筑混凝土

滑模宜灌筑低流动度或半干硬性混凝土,灌筑时应分层、分段对称地进行,分层厚度20~30cm为宜,灌筑后混凝土表面距模板上缘宜有不小于10~15cm的距离。混凝土入模时,要均匀分布,应采用插入式振动器捣固,振捣时应避免触及钢筋及模板,振动器插入下一层混凝土的深度不得超过5cm;脱模时混凝土强度应为0.2~0.5MPa,以防在其自重压力下坍塌变形。为此,可根据气温、水泥强度等级经试验后掺入一定量的早强剂,以加速提升;脱模后8h左右开始养生,用吊在下吊架上的环绕墩身的带小孔的水管来进行。养生水管一般设在距模板下缘1.8~2.0cm处效果较好。

3)提升与收坡

整个桥墩灌筑过程可分为初次滑升、正常滑升和最后滑升三个阶段。从开始灌筑混凝土到模板首次试升为初次滑升阶段。初灌混凝土的高度一般为60~70cm,分三次灌筑,在底层混凝土强度达到0.2~0.5MPa时即可试升。将所有千斤顶同时缓慢起升5cm,以观察底层混凝土的凝固情况。现场鉴定可用手指按刚脱模的混凝土表面,基本按不动,但留有指痕,砂浆不粘手,用指甲划过有痕,滑升时能耳闻"沙沙"的摩擦声,这些表明混凝土已具有0.2~0.5MPa的脱模强度,可以开始再缓慢提升20cm左右。初升后,经全面检查设备,即可进入正常滑升阶段,即每灌筑一层混凝土,滑模提升一次,使每次灌筑的厚度与每次提升的高度基本一致。在正常气温条件下,提升时间不宜超过1h。最后滑升阶段是混凝土已经灌筑到需要高度,不再继续灌筑,但模板尚需继续滑升的阶段。灌完最后一层混凝土后,每隔1~2h将模板提升5~10cm,滑动2~3次后即可避免混凝土模板胶合。滑模提升时应做到垂直、均衡一致,顶架间高差不大于20mm,顶架横梁水平高差不大于5mm,并要求三班连续作业,不得随意停工。随着模板的提升,应转动收坡丝杆,调整墩壁曲面的半径,使之符合设计要求的收坡坡度。

4)接长顶杆、绑扎钢筋

模板每提升至一定高度后,就需要穿插进行接长顶杆、绑扎钢筋等工作。为了不影响提升时间,钢筋接头均应事先配好,并注意将接头错开。对预埋件及预埋的接头钢筋,滑模抽离后,要及时清理,使之外露。

在整个施工过程中,由于工序的改变,或发生意外事故,使混凝土的灌筑工作停止较长时间,即需要进行停工处理。例如,每隔半小时左右稍微提升模板一次,以免黏结;停工时在混凝土表面要插入短钢筋等,以加强新老混凝土的黏结;复工时还需将混凝土表面凿毛,并用水冲走残渣,湿润混凝土表面,灌筑一层厚度为2~3cm的1:1水泥砂浆,然后再灌筑原配合比的混凝土,继续滑模施工。

4.4.2 翻模施工

翻升模板由3节大块钢模板与支架、钢管脚手架工作平台组合而成(施工中随着墩柱高度的增加将支架与已浇墩柱相连接,以增加支架的稳定性)。施工时第一节模板支立于承台上,第二节模板支立于第一节段模板上。当第二节混凝土强度达到3MPa以上、第一节混凝土强度达到10MPa以上时,拆除第一节模板并将模板表面清理干净、涂上脱模剂后,用吊车和手动葫芦将其翻升至第二节模板上,第三节模板置于第一节模板上。此时全部施工荷载由已硬化并具有一定强度的墩身混凝土传至承台。依此循环,直至达到设计高度。

4.4.2.1 施工要点

1)准备工作

翻模施工系统(图 4-4-5)由提升机构(塔吊)、工作平台、模板系统和安全设施组成。

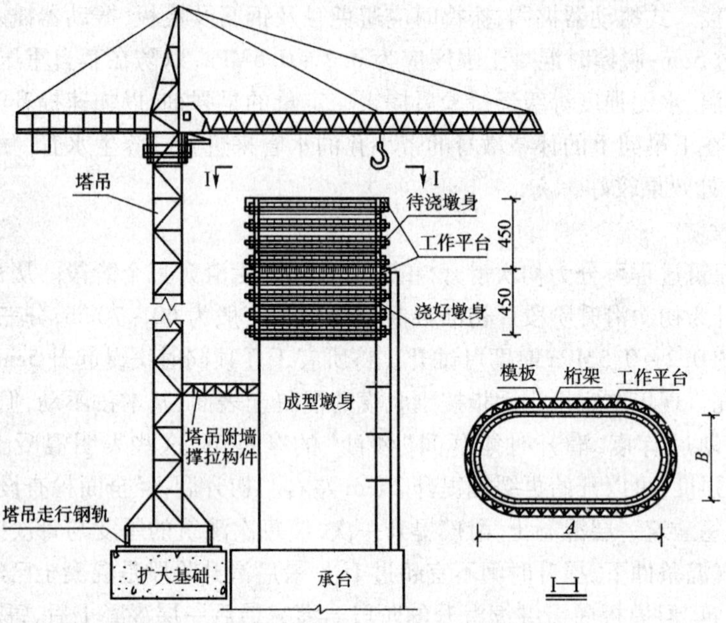

图 4-4-5 墩身翻模施工示意图(尺寸单位:cm)

模板系统由内模和外模、拉杆组成。外模为自制大块模板,每节高度为 2 ~3m,每套 3 节。模板面板采用 4 ~6mm 钢板,以减低重量,利于模板翻动。内模采用定型模板进行拼装。内外模板均采用塔吊进行翻升。工作平台由竖向槽钢、底部横向角钢和木板组成,设上下两层,主要提供模板组装、拆模作业空间。分为内外两部分,均与模板固定在一起,随模板一起向上翻升。

安全设施由上部平台围栏、安全网等组成。人员的上下通过旁边的塔吊与工作平台搭设临时水平通道。

(1)模板、支架的设计与加工

①模板高度的选定:因墩身较高,综合考虑了节段施工时间、机具长度及钢筋配料和减少混凝土施工缝的数量的目的,共加工 3 层模板,每层 2m,总共 6m。施工时,每次浇筑 2 节模板的高度,即每次翻 2 层模板,浇筑 4m 高的混凝土。

②模板构造的设计:薄壁空心墩身采用内外两套模板,外模采用整体钢模板,内模采用定型钢模板。由于墩身高,模板倒用次数多,钢外模面板使用 6mm 厚钢板制作,模板设有[16 槽钢竖肋及[12 槽钢后架,竖肋和后架皆组焊而成,后架为施工提供较为宽阔的操作平台,同时多层后架通过螺栓连接后组成空间桁架,保证了翻模模板的空间刚度,能有效地减少模板对拉杆的使用,提高墩身混凝土的外观质量。

薄壁墩身的四个拐角设计为直角,但直角的混凝土容易发生掉角、漏浆的质量通病,因此在设计模板时,把墩身的直角改为直径 2cm 的小圆角,这样既不用变更钢筋的位置,又能保证拐角处混凝土的质量。

③模板翻升:翻模施工时,落模后需要将模板向外滑出再起吊,在每块模板后架底横杆上

设有简易滚轮滑轨，滑出后再利用塔吊向上翻升。

翻模时，保留最顶上一层模板，作为翻升下层模板的持力部分，然后，把最下两层模板拆开并滑出，利用塔机将模板吊起，并放置于顶层模板相应平面位置上，将模板与周围模板连接。重复以上操作至墩身浇筑完成。

④墩身空心顶部的模板设计：主墩顶部3m范围和过渡墩顶部2.5m范围为实心段。在进行该实心段混凝土施工时，考虑在墩身内部预埋钢板，焊上牛腿，铺上工字钢、方木和竹胶板作为支架，然后绑扎钢筋，浇筑混凝土。支架放在墩身内不再取出。

⑤模板的脱模剂：为了保证混凝土的外观质量模板的脱模剂采用无色长效专用脱模剂。

(2)操作平台设置

操作平台搭设在模板固定架上，每层外模板均设模板固定架，固定架用L50等边角钢焊接成三角形固定在内外模板的背楞和围带上。施工平台用内外模板固定架搭设。外侧施工平台宽0.8~1.0m，平台顶面沿周边设立防护栏杆，栏杆外侧至模板固定架底部设封闭安全网。施工平台上面铺设5cm厚木板，供操作人员作业、行走，存放小型机具。

(3)塔吊、电梯设置

在每个施工墩位处设置塔吊一台，塔吊中心位于路线中心线上，与墩身中心成等腰三角形布置，具体位置根据地形情况确定，负责双幅桥墩模板、小型机具的提升及浇筑时混凝土的垂直运输等。

同时设置1~2t的载重电梯。塔吊的高度根据墩的高度确定。电梯、塔吊基础要根据设备使用要求和结构设置。

(4)上下安全通道的设置

墩身施工时，人员上下的安全通道采用门式爬梯，爬梯设置在两个主墩中间，为了保持爬梯的稳定，每5m高与墩身加固一次，通过墩身的通气孔把爬梯固定在墩身上，以利于施工和检查人员上下行走、安全便捷。

2)钢筋的制作和绑扎

为了便于绑扎薄壁墩身的钢筋，在薄壁墩身的中间空心处搭设钢管支架，作为存放钢筋的平台，同时在墩身四个角的位置及墩身的长边中间位置预埋6根7.5×7.5的角铁，角铁与中间的钢管支架连成一个整体，作为绑扎钢筋的依托支架，在浇筑混凝土时，把角铁直接浇在墩身中，不再取出。

钢筋在加工前，首先将钢筋表面油渍、漆皮、鳞锈等清除干净，对弯曲变形的钢筋进行调直。依据图纸设计进行下料，弯制加工，并按图纸钢筋编号对钢筋分类编号存放。

竖向钢筋采用直螺纹套筒管机械连接方式，利用墩内钢管支架，定位、固定钢筋。

在钢筋的绑扎中，钢筋的交叉点应用铁丝绑扎结实，必要时可用点焊焊牢。部分纵横水平钢筋可预放在绑扎位置，留出下人振捣混凝土的空间，边浇筑混凝土边定位绑扎。

为保证保护层厚度，在钢筋与模板间设置PVC垫块。

3)模板安装

钢筋绑扎完毕经检查合格后可以开始立模。立模前，先清除接茬处杂物；若承台表面不平整，在承台顶面外膜的位置铺一层2cm左右的1:2的找平砂浆，模板与找平砂浆之间安放10cm宽、5cm厚的海绵条防止漏浆。钢模的支立采用塔吊配合，先支立外侧端模两块，然后依次支立外侧前后边模两块。模板使用4mm钢丝临时固定在站立钢筋上，模板之间用连接螺栓(ϕ21mm)连接。最后调整外侧模板的垂直度，拧紧连接螺栓。

第一层模板支立完后，拼装第二层2.5m高的端模和边模。两层模板之间塞入防止漏浆的2cm宽、0.5cm厚的海绵条。如果两块模板不平整，用麻丝填缝纠正，位置校正后安装在第一、二层模板上的三角支架及安全栏杆，支架顶面铺设脚手板作为之后的工作平台。检查、调整所有模板的垂直度、空间位置及水平高程。

4）混凝土搅拌、运输

混凝土在拌和站集中拌和，施工时采用混凝土搅拌运输车运送混凝土，垂直运输用输送泵。对混凝土倾注高度超过2m的，采用串筒下料，防止混凝土集料分离。

混凝土输送泵的管道依托塔吊搭设和固定。

5）墩身混凝土浇筑及养生

（1）浇筑前准备工作

混凝土浇筑前应检查模板的高程、尺寸、位置、强度、刚度、牢固性、平整度、内侧的粗糙度等内容是否满足要求，不得有缝隙和孔洞。模板接缝是否严密，隔离剂是否涂抹均匀，模板中的垃圾应清理干净；钢筋及预埋件的数量、型号、规格、摆放位置、保护层厚度等是否满足要求，并做好隐蔽工程验收记录。

（2）混凝土振捣

由于墩身混凝土的倾落高度近10m，所以必须采用串筒下料。混凝土浇筑过程中，要按一定的顺序和方向分层进行，振捣方式采用插入式振动器。混凝土每层铺设厚度不可太厚，一般分层厚度为振捣器作用部分长度的1.25倍，每层灌筑厚度不大于30cm。应沿浇筑的顺序方向，采用斜向振捣法，振捣棒与水平面倾角约30°。棒头朝前进方向，插棒间距以50cm为宜，防止漏振。应依自动滑动的混凝土坡面循序进行，不得进行跳跃式振捣。有倾斜面时，应从低处开始，逐层扩展升高，并保持水平分层。在折角处，应作为一层处理。用插入式振捣器应快插慢拔，插点应均匀排列，逐点移动，顺序进行，不得遗漏，做到振捣密实。移动间距不大于振捣棒作用半径的1.5倍。振捣上一层时应插入下层5cm，以清除两层间的接缝。插入式振捣器的机头，不得贴上模板，靠近模板振动时要保持5～10cm的间距。当振捣折角处不可避免靠近模板时，可用胶皮包裹机头。

严禁利用钢筋振动进行振捣。施工中注意各种钢筋及铁件的预埋。

每次振捣的时间要严格掌握。插入式振捣器，一般只要15～30s。混凝土应振捣到浆体停止下沉，无明显气泡上升。表面平坦泛浆，呈现薄层水泥浆的状态为止，然后慢提振捣器。振捣时间不宜过长，否则会产生离析现象。

（3）混凝土养生

混凝土养生采用无色塑料薄膜包裹，自然蒸养的方法，但必须保证要有足够的水分以及塑料膜无破损、不透气。

6）模板的翻转安装

待上节混凝土强度达到15MPa时，即可拆除下节外模。先抽出拉杆，然后卸除模板的连接螺栓，将模板向外拉出；高空作业时，要预先用倒链将模板吊在上面的模板上并拉紧，防止模板突然脱落。待外面完全与混凝土脱离后，用塔吊微微吊起模板，将倒链解下，然后将模板吊到模板修整处进行修整。待钢筋安装完毕，用塔吊将模板吊起进行安装。

4.4.2.2 施工监测与控制

由于墩高限制，墩都不可能一次浇筑成型，需多次并分段浇筑完成。这样施工测量就尤其重要。墩身施工通过设置的基准点用全站仪对墩身各点坐标进行控制，并用全站仪测量墩身高程。首次架立模板前，用全站仪将墩身四角坐标定点在承台顶面，即外模板的架立边线，然后根据外模架立线量测出内模线，支模板严格依线施工。模板安装后，用浪风绳固定模板顶部，然后用全站仪测量模板顶部四角坐标，同时调节浪风绳，使模板顶角坐标与墩身四角坐标一致，保证墩身的垂直度符合设计及规范要求，调整完成经验收后即可进行混凝土施工；以后每次翻模完成后均用全站仪检测并用浪风绳调节顶面四角坐标。当模板安装到墩身顶部时，除检测坐标外，还精确测出顶面高程，弹线以示混凝土施工顶面位置，保证墩身位置和高度的准确。

4.4.2.3 施工安全保证措施

高墩翻模施工的技术安全工作，是该项工艺成败的关键，必须抓紧、抓细、抓好。

桥墩模板的拆装工作为高空、双层作业，工作人员必须戴安全帽并系好安全绳。内外模及三角斜撑底部必须安装安全网，安全网的吊挂在中层模板上，应布置合理、牢固可靠。钢管支架布置时充分考虑施工安全的要求，采用多种措施加强支架的安全性和可靠性。模板设计时适当增加钢板厚度，加大尺寸，减少接缝，这样既降低了加固工作量，又增大了加固模板工作的安全系数，设备和人员的安全保证都得到了加强，并提高了生产效率。起重设备与工作架脱离，形成独立的体系，所起重量经过计算在安全范围内；起重机的操作人员均培训上岗，严格按操作规程进行起重作业，保证起重作业安全进行。混凝土集中拌和并采用输送泵施工，即加快了施工速度又减少了因混凝土频繁起吊而造成的安全隐患。同时施工质量也得到了有效的保证。

自 测 题

一、填空题

1. 滑升模板一般主要由________、________、________、________和________等组成。

2. 整个桥墩灌筑过程分为________、________和________滑升三个阶段。

3. 初灌混凝土的高度一般为______ cm，分三次灌筑，在底层混凝土强度达到______ MPa即可试升。

4. 翻模施工系统由________、________、________和________等组成。

二、简答题

1. 简述滑模施工要点。

2. 简述翻模施工要点。

3. 简述翻模施工安全保证措施。

4.5 支座的安装

4.5.1 板式橡胶支座的安装

4.5.1.1 支座安装的一般要求

(1)支座安装前应针对产品合格证书和产品规格对支座进行检查、验收。

(2)梁底支座安装部位、支承垫石、墩台顶面支座安装部位的混凝土要平整、干净。支承垫石顶面的高程要准确，垫石的高度应考虑支座养护、检查的方便，并应考虑更换支座时顶升梁体的可能性。

(3)支座安装时，应尽量选择气温为年平均气温时进行，同时必须按照设计图样标明的支座中心位置正确就位，并保证支座与上、下部结构之间紧密接触，不得出现脱空。

(4)在同一根梁上，横向设置支座个数不得多于2个，也不允许把不同规格的支座并排安装，且施工时要确保每个支座均匀受力。

(5)上、下部结构支座安装部位预埋钢板的位置、尺寸及平整度必须符合要求。

4.5.1.2 普通板式橡胶支座的安装

先在支承垫石上按设计标出支座位置中心线，同时在橡胶支座上也标上中心线，将支座安放在垫石上，使两中心线重合。注意矩形支座短边应平行于顺桥向，圆形支座无须考虑方向性。

普通板式橡胶支座安装有封闭型与简易型两种。封闭型安装方法即在支座外围采用橡胶围裙把支座密封起来，可有效防止外界环境对支座的影响，如图4-5-1所示。

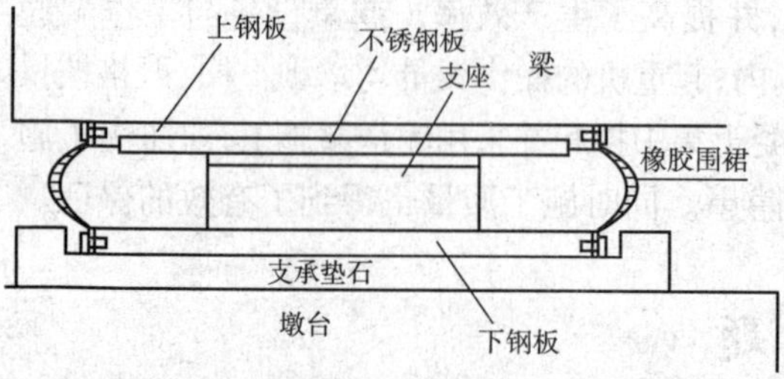

图4-5-1 封闭型四氟板式橡胶支座安装示意图

(1)现浇梁橡胶支座的安装

在浇筑混凝土梁体前，在橡胶支座位置上加设一块比支座平面稍大的支承钢板，钢板上焊锚固钢筋与梁体相连接。将支承钢板作为现浇梁底模的一部分，为防止漏浆，可在支承钢板与模板之间四周空隙处用棉纱、油灰或软木板填塞。按以上方法施工，可使支座上、下表面同梁底钢板、支承垫石密贴。

(2)预制梁橡胶支座的安装

为使落梁准确，可把支座中心线分别延伸到桥梁墩台和梁端立面上，落梁时使两者相吻合，就能较好地控制落梁的准确性。梁板安装必须细致稳妥，使梁板就位准确，与支座密贴，并防止支座产生剪切变形。支座就位不准时，应用千斤顶顶起梁板调整，不得用撬杠移动梁板。

4.5.1.3 四氟板式橡胶支座的安装

四氟板式橡胶支座的安装方法和普通板式橡胶支座类似。

4.5.2 盆式橡胶支座的安装

公路桥梁盆式橡胶支座安装时与上、下部结构的连接，可采用地脚螺栓连接或焊接连接两种方法。

4.5.2.1 地脚螺栓连接

(1)盆式橡胶支座下面建议设置支承垫石，同时按支座底板地脚螺栓间距及规格预留地脚螺栓孔，预留孔的直径应大于等于地脚螺栓直径的3倍，深度为地脚螺栓长度+50mm。

(2)在预留螺栓孔内注入环氧树脂砂浆，在初凝前，按中心线安放盆式橡胶支座并保支座四角高差不大于2mm，同时从支座的地脚螺栓孔中插入拧上螺母的地脚螺栓，待完全固后拧紧螺母。

4.5.2.2 焊接连接

GPZ 系列盆式橡胶支座采用焊接连接时，可在支座顶板和底板相应位处预埋钢板，支座就位后用对称间断方式焊接，以避免焊接时局部温度过高而使支座或预型钢板变形。焊接时注意防止温度过高对橡胶及聚四氟乙烯板的影响。焊接后要在焊接部位防锈处理。

4.5.2.3 注意事项

(1)现浇梁的支座安装时，一般将支座整体吊装，固定在设计位置上。

(2)预制梁的支座安装时，支座的上、下座板分先后进行连接，通常是先将支座上座连接在大梁上，而后根据其位置确定底盆(下座板)在墩台上的位置，最后予以固定。

(3)顶推法施工连续梁，应先将下座板固定在墩台上，墩台上还应设置临时支座，当主梁顶推完毕，且校正位置后，拆除临时支座，让梁落在支座上。

(4)支座顺桥向的中心线必须与主梁的中心线重合或平行。对于活动支座的安装，一是要注意支座安装时的滑移方向与设计方向一致。对于只允许在一个方向活动的支座，其上方支座板的导向挡块必须保持平行，其交叉角不得大于5°，否则将影响其位移性能。

4.5.3 支座安装质量检验评定标准

4.5.3.1 基本要求

(1)支座的材料、质量和规格必须满足设计和有关规范的要求，经验收合格后方可安装。

(2)支座底板调平砂浆性能虚符合设计要求，并灌筑密实，不得留有空洞。

(3)支座上下各部件纵轴线必须对正。安装时当温度与设计要求不同时，应通过计算确定支座顺桥向应设置的预偏量。

(4)支座不得发生偏歪、不均匀受力和脱空现象。滑动面上的四氟滑板和不锈钢板不得有划痕、碰伤等。支座安装位置应正确，安装前必须涂硅脂油。

4.5.3.2 实测项目

支座安装实测项目见表4-5-1。

支座安装实测项目 表4-5-1

项次	检查项目		规定值或允许偏差	检查方法和频率	权值
1△	支座中心与主梁中心线偏位(mm)		2	经纬仪、钢尺：每个支座	3
2	支座顺桥向偏位(mm)		10	经纬仪或拉线检查：每个支座	2
3△	支座高程(mm)		符合设计规定；设计未规定时，±5	水准仪：每个支座	3
4	支座四角高差(mm)	承压力≤500kN	1	水准仪：每个支座	2
		承压力>500kN	2		

注："△"标识为关键项目(涉及结构安全和使用功能的重要实测项目)。

4.5.3.3 外观鉴定

支座表面应保持清洁，支座附近的杂物及灰尘应清除。不符合要求时必须进行处理，减1~3分。

能力训练7　桥梁下部结构施工方案编制

本能力训练旨在训练学生根据工程所处的地理位置、地质条件、桥型桥跨结构、工期要求及施工图等情况选择合理的下部结构施工方法，并对施工过程进行总体安排、设计工艺流程、提出质量管理和控制措施等方面的能力。

工程实例：×××大桥13号墩墩身施工方案（节选）。

（1）工程概况

×××大桥位于××县城东约2km处，是西部开发省际公路通道银川至武汉线陕西境内陕甘界至××段公路上的控制工程之一。该桥起点桩号为S4K134+486.50，终点桩号为S4K135+424.50，桥梁全长938.00m，最大桥高134m。主桥为75m+3×140m+75m预应力混凝土刚构—连续组合梁，引桥位于起点岸为三联4×30m预应力混凝土连续箱梁。

结构形式：13号墩身高度37m、16号墩身高度18m，墩身均采用薄壁空心桥墩，横桥向为6.5m，顺桥向宽5.0m，壁厚0.5m。双幅两墩之间净距为6.75m。墩身为双室结构，顺桥向壁厚度1~4m高度为3m，壁厚由1.00m直线变化到0.5m；4~31m高度为0.5m；31~34m高度为3m，壁厚由0.5m直线变化到1.00m；0~1m及34~37m墩身为实心混凝土。横桥向壁厚与顺桥向相同。墩身两箱室内每箱室四个角设倒角，尺寸为0.2m×0.2m。墩身为C40钢筋混凝土结构，墩顶设永久支座和临时支座。

（2）施工方法

①总体施工方案。

墩身采用翻模法施工，每次浇筑高度为4.5m。横隔板采用托架施工。现场配一台50t·m塔吊作材料运输及立模之用，施工人员使用塔吊爬梯上下，混凝土采用HTB-60型拖泵泵送。集中拌和混凝土，使用混凝土运输车运到墩位处。

②空心薄壁墩翻模施工原理。

空心薄壁墩翻模施工系自承法施工体系，空心薄壁墩墩身较高，无法采用一模到顶法施工，混凝土浇筑需分节进行，利用已浇筑完的下节混凝土墩身及模板承受上一节混凝土的施工荷载，模板循环施工直至墩顶高程，然后进行盖梁施工（图4-5-2）。

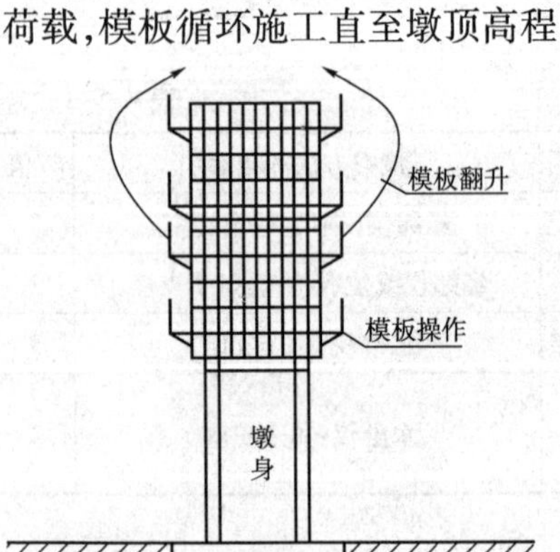

图4-5-2　翻模施工模板翻身示意图

③空心薄壁墩翻模施工方法需要解决的主要技术问题。

a. 施工荷载结构承载体系。

b. 分节施工时墩身钢筋高空现场连接技术。

c. 模板制作、安装与拆除。

d. 混凝土节之间的施工缝控制。

e. 墩身垂直度控制度及混凝土的养护。

④薄壁空心墩施工工艺（图4-5-3）。

a. 施工准备。施工准备的主要内容：模板的设计与加工；模板对拉螺杆设计与加工；钢筋机械连接及操作平台的设计制作；支、拆模板人工操作平台制作及支、拆模板小型机具的准备；塔吊基础施工及塔吊安装等工作。

• 模板的设计与加工。

施工荷载的承重结构位于下节模板，下节模板通过与墩身混凝土的包裹黏结及对拉螺杆的支撑来支撑上节混凝土施工时的施工荷载。因此，空心薄壁墩模板除具有一般模板的功能外，同时还是施工荷载承质结构的组成部分。在模板结构尺寸设计时，每节模板的结构及高度在满足施工要求的同时，还必须保证模板与混凝土的包裹摩擦力满足施工荷载的要求，与起重设备匹配，单块模板质量在 1.5 ~ 2.0t 为宜，经过计算、施工需要及定尺钢筋长度尺寸，每节模板的高度设计成 3.0m 为宜。

模板加工要求型钢间满焊，型钢与面板间短焊，焊缝长 30mm，焊点间距 200mm，焊角高度 4mm。模板间错台、接缝小于 0.5mm。螺栓孔间距偏差小于 2mm。平板模板面板对角线公差为 1mm，长、宽公差为 -1、0mm。模板加工完成后，在施工现场要对整套（上、下两节）模板进行试拼装。试拼装时，上、下两节模板必须上、下翻升拼装，以保证施工时接缝平整、严密和有良好的垂直度。

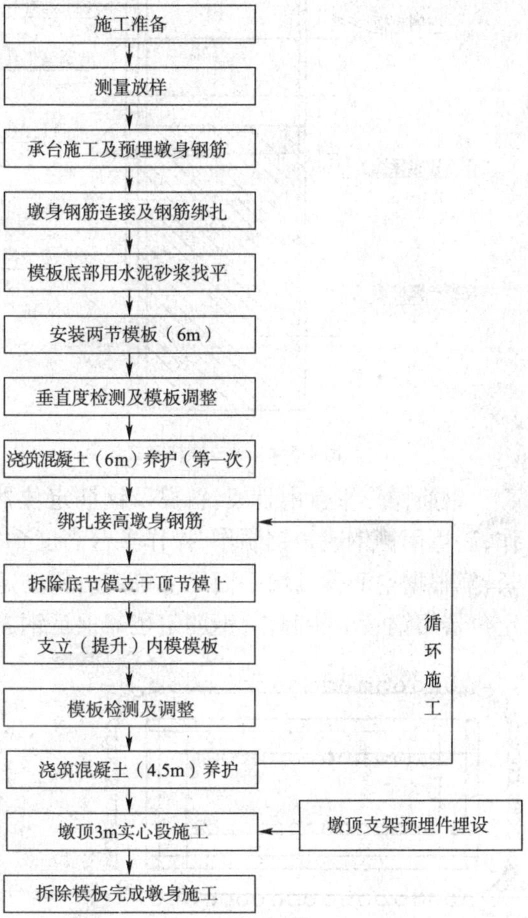

图 4-5-3　空心薄壁墩施工工艺框图

• 模板对拉螺杆设计制作。

空心薄壁墩对拉螺杆分三种类型，第一种类型为普通型工具对拉螺杆，采用 25mm 圆钢外套丝制作而成；第二种类型为工作型锚固螺栓，用 25mm 圆钢外套丝制作而成；第三种类型一端为 25mm 内套丝，一端为外套丝螺杆，用 28mm 圆钢制作而成。如图 4-5-3 所示，三种螺杆分布的位置不同，作用各有不同。

图 4-5-4 中，第一种工具型对拉螺杆分布在每一节模板的中部，固定模板，使模板不会因为新浇混凝土的侧压力而使模板产生变形，在施工过程外套 PVC 塑料管。第二种工作型锚固螺栓与第三种内套丝螺杆通过内套丝连接成为复合型对拉螺杆，分布在每节模板的上、下两端，工作型锚固螺杆在混凝土中，在内套丝螺杆表面包一层塑料薄膜，在混凝土浇筑完成，模板拆除后重复利用，复合型对拉螺杆由于有锚固作用，在下节内模拆除后下节外侧模板不至松动，确保上、下节混凝土接缝平整，同时内套丝螺杆承担由下节外侧模传递下来的部分施工荷载。通过这种复合型对拉杆的使用，不仅保证了施工接缝平整及承重体系方面的技术问题，而且与传统的翻模施工相比，可节省一节内模（传统翻模施工需要两节内模）。

• 钢筋机械连接操作平台设计制作。

由于在高空进行钢筋连接，传统的钢筋焊接工艺难以保证钢筋连接质量和施工进度的要求，为保证工程质量、加快施工进度、确保高空作业施工安全，空心薄壁墩骨架钢筋连接宜采用机械连接。钢筋连接有挤压套管连接、锥螺纹连接、直螺纹连接。从工程质量、施工进度及施工安全的角度考虑，宜采用直螺纹连接方式。钢筋的长度一般为 9m，在高空中连接 9m 长的钢筋需要有安全的操作平台，在钢筋骨架安装操作平台设计时，必须满足人员操作安全及钢筋骨架的稳定，钢筋操作平台设计如图 4-5-5 所示。

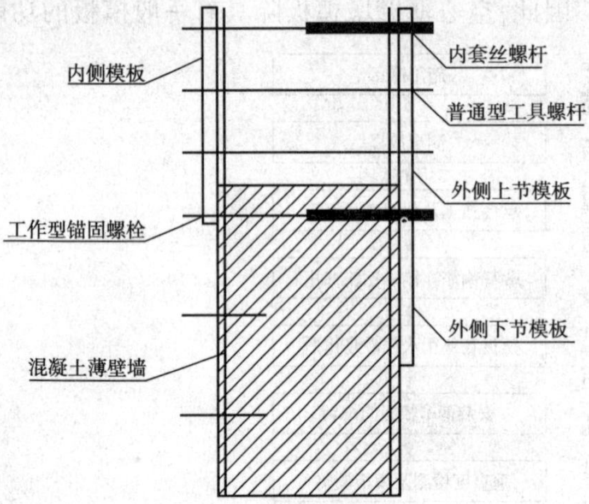

图 4-5-4　对拉螺杆布置

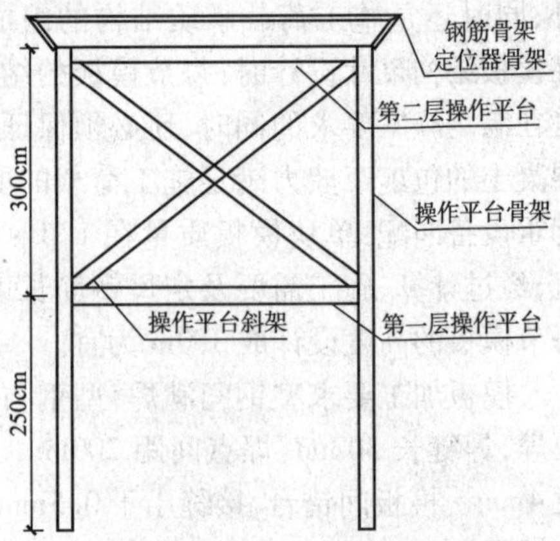

图 4-5-5　钢筋骨架操作平台结构示意图

钢筋操作平台由骨架、斜撑及钢筋定位器组成，操作平台骨架用直径为 100mm 的钢管制作，斜撑用槽钢或角钢制作，操作平台高度 6.5m 为宜，其中下部高度与每节模板高度相适应。长、宽根据空心薄壁墩平面尺寸确定。钢筋定位器骨架制作，平面尺寸根据钢筋布置图确定，定位器用钢管卡扣制作，钢筋定位器保证钢筋骨架垂直及其位置的准确（图 4-5-6）。

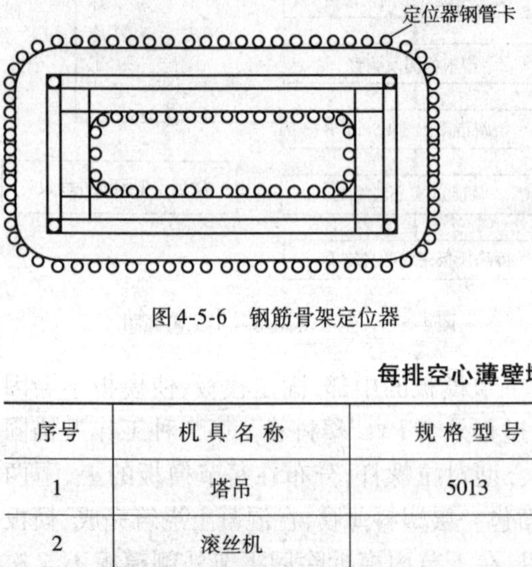

图 4-5-6　钢筋骨架定位器

• 支、拆模板人工操作平台。

模板到达施工现场试拼完成后，在模板上制作人工操作平台，按照安全施工的要求，在每节木板的上、下两端用角钢加工人工操作平台及防护护栏，以便在装拆模板时方人操作。每排空心薄壁墩施工主要机具见表 4-5-2。

b. 测量放样。精确测量，定位墩身及钢筋的平面位置，测量承台顶面高程。

每排空心薄壁墩施工主要机具一览表　　表 4-5-2

序号	机具名称	规格型号	数量	备注
1	塔吊	5013	1 台	
2	滚丝机		1 台	可供 4 排墩使用
3	手动葫芦	5t	16 台	
4	混凝土拖地泵		1 台	可供三排墩使用
5	泵管		满足施工需要	
6	电焊机		4 台	

c. 承台施工及预埋墩身钢筋。在承台施工时，先加工好墩身钢筋，钢筋下料时注意钢筋接头要错开 1m，钢筋外露端长度分别为 3.5 ~4.5m，钢筋外露端需用滚丝机滚好丝，用胶皮套套住防止生锈。根据钢筋的平面位置安放、固定墩身预埋钢筋，预埋钢筋定位牢固，间距均匀、准

确,同时保证预埋钢筋垂直。塔吊基础与承台连接时,与承台混凝土一次性浇筑。由于空心薄壁墩底节为变截面,壁内存在倒角,且底节 6m 墩身一次性浇筑,混凝土对内模的浮力较大,为防止浇筑底节墩身混凝土时内模上浮,在浇筑承台混凝土时,在承台顶面预埋空心薄壁墩内模锚固钢筋。

d. 墩身钢筋骨架连接及钢筋绑扎。墩身钢筋骨架连接前,先将钢筋机械连接操作平台安放在墩身的固定位置,在高 3.5m 处的第一层操作平台上对钢筋骨架进行机械连接,接长钢筋为 9m。两端滚丝,丝扣长度不少于 9 个丝,丝头长度偏差不超过 ±1mm,牙型饱满,不得有虚牙和断牙。丝头应圆滑,并且丝头扣间无杂质。在墩身预埋钢筋顶端安装直螺纹连接套,在同一截面内接头面积不超过 50%。钢筋连接套保护层厚度不小于 15mm,用扳手拧紧钢筋接头,拧紧力控制在不加长力臂的情况下,一人拧不动为止,外露不超过半丝长度,接头拧紧后做好标记。在 5m 处的第二层操作平台上,通过定位器钢管卡扣对钢筋骨架进行定位,保证钢筋骨架垂直及其间距。钢筋骨架连接完成后绑扎、焊接底节水平钢筋,经检验合格后进行下道工序模板安装。

e. 底节混凝土模板底部用处理。为便于底节混凝土浇筑完成后拆除底节外侧模板,在底节模板安装前,用砂浆在模板四周浇筑一个约 10cm 宽,3 ~5cm 高的平台,水泥砂浆顶在同一水平平面内,以保证模板底部不漏浆,模板顶面水平。在底节模板拆除前,凿除水泥砂浆,以便底节模板有足够的空间自由下落、拆除。

f. 安装模板。先安装外模再安装内模,由于底节混凝土顶面高程较低,在地形条件允许的条件下可用吊车安装模板。调整模板时,在保证接缝及垂直度满足规范要求的同时,用水准仪或连通水管控制、调整模板顶面高程,确保模板顶面在同一水平内,由于是翻模施工,在高空中调整模板垂直度的难度较大,且费时费力,只有在保证底节模板顶面水平的条件下,才能有效保证在整个翻模施工过程中,接缝平整、紧密,墩身的垂直度符合施工要求。模板的垂直度通过模板四个角的坐标来控制,平面位置偏差控制在 5mm 以内。由于内、外模板连接成了一个,截面较大,因此截面模量较大,在高空作业,不易用拉绳调整模板的垂直度。在高空调整模板垂直度时,宜采用垫高的方法调整模板的垂直度。在墩身的底部为变截面段,内模受到的浮力较大,在内模安装时,不仅要加强内部支撑,同时将内模与承台预埋锚固钢筋可靠连接,防止内幕胀模及上浮。模板安装完毕后,应对其平面位置、顶面高程、节点连接及纵横向连接进行检查,检查完毕后,再用柔性水泥把水平接缝封好,防止浇筑混凝土时漏浆,确保混凝土的外观质量。

g. 浇筑底节混凝土。混凝土由拌和站集中搅拌,混凝土混合料应拌和均匀,颜色一致,不得有离析和泌水现象。罐车水平运输至施工现场,通过地泵输送管直接入仓浇筑,混凝土的供应必须保证输送泵能连续工作,泵送间歇时间不宜超过 15min。严格分层浇筑,分层厚度在 30cm 左右,并采用定人定部位进行振密操作,混凝土浇筑高度高于模板 5mm。为了保证混凝土的表面不产生温度收缩裂缝,尽可能在低温时浇筑,同时减缓浇筑速度,加强温度观测和混凝土的保温措施,拆模时应保证拆模时的气温和混凝土内部的温度差不超过 25℃,混凝土浇筑完成后及时养生。高空混凝土的养生工作比较困难,在塔吊上装上水箱蓄水,在模板的底部四周用镀锌管洒水,用土工布包裹养生,在养生过程中,保持混凝土表面湿润。

h. 施工缝处理。在模板安装前,对混凝土施工缝隙凿毛处理,模板边混凝土与模板顶面平齐,以保证混凝土施工缝线形美观。新旧混凝土接合面用钢丝刷刷洗或凿毛,用水洗刷时混凝土强度须达到 0.5MPa,凿毛时混凝土强度需达到 2.5MPa,清除表面水泥浆,露出新鲜的混凝土，在浇筑新混凝土前用水湿润就混凝土面。

i. 连接钢筋骨架及钢筋绑扎。骨架钢筋及施工机具通过塔吊垂直运输。

j. 模板拆除与安装。外模板应在混凝土抗压强度达到2.5MPa、保证其表面及棱角不致因拆模而损坏时方可拆除。拆除底节模板时，先用手拉葫芦将底节(4.5m)外侧模板吊起，然后凿除模板底板砂浆，松掉模板连接螺栓及所有拉杆，当模板完全脱离墙身后，用塔吊分块吊起安装。当混凝土强度达到10～15MPa后方可在混凝土上立模。在外侧模安装完成后拆除内模，内模的拆除方法与外模相同，内模拆除后，通过内套丝螺杆及锚固螺杆拉紧、悬挂外侧模板，内模安装时，加强水平斜撑(图4-5-7)。模板安装完成后，用全站仪检测模板的平面位置，检验模板垂直度是否符合要求，模板接缝是否平整紧密，用连通水管检测模板水平面是否水平，在模板安装、调整符合要求后，用柔性水泥把水平接缝封好，提升操作平台，浇筑墩身混凝土。

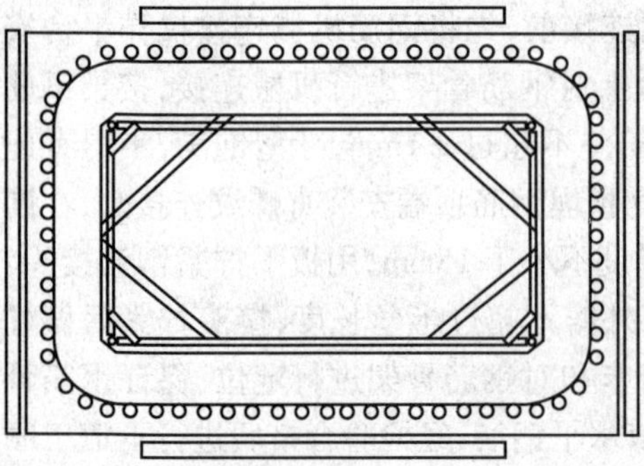

图4-5-7　空心薄壁墩模板安装支撑示意图

k. 浇筑混凝土。重复g的操作，浇筑4.5m墩身混凝土，同时及时养生。

重复i～k的操作直至墩顶。在顶节混凝土施工时，准确预埋盖梁钢筋及盖梁承重结构预埋件。薄壁空心墩翻模施工工艺流程图见图4-5-3。

⑤质量检查程序与质量保证措施。

a. 质量目标。以整个工程的质量目标为总目标，制定本分项工程的质量目标为合格率100%。

b. 质量检查程序。生产班组设兼职质检员进行自检，使工序质量在班组的操作过程中进行控制。

在工序交接时，实行交接检验，对上一工序的质量进行检查，如不合格下一班组可以拒绝接班。同时工区技术员参加检验，及时处理各种问题。

工区专职检查员对各工序工程质量、隐蔽验收进行逐项检查、评定，合格后填写检查记录，报监理签认后方可进行下一道工序。

内部监理对现场质量进行抽检，汇总质量情况，分析质量问题，报总工、项目经理和上级主管部门。

c. 施工阶段的质量保证体系

加强人员质量意识教育，树立"百年大计，质量第一"的思想，贯彻"管生产必须管质量，谁施工谁负责质量，谁操作谁保证质量"的原则。

建立项目经理负责制，总工程师直接分管质量并确保质量体系高效运行，建立健全各项施工管理、技术管理、质量管理制度，成立专门的质量检查和监督机构，设置专职质检工程师和质量管理人员。

施工前进行技术交底，交代质量标准，杜绝盲目施工、无标准施工的情况。

技术人员、工长、班组长人员认真学习图纸，理解图纸的技术要求和各项规范、规程、技术标准。对施工中发现的问题及时汇报，由相关部门处理。

试验室由工程部门领导配备满足需要的检测设备和人员。

加强对原材料的检测，对各类原材料应按规格、尺寸、材料分类堆放，未经认可和不合格的材料、半成品禁止用于工程。

在施工过程中坚持质量检查制度,分项工程质量评定在自检、复检的基础上,由该分项技术负责人会同专职质检人员进行检查和核对,并填写质量检验评定表,然后请监理工程师验收、复查并签认。

认真做好原始记录,为施工检查和竣工验收打好基础,各分项工程完工后,应立即进行质量评定。

建立质量管理基金,根据施工质量和工作质量进行评定,奖优罚劣,促进工程质量的提高。

质量检查标准以设计图要求、技术规范规定、质量评定标准和其他规范为准。

对于出现的质量问题,认真按照“三不放过”的原则进行处理,即质量问题原因不查清楚不放过,没有整改合格不放过,相关人员未受到教育不放过。

⑥安全措施

a. 安全管理体系。

建立以项目经理为首的安全管理组织,指定规章制度,遵守操作规程,形成安全管理体系。

b. 安全措施。

钢筋焊接时,焊工必须戴防护镜或遮挡板。钢筋安装工人在安装竖向钢筋时,应当配备安全带,以防跌落。

所有钢筋的截断与弯折必须使用监理工程师批准的设备完成。

在施工期间,现场常设一名技术人员,该技术人员应具有做安全工作的资格,且熟悉所施工的工作类型。

在施工现场周围配备、架立必要而合适的标志牌并及时维护,为工人和公众提供安全的环境。

机械在危险地段作业时,必须设明显的安全警告标志,并应设专人站在操作人员能看清的地方指挥,驾机人员只能接受指挥人员发出的规定信号。

汽车吊工作时,必须由起重工专人指挥。

所有施工人员进入现场必须戴好安全帽,严禁穿拖鞋施工。

现场接电必须由专门的电工操作,严禁非电工操作。电线架设必须合理,不得杂乱交错布置。电工必须遵循电工操作规程作业。

(3)编制某桥梁下部结构施工方案

结合有关技术规范和本能力模块实例,编制某桥下部结构的施工方案。

某桥下部结构为双柱式桥墩,钻孔灌注桩基础,桩、墩身截面形状均为圆形,桩径为1.3m,墩身截面直径为1.2m,最高桥墩3m,最大桩长8m,地质情况为覆盖层厚2~4m的砂砾石,以下为风化岩石,详细资料见图1-1-9。

第5章　桥梁上部结构施工

【知识目标】

1. 支架、模板的类型及构造；
2. 梁桥就地浇筑施工方法、工艺流程、技术指标和质量控制；
3. 钢筋混凝土板梁预制工艺；
4. 先张法预应力混凝土板梁施工工艺；
5. 后张法预应力混凝土板梁施工工艺；
6. 上部结构构件安装方法及安全技术；
7. 预应力混凝土连续梁桥逐孔架设法施工工艺和要求；
8. 预应力混凝土连续梁桥移动模架法施工工艺和要求；
9. 预应力混凝土连续梁桥顶推法施工工艺和要求；
10. 悬臂施工的工作原理及施工设备；
11. 悬臂施工的施工工艺。

【能力目标】

1. 能根据桥梁结构、地质、地形情况合理选择支架、模板形式；
2. 能依据施工图纸和施工规范组织、管理梁桥、拱桥的施工；
3. 能合理选择桥梁上部结构施工方案完成施工方案的编写；
4. 具备工程安全施工的能力；
5. 能力训练8:梁桥上部结构施工方案编制；
6. 能力训练9:拱桥上部结构施工方案编制。

【任务描述】

桥梁上部结构施工就是支架与模板施工、钢筋骨架的安装、混凝土工程以及承重构件的浇筑、装配等各项工作的综合。本章学习的主要目标任务为以下几方面:能看懂钢筋混凝土、预应力混凝土板梁桥施工图并能计算工程数量;能绘制装配式板梁施工流程图,能依据施工图纸和施工规范组织、管理施工现场,进行装配式板梁施工质量控制;能看懂预应力混凝土连续梁桥施工图并能计算工程数量;能运用相关的规范进行预应力混凝土连续梁桥施工施工质量控制;能指导装配式拱桥构件的预制、运输及安装作业并且依据施工图纸和施工规范组织、管理施工现场,进行拱桥施工质量控制。教师根据学生分组情况准备桥梁上部施工案例、施工图纸及施工影像资料等。每组推选一名组长负责任务的组织与实施,最终以组为单位上交某桥梁上部施工方案。

【学习引导】

本章按照以下顺序进行学习：

梁桥就地浇筑施工技术要点→装配式梁桥施工技术要点→连续梁逐孔施工法、移动模架法、顶推法施工工艺及施工方法→能力训练8(梁桥上部结构施工方案编制)→拱桥施工(就地浇筑施工、装配式施工、转体施工方法及工艺流程)→能力训练9(拱桥上部结构施工方案编制)

5.1 梁桥就地浇筑施工

就地浇筑施工是一种古老的施工方法，它是在桥孔位置搭设支架，并在支架上安装模板，绑扎及安装钢筋骨架，预留孔道，并在现场浇筑混凝土与施加预应力的施工方法。

就地浇筑施工方法有以下几个特点：

(1)桥梁的整体性好，施工平稳、可靠；

(2)无须预制场地和大型起重设备；

(3)钢筋连续布置，施工中无体系转换；

(4)预应力混凝土连续梁桥可以采用强大预应力体系，使结构构造简化，方便施工；

(5)需要使用大量施工支架，跨河桥梁搭设支架影响河道的通航与排洪，施工期间支架可能受到洪水和漂浮物的威胁；

(6)对预应力混凝土梁由于混凝土的收缩、徐变引起的应力损失比较大；

(7)施工工期长，费用高，需要有较大的施工场地，施工管理复杂。

由于施工需用大量的模板支架，以前一般仅在小跨径桥或交通不便的边远地区采用。随着桥跨结构形式的发展，出现了一些变宽度的异型桥、弯桥等复杂的混凝土结构，无法预制安装，必须采用现浇施工。近年来临时钢构件和万能杆件系统的大量应用，使这种方法推广到大跨径桥梁的施工当中，例如高架桥、跨线桥、城市立交桥以及高度不是很大的连续梁桥等均可采用有支架的就地浇筑施工法。

5.1.1 施工支架与模板

支架整体、杆配件、节点、地基、基础和其他支撑物均应进行强度和稳定验算。

《公路桥涵施工技术规范》(JTG/T F50—2011)规定，支架和模板均应进行施工图设计，经批准后方可用于施工。施工图设计内容包括：

(1)工程概况和工程结构简图；

(2)结构设计的依据和设计计算书；

(3)总装图和细部构造图；

(4)制作、安装的质量要求及精度要求；

(5)安装、拆除时的安全技术措施及注意事项；

(6)材料的性能质量要求及材料数量表；

(7)设计说明书和使用说明书。

5.1.1.1 支架类型及构造

就地浇筑混凝土梁桥的上部结构，首先应在桥孔位置搭设支架，以支承模板、浇筑的钢筋混凝土，以及其他施工荷载的重力。支架有满布式支架[图 5-1-1a)]、梁式支架[图 5-1-1b)]、梁柱式支架、万能杆件拼装支架、装配式公路钢桥桁节拼装支架[图 5-1-1c)]等形式。

(1)满布式钢管支架

满布式支架常用于陆地或不通航的河道，或桥墩不高、桥位处水位不深的桥梁。

国内常用的满布式钢管支架主要有扣件式、碗扣式和门式三种。工程实际中大量采用的是碗扣式钢管支架。满布式碗扣支架示意见图 5-1-2。

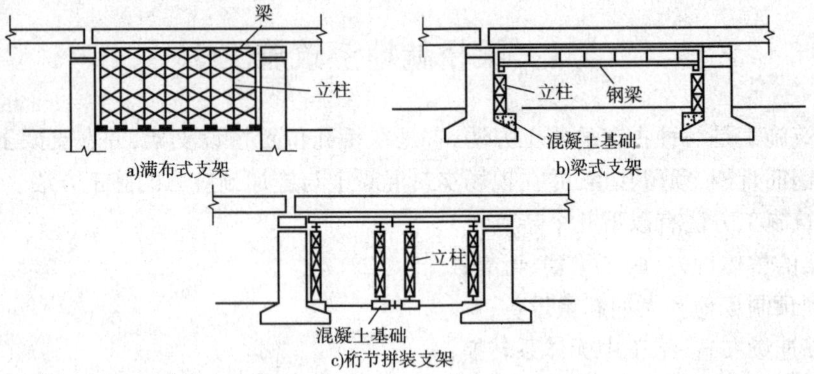

图 5-1-1 支架构造形式

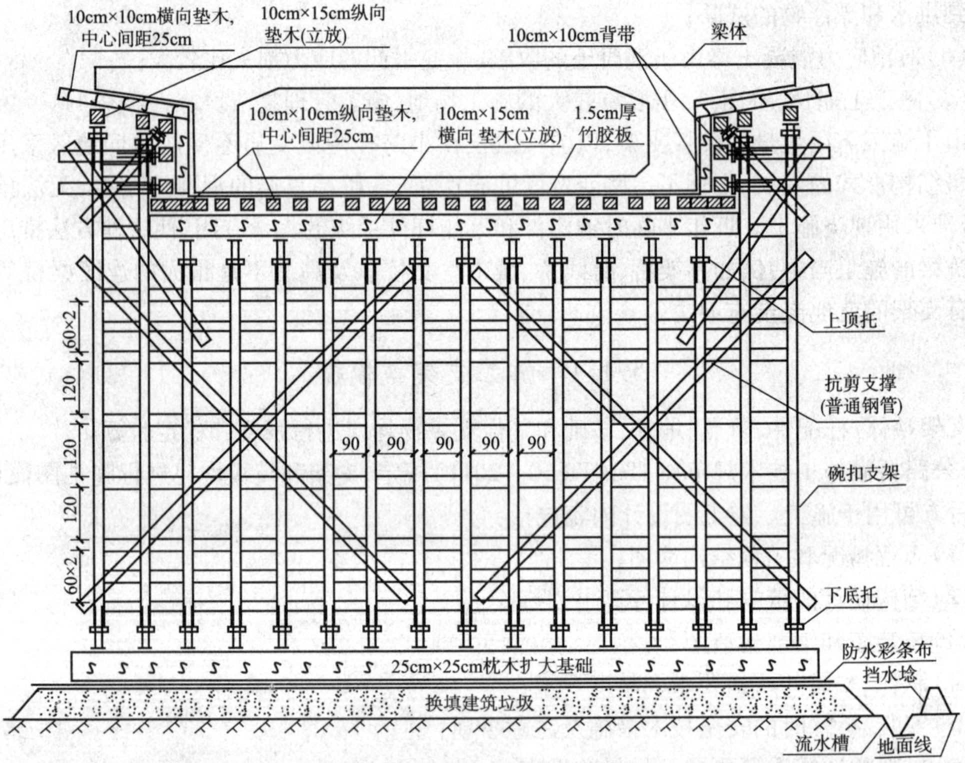

图 5-1-2 满布式碗扣支架示意图(尺寸单位:cm)

碗扣式钢管支架是我国参考国外经验自行研制的一种多功能脚手架，其杆件节点处采用碗扣连接。由于碗扣是固定在钢管上的，构件全部轴向连接，其力学性能好，连接可靠，组成的脚手架整体性好，不存在扣件丢失问题。

碗扣式钢管支架主要由可调底座、立杆、横向水平杆(小横杆)、纵向水平杆(大横杆)、剪刀撑和斜撑等组成，如图 5-1-3 所示。钢管采用 Q235A 级钢制作，规格多为 48mm × 3.5mm。立柱上碗扣节点间距为 0.6m 的倍数。所以立柱长度分别有 1.2m、1.8m、2.4m 和 3m 四种。横杆有 6 种型号，即从最小 0.3m 到 1.8m。

碗扣接头是该脚手架系统的核心部件，它由上碗扣、下碗扣、横杆接头和上碗扣的限位销等组成(图 5-1-4)。

a)施工现场碗扣式支架　　b)碗扣式支架接头大样图

图 5-1-3　碗扣式支架

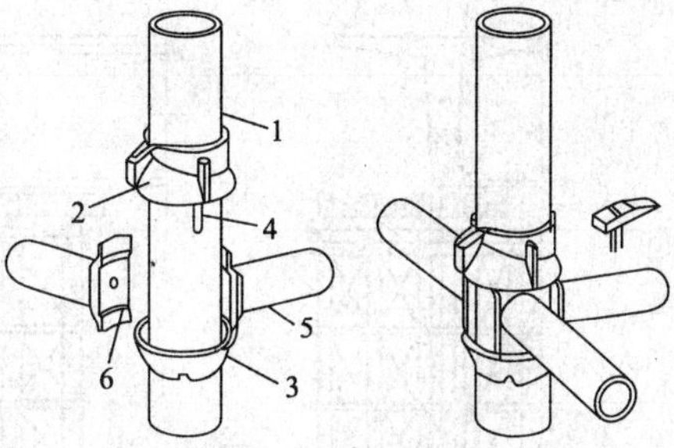

a)　　b)

图 5-1-4　碗扣接头

1-立杆；2-上碗扣；3-下碗扣；4-限位销；5-横杆；6-横杆接头

（2）万能杆件拼装支架

用万能杆件可拼装成各种跨度和高度的支架，其跨度须与杆件本身长度呈倍数。用万能杆件拼装的桁架高度可达 2m、4m、6m 或 6m 以上。当高度为 2m 时，腹杆拼为三角形；高度为 4m 时，腹杆拼为菱形；高度超过 6m 时，则拼成多斜杆的形式。

用万能杆件拼装墩架时，柱与柱之间的距离应与桁架之间的距离相同。柱高除柱头及柱脚外，应为 2m 的倍数。

用万能杆件拼装的支架，在荷重作用下的变形较大，而且难以预计其数值。因此，应考虑预加压重。预压重力相当于浇筑的混凝土的重力。

（3）装配式公路钢桥桁节拼装支架

用装配式公路钢桥桁节，可拼装成桁架梁和塔架。为加大桁架梁孔径和利用墩台作支承，也可拼成八字斜撑以支撑桁架梁。桁架梁与桁架梁之间，应用抗风拉杆和木斜撑等进行横向连接，以保证桁架梁的稳定。

用装配式公路钢桥桁节拼装的支架，在荷重作用下的变形很大，因此应进行预压。

（4）轻型钢支架

桥下地面较平坦且有较高的承载力时，采用轻型钢支架。轻型钢支架的梁和柱，以工字钢、槽钢或钢管为主要材料，斜撑、连接杆等可采用角钢。构件应制成统一规格和标准；排架应预先拼装成片或组，并以混凝土、钢筋混凝土枕木或木板作为支承基底。为了防止冲刷，支承基底须埋入地面以下适当的深度。为适应桥下高度，排架下应垫以一定厚度的枕木或木楔等。

为便于支架和模板的拆卸，纵梁支点处应设置木楔。轻型钢支架构造如图 5-1-5 所示。

（5）墩台自承式支架

在墩台上预留承台式预埋件，上面安装横梁及架设适宜长度的工字钢或槽钢，即构成模板的支架。这种支架适用于跨径不大的梁桥，但支立时仍须考虑梁的预拱度、支架梁的伸缩以及支架和模板的卸落等所需条件。

（6）模板车式支架

这种支架适用于跨径不大、桥墩为立柱式的多跨梁桥的施工，形状如图 5-1-6 所示。在墩柱施工完毕后即可立即铺设轨道，拖进孔间，进行模板的安装，这种方法可简化安装工序和节省安装时间。当上部构造混凝土浇筑完毕，且强度达到要求后，模板车即可整体向前移动，但移动时须将斜撑取下，将插入式钢梁节段推入中间钢梁节段内，并将千斤顶放松。

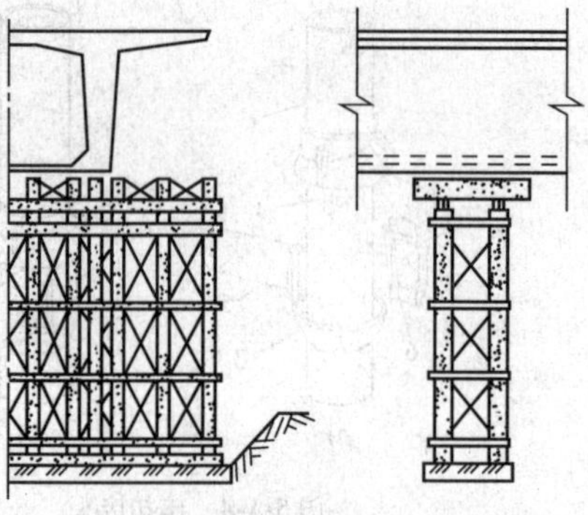

图 5-1-5　轻型钢支架

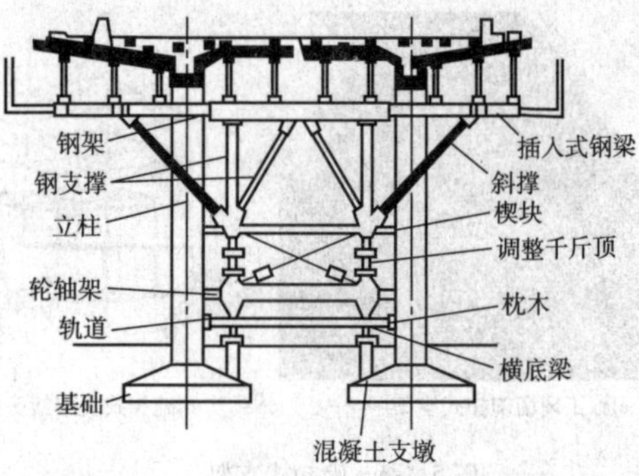

图 5-1-6　模板车式支架

5.1.1.2　模板

模板宜采用钢模、胶合板或木模板。

跨径不大的肋板梁，其模板如图 5-1-7a）所示，一般用木料或木胶合板制成。安装时，首先在支架纵梁上安装横木（分布杆件），横木上钉底板，然后在其上安装肋梁的侧面模板及桥面板的底板。肋梁的侧面模板钉于肋木之上。桥面板底板之横木则由钉于上述肋木上的托板承托。肋木后面须钉压板，以支承肋梁混凝土的水平压力。为减少现场的安装工作，肋梁的侧面模板及桥面板的底板（包括横木），可预先分别制成镶板块件。

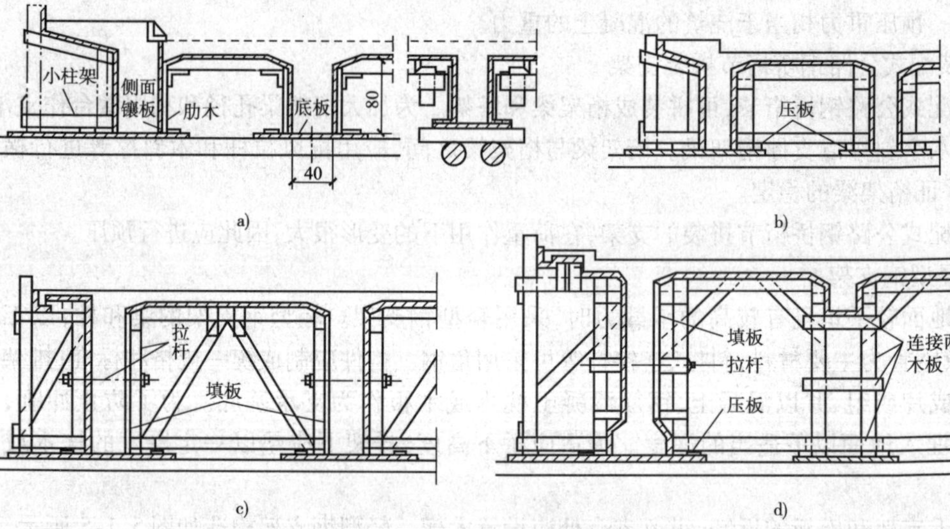

图 5-1-7　肋板梁模板（尺寸单位：cm）

当上部构造的肋梁较高时，其模板一般须采用框架式。梁的侧模及桥面板的底模，用木板或镶板钉于框架之上即可。

框架式模板的构造示例见图 5-1-7b）、c）、d）。

箱梁底模、腹板外模可采用 18mm 厚优质木胶合光面板或钢模板，内模采用多层压实板。模板支撑与加固示意见图 5-1-8。

5.1.1.3　支架的基础

为保证现浇梁体不产生过大的变形，除了保证支架本身的强度、刚度和稳定性外，支架的基础还必须坚实牢靠，并将其沉降控制在容许范围内。桥孔跨径不大且采用满布式支架时，可将支架基脚设置在枕木上,枕木下设垫层并夯实;对梁式或梁柱式支架,因其荷载较集中,应设置桩基础或混凝土扩大基础,也可支撑在墩台身或永久性基础上。

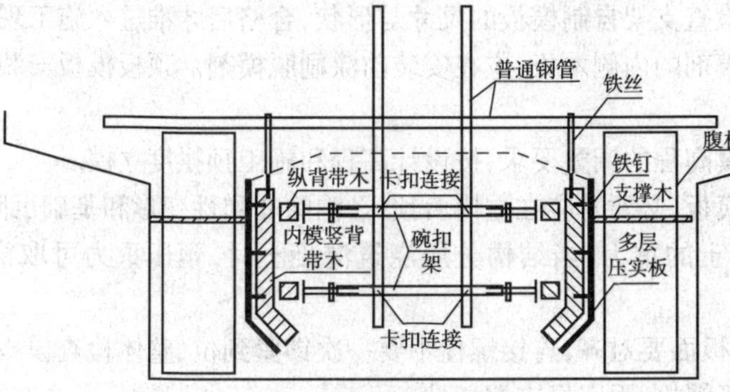

a)腹板内模内立示意图

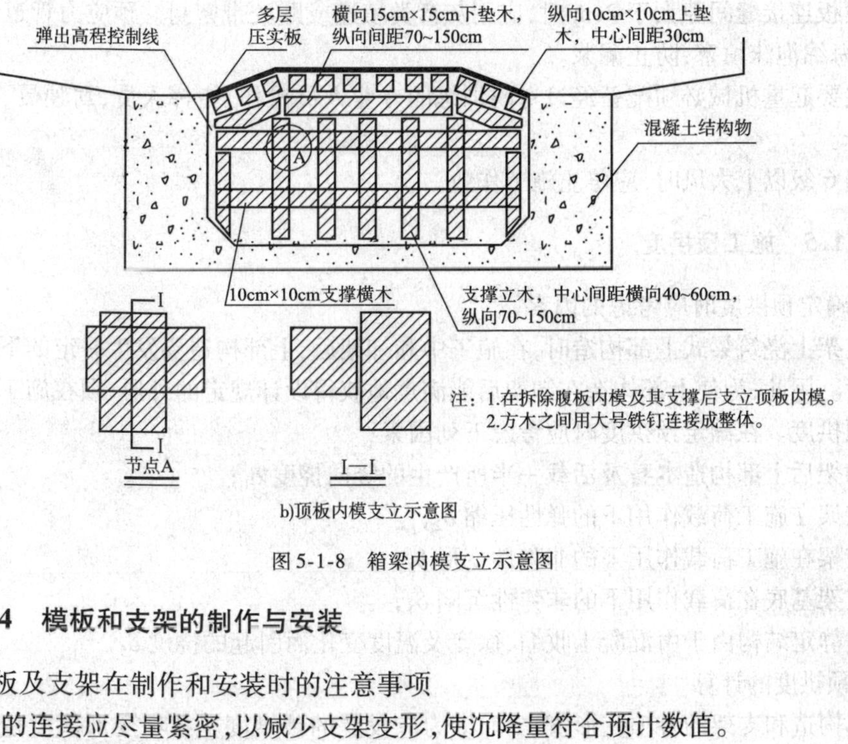

b)顶板内模支立示意图

图5-1-8　箱梁内模支立示意图

5.1.1.4　模板和支架的制作与安装

(1)模板及支架在制作和安装时的注意事项

①构件的连接应尽量紧密,以减少支架变形,使沉降量符合预计数值。

②为保证支架稳定,应防止支架与脚手架和便桥等接触。

③模板的接缝必须密合,如有缝隙,须塞堵严密,以防跑浆。

④建筑物外露面的模板应涂以无色润滑剂。

⑤为减少施工现场的安装拆卸工作和便于周转使用,支架和模板应尽量制成装配式组件或块件。

⑥钢制支架宜制成装配式常备构件,制作时应特别注意构件外形尺寸的准确性,一般应使用样板放样制作。

⑦模板应采用内撑支撑。内撑有钢管内撑、钢筋内撑、硬塑料胶管内撑等类型。

(2)制作及安装质量要求

支架和模板制作应符合设计图纸的要求。面板可以用4~6cm的冷轧钢板或厚18cm以上的木胶合板。为增加周转次数,胶合板的面上要有高分子材料覆膜。胶合板面板不得使用脱胶空鼓、边角不齐、板面覆膜不全的板材。

(3)支架和模板的安装

①安装前按图纸要求检查支架自制模板的尺寸与形状,合格后才准进入施工现场。

②安装后不便涂刷脱模剂的内侧木板,应在安装前涂刷脱模剂。顶板模板安装后,布扎钢筋前涂刷脱模剂。

③支架结构应满足立模高程的调整要求,按设计高程和施工预拱度立模。

④承重部位的支架和模板,必要时应在立模后预压,消除非弹性变形和基础沉降。预压重力相当于以后所浇筑混凝土的重力,当结构分层浇筑混凝土时,预压重力可取浇混凝土的质量。

⑤相互连接的模板,木板面要对齐,连接螺栓不要一次锁紧到位,整体检查模板线形,发现偏差及时调整后再锁紧连接螺栓,固定好支撑杆件。

⑥模板连接缝间隙大于 2cm 时,应用灰膏类填逢或贴胶带密封。预应力管道锚具处空隙大时,用海绵泡沫填塞,防止漏浆。

⑦主要起重机械必须配备经过专门训练的专业人员操作,指挥人员、驾驶员、挂钩人员要统一信号。

⑧遇 6 级以上大风时,应停止施工作业。

5.1.1.5 施工预拱度

(1)确定预拱度时应考虑的因素

在支架上浇筑梁式上部构造时,在施工中和卸架后,上部构造要发生一定的下沉和产生一定的挠度。因此,为使上部构造在卸架后能满意地获得设计规定的外形,须在施工时设置一定数值的预拱度。在确定预拱度时应考虑下列因素:

①卸架后上部构造本身及活载一半所产生的竖向挠度 δ_1;

②支架在施工荷载作用下的弹性压缩 δ_2;

③支架在施工荷载作用下的非弹性变形 δ_3;

④支架基底在荷载作用下的非弹性沉陷 δ_4;

⑤超静定结构由于由混凝土收缩、徐变及温度变化而引起的挠度 δ_5。

(2)预拱度的计算

上部构造和支架的各项变形值之和,即为应设置的预拱度。各项变形值可按下列方法计算和确定:

①桥跨结构应设置预拱度,其值等于恒载和半个静载所产生的竖向挠度 δ,当恒载和静载产生的挠度不超过跨径的 1/1600 时,可不设预拱度。

②满布式支架,当其杆件长度为 L、压应力为 σ 时,其弹性变形为:$\delta_2 = \sigma L/E$;当支架为桁架等形式时,应按具体情况计算其弹性变形。

③支架在每一个接缝处的非弹性变形,在一般情况下,横纹木料为 3mm,顺纹木料接缝为 2mm,木料与金属或木料与圬工的接缝为 1 ~ 2mm,顺纹与横纹木料接缝为 2.5mm。

卸落设备砂筒内砂粒压缩和金属筒变形的非弹性压缩量,根据压力大小、砂子细度模量及筒径、筒高确定。一般 20t 压力砂筒为 4mm,40t 压力砂筒为 6mm,砂子未预先压紧者为 10mm。

④支架基底的沉陷,可通过试验确定或参考表 5-1-1 估算。

支架基底沉陷(单位:cm)　　表 5-1-1

土	枕　梁	柱	
		当柱上有极限荷载时	柱的支承能力不充分利用时
砂土	0.5～1.0	0.5	0.5
黏土	1.5～1.0	1.0	0.5

(3)预拱度的设置

根据梁的挠度和支架的变形所计算出来的预拱度之和,为预拱度的最高值,应设置在梁的跨径中点。其他各点的预拱度,应以中间点为最高值,以梁的两端为零,按直线或二次抛物线比例进行分配。

5.1.2　满堂支架现浇上部结构施工

满堂支架法浇筑钢筋混凝土简支梁的施工工艺流程图如图 5-1-9 所示。

满堂支架法浇筑预应力混凝土连续箱梁施工工艺流程图如图 5-1-10 所示。

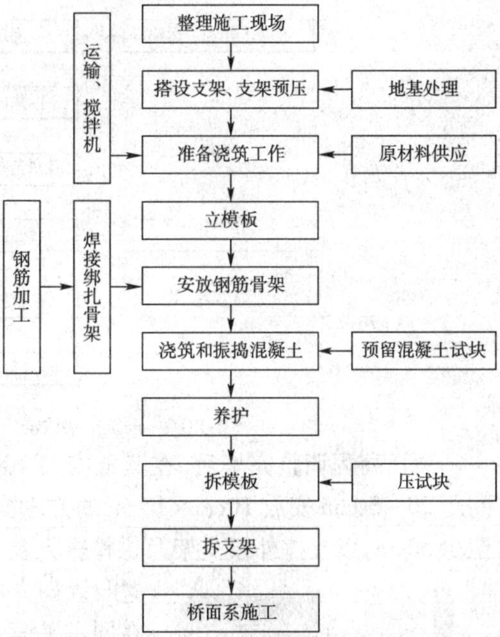

图 5-1-9　满堂支架法浇筑钢筋混凝土简支梁的施工工序

5.1.2.1　地基处理

正常情况下使用推土机配合平地机将支架范围内地基整平,并用 5% 白灰处理,用压路机碾压夯实,靠近墩柱 1m 范围内用人工夯实,压实度不小于 93%。如果发现"弹簧",应及时清除用灰土换填。为防止下雨浸泡地基而降低地基承载力,在压实的地基上铺设 5cm 厚的砂浆。

若地基土层为淤泥和淤泥质土,不宜直接作为支架地基持力层,应在其上覆盖较好土层作为持力层,并采取避免对淤泥和淤泥质土扰动的措施,一般采用对地基进行 3m 换填的办法,保证覆盖层的厚度满足地基持力结构要求。

在地基硬化处理后,加强基础范围内的排水工作,在两侧开挖 40cm × 30cm 的排水沟,设流水槽,防止施工场内积水,造成地基不均匀沉降,影响支架稳定性。

5.1.2.2　搭设支架

在地基处理达到要求后首先测出支架地面高程,根据桥梁净空高度确定各单元块支架所需整平碾压处理的地基高程,按设计的支架平面位置进行立杆位置放样。横桥向设置 10cm × 20cm 的方木,在此之上设置 10cm × 10cm 方木作为支架基础,以增加立杆与地基的接触面并保证受力均匀。

在杆件安装时,立杆的垂直度要求小于 0.2%,以避免偏心受压,横杆水平度要求小于 3%;同时检查锁定是否可靠。支架搭设好后,顶面采用调节范围不小于 45cm 的可调节顶托作为支撑,架脚设立杆垫座(图 5-1-11)。顺桥向设左、中、右三个控制点,精确调出顶托高程,然后用明显的标记标明顶托伸出量,以便校验。最后再用拉线内插方法,依次调出每个顶托的高程。

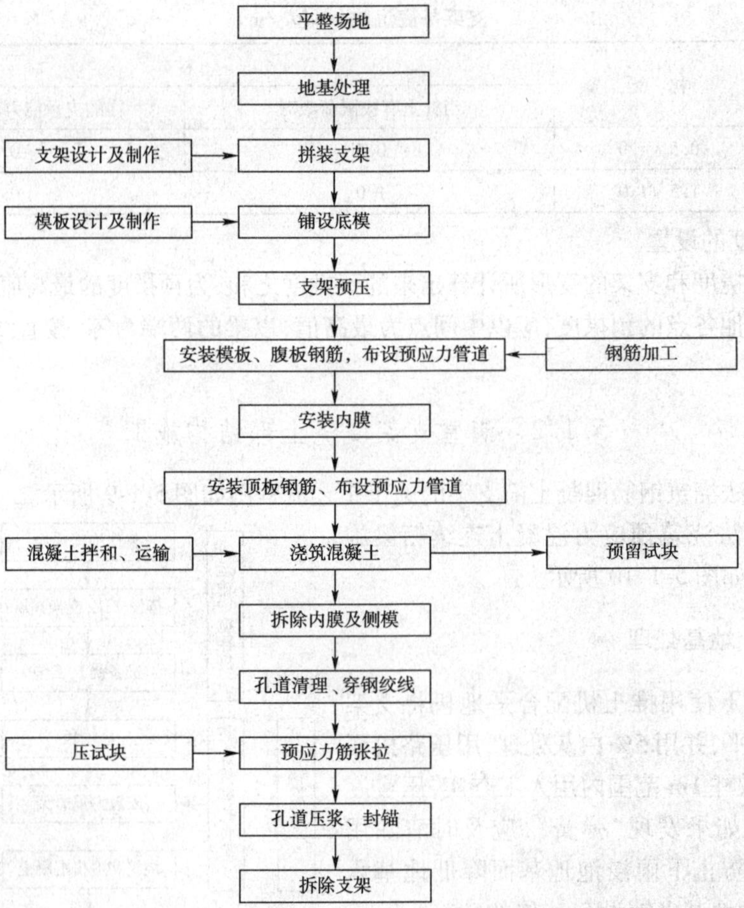

图 5-1-10　满堂支架法浇筑预应力混凝土连续箱梁施工工艺流程图

顶托高程调整完毕后，在其上安放 10cm × 10cm ~ 10cm × 15cm 的方木纵梁，在纵梁上按间距 20 ~ 30cm 安放 10cm × 10cm 的方木横梁，横梁长度随桥梁宽度而定，比顶板一边各宽出至少 50cm，以支撑外模支架及供检查人员行走。安装纵横方木时，应注意横向方木的接头位置与纵向方木的接头错开，且在任何相邻两根横向方木接头不在同一平面上。用底模高程（设计梁底高程 + 支架变形 + 前期施工误差调整量）来控制底模立模。

a)垫座　b)可调节顶托

图 5-1-11　支撑调节器

为增强支架体系的整体稳定性，顺桥向需每 4.5m 设 1 道通长剪刀撑，横桥向每隔 3 跨设 1 道剪刀撑。

5.1.2.3　支架的预压和卸载

1）预压目的

（1）验证现浇段支架安全性，消除支架、地基的非弹性变形。

（2）准确测量现浇施工中支架变形对梁板立模高程的影响值，以便为立模的预抬值提供依据。

2）预压准备

（1）每阶段梁板预压前对预压荷载及其分布置情况进行详细的计算，预压重力为底、腹板箱梁自重的 1 ~ 1.3 倍，并绘制出荷载分布的平面图，以保证预压可准确模拟箱梁现浇时的支架受力状态。

(2)准备好预压设备、材料。

3)预压方法

(1)砂袋

用编织袋装砂一般不超过袋子体积的2/3,以便码放。砂袋逐袋称重。

(2)水箱(袋)

预压液袋、水囊、水袋采用高密度聚乙烯制成,可折叠,将其充满水。桥梁预压水袋一般可重叠压两个,能满足桥梁预压的吨位完成预压,测试方法简单,造价低廉,还可以重复利用。

(3)混凝土预制块

干码混凝土预制块的密度按2.4t/m^3计算,由此计算所需预制块堆码的高度。

4)加载及支架沉降观测

加载时按照计算预压总荷载的20%、40%、60%、80%、100%、120%分级进行,中间每级加载完成后,对支架进行一次观测,最后一级加载完成后要进行24h跟踪观测,每次观测都要根据观测记录计算支架在两次观测时间之间的沉降情况。

沉降观测包括地基沉降观测和杆件压缩沉降观测。测设时分别在地基、杆件顶端沿梁纵向范围内每隔3.0m设置一测点,横向设左、中、右3个测点,在预压前先将测点标出,并记录好高程,作为沉降观测的基准。具体观测方法为:用水准仪每隔2h测一次地面各测点高程,并算出地面沉降量,此沉降量为不可恢复沉降,在计算支架的弹性变形时应减除。

同样,用水准仪每隔2h观测一次支架各检测点高程,计算出支架沉降量并用此沉降量减去地面沉降量,作为支架的弹性变形量,在立模时应将支架的弹性变形量计入模板顶高程内。

预压过程中根据加载重力和压载时间进行观测、记录并分析。分析出地基沉降量与杆件弹性压缩量,作为立模板的有效数据。

5)卸载顺序及时间

预压持载时间根据支架观测情况确定,若沉降量或支架形变没有趋于平缓,则适当延长预压时间,直至支架形变及沉降均满足规范要求(连续两天沉降量小于5mm)即可卸载。卸载按预压总荷载的20%、40%、60%、80%、100%、120%逐级卸载,每级卸载完成都要对支架进行观测,计算支架的弹性变形情况。

6)观测成果的整理

预压完成后的支架变形观测成果进行整理,计算出支架、地基、底模板在每级加卸载后的弹性形变及非弹性形变,作为设置施工预拱度调整计算的依据。

7)预压过程中的注意事项

砂袋的称量要准确,设专人控制、指挥加载的数量和部位。加载过程中设专人对支架、地基进行观察,发现异常情况(如较明显沉降、支架明显变形)时,要立即停止加载并及时通知相关技术人员,调查原因并采取相应的措施后可方继续加载。加载前测量员要为施工人员指明各测量标志的位置,加载过程中注意保护不得碰动,一但碰动要及时通知测量员。

预压完成后要根据预压的观测数据对施工预拱度的设置进行调整计算,因预压已基本消除支架、地基的非弹性形变,调整时主要考虑观测所得支架、地基的弹性形变,按二次抛物线法重新计算各放样点的预拱度值。

调整后:$\delta-\delta_1+\delta_5$+支架预压观测所得弹性形变量。其中:δ_1为支架卸载后由上部构造自重及活载一半产生的竖向挠度;δ_5为由混凝土收缩、温差变化引起的挠度。

底模板已在预压以前安装完成，根据调整后的施工预拱度重新计算底模板各点的高程，并对底模板的高程、坐标进行复测，调整消除预压引起的底模板变化，使之符合重新调整计算后的高程，要求与计算值偏差小于5mm。

5.1.2.4　模板制作安装

(1)底模板

底模板采用18mm以上的高强度木胶板或15mm以上的竹胶合板，模板在安装之前进行全面的涂刷脱模剂。底板横坡按设计图纸规定的2%横坡，横向宽度要大于梁底宽度，梁底两侧模板要各超出梁底边线不小于5cm，以利于在底模上支立侧模。模板之间连接部位采用海绵胶条以防漏浆，模板之间的错台不超过1mm。模板拼接缝要纵横成线，避免出现错缝现象。

底模板铺设完毕后，进行平面放样，全面测量底板纵横向高程，纵横向间隔5m检测一点，根据测量结果将底模板调整到设计高程。底板高程调整完毕后，再次检测高程，若高程不符合要求进行二次调整。

在箱梁底板铺设的同时应安装桥梁支座，支座安装前，应对支座垫石的强度、高程、表面平整度进行全面检查，按照设计尺寸在垫石上画出十字线，将支座垫石清理干净，将画有十字线的支座准确地安放在支座垫石上，要求支座中心线同支座垫石中心线重合。如果支座垫石高于设计高程，应使用砂轮机进行打磨，直到符合设计要求；如果支座垫石低于设计高程，则要使用大于支座周边2cm的钢板铺垫在支座下边，并用环氧树脂粘贴。

(2)侧模板和翼缘板模板

侧模板和翼缘板模板采用15mm以上的高强度竹胶板，根据测量放样定出箱梁底板边缘线，在底模板上弹上墨线，然后安装侧模板。侧模板与底模板接缝处粘贴海绵胶条防止漏浆。在侧模板外侧背设纵横方木背肋，用钢管及扣件与支架连接，用以支撑固定侧模板。

翼缘板底模板安装与箱梁底板模板安装相同，外侧挡板安装与侧模板安装相同。挡板模板安装完毕后，全面检测高程和线形，确保翼缘板线形美观。

(3)箱室模板

如果箱梁混凝土分两次浇筑，箱室模板分两次安装。第一次用钢模板做内模板，用方木做横撑，同时用定位筋进行定位固定，并拉通线校正钢模板的位置和整体线形。当第一次混凝土达到一定强度后拆除内模，再用方木搭设小排架，在排架上铺设2cm厚的木板，然后在木板上铺一层油毛毡，油毛毡接头相互搭接5cm，用一排铁钉钉牢，防止漏浆。在浇筑混凝土过程中派专人检查内模的位置变化情况。为方便内模的拆除，在每孔的设计位置布设人孔。

如果采用一次性浇筑施工，内模和侧模采用间距为20cm的10cm×10cm方木做立杆，设置两道10cm×10cm横向方木，用顶丝钢管支撑，面板采用15mm的木胶合板，用钢管作为支架。每个箱室顶板设置1m×1m的施工天窗，待施工结束取出内模，最后焊接天窗处的钢筋，用微膨胀混凝土封顶。

5.1.2.5　钢筋加工安装

钢筋加工时，应按照设计要求尺寸进行下料、成型，钢筋安装时控制好间距、位置及数量。要求绑扎的要绑扎牢固，要求焊接的钢筋，可事先焊接的应提前成批次焊接，以提高工效。焊缝长度、饱满度等方面应满足规范要求。

钢筋加工及安装应注意以下事项：

(1)钢筋在场内必须按不同钢种、等级、规格、牌号及生产厂家分别挂牌堆放。钢筋存放采用下垫上盖的方式避免钢筋受潮生锈。

(2)钢筋在加工场内集中制作,运至现场安装。

(3)混凝土保护层的厚度要符合设计要求。

(4)在钢筋安装过程中,及时对设计的预留孔道及预埋件进行设置。设置位置要正确、固定牢固。

(5)钢筋骨架焊接采用分层跳焊法,即从骨架中心向两端对称、错开焊接,先焊骨架下部,后焊骨架上部。钢筋焊接要调整好电焊机的电流量,防止电流量过大或操作不当造成咬筋现象。钢筋焊接优先采用双面焊,当双面焊不具备施工条件时,采用单面焊接。钢筋焊接完毕后,将焊渣全部敲除掉。

(6)钢筋安装位置与预应力管道或锚件位置发生冲突时,应适当调整钢筋位置,确保预应力构件位置符合设计要求。焊接钢筋时应避免钢绞线和金属波纹管道被电焊烧伤,防止造成张拉断裂和管道被混凝土堵塞而无法进行压浆。

钢筋加工安装完毕,经自检合格报请监理工程师抽检合格后,方可进行下道工序施工。

5.1.2.6 混凝土浇筑

混凝土浇筑应注意以下事项:

(1)混凝土浇筑前,用人工及吹风机将模板内杂物清除干净,对支架、模板、钢筋和预埋件进行全面检查,同时对吊车、拌和站、罐车、发电机和振捣棒等机械设备进行检查,确保万无一失。

(2)混凝土浇筑应沿中心线,先中心,后两侧对称浇筑。混凝土分层厚度为30cm,浇筑过程中,随时检查混凝土的坍落度。

(3)混凝土振捣采用插入式振动棒,移动间距不应超过振动棒作用半径的1.5倍,作用半径约为振动棒半径的8~9倍。

(4)振动棒振捣时与侧模保持5~10cm的距离,避免振捣棒接触模板和预应力管道等。振捣上层混凝土时,振捣棒要插入下层混凝土10cm左右。对每一振动部位振捣至混凝土停止下沉,不再冒气泡,表面平坦、泛浆为止,避免漏振或过振,每一处振完后应徐徐提出振动棒。

(5)在混凝土浇筑过程中安排专人跟踪检查支架和模板的情况,模板若出现漏浆现象,要用海绵条进行填塞。在浇筑混凝土前,在 $L/2$、$L/4$ 截面位置的底模板下挂垂线,每截面分左边、左中、中线、右中、右边设五道垂线。垂线下系钢筋棍,在地面对应位置埋设钢筋棍,在两根钢筋棍交错位置画上标记线,以此来观测混凝土浇筑过程中底板沉降情况;若发生异常情况,立即停止浇筑混凝土,查明原因后再继续施工。

(6)箱梁浇筑可以分两次进行,也可以一次浇筑完成。箱梁混凝土分两次浇筑时,第一次浇筑底板和腹板,浇筑至肋板顶部;第二次浇筑顶板和翼板,两次浇筑接缝按施工缝处理。混凝土高度略高出设计腹板顶部1cm左右,将顶面的水泥浆和松散混凝土凿除掉,露出坚硬的混凝土粗糙面,用水冲洗干净。

(7)第二次浇筑箱梁顶板混凝土时,在 $L/2$、$L/4$、墩顶等断面处,从内侧向外侧间距5m布设钢筋棍,将钢筋棍焊在顶层钢筋上,使顶端高程为顶板高程,以此办法来控制顶板混凝土浇筑高程及横坡度。混凝土经振实整平后进行真空吸水。真空吸水时间为10~15min,以剩余水灰比来检验真空吸水效果。真空吸水机开机后真空度逐渐增加,当达到要求的真空度(500~600mm汞柱)开始正常出水后,真空度要保持均匀。结束吸水工作前,真空度逐渐减弱,防止在混凝土内部留下出水通路,影响混凝土的密实度。

真空吸水完毕后,用提浆棍滚压,使其表面出浆,便于抹面。提浆棍滚压后,紧跟着人工抹面。抹面时要架设木板,不得踩混凝土面,以免影响平整度。待抹面后约半小时,采用抹光机再次进行抹面整平,最后再人工进行收浆抹面。

混凝土收浆抹面后进行人工拉毛,采用钢丝刷横桥向拉毛,深度控制在1~2mm。要掌握好拉毛时间,早了带浆严重,影响平整度,晚了则拉毛深度不够;一般凭经验掌握,在混凝土表面用手指压时有轻微硬感时拉毛为宜,分两次进行抹面。第一次抹面对混凝土进行找平,在混凝土接近终凝、表面无泌水时,进行二次抹面收光。然后横桥向进行拉毛处理。

(8)在浇筑箱梁顶板预留孔混凝土前,应清除箱内杂物,避免堵塞底板排水孔。主梁顶面预留孔四壁凿毛,填筑预留孔混凝土要振捣密实。

(9)混凝土养生采用土工布覆盖洒水养生,保证混凝土表面始终处于湿润状态。养生时间不少于7d。用于控制张拉、落架的混凝土强度试块放置在箱梁室内,同条件进行养生。养生期内,桥面严禁堆放材料。

5.1.2.7 预应力工程

预应力工程分孔道成型、下料编束、穿索、张拉和压浆五个步骤。

1)孔道成型

预应力管道成型采用金属波纹管或塑料波纹管,金属波纹管在使用前要逐根检查,不得使用有锈包裹及沾有油污、泥土或有撞击、压痕、裂口的波纹管。波纹管在安放时,根据管道坐标值,按设计图纸要求设置定位筋,并用绑丝绑扎牢固,曲线部分采用U形定位环与定位筋绑扎,卡牢波纹管。在波纹管接头部位及其与锚垫板喇叭接头处,用宽胶带粘绕紧密,保证其密封,不漏浆。

锚头安装时,应使锚头入槽,不得随意放置。限位板安装过程中注意钢绞线与孔洞一一对应,防止错位,造成张拉过程中钢绞线断丝;限位板槽的深浅要合适,防止过浅钢绞线刻痕严重,过深造成夹片外露较长或错位。

2)下料编束

首先检查钢绞线质量是否符合设计要求,保证钢绞线表面无裂纹毛刺、机械损伤、氧化铁皮或油迹。钢绞线下料长度经计算确定。

钢绞线下料长度 = 两锚头间的设计长度 + 2 ×(锚具厚度 + 限位板厚度 + 千斤顶长度 + 预留长度)

钢绞线切割用砂轮机切割后编成束,编束时保持每根钢绞线之间平行,不缠绕,每隔1~1.5m绑扎一道铅丝,铅丝扣向里。绑好的钢绞线束编号挂牌堆放,离开地面,以保持干燥,并遮盖防止雨淋。

3)穿束

箱梁钢绞线采用钢套牵引法。穿束时钢绞线头缠胶带,防止钢绞线头被挂住。

4)张拉

(1)张拉设备的选型

预应力钢绞线张拉宜采用穿心式双作用千斤顶,张拉千斤顶的额定张拉力宜为所张拉力的1.5倍。压力表宜选用防振型产品,其最大读数为张拉力的1.5~2.0倍。

预应力筋的张拉力计算如下:

$$N_y = N \times \sigma_{con} \times A_y \times 1/1000 \tag{5-1-1}$$

式中：N_y——预应力筋的张拉力；

N——同时张拉的预应力筋的根数；

σ_{con}——预应力筋的张拉控制应力；

A_y——单根钢绞线的截面积。

根据规范及张拉应力的要求，采用油压表量程为 0～100MPa，精度为 1.5 级，其读数盘的直径要求大于 150mm。

(2)设备的校验

油压千斤顶的作用力一般用油压表来测定和控制。为了正确控制张拉力，张拉千斤顶和油压表应配套标定，并配套使用。标定应在国家授权的法定计量机构定期进行。当处于下列情况之一时，应重新进行校正、检验和标定。

①使用时间超过 6 个月；

②张拉次数超过 300 次；

③使用过程中千斤顶或油压表出现异常情况；

④千斤顶检修或更换零件后。

(3)预应力筋张拉

目前，预应力筋大多数为低松弛预应力钢绞线，按《公路桥涵施工技术规范》(JTG/T F50—2011)之规定，张拉程序为 0→初应力→δ_{con}(持荷 5min 锚固)。张拉时，边张拉边测量伸长值，采用应力、应变双控制，实际伸长值与理论伸长值相比误差控制在 ±6% 以内，如发现伸长值异常则暂停张拉并通知监理工程师，张拉现场记录及时整理，并报监理工程师，并按监理工程师批示的措施进行处理。各批钢束张拉时为对称张拉。

钢绞线理论伸长值 ΔL 计算：

$$\Delta L = \frac{P_p L}{A_p E_p} \tag{5-1-2}$$

式中：P_p——预应力筋的平均张拉力(N)，直线筋取张拉端的张拉力，两端张拉的曲线筋按(5-1-3)计算：

$$P_p = \frac{P(1 - e^{-(kx + \mu\theta)})}{kx + \mu\theta} \tag{5-1-3}$$

P——预应力筋张拉端的张拉力；

x——从张拉端至计算截面的孔道长；

θ——从张拉端至计算截面曲线孔道部分切线的夹角之和(rad)；

μ——孔道每米局部偏差，参见表 5-1-2；

k——预应力筋与孔道壁的摩擦系数，参见表 5-1-2；

L——预应力筋的长度(mm)；

A_p——预应力筋的截面面积(mm^2)；

E_p——预应力筋的弹性模量(MPa)。

预应力筋张拉的实际伸长值 Δ_L，按照下式计算：

$$\Delta_L = \Delta_{L1} + \Delta_{L2} \tag{5-1-4}$$

式中：Δ_{L1}——从初应力至最大张拉应力间的实测伸长值；

Δ_{L2}——初应力以下的推算伸长值，可采用相邻级的伸长值。

由于千斤顶等设备未到位，无法计算 L 值，待设备就位后再计算 Δ_L 值。

系数 k 及 μ 值表　　表 5-1-2

孔道成型方式	k	μ	
		钢丝束、钢绞线	螺纹钢筋
预埋铁皮管道	0.0030	0.35	0.4
预埋钢管	0.0010	0.25	—
抽芯成型孔道	0.0015	0.55	0.60
预埋金属波纹管	0.0015	0.20 ~ 0.25	0.50
预埋塑料波纹管	0.0015	0.14 ~ 0.17	0.45

5）孔道压浆

（1）压浆的目的

孔道压浆的目的一是保护钢绞线不生锈，延长结构使用年限，所以压浆要饱满、密实；二是作为媒介，在钢绞线松弛后，向梁体传递一部分应力，即增加钢筋与混凝土之间的黏结力。

预应力筋张拉锚固后，孔道应尽早压浆，宜在 48h 内完成。

（2）压浆工艺

普通压浆：压浆前先用压力清水冲洗将要压浆的孔道，再将水泥净浆从孔的一端压入，另一端排出浓浆后封闭。加大压力至 0.5 ~ 0.7MPa，持续 2 ~ 5min 后结束。

真空压浆：压浆前，先用真空泵抽吸预应力孔道中的空气，使孔道的真空度达到负压 0.1MPa 左右，然后在孔道另一端用压浆泵以一定的压力将搅拌好的水泥浆体压入预应力孔道并产生一定的压力。由于孔道内只有极少数空气，浆体中很难形成气泡。同时，由于孔道内和压浆泵之间的正负压力差，大大提高了孔道内浆体的饱满和密实度，而且在水泥浆中，由于降低水胶比，添加专用的外加剂，从而减少了浆体的离析、析水和干硬收缩，同时提高了浆体的强度。

（3）孔道压浆一般规则

①水泥浆应由精确称量的强度等级不低于 42.5 级低碱硅酸盐水泥或低碱普通硅酸盐水泥和水组成。水胶比一般在 0.26 ~ 0.28 之间，所用水泥龄期不超过一个月。

②在水泥浆混合料中可掺入高效减水剂，其掺入量百分比以试验确定。其减水率应不小于 20%。

③水泥浆要求无泌水。

④水泥浆内可掺入（通过试验）适当膨胀剂，膨胀剂宜采用钙矾石系列或复合型膨胀剂，膨胀剂性能及使用方法应符合《混凝土外加剂应用技术规范》（GB 50119—2003）的规定，但不应掺入铝粉等锈蚀预应力钢材的膨胀剂。

⑤水泥浆的拌和应首先将水加于拌和机内，再放入水泥，经充分拌和以后，再加入掺加料。掺加料内的水分应计入水胶比内。拌和应至少 2min，直至达到均匀的稠度为止。初始流动度（25℃）宜控制在 10 ~ 17s 之间。

⑥水泥浆的泌水率、膨胀率及稠度按《公路桥涵施工技术规范》（JTG/T F50—2011）中附录 C 的方法进行测试。

⑦压浆前，应将锚具周围的钢丝间隙和孔洞填封，以防冒浆。

⑧在压浆前，用吹入无油分的压缩空气清除管道松散微粒，并用中性洗涤剂或皂液加水稀释后冲洗管道，直到将松散颗粒除去及清水排出为止，管道再以无油的压缩空气吹干。

⑨压浆时，每一工作班应留取不少于3组试样（每组为40mm×40mm×160mm长方体试件3个），标准养生28d，检查其抗压强度和抗弯拉强度作为水泥浆质量的评定依据。

⑩当气温或构件温度低于5℃时，不得进行压浆。水泥浆温度不得超过32℃。

压浆时，对曲线孔道和竖向孔道应由最低点的压浆孔压入，并且使水泥浆由最高点的排气孔流出，直到流出的稠度达到注入的稠度。管道应充满水泥浆。简支梁的管道压浆，应自梁一端注入，而从另一端流出，流出的稠度须达到规定要求。

水泥浆自调制至压入孔道的延续时间，一般不宜超过40min，水泥浆在使用前和压注过程中应经常搅动。

出气孔应在水泥浆的流动方向一个接一个地封闭，注入管在压力下封闭直至水泥浆凝固。压满浆的管道应进行保护，使在一天内不受振动。管道内水泥浆在注入后48h内，结构混凝土温度不得低于5℃，否则应采取保温措施。当白天气温高于35℃时，压浆宜在夜间进行。在压浆后两天，应检查注入端及出气孔的水泥浆密实情况，需要时进行处理。

承包人应具有完备的压浆记录，包括每个管道的压浆日期、水胶比及掺加料、压浆压力、试块强度、障碍事故细节及需要补做的工作。

5.1.2.8 拆除模板和落架

模板、支架的拆除期限和拆除程序等应严格按施工图设计的要求进行，设计未要求时，应根据结构物特点、模板部位和混凝土所应达到的强度要求决定。

（1）非承重侧模板应在混凝土抗压强度达到2.5MPa，且能保证其表面及棱角不致因拆模而受损坏时方可拆除。

（2）芯模和预留孔道的内模，应在混凝土强度能保证其表面不发生塌陷或裂缝现象时，方可拆除。

（3）钢筋混凝土结构的承重模板、支架，应在混凝土强度能承受其自重荷载及其他可能的叠加荷载时，方可拆除。

（4）对预应力混凝土结构，其侧模应在预应力钢束张拉前拆除；底模及支架应在结构建立预应力后方可拆除。

（5）模板、支架的拆除应遵循后支先拆、先支后拆的原则顺序进行。墩、台的模板宜在其上部结构施工前拆除。

（6）拆除梁、板等结构的承重模板时，在横向应同时、在纵向应对称均衡卸落。简支梁、连续梁结构的模板宜从跨中向支座方向依次循环卸落；悬臂梁结构的模板宜从悬臂端开始顺序卸落。

（7）在低温、干燥或大风环境下拆除模板时，应采取必要的措施，防止混凝土表面产生裂缝。

（8）拆除模板、支架时，不得损伤混凝土结构。

自 测 题

一、填空题

1.碗扣式钢管支架主要由__________、__________、__________、__________、剪刀撑和__________等组成。

2. 碗扣接头是该脚手架系统的核心部件，它由________、________、________和上碗扣的限位销等组成。

3. 采用满堂式支架法施工时，可将支架基脚设置在________上，________下设____并夯实；对梁式或梁柱式支架，因其荷载较集中，应设置____________________基础，也可支撑在墩台身或永久性基础上。

4. 支架预压方法有______________、______________和______________。

5. 箱梁浇筑两次进行时，第一次浇筑________和________，浇筑至________；第二次浇筑________和________，两次浇筑接缝按________处理。

6. 沉降观测包括地基沉降观测和杆件压缩沉降观测。测设时分别在________、________沿梁纵向范围内每隔________m 设置一测点，横向设左、中、右 3 个测点，在预压前先将测点标出，并记录好高程，作为沉降观测的基准。

7. 低松弛预应力钢绞线张拉程序为________________________。

8. 预应力张拉时实际伸长值与理论伸长值相比误差控制在__________以内。

9. 真空压浆时先用真空泵抽吸孔道中的空气，使孔道的真空度达到负压为____MPa 左右。

二、简答题

1. 对支架地基如何处理？

2. 陈述满堂支架法浇筑预应力混凝土连续箱梁的施工工序。

3. 简述支架的预压的施工要点。

4. 确定预拱度时应考虑的因素有哪些？预压完成后根据预压的观测数据对施工预拱度的设置进行调整，其调整后的预拱度包括哪些？

5. 简述孔道压浆技术要求。

5.2 装配式梁桥施工

5.2.1 钢筋混凝土板梁预制

装配式施工是应用较为广泛的梁桥施工方法，又称预制安装法。预制安装法可分为预制梁安装和预制节段式块件拼装两种类型。前者主要指装配式的简支梁桥，如空心板梁、T 形梁及小跨径的箱梁等的安装，是先将板梁吊装就位，而后进行横向连接或施工桥面板而使之成为桥梁整体。后者是指梁体（一般为箱梁）沿桥轴向分段预制成节段或节式块件，运到现场进行拼装（悬臂拼装），连续梁、T 构、连续刚构和斜拉桥多运用这种方法进行施工。这里主要介绍装配式简支梁桥的装配式施工方法，悬臂拼装法将在 5.3 节中介绍。

一般地说，用预制安装法施工的装配式梁桥与就地浇筑的整体式梁桥相比，有如下特点。

（1）缩短施工工期。构件预制可以提早进行，在下部结构施工的同时进行预制工作，做到上、下部结构平行施工。

（2）节约支架、模板。装配式梁桥往往采用无支架或少支架施工。另外，构件在预制场或工厂内预制时，采用的模板和支架能做到尽量简便合理，并可更多地考虑反复使用周期。

（3）提高工程质量。装配式梁桥构件在预制的过程中较易于做到标准化和机械化，特别适用 50m 跨径以下的套用标准图设计的简支梁桥的施工，可以大大提高其经济效益。

（4）需要吊装设备。主要预制构件的自重，少则几吨或十几吨，一般为几十吨，这就要求施工单位有相应的吊装能力和设备。

(5)用钢量略为增大。钢筋混凝土和预应力混凝土梁桥大都采用装配式施工,其基本工艺流程如下:梁(板)的预制→预制构件的运输吊装→构件的连接→桥面系施工。

钢筋混凝土板梁与预应力板梁预制方法有所区别,因此分别介绍其施工方法。

5.2.1.1 钢筋混凝土简支梁板预制工艺

钢筋混凝土梁桥中,简支空心板桥是平原地区中小跨径最常用的结构形式,多属于标准设计的构件,其优点是便于大规模机械化预制,建筑高度小,桥下净空大。

钢筋混凝土空心板预制施工工艺流程见图 5-2-1。钢筋混凝土 T 梁预制施工工艺流程见图 5-2-2。

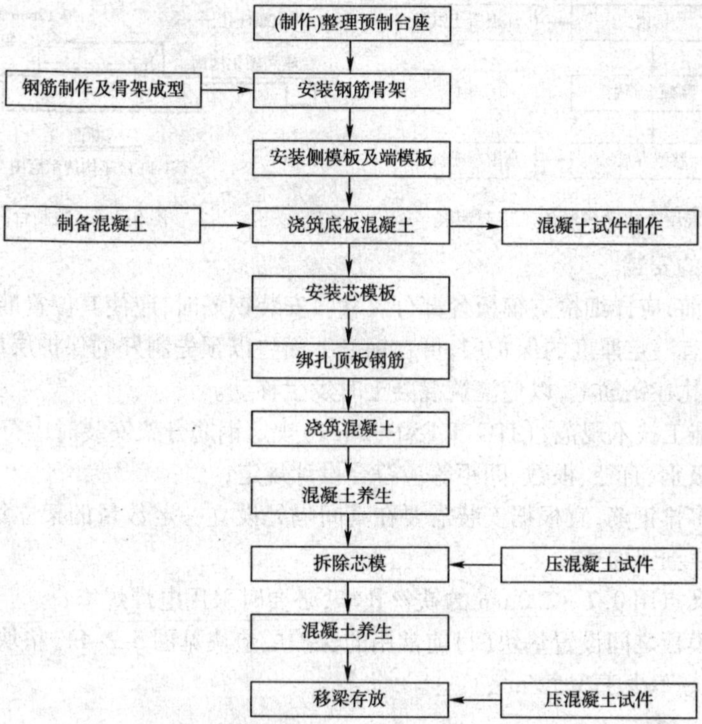

图 5-2-1 钢筋混凝土空心板预制施工工艺流程

5.2.1.2 钢筋混凝土梁板主要施工工序

1)预制台座

预制台座(图 5-2-3)要求基础坚实,能承受梁体的重力和施加预应力时梁端对地基产生的附加应力。底模的长度应考虑预制不同跨度梁的需要。台座间留有活动段用于移梁。台座之间的横向间距(中心到中心距离)3.5m 左右。台座地基应作适当处理,先用蛙式打夯机将原地面夯实,压实度达 90% 以上,再立铺两层砖或浇筑混凝土,避免台座不均匀沉降。在台座两头长度各 3~4m,宽度 200cm 范围内做局部加强处理。台座表面应光滑、平整,在 2m 长度上平整度偏差应不超过 2mm,应保持底模沉降不大于 2mm。台座上一般铺 6mm 钢板或用角钢镶边(中间为水磨石)代做底模。在放支座附近留出活动块以便梁体起吊。在台座上用红油漆标出箍筋和横隔板钢筋位置,清理干净台座后涂隔离剂。

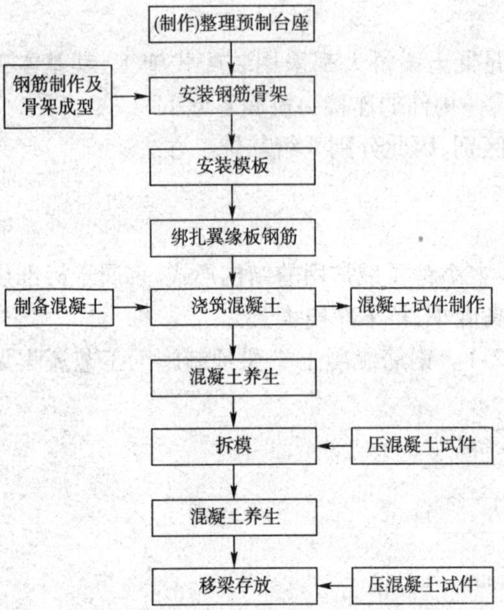

图 5-2-2　钢筋混凝土 T 梁预制施工工艺流程

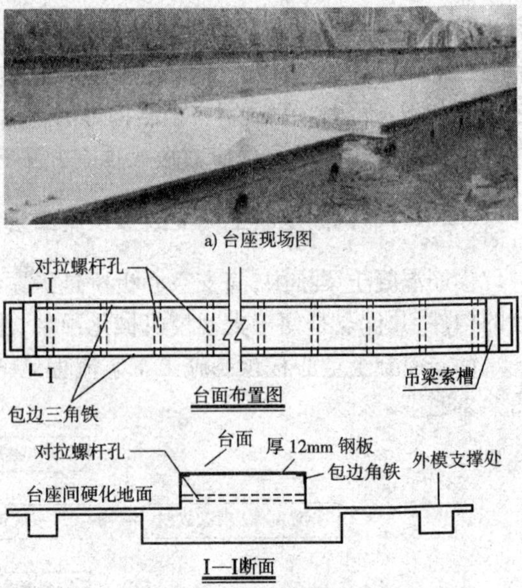

a) 台座现场图

b) 台座构造示意图

图 5-2-3　预制台座

2）钢筋骨架的安装

安装钢筋之前，应详细检查模板各部分尺寸。安装钢筋时，应使其位置准确。为了保证底模板与钢筋间具有一定厚度的保护层，可在钢筋下面垫以预先制好的保护层垫块，并用预埋在垫块中的铁丝绑扎在钢筋上，以免浇筑混凝土时发生移动。

《公路桥涵施工技术规范》（JTG/T F50—2011）规定钢筋骨架安装时应符合下列规定：

（1）钢筋的级别、直径、根数、间距等应符合设计规定；

（2）对多层多排钢筋，宜根据安装需要在其间隔处设立一定数量的架立钢筋或短钢筋，但端头不得深入混凝土保护层；

（3）钢筋交叉点用 0.7～2.0mm 的铁丝扎牢，必要时采用电焊焊牢；

（4）钢筋与模板之间设置垫块（目前常用的保护层垫块见图 5-2-4），垫块在构件侧模或底面所布置的数量应不少于 3 个/m^2；

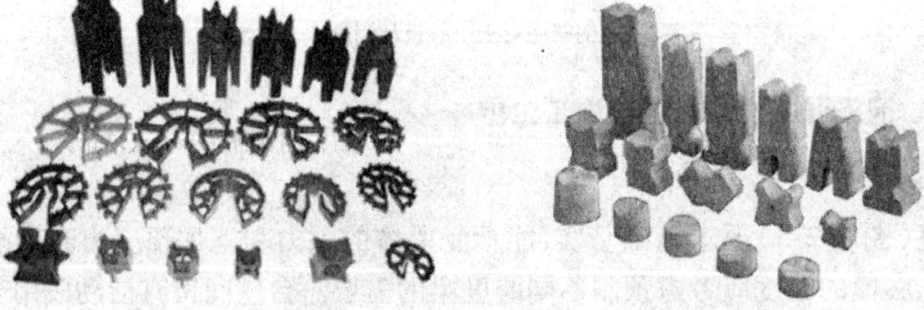

a)塑料垫块

b)混凝土垫块

图 5-2-4　保护层塑料垫块

（5）钢筋混凝土和预应力混凝土直线形钢筋保护层最小值见表 5-2-1。

钢筋接头应设置在内力较小处，并错开布置。在同一截面内，对受拉钢筋不宜超过受力钢筋的 25%，对受压钢筋不宜超过受力钢筋的 50%。接头相互间的距离，如不超过钢筋直径的 30 倍时，均视为在同一截面内。

钢筋混凝土和预应力混凝土直线形钢筋保护层最小值(单位:mm)　　表 5-2-1

序号	构件类别		环境条件		
			Ⅰ	Ⅱ	Ⅲ
1	基础、桩基承台	(1)基坑底面有垫层或侧模有模板(受力主筋)	40	50	60
		(2)基坑底面无垫层或侧模无模板(受力主筋)	60	75	80
2	墩台身、挡土结构、涵洞、梁、板、拱圈、拱上建筑(受力主筋)		30	40	45
3	人行道构件、栏杆(受力主筋)		20	25	30
4	箍筋		20	25	30
5	缘石、中央分隔带、护栏等行车道构件		30	40	45
6	收缩、温度、分布、防裂等表层钢筋		15	20	25

用焊接的方法拼接骨架时,应用样板严格控制骨架位置。骨架的施焊顺序,宜由骨架的中间到两边,对称地向两端进行,并应先焊下部后焊上部。每条焊缝应一次成活,相邻的焊缝应分区对称地跳焊,不可顺方向连续施焊。

3)混凝土浇筑

浇筑前应会同监理工程师对模板、钢筋以及预埋件的位置进行检查。

(1)混凝土的浇筑速度

为了保证浇筑混凝土的整体性,防止在浇筑上层混凝土时破坏下层混凝土,浇筑层次的增加须有一定的速度,须使次一层的浇筑能在先浇筑的一层混凝土初凝以前完成。

(2)混凝土的浇筑顺序

在考虑主梁混凝土的浇筑顺序时,不应使模板和支架产生不利的下沉。为了使混凝土振捣密实,应采用相应的分层浇筑。当在斜面或曲面上浇筑混凝土时,一般应从低处开始。

①水平分层浇筑。对于跨径不大的简支梁桥,可在钢筋全部扎好以后,将梁和板沿一跨全长内水平分层浇筑,在跨中合龙。分层的厚度视振捣器的能力而定,一般为 0.15 ~0.3m。当采用人工捣实时,可采用 0.15 ~0.2m。

②斜层浇筑。跨径不大的简支梁桥混凝土的浇筑,还可用斜层法从主梁两端对称向跨中进行,并在跨中合龙。T 梁和箱梁采用斜层浇筑的顺序如图 5-2-5 所示。采用斜层浇筑时,混凝土的倾斜角与混凝土的稠度有关,一般为 20° ~25°。

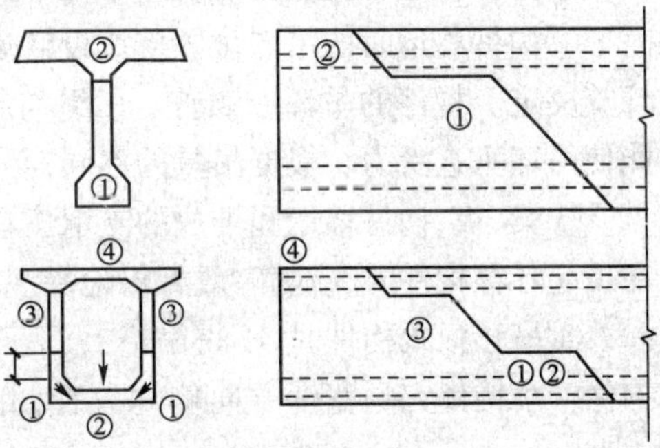

图 5-2-5　混凝土浇筑顺序

在炎热气候时,混凝土入模温度不宜高于 28℃,还应避免模板和新浇混凝土受阳光直射。模板与钢筋温度以及周围温度不宜超过 40℃。

当室外日平均气温连续 5d 稳定低于 5℃时按冬期施工进行。

4)混凝土的振捣

混凝土的振捣分人工振捣(用铁钎)和机械振捣两种。人工振捣一般用于坍落度大、混凝土数量少或钢筋过密部位的振捣。大规模的混凝土浇筑,必须用机械振捣。

机械振捣设备有插入式、附着式、平板式振捣器和振动台等。平板式振捣器用于大面积混凝土施工,如桥面、基础等。附着式振捣器可设在侧模板上,但附着式振捣器是借助振动模板来振捣混凝土,故对模板要求较高,而振捣效果不是太好,常用于薄壁混凝土部分振捣,如梁肋上和空心板两侧部分。插入式振捣器常用的是软管式，只要构件断面有足够的地方插入振捣器，而钢筋又不太密时，采用插入振捣器的振捣效果比平板式和附着式都要好。振捣时应注意以下几点：

(1)严禁利用钢筋振动进行振捣。

(2)每次振捣的时间要严格掌握。插入式振捣器，一般只要15～30s，平板式振捣器为25～40s。

5)混凝土养护

混凝土浇筑完成后应及时进行养护。养护可分自然养护和蒸气养护两种。在养护期间，应使混凝土保持湿润，防止雨淋、日晒、受冻及受荷载的振动、冲击，以促使混凝土硬化，并在获得强度的同时，防止混凝土干缩引起的裂缝。为此，对于混凝土外露面，在表面收浆、凝固后，即用草帘等物覆盖，并应经常在覆盖物上洒水(或用水管喷淋)养生。洒水养护时间一般不少于7d，可根据空气的湿度、温度和水泥品种及掺用的外加剂等情况，酌情延长或缩短。

当日平均气温低于+5℃或日最低气温低于-3℃时，应按冬季施工要求进行养护。

6)拆除模板

模板的拆除期限和拆除的程序等应严格按照施工图纸设计的要求进行。设计未要求时，应根据结构物的特点、模板部位和混凝土达到的强度要求决定。

非承重侧模板当混凝土强度达到2.5MPa，且能保证其表面及棱角不致因拆模而受损坏时方可拆除。

芯模应在混凝土强度能保证其表面不发生塌陷或裂缝现象时拆除。

承重模板和支架应在混凝土强度达到能承受其自重荷载和其他可能叠加荷载时拆除。

7)构件移运及堆放

(1)构件的移运。

①构件移运时混凝土强度应不低于设计强度的80%。

②构件移运时的吊点位置应按设计规定设置。如设计无规定时，梁、板构件的吊点应根据计算决定。构件的吊环应顺直。吊绳与起吊构件的交角小于60°时，应设置吊架或扁担，尽可能使吊环垂直受力。根据吊具的不同，必须采取对梁体的保护装置。

③梁、板、构件移运和堆放的支承位置应与吊点位置一致，并应支承牢固，避免损伤构件。在顶起各种构件时，应随时置好保险垛。

④吊移板式构件时，不得吊错上、下面，以免折断。构件运输对，应有特制的固定架以稳定构件。小构件宜顺宽度方向侧立放置，并注意防止倾倒；如平放，两端吊点处必须设置支搁方木。

⑤梁的运输应顺高度方向竖立放置，并有防止倾倒的固定措施。装卸梁时，必须在支撑稳妥后，方可卸除吊钩。

⑥使用平板拖车或超长拖车运输大型构件时，车长应能满足支承间的距离要求，支点处应设活动转盘，以免搓伤构件混凝土。运输道路应平整，如有坑洼而高低不平时，应事先修理平整。

(2)构件的堆放。成垛堆放装配式构件时，应注意下列事项：

①堆放构件的场地应整平夯实。对大型箱梁堆放点，必要时应加设桩基础，以保证梁体安全。

②构件应按吊运及安装次序顺序堆放，宜尽量缩短预应力混凝土梁、板的堆放时间。

③构件堆垛时，应放置在垫木上，吊环向上，标志向外。混凝土养护期未满的，应继续洒水养护。

④水平分层堆放构件时，其堆垛高度应按构件强度、地基承载力、垫木强度以及堆垛的稳定性而定。承重大构件一般以2层为宜，不应超过3层；小型构件一般宜为6～10层。层与层之间应以垫木隔开，各层垫木的位置应在吊点处，上下层垫木必须在一条竖直线上。

⑤雨季和春季融冻期间，必须注意防止因地面软化下沉而造成构件断裂及损坏。

(3)移运工具设备。

①A形小车。A形小车构造如图5-2-6a)所示。可用木料或钢材制作，起重运输能力为2～10kN，适用于小型构件的场内运输。使用方法是将车架前端抵住构件，抬高车柄使A字架向前倾斜，吊钩钩住构件，压下车辆，使构件离开地面并靠在A字架上，即可用人力推动小车行走，如图5-2-6b)所示。空车运输时，则可将车轮移至后面的轴座上。

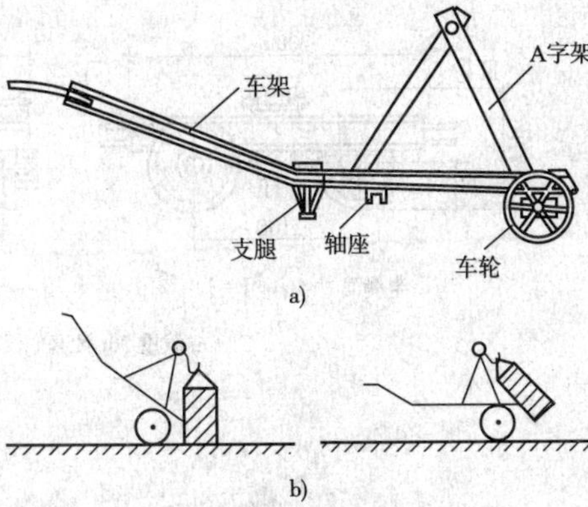

图5-2-6　A形小车

②轨道平板车。轨道平板车应设有转盘装置，以便装上构件后能在曲线上安全运行；同时还应设置制动装置，以便在发生意外时能制动停车，保证安全。轨道平板车的构造如图5-2-7所示。轨道平板车的临时铁路线的轨距有1435mm、1000mm、750mm和600mm多种，钢轨质量从5～50kg/m不等，均视承载质量和设备条件而定。场内铁路线纵坡宜尽量设平坡，需设纵坡时宜控制在2%以内。运输构件时以2辆平车装载构件，平车应设在构件前后吊点的下面。牵引钢丝绳挂在前面平车上，前后平车间应用钢丝绳连接，或从整个构件的下部缠绕一周后再引向导向滑车至绞车。这样即使构件与平车之间稍有滑动，也不致倾覆。

③扒杆。扒杆(图5-2-8)在存场内主要在出坑时用，即把构件从预制的底座上吊移出来，也可用于小吨位梁板的架设。

④龙门架(龙门吊机)。用龙门架(图5-2-9)起吊移运构件出坑，横移至预制构件运输轨道，再卸落在运输平车或汽车上，较其他设备使用方便。龙门架的构造形式有固定式和活动式两种。用于起吊预制构件出坑的龙门架都采用活动式。这种吊机由底座、腿架和横梁、跑车组成，运行在专用轨道上，操作时分构件上下升降、跑车横向运行及龙门架整体纵向运行三个方向运动。其动力可用人力或电力。龙门架运行及构件起吊则根据起吊荷载大小选用不同起重能力的卷扬机。

⑤聚四氟乙烯滑板。聚四氟乙烯俗称塑料，是一种热塑料，成型品色泽洁白，半透明，似蜡状，能耐高温和低温，可在－180～＋250℃范围内长期使用，有较强的化学稳定性，即使在高温下也不与强酸浓碱和强氧化剂起作用，也不为水浸湿和泡涨。制成模压板作为滑板(简称四氟板)时，其摩擦系数很低，启动阶段为0.04。它与铸铁和钢的干摩擦和静摩擦系数也很低，而且在摩擦过程中，静摩擦和动摩擦系数很接近。它的抗压强度很高，为12.5～24.5MPa，表面硬度为3.41～3.82(布氏)。

由于聚四氟乙烯具有以上特性，国内外将其用作桥梁活动支座，用于顶推法架桥或墩台上横移大梁。在构件预制场内也可用四氟板代替走板和滚杠作为移动构件的滑道。

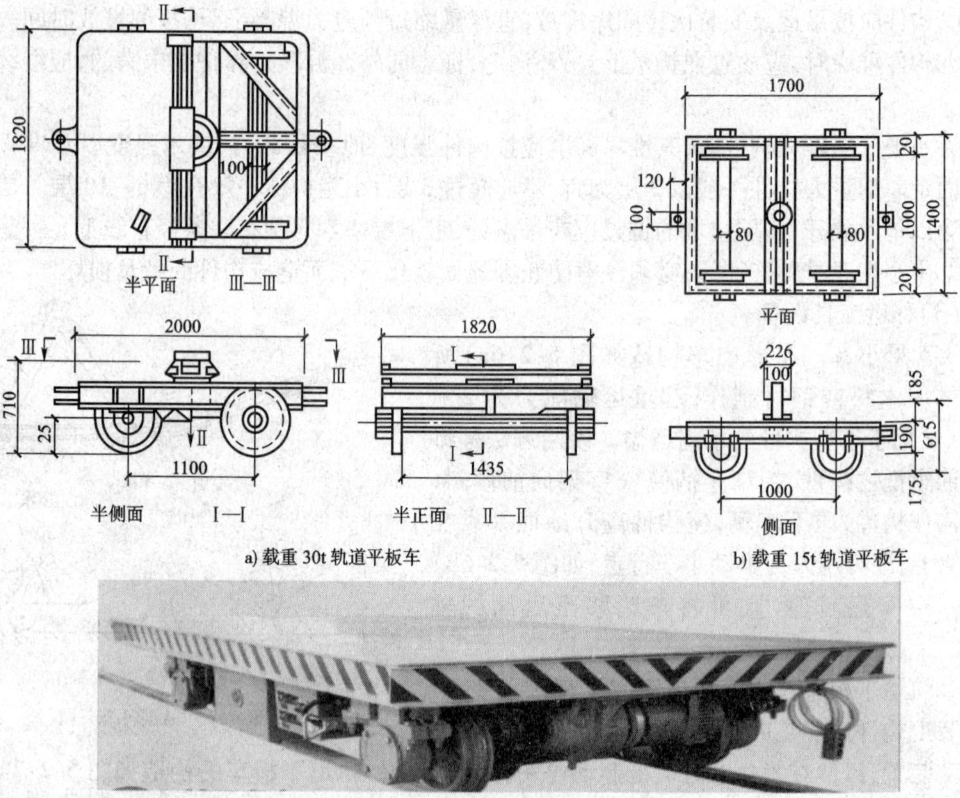

a) 载重 30t 轨道平板车　b) 载重 15t 轨道平板车　c) 卷缆电动轨道平板车

图 5-2-7　轨道平板车(尺寸单位:mm)

a)人字扒杆　b)扒杆架梁

图 5-2-8　扒杆

⑥汽车、轮胎式吊机和履带式吊机

这些吊机统称运行式回转吊机。其中汽车式吊机,是把起重机构装在载货汽车底盘上,由汽车发动机供给动力,起重操纵室和行驶驾驶室是分开的。底盘两侧设有支腿,以扩大支承点,增加稳定性。它的优点是机动性高,行驶速度快,可与汽车编队行驶,转移灵活方便。作业时应放下支腿,一般不宜带负荷行驶。它的缺点是要求有较好的路面及支承点。

轮胎式吊机与汽车式吊机的区别在于:前者是装在特别的轮胎盘上的回转台上,不论起重力大小,一般全机只有一台发动机,起重和行驶在一个驾驶室内操纵,行驶速度较低,一般不超过 30km/h,没有外伸支腿,可吊较小的荷重行驶,也要求有较好的路面。

a)MGhz900t箱梁门式起重机

b)小吨位龙门吊

图 5-2-9　龙门架

履带式吊机由回转台和行驶履带两部分组成。在回转台上装有起重臂、动力装置、绞车和操纵室,在其尾部装有平衡重。回转台能绕中心轴线转动 360°,腹带架既是行驶机构,也是起重机的支座。它的优点是起吊质量大,可在崎岖不平及松软泥泞的施工场地行驶,稳定性较好;缺点是行驶速度慢,一般不超过 20km/h,自重大,对路面有破坏作用。

5.2.2　先张法预应力混凝土板梁施工

先张法主要用于预应力混凝土空心板的预制。

先张法的制梁工艺是在浇筑混凝土前张拉预应力筋,将其临时锚固在张拉台座上,然后立模浇筑混凝土,待混凝土达到规定强度(不得低于设计强度的 80%)时,逐渐将预应力筋放松,这样就因预应力筋的弹性回缩通过其与混凝土之间的黏结作用,使混凝土获得预压应力。

由于空心板截面形状的不同,在预制过程中所采用的芯模各有差异,底板混凝土的浇筑与芯模安装的施工过程也不相同。对于类似小箱梁的空心板往往采用先浇筑底板混凝土、后安装芯模、再安装顶板钢筋、最后浇筑其他部位混凝土的施工流程;对于采用圆形芯模的空心板,则采用先安装芯模后浇筑混凝土的施工流程。先张法施工工艺基本流程如图 5-2-10。

先张法生产可采用台座法或机组流水法。采用台座法时,构件施工的各道工序全部在固定台座上进行。采用机组流水法时,构件在移动式的钢模中生产,按流水方式通过张拉、浇筑、养护等各个固定机组完成每道工序。机组流水法可加快生产速度,但需要大量钢模和较高的机械化程度,且需配合蒸气养护,因此只用于工厂内预制订型构件。台座法不需要复杂机械设备,施工适用性强,故应用较广。下面着重介绍台座、预应力筋的制备、张拉工艺及预应力筋放松等问题。

5.2.2.1　台座

台座是先张法施加预应力的主要设备之一,它承受预应力筋在构件制作时的全部张拉力。张拉台座必须在受力后不倾覆、不移动、不变形。

1)台座类型

(1)框架式(槽式)台座

此类台座(图 5-2-11)由纵梁(压柱)、横梁、横系梁组成框架,承受张拉力。一般是采用钢筋混凝土在现场整体浇筑。其中横梁也可采用装配式型钢组合梁,现场只浇筑混凝土纵梁和系梁。底板应选择在硬地基上,若有局部软土则需进行地基处理,压实整平地基后铺设砾石(碎石)层,浇筑混凝土底板。底板高程要严格控制,要求底板平整、光滑,可直接作底模板。

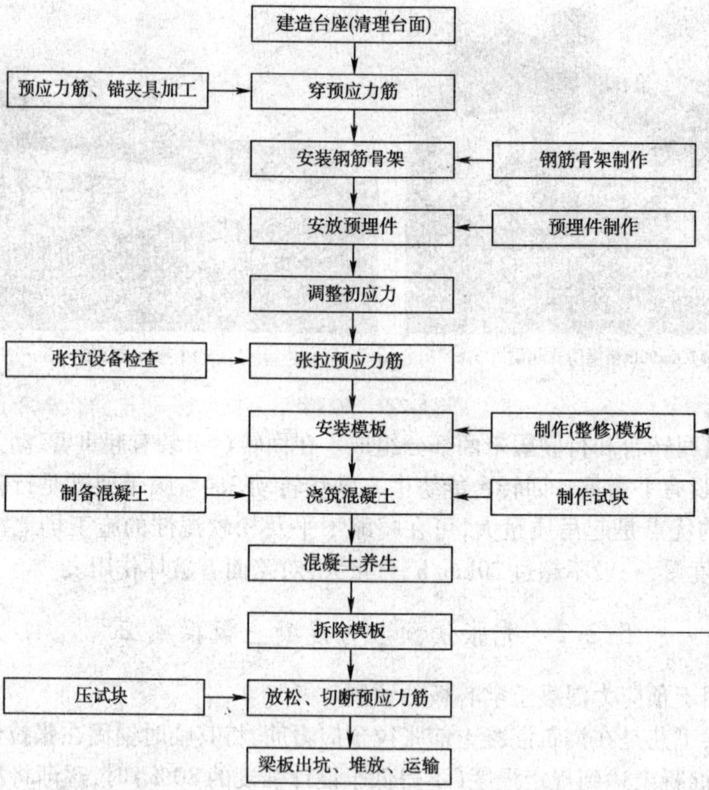

图 5-2-10　先张法施工工艺基本流程

(2)墩式(重力式)台座

一般分墩式(重力式)[图 5-2-12a)]和桩式[图 5-2-12b)]两类。重力式是靠自重和土压力来平衡张拉力所产生的倾覆力矩,并靠土的反力和摩擦力来平衡水平位移。横梁直接和墩连成整体共同承受张拉力。横梁要有足够的刚度,受力后的挠度应不大于 2mm。台座底板的制作和要求与框架式台座相同。墩式台座构造简单,造价偏低;缺点是稳定性较差,变形较大。重力式台座须具有足够的强度和刚度,抗倾覆系数不应小于 1.5,抗滑系数不应小于 1.3。当预制板梁的数量较少、张拉吨位较小时,应选用墩式台座。

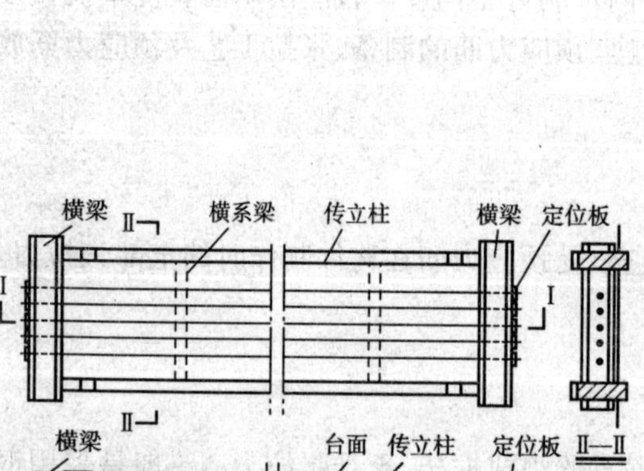

图 5-2-11　框架式台座构造示意图

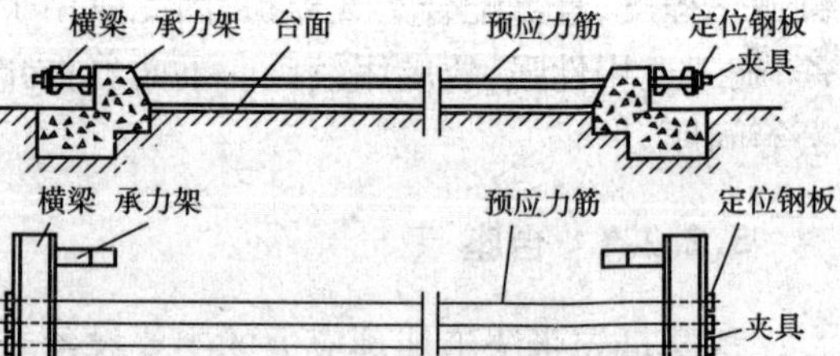

图 5-2-12　重力式台座构造示意图

2)台座构造

(1)底板(台面)。底板作为预制构件的底模,要求平整、光滑。一般采用在夯实平整的土基上浇筑5~8cm厚的C15~C20素混凝土,每隔10~20m留伸缩缝。其宽度由制作预应力构件的宽度决定,对底板要采取可防止沾污铺放在台座上的预应力筋的措施。模板隔离剂应选用非油质类的。

(2)承力架(支承架)。承力架为台座的主要受力结构,是台座的支承架。它要求承受全部张拉力,在制造时,要保证承力架变形小,经济、安全、便于操作等。承力架其形式很多,如框架式、墩式等。

(3)横梁。横梁是将预应力筋的张拉力传给承力架的横向构件,常用型钢或钢筋混凝土制作。其断面尺寸由横梁的跨径、张拉力的大小决定,并且应保证刚度和稳定的要求,受力后挠度应不大于2mm。

(4)定位板。定位板用来固定预应力筋,一般是用钢板制成,连接在横梁上。它必须保证承受张拉力后,具有足够的强度和刚度。孔的位置按照梁体预应力筋的位置设置,孔径比力筋大2~4mm,以便于穿筋。

(5)固定端装置。用于固定力筋位置并在梁预制完成后放松力筋,它设在非张拉端,仅用于一端张拉的先张台座。现将较常用的几种张拉台座简述如下。

5.2.2.2 预应力筋张拉程序与操作

1)张拉前的准备工作

先张法梁的预应力筋是在底模整理后,在台座上进行张拉已加工好的预应力筋。预应力筋应在台面上的隔离剂干燥之前布设,并对失效段穿PVC管。对于长线台座,预应力筋或者预应力筋与拉杆、力筋的连接,必须先用连接器串联后才能张拉,并在预应力筋下安防保护层垫块。先张法通常采用一端张拉,另一端在张拉前要设置好固定装置或安放好预应力筋的放松装置。但也有采用两端张拉的方法。

张拉前,应先安装定位板,检查定位板的力筋孔位置和孔径大小是否符合设计要求,然后将定位板固定在横梁上。在检查预应力筋数量、位置、张拉设备和锚具后,方可进行张拉。先张法的张拉布置见图5-2-13。

2)张拉工艺

先张法张拉预应力筋,分单根张拉和多根张拉,以及单向张拉和双向张拉。单根张拉设备比较简单,吨位要求小,但张拉速度慢,张拉的顺序不应使台座承受过大的偏心力。多根张拉一般需有两个大吨位千斤顶,张拉速度快。数根预应力筋同时张拉时,必须使它们的初始长度一致,张拉后每根力筋的应力均匀。因此可在预应力筋的一端选用螺丝杆锚具和横梁、千斤顶组成张拉端,另一端选用墩粗夹具为固定端,这样可以利用螺丝端杆的螺母调整各根力筋的初始长度。如果力筋直径较小,在保证每根力筋下料长度精确的情况下,可两端采用墩粗夹具。将多根张拉固定端的墩粗夹具改为夹片锚具(如OBM锚),用小型穿心式张拉千斤顶先单根施加部分拉力,同时使每根预应力筋均匀受力,然后在另一端多根张拉到位,就是双向张拉。双向张拉速度快,预应力筋拉力均匀。此外,多根张拉必须使两个千斤顶与预应力筋对称布置,两个千斤顶油路串通,同步顶进。

先张法预应力筋张拉的程序依钢筋的类型而异,可参照表5-2-2进行。

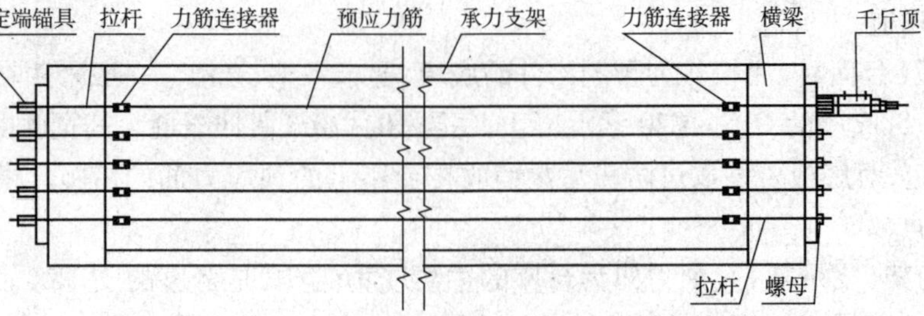

a)单根张拉

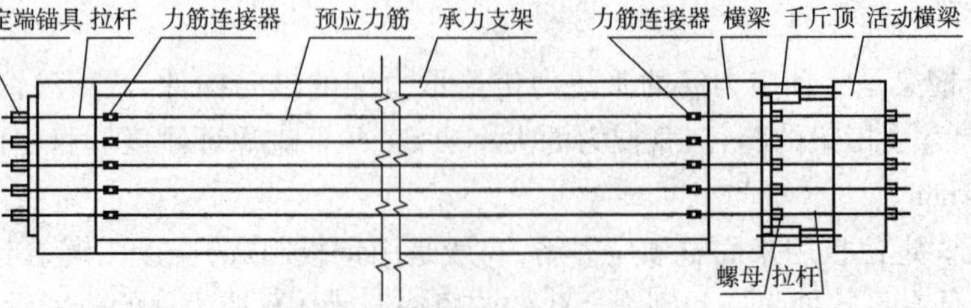

b)多根张拉

图 5-2-13 先张法张拉台座布置图

先张法预应力筋张拉程序 表 5-2-2

预应力筋种类	张 拉 程 序
螺纹钢筋	0→初应力→1.05σ_{con}(持荷 5min)→0.9σ_{con}→(锚固)
钢丝、钢绞线	对于夹片式等具有自锚性能的锚具: 普通松弛预应力筋 0→初应力→1.03σ_{con}(锚固) 低松弛预应力筋 0→初应力→σ_{con}(持荷 5min 锚固)
	其他锚具:0→初应力→1.05σ_{con}(持荷 5min)→0→σ_{con}(锚固)

注:①表中 σ_{con} 为张拉时的控制应力,包括预应力损失值。

②张拉螺纹钢筋时,为保证施工安全,应在超张拉并持荷 5min 后放张至 0.9σ_{con} 时再安装模板、普通钢筋及预埋件等。

3)一般操作

(1)调整预应力筋长度。采用螺丝杆锚具,拧动端头螺母,调整预应力筋长度,使每根预应力筋受力均匀。

(2)初始张拉。一般施加控制应力 10% 的张拉应力,将预应力筋拉直,锚固端和连接器处于拉紧状态,在预应力筋的适当位置刻画标记,作为测量延伸量的基点。

(3)正式张拉。

①一端固定,一端单根张拉。张拉顺序由中间向两侧对称进行,如横梁、承力架受力安全也可从一侧进行。单根预应力筋张拉吨位不可一次拉至超张拉应力。

②一端固定,一端多根张拉。千斤顶必须同步顶进,保持横梁平行移动,预应力筋均匀受力。分级加载拉至超张拉应力。

③一端单根张拉,一端多根张拉。先张拉单根预应力筋,由延伸量和油表压力读数双控制施加 30% ~40% 的张拉力,同时使预应力筋受力均匀,先顶锚固一端,再张拉多根预应力筋至超张拉应力。

(4)持荷。按预应力筋的类型选定持荷时间 2 ~5min,使预应力筋完成部分徐舒,完成量约为全部量的 20% ~25%,以减少钢丝、钢绞线锚固后的应力损失。

(5)锚固。补足或放松预应力筋的拉力至控制应力，测量、记录预应力筋的延伸量，并核对实测值与理论计算值，其误差应在 ±6% 范围内，如不符合规定，则应找出原因及时处理。张拉满足要求后，锚固预应力筋，千斤顶回油至零。

5.2.2.3 预应力混凝土配料与浇筑

1)预应力混凝土配料

预应力混凝土配料除符合普通混凝土的有关规定外，尚应符合如下要求。

(1)配制高强度等级的混凝土应选择级配优良的配合比，在构件截面尺寸和配筋允许的情况下，尽量采用大粒径、强度高的集料；含砂率不超过 0.4；水泥用量不宜超过 500kg/m^3，最大不超过 550kg/m^3；水胶比不超过 0.45；一般可采用低塑性混凝土，坍落度不大于 3cm，以减少因徐变和收缩所引起的预应力损失。

(2)在拌和料中可掺入适量的减水剂(塑化剂)，以达到易于浇筑、早强、节约水泥的目的。其掺入量可由试验确定，也可参考经验值。拌和料不得掺入氯化钙、氯化钠等氯盐及引气剂，亦不宜掺用引气型减水剂。从混凝土的各种组成材料引进混凝土中的氯离子总含量(折合氯盐含量)不宜超过水泥用量的 0.06%。值得注意的是，由于混凝土掺加减水剂后效果显著，目前用于建造预应力混凝土桥梁的高强度混凝土几乎没有不掺加减水剂的。但对它的使用不能掉以轻心，使用不当将会严重影响混凝土的质量。

(3)水、水泥、减水剂用量应精确到 ±1%；集料用量精确到 ±2%。

(4)预应力混凝土所用的一切材料，必须全面检查，各项指标均应合格。

预应力混凝土选配材料总的发展趋势是提高强度，减轻自重，主要途径是采用多孔的轻质集料。国外用于主体承重结构的 C30 ~ C60。预应力轻质混凝土的重度为 16 ~ 20kN/m^3，以轻质混凝土(可较普通混凝土轻 20% ~ 30%)修桥可大大减小恒载内力，减少圬工，降低造价。

目前，在桥梁工程上也有配制试用新材料混凝土的，采用改性混凝土达到超高强度，优越性大，经济效益显著。

2)预应力混凝土浇筑

混凝土浇筑前除按操作规程检查外，对先张构件还应检查台座受力、夹具、预应力筋数量、位置及张拉吨位等是否符合要求。要求预应力筋张拉完毕后，在 4h 内浇筑混凝土。

混凝土浇筑采取一次性浇筑的方法：待底板混凝土振捣密实抹平后安装充气胶囊，然后浇筑腹板和顶板混凝土，浇筑时应从一端呈台阶状循序进展到另一端，在端部为避免梁端产生不密实现象，应改从另一端向相反方向投料。每层下料的厚度不能超过 30cm，振捣棒在振捣上层混凝土时，必须插入下层混凝土 5 ~ 10cm。做好顶板混凝土的收面拉毛工作。

混凝土浇筑除按正常操作规程办理外，还应注意以下事项：

(1)尽量采用侧模振捣工艺。

(2)先张构件使用振捣棒振捣时应避免触及力筋，防止发生受振滑移和断筋伤人事故，并不得触及充气胶管。

(3)浇筑混凝时防止充气胶管上浮和偏位，随时检查定位箍筋和压块固定情况。

(4)先张构件用蒸气养护时，开始时恒温温度应按设计规定执行，不得任意提高，以免造成不可补救的预应力损失。待混凝土强度达到 10MPa 时，可适当提高温度，但不得超过 60℃。

5.2.2.4 预应力筋放松

当混凝土达到设计规定的放松强度之后，可在台座上放松受拉预应力筋(称为“放张”)，对预制梁施加预应力。当设计无规定时，一般应在大于混凝土设计强度等级值的80%、弹性模量不低于混凝土28d弹性模量的80%时进行。预应力筋放松的速度不宜太快，以砂箱放松为宜。如采用千斤顶重新张拉法放松，所施加的应力值不得超过原张拉时的控制应力。当采用单根放松时，应分阶段，对称相互交错地进行，每根预应力筋严禁一次放完，以免最后放松的预应力筋自行崩断。现将几种常见的放松方法介绍如下。

1）砂箱放松法

放松装置在预应力筋张拉前放置在非张拉端。张拉前将砂箱（图5-2-14）活塞全部拉出，箱内装满干砂，使其顶着横梁。张拉时箱内砂被压实承受横梁反力。放松预应力筋时，打开出砂口，让砂慢慢流出，活塞缩回，逐渐放松预应力筋。

2）千斤顶放松法

如图5-2-15所示，在台座固定端的承力架与横梁之间张拉前就安放两个千斤顶，待混凝土达到规定放松强度后，即可让两千斤顶同步回程，使拉紧的力筋慢慢回缩，将力筋放松。

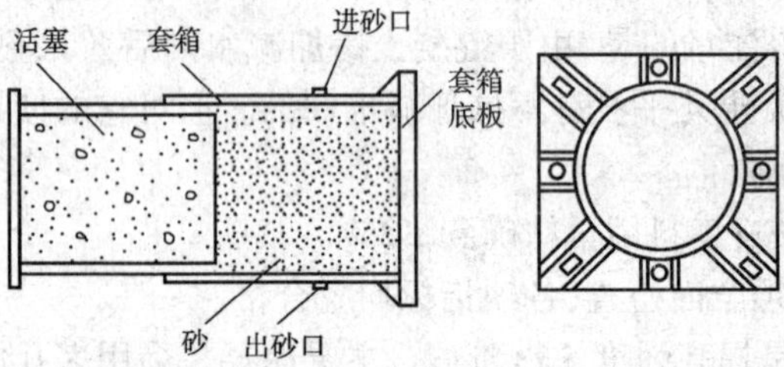

图5-2-14　砂箱

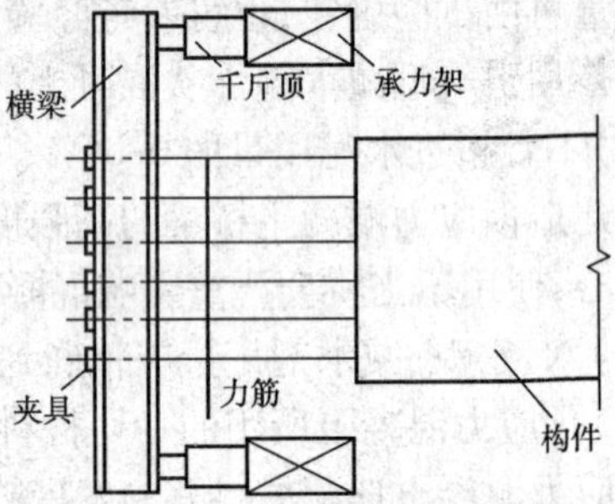

图5-2-15　千斤顶放松示意图

3）张拉放松法

（1）在张拉端利用连接器、拉杆、双螺母放松预应力筋，如图5-2-16所示。施加应力不应超过原张拉时的控制应力，之后将固定在横梁定位板前的双螺母慢慢旋动，同一组放松的预应力筋螺母旋动的距离应相等，然后再将千斤顶回油。张拉，放松螺母，回油，反复进行，慢慢放松预立力筋。

（2）在台座固定端设置螺杆和张拉架。张拉架顶紧横梁，让预应力筋锚固在张拉架上，如图5-2-17所示；放松时，再略微拉紧力筋，然后拧松螺母，再将千斤顶回油，力筋就慢慢回缩，张拉力即被释放。

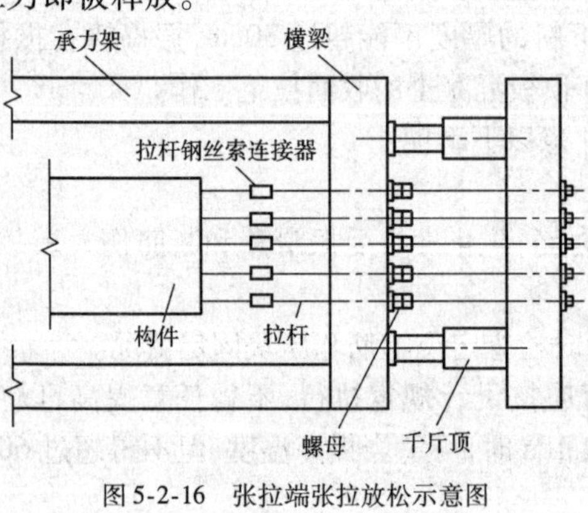

图5-2-16　张拉端张拉放松示意图

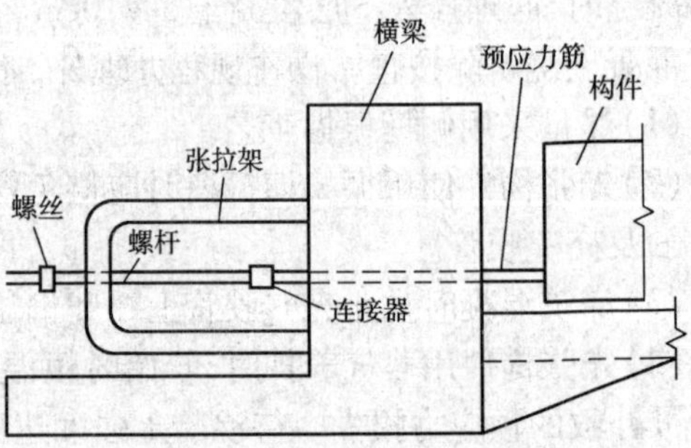

图5-2-17　固定端张拉放松示意图

4）乙炔-氧气切割法

目前，工程中多用乙炔-氧气切割法，即直接用氧乙炔焰沿构件端部将锚固在台座上的预应力筋切断。这种放松预应力筋的方法快速、方便，但对预应力冲击很大，易产生裂缝和造成大批预应力损失。预热放张法是用氧乙炔焰轮流烘烤，随着温度的升高，烘烤部分产生局部伸长，然后熔割切断。氧割操作人员只允许沿横向站立，严禁站在预应力筋上进行操作。

5.2.3 后张法预应力混凝土板梁施工

后张法施工工艺是先浇筑留有预应力筋孔道的梁体，待混凝土达到规定强度后，再在预留孔道内穿入预应力筋进行张拉锚固(有时预留孔道内已事先埋束，待梁体混凝土达到规定强度后，再进行预应力筋张拉锚固)，最后进行孔道压浆并浇筑梁端封头混凝土。

后张法梁施加预应力时，构件的混凝土强度一般不低于设计强度等级的 80%；弹性模量不低于混凝土 28d 弹性模量的 80%。力筋张拉前必须完成梁内预留孔道、制束、制锚、穿束和张拉机具设备的准备工作。但后张法生产预应力混凝土梁，不需要大型的张拉台座，便于在桥梁工地现场施工，而且又适宜于配置曲线形预应力筋的重、大型构件制作，因此在公路桥梁上应用广泛。后张法整体箱梁预制施工工艺基本流程如图 5-2-18 所示。

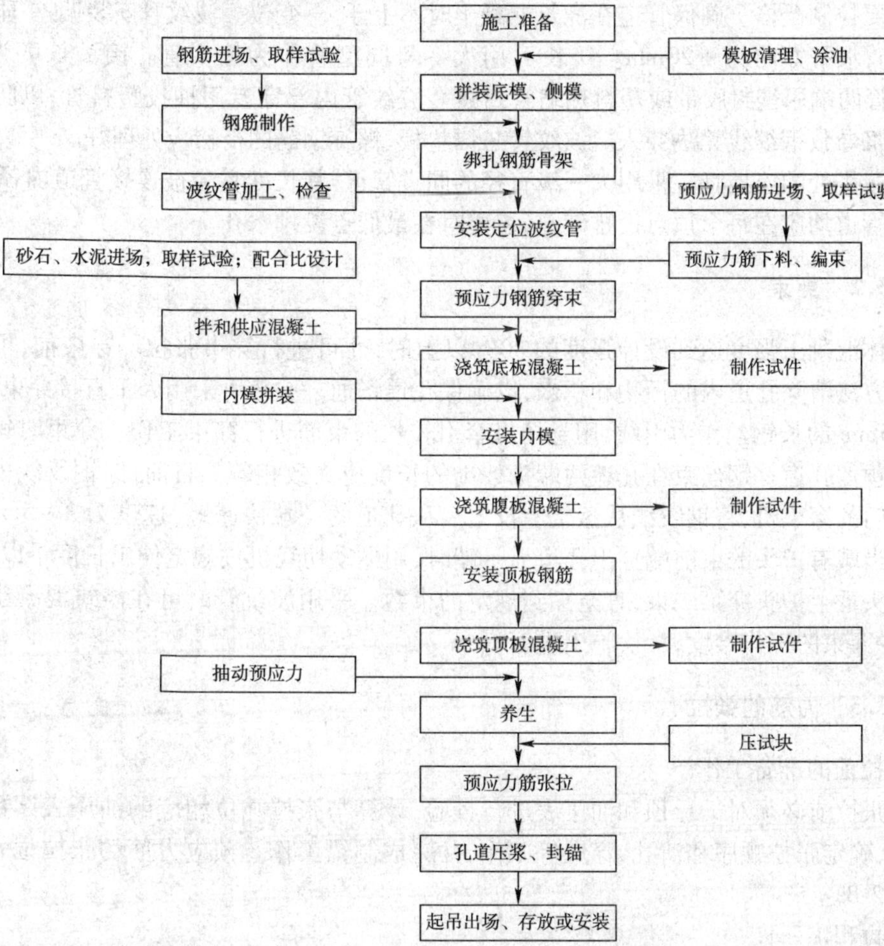

图 5-2-18　后张法整体箱梁预制施工工艺基本流程

5.2.3.1 预留孔道

梁内预留孔道是通过在浇筑梁体混凝土前，按梁内预应力筋的设计位置先安放制孔器。

待梁体混凝土达到一定强度时，抽拔出制孔器（当为抽拔式制孔器时），并通过检查而形成。制孔器有埋置式和抽拔式两类。埋置式制孔器主要有金属波纹管和塑料波纹管。抽拔式制孔器（俗称抽拔管）常用的有橡胶抽拔管、金属伸缩抽拔管和钢管等。抽拔式目前较少采用。

金属波纹管有铁皮波纹管和铝合金波纹管两种。铁皮波纹管采用0.3mm的镀锌薄条形铁皮在施工现场通过机器压制后形成表面带波状纹理的铁皮管，安放时分段连接。铝合金波纹管由制管机卷制而成，横向刚度大，不易变形和漏浆，纵向也便于弯成各种线形，与混凝土的黏结也较好。塑料波纹管采用高密度聚乙烯（HDPE）或聚丙烯（PP）为原料，以先进生产工艺生产，具有密封性好无渗水漏浆、环刚度高、摩擦系数小、耐老化、抗电腐蚀、柔韧性好、不易被捣棒凿破和新型的连接方式使施工连接更方便等优点。据试验研究分析，采用塑料波纹管较金属波纹管的管道摩擦系数小得多（其摩阻系数为0.10～0.14，而金属波纹管是0.25），故在长大构件中采用塑料波纹管可节约预应力钢筋。

在钢筋绑扎完成并自检合格后进行波纹管的安装和定位。波纹管现场连接成一通长根，自一端穿入，每隔1m用网片定位，两端曲线段加密至50cm一道。波纹管线形要平顺，高度和平面位置要控制严格。确保管道在浇筑混凝土时不上浮、不变位。波纹管安装偏差：垂直方向为±10mm；水平方向为±20mm。接长可用大一号同型管作为接头管。接头长度为200～300mm。管两端用密封胶带或塑料热缩管封裹。波纹管内部穿专用抽拔塑料管，以防浇筑混凝土时漏浆导致钢绞线无法穿入。波纹管与锚垫板、螺旋钢筋的衔接应处理好。

管道接头处的连接管宜采用大一级直径的同类管道，其长度宜为被连接管道内径的5～7倍。所以管道均应在每个顶点设排气孔，需要时在最低点设排水孔。

5.2.3.2 穿束

当梁体混凝土强度达到设计强度的80%以上时，才可进行穿束张拉。穿束前，可用空压机吹风等方法清除孔道内的污物和积水，以确保孔道畅通。一般可采用人工直接穿束，也可借助一根ϕ5mm的长钢丝作为引线，用卷扬机牵引较长的束筋进行穿束工作。穿束时钢丝束从一端穿入预留孔道。钢丝束在孔道两端头伸出的长度应大致相等。目前，穿钢绞线束的新方法是用专门的穿束机，将钢绞线从盘架上拉出后从孔道的一端快速地（速度为3～5m/s）推送入孔道。当戴有护头的束前端穿出孔道另一端时，用电动切线机按规定伸出长度予以截断，再将新的端头戴上护头穿第二束，直至穿到规定的束数。采用波纹管时可在浇筑混凝土前预先埋束，减少穿束的工作难度，加快施工进度。

5.2.3.3 力筋的张拉

1）张拉前的准备工作

力筋张拉前必须对千斤顶和油压表进行校验，计算与张拉吨位相应的油压表读数和钢绞线伸长量，确定张拉顺序和清孔、穿束等工作，并完成制锚工作。预应力筋的张拉记录格式可参考表5-2-3。

2）张拉程序

后张法预制梁，当跨径或长度等于或大于25m时，宜用两端同时张拉的工艺，只有短构件可用单端张拉，非张拉端用固定锚具。

后张法梁的预应力筋张拉程序，依力筋种类与锚具类型不同而异，可参照表5-2-4规定进行。

预应力张拉记录 表 5-2-3

构件名称： 张拉混凝土强度： 张拉日期：

千斤顶编号	标定日期	摩擦系数	油压表编号	初应力读数	超张拉油表读数	安装油表读数	顶塞油表读数	张拉部位及直、弯束示意图

钢束编号	张拉断面编号	千斤顶编号	记录项目	张拉 初读数	第一行程	第二行程	超张拉	回油	安装应力	小缸读数锚塞回缩	常伸长量（mm）	滑、断丝（断筋）情况	处理情况
			油表读数							小缸			
			伸长量							回缩			
			油表读数							小缸			
			伸长量							回缩			
			油表读数							小缸			
			伸长量							回缩			
			油表读数							小缸			
			伸长量							回缩			
			油表读数							小缸			
			伸长量							回缩			
			油表读数							小缸			
			伸长量							回缩			

张拉负责人： 值班： 油泵操作员： 记录：

后张法预应力筋张拉程序 表 5-2-4

锚具和预应力筋类别		张拉程序
夹片式等具有自锚性能的锚具	钢绞线束、钢丝束	普通松弛预应力筋：0→初应力→$1.03\sigma_{con}$（锚固）
		低松弛预应力筋：0→初应力→σ_{con}（持荷 5min 锚固）
其他锚具	钢绞线束、钢丝束	普通松弛预应力筋 0→初应力→$1.05\sigma_{con}$（持荷 5min）→σ_{con}（锚固）
		低松弛力筋 0→初应力→σ_{con}（持荷 5min 锚固）
螺母锚固锚具	螺纹钢筋	0→初应力→σ_{con}（持荷 5min）→0→σ_{con}（锚固）

3）两次张拉工艺

预应力梁在混凝土强度达到设计强度之前，如达到设计强度的 60% 以上，先张拉一部分力筋，对梁体施加较低的预压应力，使梁体能承受自重荷载，提前将梁移出生产梁位。因为混凝土强度早期发展快，后期强度增长慢，所以采取早期部分施加应力，可大大缩短生产台座周期，加快施工进度。预制梁移出生产台座后，继续进行养护，待达到混凝土设计强度后，进行其他力筋的张拉工作。

预应力梁进行早期张拉力筋的根数、位置和锚头局部承压应力均需通过验算后确定。

4）张拉要点

预应力筋的张拉顺序应按设计规定进行，若无规定时，应综合以下两方面因素核算确定：

(1)避免张拉时构件截面呈过大的偏心受力状态,应使已张拉的合力线处在受压区内,边缘不产生拉应力。

(2)计算分批张拉的预应力损失值,分别加到先张拉的预应力筋控制应力值 σ_{con} 内,但 σ_{con} 不能超过有关规定,否则应在全部张拉后进行第二次张拉,补足预应力损失。

预应力筋张拉时,两端千斤顶升降速度应大致相等,测量伸长的原始空隙、伸长值、插垫等工作应在两端同时进行。千斤顶就位后,应先将主油缸少许充油,使之蹬紧,让预应力筋绷直,在预应力筋拉至规定的初应力时,应停车测原始空隙或画线作标记;为减少压缩应力损失,插垫应尽量增加厚度,并将插口对齐,实测值的空隙量减去放松后的插垫厚度应不大于1mm,插垫可在张拉应力大于 σ_{con} 时进行。张拉中实测伸长值与理论值相差超过 ±6% 时,必须立即停止张拉。在任何情况下,预应力筋的 σ_{con} 不能超过最大张拉应力的规定。两端同时张拉成束预应力筋时,为减小应力损失,应先压紧一端锚塞,并在另一端补足至 σ_{con} 值后,再压紧锚塞。

5)安全操作注意事项

(1)检查张拉设备工具是否符合施工安全的要求;

(2)作业区要设立警告标志,无关人员严禁入内;

(3)张拉两端应设便捷的通信设备和联络信号;

(4)出现异常情况(如振动剧烈、漏油、电动机声音异常、断丝等)立即停机检查;

(5)在千斤顶的端部及非张拉端均不得站人,以防钢筋断裂,造成设备事故伤人;

(6)千斤顶支架必须与梁端垫板接触良好,位置正直对称,严禁多加垫块,以防止支架不稳或受力不均倾倒伤人;

(7)在高压油管的接头处应加放护套,以防喷油伤人;

(8)已张拉完而尚未压浆的梁,严禁剧烈振动,以防预应力筋裂断而酿成重大事故。

5.2.3.4 孔道压浆和封锚

后张法预应力梁力筋(束)张拉之后,孔道要尽早进行压浆和封锚,才算完成梁的预制工作。压浆操作要点和注意事项参见第 5.1 节。

压浆后将锚具周围冲洗干净并凿毛,设置钢筋网并浇筑封锚混凝土。

封锚混凝土的强度等级应符合设计要求,一般不宜低于梁体混凝土强度等级的 85%,并不宜低于 C30。封端混凝土必须严格控制梁体长度。长期外露的金属锚具,应采取防锈措施。

5.2.4 上部结构构件的安装

预制梁(板)的安装是预制装配式混凝土梁桥施工中的关键性工序,应结合构件的结构特点、质量、施工环境条件、工期条件、架设安装的机械设备条件等具体情况,以安全可靠、经济简单和加快施工速度等为原则,合理选择架梁的方法和安装设备。

对于简支梁(板)的安装设计,一般包括起吊、纵移、横移、落梁(板)就位等工序,从架设的工艺来分有陆地架梁、浮吊架梁和利用安装导梁、塔架、缆索的高空架梁法等方法。《公路施工手册　桥涵》详细介绍了预制梁安装的十几种方法供参考,这里简要介绍几种常用架梁方法的工艺特点。

必须注意的是,预制梁(板)的安装既是高空作业,又需用复杂的机具设备,施工中必须确保施工人员的安全,杜绝工程事故。因此,无论采用何种施工方法,施工前均应制订专项施工技术方案、安装工艺及安装安全技术方案。对各承力部分的设备和杆件进行受力分析和计算,采取周密的安全措施,严格执行操作规程,加强施工管理和安全教育,确保安全、迅速地进行架梁工作。同时,安装前对墩台的施工质量进行检验,并对支座或临时支座平面位置和高程进行复测,合格后方可进行梁、板等构件的安装。

5.2.4.1 跨墩或墩侧龙门架架梁法

本法是以胶轮平板拖车、轨道平车或跨墩龙门架将预制梁运送至桥孔,然后用跨墩龙门架或墩侧高低脚龙门架将梁吊起,再横移到梁设计位置然后落梁,就位完成架梁工作。

搁置龙门架脚的轨道基础要按承受最大反力时能保持安全的原则进行加固处理。河滩上如有浅水,可在水中填筑临时路堤;水稍深时可考虑修建临时便桥,在便桥上铺设轨道。应与其他架设方法进行技术经济比较以决定取舍。

用本法架梁的优点是架设安装速度较快,河滩无水时比较经济,而且架设时不需要特别复杂的技术工艺,所需作业人员较少。但龙门吊机的设备费用一般较高,尤其是在高桥墩的情况下。跨墩龙门架的架梁程序如图 5-2-19a)所示。预制梁可由轨道平车运送至桥孔,如两台龙门架吊机自行且能达到同步运行时,也可利用跨墩龙门架将梁吊着运送到桥孔再吊起横移落梁就位。

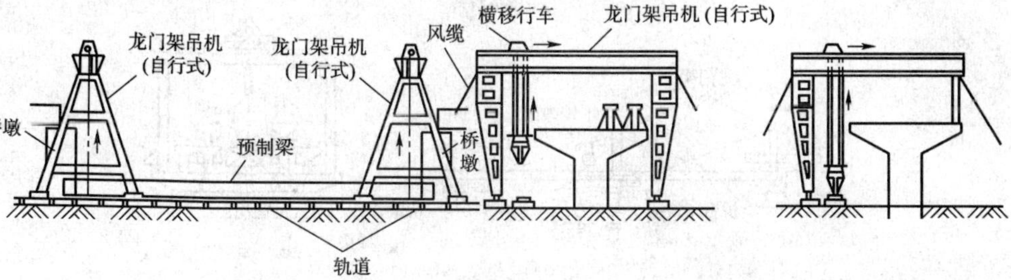

a)跨墩龙门架架设

b)墩侧高低脚龙门架架设

c)龙门架架梁施工现场

图 5-2-19 龙门架架梁法

墩侧高低脚龙门架如图 5-2-19b)所示,其架设程序与跨墩龙门架基本相同。但预制梁必须用轨道平车或胶轮平车拖板运送至桥孔。一孔各片梁安装完毕后,将 1 号墩的龙门架拆除运送到 3 号墩安装使用,以后如此循环使用。为了加快预制梁吊起横移就位速度,可准备三台高低脚龙门架,设置在 1、2、3 号墩侧。待第一跨各梁安装完毕,可即安装第二跨,与此同时,将 1 号墩龙门架运送到 4 号墩安装。这种高低脚龙门架较跨墩龙门架可减少一条轨道,一条腿的高度也可降低,但增加运、拆、装龙门架的工作量,并需要多准备一台龙门架。

5.2.4.2 联合架桥机架梁(蝴蝶架架梁法)

此法适用于架设安装 30m 以下的多孔桥梁,其优点是完全不设桥下支架,不受水深流急影响,架设过程中不影响桥下通航、通车,预制梁的纵移、起吊、横移、就位都较方便;缺点是架设设备用钢量较多,但可周转使用。

联合架桥机由两套门式吊机、一个托架(即蝴蝶架)、一根两跨长的钢导梁三部分组成,如图5-2-20所示。钢导梁由贝雷桁架片装配,梁顶面铺设运梁平车和托架行走的轨道。门式吊机由工字梁组成,并在上下翼缘处及接头的地方用钢板加固。门式吊机顶横梁上设有吊梁用的行走小车。为了不影响架梁的净空位置,其立柱做成拐脚式(俗称拐脚龙门架)。门式吊机的横梁高程,由两根预制梁叠起的高度加平车及起吊设备高确定。蝴蝶架是专门用来托运门式吊机转移的,它由角钢组成,整个蝴蝶架放在平车上,可沿导梁顶面轨道行走。

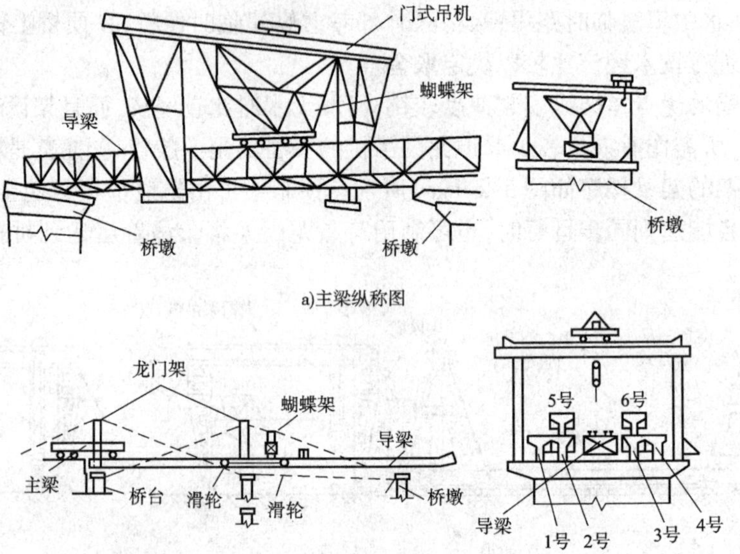

a)主梁纵称图

b)主梁横移安装图

图5-2-20　联合架桥机架梁法

联合架桥机架梁顺序如下:

(1)在桥头拼装钢导梁,梁顶铺设钢轨,并用绞车纵向拖拉导梁就位;

(2)拼装蝴蝶架和门式吊机,用蝴蝶架将两个门式吊机移运至架梁孔的桥墩(台)上;

(3)由平车轨道运送预制梁至架梁孔位,将导梁两侧可以安装的预制梁用两个门式吊起吊,横移并落梁就位,如图5-2-20中1、2、3、4号梁;

(4)将导梁所占位置的预制梁临时安放在已架设好的梁上,如图5-2-20中的5、6号梁;

(5)用绞车纵向拖拉导梁至下一孔后,将临时安放的梁由门式吊机架设就位,完成一孔梁的架设工作,并用焊接横向钢筋将各梁连接起来;

(6)在已架设的梁上铺接钢轨,再用蝴蝶架顺序将两个门式吊机托起并运至前一孔桥墩上。如此反复,直至将各孔梁全部架设好为止。

5.2.4.3　双导梁穿行式架梁法

本法是在架设孔间设置两组导梁,导梁上安设配有悬吊预制梁设备的轨道平车和起重行车或移动式龙门吊机,将预制梁在双导梁内吊着运到规定位置后,再落梁、横移就位,横移时可将两组导梁吊着预制梁整体横移;另一种是导梁设在桥面宽度以外,预制梁在龙门吊机上横移,导梁不横移,这比第一种横移方法安全。

双导梁穿行式架梁法的优点与联合架桥机法相同，适用于墩高、水深的情况下架设多孔中小跨径的装配式梁桥，但不需要蝴蝶架，而配备双组导梁，可架设跨径较大、吊装较重的预制梁。我国用这类型的吊机架设过梁长51m、重1310kN的预应力混凝土T形梁桥。

两组分离布置的导梁可用公路装配式钢桥桁节、万能杆件设备或其他特制的钢桁节拼装而成。两组导梁内侧净距应大于待安装的预制梁宽度。导梁顶面铺设轨道，供起重行车吊梁行走。导梁设三个支点，前端可伸缩的支承设在架桥孔前方墩桥上，如图5-2-21所示。

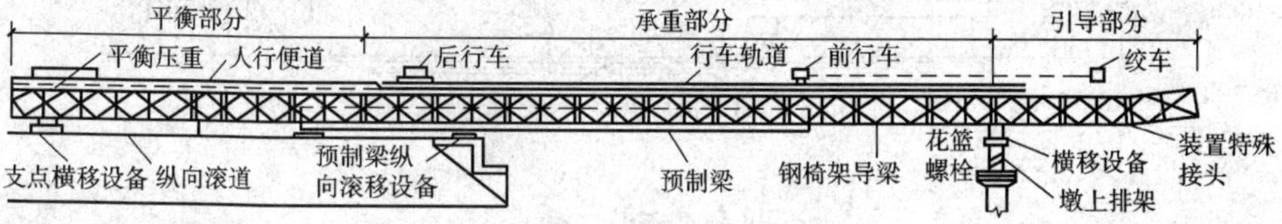

图5-2-21　双导梁穿行式架梁法

两根型钢组成的起重横梁支承在能沿导梁顶面轨道行走的平车上，横梁上设有带复式滑车的起重行车，行车上的挂链滑车供吊装预制梁用。其架设顺序如下：

(1)在桥头路堤上拼装导梁和行车，并将拼装好的导梁用绞车纵向拖拉就位，使可伸缩支脚支承在架梁孔的前墩上。

(2)先用纵向滚移法或运梁车将预制梁运到两导梁间，当梁前端进入前行车的吊点下面时，将预制梁前端稍稍吊起，前方起重横梁吊起，继续运梁前进至安装位置后，固定起重横梁。

(3)用横梁上的起重行车将梁落在横向滚移设备上，并用斜撑撑住以防倾倒，然后在墩顶横移落梁就位(除一片中梁外)。

(4)通过以上步骤并直接用起重行车架设中梁。

如用龙门吊机吊着预制梁横移，其方法同联合架桥机架梁。此法预制梁的安装顺序是先安装两个边梁，再安装中间各梁。全孔各梁安装完毕并符合要求后，将各梁横向焊接联系，然后在梁顶铺设移运导梁的轨道，将导梁推向前进，安装下一孔。

重复上述工序，直至全桥架梁完毕。

5.2.4.4　自行式吊车桥上架梁法

在预制梁跨径不大、质量较轻且梁能运抵桥头引道上时，可直接用自行式伸臂吊车(汽车吊或履带吊)来架梁。但是，对于架桥孔的主梁，当横向尚未连成整体时，必须核算吊车通行和架梁工作时的承载能力。此种架梁方法简单方便，几乎不需要任何辅助设备，如图5-2-22所示。

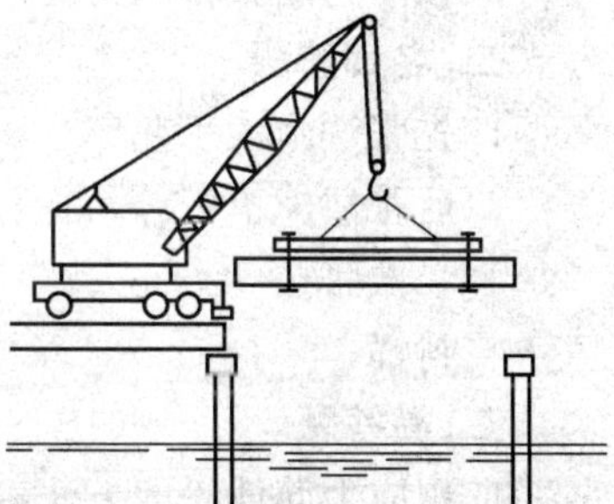

图5-2-22　自行式吊车桥上架梁法

5.2.4.5　扒杆纵向“钓鱼”架梁法

此法是用立在安装孔墩台上的两副人字扒杆，配合运梁设备，以绞车互相牵吊，在梁下无支架、导梁支托的情况下，把梁悬空吊过桥孔，再横移落梁、就位安装的架梁法。

其架梁示意图如图5-2-23所示。

用此法架梁时，必须以预制梁的质量和墩台间跨径为基础，在竖立扒杆、放倒扒杆、转移扒杆架梁、横移等各个工作阶段，对扒杆、牵引绳、控制绳、卷扬机、锚碇和其他附属零件进行受力分析和应力计算，以确保设备的安全；还须对各阶段的操作安全性进行检查。

该法不受架设孔墩台高度和桥孔下地基、河流水文等条件影响；不需要导梁、龙门吊机等重型吊装设备而可架设 30 ~ 40m 跨径的桥梁;扒杆的安装移动简单,梁在吊运状态时横移容易,也比较安全,故总体架设速度较快。但该法需要技术熟练的起重工,且不宜用于不能设置缆索锚碇和梁上方有障碍物处。

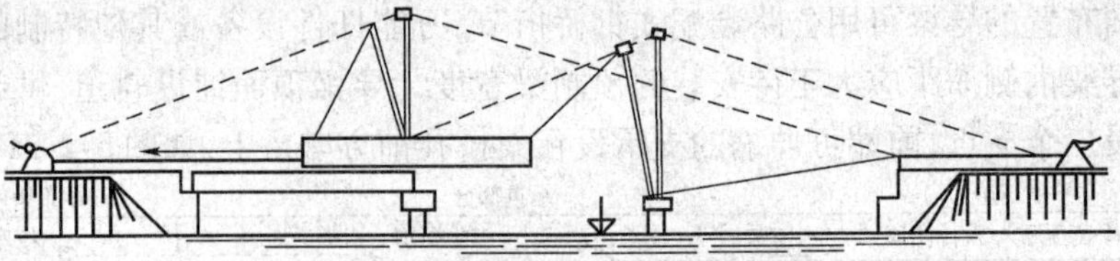

图 5-2-23　扒杆纵向"钓鱼"架梁法

自 测 题

一、填空题

1. 预制梁板的台座表面应光滑、平整,在 2m 长度上平整度偏差应不超过____mm,应保持底模沉降不大于____mm。

2. 为了保证浇筑混凝土的整体性,防止在浇筑上层混凝土时破坏下层混凝土,须使次一层的浇筑能在先浇筑的一层混凝土________以前完成。

3. 在炎热气候时,混凝土入模温度不宜高于____℃,还应避免模板和新浇混凝土受阳光直射,模板与钢筋温度以及周围温度不宜超过____℃。

4. 构件移运时混凝土强度应不低于设计强度的________。

5. 先张法主要用于____________________的预制。

6. 台座主要由________、____________、________和________几部分组成。

7. 低松弛预应力筋张拉程序为____。

8. 预应力筋张拉时持荷时间为 5min,其目的是______________________________。

二、名词解释

1. 先张法施工工艺

2. 后张法施工工艺

3. 二次张拉

4. 封锚

三、简答题

1. 预应力筋放松的方法有哪些?

2. 后张法预应力筋张拉的原则是什么?

3. 简述利用龙门架和导梁架设预制梁的方法。

4. 简述预应力空心板的施工工艺过程。

5.3　连续梁桥施工

5.3.1　逐孔施工法

逐孔施工法是中等跨径预应力混凝土连续梁桥较常采用的一种连续施工方法。它使用一套设备,从桥的一端逐孔装配、逐孔现场浇筑。其特点是施工快捷、简便,有良好的施工环境,保证施工质量，一套模架可多次周转使用，桥越长，施工设备周转次数越多，经济效益越高。通常每一施工梁段的长度取用一孔梁长，接头位置一般可选在桥梁受力较小的部位。在施工过程中，由简支梁或悬臂梁转换为连续梁。

逐孔施工法有用临时支承组拼预制节段的逐孔施工法、移动支架逐孔现浇施工法以及整孔吊装或分段节段施工法等。

(1)用临时支承组拼预制节段逐孔施工

对于多跨长桥，在缺乏大能力的起重设备时，可将每跨梁分成若干段，在预制场生产，架设时采用一套支撑临时承担组拼节段的自重，在支承梁上张拉预应力筋，并将安装跨的梁与完成的桥梁结构按照设计的要求连接，完成安装跨的架梁工作，之后移动临时支承梁进行下一个桥跨的施工。

在桁架导梁上组拼节段的施工程序如图5-3-1所示。

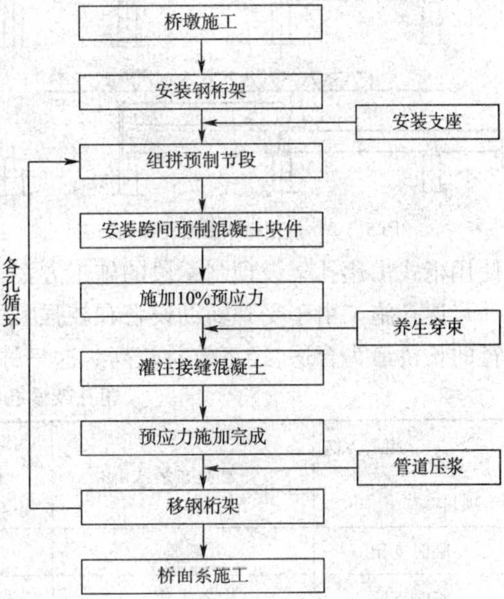

图5-3-1　在桁架导梁上逐孔组拼节段的施工程序

(2)使用移动支架逐孔现浇施工

逐孔现浇施工与在支架上现浇施工的不同点在于，逐孔现浇施工仅在一跨梁上设置支架，当预应力筋张拉结束后移到下一跨逐孔施工，而在支架上现场施工，通常在一联桥跨上布设支架连续施工，因此前者在施工过程中有体系转换的问题，混凝土徐变会对结构产生次内力。

移动支架常用落地式及梁式，如图5-3-2所示。落地式用于岸上桥跨或桥墩较低的情况，梁式支架的承重梁支承在锚固于桥墩的横梁上，也可支承在已施工完成的梁体上；现浇施工的接头最好设在内力较小的部位，常取部位为距离桥墩1/5处。

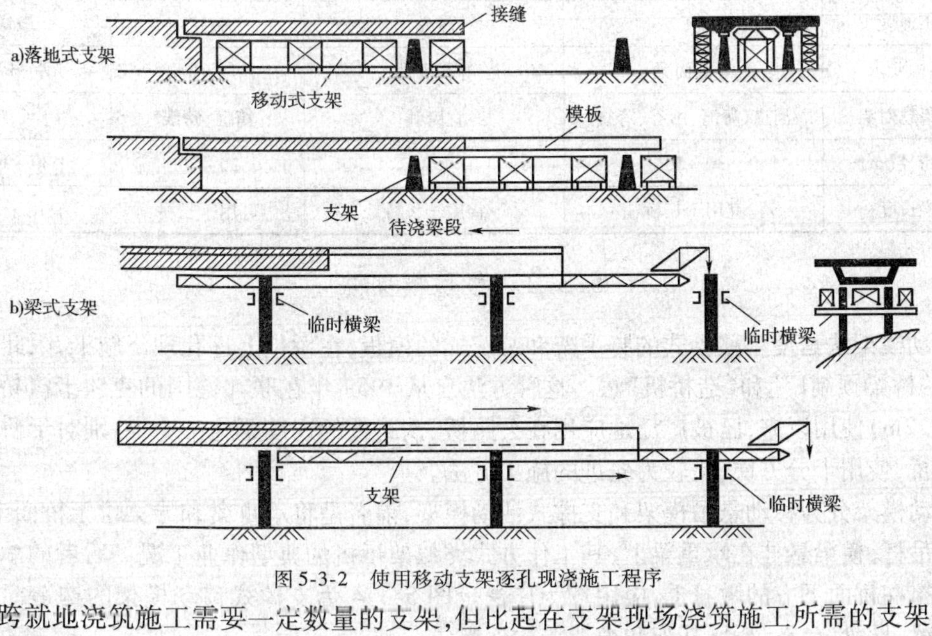

图5-3-2　使用移动支架逐孔现浇施工程序

逐跨就地浇筑施工需要一定数量的支架，但比起在支架现场浇筑施工所需的支架数量要少得多，利用效率高。这种施工方法，只适用于中等跨径施工，以及结构构造比较简单的桥梁。

(3)整孔吊装与分段吊装逐孔施工

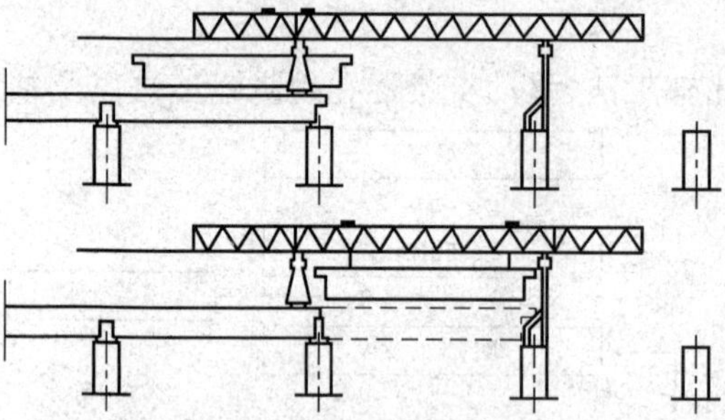

图 5-3-3　使用桁式吊逐孔架设施工

整孔吊装和分段吊装需要先在工厂或现场预制整孔或分段梁，再进行逐孔架设施工。由于预制或分段较长，需要在预制时先进行第一次预应力索的张拉，拼装就位后进行二次张拉，因此，在施工过程中需要进行体系转换。吊装的机具有桁式吊、浮吊、龙门起重机、汽车吊等多种，可根据起吊物重力、桥梁所在位置以及现有设备和掌握机具的熟练程度等因素决定。图 5-3-3 为使用桁式吊逐孔架设预制梁段的施工方案。

逐孔施工由于受到辅助设备和较强大的起重能力的限制，桥梁的跨径不宜过大，以中等跨径的长桥最为合适，经济效益较高。这三种施工方法都有各自的特点，见表 5-3-1。

逐孔架设各种施工方法的比较表　　表 5-3-1

施工方法 项目	逐孔拼装法	移动支架逐孔现浇	整孔或分段架设	
			有现浇接头	无现浇接头
临时支架	需要	相对数量较多	可能需要	不需要
临时支座	不需要	不需要	可能需要	不需要
现浇接头	可能需要接缝	不需要	可能需要	不需要
二次张拉	不需要	不需要	需要	需要
起重能力	要求小于 980.7kN	无特殊要求	490.3 ~ 4903kN	490.3 ~ 4903kN
预制要求	精度高、场地大	要求设有材料堆放地	场地要大	精度高、场地大
施工难易程度	精度要求高	比较方便	比较方便	要求较高
施工速度	快	较慢	较快	最快
对结构要求	等截面梁	等截面梁	等截面梁	无特殊要求
桥梁跨越对象	河道、海湾、山谷、跨线	宜跨线	跨河、跨线	跨河、跨线
适用跨径(m)	30 ~ 50	<50	30 ~ 60	30 ~ 100
桥梁长度	宜用于长桥	宜用于长桥	可用于长桥	宜用于长桥

5.3.2　移动模架法

移动模架法是使用移动式的脚手架和装配式的模板，在桥位上逐孔现浇施工，因此又称为"活动的桥梁预制厂"和"造桥机"法。这种方法自从 1959 年在联邦德国的克钦卡汉桥(13 孔跨径 39.2m)使用以来，已被广泛地应用在公路桥、铁路桥的连续梁施工中，特别对于桥长多孔的高架桥，使用十分方便，是较为先进的施工方法。

移动模架分为移动悬吊模架和支撑式活动模架，前者是将承重梁和导梁位于桥面上方，模板通过吊杆、横梁悬挂在承重梁上，其工作方式类似架桥机的典型作业工况。后者的承重梁和导梁支撑在桥面下方的墩身上，应用较为广泛。图 5-3-4 为支撑式移动模架的构造简图。它由承重梁、导梁、台车、桥墩托架和模架等构件组成。

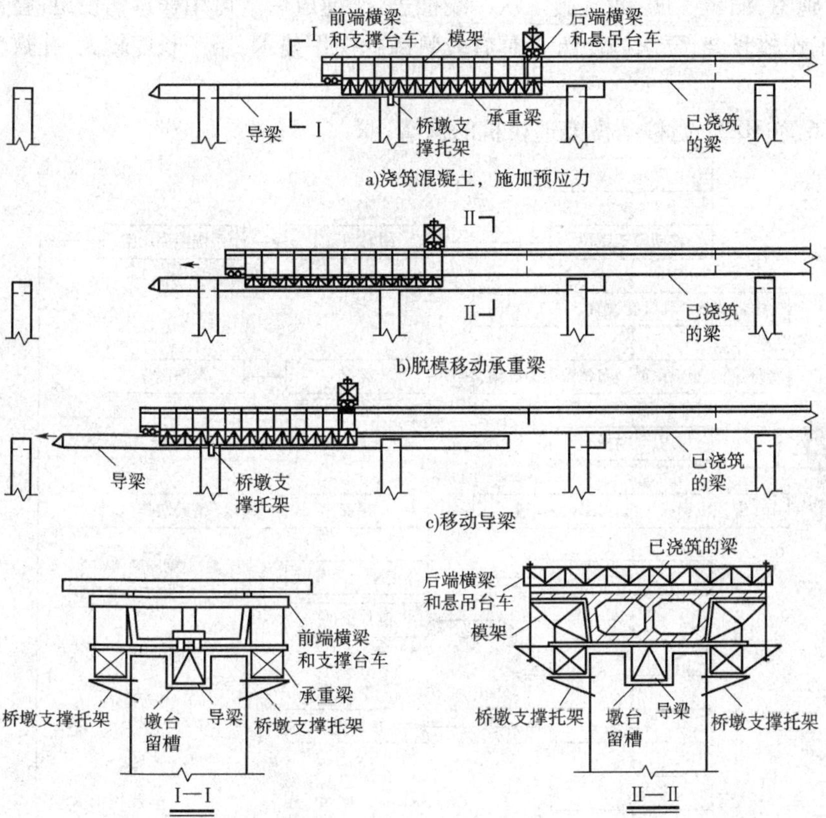

图 5-3-4　移动模架构造及施工流程示意

移动模架的工作原理是利用安装在每孔前后桥墩上的牛腿支架作为支撑点，承担移动模架的重力(除牛腿支架)和施工荷载。主梁加前后导梁总长不大于 2 倍跨径，便于模架在各墩间纵向移动，并减轻主梁长度和质量。模架及施工荷载由主梁承担，模板系统与主梁连为一体，并将横梁与底模分成左右两部分，横移打开时，模架得以顺利通过墩身。液压系统控制移动模架的脱模与纵横向移动，每孔箱梁完成后，通过主梁垂直支撑双作用千斤顶，将主梁稍稍起顶，千斤顶上锁定的套筒松开，使移动模架脱离箱梁。打开底模横梁，利用在主梁与牛腿支架之间设置的推进平车上的横向液压千斤顶将移动模架向两侧横移，带动外模及底模脱离梁身。横移到位后用纵向液压千斤顶推纵向模架架至下一孔，调预拱度设置。内模利用液压系统控制各支撑油缸，带动模板收缩后，通过滑移轨道从上一孔箱梁滑移至待浇孔，外模随模架主梁一起移动。内外模依靠千斤顶调整定位，快速准确，并保证箱梁各部尺寸。施工程序见图 5-3-5。主要工序有：侧模安装就位、安装底模、支座安装、预拱度设置与模板调整、绑扎底板及腹板钢筋、预应力系统安装、内模就位、顶板钢筋绑扎、箱梁混凝土浇筑、内模脱模、施加预应力和管道压浆及落模拆底模及滑模纵移。施工时，移动模架逐孔现浇，施工接缝一般设置在跨径的 1/6 ~ 1/4 处，即接近连续梁恒载弯矩零点附近，施工状态与成桥状态受力模式比较接近。预应力筋锚固在浇筑缝处，浇筑下一孔梁段前再用连接器将预应力筋接长。

移动模架法适用于 20 ~ 50m 跨径的等截面连续梁桥，也可用来修建多跨简支梁桥。此法有以下特点：不需要设置地面支架，施工不受河流、道路、桥下净空和地基等条件的影响；机械化程度高，劳动力少，质量好，施工速度快，安全可靠；要下部结构稍提前施工，之后上下部结构可同时平行施工，缩短工期，而且施工从一端推进，梁建成后就可用作运输便道；整套设备投资较大，准备工作较复杂，要求施工人员具有较熟练的操作技术，用于长度较大、孔数较多的桥梁较经济。

图5-3-6为MZ32型移动模架造桥机的构造。

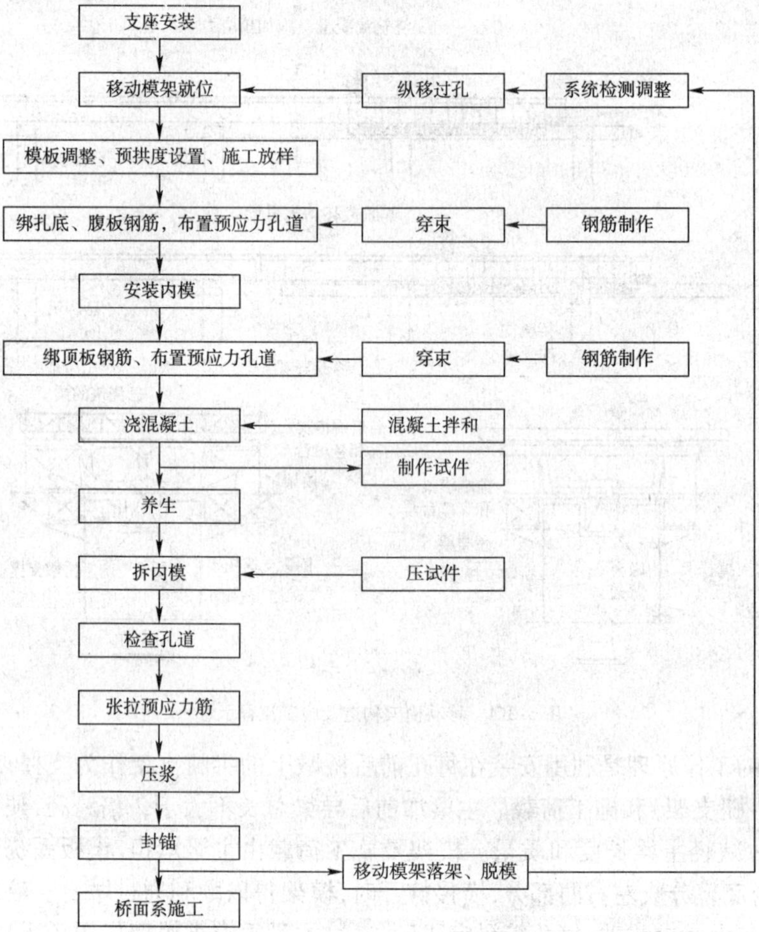

图5-3-5　移动模架法施工程序

图5-3-6　MZ32型移动模架造桥机

5.3.3 顶 推 法

顶推法多用于预应力钢筋混凝土连续梁的施工中。我国西延线(西安至延安)跨越狄家河的单线铁路桥,为4孔跨径40m的等截面预应力连续梁桥。在该桥建造过程中,我国首次采用水平-垂直千斤顶单点顶推法施工技术。后该技术得到推广,如湖南省望城县的望城沩江桥,为国内首创柔性墩多点顶推法施工的预应力混凝土连续梁桥;位于柳州市柳州大桥下游6.8km的柳州二桥,主桥为9孔60m一联预应力混凝土箱形连续梁,采用多点顶推法施工;还有重庆石门桥,其副跨连续梁在柔性墩上采用无临时支座的多点法顶推施工等。

顶推施工是在桥台的后方设置施工场地,分节段浇筑梁体,并用纵向预应力筋将浇筑节段与已完成的梁体连成整体,然后通过水平千斤顶施力,将梁体向前方顶推出施工场地。重复这些工序即可完成全部梁体施工。

顶推法作业场上方可设置顶棚而使施工不受天气影响,全天候施工。连续梁的顶推跨径30~50m最为经济有利,如果跨径大于此值,则需要临时墩等辅助手段。

顶推法施工如图5-3-7所示。梁在桥头台座上(预制场地上)分段顶制,预制一段,纵向向前推进一段,跨越各中间桥墩,直达彼岸。为了减少推进过程中的梁体内力,前段加导梁;导梁长度一般为梁跨径的70%。为了增大跨径,可以安置临时墩,也可以用拉索加固。

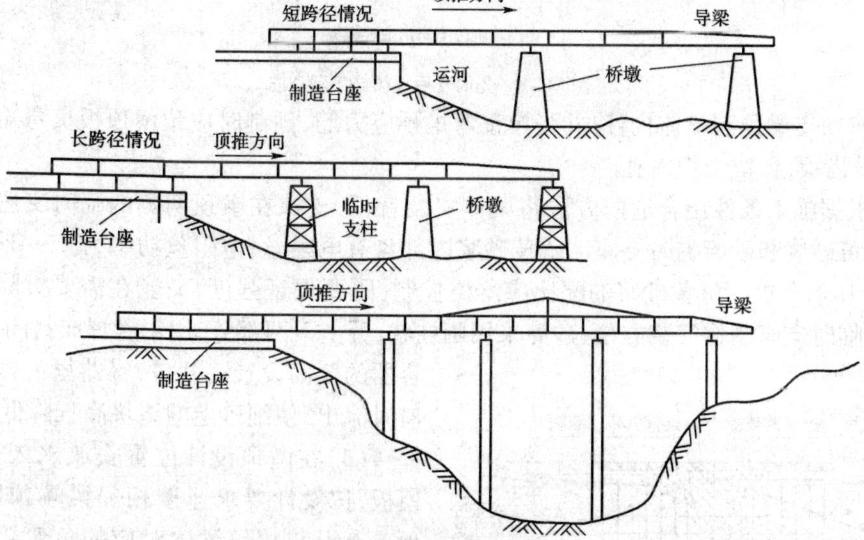

图5-3-7 顶推法施工示意图

在顶进过程中,梁上的每个截面都有通过墩顶承受负弯矩、处在跨中承受正弯矩的时刻,也就是说,梁上的每一个截面的弯矩值处在不断变化之中,甚至几次正负交替。

施工中的关键内容有:设置预制场地,预制块件确定,选择顶推方式,确定导梁和临时墩,梁段顶推、滑动和导向装置等。

5.3.4 先简支后连续法

先简支后连续法(图5-3-8)就是先将预应力混凝土梁在预制场地集中预制,然后用各种安装方法将预制构件安装至墩、台临时支座上,在桥上进行体系转换。即吊装时先采用临时支座按简支梁安装就位后,在连续墩上预置永久橡胶支座,现浇接头混凝土、张拉克服负弯矩的预应力束,将体系转换为连续梁,最后浇筑铰缝混凝土和桥面铺装层混凝土,完成桥梁施工。用此法施工可以避免采用满堂支架,最大限度地减少在桥上现浇混凝土的数量,并能使上部结构的预制工作和下部结构的施工同时进行,显著缩短工期。其施工方法简单,质量可靠,可适应空心板、T形梁、箱形梁等多种截面形式,便于工厂化生产、装配式施工,可用简支梁的施工工艺达到建造连续梁桥的目的,因此近年来在中小跨径连续梁桥中得到了广泛应用。其施工过程如下:

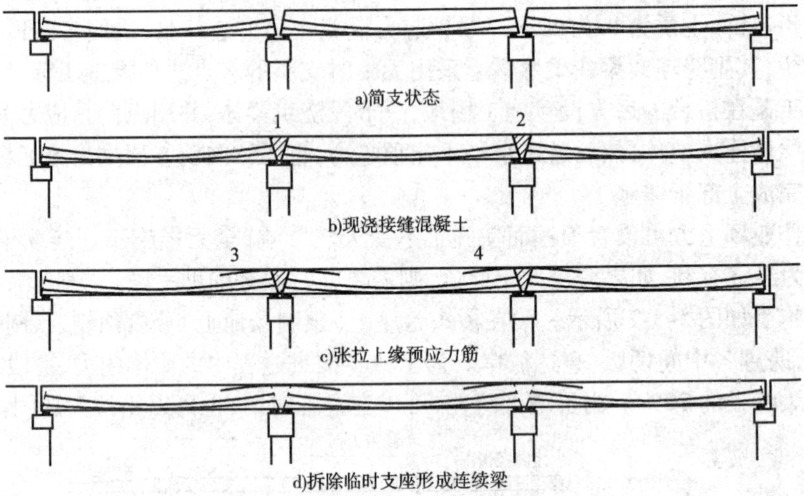

图5-3-8 先简支后连续施工示意图

(1)按简支梁预制梁体构件,并张拉正弯矩预应力筋,预制时应预留顶板负弯矩预应力孔道,并预设齿板,预留工作人孔。

(2)根据施工条件用合适的方法将梁体安装就位,支撑在墩顶两侧的临时支座上。临时支座有硫黄砂浆和砂筒临时支座。硫黄砂浆内部盘有电阻丝,电阻丝功率为2~4kW,在硫黄砂浆中按U形布置。硫黄砂浆的配比应严格控制,既要保证强度,又能在需要拆除时通电熔化。砂筒临时支座制作安装方便,砂筒采用圆柱状,分上下两部分,用钢管焊成封闭的容器,在容器的侧面设置一开口,容器里的砂在打开开口时流出,使细砂上的垫块高程降低。

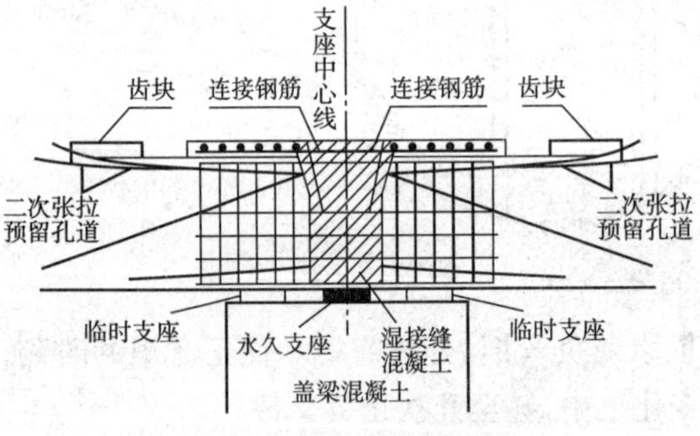

图5-3-9 先简支后连续接缝大样

(3)在墩顶设计位置安放永久支座,布置模板,按设计要求连接相邻梁端预留钢筋,在顶部布设与相邻梁体对应的负弯矩预应力筋孔道,浇筑接缝混凝土。

(4)接缝混凝土养护达到规定强度后,拆除模板,穿束张拉承受墩顶负弯矩的预应力筋并锚固,拆除临时支座,使结构转换成连续体系。接缝大样见图5-3-9。

5.3.5 悬臂浇筑法

悬臂浇筑(简称悬浇)采用移动式挂篮作为主要施工设备,以桥墩为中心,对称向两岸利用挂篮浇筑梁段混凝土,待混凝土达到要求强度后,张拉预应力束,再移动挂篮,进行下一节段的施工。悬臂浇筑每个节段长度一般为2~6m,节段过长,将增加混凝土自重及挂篮结构重力,同时还要增加平衡重及挂篮后锚设施;节段过短,影响施工进度。所以施工时应根据设备情况及工期,选择合适的节段长度。悬臂浇筑法施工是桥梁施工中难度较大的施工工艺,需要一定的施工设备及一支熟悉悬臂浇筑工艺的技术队伍。下面从悬浇施工程序、0号块施工、梁墩临时固结、施工挂篮、浇筑梁段混凝土、结构体系转换、合龙段施工及施工控制等几个方面进行较详细的介绍。

5.3.5.1 悬臂浇筑施工程序

悬臂浇筑施工时,梁体一般要分四部分浇筑,如图5-3-10所示。Ⅰ为墩顶梁段(又称0号块),Ⅱ为由0号块两侧对称分段悬臂浇筑部分,Ⅲ为边跨在支架上浇筑部分,Ⅳ为主梁在跨中合龙段。主梁各部分的长度视主梁形式和跨径、挂篮的形式及施工周期而定。0号块一般为5~10m,悬浇分段一般为2~6m,支架现浇段一般为2~3个悬臂浇筑分段长,合龙段一般为1~3m。

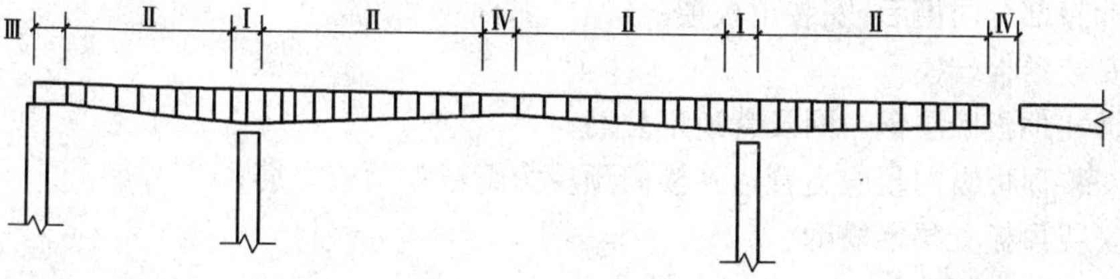

图5-3-10　悬臂浇筑分段示意图

Ⅰ-墩顶梁段;Ⅱ-0号块两侧对称分段悬臂浇筑;Ⅲ-支架浇筑梁段;Ⅳ-主梁跨中合龙段

施工程序一般如下:

(1)在墩顶托架上浇筑0号块并实施墩梁临时固结系统。

(2)在0号块上安装悬臂挂篮,向两侧依次对称地分段浇筑主梁至合龙段。

(3)在临时支架或梁端与边墩间临时托架上支模板浇筑现浇梁段。当现浇梁段较短时,可利用挂篮浇筑;当与现浇相接的连接桥是采用顶推施工时,可将现浇梁段锚固在顶推梁前端施工,并顶推到位。此法不需要支撑,省料省工。

(4)主梁合龙段可在改装的简支挂篮托架上浇筑。多跨合龙段浇筑顺序按设计或施工要求进行。

5.3.5.2 悬臂梁段0号块施工

0号块结构复杂,预埋件、钢筋、各向预应力钢束及其孔道、锚具密集交错,梁顶面有纵横坡度,端面与待浇段密切相连,务必精心施工。视其结构形式及高度,施工一般分2~3层浇筑,先底板、再腹板、后顶板。

施工程序如下:

(1)安装墩顶托架平台;

(2)浇筑支座垫石及临时支座;

(3)安装永久盆式橡胶支座;

(4)安装底、侧钢梁及降落木楔或千斤顶;

(5)安装底板部分堵头模板;

(6)托架平台试压;

(7)调整模板位置及高程；
(8)绑扎底板和腹板的伸入钢筋；
(9)安装底板上的竖向预应力管道和预应力筋；
(10)监理工程师验收；
(11)浇筑底板第一层混凝土；
(12)混凝土养护；
(13)绑扎腹板、横隔梁钢筋；
(14)安装腹板纵向、横隔梁横向预应力管道和预应力筋；
(15)安装全套模板；
(16)监理工程师验收；
(17)浇筑腹板横隔板；
(18)混凝土养护；
(19)拆除部分内模后，安装顶板模；
(20)安装顶板端模；
(21)绑扎顶板底层钢筋网及管道定位筋；
(22)安装顶板纵向预应力管道及横向预应力管道和预应力筋；
(23)安装顶板上层钢筋网；
(24)监理工程师验收；
(25)浇筑顶板混凝土；
(26)纵向胶管抽拔；
(27)管孔清理及混凝土养生；
(28)拆除顶、底板端模；
(29)两端混凝土连接面凿毛；
(30)混凝土强度达到设计要求强度后张拉竖、横向预应力筋；
(31)竖、横向预应力管道压浆；
(32)拆除内模、侧模和底模；
(33)拆除墩顶托架平台。

若墩梁刚性固结时，可省去(2)、(3)施工程序。

现将以上主要工序施工和结构构造要点分述如下。

1)施工托架

采用悬臂浇筑法施工时，墩顶0号块梁段采用在托架上立模现浇，并在施工过程中设置临时梁墩锚固，使0号块梁段能承受两侧悬臂施工时产生的不平衡力矩。施工托架可根据承台形式、墩身高度和地形情况，分别支承在承台、墩身或地面上。它们可采用万能杆件、贝雷桁架(或装配式公路钢桁架)，六四军用桁架及型钢等组成，也可采用钢筋混凝土构件作临时支撑。常用施工托架有扇形托架(图5-3-11)、高墩托架(图5-3-12)、墩顶预埋牛腿托架平台(图5.3-13)、临时墩及型钢结构支承平台(图5-3-14)等。托架的顶面尺寸，视拼装挂篮的需要和拟浇梁段的长度而定，横桥向的宽度一般应比箱梁底板宽出1.5~2.0m，以便设立箱梁边肋的外侧模板。托架顶面(或增设垫梁)应与箱梁底面纵向线形的变化一致。托架可在现场整体拼装，亦可分部在邻近场地或船上拼装再运吊就位整体组装。托架总长度视拼装挂篮的需要而决定。横桥向托架宽度要考虑箱梁外侧主模的要求。托架顶面应与箱梁底面纵向线形一致。

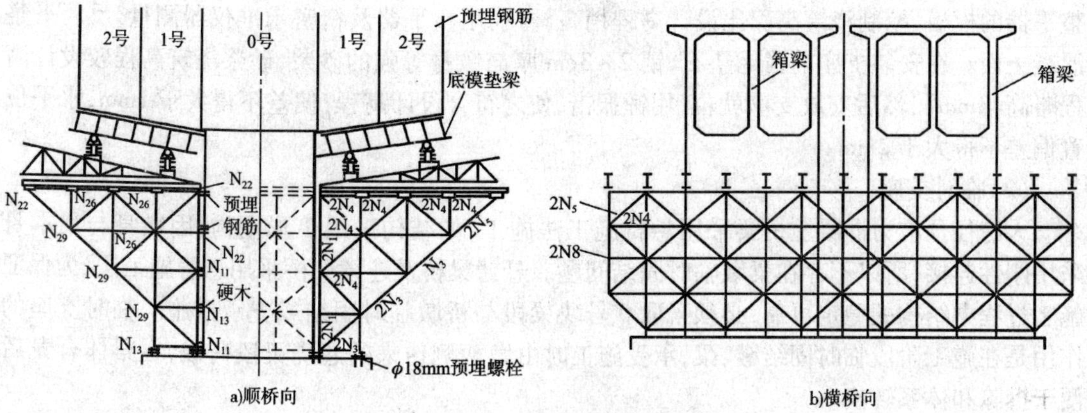

图 5-3-11 扇形托架

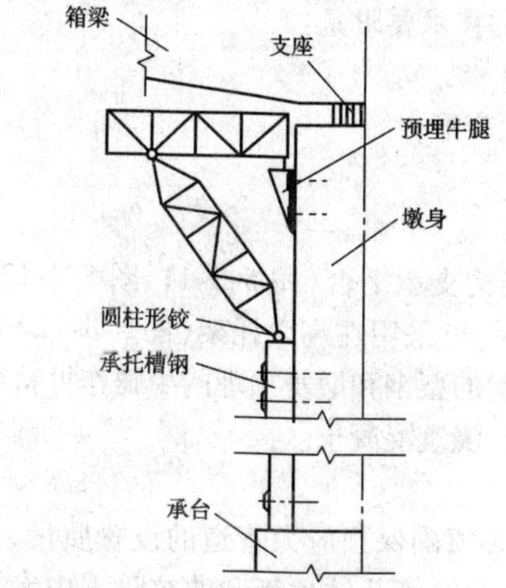

图 5-3-12 高墩托架

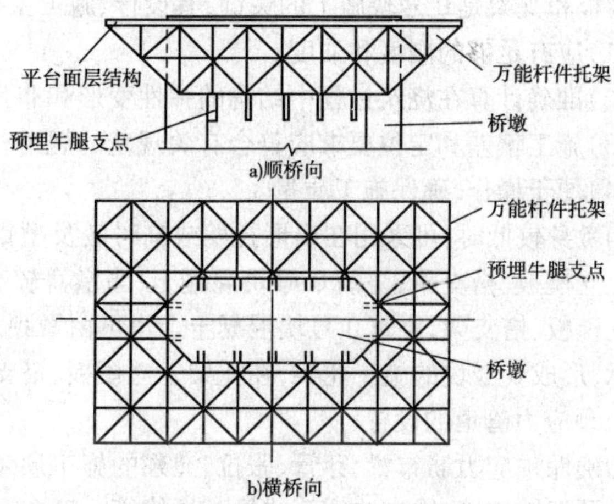

图 5-3-13 墩顶预埋牛腿托架平台

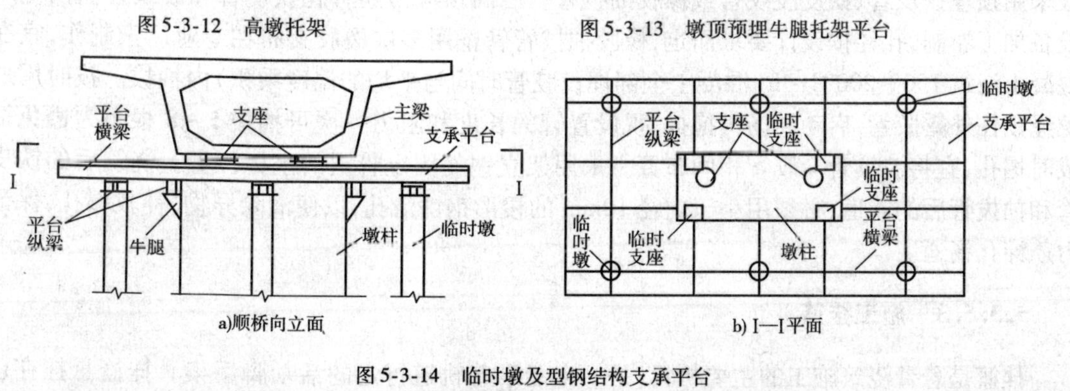

图 5-3-14 临时墩及型钢结构支承平台

由于在托架上浇筑梁段0号块混凝土时，托架变形对梁体质量影响很大，在作托架设计时，除考虑托架强度要求外，还应考虑托架的刚度和整体性。由于托架的弹性、杆件连接处有缝隙、地基有沉降等因素，可能使托架下沉，引起混凝土梁段出现裂缝，因此采用万能杆件、贝雷梁、板梁、型钢等作托架时，在混凝土浇筑以前，可采取预压、抛高或调整等措施，以减少托架变形。

2）支座

（1）支座垫石

垫石是永久支座的基石。由于支座安装平整度和对中的精度要求，垫石四角的平面高差应小于1mm，为此垫石分两层浇筑。首层浇筑高程比设计高程小15cm。第二层应利用带微调整平器的模板,控制浇筑高程比设计高程稍高,再利用整平器及精密水准仪器测量,反复平整混凝土面。在安装支座前凿毛垫石,铺 2 ~ 3cm 厚与墩身等强的砂浆,砂浆浇筑高程较设计高程略高(3mm),然后安放支座就位,用锤振击,使之符合设计高程,偏差不得大于 1mm,水平位置偏差不得大于 2mm。

(2)临时支座

大跨径预应力混凝土桥梁采用悬臂施工法施工,如结构采用 T 形刚构,因墩身与梁本身采用刚性连接,所以不存在梁墩临时固结问题。悬臂梁桥及连续梁桥采用悬臂施工法,为保证施工过程中结构的稳定可靠,必须采取 0 号块梁段与桥墩临时固结或支承措施。临时支座的作用是在施工阶段临时固结墩、梁,承受施工时由墩两侧传来的悬浇梁段荷载,在梁体合龙后便于拆除和体系转换。

3)0 号块模板和支架

模板和支架是 0 号块施工的关键,其设计、施工主要的技术要求是:

(1)应有足够的刚度和强度;

(2)准确计算在浇筑过程中结构的弹性变形和非弹性变形;

(3)施工偏差和定位要求应符合有关规范的规定;

(4)便于操作,确保施工质量。

当墩身较低时,可采用在扇形托架或临时墩及型钢结构支承平台(图 5-3-11、图 5-3-13)顶面上立模板、搭支架,浇筑 0 号块混凝土;当墩身较高时,可采用在高墩托架(图 5-3-12)顶面上立模板、搭支架,浇筑 0 号块混凝土。也可由墩顶放置的型钢和墩身预埋的牛腿作贝雷梁的支承,形成 0 号块的施工托架,在托架上立模板、搭支架,浇筑混凝土。

4)预应力管道的设置

为确保预应力筋布置、穿管、张拉、灌浆的施工质量,必须确保预应力管道的设置质量,一般采用预埋铁皮管、铁皮波纹管或橡胶抽拔管。三向预应力筋管孔铁皮管和波纹管需由专用设备加工卷制,孔径按设计要求而定,橡胶抽拔管管壁用多层橡胶夹布在专业厂家制作,宜在混凝土浇筑 150 ~ 200℃ · h(混凝土全部埋设胶管时间与平均的温度乘积)内抽拔。拔时用尼龙绳锁住外露胶管,启动卷扬机拖拔,视设置管的长度和阻力一次可抽拔 5 ~ 8 根。为避免抽拔时塌孔,宜将波纹管与胶管相间布置。采用架立钢筋固定管道的坐标位置。浇筑后的铁皮管和抽拔管后的管道,必须用小于内径 10mm 的梭形钢锤清孔,以便清除异物、补救塌孔,保证力筋穿孔畅通。

5.3.5.3 施工挂篮

挂篮是悬臂浇筑施工的主要机具,是一个能沿着轨道行走的活动脚手架。挂篮悬挂在已经张拉锚固的箱梁梁段上,悬臂浇筑时箱梁梁段的模板安装、钢筋绑扎、管道安装、混凝土浇筑、预应力张拉、压浆等工作均在挂篮上进行。当一个梁段的施工程序完成后,挂篮解除后锚,移向下一梁段施工。所以挂篮既是空间的施工设备,又是预应力筋束张拉前梁段的承重结构。

1)挂篮分类

作为施工梁段的承重结构,同时又是施工梁段的作业现场,随着施工技术的不断改进,挂篮已由过去的压重平衡式发展成现在通用的自锚平衡式。自锚式施工挂篮结构的形式主要有桁架式、斜拉式两类。

桁架式挂篮按其构成部件的不同,可分为万能杆件挂篮、贝雷梁(或装配式公路钢桁架组合式)挂篮、型钢组合桁架组合式等。按桁架构成形状的不同,又可分为平行桁架式、平弦无平衡重式、弓弦式、菱形式等多种,见图5-3-15。斜拉式挂篮也叫轻型挂篮。随着桥梁跨径越来越大,为了减轻挂篮自重,以达到减少施工节段增加的临时钢丝束,在桁架式挂篮的基础上研制了斜拉式挂篮,见图5-3-16和图5-3-17。挂篮主要构造见图5-3-18和图5-3-19。

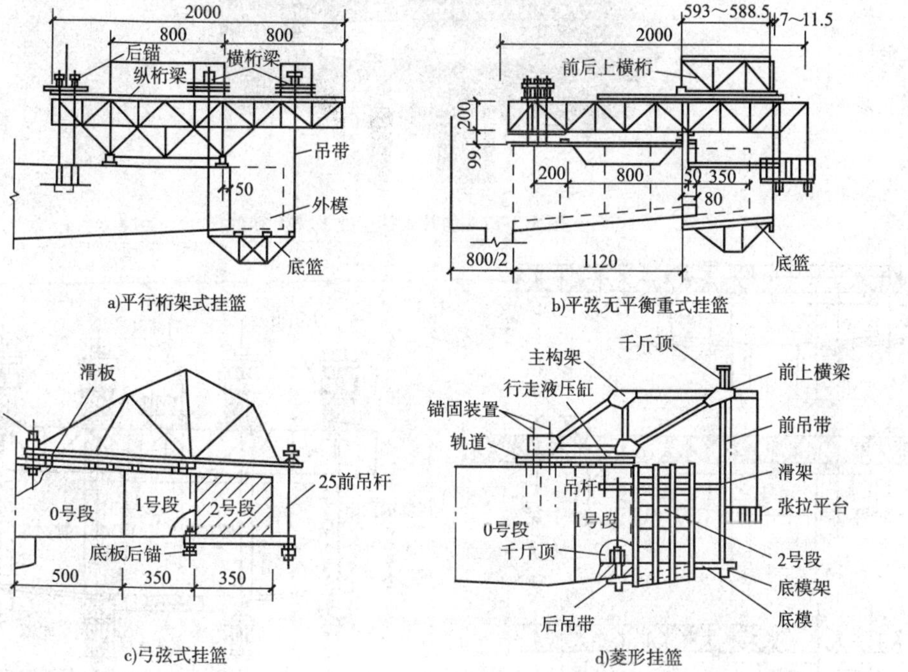

图5-3-15 常用桁架式挂篮类型图(尺寸单位:mm)

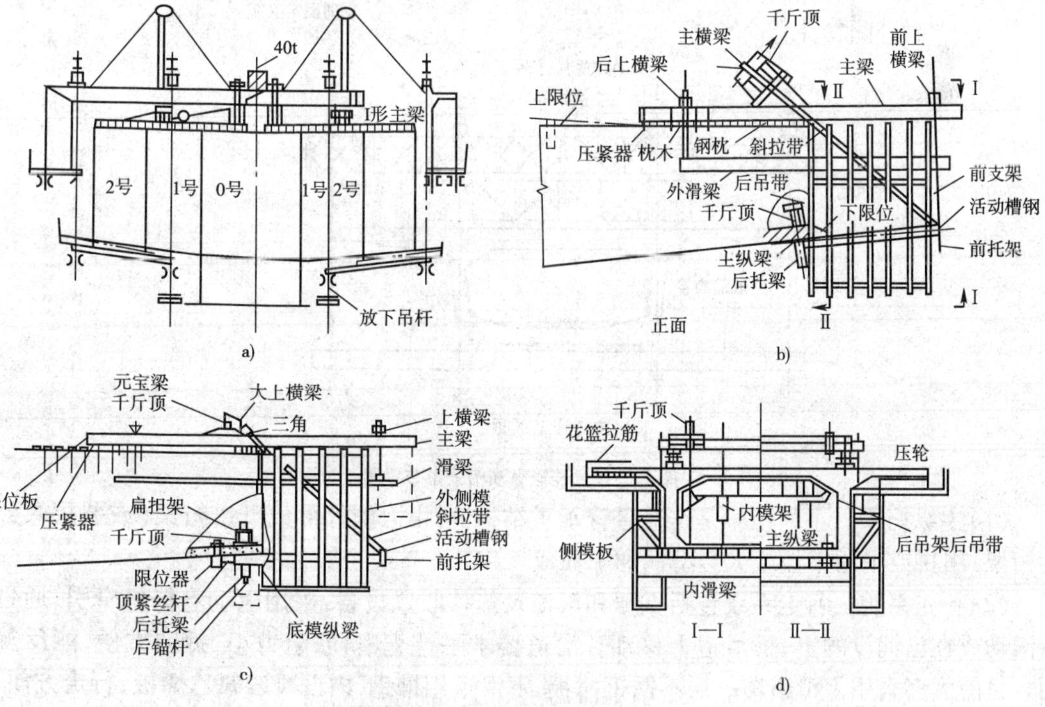

图5-3-16 常用斜拉式挂篮类型图

图 5-3-17　斜拉式挂篮施工现场图

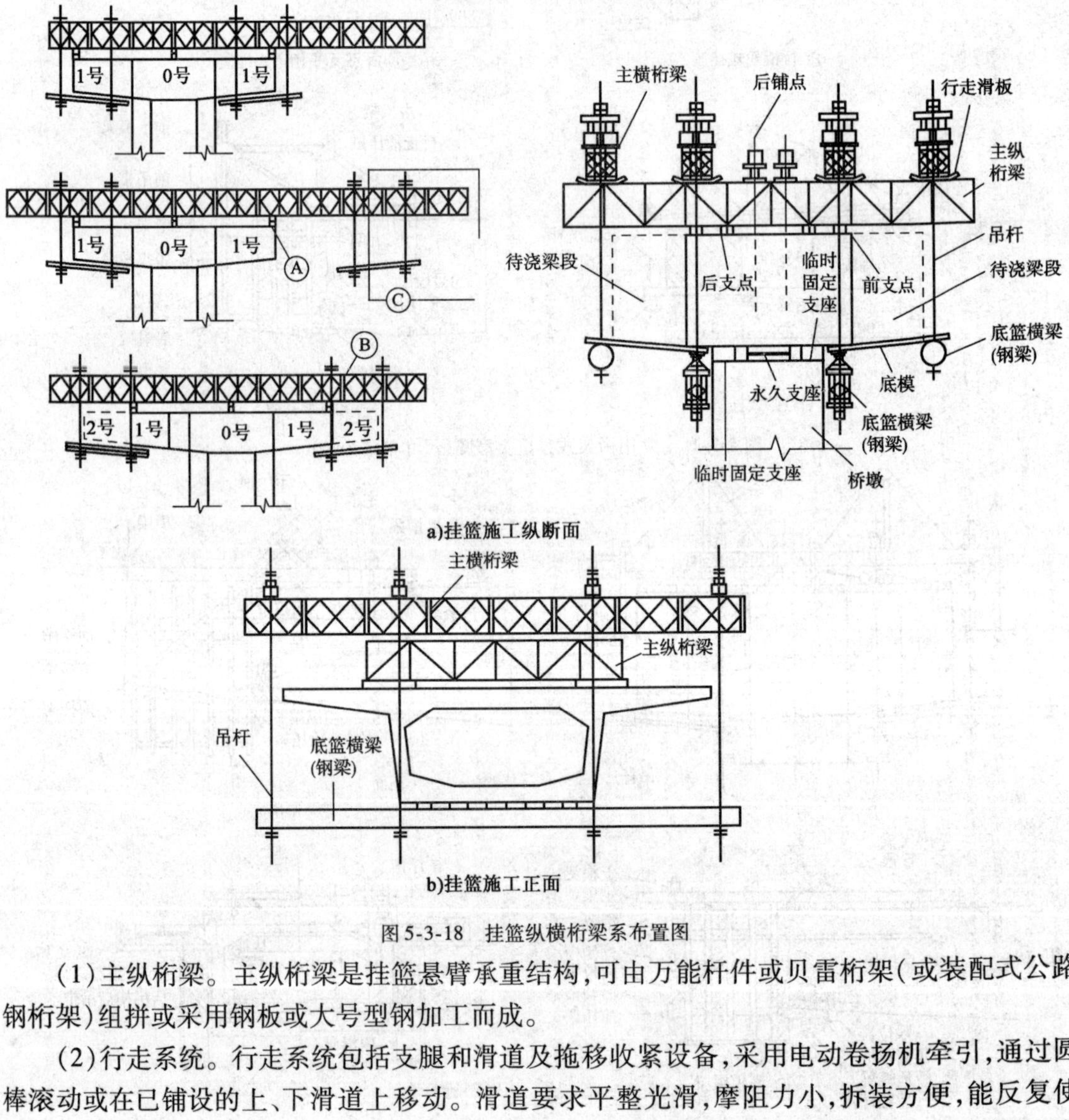

图 5-3-18　挂篮纵横桁梁系布置图

(1)主纵桁梁。主纵桁梁是挂篮悬臂承重结构，可由万能杆件或贝雷桁架(或装配式公路钢桁架)组拼或采用钢板或大号型钢加工而成。

(2)行走系统。行走系统包括支腿和滑道及拖移收紧设备，采用电动卷扬机牵引，通过圆棒滚动或在已铺设的上、下滑道上移动。滑道要求平整光滑，摩阻力小，拆装方便，能反复使用。目前大多采用上滑道覆一层不锈钢薄板，下滑道用槽钢，内设聚四氟乙烯板，行走方便、安全、稳定性好。

(3)底篮。底篮直接承受悬浇梁段的施工重力,供立模板、绑扎钢筋、浇筑混凝土、养生等工序用,由下横桁梁和底模纵梁及吊杆(吊带)组成。主要横梁可用万能杆件或贝雷桁架或型钢、钢管构成,底模纵梁用多根 24 ~30 号槽钢或工字钢,吊杆一般可用 ϕ32mm 的精轧螺纹钢筋或 16Mn 钢带。

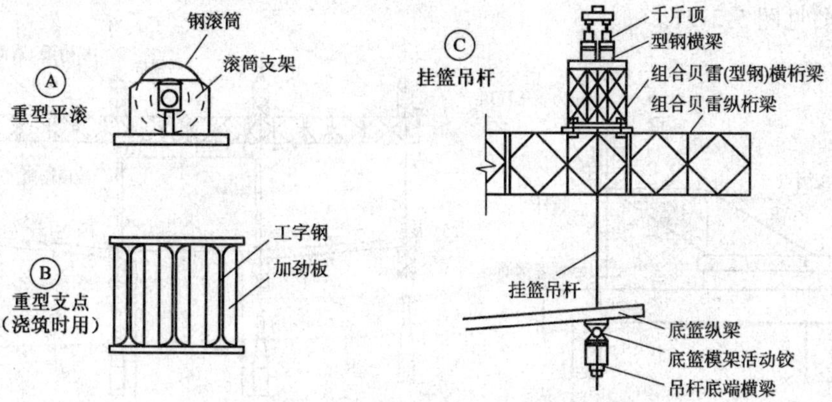

图 5-3-19　挂篮接长和移动示意图

(4)后锚系统。后锚是主纵桁梁自锚平衡装置,由锚杆压梁、压轮、连接件、升降千斤顶等组成,目的是防止挂篮在行走状态及浇筑混凝土梁段时倾覆失稳。系统结构按计算确定,混凝土浇筑前,应按设计锚力的 0.6、1.0、1.5 倍分别用千斤顶检验锚杆。

2)挂篮的选择

(1)满足梁段设计的要求,即满足梁体结构、形体、质量及设计对挂篮质量的要求。

(2)满足施工安全、高质量、低成本、短工期和操作简便的要求。

(3)采用万能杆件、贝雷桁架、六四军用桁架组拼的挂篮桁架,一般比型钢加工制作的挂篮成型快、设备利用率高、成本低。而自行加工或专业单位生产的挂篮虽一次性投入成本大,但有节点少、变形小、质量轻、结构完善、施工灵活和适用性强的优点。

3)挂篮的安装

(1)挂篮组拼后,应全面检查安装质量,并做载重试验,以测定其各部位的变形量,并设法消除其永久变形。

(2)在起步长度内梁段浇筑完成并获得要求的强度后,在墩顶拼装挂篮。有条件时,应在地面上先进行试拼装,以便在墩顶熟练有序地开展拼装挂篮工作。拼装时应对称进行。

(3)挂篮的操作平台下应设置安全网,防止物件坠落,以确保施工安全。挂篮应全封闭,四周设围护,上下应有专用扶梯,方便施工人员上下挂篮。

(4)挂篮行走时,须在挂篮尾部压平衡重,以防倾覆。浇筑混凝土梁段时,必须在挂篮尾部将挂篮与梁进行锚固。

4)挂篮试压

为了检验挂篮的性能和安全,并消除结构的非弹性变形,应对挂篮进行试压。试压通常采用试验台加压法、水箱加压法等。

(1)试验台加压法。新加工的挂篮可用试验台加压法检测桁架受力性能和状况。试验台可利用桥台或承台和在岸边梁中预埋的拉力筋锚住主桁梁后端,前端按最大荷载计算值施力,并记录千斤顶逐级加压变化情况,测出挂篮弹性变形和非弹性变形参数,用作控制悬浇高程的依据,见图 5-3-20。

(2)水箱加压法。对就位待浇混凝土的挂篮,可用水箱试压法检查挂篮的性能和状况。加压的水箱一般设于前吊点处,后吊杆穿过紧靠墩顶梁段边的底篮和纵桁梁,锚固于横桁梁上,或穿过已浇箱梁中的预留孔,锚于梁体。在后吊杆的上端装设带压力表的千斤顶,反压挂篮上横桁梁,计算前后施加力后,分级分别进行灌水和顶压,记录挂篮全过程变化情况即可求得控制数据,见图5-3-21。

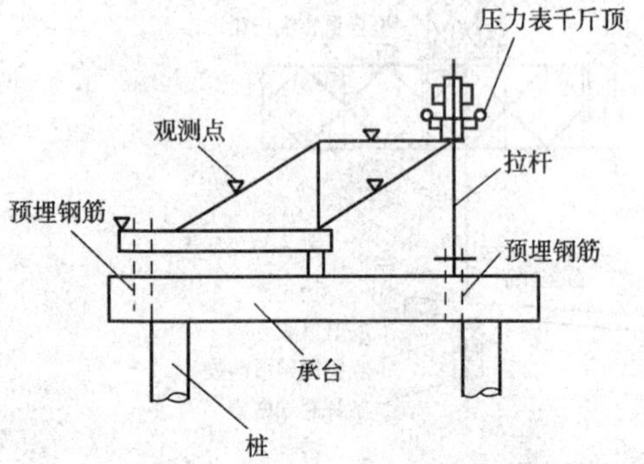

图5-3-20　菱形挂篮试验台试压示意图

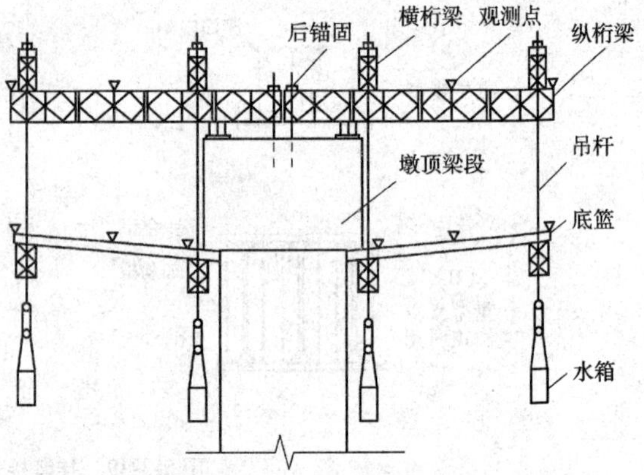

图5-3-21　挂篮水箱法试压示意图

5)浇筑混凝土时消除挂篮变形的措施

每个悬浇段的混凝土一般可分二次或三次浇筑完成(混凝土数量少的也可采用一次浇筑完成),为了使后浇混凝土不引起先浇混凝土的开裂,需要消除后浇混凝土引起挂篮的变形,一般可采取如下的几种措施。

(1)箱梁混凝土一次浇筑法。箱梁混凝土的浇筑采用一次浇筑,并在底板混凝土凝固前全部浇筑完毕,即要求挂篮的变形全部发生在混凝土塑性状态之间,避免裂纹的产生;但需在浇筑混凝土前预留准确的下沉量。

(2)水箱法。浇筑混凝土前先在水箱中注入相当于混凝土质量的水,在混凝土浇筑过程中,逐步放水使挂篮的负荷和挠度基本不变。

(3)抬高挂篮的后支点法。浇筑混凝土前将模板前端设计高程抬高10~30mm,预留第一次浇筑混凝土的下沉量,同时用螺旋式千斤顶顶起挂篮后支点,使之高于滑道或钢轨顶面(一般顶高20~30mm)。在浇筑第一次混凝土时千斤顶不动,浇筑混凝土质量使挂篮的下沉量与模板的抬高量相抵消。在浇筑第二次混凝土时,将千斤顶分次下降,并随即收紧后锚系的螺栓,使挂篮后支点逐步贴近滑道面或轨道面。随着后支点的下降,以前支点为轴的挂篮前端必然上升一数值,此数值应正好与第二次混凝土质量使挂篮所产生的挠度相抵消,保证箱梁模板不发生下沉变形。此法需用设备很少,较水箱法简单,但需顶起量合适,顶起量应由实测确定。

斜拉式挂篮因其总变形小,一般可在浇筑混凝土前预留下沉量,不必在浇筑过程中进行调整。

5.3.5.4　支架现浇梁段施工

边跨支架上的现浇部分,可在墩旁搭设临时墩支承平台,一般采用万能杆件、贝雷架等拼装,在其上分段浇筑。当与采用顶推法施工的连接桥相接时,可把现浇梁段临时固结在顶推梁上,到位后再进行梁的连接。其步骤如下:

设置临时桩基→浇筑钢筋混凝土承台→加宽边墩混凝土承台和设置预埋件→拼装扇形全

幅万能杆件支架→搭设型钢平台→加载试压→安装现浇底模和侧模,底模下设木楔调整块→测量底板高程(包含预抬量)和位置→绑扎底腹板钢筋及竖向预应力筋安装底板纵向预应力管道→装端模和腹板模→自检及监理工程师验收→浇筑底板和腹板混凝土→养生待强→装内顶模→绑扎顶板底钢筋→安装纵向及横向预应力管道→绑扎顶板顶层钢筋→自检及监理工程师验收→浇筑顶板混凝土→养生凿毛→拆除端头模板→张拉竖向预应力筋和顶板横向预应力筋→拖移外侧模→拆除箱内模板。

在桥梁合龙时,现浇梁段经预压后支架的变形已相对稳定,但悬臂端受气候影响在三个方向均可能产生较大变形。所以在预应力筋张拉之前,尤其是混凝土浇筑初期,这些变形可能导致合龙段混凝土开裂,施工工艺应保证合龙段适应这些变形,避免裂缝出现。跟踪观测要点包括:

(1)选择日间悬臂高程最高时(一般在一日之清晨)用支撑撑住悬臂端使其不能上翘(楔紧支撑时间是在高程最高时),也不能下挠(有支撑撑住),这样既避免了竖向相对位移,又无需庞大的压重。支撑后再连续观测两日,确认稳定后再进行其余工序。

(2)端部现浇段的支架下装滚轴,使其能纵向移动,再在合龙段设两片由型钢组成的桁架,构成刚性支承以抵抗悬臂端伸长变形产生的压应力。

(3)支承桁架于合龙前一日清晨焊接完毕。

(4)按开始进入日低温稳定区时混凝土初凝的原则确定开盘时间。

(5)混凝土浇筑的次日,温度回落前,张拉部分顶板和底板预应力筋,使合龙段混凝土受到与其强度发展相适应的预压应力,以抵抗次日降温收缩应力。抵抗降温拉应力的力筋不在混凝土浇筑前而在浇筑次日温度回落前张拉。

(6)混凝土强度达到设计强度80%时,再张拉与边跨合龙段体系转换相应的预应力筋。

5.3.5.5 合龙段施工及体系转换

连续梁的分段悬浇施工,常采用对称施工,但在一定条件下也可用不对称施工。全梁施工过程是从各墩顶0号段开始至该T构的完成,再将各T构拼接而形成整体连续梁。这种T构的拼接就是合龙。合龙是连续梁施工和体系转换的重要环节,合龙施工必须满足受力状态的设计要求和保持梁体线形,控制合龙段的施工误差。

利用连续梁成桥设计的负弯矩预应力筋为支承,是连续梁分段悬浇施工的受力特点。悬臂浇筑过程中各独立T构的梁体处于负弯矩受力状态,随着各T构的依次合龙,梁体也依次转化为成桥状态的正负弯矩交替分布形式,这一转化就是连续梁的体系转换。因此,连续梁悬浇施工的过程就是其应力体系转换的过程,也就是悬浇时实行支座临时固结、各T构的合龙、固结的适时解除、预应力的分配以及分批依次张拉的过程。通常多跨连续梁合龙段施工的顺序为先各边跨,再各次边跨,最后为中跨。次边跨和中跨合龙段施工的原则和要求类似边跨合龙施工,中跨合龙段因温差引起的变形变位大,由此产生的应力也大,对合龙临时连续约束的设施亦有更高要求。

5.3.5.6 悬臂浇筑梁段混凝土注意事项

(1)挂篮就位后,安装并校正模板吊架,此时应对浇筑预留梁段混凝土进行抛高,以使施工完成的桥梁符合设计高程。抛高值包括施工期结构挠度,因挂篮重力和临时支承释放时支座产生的压缩变形等。

(2)模板安装应核准中心位置及高程,模板与前一段混凝土面应平整密贴。如上一节段施工后出现中线或高程误差需要调整时,应在模板安装时予以调整。

(3)安装预应力预留管道时,应与前一段预留管道接头严密对准,并用胶布包贴,防止灰浆渗入管道。管道四周应布置足够定位钢筋,确保预留管道位置正确,线形和顺。

(4)浇筑混凝土时,可以从前端开始,应尽量对称平衡浇筑。浇筑时应加强振捣,并注意对预应力预留管道的保护。

(5)为提高混凝土早期强度,以加快施工速度,在设计混凝土配合比时,一般加入早强剂或减水剂。混凝土梁段浇筑一般5~7d一个周期。为防止混凝土出现过大的收缩、徐变,应在配合比设计时按规范要求控制水泥用量。

(6)梁段拆模后,应对梁端的混凝土表面进行凿毛处理,以加强接头混凝土的连接。

(7)箱梁梁段混凝土浇筑,一般采用一次浇筑法,在箱梁顶板中部留一窗口,混凝土由窗口注入箱内,再分布到底模上。当箱梁断面较大时,考虑梁段混凝土数量较多,每个节段可分二次浇筑,先浇筑底板到肋板倒角以上,待底板混凝土达一定强度后,再支内模,浇筑肋板上段和顶板。其接缝按施工缝要求进行处理。

(8)箱梁梁段分次浇筑混凝土时,为了不使后浇混凝土的重力引起挂篮变形,导致先浇混凝土开裂,要有消除后浇混凝土引起挂篮变形的措施。

5.3.6 悬臂拼装法

悬臂拼装法(简称悬拼)是悬臂施工法的一种,其方法是在预制场分段预制梁体,利用移动式悬拼吊机将预制梁段起吊至桥位,然后采用环氧树脂胶和预应力钢丝束(钢绞线)连接成整体。采用逐段拼装,一个节段张拉锚固后,再拼装下一节段。悬臂拼装的分段,主要决定于悬拼吊机的起重能力,一般节段长2~5m。节段过长则自重大,需要悬拼吊机起重能力大;节段过短则拼装接缝多,工期也延长。一般在悬臂根部,因截面积较大,预制长度比较短,以后逐渐增长。悬拼施工适用于预制场地及运吊条件好,特别是工程量大和工期较短的梁桥工程。

悬拼和悬浇均利用悬臂原理逐段完成全联梁体的施工,悬浇是以挂篮为支承逐段浇筑,悬拼是以吊机逐段完成梁体拼装。实践表明,悬拼与悬浇施工方法相比除有许多共同优点外,悬拼还有以下特点:

(1)进度快。传统的悬浇法灌注一节段梁周期在天气好时也需要1周左右;而采用悬拼法,梁体节段的预制可与桥梁下部构造施工同时进行,平行作业缩短了施工工期,且拼装速度快。

(2)制梁条件好,混凝土质量高。悬拼法将大跨度梁化整为零,在地面施工,预制场或工厂化的梁体节段预制有利于整体施工的质量提高,操作方便、安全。悬浇的混凝土有时会因达不到强度而造成事故,处理起来较麻烦,延误了工期,损失较大。而采用悬拼法,节段梁在地面有足够的时间,可以想办法弥补工程施工中的不足。

(3)收缩、徐变量少。预制梁段的混凝土龄期比悬浇成梁的长,从而减少悬拼成梁后混凝土的收缩和徐变。

(4)线形好。节段预制采用长线法,长线法是在按梁底曲线制作的固定底模上分段浇筑混凝土的方法,能保证梁底线形。

(5)适合多跨梁施工。当桥梁跨度越大,桥跨越多,则越能体现悬拼法的优越性,也就越经济。悬拼按照起重吊装的方式的不同可分为:浮吊悬拼、牵引滑轮组悬拼、连续千斤顶悬拼、缆索起重机(缆吊)悬拼及移动支架悬拼等。悬拼的核心是梁的吊运与拼装,梁体节段的预制是悬拼的基础。

悬拼施工工序主要包括:梁体节段的预制、移位、堆放、运输;梁段起吊拼装;悬拼梁体体系转换;合龙段施工。

5.3.6.1 预制方法

悬拼施工是将梁沿纵轴向根据起吊能力分成适当长度的节段,在工厂或桥位附近的预制场进行预制,然后运到桥位处用吊机进行拼装。节段预制的质量直接关系着梁段悬拼施工的质量和速度,因此预制时应严格控制梁段断面和形体的精确度,并充分注意预制场地的选择与布置、台座和模板支架的制作、工艺流程的拟定以及养护和储运的每一环节。梁段预制的方法通常有长线浇筑或短线浇筑两种方法,既可采用立式预制也可采用卧式预制。

(1)长线预制

长线预制是在预制厂或施工现场按桥梁底缘曲线制作固定台座,在台座上安装底模进行节段混凝土浇筑工作。组成 T 构半悬臂或全悬臂的诸梁段均在固定台座上的活动模板内浇筑,且相邻段应相互贴合浇筑,缝面浇前涂抹隔离剂,以利脱模。长线预制需要较大的场地,台座两侧常设挡土墙,内填不沉降的砂石加 20cm 混凝土封顶并涂抹高强找平砂浆,其上加铺一层镀锌铁皮,待砂浆末达到要求强度前用铁钉固定。其底座的最小长度应为桥孔跨径的一半。底座的形成有多种方法,它可以利用预制场的地形堆筑土胎,经加固夯实后铺砂石层,并在其上面做混凝土底板;盛产石料的地区可用石砌圬工筑成所需的梁底缘的形状;在地质情况较差的预制场地,可采用打短桩基础,在桩基础上搭设排架形成梁底缘曲线。排架可用木材或型钢组成。图 5-3-22 为长线预制台座的构造。

梁体节段的预制一般在底板上进行。模板常采用钢模,每段一块,以便于装拆使用。为加快施工进度,保证节段之间密贴,常采用先浇筑奇数节段,然后利用奇数节段混凝土的端面弥合浇筑偶数节段。也可以采用分阶段的预制方法。当节段混凝土强度达到设计强度 75% 以上后,可吊出预制场地。

(2)短线预制

短线预制是在固定台位且能纵移的模板内浇筑,由可调整内、外部模板的台车与端梁来完成的,当第一节段混凝土浇筑完成后,在其相对位置上安装下一节段模板,并利用第一节段混凝土的端面作为第二节段的端模完成第二节段混凝土的浇筑工作。这种方法适合节段的工厂化生产预制,设备可周转使用,台座仅需 3 个梁段长,但节段的尺寸和相对位置的调整要复杂一些。短线台座除基础部分外,多采用钢料加工制作。图 5-3-23 为短线预制台座的构造。此法亦称活动底座法。

以上两种方法均属于立式预制。

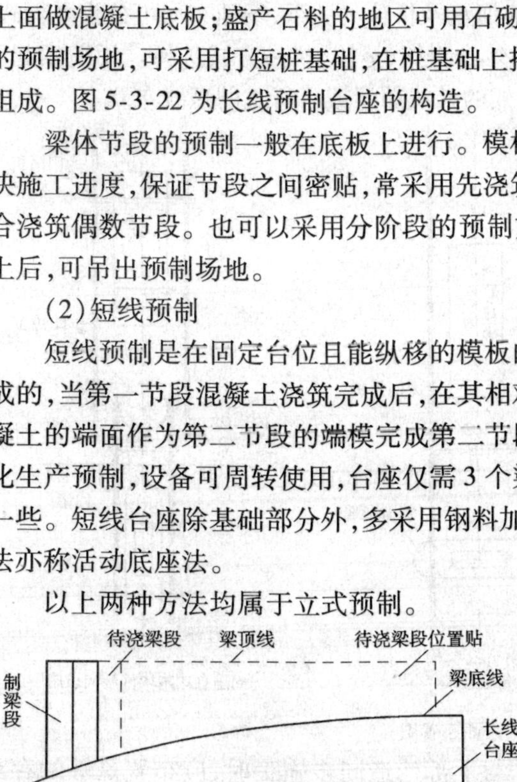

图 5-3-22 长线法台座

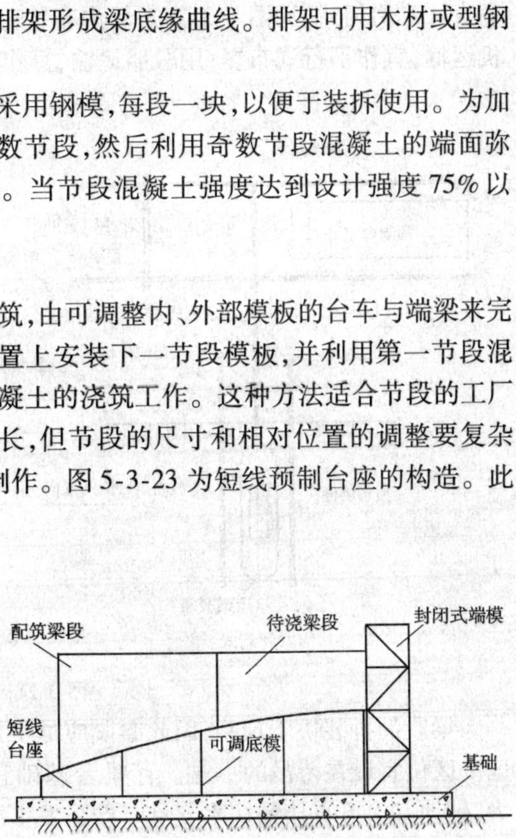

图 5-3-23 短线法台座

(3)卧式预制

当主梁为桁架梁时，具有较大的桁高和节段长度，且桁架的桁杆截面尺寸不大时，常采用卧式预制。卧式预制应有一个较大的地坪。地坪的高低要经过测量，并有足够的强度，不致产生不均匀沉陷。对相同尺寸的节段还可以在已预制完成的节段上安装模板进行平卧叠层预制，两层构件间常用塑料布或涂机油等方法分隔。桁架梁预制节段的起吊、翻身工作要求操作细致，并注意选择吊点和吊装机具。

可以看出：由于长线台座可靠，因而成桥后梁体线形较好，长线的台座使梁段存储有较大余地，但占地较大，地基要求坚实，混凝土的浇筑和养护移动分散。短线预制场地相对较小，浇筑模板及设备基本不需移动，可调的底、侧模便于平、竖曲线梁段的预制；但要求精度高，施工严，周转不便，工期相对较长。

无论是立式预制还是卧式预制，都要求相邻节段之间接触紧密，故必须以前面浇筑完成节段的端面作为后来浇筑节段的端模，同时必须采用隔离剂使节段出坑时相互容易从接缝处脱离。常用隔离剂可分：①薄膜类，如塑料硬薄膜；②油脂类，如较好的机油，可掺少量黄油，以增加黏度，且浇筑后混凝土表面不能变黑；③皂类，如烷基苯磺酸钠，虽成本较高，但使用效果较好。这种构件预制方法，国外一般叫做"配合浇筑"法。

5.3.6.2 预制和存放场地布置

预制场地主要设施有预制台座、龙门吊、存梁台、拌和站。布设时应便于梁段的移动和吊运，便于模板、钢筋及混凝土的运输。按照台座与河流及桥位的关系，场地布局可分为平行式、垂直式和沿河式，见图5-3-24。场内布置应综合梁段制作、运输、拼吊方式选择。用缆索起重机运输，宜作平行式布置；用驳船运输，宜作垂直式的长线布置或平行式的短线布置。

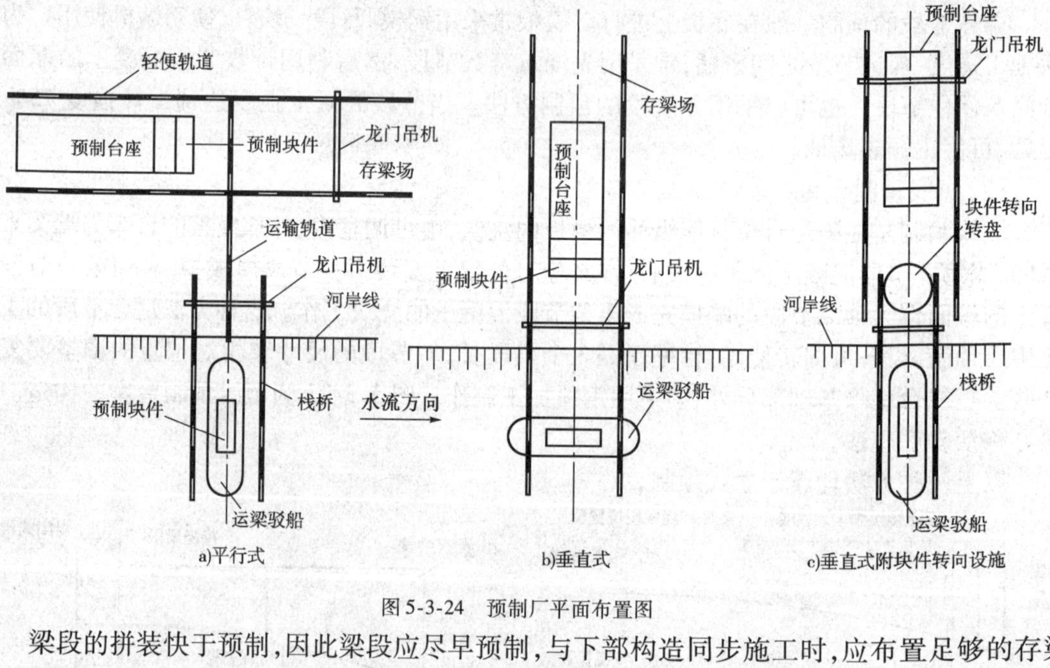

图5-3-24　预制厂平面布置图

梁段的拼装快于预制，因此梁段应尽早预制，与下部构造同步施工时，应布置足够的存梁区。区位宜设在待吊的一端。存梁台基础宜采用片石浆砌，上置枕木作支承，确保地基承载力，硬地基上可直接铺枕木支承。严防发生沉塌事故或支承不当损坏梁段。为了便于底板的检修，支承宜高于地面50cm以上。

5.3.6.3 拼接接合

梁段拼接有全断面铰接、部分铰接与部分湿接及湿接三种形式。两梁段全横断面靠环氧树脂黏结构成全断面铰接计算时假定为剪力铰。部分铰接与部分湿接是腹板为铰接，顶板及底板通过伸出钢筋连接再现浇混凝土。湿接是相邻梁段间浇筑一段为接头的连接缝，用以调整随后梁段（基准梁段）的位置，以便准确地控制其后续梁段的安装精度。

为了弥补湿接缝混凝土的收缩和早强，采用早强微膨胀混凝土浇筑。20℃左右温度，24h 可达到设计强度。

全断面铰接、部分铰接的接缝，拼装前即在接触面涂抹多功能环氧树脂，以保证连接面的水密性和利用树脂的厚度找平。

为了使预制节段在拼装时能准确而迅速地安装就位，在节段预制时在顶板均衡设置定位器（也称定位销）。有的定位器不仅能起到固定位置的作用，而且能承受剪力。这种定位装置称为抗剪楔或防滑楔。节段预制时，除注意预埋定位器装置外，尚须注意按正确位置预埋孔道形成器和吊点装置（吊环或竖向预应力粗钢筋）等。同时为了提高梁段拼接面的抗剪强度，拼接面做成齿合，即为剪力齿，如图 5-3-25 所示。

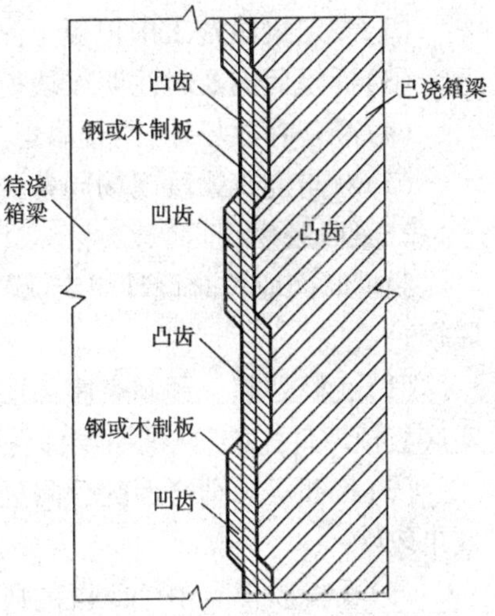

图 5-3-25 预制梁段拼接面剪力齿示意图

5.3.6.4 梁段模板、钢筋、预应力管道安装

(1) 模板

按底模支架的设计图式搭设支架，在支架顶上安装底模，再安装外模及框架，然后安装端模，为了保证梁段端面的平整及管道位置的准确，每个断面均应制作一块定型的钢端模板。最后安装内模。模板宜用大型钢模，便于周转安装。

(2) 钢筋

钢筋应分块制作成型。对于腹板及齿板钢筋，先定位绑扎成骨架，用吊机吊运至预制台座上安装。底板及顶板钢筋采用现场绑扎。

(3) 预应力管道

在底板、顶板钢筋布设好后，进行管道布置。先在底板钢筋上每隔 80cm 按管道高度焊一道钢筋支架，其后通过端模上预先开好的孔将波纹管穿入，调直后与支架绑扎固定。对于湿接缝的断面，相邻梁段需连接的管道，均应在端头接以长度为 50cm 的连接管以利以后管道的驳接。对于铰接缝的断面，须连通的两管道的内部加以长度为 30cm、外径与管道内径相吻合的纺锤形的圆木连通管道，防止浇筑混凝土过程中水泥砂浆流入而堵塞管道。

对于设锚头的位置，须将锚垫板牢固地固定在端模上，并注意锚垫板面的角度符合设计要求，波纹管垂直于锚固平面。

对于竖向预应力钢筋的安设，应先将预应力钢筋按设计长度下好料后，套以波纹管，其后，安装好固定锚端的螺旋筋，紧固小螺母、铺垫板及工作螺母后，按设计位置在腹板钢筋内安装固定。安装压浆管，并密封波纹管下端以免漏浆。最后在梁顶张拉端安装排气管，套以锚下螺旋筋，安装固定锚垫板。

5.3.6.5 梁段移运、存放和整修

梁段吊运除满足《公路桥涵施工技术规范》(JTG/T F50—2011)及设计规范有关要求外,还应满足悬拼施工的特殊要求。

1)移运前准备工作

(1)在梁段顶面标定纵轴线和测控点,便于悬拼时监控。

(2)测定梁段施工中顶板上测控点的高程,作为悬拼时分析梁高、转角及扭转的依据。

(3)拆模后应及时注明梁段所属墩号、梁段编号、吊拼方向及混凝土浇筑日期。

(4)准备存放场地,检查吊运的机具设备。

(5)对与浇筑梁段现场同条件养护的试件试压,以确保梁段吊运强度。

2)梁段脱模

脱模时间应符合设计规定,设计未规定时,应在混凝土强度达到设计强度的75%后方可脱模。

(1)底模处理。预制底座面层宜铺一层厚3~5mm在全底座上连为整体的钢板,并与底座底板预埋件连接,或铺一层镀锌铁皮,再在模板上涂刷隔离层剂。

(2)相邻梁段结合面的分隔处理。结合面宜用不掺乙胺而掺丙酮稀释的环氧树脂涂抹,效果较好。

(3)梁段脱模。由于梁段的质量较大(一般最大可能达70t以上),且须消除梁段混凝土与底模黏结和梁段之间的黏结,起吊前须在底板四角处设置4个起重能力500kN的千斤顶,将梁段顶起脱离底模,然后用起重机(或龙门吊)把脱离底模的梁段吊离预制台座。

3)梁段吊点设置。吊点一般设在腹板附近,有以下4种方式可供参考。

(1)如图5-3-26a)所示,在翼板下腹板两侧留孔,用钢丝绳与钢棒穿插起吊。

(2)如图5-3-26b)所示,直接用钢丝绳捆绑。

(3)如图5-3-26c)所示,在腹板上预留孔穿过底板,用精轧螺纹钢穿过底板锚固起吊。

(4)如图5-3-26d)所示,在腹板上埋设吊环。

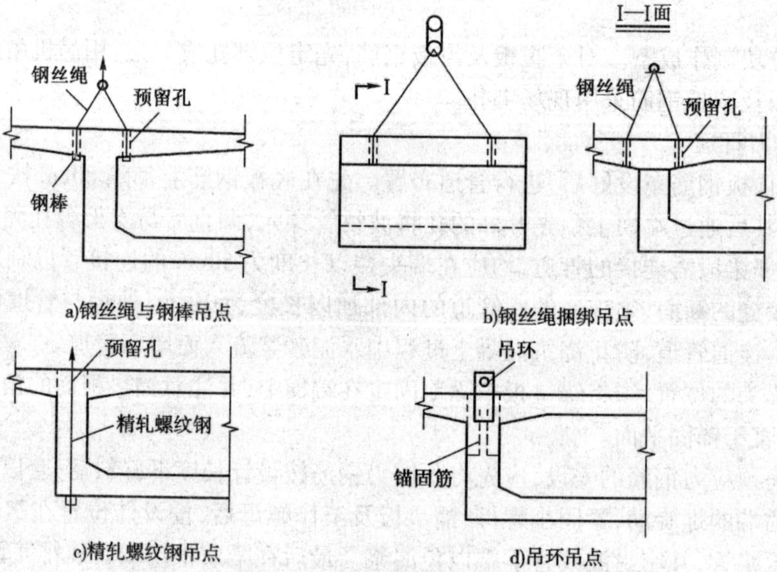

a)钢丝绳与钢棒吊点　b)钢丝绳捆绑吊点　c)精轧螺纹钢吊点　d)吊环吊点

图5-3-26　梁段吊点设置方式图

吊点设置应绝对可靠,考虑动载和冲击,安全系数宜大于5。对图5-3-26a)、c)、d)三种设置方式,由于底板等自重经腹板传至吊点,腹板将承受拉力,应先张拉一部分腹板竖向预应力筋。为改善吊梁的受力状态,应尽量降低吊点的高度,宜采用如图5-3-27所示的连接吊具。

4)龙门吊机设置

龙门吊机一般用万能杆件或贝雷架组拼,结构形式诸多,视起吊重力、跨径及设备等因素确定,龙门吊机现场组拼设计注意事项:

(1)计算荷载应考虑冲击力,取用最大荷载条件下的安全储备,确保设备及使用安全。

(2)龙门吊机为临时结构,为减少成本的投入,塔梁宜铰接。否则,因基础的沉降会使龙门结构严重扭曲以致损坏。

(3)考虑两塔柱因行走异步差值,因此设计应控制允许偏差,一般应取同步电机并设异步发生时的可转装置。

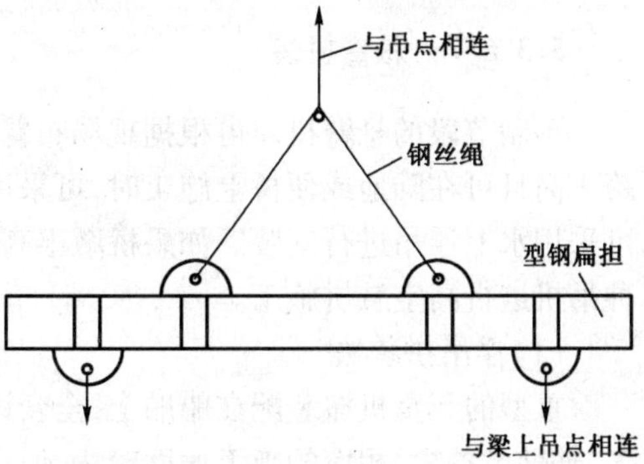

图5-3-27　连接吊具示意图

5)梁段存放

(1)吊运时梁段强度应不低于设计强度标准值的80%。

(2)一般宜单层放置,不得多于2层,且应防止梁段堆放的不合理受力。

(3)存梁宜用枕木支垫,梁面成水平搁置。

(4)梁段吊离台座后,应及时清除梁段上的隔离剂,以免影响拼合施工。

5.3.6.6　梁段运输

梁段运输有水、陆、栈桥及缆吊等各种形式。梁体节段自预制底座上出坑后,一般先存放于存梁场,拼装时节段由存梁场移至桥位处的运输方式,一般可分为场内运输、装船和浮运三个阶段。

(1)场内运输

当存梁场或预制台座布置在岸边,又有大型悬臂浮吊时,可用浮吊直接从存梁场或预制台座将节段吊放到运梁驳船上浮运。当预制底座垂直于河岸时,存梁场往往设于底座轴线的延长线上,此时,节段的出坑和运输一般由预制场上的龙门吊机担任,节段上船也可用预制场的龙门吊机。当预制底座平行于河岸时,场内运输应另备运梁平车进行。栈桥上也必须另设起重吊机,供吊运节段上船。节段的运输,当预制场与栈桥距离较远时,应首先考虑采用平车运输。起运前要将节段安放平稳,底面坡度不同的节段要使用不同厚度的楔形木来调整。节段用带有花篮螺丝的缆索保险。

(2)装船

梁段装船在专用码头上进行。码头的主要设施是施工栈桥和节段装船吊机。栈桥的长度应保证在最低施工水位时驳船能进港起运,栈桥的高度要考虑在最高施工水位时栈桥主梁不应被水淹,栈桥宽度要考虑到运梁驳船两侧与栈桥之间需有不少于0.5m的安全距离。栈桥起重机的起重能力和主要尺寸(净高和跨度)应与预制场上的吊机相同。

(3)浮运

浮运船只应根据节段质量和高度来选择,可采用铁驳船、坚固的木趸船、水泥驳船或用浮箱装配。为了保证浮运安全,应设法降低浮运重心。开口舱面的船应尽量将节段置于船舱底板。必须置放在甲板面上时，要在舱内压重。

节段的支垫应按底面坡度用碎石子堆成，满铺支垫或加设三角形垫木，以保证节段安放平稳。节段一般较大，还需以缆索将节段系紧固定。

5.3.6.7 悬臂拼装

预制节段的悬臂拼装可根据现场布置和设备条件采用不同的方法来实现。当靠岸边的桥跨不高且可在陆地或便桥上施工时，可采用自行式吊车、门式吊车来拼装。对于河中桥孔，也可采用水上浮吊进行安装。如果桥墩很高，或水流湍急而不便在陆上、水上施工时，要利用各种吊机进行高空悬拼施工。

(1)浮吊拼装法

重型的起重机械装配在船舶上，全套设备在水上作业就位方便，40m 的吊高范围内起重力大，辅助设备少，相应的施工速度较快，但台班费用较高。一个对称干接悬拼的工作面，一天可完成 2 ~4 段的吊拼。

(2)悬臂吊机拼装法

悬臂吊机由纵向主桁架、横向起重桁架、锚固装置、平衡重、起重系、行走系和工作吊篮等部分组成，如图 5-3-28 所示。

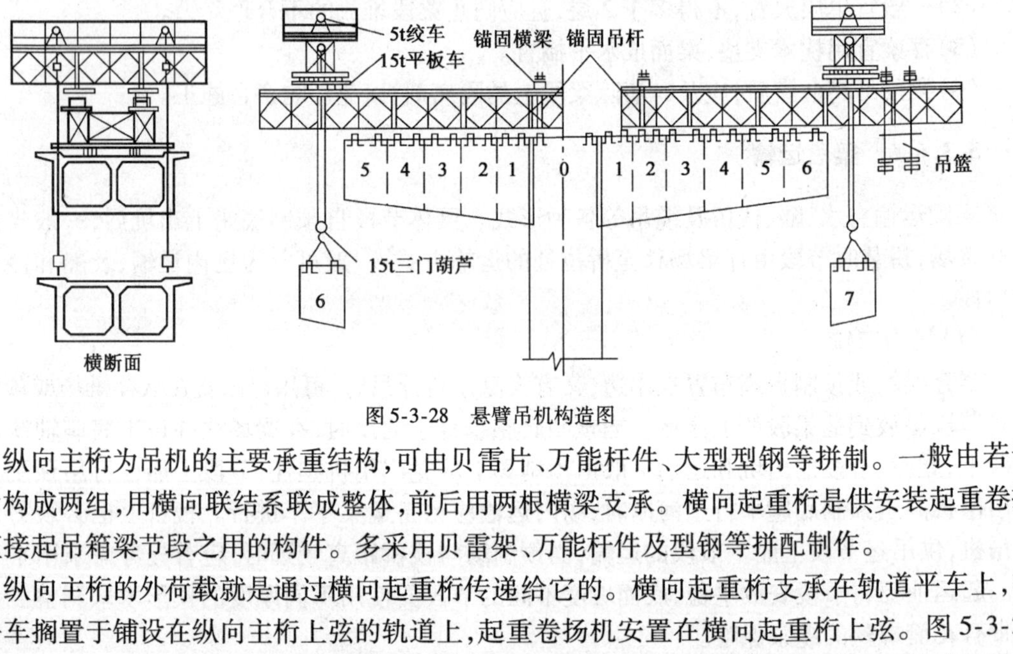

图 5-3-28　悬臂吊机构造图

纵向主桁为吊机的主要承重结构，可由贝雷片、万能杆件、大型型钢等拼制。一般由若干桁片构成两组，用横向联结系联成整体，前后用两根横梁支承。横向起重桁是供安装起重卷扬机直接起吊箱梁节段之用的构件。多采用贝雷架、万能杆件及型钢等拼配制作。

纵向主桁的外荷载就是通过横向起重桁传递给它的。横向起重桁支承在轨道平车上，轨道平车搁置于铺设在纵向主桁上弦的轨道上，起重卷扬机安置在横向起重桁上弦。图 5-3-29 为贝雷桁架拼装悬拼吊机拼梁段示意图，图 5-3-30 为贝雷桁架连续千斤顶拼装悬拼吊机拼梁段示意图，图 5-3-31 为梁段吊装正面示意图。连续千斤顶或卷扬机滑轮组作业设备简单，占用面积小、质量轻，适应性强，千斤顶起重力与吊重力之比约为 1:100。当 0 号梁段顺桥向的长度不能满足起步长度或采用吊机悬吊 1 号梁段时，需在墩侧设立托架。

设置锚固装置和平衡重的目的是防止主桁架在起吊节段时倾覆翻转，保持其稳定状态。对于拼装墩柱附近节段的双悬臂吊机，可用锚固横梁及吊杆将吊机锚固于 0 号块上。对称起吊箱梁节段，不需要设置平衡重。单悬臂吊机起吊节段时，也可不设平衡重，而将吊机锚在节段吊环上或竖向预应力筋的螺丝端杆上。

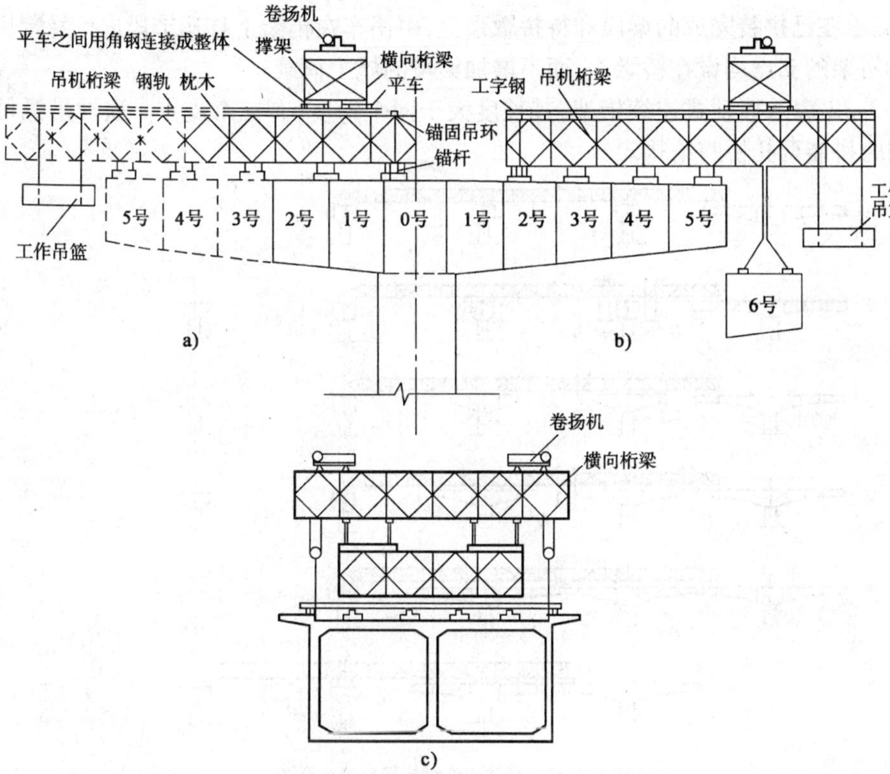

图 5-3-29　贝雷桁架拼装悬拼吊机拼梁段示意图

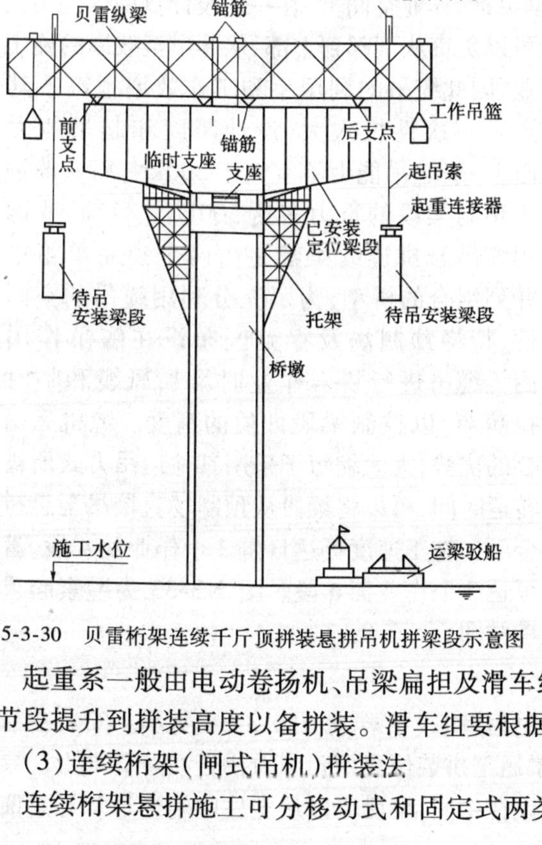

图 5-3-30　贝雷桁架连续千斤顶拼装悬拼吊机拼梁段示意图

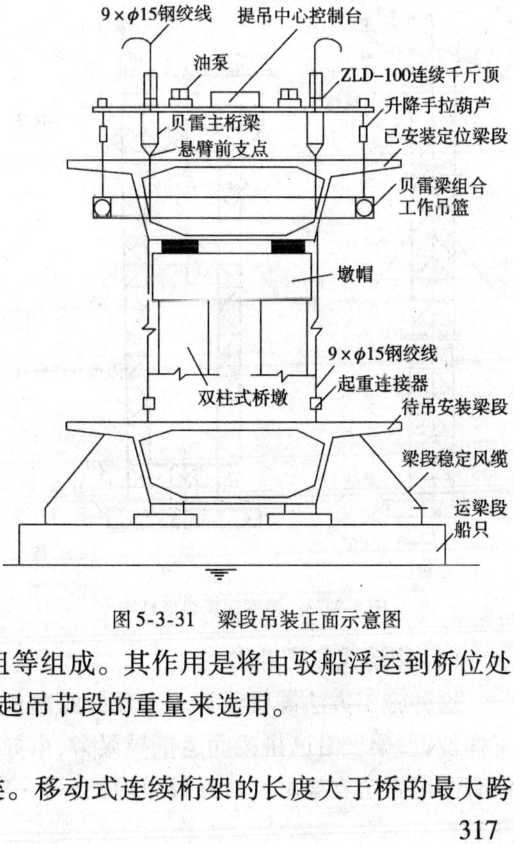

图 5-3-31　梁段吊装正面示意图

起重系一般由电动卷扬机、吊梁扁担及滑车组等组成。其作用是将由驳船浮运到桥位处的节段提升到拼装高度以备拼装。滑车组要根据起吊节段的重量来选用。

(3)连续桁架(闸式吊机)拼装法

连续桁架悬拼施工可分移动式和固定式两类。移动式连续桁架的长度大于桥的最大跨径，桁架支承在已拼装完成的梁段和待拼墩顶上，由吊车在桁架上移运节段进行悬臂拼装。固定式连续桁架的支点均设在桥墩上，而不增加梁段的施工荷载。

图5-3-32表示移动式连续桁架，其长度大于两个跨度，有三个支点。这种吊机每移动一次可以同时拼装两孔桥跨结构。

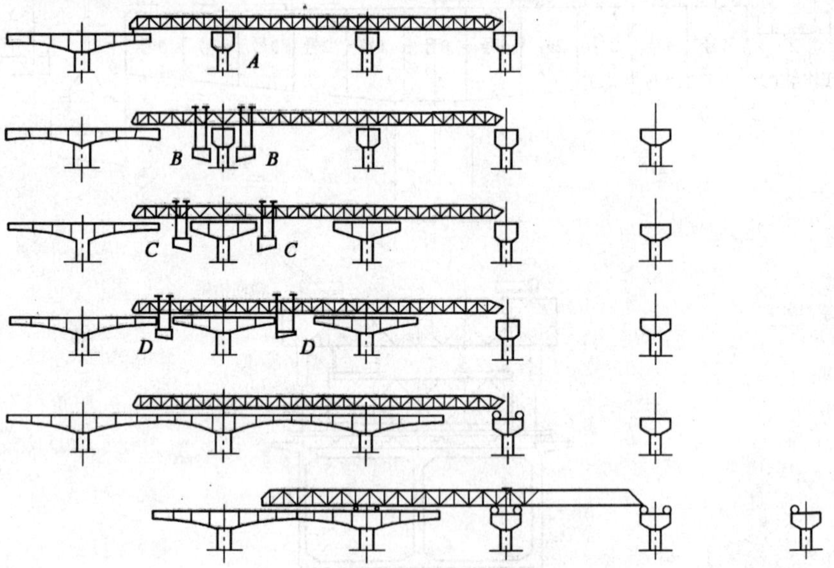

图5-3-32　移动式连续桁架拼装示意图

(4)缆索起重机(缆吊)拼装法

缆吊无须考虑桥位状况，且吊运结合，机动灵活，作业空间大，在一定设计范围内缆吊几乎可以负责从下部到上部，从此岸至彼岸的施工作业，因此缆吊的利用率和工作效率很高。其缺点是一次性投入大，设计跨度和起吊能力有限，一般起吊能力不宜大于500kN，而一般混凝土预制梁段的重力多达500kN。目前，我国使用缆吊悬拼连续梁都是由两个独立单箱单室并列组合的桥型，为了充分利用缆吊的空间特性，特将预制场及存梁区布设在缆吊作用面内。缆吊进行拼合作业时增加风缆和临时手拉葫芦，以控制梁段即位的精度。缆机运吊结合的优势，大大缩短了采用其他运吊方式所需的转运时间，可以将梁段从预制场直接吊至悬拼结合面。施工速度可达日拼2个作业面4段，甚至可达3个作业面6段。图5-3-33为缆索起重机塔柱图。

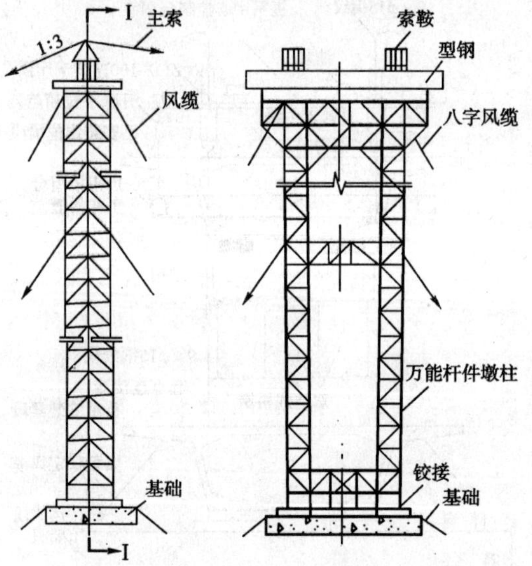

图5-3-33　缆索起重机塔柱图

(5)移动式导梁悬拼

这种施工方法需要设计一套比桥跨略长的可移动式导梁，如图5-3-34所示。安装在悬拼工作位置，梁段沿已拼梁面运抵导梁旁，由导梁运至拼装位置用预应力拼合在悬臂端上。导梁设有两对固定支架。一对在导梁后面，另一对设在中间，梁段可以从支柱中间通过。导梁前端有一个活动支柱，使导梁在下一个桥墩上能形成支点。导梁下弦杆用来铺设轨道以支承运梁平车。平车可使梁段水平和垂直移动，同时还能使其转动90°。

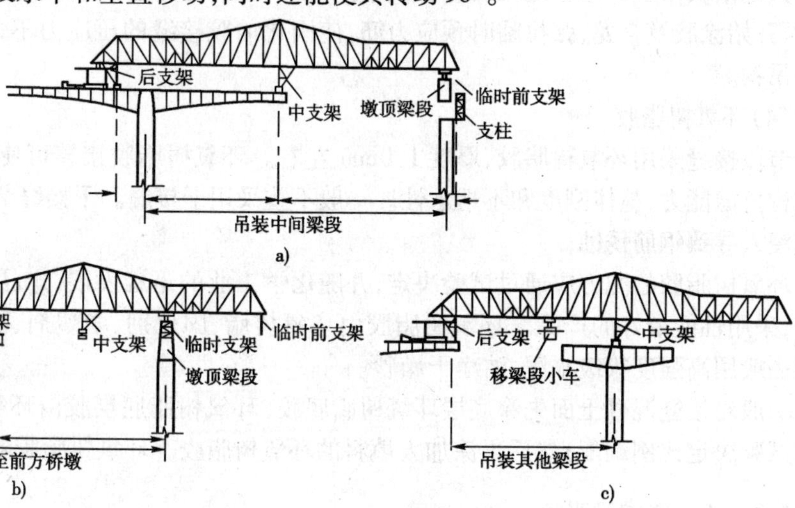

图 5-3-34　导梁悬拼梁段示意图

5.3.6.8　拼装施工

(1)支座临时固结或设置临时支架

为了确保连续梁分段悬拼施工的平衡和稳定，常与悬浇方法相同，将T构支座临时固结。当临时固结支座不能满足悬拼要求时，一般考虑在墩两侧或一侧加临时支架。悬拼完成，T构合龙(合龙要点与悬浇相同)，即可恢复原状，拆除支架。

梁段拼装过程中的接缝有湿接缝、干接缝和胶接缝等几种。不同的施工阶段和不同的部位采用不同的接缝形式。图5-3-35为缆吊悬拼时设置临时支架示意图。

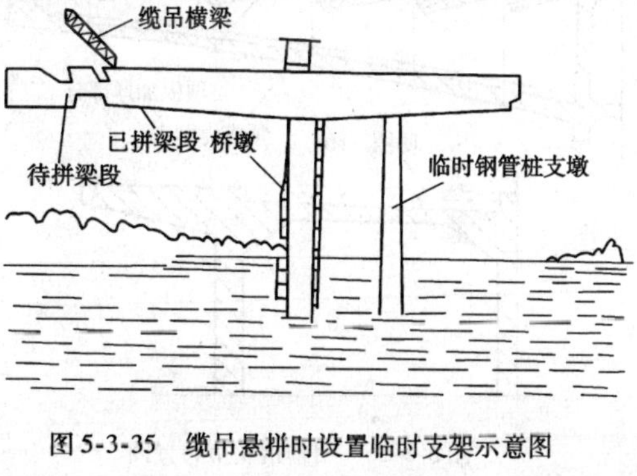

图 5-3-35　缆吊悬拼时设置临时支架示意图

(2)接缝处理和拼装程序

1号块和调整块用湿接缝拼装。1号梁段即墩柱两侧的第一个节段，一般与墩柱上的0号块以湿接缝相接。1号块是T形刚构两侧悬臂箱梁的基准节段，是全跨安装质量的关键。T构悬拼施工时，防止上翘和下挠的关键在于1号块定位准确。因此，必须采用各种定位方法确保1号块定位的精度。定位后的1号块可由吊机悬吊支承，也可用下面的临时托架支承。为便于进行接缝处管道接头操作、接头钢筋的焊接和混凝土振捣作业，湿接缝一般宽0.1～0.2m。

跨度大的T形刚构桥，由于悬臂很长，往往在伸臂中部设置一道现浇箱梁横隔板，同时设置一道湿接缝。这道湿接缝除了能增加箱梁的结构刚度外，也可以调整拼装位置；在拼装过程中，如拼装上翘的误差很大，难以用其他办法补救时，也可以增设一道湿接缝来调整。但应注意，增设的湿接缝宽度必须用凿打节段端面的办法来提供。

湿接缝铁皮管的对接，是一项施工工艺很高且很复杂的技术。在对接中往往不易处理，常会出现铁皮管长度、直径与接缝宽度不相称，预留管道位置不准确，管孔串浆、排气的三通铁皮管错乱等现象。施工时应特别注意以上特点。

(3)其他节段用胶接缝或干接缝拼装

其他梁段吊上并基本定位后(此时接缝宽10～15cm),先将临时预应力筋穿入,安装连接器,再开始涂胶及合龙,张拉临时预应力筋,使固化前胶接缝的压应力不低于0.3MPa,这时可解除吊钩。

(4)环氧树脂胶

节段接缝采用环氧树脂胶,厚度1.0mm左右。环氧树脂胶接缝可使节段连接密贴,可提高结构抗剪能力、整体刚度和不透水性。一般不宜采用干接缝。干接缝节段密贴性差,接缝中水汽浸入导致钢筋锈蚀。

环氧树脂胶的配方应通过试验决定,并随化学工业的迅猛发展,产品换代,应及时做市场调查,采用性能最好的产品。环氧树脂胶由环氧树脂、固化剂、增塑剂、稀释剂、填料等组成。填料一般用高强度等级水泥、洁净干燥砂。

一般对接缝混凝土面先涂底层环氧树脂底胶(环氧树脂底层胶由环氧树脂、固化剂、稀释剂按试验决定比例调配)然后再涂加大填料的环氧树脂胶。环氧树脂胶随用随配调制。

5.3.6.9 穿束及张拉

1)穿束

T形刚构桥纵向预应力钢筋的布置有两个特点:较多集中于顶板部位;钢束布置对称于桥墩。因此,拼装每一对对称于桥墩节段用的预应力钢丝束,均须按锚固该对节段所需长度下料。

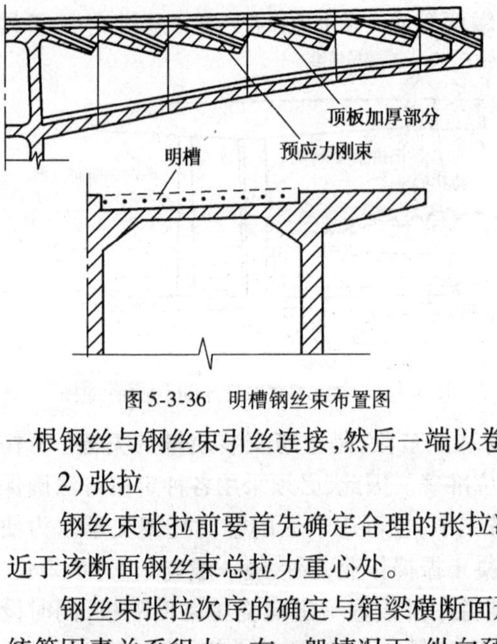

图5-3-36 明槽钢丝束布置图

明槽钢丝束通常为等间距排列,锚固在顶板加厚的部分(这种板俗称“锯齿板”)。加厚部分预制时留有管道(图5-3-36)。穿束时先将钢丝束在明槽内摆放平顺,然后再分别将钢丝束穿入两端管道之内。钢丝束在管道顶板加厚部分两头伸出长度要相等。

预应力钢束暗管穿束比明槽难度大。经验表明,60m以下的钢丝束穿束一般均可采用人工推送。较长钢丝束穿入端,可点焊成箭头状缠裹黑胶布。60m以上的长束穿束时可先从孔道中插入一根钢丝与钢丝束引丝连接,然后一端以卷扬机牵引,一端以人工送入。

2)张拉

钢丝束张拉前要首先确定合理的张拉次序,以保证箱梁在张拉过程中每批张拉合力都接近于该断面钢丝束总拉力重心处。

钢丝束张拉次序的确定与箱梁横断面形式、同时工作的千斤顶数量、是否设置临时张拉系统等因素关系很大。在一般情况下,纵向预应力钢丝束的张拉次序按以下原则确定:

(1)对称于箱梁中轴线,钢束两端同时成对张拉;

(2)先张拉肋束,后张拉板束;

(3)肋束的张拉次序是先张拉边肋,后张拉中肋(若横断面为三根肋,仅有两对千斤顶时);

(4)同一肋上的钢丝束先张拉下边的,后张拉上边的;

(5)板束的次序是先张拉顶板中部的,后张拉边部的。

3)压浆

管道压浆的目的是为了保证预应力筋不受腐蚀。目前的工艺是先用高压水检查管道的畅通、匹配面的密贴情况以及封端情况后再进行正式压浆,直到出浆口出浓浆。封闭出浆口持压几分钟,以保证水泥浆尽量充满管道。

压浆是在局部封锚后进行的,尚未进行封端,封锚水泥砂浆极易收缩开裂,造成压浆时漏浆,直接影响持压效果;且水泥浆在管道内会产生收缩,使压浆质量难以控制。故除了保证封端质量外,若在水泥浆中加入适量微膨胀剂,选取合适的配合比,则既能使压浆工作顺利进行,又能使凝固后的水泥浆尽量充满管道,尽可能地排出管道内的水和空气,避免力筋受蚀。

值得提出的是,在正式压浆前,必须检查管道畅通及渗漏情况,在压浆时,若从一端压不通,须及时处理,不得从另一端补压了事。

能力训练8　梁桥上部结构施工方案编制

本能力训练旨在训练学生根据工程所处的地理位置、地质条件、桥型桥跨结构、工期要求及施工图等情况,选择合理的上部结构施工方法,并对施工过程进行总体安排、设计工艺流程、提出质量管理和控制措施等方面的能力。

1)道桥工程施工方案的基本组成

施工方案指工、料、机等生产要素的有机结合方式,一个完整的施工方案一般包括下列内容:施工顺序、施工阶段划分、施工方法和施工机械选择、安全施工设计、环境保护内容及方法。

2)施工方案的编制依据

施工方案的编制依据主要是:施工图、施工组织设计、施工现场勘察调查得来的资料和信息、公路工程施工规范、施工验收规范、质量检查验收标准、安全操作规程,施工及机械性能手册、新技术、新设备、新工艺等。还要依靠设计人员本身的施工经验、技术素质及创造能力。

3)施工方案编制注意事项

(1)切实可行。制订施工方案必须从实际出发,一定要能切合当前的实际情况,有实现的可能性。选定的方案在人力、物力、技术上所提出的要求,应该是当前已有条件或在一定时期内有可能争取到的条件所能满足的。这就要求在制订方案之前,深入细致地做好调查研究,掌握主客观情况,进行反复的分析比较。

(2)施工期限满足国家和合同规定的要求。保证工程特别是重点工程按期和提前投入生产或交付使用,迅速发挥投资的效果,具有重大国民经济意义。因此,施工方案必须保证在竣工时间上符合国家和合同规定的要求,并力争提前完成。这就要求在制订方案时,在施工组织上要统筹安排,在照顾到均衡施工的同时,在技术上尽可能动用先进的施工经验和技术,力争提高机械化和装配化的程度。

(3)确保工程质量和生产安全。基本建设是百年大计,要求质量第一。保证生产安全也是社会的要求。因此,在制订施工方案时就要充分考虑到工程的质量和生产的安全,在提出施工方案的同时要提出保证工程质量和生产安全的技术组织措施,使方案完全符合技术规范与安全规程的要求。如果方案不能确保工程质量和生产安全,则其他方面再好也是不可取的。

(4)施工费用要低。施工方案在满足其他条件的同时,也必须使方案经济合理,以增加生产的盈利。这就要求在制订方案时,尽量采用降低施工费用的一切正当的、有效的措施,从人力、材料、机具和间接费等方面找出节约的因素,发掘节约的潜力,使工料消耗和施工费用降到最低。

4）施工总体顺序的确定

施工顺序是指一个单位工程中各分部工程、专业工程或施工阶段的先后施工关系及其制约关系。施工顺序安排得好，可以加快施工进度，减少人工和机械的停歇时间，并能充分利用工作面，避免施工干扰，达到均衡、连续的施工，实现科学的组织施工，做到不增加资源，加快工期，降低施工成本。制订施工总体顺序主要目的是解决时间搭接上的问题，确定单位工程施工程序必须遵循各施工过程之间的客观规律、各工序间相互制约的关系以及施工组织的要求。

单位工程的施工顺序一般应遵循"先地下、后地上，先主体、后局部，先结构、后附属工程"的次序，统筹考虑各分部工程之间的关系；与施工方法和施工机械协调一致；考虑施工组织设计的要求；考虑当地的气候条件和水文要求；考虑经济和节约，降低成本；考虑施工质量要求等原则。但是，对于某些特殊工程或随着道桥工程新结构和新技术的发展，施工顺序可能会不同于一般规律。

5）施工机械和施工方法的选择

由于施工产品的多样性、地区性和施工条件的不同，因而施工机械和施工方法的选择也是多种多样的。施工机械和施工方法的选择应当统一协调，相应的施工方法要求选用相应的施工机械，不同的施工机械适用于不同的施工方法。选择时，要根据工程的结构特征、工程数量大小、工期长短、物质供应条件、场地四周环境以及施工企业技术装备水平等因素，拟定可行方案，进行优选后再决策。

6）施工方案的比选

理想的施工方案要考虑以下几点：要符合施工工期的要求；要满足经济效益的要求；要符合工程实际，能真正发挥指导工程施工的作用；要能体现一定的技术水平；要有利于保证工程质量和施工安全。

但在评价某一施工方案时，上述各点基本功能所占的比重不可能是等同的，特别是当多个方案比较接近时，选用哪个方案较为合理，还必须结合工程特点作进一步调查分析方能确定。

施工方案的优选主要是对施工方案的技术经济进行比较，而这种比较又有定性分析和定量分析两种。定性分析主要是根据施工经验对方案的优缺点进行分析比较；定量分析主要是根据不同的施工方案计算所需的劳动力、资源消耗量、工期长短和成本范围等技术经济指标来进行分析比较。

施工方案的评价应坚持以下原则：技术分析与经济分析相结合的原则；定量分析与定性分析相结合的原则；动态分析与静态分析相结合的原则。评价的步骤一般为：拟定若干可行方案；建立评价指标体系；计算分析各项指标；综合分析、评价、优选；最终选出总体效果最好的方案。

工程实例：30m 连续箱梁桥上部结构施工方案。

1）工程概况

由××总公司承建的 G218 线××至××段公路改建工程第 A 合同段 K614 +095××大桥桥梁全长 308.2m，桥梁起终桩号：K613 +940.90 ~ K614 +249.10，桥梁与河道正交。上部结构采用 5 孔 30m 一联的装配式部分预应力连续箱梁，共两联。下部结构采用双柱式墩台，钻孔灌注桩基础，地基土质为卵石土夹有圆砾层，承载力 $\sigma = 500\text{kPa}$，$\tau = 200\text{kPa}$。

2）开工准备情况

工程技术管理人员、各施工队已进入施工现场。上部工程开工前的各项试验检测工作已完成。施工所需的各类机械设备已进场。施工放样及原地面高程测量已完成。施工现场各种临时设施均筹备完毕。质量保证体系、安全环保保证措施、文明施工措施等均已建立。

3）施工组织机构

本合同段已成立施工项目经理部，由项目部对本段施工队进行统一管理，并对工程实施全过程进行指挥和控制。

项目经理：×××

技术负责人（总工）：×××

技术员：×××

大梁预制场负责人：×××

试验负责人：×××

4）施工计划

本合同段建设工期29个月，扣除2个冬季施工期10个月，实际施工期为19个月，为确保工期和工程质量，我单位施工技术人员及投入该项目的主要管理人员通过对图纸及工程量的认真研究分析，拟定该项目建设工期如下。

施工准备：××××年7月1日～××××年8月10日

桥梁基础工程：××××年8月20日～××××年6月30日

桥梁墩台身帽工程：××××年9月15日～××××年7月15日

大梁预制：××××年9月1日～××××年7月31日

大梁安装：××××年11月1日～××××年9月30日

桥面铺装及人行道：××××年9月1日～××××年6月30日

护栏及其他工程：××××年4月1日～××××年9月30日

清理退场：××××年10月1日～××××年10月31日

5）施工现场平面布置（图5-3-37）

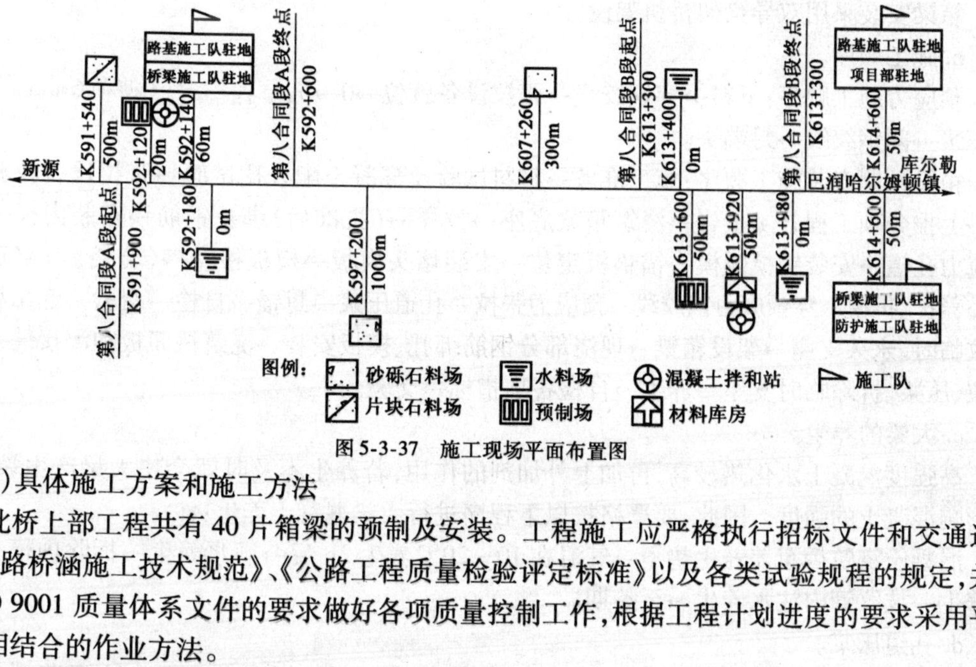

图5-3-37 施工现场平面布置图

6）具体施工方案和施工方法

此桥上部工程共有40片箱梁的预制及安装。工程施工应严格执行招标文件和交通运输部《公路桥涵施工技术规范》、《公路工程质量检验评定标准》以及各类试验规程的规定，并按照ISO 9001质量体系文件的要求做好各项质量控制工作，根据工程计划进度的要求采用平行流水相结合的作业方法。

（1）后张预应力连续箱梁预制及安装

后张预应力箱梁预制场设在K613+600右侧50m处。大桥总计40片箱梁，上部为30m五孔一联装配式部分预应力混凝土连续箱梁，共两联。采用预制安装，现浇连续接头的先简支后连续结构体系。

①大梁底座施工方法。

在填筑夯实的地基上开挖浇筑两层扩大基础，梁跨方向30m长，为防止产生沉降裂缝，在第二层设置ϕ12mm间距15cm×15cm的钢筋网片进行加强。在底座第二层混凝土浇筑时应注意预埋件的位置要正确。在焊接底板连接角铁时应对位准确，用仪器校核。梁底座钢板的焊接，应留有收缩缝，其收缩缝最后用原子灰抹平钢板。

预制场配制龙门施工，预制场地应平整、坚实、清洁，并采取排水措施，防止场地沉降。每片梁应一次浇筑完成，不得间断。箱梁底座施工时，为保证桥梁的平整，将箱梁底座跨中向下设1.7cm的预拱度，预拱度采用抛物线。

②后张预应力箱梁的预制及安装。

a. 施工方法。

预制箱梁模板采用成型配套钢模板（内模和外模）。混凝土采用拌和站集中拌和，纵向斜面连续浇筑，附着式和平板式振捣器振捣施工，振捣要避免碰撞预应力管道，浇筑混凝土要尽可能一次浇完，但在浇筑时要注意预留30m箱梁负弯矩钢束张拉槽口，洒水养护。穿束采用人工穿束，预应力钢束应严格按设计图纸和施工规范进行锚固，张拉时采用张拉吨位与延伸率双指标控制。孔道压浆时，采用压浆泵压浆，压浆应缓慢进行，先压下孔道，后压上孔道。

正弯矩区预应力筋的张拉在预制梁混凝土强度达到90%、梁板顶面负弯矩区混凝土强度达到95%时方可进行，张拉工序应严格按设计要求和规范进行，采用两端对称张拉，并做好张拉记录。预应力筋及锚具材料符合《预应力混凝土用钢绞线》(GB/T 5224—2003)的规定。预应力孔道位置要准确，在压浆前必须对孔道进行气压清孔，清孔后及时进行压浆，以保证预应力筋不锈蚀。

箱梁安装采用双导梁架桥机架设。

b. 施工顺序。

预应力施工顺序：下料→穿钢绞线→张拉设备就位→0→$\sigma_{\text{初始应力}}$→σ_{con}（持荷5min）→锚固→压浆→割钢绞线→封端头。

箱梁预制安装施工顺序：施工准备→材料试验及混凝土配合比试验→张拉设备校验并报批→上报分项工程开工报告→浇筑箱梁底座→放样→（批准后）绑扎钢筋→安装内模→固定预应力孔道→安装钢模侧模→锚垫板定位→安装堵头模板→模板检查→（合格后）浇筑混凝土→养护、拆模→穿预应力钢绞线→预应力张拉→孔道压浆→封锚→自检→交验→起吊移梁→安放临时、永久支座→架设箱梁→现浇部分钢筋绑扎、模板安装→浇筑桥面板和湿接缝→顶板张拉、压浆、拆除临时支座→养生→自检各项指标→交验。

c. 大梁的养生。

高强度混凝土水化热较高，再加上外加剂的作用，若养生不及时就会使大梁产生裂缝，严重影响混凝土的强度。因此，要严格按以下程序进行大梁混凝土养生：

混凝土浇筑后覆盖养生垫子→气温在10～20℃养生2h后→洒水养生→拆除内模→满注水养生→波纹管内注水养生→至龄期。

d. 孔道压浆。

压浆水泥浆要搅拌均匀，不得有大小杂物，以防压浆机堵塞不能工作。水泥浆搅拌均匀后，用筛子过滤后方可压浆，压浆前要对孔道进行检验，看是否有杂物和漏浆现象，并要对孔道注入清水进行冲洗，然后压浆。压浆时采用一端压浆，另一端排出与规定稠度相同的水泥浆为止，然后再关闭出浆口，再加压力到0.7～1.0MPa时，可以看到钢绞线上有水和气泡排出时，并保持不小于0.5MPa的一个稳压期，该稳压期不宜小于2min。

水泥浆自调制至压入孔道的延续时间，一般不宜超过40min，水泥浆在使用前和压注过程中应经常搅动。

应做好详细的压浆记录，3d后报送监理工程师。

在整个预应力混凝土中预应力施加后，要保证预应力持久性的关键是孔道压浆的密实性。

压浆施工顺序：清孔→预埋压浆管→预埋通气管→用水试压拌制掺外加剂的水泥浆→打开通气流水阀门→压浆→当最大压力为1MPa→另一端饱满和出浆→关闭出浆口→2min压力持续0.5MPa→关闭压浆开关。

e. 质量控制要点

原材料进场前必须进行试验，各项指标必须满足设计及规范要求；

大梁钢筋骨架：钢筋数量、尺寸、布设位置符合要求；

钢模板在混凝土浇灌前对尺寸、高程、平整度、稳固进行详细检查；

混凝土浇筑过程中：混凝土配合比、含水率、浇筑进度符合要求。

(2) 箱梁架设

①箱梁架设施工工艺流程如图5-3-38所示。

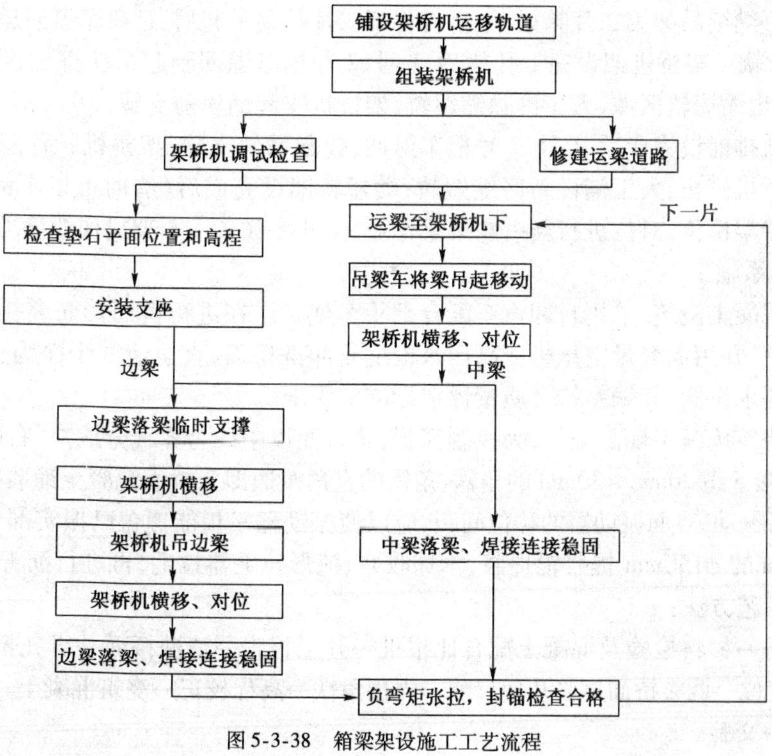

图5-3-38　箱梁架设施工工艺流程

②施工准备。

a. 了解勘察现场条件：制订梁的运输路线、架设顺序及吊车出入路线，根据梁的质量几何尺寸选择吊车型号、种类。

b. 测量放样：在架梁工作开始之前，由技术人员在盖梁、台帽顶放样定出梁片、支座的准确位置，并做不宜被擦去的标志记号，对各垫石高程进行最后复测，高程超出误差范围的垫石必须进行处理。

c. 安放支座：垫石高程、位置复测无误后，根据放样标志安装永久和临时支座，注意检查其规格型号是否与设计相符。

d. 吊车就位：将架梁场地整平压实，然后将架梁吊车就位，停在适宜位置，调整方向，准备吊梁。

③架设方案。箱梁采用双导梁架桥机架。

a. 安装与调试拆装式架桥机。在已架设完成的三孔梁上（作业平台）进行拆装式架桥机的安装与调试。

b. 调试运梁台车。运梁台车采用两组铰联轨道运输台车，自带动力，以双线轨式运输方式运输箱梁。运梁台车在拆装式架桥机尾端进行安装与调试。

c. 拆装式架桥机对位。在架桥机安装调试完毕后，即可开进到待架桥位支起前、中支腿，使架桥机就位，处于待架状态。

d. 运梁台车喂梁。在架桥机对位时，即开始用龙门吊换装箱梁至线上运梁台车上；架桥机对位完成后，即可将箱梁喂入架桥机内。

e. 架桥机架设箱梁。待箱梁喂进架桥机后，1 号吊梁桁车拴挂箱梁前端吊点起吊前行，待箱梁后端吊点位置进入 2 号吊梁桁车车下后，1 号桁车停止，待 2 号桁车拴挂起吊完成后，1 号、2 号桁车同时吊梁前行到待架桥梁位置后（单线箱梁需横移对位）落梁就位，即完成一片梁架设作业。继续吊架第二片箱梁，架桥机将第二片箱梁吊起后，运梁车退回运临时轨排。

f. 铺临时轨。架桥机架设完 1 孔梁后，1 号、2 号桁车退回到起吊轨排位置，收起前、中支腿，架桥机退出缩短轨区域，人工拆除缩短轨，架桥机支起铺轨前支腿，1 号、2 号桁车吊铺标准轨排。双线轨排铺设完成后，1 号、2 号桁车退回，收起铺轨支腿，架桥机悬臂前移。移出新缩短轨区后架桥机停止，人工铺设新区缩短轨；缩短轨铺设完成后（有时可以不铺缩短轨）架桥机即可开进待架桥位，对位进行新一轮架梁作业，至此完成了一个架梁作业循环过程。

(3) 桥面系施工

①桥面混凝土浇筑：采用自卸汽车配合翻斗车施工。在进行桥面钢筋绑扎之前应对箱梁顶面进行打毛，并用大容量空压机或高压水枪反复冲洗桥面，直至清洗干净为止，钢筋网的保护层按设计要求设置，其偏差符合质量评定标准的要求。

混凝土浇筑按施工规范进行，为控制高程，将桥面以中线为界线分成左、右两幅施工，每幅分成两仓，焊接 5 道 30mm × 30mm 的角铁，角铁的直角棱边即为桥面混凝土铺装控制高程，用表面振动器进行振动，表面振动器的移位间距，应以使振动器平板能覆盖已振实部分 100mm 左右为宜，并用 4m 的 ϕ150mm 提浆辊提浆、木抹收浆、梳形拉毛器拉毛，再进行沥青面层的施工。

a. 施工工艺方法：

施工准备→材料检验及混凝土配合比报批→开工报告→清洗桥面→绑扎桥面钢筋→桥面钢筋保护层定位→调整桥面钢筋几何尺寸→焊接角铁→高程校正→浇筑混凝土→拉毛→覆盖→养生→自检→交验。

b. 施工控制要点：钢筋加工与安装，桥面钢筋网保护层厚度，桥面混凝土厚度，高程控制，大面平整度控制，拉毛，养生。

②桥面防水层。铺设桥面防水层时应注意下列事项：

a. 防水层材料应经过检查，在符合规定标准后方可使用。

b. 防水层通过伸缩缝或沉降缝时，应按设计规定铺设。

c. 防水层应横桥向闭合铺设，底层表面应平顺、干燥、干净。

d. 水泥混凝土桥面铺装层当采用油毛毡或织物与沥青黏合的防水层时，应设置隔断缝。

(4)防撞护栏施工工艺

准备工作→清扫桥面→焊接绑扎钢筋→轴线放样→安装模板→浇筑防撞墙混凝土→安放预埋钢板、振捣混凝土、抹平→拆模、养生→自检合格→进行下一道工序。

(5)伸缩装置

伸缩装置中所用异型钢梁沿长度方向的直线度应满足 1.5mm/m，全长应满足 10mm/10m 的要求。伸缩装置钢构件外观应光洁、平整、不允许变形扭曲。安装注意事项如下：

①要按照设计核对预留槽尺寸，预埋锚固筋若不符合设计要求，必须首先处理，满足设计要求后方可安装伸缩装置。

②安装时，伸缩装置的中心线与桥梁中心线重合，并使其顶面高程与设计高程相吻合，按桥面横坡定位、焊接。

③浇筑混凝土前将间隙填塞，防止浇筑混凝土把间隙堵死，影响伸缩，并防止混凝土渗入模数式伸缩装置位移控制箱内，也不允许将混凝土溅填在密封橡胶带缝中及表面上，如果发生此现象，应立即清除，然后进行正常养护。

④待伸缩装置两侧混凝土强度满足设计要求后，方可开放交通。

(6)混凝土的养护

一般混凝土浇筑完成后，应在收浆后尽快予以覆盖和洒水养护。对于硬性混凝土、炎热天气浇筑的混凝土以及桥面等大面积裸露的混凝土，有条件的可在浇筑完成后立即加设棚罩，待收浆后再予以覆盖和洒水养生。覆盖时不得损伤或污染混凝土的表面。混凝土上面有模板覆盖时，应在养护期间经常使模板保持湿润。

当气温低于 5℃时，应覆盖保温，不得向混凝土面上洒水。

混凝土养护用水的条件与拌和用水相同。

混凝土的洒水养护时间不小于 7d。

当结构物混凝土与流动性的地表水或地下水接触时，应采取防水措施，保证混凝土浇筑后 7d 以内不受水的冲刷侵蚀。

对大体积混凝土的养护，应根据气候条件采取控温措施，并按需要测定浇筑后的混凝土表面和内部温度，将温差控制在设计要求的范围内，当设计无要求时，温差不宜超过 25℃。

混凝土强度达到 2.5MPa 前，不得使其承受行人、运输工具、模板、支架及脚手架等荷载。

(7)大型混凝土浇筑突发事件预防及处理预案

①施工过程中突然断电。

a. 主要原因：

发电机损坏不能正常工作。

发电机没油。

发电机超负荷跳闸。

b. 预防及处理：

工地施工现场设备用发电机一台，并且每班检查发电机，使之完好率、使用率达到要求。

储备足够油料及时加油。

限制用电设备，保证施工现场的主要设备用电。

②施工过程中人员不足，搅拌设备不能正常工作。

a. 原因：

施工过程中熟练工人(如振动棒手、搅拌机操作手等)不足。

搅拌设备出现故障。

b. 预防及处理:

在施工中增加熟练技术工2名,以满足混凝土浇筑的需要。

搅拌设备每班检查、维修,如有问题及时处理;施工中出现故障及时排除,如不能及时排除则设置施工缝,以保证施工质量。

③混凝土浇筑不能在规定时间内完成。

a. 主要原因:

初凝及终凝时间掌握不好。

人员及机械设备不足或机械设备出现故障。

砂石料及水泥储备量不足。

b. 预防及处理:

准确地预算好混凝土初凝及终凝时间,严格控制施工工艺,使之在规定时间内完成混凝土浇筑任务。

在施工中增加熟练技术工2名,以满足混凝土浇筑的需要;搅拌设备每班检查、维修,如有问题及时处理。施工中出现故障及时排除,如不能及时排除则设置施工缝,以保证施工质量。

准确计算所需的砂石料及水泥用量,储备不足坚决不开盘。

如以上问题不能及时解决,必须间断且间断的时间超过前层混凝土初凝时间或能重塑的时间时,则预留施工缝。

④施工缝的位置应在混凝土浇筑之前确定,宜留置在结构受剪力和弯矩较小且便于施工的部位,并应按下列要求进行处理:

a. 应凿除处理层混凝土表面的水泥砂浆和松弱层,但凿除时,处理层混凝土须达到下列强度:

用水冲洗凿毛时,须达到0.5MPa;

用人工凿除时,须达到2.5MPa。

b. 经凿毛处理的混凝土面,应用水冲洗干净,在浇筑次层混凝土前,对垂直施工缝宜刷一层水泥浆,对水平缝宜铺一层厚为10~20mm的1:2的水泥砂浆。

c. 重要部位及有防震要求的混凝土结构或钢筋稀疏的钢筋混凝土结构,应在施工缝处补插锚固钢筋或石榫;有抗渗要求的施工缝宜做成凹形、凸形或设置止水带。

d. 施工缝为斜面时应浇筑成或凿成台阶状。

e. 施工缝处理后,待处理层混凝土达到一定强度后继续浇筑混凝土。需要达到的强度,一般最低为1.2MPa。当结构物为钢筋混凝土时,不得低于2.5MPa。混凝土达到上述抗压强度的时间宜通过试验确定。

7)质量保证体系

本项目实行三级质量管理体系,即公司、项目经理部、施工队。

各级组织依照工程处ISO 9001质量保证体系的质量管理职责明确质量责任,分解和落实质量目标,制订相应的质量保证措施,并按照质量控制程序的要求实施施工过程中质量控制。

项目经理为本合同段工程质量的第一责任人,负责组建项目质量保证体系。项目总工程师负责工程施工的技术管理,对工程质量负责,项目总工程师组织各专业工程师制定工程项目实施阶段的施工组织设计并采取具体措施予以落实。

项目总工程师是质量保证体系有效运作和监督指导具体措施落实的管理者,对工程质量控制的全过程负责。

(1)负责组织图纸会审和设计变更的报批。

(2)参与和负责施工技术交底的编制。

(3)定期组织召开质量总结会议,制订阶段性质量保证措施和质量工作计划。

(4)亲临工地并对重大及典型分项工程的施工现场进行监督和指导。

(5)负责组织并编制工程实施阶段的施工组织设计和项目质量计划及实施工办法。

(6)负责组织制订各专业工程师及特殊操作岗位人员的工作职责,准备工程项目实施所需各种文件,并确保发放、使用文件的有效版本。

(7)对特殊过程的控制,总工程师应组织制订专门的作业指导书,协调安排相应资格的人员上岗。

(8)负责审定工程项目的试验、检测实施计划。明确过程检验的项目、标准、规范和方法,报监理工程师批准后,在施工过程中严格执行。未经自检或监理工程师签认以及经自检或监理工程师检验不合格的工序,项目总工程师有权拒绝转入下道工序及下一分项工程的施工。

8)安全保证体系

为保证工程施工的顺利实施和人员设备的安全,创造一个安全生产的良好环境,工程开工时,项目经理部组织建立安全保证体系,由上至下建立完善的安全施工管理制度和安全奖罚责任制,加强对职工的安全生产教育和安全规范的学习,提高施工人员的安全意识,树立"安全第一,预防为主"的思想,防患于未然。

(1)在施工期遵守国家有关安全法规和规范,充分发挥安全保证体系的运作性能。

(2)针对各岗位制订严格的安全生产操作规程,按规程办事,对上岗人员进行全面的安全生产教育和技术操作培训,及时提供安全装置、设备和劳动保护器材等。

(3)安全管理负责人及各专职安全员经常进行安全生产巡视检查,查出违章隐患,及时提出整改措施,及时纠偏,以预防为主,把事故消灭在萌芽中。

(4)加强对驻地、材料库房、搅拌场等的防火、防盗工作,现场配备必要的安全、消防措施和安全标志。

(5)施工地段设"慢行""请走便道"等指示或警告标志牌,必要时还应设置照明设备。

(6)加强对运输车驾驶员、机械操作手的安全教育和机械车辆的定期维护和保养,消除事故隐患。

(7)施工现场及生活用电均由专职电工负责,以保证安全用电。

(8)大梁安装及预应力张拉等危险操作均由专业人员进行,并配相应安全设备和劳动保护器材。

9)安全应急救援预案

(1)项目部应急预案的目的和原则:

遵循安全第一的原则,优先保护人的生命安全。做到统一指挥、分工负责。面对可能发生的重特大安全事故,及时采取抢救措施,高效、有序地组织开展触电、倒塌、火灾以及机械伤害事故的抢救工作,最大限度地减少人员伤亡和财产损失。

各类事故应急救援工作都应当坚持"预防为主、常备不懈、救人第一"的方针,统一指挥、分级负责、冷静有序、团结协作,遵循快速有效处置、防止事故扩大的原则,启动安全事故应急预案。

①安全事故应急救援小组成员:组长、副组长和成员。

为确保正常施工,预防突发事件以及某些预想不到的、不可抗拒的事件发生,事前要有充足的技术措施准备、抢险物资的储备,最大限度地减少人员伤亡、国家财产和经济损失。确定工程重大危险因素是掉梁、物体打击、交通事故、触电、火灾等。在采取安全管理各种防范措施的基础上,特制订此应急方案。

应急预案工作流程如图 5-3-39 所示。

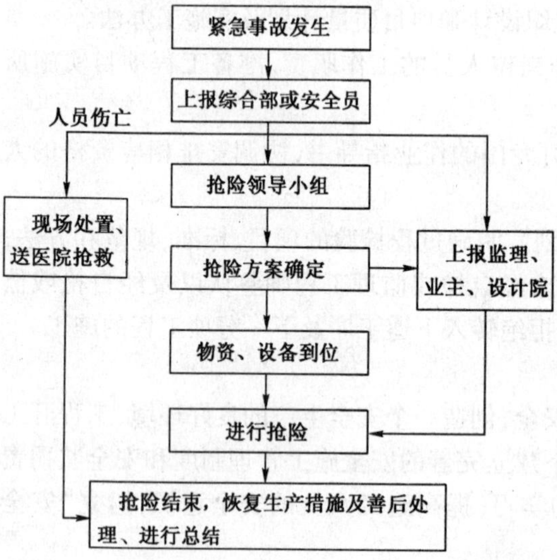

图 5-3-39　应急预案工作流程图

②值班电话:

实行昼夜值班制,项目部值班时间和人员如下:

7:30～20:30　值班人员:×××

20:30～7:30　值班人员:×××

(2)紧急情况发生后,现场要做好警戒和疏散工作,保护现场,及时抢救伤员和财产,并由在现场的项目部最高级别负责人指挥,在3min内电话通报到值班室,主要说明紧急情况性质、地点、发生时间、有无伤亡、是否需要派救护车或警力支援到现场实施抢救,如需可直接拨打120、110等求救电话。

(3)值班人员在接到紧急情况报告后必须在2min内将情况报告到紧急情况领导小组组长和副组长。小组组长组织讨论后在最短的时间内发出如何进行现场处置的指令。分派人员车辆等到现场进行抢救、警戒、疏散和保护现场等。由综合部在30min内以小组名义打电话向上一级有关部门报告。

(4)遇到紧急情况,全体职工应特事特办、急事急办,主动积极地投身到紧急情况的处理中去。各种设备、车辆、器材、物资等应统一调遣,各类人员必须坚决无条件地服从组长或副组长的命令和安排,不得拖延、推诿、阻碍紧急情况的处理。

编制16m预应力混凝土空心板施工方案。

(1)基本资料

某桥位处于平原微丘区,地形较为平坦,路线跨越一条季节性河流。设计为低填方路基,桥面行车道边缘设计高程842.20m,河底最低点高程836.945m,常水位837.846m,设计水位841.20m。拟对河道进行清淤开挖,两岸修建河堤挡墙。桥梁结构为2×16m先张法预应力混凝土空心板。桥梁宽度为净－1.5m(人行道)＋9m(行车道)＋1.5m(人行道),桥面总宽为12m。桥梁上部共用预应力空心板24块,其中边板4块,中板20块。桥面横坡为1.5%,由桥面铺装层调整形成,铺装层为C40防水混凝土,边缘厚10cm,中间厚17cm。人行道为挑梁、支撑梁和人行道板组合结构。栏杆立柱埋设在A型挑梁的预留槽口中,栏杆由预制扶手、栅栏安装组成。设计荷载为公路—Ⅱ级。

桥梁两端为平坦耕地,施工及临时用地充裕。有4.5m宽砂石便道通往工地,施工用水可从河道中抽取,附近有变压器,施工用电方便。

桥梁立面布置及上部结构横断面图如图5-3-40所示。

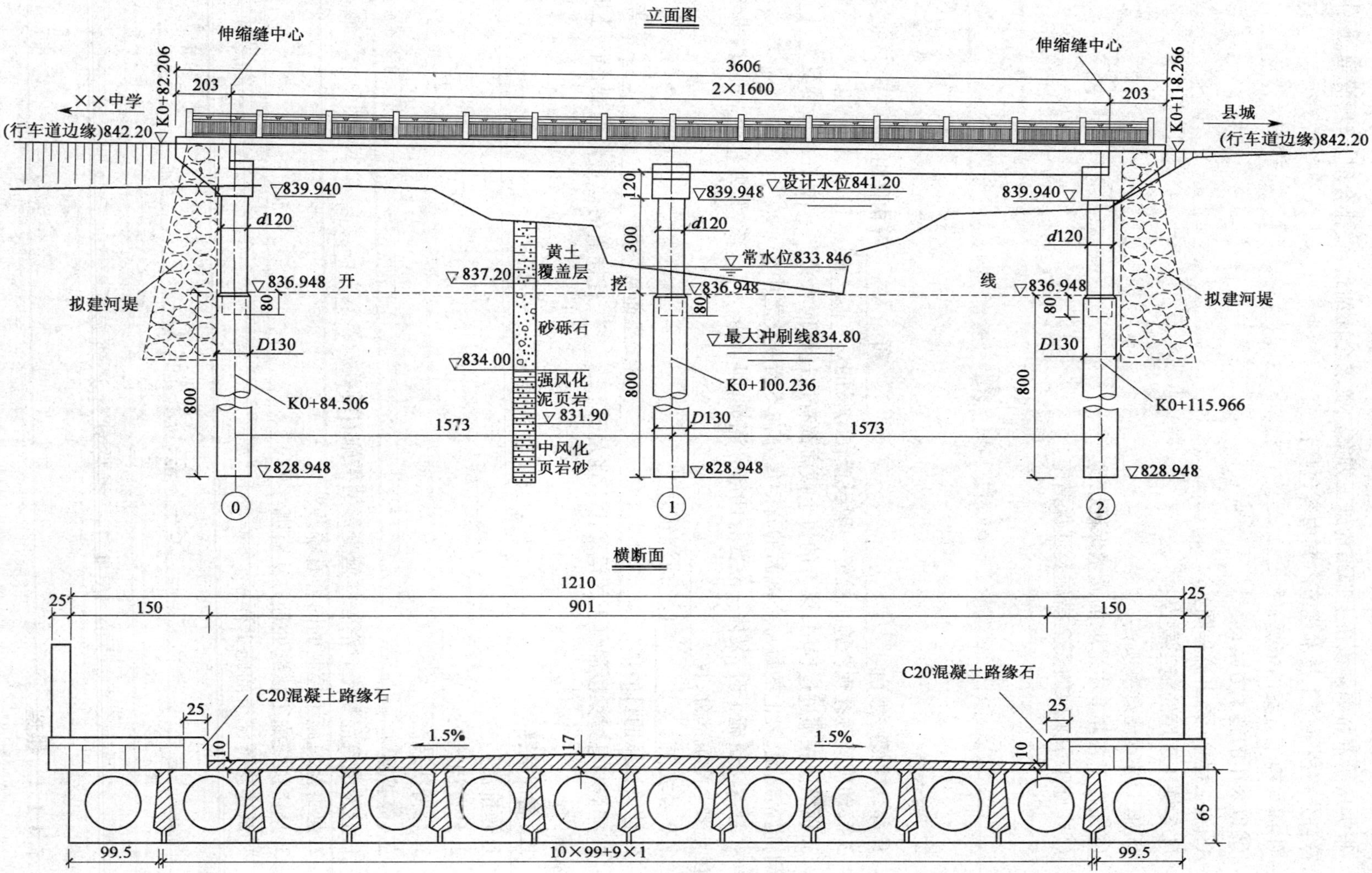

图 5-3-40　××桥立面及上部结构横断面图(尺寸单位:cm;高程单位:m)

(2)项目任务

根据所给资料编制该桥上部结构施工方案。要求全面细致,安排合理,条理清楚,操作性强,符合公路桥梁施工技术规范。其内容包括:

①编写施工方案的依据;

②拟采用的施工方案;

③施工程序(绘出流程图);

④各施工工序的施工要点;

⑤施工过程注意事项;

⑥在施工各环节中采取的质量保证措施;

⑦在施工中采取的安全措施及环保措施。

自 测 题

一、填空题

1. 移动模架一般由________、________、________和________等构件组成。

2. 移动模架逐孔现浇施工接缝一般设置在跨径的________处。

3. 顶推法在顶进过程中,梁上的每个截面都有通过墩顶承受____、处在跨中承受______的时刻,也就是说,梁上的每一个截面的弯矩值处在不断变化之中。

4. 悬臂浇筑施工时,梁体一般要分四部分浇筑,即Ⅰ为______段,Ⅱ为______部分,Ⅲ为边跨在支架上浇筑部分,Ⅳ__________。

5. 0 号块在__________上完成浇筑。

6. 挂篮试压的目的是______________________。试压通常采用______法、______法等。

7. 挂篮与悬臂梁段混凝土的重量比不宜大于________,且挂篮的总重量控制在设计规定的限重内。

二、名词解释

1. 顶推法

2. 悬臂浇筑法

3. 悬臂拼装法

三、简答题

1. 悬臂浇筑混凝土时消除挂篮变形的措施有哪些?

2. 悬臂浇筑施工控制的内容有哪些?

3. 悬臂拼装施工接缝处理方法有哪些?

4. 试述悬臂浇筑的施工程序。

5.4 拱桥施工

5.4.1 拱桥就地浇筑施工

5.4.1.1 拱架

砌筑石拱桥(或预制混凝土块拱桥)及就地浇筑混凝土拱圈时,需要搭设拱架,以支承全部或部分拱圈和拱上建筑的重量,并保证拱圈的形状符合设计要求。因此,拱架要进行专门设计,要求具有足够的强度、刚度和稳定性。

1)拱架的结构类型

拱架的种类很多,按其使用材料可分为木拱架、钢拱架、扣件式钢管拱架、斜拉式贝雷梁拱架、竹拱架、竹木混合拱架、钢木组合拱架以及土牛胎拱架等多种形式;按结构形式可分为满布式、拱式、桁架式、组合式等。

2)拱架的构造

(1)满布立柱式拱架

满布立柱式拱架一般采用钢管脚手架、万能杆件或木材拼设,模板可以采用组合钢模、木模等。满布式拱架通常由拱架上部(拱盔)、卸架设备、拱架下部(支架)三部分组成。满布立柱式拱架的上部一般由大梁、立柱、斜撑和拉杆组成拱式桁架(拱盔),下部由立柱和横向联系组成支架,上下部之间放置卸架设备。这种拱架适用于桥不太高、跨度不大且无通航要求的拱桥施工时采用,如图 5-4-1 所示。

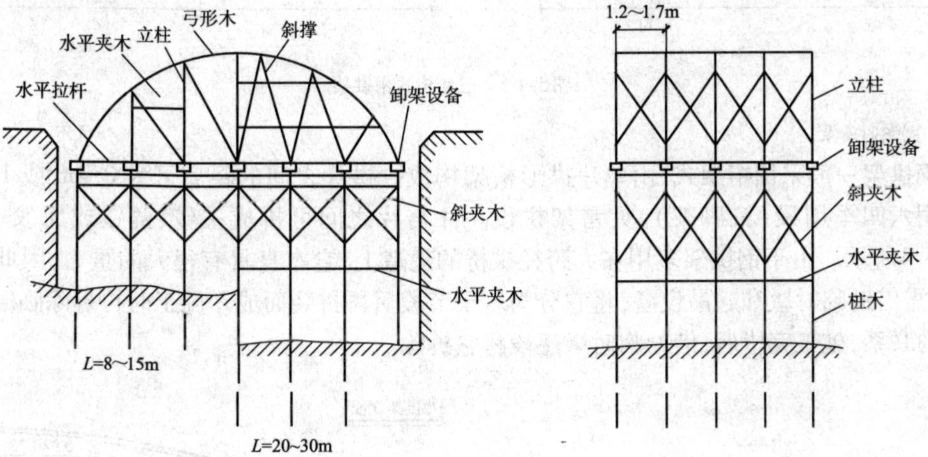

图 5-4-1 满布立柱式拱架

(2)撑架式拱架

撑架式拱架上部与满布立柱式拱架相同,下部是用少数框架式支架加斜撑来代替众多数目的立柱,因此,支架用量相对较少。这种拱架构造并不复杂,而且能在桥孔下留出空间,减少洪水及漂浮物的威胁,并在一定程度上满足通航的要求,在实际中采用较多,如图 5-4-2 所示。

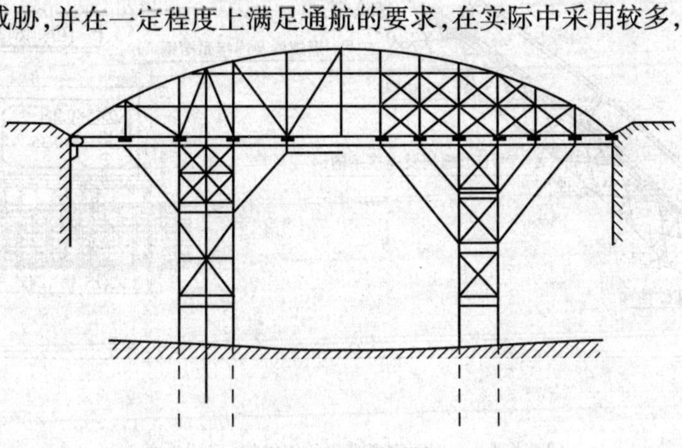

图 5-4-2 撑架式拱架

(3)三铰桁式木拱架

三铰桁式木拱架是由两片对称弓形桁架在拱顶拼装而成,其两端直接支承在墩台所挑出的牛腿上或紧贴的临时排架上,跨中不另设支架。这种拱架不受洪水、漂浮物的影响,在施工期间能维持通航,适用于墩高、水流急、要求通航的河流。按腹杆的形式来分,有N式、V式及有反向斜杆的交叉式等,如图5-4-3所示。与满布立柱式拱架相比,木材用量少,可重复使用,损耗率低。但对木材规格和质量要求较高,同时要求有较高的制作水平和架设能力。由于在拱铰处结合较弱,因此除了在结构构造上须加强纵横向联系外,还需设置抗风缆索,以加强拱架的整体稳定性。在施工中应注意对称均匀浇筑混凝土,并加强观测。

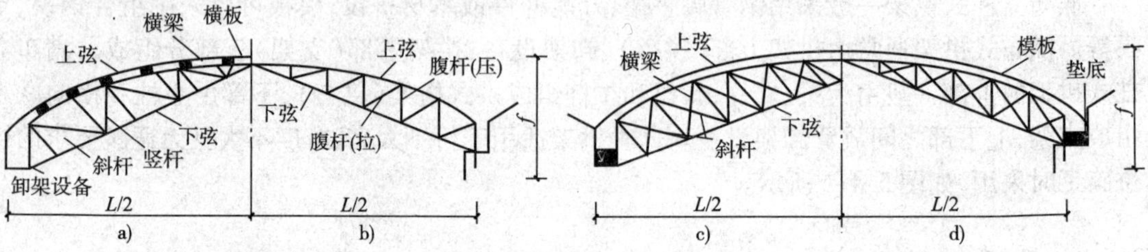

图5-4-3 三铰桁式木拱架

(4)钢拱架

钢拱架一般采用桁架式,由单片拱形桁架构成。拱片之间的距离可为0.4m或1.9m,通常采用六四军用梁(三脚架)、贝雷架拼设。片与片之间可拼成三铰、两铰或无铰拱架,如图5-4-4所示。由于钢拱架多用在大跨径拱桥的建造上,它本身具有很大的重力,因此在安装时,还需借助临时墩和起吊设备,将它分为若干节段后再拼装而成。施工时再拆除临时墩与钢拱架的联系,施工完毕后,借助临时墩逐段将它拆除。

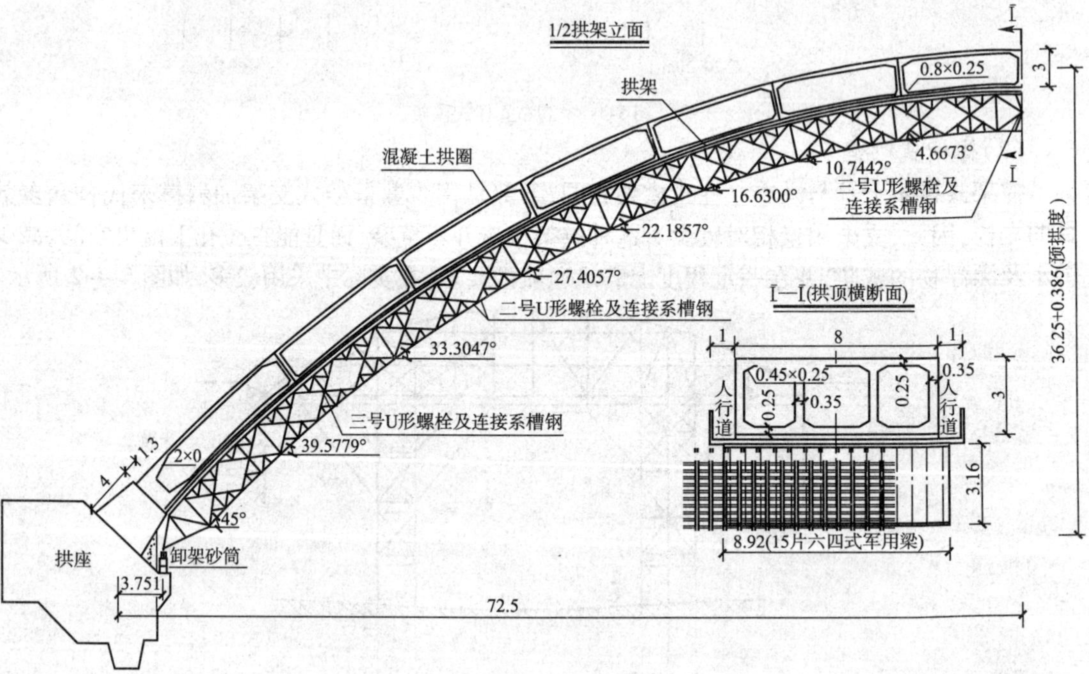

图5-4-4 六四军用梁设置的钢拱架(尺寸单位:m)

5.4.1.2 拱圈模板

(1)板拱拱圈模板

板拱拱圈模板(底模)厚度应根据弧形木或横梁间距的大小来确定。一般有横梁的底模板厚度为4~5cm,直接搁在弧形木上时为6~7cm。有横梁时为使顺向放置的模板与拱圈内弧形圆顺一致,可预先将木板压弯。压弯的方法是:每4块木板一叠,将两端支起,在中间适当加重,使木板弯至符合要求为止,施压约需半个月左右的时间。40m以上的跨径的拱桥模板可不必事先压弯。

石砌板拱拱圈的模板,应在拱顶处预留一空当,以便于拱架的拆卸。

模板顶面高程误差不应大于计算跨径的1/1000,且不应超过3cm。

(2)肋拱拱肋模板

拱肋的底模与混凝土或钢筋混凝土板拱拱圈底模基本相同。拱肋之间及横撑间的空当也不铺底模。

拱肋侧面模板一般应预先按样板分段制作,然后拼装在底模上,并用拉木、螺栓拉杆及斜撑等固定。安装时,应先安置内侧模板,等钢筋入模后再安置外侧模板。模板宜在适当长度内设一道变形缝(缝宽约2cm),以避免在拱架沉降时模板间相互顶死。

拱肋间的横撑模板与上述侧模构造基本相同,处于拱轴线较陡位置时,可用斜撑支撑在底模板上。

5.4.1.3 主拱圈的施工

1)石拱桥的拱圈砌筑

(1)砌筑材料

在拱架上砌筑的拱桥主要有石拱桥和混凝土预制块拱桥。

①拱圈及拱上建筑可按设计要求采用粗料石、块石、片石或混凝土预制砌块等。一般可在砌筑时,选择较规则和平整的同类石料稍经加工后作为镶面。如有镶面要求时,应按规定加工镶面石。

②拱圈砌缝可用砂浆或小石子混凝土砌筑、填塞。

砌筑拱圈用的砂浆,一般为水泥砂浆。小桥涵拱圈可使用水泥石灰砂浆。砂浆强度等级应符合设计规定。

小石子混凝土拌和料应具有良好的和易性和保水性。为改善小石子混凝土拌和料的和易性和保水性并节约水泥,可通过试验在拌和料中掺入一定数量的减水剂或粉煤灰等混合材料。

(2)拱圈砌筑方法

①拱圈放样与备料。

粗料石拱圈的拱石要按照拱圈的设计尺寸进行加工。为了能合理划分拱石,保证结构尺寸准确,通常需要在样台上将拱圈按1:1的比例放出大样,然后,用木板或锌铁皮在样台上按分块大小制成样板,进行编号,以利加工。

在划分拱石时需注意,左右两批拱石间的砌缝横贯拱圈全部宽度,并垂直于拱圈中轴,成为贯通的辐射缝。上下两层拱石的砌缝为断续的弧形缝,其前后拱石间的砌缝则为断续的、与拱圈纵轴平行的平面缝。两相邻拱石的砌缝必须错开,其距离应不小于100mm,以利于拱圈传力和具有较好的整体性。

拱石分块的大小依加工能力和运输条件而定。对拱石加工的尺寸规格与误差要求以及砂浆、小石子混凝土配比和使用的规定,可按有关设计、施工规范办理。

②拱圈的砌筑。

a. 连续砌筑。跨径小于 16m 的拱桥,当采用满布式拱架施工时,可以从两拱脚同时向拱顶一次按顺序砌筑,在拱顶合龙;跨径小于 10m 的拱桥,当采用拱式拱架时,应在砌筑拱脚的同时,预压拱顶以及跨径 1/4 部位。

预加压力砌筑是在砌筑前在拱架上预压一定重力,以防止或减少拱架弹性和非弹性下沉的砌筑方法。它可以有效地预防拱圈产生不正常的变形和开裂。预压物可采用拱石,随撤随砌,也可采用砂袋等其他材料。

砌筑拱圈时,常在拱顶须留一龙口,最后在拱顶合龙。为防止拱圈因温度变化而产生过大的附加应力,拱圈合龙应在设计要求的温度范围内进行。设计无规定时,拱圈的合龙温度宜选取气温在 5 ~ 15℃时进行。

b. 分段砌筑。当跨径大于或等于 16m 时,应分段砌筑。分段长度应以能使拱架受力对称、均匀和变形小为原则,拱式拱架宜设置在拱架受力反弯点、拱架节点、拱顶及拱脚处;满堂式拱架宜设置在拱顶、1/4、拱脚及拱架节点等处,每段长度不宜超过 6m。各段的接缝面应与拱轴线垂直,如图 5-4-5 所示。先对称地砌Ⅰ段和Ⅱ段,后砌Ⅲ段,或各段同时向拱顶方向对称地砌筑,最后砌筑拱顶石合龙。

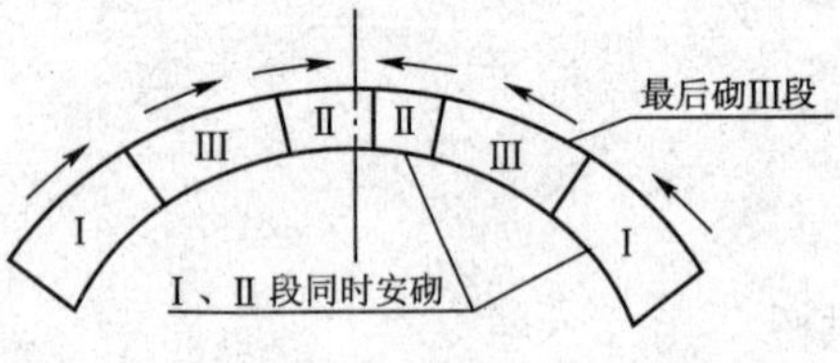

图 5-4-5 拱圈分段砌筑顺序

分段砌筑时,各段间可留空缝(图 5-4-6),空缝宽 3 ~ 4cm。在空缝处砌石要规则,为保持砌筑过程中不改变空缝形状和尺寸,同时也为拱石传力,空缝可用铁条或水泥砂浆预制块作为垫块,待各段拱石砌完后填塞空缝。填塞空缝应在两半跨对称进行,各空缝同时填塞,或从拱脚依次向拱顶填塞。因用力夯填空缝砂浆可使拱圈拱起,故此法宜在小跨径拱中使用。当采用填塞空缝砂浆使拱合龙时,应注意选择最后填塞空缝的合龙温度。为加快施工,并使拱架受力均匀,各段亦可交叉、平行砌筑。

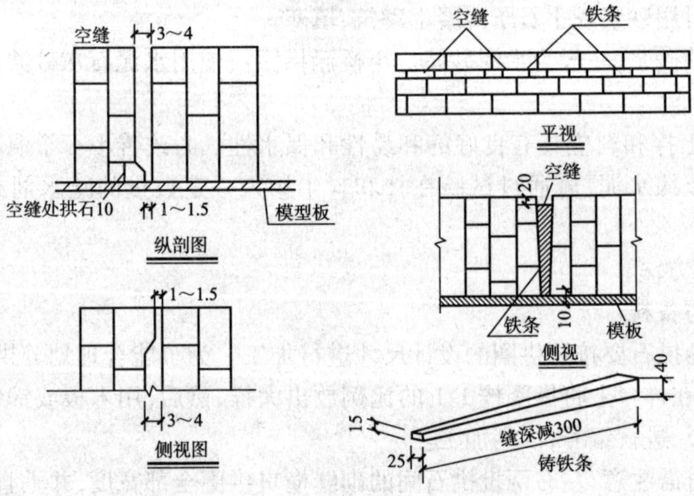

图 5-4-6 空缝的设置(尺寸单位:cm)

砌筑大跨径拱圈时,在拱脚至 1/4 段,当其倾斜角大于拱石与模板间的摩擦角时,拱段下端必须设置端模板并用撑木支撑(成为闭合楔)。闭合楔应设置在拱架挠度转折点处,宽约1.0m。砌筑闭合楔时,必须拆除三脚架,可分两三次进行,先拆一部分,随即用拱石填砌,一般先在桥宽的中部填砌。然后,再拆第二部分。每次所拆闭合楔支撑必须在前一部分填砌的圬工砌缝砂浆充分凝固后进行。

c. 分环分段砌筑。对于较大跨径的拱桥,当拱圈较厚,由三层以上拱石组成时,可将拱圈分成几环砌筑,砌一环合龙一环。当下环砌筑完并养护数日后,砌缝砂浆达到一定强度时,再砌筑上环。上下环间拱石应犬牙交错,每环可分段砌筑。当跨径大于25m时,每段长度一般不超过8m,段间可设置空缝或闭合楔。在分段较多和分环砌筑的拱圈,为使拱架受力对称、均匀,可在拱跨的$L/4$、$3L/4$处或在几处同时砌筑合龙。

d. 分阶段砌筑。砌筑拱圈时,为争取时间和使拱架荷载均匀对称、拱架变形正常,有时在砌筑完一段或一环拱圈后的养护期间,砌筑工作不间歇,而是根据拱架荷载平衡的需要,紧接着将下一拱段或下一环层砌筑一部分。此种前后拱段和上下环层分阶段交叉进行的砌筑方法,称为分阶段砌筑法。如图5-4-7所示。不分环砌筑拱圈的分阶段方法,通常先砌拱脚几排,然后同时砌筑拱顶、拱脚及跨径1/4点等拱段。上述三个拱段砌到一定程度后,再均匀地砌筑其余拱段。

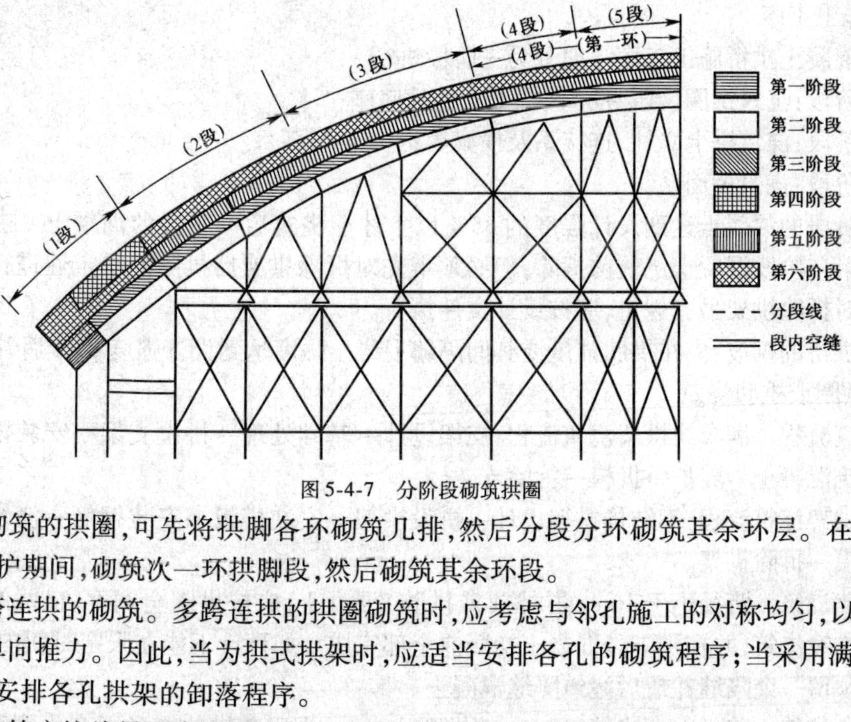

图5-4-7　分阶段砌筑拱圈

分环砌筑的拱圈,可先将拱脚各环砌筑几排,然后分段分环砌筑其余环层。在砌完一环后,在其养护期间,砌筑次一环拱脚段,然后砌筑其余环段。

e. 多跨连拱的砌筑。多跨连拱的拱圈砌筑时,应考虑与邻孔施工的对称均匀,以免桥墩承受过大的单向推力。因此,当为拱式拱架时,应适当安排各孔的砌筑程序;当采用满布式支架时,应适当安排各孔拱架的卸落程序。

拱圈砌筑应按编号顺序取用石料。砌筑时砌缝砂浆应铺填饱满。对于较平的砌缝,应先坐浆再放拱石挤砌,以利用石料自重将砂浆压实。侧面砌缝可填塞砂浆,用插刀捣实。当砌缝较陡时,可在拱石间先嵌入与砌缝同宽的木条或用撬棍拨垫,然后分层填塞砂浆捣实,填塞完毕后再抽出木条或撬棍。

③拱圈合龙。

a. 拱顶石合龙。砌筑拱圈时,常在拱顶预留一缺口,在各拱段砌筑完成后安砌拱顶石完成拱圈合龙。分段较多的拱圈以及分环砌筑的拱圈为使拱架受力对称、均匀,可在拱圈两半跨的1/4或在几处同时完成拱圈合龙。为防止拱圈因温度变化产生过大的附加应力,拱圈合龙应按设计规定的温度和时间进行。如设计无规定时，一般宜在接近当地的年平均温度时或昼夜平均温度（一般为5～15℃）时进行。

b. 刹尖封拱。对于小跨径拱圈，为提高拱圈应力和有利于拱架的卸落，可采用刹尖封顶完成拱圈合龙。此法是：在砌筑拱顶石前，先在拱顶缺口中打入若干组木楔，使拱圈挤紧、拱起，然后嵌入拱顶石合龙。刹尖木楔须用硬木制作，每组木楔由三块硬木组成，两侧木块宽约10cm，中间木块宽15～30cm。刹尖时，与拱顶石邻近的两三排拱石振动较大，其砌缝可暂时只用铁条垫隔，待刹尖后再用稠砂浆填封。其他拱段的空缝，宜在刹尖前填封。刹尖封顶应在拱圈砌缝砂浆达到设计强度的80%后方可进行。

c. 预施压力封顶。用千斤顶施加压力来调整拱圈应力，然后进行拱圈合龙。此法应严格按照设计规定进行，如设计文件中无此要求时，不得采用预施压力封顶来完成拱圈合龙。

(3)砌体养护

拱圈砌筑完成后应立即用草帘或麻袋覆盖，并于4h后（砂浆初凝后）经常洒水，使砌体保持湿润。养护时每天洒水的次数以及养护天数，应视水泥品种和气温情况而定，一般为7～14d。最初三昼夜应勤洒水。拱上建筑的浆砌砌体可采用上述养护方法。

2)混凝土拱桥的就地浇筑施工

(1)施工工序

现浇混凝土拱桥施工工序一般分为三阶段进行。

第一阶段：浇筑拱圈（或拱肋）及拱上立柱的底座；

第二阶段：浇筑拱上立柱、连接系及横梁等；

第三阶段：浇筑桥面系。

前一阶段的混凝土达到设计强度的85%以上才能浇筑后一阶段的混凝土。拱架则在第二阶段或第三阶段混凝土浇筑前拆除，但必须事先对拆除拱架后拱圈的稳定性进行验算。若设计文件对拆除拱架另有规定，应按设计文件执行。

双曲拱桥的拱波，应在拱肋强度或其间隔缝混凝土强度达到设计强度85%后开始砌筑。

(2)拱圈或拱肋浇筑

①浇筑流程。满布式拱架浇筑流程：支架设计→基础处理→拼设支架→安装模板→安装钢筋→浇筑混凝土→养护→拆模→拆除支架。

拱式拱架浇筑流程：钢结构拱架设计→拼设拱架→安装模板→安装钢筋→浇筑混凝土→养护→拆模→拆除拱架。

②连续浇筑。跨径小于16m的拱圈（或拱肋）混凝土，应按拱圈全宽度、自两端拱脚向拱顶对称地连续浇筑，并在拱脚处混凝土初凝前全部完成。如预计不能在限定时间内完成，则需在拱脚处预留一个隔缝并最后浇筑隔缝混凝土。

③分段浇筑。跨径大于或等于16m的拱圈或拱肋，为避免拱架变形而产生裂缝以及减小混凝土的收缩应力，应采用分段浇筑的施工方法。分段长度一般为6～15m。分段长度应以能使拱架受力对称、均匀和变形小为原则，拱式拱架设置在拱架受力反弯点、拱架结点、拱顶及拱脚处；满堂式拱架宜设置在拱顶、$L/4$部位、拱脚及拱架节点等处。各段的接缝面应与拱轴线垂直。各分段点应预留间隔槽，其宽度一般为0.5～1.0m，如果安排有钢筋接头时，其宽度尚应满足钢筋接头的需要。如预计拱架变形较小，可减少或不设间隔槽，而采取分段间隔浇筑。

分段浇筑程序应符合设计要求，且对称于拱顶进行，使拱架变形保持对称均匀和尽可能地小。填充间隔缝混凝土，应由两拱脚向拱顶对称进行。拱顶及两拱脚间隔缝应在最后封拱时浇筑，间隔缝与拱段的接触面应事先按施工缝进行处理。间隔缝的位置应避开横撑、隔板、吊杆及刚架节点等处。间隔缝的宽度以便于施工操作和钢筋连接为宜，一般为50～100cm。间隔缝混凝土应在拱圈分段混凝土强度达到85%设计强度后进行，为缩短拱圈合龙和拱架拆除的时间，间隔缝内的混凝土强度可采用比拱圈高一等级的半干硬性混凝土。封拱合龙温度应符合设计要求，如设计无规定时，一般宜在接近当地的年平均温度或在5～15℃之间进行。

④箱形截面拱圈（或拱肋）的浇筑。大跨径拱桥一般采用箱形截面的拱圈（或拱肋），为减轻拱架负担，一般采取分环、分段的浇筑方法。

分环的方法一般是分成二环或三环。分二环时，先分段浇筑底板（第一环），然后分段浇筑肋墙、隔墙与顶板（第二环）；分三环时，先分段浇筑底板（第一环），然后分段浇筑肋墙、隔墙（第二环），最后分段浇筑顶板（第三环）。

分环分段浇筑时，可采取分环填充间隔缝合龙和全拱完成后最后一次填充间隔缝合龙两种不同的合龙方法，图5-4-8为箱形截面拱圈采用分环分段浇筑施工程序。

3）拱上建筑砌（浇）筑

主拱圈拱背以上的结构物称为拱上建筑，它主要有横墙座、横墙、横墙帽或立柱座、立柱、盖梁、腹拱圈或梁（板）、侧墙、拱上结构伸缩缝及变形缝、护拱、拱上防水层、拱腔填料、泄水管、桥面铺装、栏杆系等。

当主拱圈达到一定强度后，即可进行拱上建筑的施工。拱上建筑的施工，应对称均衡地进行，避免使主拱圈产生过大的不均匀变形。

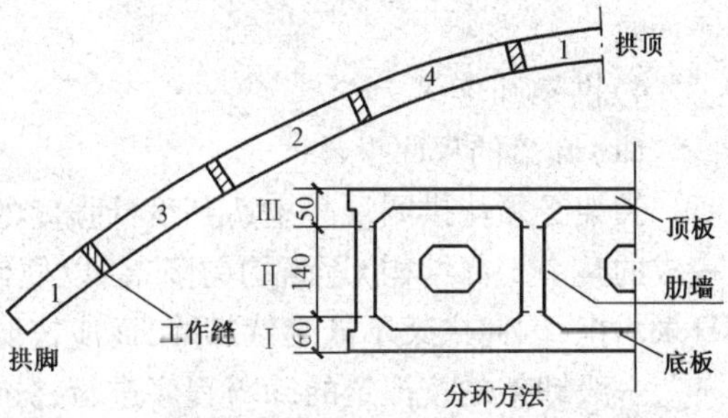

图5-4-8　箱形截面拱圈分环、分段浇筑的施工程序示意图（尺寸单位：cm）

实腹式拱上建筑，应从拱脚向拱顶对称地进行，当侧墙砌完后，再填筑拱腹填料。空腹式拱一般是在腹拱墩或立柱完成后，卸落主拱圈的拱架，然后，对称均衡地进行腹拱或横梁、横系梁以及桥面的施工。较大跨径拱桥的拱上建筑砌筑程序，应按设计文件规定程序进行。

（1）伸缩缝及变形缝的施工

伸缩缝缝宽2～3cm，要求笔直，两侧对应贯通。如为圬工砌体，壁缝要清凿到粗料石规格，外露槽口要挂线砌筑；如为先浇筑混凝土侧墙，须预先安设塑料泡沫板，将侧墙与墩台分开，缝内采用锯末沥青，按1:1（质量比）配合比制成填料填塞。

变形缝不留缝宽，设缝处可以干砌或用低强度等级砂浆砌筑，先浇混凝土时用油毛毡隔断，以适应主拱圈变形。

当护拱、缘石、人行道、栏杆和混凝土桥面跨越伸缩缝或变形缝时，在相应位置要设置贯通桥面的伸缩缝或变形缝（栏杆扶手一端做成活动的）。

（2）拱上防水设施

①拱圈混凝土防水。采用优良品质的粗细集料和优质粉煤灰或硅灰制作高耐久性的混凝土；同时严格控制施工工艺。

②拱背防水层。当防水层经过拱上结构伸缩缝或变形缝时，要做特殊处理。一般采用U形防腐白铁皮过缝，或U形防水土工布过缝，或橡胶止水带过缝。泄水管处的防水层，要紧贴泄水管漏斗之下铺设，防止漏水。在拱腔填料填充前，要在防水层上填筑一层砂性细粒土，以保证防水层完好。

（3）拱圈排水处理

拱桥的台后要设排水设施,集中于盲沟或暗沟排出路基外。拱桥的桥面纵向、横向均设坡度以利顺畅排水,桥面两侧与人行道或护栏相接处每隔 4 ~ 6m 布设一个泄水管。渗入到拱腹内的水,应通过防水层汇集于预埋在拱腹内的泄水管排出。泄水管可以采用铸铁管、混凝土管或陶瓷管。泄水管的内径一般为 6 ~ 10cm,严寒地区须适当增大,但不宜大于 15cm。泄水管进口处周围防水层应做积水坡度,并以大块碎石做成倒滤层,以防堵塞。管节伸出拱圈 10 ~ 15cm,但不宜太长,以免被漂浮物碰坏。

(4)拱腹填料

拱腹填料可分为填充和砌筑两种方式。填充采用透水性强和内摩擦角较大的材料,一般可用天然砂砾、片石、碎石夹砂混合料以及矿渣等材料。填充时应按拱上建筑的顺序和时间,对称而均匀地分层填充并碾压密实,但须防止损坏防水层、排水管和变形缝。

当填充材料不易取得时,可改用砌筑的方式,也就是采用干砌圬工或浇筑贫混凝土作为拱腹材料。当用贫混凝土时,往往可以不另设侧墙,而在外露混凝土表面用砂浆饰面或设置镶面。

4)拱架卸落

(1)卸落的程序设计

卸架必须待拱圈混凝土达到设计强度的 85% 后才能进行。为了保证拱圈(或拱上建筑已完成的整个上部结构)逐渐均匀降落,以便使拱架所支承的桥跨结构重量逐渐转移给拱圈自身来承担,因此拱架不能突然卸除,而应按照一定的卸架程序进行。

一般卸架是按拟定的卸落程序进行,分几个循环卸完,卸落量开始宜小,以后逐渐增大,在纵向应对称均衡卸落,在横向应同时一起卸落。对于满布式拱架的中小跨径拱桥,可从拱顶开始,逐渐向拱脚对称卸落;对于拱式拱架可在两支座处同时均匀卸落;对于多孔拱桥卸架时,若桥墩允许承受单孔施工荷载,可单孔卸落,否则应多孔同时卸落,或各连续孔分阶段卸落;对于大跨径拱圈,为了避免拱圈发生 M 形的变形,也有从两边 $L/4$ 处逐次对称地向拱脚和拱顶均匀地卸落。卸架时宜在白天气温较高时进行,这样便于卸落拱架。

多孔连续拱桥施工时,还应考虑相邻孔间的影响。若桥墩设计容许承受单孔施工荷载,就可以单孔卸架。否则应多孔同时卸落拱架,以避免桥墩不能承受单向推力而产生过大的位移,甚至引起严重的施工事故。

(2)卸架设备

卸架设备有木楔、砂筒、千斤顶等形式。

①木楔。木楔可分为简单木楔和组合木楔。简单木楔由两块 1:10 ~ 1:6 的斜面硬木楔形块组成,如图 5-4-9a)所示。落架时,用锤轻轻敲击木楔小头,将木楔取出,拱架即下落。它的构造最简单,但缺点是敲击时振动较大,易造成下落不均匀。因此一般可用于中、小跨径桥梁。

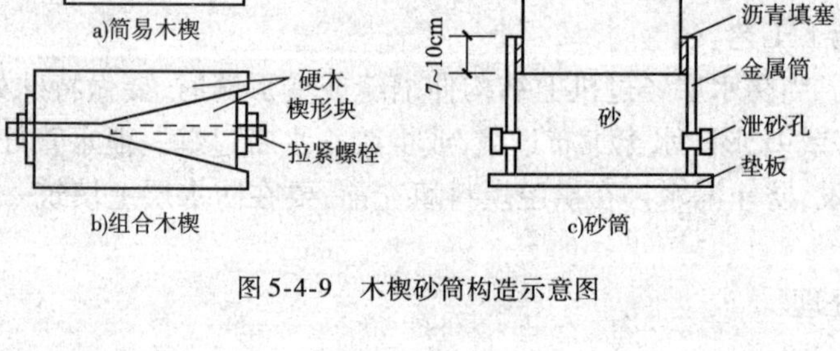

图 5-4-9　木楔砂筒构造示意图

双向木楔由相互垂直的两对简单木楔构成。其优点是不用铁件,载重较大,卸架方便,适用于30m以内的满布式拱架。

组合木楔由3块楔形木和拉紧螺栓组成,见图5-4-9b)。卸架时只需扭松螺栓,则木楔徐徐下降。它的下落比较均匀,可用于30m以下的满布式拱架或20m以下的拱式拱架。

②砂筒。跨径大于30m的拱桥,宜用砂筒作卸架设备。砂筒由内装砂子的金属(或木料)筒及活塞(木制或混凝土制)组成,见图5-4-9c)。卸落是靠砂子从筒的下部预留泄砂孔流出,因此要求筒里的砂子干燥、均匀、清洁。砂筒与活塞间用沥青填塞,以免砂子受潮而不易流出。由砂子泄出量可控制拱架卸落高度,这样就能由泄砂孔的开与关,分数次进行卸架,并能使拱架均匀下降而不受振动。

③千斤顶。采用千斤顶降落拱架与调整内力同时进行,在我国大跨径拱桥施工中广泛使用。

5.4.2 装配式拱桥施工

目前,在大跨径拱桥中,较多采用箱形截面拱。梁桥上部的轻型化、装配化大大加快了梁桥的施工速度。要提高拱桥的竞争能力,拱桥也必须向轻型化和装配化的方向发展。从双曲拱桥及以后发展至桁架拱桥、刚架拱桥、箱形拱桥、桁式组合拱桥、钢管混凝土拱桥,均沿着这一方向发展。混凝土装配式拱桥主要包括肋拱、组合箱形拱、悬砌拱、桁架拱、钢管拱、刚构拱和扁壳拱等。

装配式混凝土拱桥采用的施工方法可以分为少支架和无支架施工两种,这里将着重介绍箱形截面拱桥的缆索吊装施工。

在峡谷或水深流急的河段上,或在通航的河流上。需要满足船只的顺利通行,缆索吊装由于具有跨越能力大、水平和垂直运输机动灵活、适应性广、施工比较稳妥方便等优点,使缆索吊装成为拱桥施工中使用最为广泛的方案。

缆索吊装施工其主要施工工序大致包括:在预制场预制拱箱(肋)和拱上结构,将预制拱肋和拱上结构通过平车等运输设备移运至缆索吊装位置,将分段预制的拱肋吊运至安装位置,利用扣索对分段拱肋进行临时固定,吊运合龙段拱肋,对各段拱肋进行轴线调整,主拱圈合龙,拱上建筑的施工等。如图5-4-10所示为缆索吊装布置示意图。

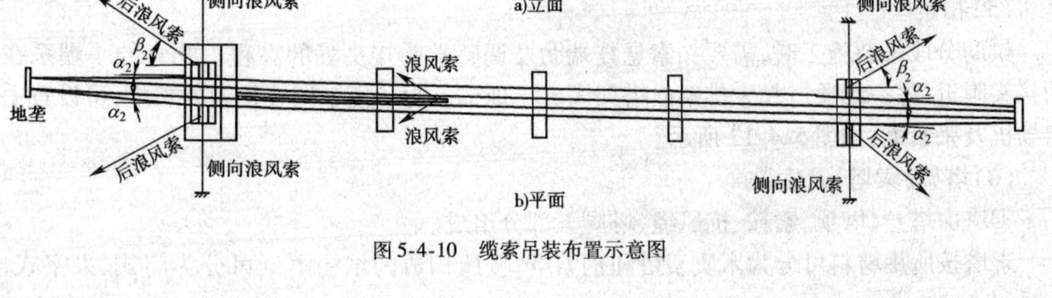

图5-4-10 缆索吊装布置示意图

5.4.2.1 缆索吊装设备

缆索吊机一般由承重缆索(主索)、工作索、起重跑车索、扣索、塔架、风缆、锚碇、卷扬机等部件组成。

缆索架桥设备具有跨越能力大、水平和垂直运输机动灵活、适应性广、施工稳妥方便等优点,因此目前在修建大跨径拱桥时较多采用此方法,尤其在峡谷或水深流急的河段上,或在通航的河流上需要满足船只的顺利通行,或在洪水季节施工并受漂浮物影响等条件下修建拱桥时,更能显示这种施工方法的优越性。

(1)承重缆索(主索、天线、主缆)

承重缆索常用钢芯或纤维芯钢丝制成,一般直径为25~50mm,常用47.5mm钢芯或纤维芯钢绳。一组主索一般由1~4根组成,起吊重量特大时则由6~8根组成。为使每根钢绳受力一致,可将同一组内的钢绳穿过设于锚碇的特制大滑车,将各根钢绳用索夹连接起来。

主索的设计垂度通常为跨度的1/18~1/13。

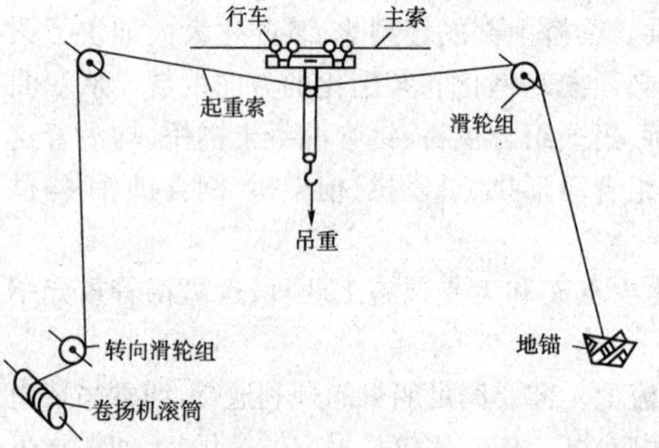

图5-4-11 起重索布置

架设主索一般是在塔架顶先架好工作索,再利用工作索(其上设跑车、牵引索、起重索等设备)逐根牵引过江。也可以在索塔下面索拉过江,然后再往塔顶起吊安装。

(2)起重索

起重索是套绕于主索跑车下联的起重滑车组,用于起吊重物,见图5-4-11。起重索的穿线方式一般采用套绕法,即起重索通过起重滑车组后的一端(死头)固定在塔架或锚碇上,另一端穿入卷扬机(活头),其特点是起重与牵引可以同时进行,但钢绳不仅在起吊时不断在滑车上绕动,而且在牵引中也在不断地绕动,增大了起重钢绳与滑车的磨损。

(3)牵引索

牵引索沿跑车前进、后退方向布置。一般由单线牵引,如是采用两点吊,则两跑车之间用钢绳连接牵引索在两岸各自用卷扬机牵引;当向一岸牵引时,这岸就要收紧,另一端则要放松牵引索。

当吊点距索架很近时,牵引力很大,可采用双线牵引,即跑车的前面设一单轮向滑车或另设辅助索牵引。

(4)结索

用于悬挂分索器,使主索、起重索、牵引索相互不干扰。它仅承受分索器的重量和自重。

(5)扣索

拱肋分段吊装施工时,需要扣索悬挂端肋及调整端肋接头处的高程。扣索的一端系在拱肋接头附近,另一端通过扣索排架或塔架固定于地锚。为了便于调整扣索的长度,可设置手摇卷扬机及张紧索,如图5-4-12所示。

(6)塔架(索塔)及索鞍

索塔由塔身、塔顶、索鞍、抗风绳、塔脚五部分组成。

索塔按所用材料可分为木质索塔和钢索塔;按所构成的结构类型可分为门式、人字式、桅杆式索塔;利用山坡地形可不用或少用一个索塔;按塔脚类型分为固接索塔和铰接索塔。

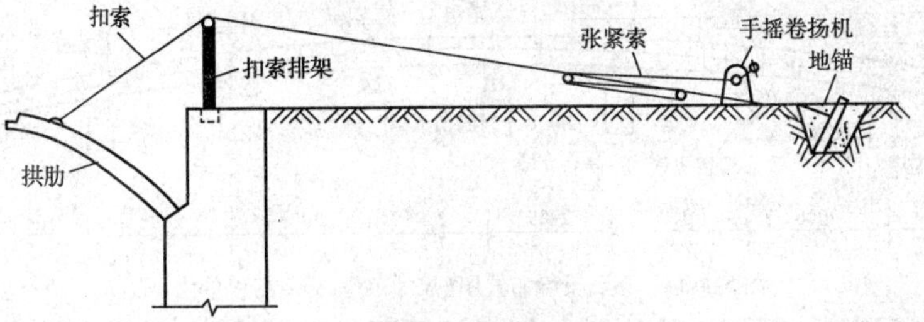

图 5-4-12 扣索的布置

塔身一般采用万能杆件、六四式军用梁、贝雷架组拼。

塔顶部应设置索鞍及横移索鞍的装置,索鞍用来放置主索及各种工作索,一般都采用单滑轮式索鞍,要求所用滑轮直径宜大于 15 倍主索直径,滑轮轮槽的宽和深均应大于主索直径。

索塔在组拼过程中随索塔的升高需敷设临时抗风索,索塔组拼完成后敷设正式抗风索,正式抗风索设于塔顶,角度布置与所需根数要通过计算来确定。

塔脚为固接的钢结构,塔顶位移的限制值为 $H/400$(H 为索塔高),塔脚为铰接的钢结构为 $H/150 \sim H/100$。施工过程中应随时注意观测塔顶位移不超限。

(7)锚碇(地锚、地垄)

锚碇是一种与地层有效受力联系的临时构造,它承受由主索、压塔索、工作索、抗风索、转向滑车等传来的力,再将力传至地层,因此地锚可以是桥梁的墩、台、大型建筑、岩层、大孤石等,作为人工制作的锚碇则有桩锚、坑锚、钢环锚、压锚、重力锚、嵌固锚及水中锚碇等类型。

(8)缆风索

缆风索是用来保证塔架、扣索、排架等的纵横向稳定及拱肋安装就位后的横向稳定。

(9)卷扬机

卷扬机是用作牵引、起吊等的动力设备。

5.4.2.2 构件的预制、堆放与运输

1)预制方法

(1)拱肋构件坐标放样

装配式混凝土拱桥的拱肋坐标放样与有支架施工拱肋坐标放样相同。

(2)拱肋立式预制

采用正式浇筑方法预制拱肋,具有起吊方便、节省木材的优点。常用的预制方法有:土牛拱胎立式预制,如图 5-4-13 所示;木架立式预制;条石台座立式预制,条石台座由数个条石支墩、底模支架和底模等组成,如图 5-4-14 所示。

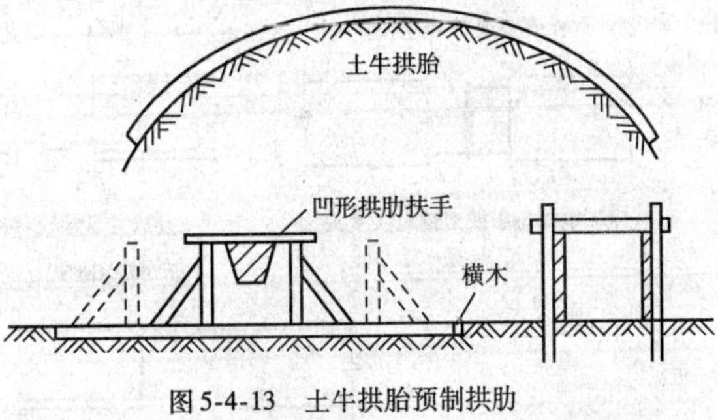

图 5-4-13 土牛拱胎预制拱肋

条石支墩用 M5 砂浆砌筑块石而成。在其顶部再浇筑 20 ~ 25cm 厚混凝土。每个台座设置 2 个滑道支墩。滑道支墩顶面埋设钢板,以便拱肋移运。底模支架由槽钢、角钢等型钢组成。底模采用组合钢模板。

(3)拱肋卧式预制

卧式预制一般有下列几种方法:

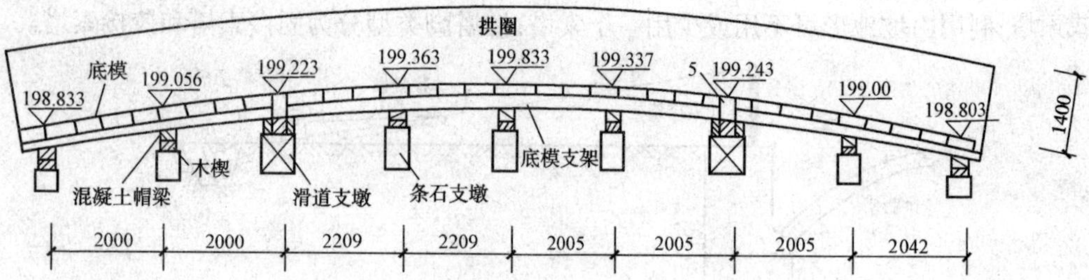

图 5-4-14　条石支墩布置图(尺寸单位:mm;高程单位:m)

①木模卧式预制。预制拱肋数量较多时,宜采用木模,如图 5-4-15a)所示。浇筑截面为 L 形或倒 T 形时(双曲拱拱肋),拱肋的缺口部分可用黏土砖或其他材料垫砌。

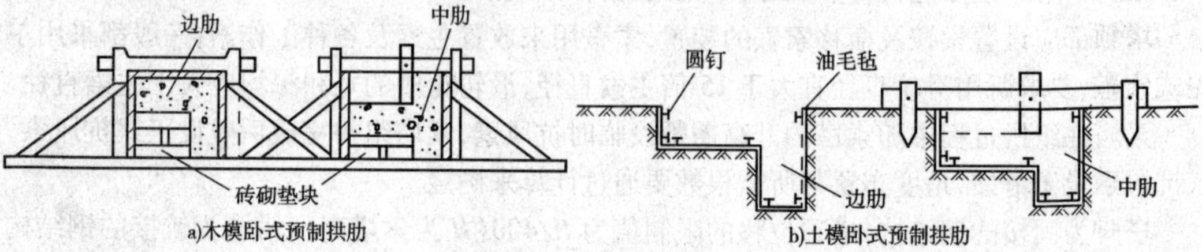

图 5-4-15　拱肋卧式预制

②土模卧式预制,如图 5-4-15b)所示。在平整好的土地上,根据放样尺寸,挖出与拱肋尺寸大小相同的土槽,然后将土槽壁仔细抹平、拍实,铺上油毛毡或水泥袋,便可浇筑拱肋。

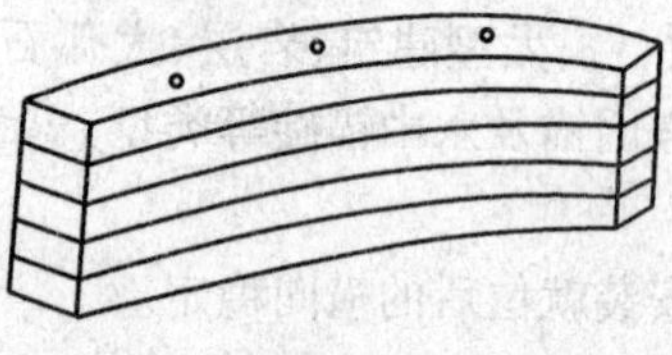

图 5-4-16　拱肋卧式叠浇

③卧式叠浇,如图 5-4-16 所示。采用卧式预制的拱肋混凝土强度达到设计强度的 30% 以后,在其上安装侧模,浇筑下一片拱肋,如此连续浇筑称为卧式叠浇。

2)拱肋分段与接头

(1)拱肋的分段

拱肋跨径在 30m 以内时,可不分段或仅分 2 段;在 30 ~ 80m 范围时,可分 3 段;大于 80m 时一般分 5 段。拱肋分段吊装时,理论上接头宜选择在拱肋自重弯矩最小的位置及其附近,但一般为等分,这样各段重力基本相同,吊装设备较省。

(2)拱肋的接头形式

①对接。拱肋分 2 段吊装时多采用对接形式,如图 5-4-17a)及图 5-4-17b)所示。对接接头在连接处为全截面通缝,要求接头的连接材料强度高,一般采用螺栓或电焊钢板等。

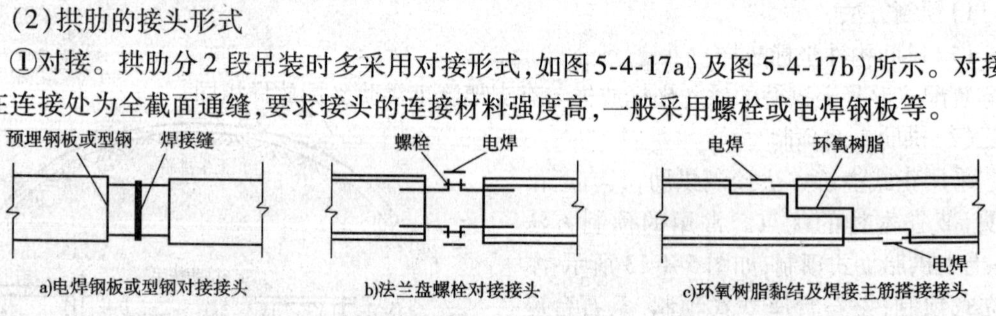

图 5-4-17　拱肋接头形式

②搭接。分 3 段吊装的拱肋,因接头处在自重弯矩较小的部位,一股宜采用搭接形式,如图 5-4-17c)所示。分 5 段安装的拱肋,边段与次边段拱肋的接头也可采用搭接形式。搭接接

头受力较好，但构造复杂，预制也较困难，须用样板校对、修凿，以保证拱肋安装质量。

③现浇接头。用简易排架施工的拱肋，可采用主筋焊接或主筋环状套接的现浇接头，如图 5-4-17d）所示。

（3）接头连接方法及要求

用于拱肋接头的连接材料，有型钢电焊、钢板（或型钢）螺栓、电焊拱肋钢筋、环氧树脂水泥胶等，其优缺点见表 5-4-1。

连接材料的优缺点　　表 5-4-1

连接材料	优　点	缺　点
电焊型钢	接头基本固结，强度高	钢材用量多，高空焊接量大，焊固后不能调整高程
螺栓连接	拱肋合龙时不需要电焊，安装方便，可反复调整，接头能承受部分弯矩	拱肋预制时精度要求高
电焊拱肋钢筋	拱肋受力具有连续性，钢材用量少，施工方便	拱肋钢筋未焊接前，接头不能承受拉力
环氧树脂水凝胶	加强接头接触面的黏结，填补钢结构的空隙	硬化时间不能受力，应严格控制配比，不能单独作连接措施

接头处的混凝土强度等级应比拱肋混凝土强度等级高一级。对连接钢筋、钢板（或型钢）的截面要求，应按计算确定。

3）拱座

拱肋与墩台的连接，称为拱座。拱座主要有如图 5-4-18 所示的几种形式，其中插入式及方形拱座因其构造简单、钢材用量少、嵌固性能好等优点，采用较为普遍。

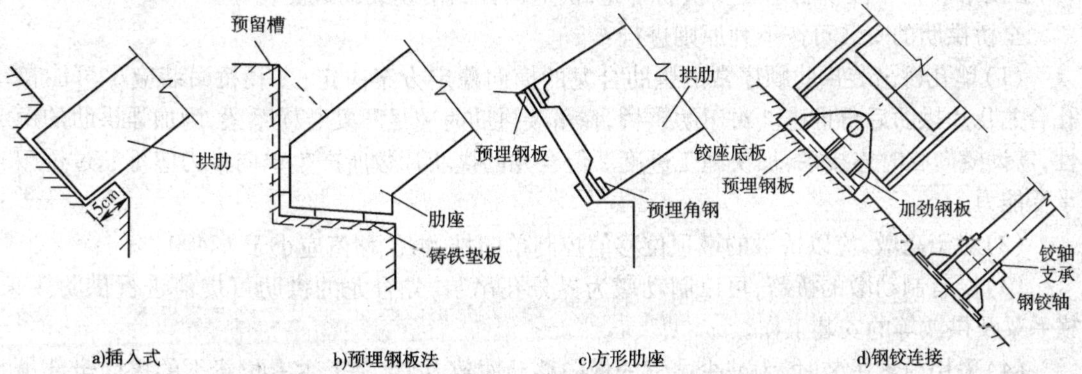

图 5-4-18　拱座形式

4）拱肋起吊、运输及堆放

（1）拱肋脱模、运输、起吊时间的确定

装配式拱桥构件在脱模、移运、堆放、吊装时，混凝土的强度不应低于设计所要求的吊装强度；若无设计要求，一般不得低于设计强度的 85%，为加快施工进度，可掺入适量早强剂。在低温环境下，可用蒸汽养护。

（2）场内起吊

拱肋移运起吊时的吊点位置，应按设计图上设计位置进行；如图上无要求，应结合拱肋的形状、拱肋截面内的钢筋布置以及吊运、搁置过程中的受力情况综合考虑确定，以保证移运过程中的稳定安全。当采用 2 点吊时，吊点位置应设在拱肋弯曲平面重心轴之上，一般可设在离拱肋端头(0.22~0.44)L处(L为拱肋长度)。当拱肋较长或曲率较大时,应采用3点吊或4点吊,以保持拱肋受力均匀和稳定。除跨中设一吊点外,其余两吊点可设在离拱肋端头0.2L处。采用4点吊时,外吊点一般设在离拱肋两端头0.17L处,内吊点可设在离拱肋两端头0.37L处,4个吊点应左右对称布置。

大跨径拱桥拱肋构件的脱模起吊一般采用龙门架,小跨径拱桥拱肋及小型构件可采用三角扒杆、马凳、吊车等机具进行。

(3)场内运输(包括纵横移)

场内运输可采用龙门架、胶轮平板挂车、汽车平板车、轨道平车或船只等机具进行。

(4)构件堆放

拱肋堆放时应尽可能卧放,特别是矢跨比小的构件(拱肋、拱波),卧放时应垫3点,垫木位置应在拱肋中央及离两端0.15L处。3个垫点应同高度。如必须立放时,应搁放在符合拱肋曲度的弧形支架上,如无此种支架,则应垫搁3个支点,其位置在中央及距两端0.2L处,各支点高度应符合拱肋曲度,以免拱肋折断。

堆放构件的场地应平整夯实,不至积水,当因场地有限而采用堆垛时,应设置垫木。堆放高度按构件强度、地面承载力、垫木强度以及堆放的稳定性而定,一般以2层为宜,不应超过3层。

构件应按吊运及安装次序顺序堆放,并留适当通道,防止越堆吊运。

5.4.2.3 吊装程序

根据拱桥的吊装特点,其一般吊装程序为:边段拱肋吊装及悬挂,次边段拱肋吊装及悬挂(对五段吊装),中段拱肋吊装及拱肋合龙,拱上构件的吊装或砌筑安装等。

全桥拱肋的安装可按下列原则进行:

(1)单孔桥吊装拱肋顺序常由拱肋合龙的横向稳定方案决定;多孔桥吊装应尽可能在每孔合龙几片拱肋后再推进。对于肋拱桥,在吊装拱肋时应尽早安装横系梁,为加强拱肋的稳定性,需设横向临时连接系,加快施工进度。但合龙的拱肋片数所产生单向推力应不超过桥墩的承受能力。

(2)对于高墩,应以桥墩的墩顶位移值控制单向推力,位移值应小于$L/400$。

(3)设有制动墩的桥跨,可以制动墩为界分孔吊装,先合龙的拱肋可提前进行拱肋接头、横系梁及拱波等的安装工作。

(4)采用缆索吊装时,为减少主索的横向移动次数,可将每个主索位置下的拱肋全部吊装完毕后再移动主索。一般将起吊拱肋的桥孔安排在最后吊装,必要时该孔最后几段拱肋可在两肋之间用“穿孔”方法起吊。

(5)为减少扣索往返拖拉次数,可按吊装推进方向顺序进行吊装。缆索吊装施工工序为:在预制场预制拱肋(箱)和拱上结构,将预制拱肋和拱上结构通过平车等运输设备移运至缆索吊装位置,将分段预制的拱肋吊运至安装位置,利用扣索对分段拱肋进行临时固定,吊装合龙段拱肋,对各段拱肋进行轴线调整,主拱圈合龙,安装拱上结构。

5.4.2.4 吊装准备工作

(1)预制构件质量检查

预制构件起吊安装前必须进行质量检查,不符合质量标准和设计要求的不准使用,有缺陷的应预先予以修补。

拱肋接头和端头应用样板校验,突出部分应予以凿除,凹陷部分应用环氧树脂砂浆抹平。接头混凝土接触面应凿毛,钢筋应除锈。螺栓孔应用样板套孔,如不合适应适当扩孔。拱肋接头及端头应标出中线。

应仔细检测拱肋上下弦长,如与设计不符者,应将长度大的弧长凿短。拱肋在安装后如发生张口现象,可在拱座和接头处垫塞钢板。

(2)墩台拱座尺寸检查

墩台拱座混凝土面要修平,水平顶面高程应略低于设计值,预留孔长度应不小于计算值,拱座后端面应与水平顶面相垂直,并与桥墩中线平行。在拱座面上应标出拱肋安装位置的台口线及中线。用红外线测距仪或钢尺(装拉力计)复核跨径,每个拱座在肋宽范围内左右均应至少丈量两次。用装有拉力计的钢尺丈量时,丈量结果要进行温度和拉力的修正。

(3)跨径与拱肋的误差调整

每段拱肋预制时,拱背弧长宜小于设计弧长 0.5 ~ 10cm,使拱肋合龙时接合面保留上缘张口,便于嵌塞钢片,调整拱轴线。通过丈量和计算所得的拱肋长度和墩台之间净跨的施工误差,可以用拱座处垫铸铁板来调整,如图 5-4-19 所示。背垫板的厚度一般比计算值增加 1 ~ 2cm,以缩短跨径。合龙后,应再次复核接头高程以修正计算中一些未考虑的因素和丈量误差。

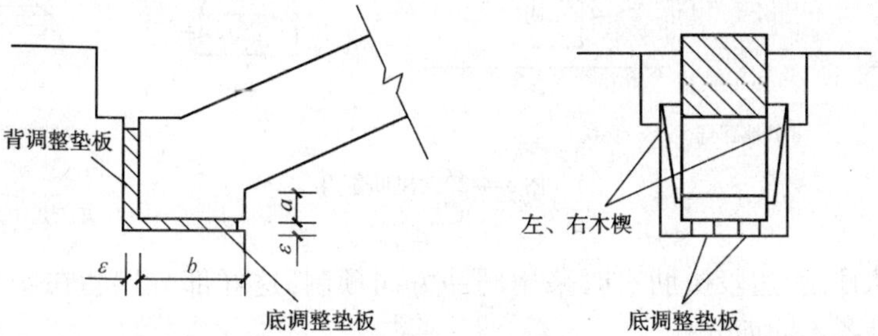

图 5-4-19 拱肋施工误差的调整

5.4.2.5 缆索设备的检查与试吊

缆索吊装设备在使用前必须进行试拉和试吊。

(1)地锚试拉

一般每一类地锚取一个进行试拉。缆风索的上质地锚要求位移小,因此在有条件时宜全部试拉,使其预先完成一部分位移。可利用地锚相互试拉,受拉值一般为设计荷载的 1.3 ~ 1.5 倍。

(2)扣索对拉

扣索是悬挂拱肋的主要设备,因此必须通过试拉来确保其可靠性。可将两岸的扣索用卸甲连在一起,将收紧索收紧进行对拉,这样可全面检查扣索、扣索收紧索、扣索地锚和动力装置等是否达到要求。

(3)主索系统试吊

主索系统试吊一般分跑车空载反复运转、静载试吊和吊重运行三步骤。必须待每一步骤检查、观测工作完成并无异常现象后,方可进行下一步骤。试吊重物可以利用钢筋混凝土预制构件、钢轨和钢梁等,一般按设计吊承载的 60%、100%、130%,分几次进行。

试吊后应综合各种观测数据和检查情况,对设备的技术状况进行分析和鉴定,然后提出改进措施,确定能否进行正式吊装。

5.4.2.6 拱肋缆索起吊

拱肋由预制场运到主索下后，一般用起重索直接起吊；当不能直接起吊时，可采用下列方法进行。

1）翻身

卧式预制拱肋在吊装前，需要"翻身"成立式，常用就地翻身和空中翻身两种方法。

（1）就地翻身，如图5-4-20a）所示。先用枕木垛将半卧拱肋架至一定高度，使其在翻身后两端头不至碰到地面，然后用一根短千斤顶将拱肋吊点与吊钩相连，边起重拱肋边翻身直立。

（2）空中翻身，如图5-4-20b）所示。在拱肋的吊点处用一根串有手链滑车的短千斤顶，穿过拱肋吊环，将拱肋兜住，挂在主索吊钩上，然后收紧起点索起吊拱肋，当拱肋起吊至一定高度时，缓慢放松手链滑车，使拱肋翻身为立式。

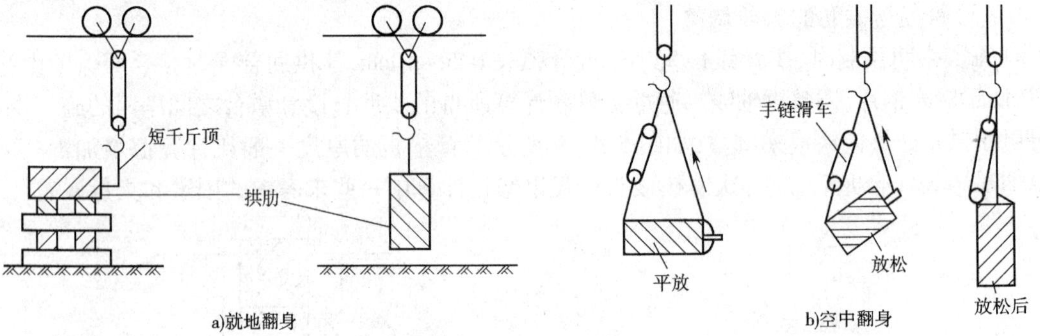

图5-4-20　拱肋翻身

2）掉头

为方便拱肋预制，边段拱肋有时采用同一方向预制，这样部分拱肋在安装时，需要掉头。掉头方法常因设备不同而异。

（1）在河中起吊时，可利用装载拱肋的船进行掉头；

（2）在平坦场地采用胶轮平车运输时，可将跑车与平车配合起吊将拱肋掉头；

（3）用一个跑车吊钩将拱肋吊离地面约50cm，再用人工拉动麻绳使拱肋旋转180°掉头放下，当一个跑车承载力不够时，可在两个跑车下另加一钢扁担起吊，旋转掉头。

3）吊鱼

如图5-4-21所示，当拱肋从塔架下面通过后，在塔架前起吊而塔架前场地不足时，可先用一个跑车吊起一个吊点并向前牵出一段距离后，再用另一个跑车吊起第二个吊点。

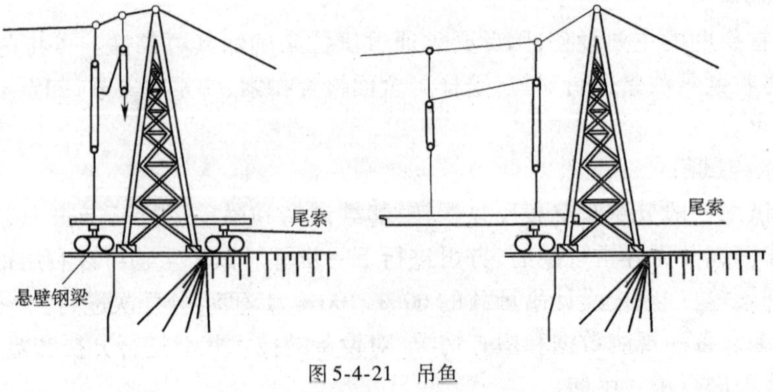

图5-4-21　吊鱼

4）穿孔

拱肋在桥孔中起吊时，最后几段拱肋常须在该孔已合龙的拱肋之间穿过，俗称穿孔，如图5-4-22所示。

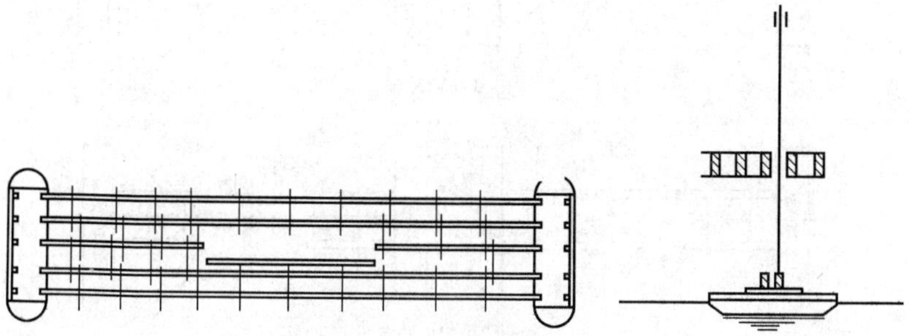

图5-4-22 穿孔

穿孔前先将穿孔范围内的拱肋横夹木暂时拆除。在拱肋两端另加稳定缆风索，穿孔时应防止碰撞已合龙的拱肋，故主索宜布置在两拱肋中间。

5）横移起吊

当主索布置对中拱肋位置，采用穿孔工艺起吊时，可以用横移索帮助拱肋横移起吊。

5.4.2.7 拱肋缆索吊装合龙方式

边段拱肋悬拌固定后，就可以吊运中段拱肋进行合龙，拱肋合龙后，通过接头、拱座的连接处理，使拱肋由铰接状态逐步成为无铰拱，因此，拱肋合龙是拱桥无支架吊装中的一项关键工作。拱肋合龙的方式比较多，主要根据拱肋自身的纵向与横向稳定性、跨径大小、分段多少、地形和机具设备条件等不同情况，选用不同的合龙方式。

（1）单基肋合龙

拱肋整根预制吊装或分两段预制吊装的中小跨径拱桥，当拱肋高度为0.009～0.012L（L为跨径），拱肋底面宽度为肋高的0.6～1.0倍，且横向稳定系数不小于4时，可以进行单基肋合龙，嵌紧拱脚后，松索成拱，如图5-4-23a）所示。这时其横向稳定性主要依靠拱肋接头附近所设的缆风索来加强，因此缆风索必须十分可靠。

单基肋合龙的最大优点是所需要的扣索设备少，相互干扰也少，因此也可用在扣索设备不足的多孔桥跨中。

（2）悬挂多段拱脚段或次拱脚段拱肋后单基肋合龙

拱肋分三段或五段预制吊装的大、中跨径拱桥，当拱肋高度不小于跨径的1/100且其单肋合龙横向稳定安全系数不小于4时，可采用悬扣边段或次边段拱肋，用木夹板临时连接两拱肋后，单根拱肋合龙，设置稳定缆风索，称为基肋。待第二根拱肋合龙后，立即安装两肋拱顶段及次边段的横夹木，并拉好第二根拱肋的风缆。如横系梁采用预制安装，应将横系梁逐根安装好，使两肋及早形成稳定、牢固的基肋。其余拱肋的安装，可依靠与“基肋”的横向连接，达到稳定，如图5-4-23b）、c）所示。

（3）双基肋同时合龙

当拱肋跨径大于等于80m，或虽小于80m但单肋合龙横向稳定安全系数小于4时，常采用“双基肋”合龙的方法。即当第一根拱肋合龙并调整轴线，楔紧拱脚及接头缝后，松索压紧接头缝，但不卸掉扣索和起重索，然后将第二根拱肋合龙，并使两根拱肋横向连接固定。拉好风缆后，再同时松卸两根拱肋的扣索和起重索，这种方法需要两组主索设备。

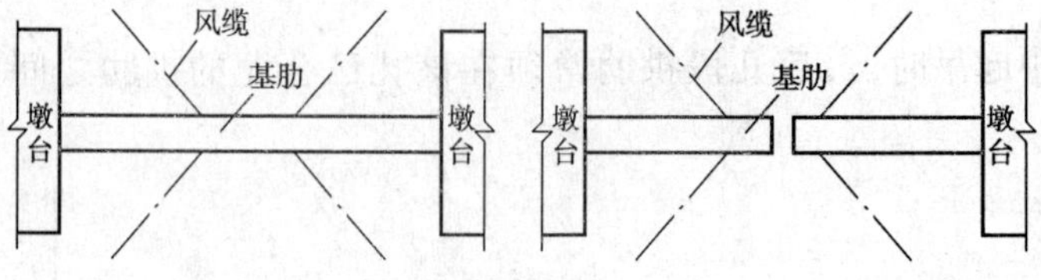

a)单基肋合龙

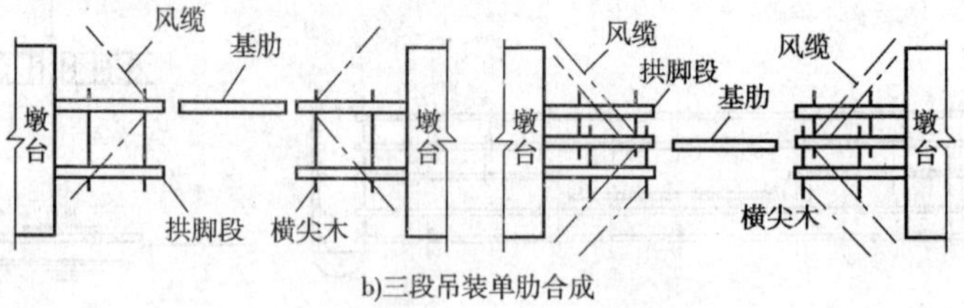

b)三段吊装单肋合成

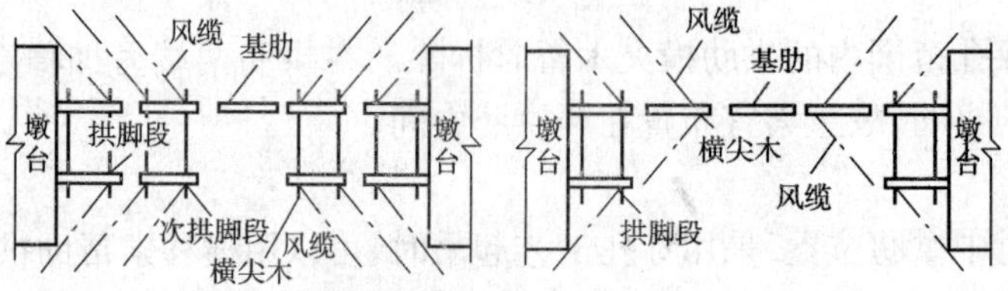

c)五段吊装单肋合龙

图 5-4-23　拱肋合龙示意图

(4)留索单肋合龙

在采用两组主索设备吊装而扣索和卷扬机设备不足时,可以先用单肋合龙方式吊装一片拱肋合龙。待合龙的拱肋松索成拱后,将第一组主索设备中的牵引索、起重索用卡子固定,抽出卷扬机和扣索移到第二组主索中使用。等第二片拱肋合龙并将两片拱肋用木夹板横向连接、固定后,再松起重索并将扣索移到第一组主索中使用。

5.4.2.8　拱肋缆索吊装

(1)三段吊装程序

当拱肋分三段吊装,采用螺栓对接接头时,宜先将边段拱肋初步悬挂定位,使上端头高程比设计高程值高出 5 ~ 10cm,然后调整扣索,准确悬扣拱顶段,使两端头高程比设计值高出 1 ~2cm,最后放松两拱段扣索使其均匀下降与拱顶段合龙,安装接头螺栓。当采用阶梯形搭接接头时,宜先准确扣挂两拱脚段,调整扣索使其上端头高程比设计值高出 3 ~5cm,再安装拱顶段使之与拱脚段合龙。

(2)五段吊装程序

当拱肋分五段吊装时,宜先从拱脚段开始,依次向拱顶分段吊装就位,每段的上端头端面不得扭斜。首先使拱脚段的上端头较设计高程抬高 15 ~20cm,次边段定位后,使拱脚段的上端头抬高值下降5cm 左右,并用水准仪配合观测,保持次边段的上端头抬高值约为拱脚段的上端头抬高值的 2 倍关系,否则应及时调整,以防拱肋接头处开裂。

(3)拱肋松索成拱程序及注意事项

①松索调整拱轴线,调整拱轴线时应观测各接点高程、拱顶及 1/8 跨径处截面高程。调整轴线时精度要求为:每个接头点与设计高程之差不大于 ±1.5cm,两对称接头点相对高差不大于 2cm,中线偏差不超过 0.5 ~1.0cm,防止出现反对称变形、导致拱肋开裂甚至纵向失稳。

松索成拱的操作方法是否正确,直接影响合龙后拱肋的拱轴线,必须认真、仔细操作。

②松索时应按边扣索、次边扣索、起重索三者的先后顺序对称均匀地进行。每次松索量以控制各接头高程变化不超过 1cm 为限。

③用铸铁楔、薄钢板嵌塞拱肋接头缝隙。

④拱肋松索成拱是一个反复循环的过程，将索放松压紧接头缝后，应再调整中线偏差至 0.5 ~ 1.0cm，固定缆风索，将接头螺栓旋紧。

⑤电焊各接头部件，全部松索成拱。电焊时，宜采取分层、间隔、交错施焊的方法，每层不可一次焊得过厚，以防灼伤周围混凝土。电焊后必须将各接头螺栓旋紧焊死。

⑥对于大跨径分五段或三段吊装的拱肋，在合龙成拱后，可保留起重索和扣索部分受力（称留索），待拱肋接头的连接工序基本完成后再完成松索。留索受力的大小决定于拱肋接头的密合程度和拱肋的稳定性。施工实践中，起重索受力一般保留在拱肋的 5% ~ 10%，扣索基本放松。

5.4.2.9 拱上构件吊装

拱上构件的砌筑同样应按规定的施工程序对称均衡地进行，以免产生过大的拱圈应力。为了能充分发挥缆索吊装设备的作用，可将拱上构件中的立柱、盖梁、行车道板、腹拱圈等做成预制构件，用缆索吊装施工，以加快施工进度，但因这些构件尺寸小、质量小、数量多，其吊装方法与吊装拱肋有所不同。常用的吊装方法有以下几种。

1）运到主索下起吊

这种方法适用于主索跨度范围内有起吊场地时的起吊，它是将构件从预制场运到主索下，由跑车直接起吊安装。

（1）墩、台上起吊。预制构件只能运到墩、台两旁，先利用辅助机械设备，如摇头扒杆、履带吊车等，将构件吊到墩、台上，然后由跑车进行起吊安装。

（2）横移起吊。当地形和设备都受到限制时，必须在横移索的辅助下将跑车起吊设备横移到桥跨外侧的构件位置上起吊。这种起吊方式对腹拱圈可以直接起吊安装；对其他构件，则须先吊到墩、台上，然后再起吊安装。

2）“横扁担”吊装法

由于拱上构件数目多，横向安装范围广，为减少构件横移就位工作，加快施工进度，可采用“横扁担”装置进行吊装。

（1）构造形式。“横扁担”装置可以就地取材，采用型钢制作，其构造形式如图 5-4-24 所示。

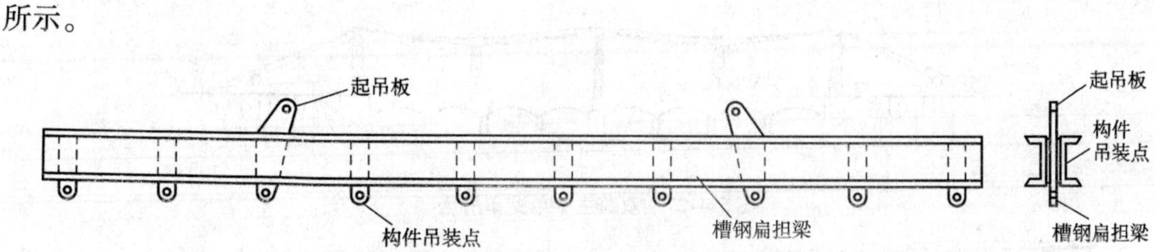

图 5-4-24 “横扁担”构造图

（2）主索布置。根据拱上构件的吊装特点，主索一般有以下三种布置形式。

①将主索布置在桥的中线位置上，跑车前后布置，并用千斤绳连接。每个跑车的吊点上安装一副“横扁担”，如图 5-4-25 所示。这种布置比较简单，但吊装的稳定性较差，起吊构件须左右对称、质量相等，多用在一组主索的桅杆式塔架的吊装方案中。

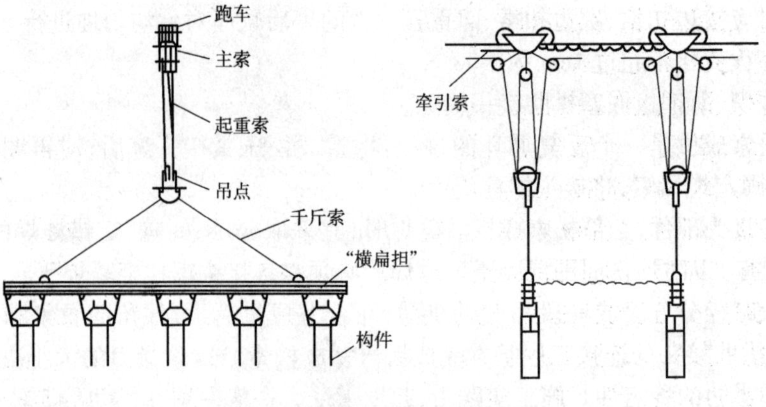

图 5-4-25 一组主索吊装

②将一根主索分开成两组布置,每组主索上安置一个跑车,横向并联起来。"横扁担"装置直接挂在两跑车的吊点上,如图 5-4-26 所示。这种吊装的稳定性好,吊装构件不一定要求均衡对称,灵活性大,但主索布置工作量稍大,且只能安装一副"横扁担"。

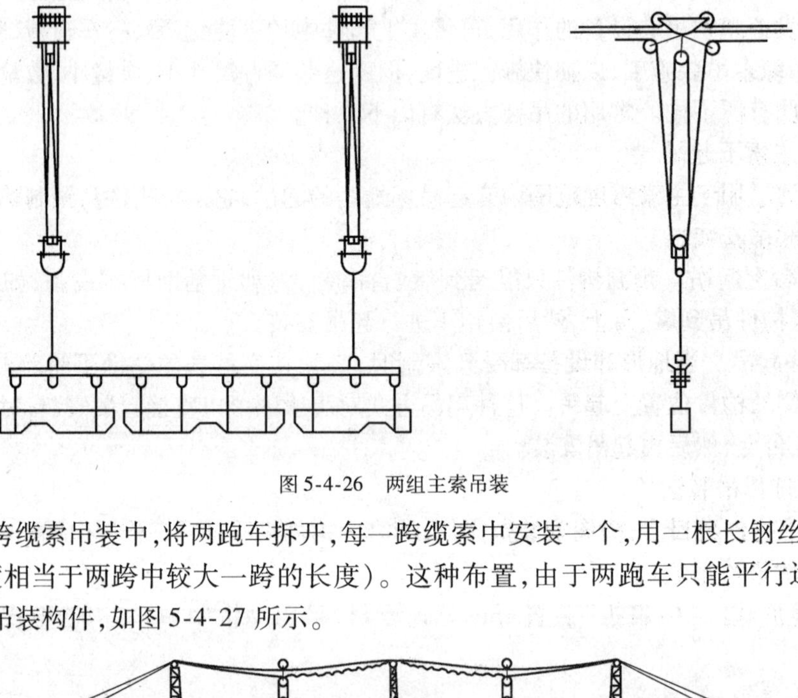
图 5-4-26 两组主索吊装

③在双跨缆索吊装中,将两跑车拆开,每一跨缆索中安装一个,用一根长钢丝绳联系起来(钢丝绳长度相当于两跨中较大一跨的长度)。这种布置,由于两跑车只能平行运行,因此两跨不能同时吊装构件,如图 5-4-27 所示。

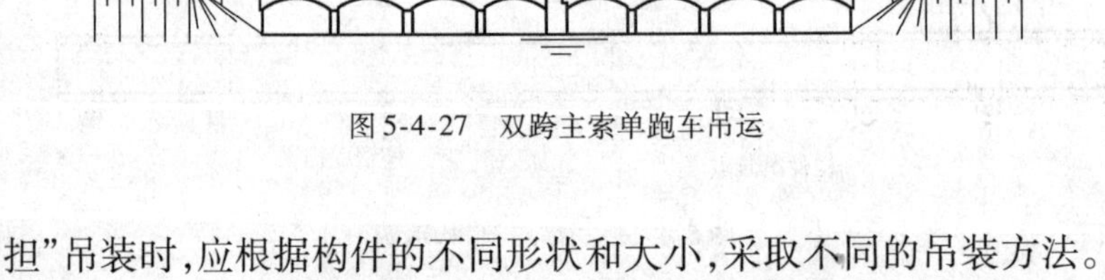
图 5-4-27 双跨主索单跑车吊运

3)吊装

用"横扁担"吊装时,应根据构件的不同形状和大小,采取不同的吊装方法。对于短立柱,可直接直立吊运。对于长立柱,常受到吊装高度的限制,常需先进行卧式吊运,待运到安装位置后,再竖立起来,放下立柱的下端进行安装。对于盖梁,一般可直接采用卧式吊运和安装的方法。对腹拱圈、行车道板的吊装,为减小立柱所承受的单向推力,应在横桥方向上分组,沿桥跨方向逐次安装。

5.4.3 钢管混凝土拱桥施工

钢管混凝土拱桥是以钢管为拱圈外壁，在钢管内浇筑混凝土，使其形成由钢管和混凝土组成的拱圈结构。由于管壁内填满混凝土，钢管内的混凝土受钢管的约束，提高了混凝土的抗压强度和延性。在施工上，由于钢管的质量小，刚度大，吊装方便，钢管的较大刚度可以作为拱圈施工的劲性骨架，钢管本身就是模板。钢管混凝土拱桥断面尺寸较小，使结构很轻巧，钢管外壁涂以色彩美丽的油漆，使拱桥建筑造型极佳。这些优点给大跨度拱桥施工创造了十分有利的条件，也使钢管混凝土拱桥在全国各地很快得到推广应用。

5.4.3.1 施工程序及要点

1）施工程序

首先分段制作钢管及加工腹杆、横撑等，然后，在样台上拼接钢管拱肋，应先端段、后顶段逐段进行；接着吊装钢管拱肋就位合龙，从拱顶向拱脚对称施焊，封拱脚使钢管拱肋转为无铰拱，同时，从拱顶向拱脚对称安装肋间横梁、X 撑及 K 撑等结构；第三步可按设计程序浇筑钢管内混凝土；最后安装吊杆、拱上立柱及纵横梁和桥面板，浇筑桥面混凝土。

2）施工要点

（1）用钢板制作钢管时，下料要准确，成管直径误差应控制在 ±2mm 范围内。

（2）拱肋拼接应在 1∶1 大样的样台上进行。焊接时应采取措施减少焊接变形，并严格保证焊接质量。

（3）由于钢管直径大，一次浇筑混凝土数量多，为避免浇筑过程中钢管混凝土出现过大的拉应力及保证管内混凝土的浇筑质量，每根钢管混凝土的浇筑应连续进行，上下钢管、相邻钢管内混凝土按一定程序或设计要求进行，混凝土的自重对钢管拱线形影响比较明显，所以压注必须对称同步进行。

（4）为保证空间桁架拱肋在施工中的纵横向稳定性，拱肋间应设置横梁、X 撑、K 撑，调整管内混凝土的浇筑程序等措施。

（5）钢管的防锈和柔性吊杆的防护和更换应有一定的措施。

（6）必须在钢管混凝土达到设计强度后才能进行桥面系的安装。

5.4.3.2 钢管拱肋制作

1）材料要求

钢管混凝土拱桥所用的钢管直径大，材料一般采用 A3 钢和 16Mn 钢，钢管由钢板卷制成型，卷制钢管宜在工厂进行。管节长度由钢板宽度确定，一般为 120 ~ 180cm。焊接应符合国家标准，焊缝质量应不低于Ⅱ级。在有条件的情况下，优先选用符合国家标准系列的成品焊接管。采用桁式截面时，上下弦之间的腹杆由于直径较小，可以直接采用无缝钢管。拱肋制作的关键在于拱肋在放样平台上的精确放样和严格控制焊接质量，应尽量减少高空焊接。严格控制钢管拱肋的制作质量，为拱肋的安装和拱肋内混凝土浇筑提供安全保证。

2）钢管卷制和焊接

钢板利用焰割机切割，但应将热力影响宽度 3 ~ 5mm 去掉。拱肋及横撑结构外表面均应先除锈，按一级表面清理。钢板卷制前，应根据要求将板端开好坡口，将钢板送入卷板机卷成直筒体，卷管方向应与钢板压延方向一致。钢板卷制焊接管可采用工厂卷制和工地冷弯卷制。

前者卷制质量便于控制,检测手段齐全,为推荐方法。轧制管筒的失圆度和对口错边偏差应符合施工规程要求。根据不同的板厚和管径,可采用螺旋焊缝和纵向直焊缝将卷成的钢管缝焊接成直管。由于钢管对混凝土起套箍作用,宜采用螺旋焊缝。对焊成的直钢管应进行检查和校正,以确保卷制的精度。

卷制后的成品管通常为8~12m长的直管,一般在工地进行接头、弯制、组装,形成拱肋。首先根据设计图的要求绘制施工详图(包括零件图、单元构件图、节段单元图及组焊、拼装工艺流程图),然后将半跨拱肋在现场平台上按1:1进行精确放样,放样时计入预拱度。注意考虑温度和焊接变形的影响,放样的精度需达到设计和规范要求。沿放样的拱肋轴线设置胎架,在大样上放出吊杆位置及段间接头位置以及混凝土灌注孔位置。拱肋分段的长度应考虑从工厂到工地的运输能力,分段的长度可以适当变化,主要分段接头应避开吊杆孔和混凝土灌注孔位置。

按拱肋加工段长度进行钢管接长。首先应对两管对接端进行校圆,除成品管按相应的国家标准外,失圆度一般不大于$3D/1000$(D为钢管外径)。钢管的对接焊缝可采用有衬管的单面坡口焊和无衬管的双面熔透焊。两对接环焊缝的间距,应符合设计要求,设计无规定时,直缝焊接管不小于管的直径,螺旋焊接管不小于3m。对接径向偏差不得超过壁厚的0.2倍,纵向焊缝各管节应相错,施工时应严格进行控制;应将纵向焊缝全部置于两肋板中间,以免外表面焊缝影响美观。焊接完成后严格按照设计要求对管缝焊接质量进行超声探伤和X光拍片检查。

3)拱肋段的拼装

(1)精确放样和下料。

(2)对管段涂刷油漆作防锈(喷砂)防护处理。

(3)在1:1放样台上组拼拱肋。先进行组拼,然后做固定性点固焊接,在拱肋初步形成后,详细检查,调校尺寸。

(4)精度控制。精度控制着眼于节段的制作精度。

(5)钢管防护的好坏直接影响钢管混凝土拱桥的使用寿命。首先对所有外露面做喷砂除锈处理,然后做防护处理,目前一般采用热喷涂,其喷涂工艺以及厚度均应符合设计要求。

5.4.3.3 拱肋安装

钢管拱肋的安装,使用最多的施工方法为少支架或无支架缆索吊装、转体施工或斜拉扣索悬拼法施工。如图5-4-28所示为钢管拱肋拼装流程示意图。

钢管拱肋分段吊装过程中,应同时安装横向联系或采取临时横向稳定措施。未安装连接系的不得多于一个节段,否则应采取临时横向稳定措施。

钢管拱肋分段接头施焊,应对称进行,施焊前应用定位板控制焊缝间隙,不得采用堆焊。

钢管拱肋安装成拱后,应调整各段接头高程及拱轴线符合施工结构设计。拱肋的横向稳定系数大于4时可单肋合龙,拱肋合龙温度应符合设计要求,如设计未作规定,应在气温接近年平均温度时合龙。

5.4.3.4 拱肋混凝土浇筑

根据钢管拱肋的截面形式及施工设备,钢管混凝土的浇筑可采用以下两种浇筑方法。

(1)人工浇筑法。这种方法是用索道吊点悬吊活动平台,在钢管拱肋顶部每隔4m开孔作为灌注孔和振捣孔。混凝土由吊斗运至拱肋灌注孔，混凝土由人工铲进，插入式和附着式振捣器振捣。

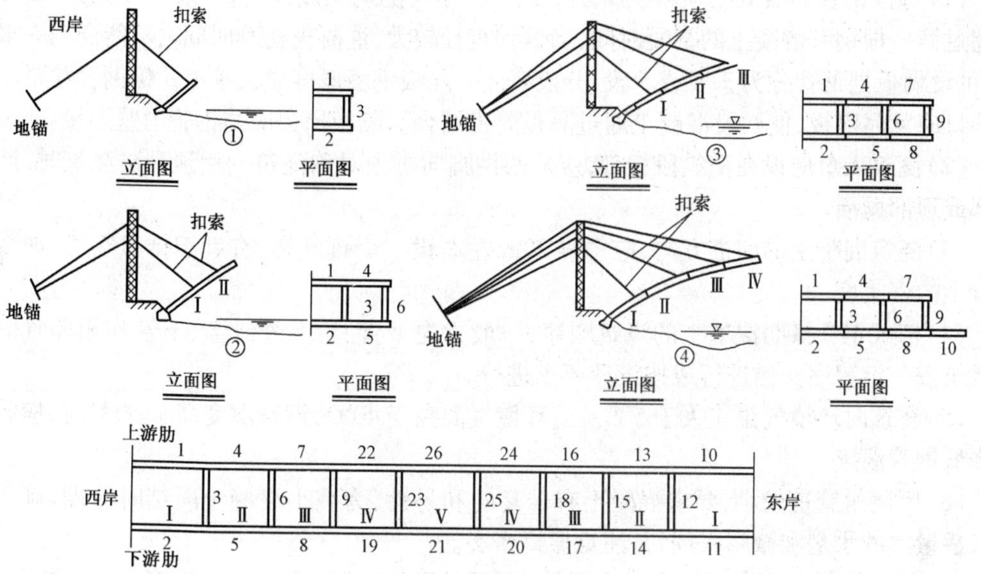

图 5-4-28　钢管拱肋拼装流程示意图

注：图中阿拉伯数字表示吊装就位顺序；罗马数字表示钢骨架分段。

（2）泵送顶升浇筑法。这种方法适用于桁架式钢管拱肋内混凝土的浇筑，也可用于单管、哑铃形等实体形拱肋截面的混凝土浇筑。一般输送泵设于两岸拱脚，对称均衡地一次压注混凝土。在钢管上应每隔一定距离开设气孔，以减少管内空气压力，泵送之前，应先用压力水冲洗钢管内壁，再用水泥砂浆通过，然后连续泵送混凝土。

图 5-4-29 为泵送混凝土浇筑管内混凝土示例。灌注混凝土的配合比除满足强度指标外，尚应注意混凝土坍落度的选择。对于泵送顶升浇灌法粗集料粒径可采用 0.5～3cm，水灰比不大于 0.45，坍落度不小于 15cm，初凝时间根据压注速度计算，要求控制在 6h 以上；对于吊斗浇捣法粗集料粒径可采用 1～4cm。为满足上述坍落度的要求，应掺入适量减水剂；为减少收缩量，可掺入适量的混凝土微膨胀剂。

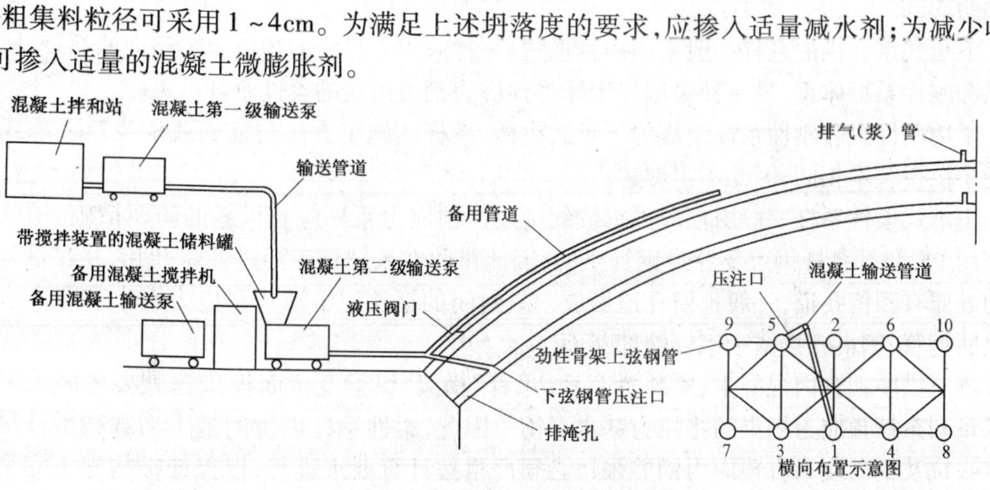

图 5-4-29　泵送混凝土浇筑管内混凝土示例

钢管混凝土填充的密实度是保证钢管混凝土拱桥承载能力的关键问题。钢管内混凝土是否灌满，混凝土收缩后与钢管壁形成空隙往往是问题所在。质量检测办法以超声波检测为主，人工敲击为辅。当然,采用小铁锤敲击钢管听声音的方法是十分简单和有效的。通过检测,有空隙部位必须进行钻孔压浆补强。施工中除应按设计要求进行外,还应注意以下几点:

(1)每根钢管的混凝土须由拱脚至拱顶一次连续浇筑完成,不得中断,且浇筑完成时间不宜超过第一根钢管混凝土的初凝时间,当钢管直径较大,混凝土初凝时间内不能浇完一根钢管时,可设隔板把钢管分为3段或5段,分段灌注。隔板钢板厚度应大于1.5倍钢管壁厚。下一段开口应紧靠隔板,使两段混凝土通过隔板严密结合。隔板周边应与钢管内壁焊接。

(2)浇筑入口应设在浇筑段根部,应从两拱脚向拱顶对称浇筑。用顶升法浇筑时,严禁从中部或顶部抛灌。

(3)浇筑混凝土的前进方向,应每隔30m左右设一个排气孔,有助于排出空气,加强管内混凝土的密实度。

(4)桁式钢管拱肋混凝土的浇筑顺序,一般为先下管、后上管或上、下管和相邻管的混凝土浇筑按一定程序交错进行或按设计要求进行。

(5)浇筑时环境气温应大于5℃。当环境气温高于40℃,钢管温度高于60℃时,应采取措施降低钢管温度。

(6)因浇筑管道较小,要求混凝土有较高的和易性,为减小混凝土凝结时收缩,施工时应加入适量的减水剂和微膨胀剂,并注意振捣密实。

(7)管内混凝土的配合比及外掺剂等,应通过设计、试验来确定。施工中须严格管理,以确保钢管混凝土的质量。

大跨径钢管混凝土拱桥,混凝土灌注可以分环或分段浇筑,灌注时应从拱脚向拱现对称进行。大跨径拱肋灌注混凝土时,应对拱肋变形和应力进行观测,并在拱顶附近配置压重,以保证施工安全。

5.4.3.5 桥面系安装

无水平推力的钢管混凝土拱桥均有系杆,下承式系杆预应力钢束锚于拱脚,一般常采用单跨形式。中承式系杆拱一般为三跨,两边跨为半跨形式的上承式拱桥,系杆预应力钢束锚于边跨拱肋端部。

下承式系杆拱的系杆一般采用两种形式:一种采用大尺寸的预应力梁组成的系杆,属于刚性拱和刚性系杆体系;另一种采用仅用体外预应力钢束组成的柔性系杆。

采用刚性拱和刚性系杆组成的下承式拱桥,系杆的施工方法与前面就地浇筑下承式钢筋混凝土拱桥基本相同,因此不再叙述。

下承式柔性系杆一般由预应力钢绞线组成。预应力系杆应有可靠的防腐措施,钢绞线防护采用PE套。系杆钢束要穿过钢管拱肋,因此拱肋在系杆钢束穿过处需开孔,并在钢束穿过拱肋处应有预留孔道,一般预留孔道做成一只封闭的钢箱。中承式预应力钢束需穿入边孔端部拱肋钢管,钢束直接锚于钢管端部断面。

浇筑拱肋钢管内混凝土,安装桥面系(吊杆、横梁、纵梁及桥面板),这就要求施工中加载的数量和系杆预应力钢束的张拉力基本平衡。因此,柔性系杆拱桥的施工加载和系杆预应力钢束张拉及锚固块垂直预应力钢筋张拉必须严格按计算要求进行,以保证结构施工安全。施工过程中除了严格控制系杆的内力和伸长量外,尚应监测和控制关键结构的变位,不得超过设计允许范围。根据施工加载各阶段,系杆的预应力钢束和锚固块垂直预应力钢筋也分阶段、分批张拉。系杆钢束全部张拉完成后,将拱肋和锚固块预留孔压浆封闭。

带有可靠锚头的吊杆宜具有良好的力学性能和防腐效果。纵、横梁安装完成后，按高程控制的吊杆应按设计要求进行内力调整（内力测定），再进行桥面施工。

5.4.4 劲性骨架施工技术

劲性骨架法是以钢骨架作为拱圈的劲性拱架，采用现浇混凝土包裹骨架，最后形成钢筋混凝土拱桥。施工中，首先将拱圈的全部受力钢筋按设计形状和尺寸制成，并安装就位合龙形成钢骨架，然后用系吊在钢骨架上的吊篮逐段浇筑混凝土，当骨架全部由混凝土包裹后，就形成钢筋混凝土拱圈（或拱肋）。用这种方法施工的钢骨架，不但需满足拱圈的要求，而且施工中还起临时拱架的作用，因此，需有一定的刚性。一般选用劲性钢材如角钢、槽钢、钢管等作为拱圈的受力钢筋。劲性骨架法因能解决拱桥施工的"自架设问题"，目前主要用于大跨径拱桥之中。这种埋入式拱架的方法在国内外已有施工实例，国外称为"米兰拱"。

采用劲性骨架的拱桥上部施工，主要施工步骤为：劲性钢骨架制作→劲性钢骨架安装→拱肋浇筑→横梁和吊杆安装。

5.4.4.1 劲性钢骨架的制作

劲性骨架设计，主要由施工阶段荷载控制。除验算使用阶段受力外，应分别验算骨架安装阶段及各环拱圈混凝土浇筑阶段的受力状态，同时考虑劲性骨架结构构件的受力历程，防止局部构件先期失稳。劲性骨架混凝土拱圈施工过程的各阶段都必须有足够的强度、刚度和稳定性。

劲性骨架可根据施工图设计选定的钢桁架拱圈、钢管混凝土拱圈或钢管混凝土组拼桁架拱圈，分别采用工厂制作、现场分段吊装，架设成拱。

我国中承式就地浇筑钢筋混凝土肋拱桥，多采用型钢劲性骨架施工。劲性钢骨架可由16Mn型钢焊接制成，钢骨架顺桥向分段制作。钢骨架的制作是在放样台上进行。在大样上确定一个符合大多数节段的曲率，按确定的曲率将弦杆型钢在冷弯台座上冷弯成型，然后在大样上拼焊加工。焊成的钢骨架应进行探伤检查。

钢骨架还可采用钢管，此法采用不同形状的钢管（如单管形、哑铃形、矩形、三角形或集束形），或者以无缝钢管作弦杆，以槽钢、角钢等作为腹杆组成空间桁架结构，先分段制作成钢骨架，具体制作工序同钢管混凝土拱。然后吊装合龙成拱，再利用钢骨架作支架，浇筑钢管内混凝土，待钢管内混凝土达到一定强度后，形成钢管混凝土劲性骨架，然后在其上悬挂模板，按一定的浇筑程序分环（层）分段浇筑拱圈混凝土直至形成设计拱圈截面。先浇的混凝土凝结成型后可作为承重结构的一部分，与劲性骨架共同承受后浇各部分混凝土的重力；同时，钢管中混凝土也参与钢骨架共同承受钢骨架外包混凝土重力，从而降低了钢骨架的用钢量，减少了钢骨架的变形。故利用钢管混凝土作为劲性骨架浇筑拱圈的方法比型钢劲性骨架法更具优越性。图5-4-30为某钢管混凝土劲性骨架构造及浇筑顺序图。

5.4.4.2 劲性钢骨架安装

钢骨架可采用少支架或无支架进行分段吊装。少支架吊装通常采用两副龙门架吊机和临时施工支架，先将两边段吊装就位，用临时支架支承，再用两台吊机将中段提升就位。无支架吊装可采用缆索吊装。如图5-4-31所示，吊装设施包括：吊运天线；跑马滑车；起吊滑车组；索塔，扣索；锚碇等。索塔高度根据主索的工作垂度、钢骨架高度、起吊滑车组高度、千斤绳高度、操作安全高度等因素确定，塔由万能杆件组拼而成。

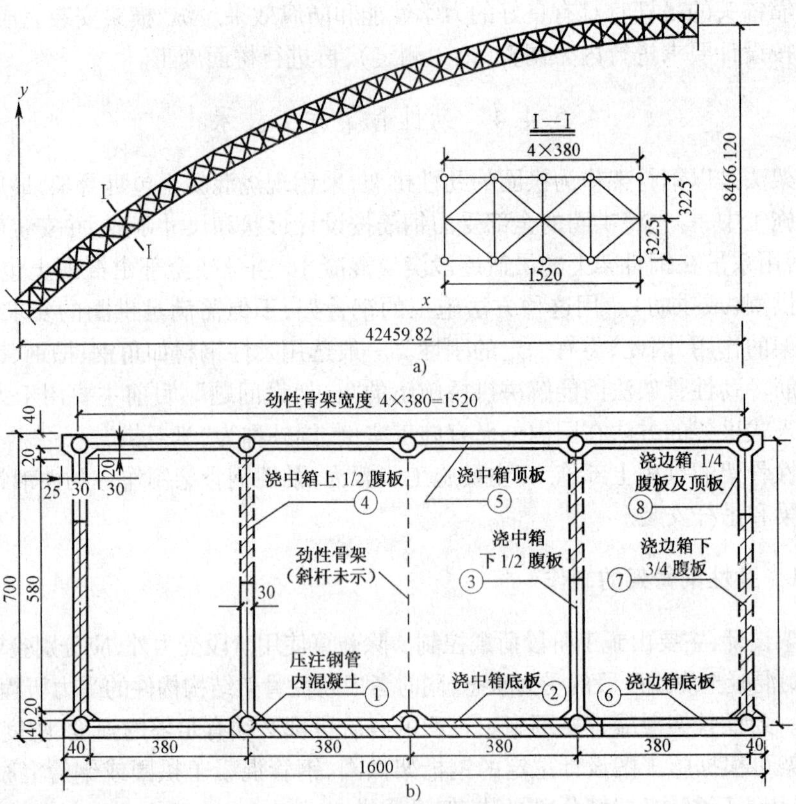

图 5-4-30　某钢管混凝土劲性骨架构造及浇筑顺序图（尺寸单位：cm）

钢骨架安装时，每段平卧钢骨架利用滚筒移至桥台，再将钢骨架竖转 90°呈设计安装状态。用平车将钢骨架运至起吊位置，由吊机或吊运天线运至安装位置，先用螺栓将各段进行临时联结，待钢骨架合龙调整后再将各段接头焊接。对于大跨径劲性骨架的安装，关键是应确保钢骨架在整个施工过程中的竖向和横向稳定。钢骨架在安装中要根据设计要求，设置所需的横向联结系。为了保证钢骨架的稳定和对拱轴线进行调整，每段骨架均设有一组八字风缆。

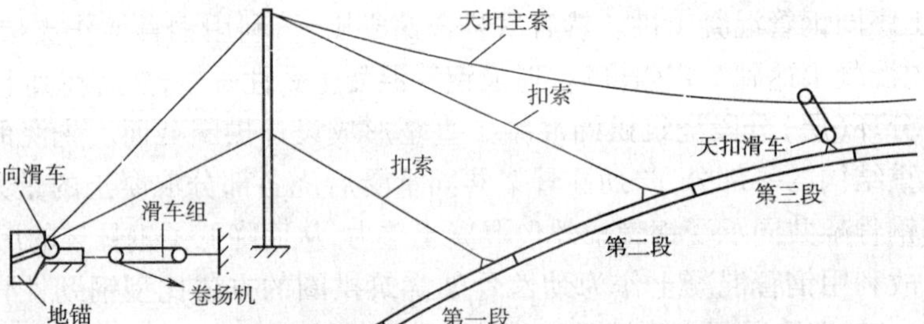

图 5-4-31　吊装设备布置图

5.4.4.3　劲性骨架浇筑拱圈

劲性骨架浇筑混凝土拱圈，主要用于大跨径拱桥、无支架悬挂模板现浇。劲性骨架混凝土拱圈的浇筑方法，可依具体条件采用分环多工作面浇筑法、分环分段浇筑法、水箱压载平衡浇筑法或斜拉扣索连续浇筑法。

在进行拱肋混凝土浇筑工作时,最关键的问题是要确保钢骨架在浇筑混凝土过程中的稳定,为此应在钢骨架上按稳定计算所需布置足够的横向联结系和横向风缆。拱肋混凝土浇筑采用单肋分环,两岸从拱脚到拱顶对称浇筑。拱箱截面分底板、下肋板、上肋板、顶板四环浇筑完成,分环如图 5-4-32 所示。拱肋混凝土在浇筑过程中,钢骨架会随浇筑位置的变化而发生轴线变形。拱肋竖向变形采用外力或均衡对称浇筑调整。为适应钢骨架变形,避免混凝土开裂,应适当设置变形缝。当混凝土浇筑至 $L/4$ 截面区段,拱 $L/4$ 截面高程下降,拱顶上升,两者达到最大值。这是整个拱圈(拱肋)施工的关键阶段,应严格控制好拱圈的竖向及横向变形,防止钢骨架杆件应力超过极限强度而导致失稳。为使混凝土适应钢骨架变形,避免开裂,浇筑第一环(层)混凝土时,可在 $L/4$ 截面处设变形缝,变形缝宽 200mm,待浇完第一环混凝土后用高一级混凝土填实。

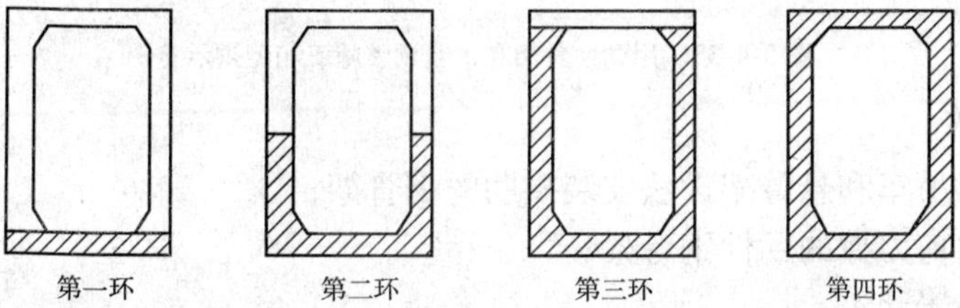

图 5-4-32　拱肋分环浇筑

浇筑劲性骨架混凝土拱圈(拱肋)时,应严格控制钢骨架及先期混凝土层的竖、横向变形,其变形值应符合设计要求,相对高差和横向位移应符合检测标准,否则应采取纠正措施。

分环多工作面均衡浇筑劲性骨架混凝土拱圈(拱肋)时,各工作面可根据模板长度分成若干工作段,各工作面要求对称均衡浇筑,两对应工作面浇筑进度差不得超过一个工作段。这是我国传统的双曲拱桥拱板混凝土的浇筑方法。在大跨径劲性骨架拱桥中,万县长江大桥首次采用这种方法。这种方法是采用横向分环纵向分段的方法来浇筑主拱圈外包混凝土,在主拱拱箱混凝土,尤其是底板混凝土的浇筑过程中,多工作面作业,使劲性骨架受力相对均匀,从而使劲性骨架应力分配均匀,变形和顺。

劲性骨架混凝土拱圈分环浇筑,应制订浇筑程序,计算分析分环浇筑、分环合龙和分环承载各阶段的骨架及骨架与分环混凝土拱圈联合结构的变形、应力及稳定性,并在施工过程中严格监控。

依据分环浇筑需要,可采用水箱法、锚索加载法或联合加载方法压载,减少劲性骨架变形。

水箱加载法是在浇筑拱箱混凝土时,在拱肋顶部布置水箱,随着混凝土浇筑的推进,根据拱箱特征,变形观测值,结合应力(应变)监测情况,通过对水箱加水加载和排水卸载,实现对拱轴线竖向变形的控制和应力的调整。

锚索加载法是利用钢索把加载点和地锚相连,中间设置拉力紧固器,按计算加载量加载的方法。这种利用地锚加载的办法优缺点并存,优点是加载量控制方便,缺点是仅适用于旱地和干涸的河床。以后这种方法得到改进,把由拉力紧固器提供外力改进为以悬挂重物实现预加载,这种改进使得锚索加载法不再受地形限制。

施工设计要对压载、卸载程序、方法妥善安排,并计算分环拱圈混凝土浇筑、压载、卸载过程的变形及骨架结构受力状态。实施过程严格监控,保持劲性骨架的竖向、横向变形在设计允许范围内。图 5-4-33 为用劲性骨架施工的中承式钢筋混凝土拱桥示意图。该桥主拱圈是采用劲性钢筋骨架法浇筑,并用水箱调载的分环浇筑法施工。

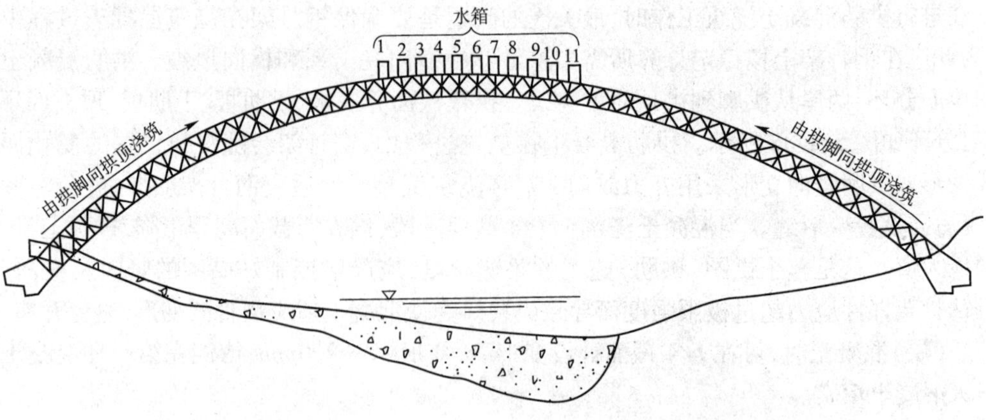

图 5-4-33　用劲性骨架和水箱调整施工箱型拱示意图

施工步骤如下：

(1)借助缆索吊车和悬臂架设法安装拱肋的钢骨架；

(2)安装横向剪刀撑的劲性钢骨架；

(3)在中部布置水箱；

(4)在劲性骨架上安装箱肋底板、腹板、顶板的受力钢筋和分布钢筋网；

(5)采用混凝土泵由拱脚向拱顶分环对称平衡地浇筑混凝土，将钢骨架和分布钢筋包裹在混凝土中。

斜拉扣挂法就是在拱圈(拱肋)适当位置选取扣点，用钢绞线作为扣索(斜拉索)，两岸设置临时塔架，在混凝土浇筑过程中，根据各断面的应力情况进行张拉或放松，实现从拱脚到拱顶连续浇筑混凝土。其思路是借助钢骨架阶段吊装的扣索来调整混凝土浇筑阶段内力。通过对扣索的张放，给拱肋施加一定量的拉力，以减少各浇筑阶段混凝土产生的弯矩，从而达到减小应力、控制变形的目的。此法与前面提到的两种外力平衡法反其道而行之，锚索加载法和水箱加载法都是通过外力，给主拱施加方向向下的荷载，斜拉扣控法则通过扣索给主拱施加方向为斜上的荷载。

用斜拉扣挂分环连接浇筑劲性骨架混凝土拱圈(拱肋)时，应选择可靠和操作方便的扣挂及张拉系统，选好扣点和索力，设计好扣索的张拉与放松程序，以便有效地控制拱圈截面应力和变形，确保混凝土从拱脚向拱顶、对称连续浇筑的实施。扣点作为施加在拱肋上拉力的作用点，其位置很重要，可根据受力要求并考虑钢骨架吊装大段的接头位置合理选择。

扣索的索力可采用指定应力法来确定。即指定拱肋断面的应力在某一范围内，在浇筑某一环混凝土时，如应力在此范围内，可不张拉扣索，如超出指定范围，则用扣索来调整应力。扣索的张拉与放松过程，一般是从拱脚往上浇筑混凝土时，拱脚附近的截面上缘受拉，这时就需要靠张拉扣索来调整应力，浇至一定长度后，拱脚转而受压，趋于全拱均匀受荷，就要逐渐放松扣索。混凝土浇完扣索已松完，转变为纯拱受荷体系。

锚索加载法和水箱加载法都可以与斜拉扣挂控法联合使用，具体做法是从拱脚到 $L/4$ 采用斜拉扣控法，$L/4$ 到拱顶采用锚索加载法或水箱加载法，这样，无论是扣索、锚索的拉力，还是水箱的重量，都可以大幅减小，使得拱圈的应力和变形更易控制。

此外，多点均衡浇筑法也可与斜拉扣控法联合使用，这种方法可以在靠近拱脚段的拱肋上适当位置选取扣点，用钢缆作为扣索，通过塔架固定在地锚上，这样做的好处是可以使拱脚段的混凝土一次浇筑量大为增加，同时又可以减轻拱脚的负担，远离拱脚段仍采用多点均衡浇筑法。这种方法尤其适用于大跨径劲性骨架混凝土拱桥，它可充分利用缆索吊装塔架。

能力训练9　拱桥上部结构施工方案编制

本能力训练旨在训练学生根据工程地理位置、桥型桥跨结构、施工图等情况选择合理的施工方法，并对施工过程进行总体安排、设计工艺流程、提出质量管理和控制措施等方面的能力。

工程实例：某空腹式石拱桥施工方案（节选）。

本方案节选于某空腹式石拱桥的施工组织设计。

1）编制总说明

内容包括：编制依据、编制原则、施工组织设计的采用的主要技术标准、规范、规程。

2）工程概况

（1）地理位置。×××桥位于××路16km处，距××县城约20km，紧靠×××镇，××公路为二级公路，该项目是移民公路桥梁。修建×××桥，对发展××县经济、移民迁建都有重要的意义。

（2）建设规模。该大桥为2×60m等截面悬链线空腹式石拱桥，全长130.82m，矢跨比1/6，桥面设计高程为185.1m，桥宽净9+2×1.5m人行道。

荷载：汽车荷载为公路—Ⅱ级，人群荷载为3.5km/m^2，行车速度为60km/h。

（3）结构设计。

①拱圈。主拱圈厚度130cm，腹拱圈厚度35cm。

②墩台。考虑水流和少量的漂浮物，桥墩设计为石砌变截面圆端形，变坡为10∶1，墩高15m；桥台为石砌重力式桥台，台高12.10m。

③基础。基础为石砌扩大基础，桥墩基础为三层，每层厚75cm，襟边宽度40cm，桥台基础为二层，每层厚1.0m，基础置于微风化的粉砂质泥岩或中等风化的砂岩层，其承载能力不得低于0.4MPa。

④桥面。桥面采用厚20cm的C30混凝土，面层设间距20cm的ϕ8mm钢筋网。

⑤附属设施。

两台锥体：护坡采用MU25浆砌片石，厚度30cm。

拱内填料：考虑渗水宜采用矿渣、碎砖、砾石或卵石，其中掺入适当砂，并夯实，密实度应达到95%以上。

防水层：防止水流侵蚀拱圈，在拱圈拱背上必须设置防水层，其材料为胶泥离水层，且在墙身设泄水孔。

伸缩缝：考虑温度对桥跨的影响，除台前外，每跨另设两个伸缩缝，伸缩缝采用沥青麻布填塞。

栏杆：栏杆为钢筋混凝土结构，高105cm，栏杆每8m设一道伸缩缝，栏杆脚下扩大与拱桥墙身结合。

人行道：人行道高20cm，与车行道同时制作，在行道高出部分填砂卵石、矿渣，在其面层铺设10cm厚C25混凝土。

名牌：桥名名牌置于人行道一侧，建设单位、设计单位、施工单位名牌置于人行道另一侧，名牌可用黑色花岗岩制作，尺寸大小在大桥竣工时期决定。

水文与气象条件、地形地质情况、交通、动力、通信、主要工程数量不作详述。

3)施工部署

内容包括:指导方针、管理模式及机构设置、协调管理、管理目标、施工重点。

4)施工准备

(1)技术准备

①先了解和掌握图纸内容,摸清设计意图,审查施工图纸是否齐全,是否与其说明书在内容上一致,施工图纸及其各组成部分间有无矛盾和错误,各图在尺寸、坐标、高程和说明方面是否一致,技术要求是否明确。

②基础设计或地基处理方案同建造地点的工程地质和水文地质条件是否一致。

③掌握拟建工程建筑和结构的形式和特点,需要采取哪些新技术;复核重要承重结构或构件的强度、刚度和稳定性能否满足施工要求;对于工程复杂、施工难度大和技术需求高的分部(分项)工程,要审查现有施工技术和管理水平能否满足工程质量和工期要求。

④编制施工组织设计和分项工程施工方案。

⑤各级技术人员、施工人员要认真熟悉图纸,技术部门负责组织好图纸会审。会审时应特别注意审查图纸是否有问题,发现问题及时提出,争取在施工前办好一次性洽商。

⑥确定各工程项目的做法、材料、规格,为翻样和加工订货创造条件。

⑦按照施工图纸所确定的工程量、施工组织设计拟定的施工方法、建筑工程预算定额和有关费用定额编制施工图预算和施工预算。

⑧根据现场具体情况,做好现场的平面布置。

⑨提出大型机具计划,编制加工订货计划。

⑩编制工程质量总体规划及工程创优细部质量措施。

(2)物资准备

①物资准备工作程序。物资准备工作程序包括:编制多种物资需要量计划、签订物资供应合同、确定物资运输方案和计划和组织物资按计划进场和保管。

②建筑材料准备。根据施工预算的材料分析和施工进度计划的要求,编制建筑材料需要量计划,为施工备料、确定仓库和堆场面积以及组织运输提供依据。根据材料计划组织各种材料分批进场,并严格按施工总平面布置图所示位置堆放整齐。

③构件和制品加工准备。根据施工预算所提供的构件、制品加工要求和施工进度计划安排,编制相应计划,为修建预制场地、组织运输和确定堆场面积提供依据。

④建筑施工机具准备。根据施工方案和进度计划的要求,编制施工机具需要量计划(表5-4-1),为组织运输和确定机具停放场地提供依据。

(3)劳动组织准备

①建立工程项目部组织机构。

根据工程规模、结构特点和复杂程度,确定工程项目部的人选和名额;遵循合理分工与密切协作、因事设置与因职选人的原则,建立有施工经验、有开拓精神和工作效率高的工程项目部,施工管理人员迅速到位开展各项准备工作。

a. 建立精干的工作队组。根据采用的施工组织方式,确定合理的劳动组织,建立相应的专业混合工作队组。

b. 集结施工力量,组织劳动力进场。按照开工日期和劳动力需要量计划,组织工人进场,安排好职工生活,并进行安全、防火和文明施工等教育。

主要施工机具设备计划表 表 5-4-2

序号	名称	单位	数量	型号	序号	名称	单位	数量	型号
1	挖掘机	台	1	CAT320	13	木工圆锯机	台	1	ϕ500
2	推土机	台	1	T2—120	14	木工平刨床	台	1	ϕ300
3	自卸汽车	辆	4	15t	15	钢筋对焊机	台	1	UN1—100
4	装载汽车	台	2	ZL—50	16	钢筋切断机	台	1	GJ5—40
5	蛙式打夯机	台	4	HW—20	17	钢筋弯曲机	台	1	WJ40—1
6	强制式搅拌机	台	2	0.5m^3	18	钢筋校直机	台	1	ϕ14 以内
7	空压机	台	2	10m^3	19	电弧焊机	台	10	300 ~ 500A
8	汽车吊	台	1	50t	20	卷扬机	台	10	1 ~ 5t
9	混凝土振捣器（插入式）	台	6	1.1kW	21	电动葫芦	台	2	10t
10	混凝土振捣器（平板式）	台	4	BL11	22	手动葫芦	台	4	5t
11	潜水泵	台	10	1.1kW	23	千斤顶	台	3	15 ~ 30t
12	污水泵	台	5	3.5kW					

c. 做好职工入场教育工作。为落实施工计划和技术责任制，应按管理系统逐级进行交底。交底内容通常包括：工程施工进度计划和月作业计划，各项安全技术措施，降低成本措施和质量保证措施，质量标准和验收规范要求，以及设计变更和技术核定事项等，都应详细交底，必要时进行现场示范；同时健全各项规章制度，加强遵纪守法教育。

②劳动力计划，见表 5-4-3。

劳 动 力 计 划 表 5-4-3

序　号	工　种	人　数　（人）	序　号	工　种	人　数　（人）
1	石工	100	10	起重(架工)	20
2	普工	300	11	试验	4
3	木工	50	12	指挥	2
4	钢筋工	20	13	钳工	4
5	混凝土工	10	14	铆工	4
6	测量	4	15	抹灰	20
7	电工	2	16	其他	20
8	焊工	10		合计	310
9	机运工	10			

以上人员为进场施工人员总人数。施工人员按不同的施工阶段分批进出场，计划施工高峰期人员将达到 195 人。

(4)施工现场准备

内容包括：测量定位、做好“四通一平”、建造临时设施、组织施工机具进场、组织建筑材料进场、拟定有关试验计划、做好季节性施工准备等内容。

(5)施工场外协调

内容包括：材料加工和订货，与设计单位的工作协调，与监理工程师的协调，与邻近施工单位的协调等内容。

5)施工总进度计划编制

内容包括:工期目标(精心组织,精心施工,315d 内完成合同内全部工作内容)、编制要点、编制原则、编制程序(划分施工项目、划分流水施工段、计算工程量、计算劳动量和机械台班量、确定各工序的作业时间、编制进度计划图表)、施工进度计划图。

6)施工总平面图布置

(略)。

7)主要施工方案和施工方法

(1)施测方案(略)。

(2)基础工程(略)。

(3)材料要求。石料、砂浆、片石、块石、粗料石、拱石应符合图纸规定或监理工程师要求。各种材料在使用前,应按相应技术规范进行试验,以确定石料各项物理力学指标值。

(4)桥墩及桥台砌筑。

①设计要求。墩台均为石砌,外围为 MU50 粗料石,内填 MU30 浆砌块石,一边砌筑外墙,一边填筑 MU30 浆砌块石,施工时周围采用钢管脚手架。

②施工要点。

片石砌体:片石应分层砌筑,一般 2 ~3 层组成一个工作层,每一工作层应大致找平。应选用具有比较整齐表面的大尺寸石块作为角隅石及镶面石,相对长和短的石块应交错在同一层并和帮衬石或腹石交错锁结。竖缝应与邻层的竖缝错开。一般平缝与竖缝宽度,当用水泥砂浆砌筑时不大于 40mm,当用小石子混凝土砌筑为 30 ~70mm。可以用厚度小于缝宽的石片填塞宽的竖缝,且石片应被砂浆包裹。

块石砌体:块石砌体应成行铺砌,并砌成大致水平层次。镶面石应按一丁一顺或一丁二顺砌筑。任何层次石块应与邻层石块搭接至少 80mm。砂浆砌筑缝宽应不大于 20mm。帮衬石及腹石的竖缝应相互错开,砂浆砌筑平缝宽度不应大于 30mm,竖缝宽度不应大于 40mm;当用小石子混凝土砌筑时,砌缝不大于 50mm。

粗料石砌体:粗料石砌体应铺砌成水平层次。在铺砌前,应选择石料,使各层的厚度、外观及类别相匹配。任何镶面石应是一丁一顺砌筑。缝为竖缝及平缝,粗料石缝宽不大于 20mm,混凝土预制块缝宽不大于 10mm。任何镶面石块应与邻层石块搭接,其搭接长度不小于 100mm,同时在丁石的上层或下层不宜有竖缝。

石砌墩、台在砌筑前,应按设计放出实样挂线砌筑。形状比较复杂的墩、台应先做出配料设计图,注明砌块尺寸;形状比较简单的,也要根据砌体高度、尺寸、错缝,先行放样配好材料。墩台在砌筑基础的第一层时,如基底为土质,只在已砌石块侧面铺上砂浆即可,不需坐浆;如基底为岩层或混凝土基础,应将其表面清洗、润湿后,先坐浆再砌筑石块。砌筑斜面墩、台时,斜面应逐层收坡,以保证规定坡度。若用块石或料石砌筑,应分层放样加工,石料应分层、分块编号,砌筑时对号入座。墩、台应分段分层砌筑。两相邻工作段的砌筑高差不超过 1.2m。分段位置宜尽量设在沉降缝或伸缩缝处。混凝土预制块墩、台安装顺序应从角石开始,竖缝应用厚度较灰缝略小的铁片控制。安砌后立即用扁铲捣实砂浆。砌体中的石块或预制块均应以砂浆黏结,砌块间要求有一定厚度的砌缝,在任何情况下不得互相直接接触。上层石块应在下层石块上铺满砂浆后砌筑。竖缝可在先砌好的砌块侧面抹上砂浆。所有砌缝要求砂浆饱满。若用小块碎石填塞砌缝时,要求碎石四周都有砂浆。不得采取先堆积几层石块,然后以稀砂浆灌缝的方法砌筑。

同一层石料及水平灰缝的厚度要均匀一致，每层按水平砌筑，丁顺相间，砌石灰缝互相垂直。砌石顺序为先角石，再镶面，后填腹。填腹石的分层高度应与镶面相同。

为使砌块稳固，每处应选取形状尺寸较适宜的石块并铺好砂浆，再将石块稳妥地砌搁在砂浆上。

分层砌筑时，宜将较大石块用于下层，并应用宽面为底铺砌。

砌筑上层时，应避免振动下层砌块。砌筑工作中断后重新开始时，应先将原砌层表面清扫干净，适当湿润，再铺浆砌筑。

浆砌片石的砌缝宽度一般不应大于4cm，用小石子混凝土砌筑时，可为3～7cm。

浆砌块石砌缝宽度不大于3cm。上下层竖缝错开距离不小于8cm。砌体里层平缝不应大于3cm，竖缝宽度不应大于4cm，用小石子混凝土砌筑时不应大于5cm。

浆砌粗料石的砌缝宽度不应大于2cm，混凝土预制块的砌缝宽度不应大于1cm；上下层竖缝错开距离不应小于10cm。砌体里层为浆砌块石时，其要求同上。

石砌墩、台和破冰棱的镶面应按设计规定，镶面的砌筑应符合下列要求。

破冰棱与垂线间夹角小于20℃时，破冰体的镶面分层应成水平；破冰棱与垂线间夹角大于20℃时，破冰体的镶面分层应垂直于破冰棱。破冰体分层应与墩身一致。

砌缝宽度应为1.0～1.2cm。砌缝不得设在破冰棱中线上及破冰棱与墩身相交线上。

在砌筑中应经常检查平面外形尺寸及侧面坡度是否符合设计要求。砌筑完后所有砌石（块）均应勾缝。

浆砌片石基础和墩台身砌体应按规范进行质量检查。

（5）拱架搭设。

砌筑石拱桥时需要搭设拱架，以支承全部或部分拱圈和拱上建筑的重力，并保证拱圈的形状符合设计要求。

拱架设计和安装的原则是要有足够的强度、刚度和稳定性，同时，拱架作为施工临时结构，要求构造简单，受力明确，制作及装拆容易方便，并能重复使用，以加快施工进度，减少施工费用。

根据本工程桥位处地形、地基等实际条件，结合当地建筑材料的情况和施工能力，进行多方面的技术经济比较，最后确定选择撑架式木拱架。其构造相对较复杂，但支架间距大，节约木材，具有同类拱桥施工的成熟经验。

拱架的设计要求、拱架构造及用料、拱圈模板、拱架的卸落和拆除等内容不作详述。

（6）拱圈砌筑。

①设计要求。拱圈在拱架搭设好且经监理单位认可后进行施工，拱圈的石料块材应大于30cm且分块编号，拱圈是全桥的主要结构，其材质、尺寸都应严格按照设计要求办理。

②拱石规格。按设计规定，在拱圈大样上划分块数和确定尺寸，如图5-4-34a）所示。粗料石拱石的形状和尺寸如图5-4-34b）所示，一般应符合下列规定：

a. 当拱圈曲线半径较大时，拱石可做成矩形；曲线半径较小且辐射缝上下宽度相差超过30%时，拱石应做成楔形。

b. 厚度 t_1 不小于20cm，应按照设计或施工放样而定。

c. 高度 h 应为最小厚度 t_1 的1.2～2.0倍，以使上下层拱石相互错缝搭接15～20cm为宜。

d. 长度 l 应为最小厚度 t_1 的2.5～4.0倍，一般为50～70cm。

③拱石备料。

a. 制备拱石应立纹破料，加工时应达到拱石形状方正，边角整齐，表面平整，其加工精度按料石类别规定办理。

b. 粗料石拱石应按样板和规定的长度开凿，尺寸一般不宜大于样板，可稍小于样板，但误差宜在 5mm 以内。

c. 粗料石拱石应根据它在放样图上的位置，按“排—层—长度”的顺序逐块编号，并用油漆标明。

d. 拱石运到现场后应按使用顺序，分层分排堆放整齐、标记明确。

④拱圈砌缝。

拱圈的受压面砌缝（即竖缝）应成辐射形且与拱轴线垂直，这种辐射向砌缝一般为通缝，即上下砌层的竖缝可不错开。但相邻两排的各层砌缝，包括横缝和竖缝，必须互相错开，错开距离应小于 10cm，如图 5-4-35 所示。

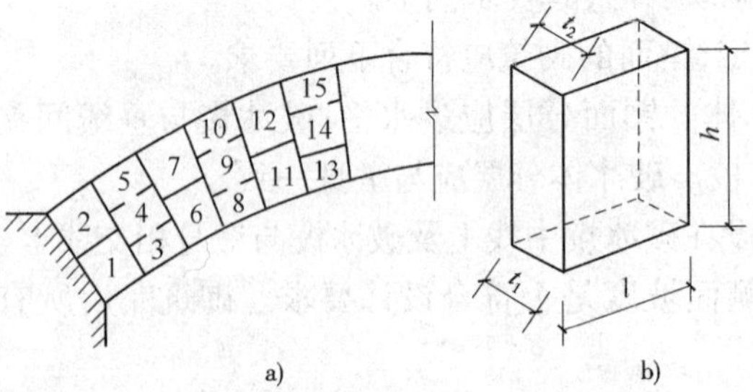

图 5-4-34　拱石编号及粗料石拱石规格

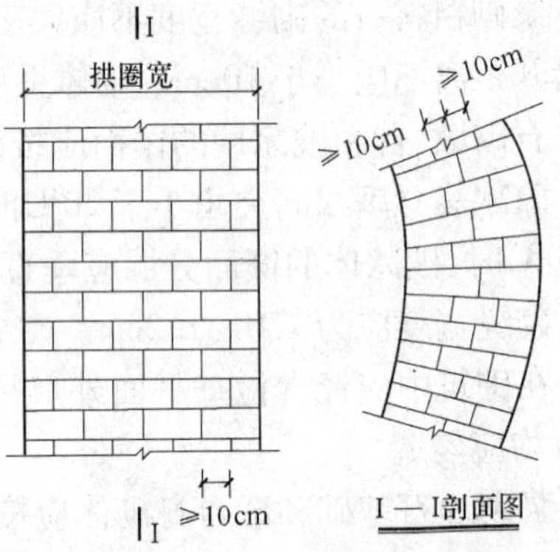

图 5-4-35　拱圈砌缝

砌缝宽度：粗料石砌缝宽度一般为 1 ~ 2cm，不应大于 2cm；混凝土预制砌块砌缝不应大于 1cm；块石拱圈砌缝宽度为 1 ~ 4cm；当采用小石子混凝土砌筑拱圈时，片石砌缝宽度为 4 ~ 7cm，块石砌缝不应大于 5cm。当用矩形拱石时，辐射开砌缝可成楔形，但上下宽度之差不得超过 30%，否则应采用楔形拱石。

⑤拱座。

拱座一般呈五角形。拱座内各拱石（即拱座石）应采用特制的五角石，以改善拱圈与墩台连接处的受力状况。五角石不得带有锐角，应砌成行列，并应与拱轴的延长线垂直。

（7）墙身砌筑。

墙身为粗料石，砌筑时要符合设计要求，特别注意垂直度并注意与拱圈及栏杆的连接。

（8）拱上建筑。

拱上建筑在拱架卸架前砌筑时，拱圈合龙砂浆强度达到设计等级的 30%；拱上建筑先松架后砌筑时，拱圈合龙砂浆强度达到设计等级的 85%；拱圈采用千斤顶施加压力以调整应力时，拱上建筑时的拱圈合龙砂浆强度应达到图纸规定值。

拱上建筑由拱脚至顶对称、均衡地砌筑。

①拱上结构伸缩缝及变形缝。人行道、栏杆、缘石和混凝土桥面，在腹拱绞的上方或侧墙有变形缝处，按设计均应设置贯通桥宽的伸缩缝或变形缝。

②泄水管。泄水管尽量避免采用长管和弯管。泄水管进口处周围防水层应作积水坡度，并以大块碎石作成倒滤层，以防堵塞。

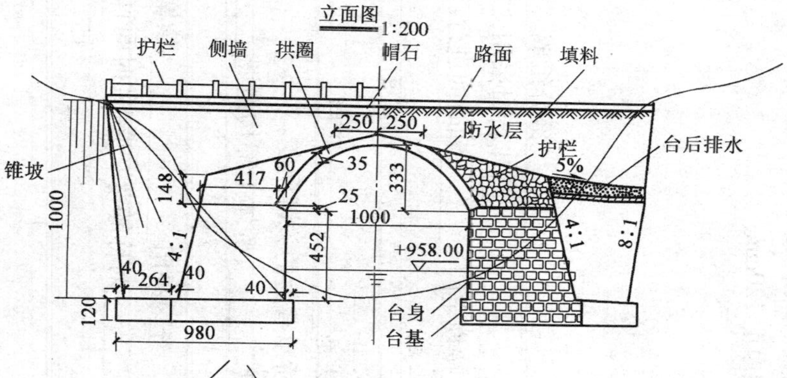

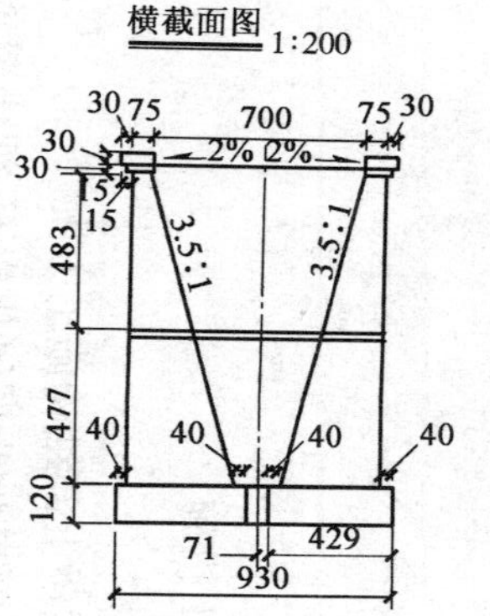

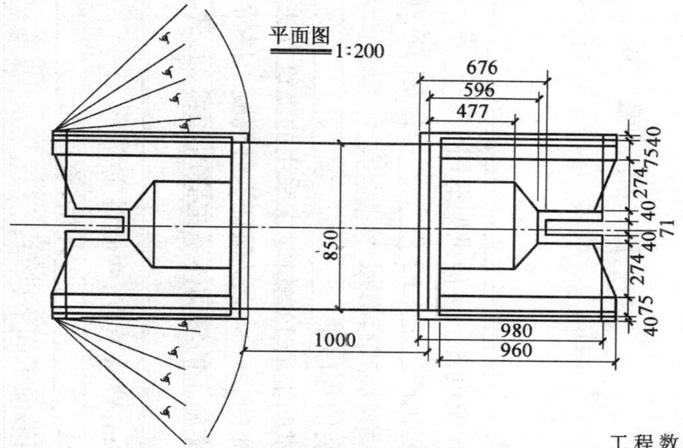

注：1.本图尺寸除高程以m计外，余均以cm计。
2.本桥设计荷载：公路—Ⅱ级。
3.本桥为单孔10m实腹式圆弧石拱桥，$f_0/L_0=1/3$，下部结构采用U形桥台配扩大基础。
4.基础埋入最小深度为1.0m，并嵌入新岩层不小于0.5m。
5.桥台拱脚上方设一道伸缩疑，宽度为2cm，缝内填料用沥青杉木板。
6.拱上填料可采用矿渣、碎砖、碎石、碎砾、卵石等。

工程数量数

L_0 (m)	f_0/L_0	工程种类		圬工数量（m^3）						勾缝数量（m^3）					护拱（m^3）	护坡（m^2）	防水层（m^3）	填料（m^3）	路面材料（m^3）	台背排水设备（m^3）		
				拱圈	钢墙	帽石	墩台身	基础	小计	拱圈	侧墙	帽石	墩台身	小计						片石盲沟	碎石层	黏土层
10	1/3	拱圈d_0(cm)	65	74.8	—	—	—	—	74.8	125.7	—	—	—	125.7	—	—	—	—	—	—	—	—
		桥台H(cm)	1000	—	663.6	22.6	126.2	207.4	1019.8	—	258.8	83.0	—	341.8	20.8	319.0	102.0	977.8	123.2	6.4	26.4	25.0

×××公路设计院	A市—B市高速公路	K1+0.54　1×10m石拱桥设计图	设计	×××	复核	×××	审核	×××	图号 11-1

图 5-4-36　1-10m 实腹式石拱桥设计图

③防水层。铺设防水层之前，应用水泥砂浆将拱背抹平，待水泥砂浆凝固后再涂 1 ~2 层稀释沥青(沥青漆)。铺设防水层时，沥青应保持适宜的温度，以便涂抹均匀。麻布应由低向高循环铺设，搭接不少于 10cm。在泄水管的防水层，应紧贴泄水管漏斗之下铺设，防止向泄水管底面漏水。以避免防水层破损，应在其上铺设一层保护层。

④拱背填充。填充时应按拱上建筑的顺序和时间，对称而均匀地分层填充并碾压密实，但必须防止损坏防水层、排水管和变形缝。

8)质量保证措施

内容包括：质量检查组织机构、质量管理程序、严格执行质量检查的各项制度等。

9)工期保证措施

内容包括：组织管理保证、技术保证等内容。

10)安全文明施工管理

内容包括：安全保证措施、文明施工措施等内容。

11)季节性施工措施

内容包括：雨季、汛期、高温季节、农忙季节等时期的施工措施。

编制某石拱桥上部结构施工方案：

结合有关技术规范和本能力训练实例，编制某实腹式拱桥上部结构施工方案。

工程资料：某单跨 10m 的实腹式拱桥如图 5-4-36 所示，桥基地为弱风化岩石，河床覆盖层厚约 2.0m 的砂砾石，其下为弱风化石英砂岩。设计荷载为公路—Ⅱ级，拱轴线为圆弧线，净矢跨比 $f_0/l_0=1/3$，拱圈厚度为 65cm，拱圈宽度 850cm，采用实腹式拱上建筑。两侧桥台为重力式 U 形桥台，台身高度 10m，基础采用刚性扩大基础，基础厚度 120cm。

自 测 题

一、填空题

1. 满布式拱架通常由__________、__________、__________三部分组成。在________之间放置卸架设备。这种拱架适用于______________拱桥时采用。

2. 为防止拱圈温度变化产生过大的______，合龙时应按规定的______和时间进行。

3. 装配式肋拱构件接头形式有对接、_____、______三种。

4. 装配式肋拱圈吊装的程序是_____、_____、_____、_____。

5. 钢管混凝土拱桥拱肋混凝土浇筑时常采用的浇筑方法是_____、_____二种。

6. 钢管内混凝土填充的______是保证钢管混凝土拱桥承载力的关键问题。

7. 有平衡重平面转体施工的转动体系主要由底盘、上盘、_____、桥体上部构造、_____、______组成。

8. 伸缩缝缝宽____cm，要求笔直，两侧对应_______。缝内采用__________填塞。

9. 卸架程序一般是从________开始，逐次向________对称卸落；卸架的时间宜在______时进行，这样能够便于卸落拱架。

二、名词解释

1. 分段砌筑

2. 刹尖封拱

3. 翻身

4. 吊鱼
5. 无平衡重的平面转体

三、简答题

1. 叙述常用拱架结构类型和构造特点。
2. 拱圈模板的设计和施工应考虑哪些因素？
3. 简述现浇混凝土拱桥的施工工序。
4. 简述拱架浇筑拱圈或拱肋的施工流程。
5. 叙述分段浇筑施工的注意事项。
6. 叙述石拱圈分段、分环、分阶段砌筑的技术条件。
7. 拱上建筑有哪些？
8. 简述悬臂浇筑法的施工要点。
9. 拱肋的预制方法有哪些？
10. 拱肋的接头形式有哪些？
11. 简述施工的一般程序。
12. 如何对拱肋施工误差进行调整？
13. 缆索吊装合龙方式有哪些？简述各自适用范围。
14. 简述钢管混凝土的特点。
15. 钢管混凝土的浇筑有哪些方法？简述浇筑混凝土时注意事项。
16. 简述钢管混凝土劲性骨架施工的基本步骤。
17. 叙述转体施工法的基本原理。
18. 转体施工的方法有哪些？简述各自的施工要点。

第6章　桥面系及附属工程施工

【知识目标】

1. 简支板桥铰接缝、简支梁桥梁间接缝、先简支后连续梁桥的梁端接缝施工方法及桥面连续的施工方法；

2. 桥面防水层及桥面铺装层类型及相应的施工方法；

3. 常用的桥梁伸缩装置类型及其施工要点；

4. 桥头锥坡施工方法及台背填土材料要求，桥头搭板施工方法。

【能力目标】

1. 能说明梁间铰接缝施工方法，熟悉梁间铰接缝构造图和施工示意图，掌握桥面连续施工方法；

2. 能说明桥面防水层常用类型及施工方法，熟悉桥面铺装层的施工方法；

3. 能说明桥梁伸缩缝设置目的，熟悉常用伸缩装置类型、构造要点，掌握桥梁伸缩缝施工方法。

【任务描述】

桥面系是桥梁结构的重要组成部分，虽然不是主要承重结构，但是对桥梁功能的发挥有着不可或缺的意义。教师根据班级分组情况，准备简支板（梁）桥等有关桥面系施工所需的工程背景资料，各小组在接到任务后，认真学习有关标准和规范的相关内容，根据需要收集其他相关信息，上交《××桥梁桥面系施工作业指导书》。

【学习引导】

本章按以下顺序进行学习：

桥面系及桥梁附属结构认知→桥面防水层施工→桥面铺装层类型及相应的施工方法→桥梁伸缩缝施工→桥梁附属工程施工

6.1　梁间接缝施工

6.1.1　简支板桥铰接缝施工

装配式板桥板块之间必须采用横向连接构造，以保证板块共同承受汽车荷载。常用的横向连接方式有企口混凝土连接和钢板焊接连接。

简支板桥纵向铰接缝如图6-1-1所示，企口铰接形状由空心板预制时形成。在空心板预制拆除侧模后立刻组织人员对铰缝处进行凿毛。板架设就位后相邻两块板底部紧密接触，形成铰缝混凝土底模，铰缝钢筋 N_{10} 和 N_{11} 在梁板预制时紧贴着模板向上竖起，浇筑混凝土前将其扳平，焊接或绑扎牢固。用水将缝内冲洗干净并使其充分湿润。铰的上口宽度应保证插入式振捣器能够伸入，铰的深度不应小于板厚的2/3。板块安装就位后，在铰缝内用C25到C40细集料混凝土填实。拌制混凝土时应严格控制集料粒径和拌和物的和易性，浇筑中用人工插捣器捣实。此项混凝土施工一般与桥面混凝土铺装层同时进行。

由于企口缝内的混凝土需要养护一段时间才能通车，当为了提前通车而需要加快工程进度时，也可采用钢板连接。具体做法是预制时将一钢板预埋于装配板的顶部，板块安放就位后,焊接一块钢盖板在相邻两板块的预埋钢板上。连接构造的纵向中距通常为0.80~1.50m,跨中部分布置较密,向两端支点处逐渐减疏。此方式连接较松散,较少采用。

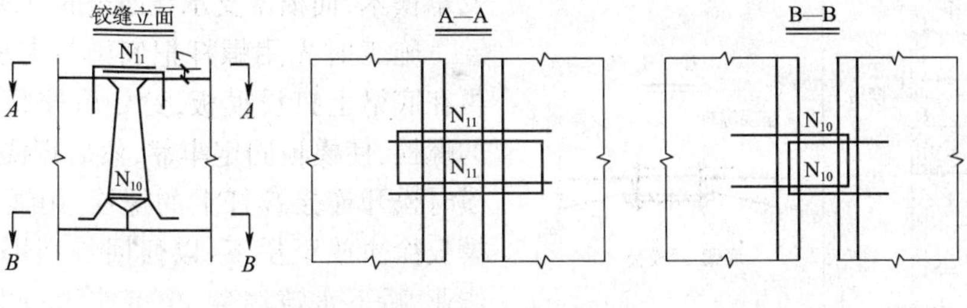

图6-1-1 简支板桥纵向铰接缝构造图

6.1.2 简支梁桥梁间接缝施工

常用简支梁桥有T形梁和箱形梁,T形梁的梁间接缝按梁体设计不同有干接缝和湿接缝两种,箱形梁梁间接缝通常采用混凝土现浇湿接缝。

6.1.2.1 干接缝

用钢板或螺栓连接将相邻两片梁翼板和横隔板焊接起来形成横向联系的方法。该方法的优点是施工方便、连接速度快、焊接后能立即承受荷载。但耗费钢材较多、需要有现场焊接设备,且有时需在桥下进行仰焊,有一定困难,整体性效果稍差一些。T形梁的连接构造示意如图2-2-36所示。在T梁翼缘板及横隔梁相应位置预埋钢板,梁架设安置好后,把相对应位置的钢板焊接相连,使其形成整体。

为了简化接头的现场施工,也可采用螺栓接头,如图2-2-37a)所示,此种接头方法基本上与焊接钢板接头相同,不同之处是盖接钢板不用电焊,而是用螺栓与预埋钢板连接,为此钢板上要预留螺栓孔,这种接头由于不用特殊机具而有拼装迅速的优点,但在运营过程中螺栓易于松动,需要定期进行检查维修。

6.1.2.2 湿接缝

在主梁预制时,将翼板端部预留出一部分,钢筋外伸。梁架设就位后,将相邻两翼板的钢筋焊接相连,然后支撑模板现浇接缝混凝土,使各片梁横向连接形成整体。该方法的优点是节省钢板用量、整体性好;缺点是施工较复杂、接缝混凝土养生达到初期强度后方能承受荷载。

接缝构造如图2-2-37b)所示。无论是T梁还是箱梁其构造基本相同,都是把翼梁板和横隔板用现浇相连。图中阴影部分即为现浇混凝土。除了梁翼缘钢筋外伸相互对接外,还要加设扣环钢筋。横隔梁在预制时在接缝处伸出钢筋和扣环A,安装时在相邻构件的扣环两侧再安上接头扣环B,在形成的圆环内插入分布筋后现浇混凝土封闭接缝,接缝宽度为0.20~0.50m。

翼板接缝混凝土施工采用吊模法施工,如图6-1-2所示,施工前对要浇筑混凝土表面进行凿毛,连接钢筋表面的油渍、鳞锈等清除干净,连接钢筋进行现场焊接时,单面焊焊缝长不小于$10d$(d为钢筋直径),双面焊焊缝长不小于$5d$,焊缝宽不小于$0.7d$,焊缝厚不小于$0.3d$。对结合面洒水湿润,以保证新老混凝土能良好结合。为保证混凝土施工质量,模板采用定型钢模或厚度不小于1.5cm的竹胶板,分段(间距不大于1m)用螺杆(圆钢在端头车上丝口)吊装模板,

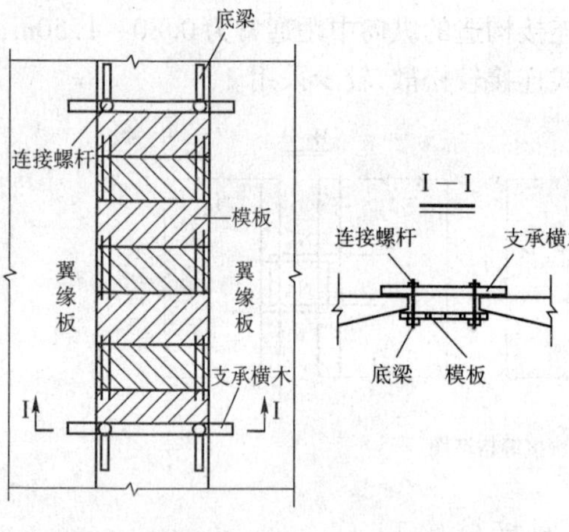

图 6-1-2　湿接缝施工示意图

顶部固定在方木上，螺杆分别穿过 PVC 管。由于底梁支撑着模板，其重力靠连接螺杆传递给支承横木，而横木支承在两边的翼缘板上。

施工时先用螺杆把底梁与支承横木相连，再在底梁上钉设模板，钉好后拧紧连接螺杆上的螺栓，使模板固定牢靠，然后现浇混凝土。拆模时松开连接螺杆上的螺栓，用绳子将底梁和模板徐徐放至桥下，以便回收利用。若为高空作业，桥下水流湍急，也可使用一次性模板，不再重复使用。

横隔板湿接缝施工难度较大，应在翼板接缝之前施工。端横隔板的施工较简单，工人可以站在墩台帽上立模浇筑接缝混凝土。中横隔板接缝施工则较为困难，若条件允许可在桥下设临时支架或用高空作业车将工人送至预定高度立模浇筑。若桥下有水，则应设法从桥面向下悬吊施工，不仅模板要有悬吊设施，人员也要系安全带从桥面悬吊下去施工，要特别注意施工安全。

6.1.3　先简支后连续梁桥的梁端接缝施工

6.1.3.1　结构连续一联上构施工顺序

1. 简支 T 梁上构施工顺序

T 梁预制→架梁→浇筑横隔板→翼缘板湿接缝→浇筑桥面现浇层→附属设施→浇筑沥青混凝土铺装→成桥。

2. 先简支后连续 T 梁一联上构施工顺序

T 梁预制→架梁，浇筑墩顶现浇连续段及翼缘板、横隔梁湿接缝，张拉中间墩墩顶 T 梁负弯矩钢束→形成连续体系→浇筑桥面现浇层混凝土→安装护栏，浇筑沥青混凝土铺装，安装附属设施→成桥。

3. 装配式预应力混凝土箱形连续梁桥上构施工顺序

(1)设置临时支座并安装好永久支座(联端无需设临时支座)，逐孔安装箱梁，置于临时支座上成为简支状态，及时连接桥面板钢筋及端横梁钢筋。

(2)连接接头段钢筋，绑扎横梁钢筋，设置接头段顶板束波纹管并穿束。在日温最低时，浇筑连续接头、中横梁及其两侧与顶板负弯矩束同长度范围内的桥面板，混凝土达到设计强度的 85% 后，且混凝土龄期不小于 7d 时，张拉顶板负弯矩预应力钢束，并压注水泥浆。

(3)接头施工完成后，浇筑剩余部分桥面板湿接缝混凝土，剩余部分桥面板湿接缝混凝土应由跨中向支点浇筑。

(4)连接顶板钢束张拉预留槽口处的钢筋后，现浇桥面现浇层混凝土，浇筑完成后拆除一联内临时支座，完成体系转换。

(5)施工护栏、喷洒防水层、进行桥面铺装施工及安装伸缩缝。

在浇筑桥面现浇层混凝土前，必须保证预制梁顶面混凝土拉毛并清洗干净，以保证新、老混凝土良好结合。

先简支后连续的连续梁桥,在墩顶处的连续有单支座和双支座两种方法,施工工艺和体系转换方法有所不同。

6.1.3.2 单排支座先简支后连续桥梁

这种连续梁桥建成后在墩顶连续处只有一排支座,内力分布效果好,负弯矩峰值较高,能大幅削减跨中正弯矩,使内力分布均衡,但施工方法较为麻烦,且连续处要设置顶部预应力钢筋,施工过程如图6-1-3所示。

预制顶梁时在梁端顶板上预留预应力孔道,并预设齿板,预留工作人洞,凡做连续一端均不做封锚端,将顶板、底板、腹板普通钢筋伸出梁端,架梁时先设置两排临时支座,使梁呈简支状态。临时支座的设计必须满足承重梁板和施工拆卸方便的要求。常用的有硫黄砂浆支座和砂筒。硫黄砂浆支座是用硫黄、水泥、砂按一定比例制作而成。在制作时内盘电热丝,既要保证强度要求,又能在通电加热后熔化;当采用砂筒支座时,要充分考虑砂箱承受梁自重和架桥机重量后的沉降量,梁底与永久支座间应留有空隙。在施工中会出现每个砂箱沉落量不会完全一样的情况,而导致部分梁吊空,产生质量隐患,解决办法有两点:①通过预压试验取得砂箱在受力以后的平均沉降量,并以此指导现场安装临时支座,控制梁的安装高程与设计高程一致;②适当降低支座垫石高程,预留约3cm的混凝土梁靴高度。永久橡胶支座与底模之间的缝隙用经过防锈处理的钢板或采用竹胶板制作的砂盒垫实密封,严防漏浆。

在现浇连续段时,预埋钢筋的连接可采用帮条焊或搭接焊,现浇段混凝土采用与梁板同强度等级的混凝土。施工发现,对于新老混凝土的连接结合是现浇连续段混凝土存在的主要问题,为此预制梁板的端头必须严格进行凿毛处理。为了防止现浇连续段混凝土在养生硬化过程中发生收缩性裂缝影响混凝土在二次张拉过程中的承载力和桥梁的整体受力性能,现浇连续段接头混凝土添加微膨胀剂,掺加剂量一般控制在水泥用量的0.5%~1%。先简支后连续每联各现浇连续接头的浇筑气温应基本相同,温差控制在5℃以内,并尽量安排在一天气温最低时施工。

现浇连接混凝土养生至强度达到90%后拆除模板,自顶板人孔进行穿束并张拉预应力钢束。钢束张拉采用两面同时张拉,张拉顺序从外侧向内侧,每次张拉一根钢绞线,直到张拉结束。压浆工作在张拉结束后及时进行。

待压浆强度大于35MPa时方可拆除临时支座。拆除临时支座应做到逐孔对称、均匀、同步、平稳。临时支座拆除后,永久支座与墩顶和梁底严密贴合。

6.1.3.3 双排支座先简支后连续梁桥

该类连续梁受力接近于简支梁,但由于施工简单,体系转化方便,被广泛采用。施工方法如图6-1-4所示。

预制大梁时,连续一端的梁端不进行封端处理,将顶板、腹板、底板普通钢筋外伸,梁架设前一次性将两排永久性支座安放牢固,梁架设就位后在梁端底部和两边梁外侧安放模板,中间以端横梁为模,将两梁端外留钢筋焊接相连,注意使搭接长度和位置满足规范要求,然后现浇与梁体相同强度等级的混凝土,养生达到要求后即实现体系转化,完成连续化施工。

这种方法不用更换支座,也不在梁顶施加预应力,故简单实用。注意,由于连接处墩顶有负弯矩,而又没有施加预应力,必然会产生正常裂缝,为防止桥面水从缝中渗入,锈蚀钢筋,需在梁顶前后各4m范围内设置防水层。

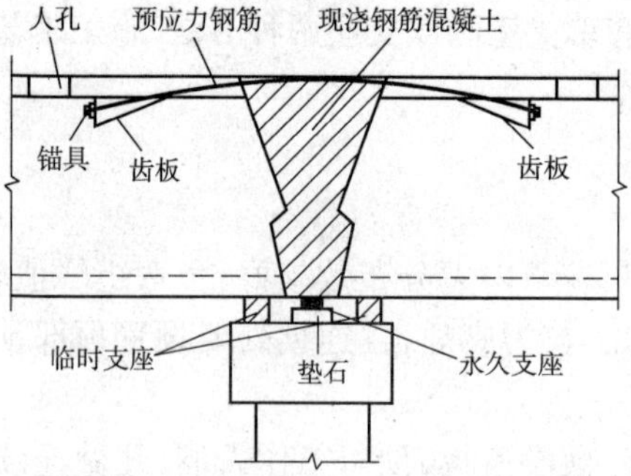

图 6-1-3 单支座先简支后连续施工示意图

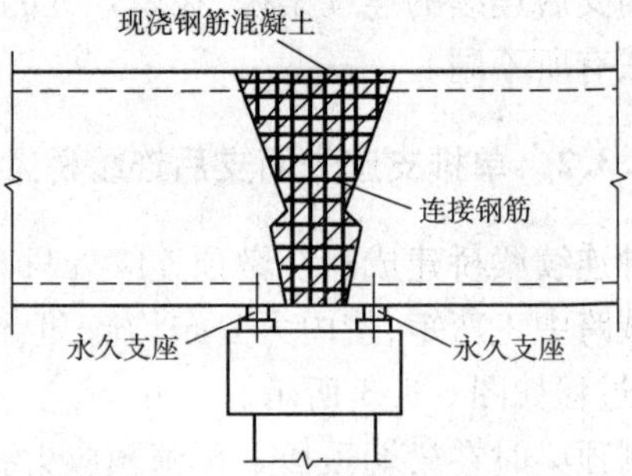

图 6-1-4 双排支座先简支后连续施工示意图

6.1.4 桥面连续施工

为了减少桥面伸缩缝数量,保证行车安全平顺,目前简支梁桥均采用桥面连续。桥面连续的道数及联跨长度根据当地气温和桥梁跨径由设计部门计算确定,桥面连续的构造如图 6-1-5 所示。

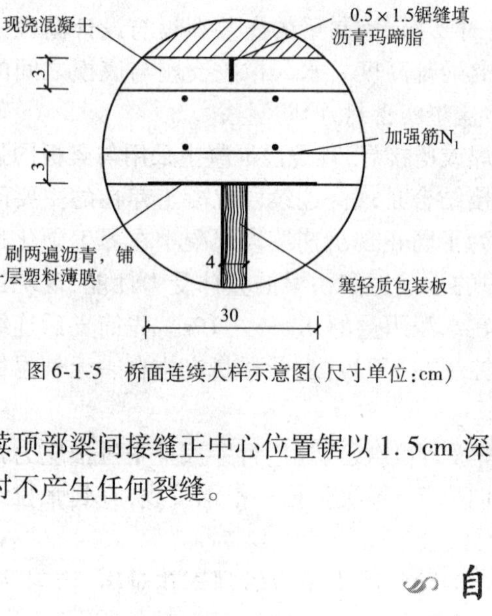

图 6-1-5 桥面连续大样示意图(尺寸单位:cm)

桥面连续与桥面铺装层混凝土同时施工,按有关规定,桥面钢筋网采用 ϕ12mm 的钢筋,间距 15cm×15cm 靠顶层布设,至混凝土顶面净保护层 1.5cm。桥面连续处为保证梁体伸缩应力能通过连续部位传递,在桥面铺装层顶层部位增加一层纵向连接钢筋,一般选用 ϕ8mm 的钢筋,间距 5cm,在底层还要增设分布钢筋和连接筋,同样为 ϕ8mm 的钢筋,间距 5cm。浇筑混凝土之前用轻质包装板将梁端缝隙填塞密实,既保证上部现浇混凝土不致落下,又能使梁自由伸缩。混凝土强度形成后,在连续顶部梁间接缝正中心位置锯以 1.5cm 深的假缝,用沥青马蹄脂填实,保证桥面在温度下降时不产生任何裂缝。

自 测 题

一、填空题

1. 装配式空心板安装就位后,企口铰缝施工前先将________凿毛,然后焊接或绑扎;再在铰缝内填实________________________。

2. 箱梁翼板横向接缝混凝土一般施工采用______________施工。

3. 先简支后连续的连续梁桥,在墩顶处的连续有________和________两种方法。

4. 先简支后连续梁常采用的临时支座有____________和____________。

5. 先简支后连续每联各现浇连续接头的浇筑气温应基本相同,温差控制在____以内,并尽量安排在一天气温_____时施工。

二、简答题

1. 简述装配式梁桥横向湿接头连接施工要点。

2. 简述先简支后连续的连续梁桥单支座和双支座施工工艺和体系转换方法。

6.2 桥面防水层和铺装层施工

6.2.1 桥面防水层施工

桥面防水层是防止桥面雨水向主梁渗透的隔水设施。一般设在桥面铺装层和桥面板之间,将透过铺装层的渗入水汇集到排水设施排出。桥面防水层的种类,有刚性和柔性两大类。刚性防水层应用在刚性桥面铺装层上,通过加强水泥混凝土的密实性以及减少或封闭水泥混凝土层表面裂缝来实现截断桥面雨水渗透的目的。柔性防水层是将高分子涂料、沥青防水卷材等隔水性能好的柔性材料薄层涂刷或粘贴于桥面混凝土基层上,从而形成能够有效阻止雨水下渗的隔水层。柔性防水层一般做在沥青混凝土铺装层之下。

钢筋混凝土桥面板与铺装层之间是否要设防水层,应视当地的气温、雨量、桥梁结构和桥面铺装的形式等具体情况而定。桥面伸缩缝处应连续铺设,不可切断;桥面纵向应铺过桥台背;桥面横向两侧则应伸过缘石底面从人行道与缘石砌缝里向上叠起100mm。如无需设置防水层,但考虑桥面铺装长期磨损,如桥面排水不良等,仍可能漏水,故桥面在主梁受负弯矩作用处应设置柔性防水层。

铺设桥面防水层时应注意下列事项:

(1)防水层材料应通过检查,在符合规定标准后方可使用。

(2)防水层通过伸缩装置或沉降缝时,应按设计规定铺设。

(3)防水层应横桥向闭合铺设,底层表面应平顺、干燥、干净。沥青防水层不适合在雨天或低温条件下铺设。

6.2.1.1 卷材类防水层施工

热铺卷材防水层,应采用石油沥青油毡、沥青玻璃布油毡、再生胶油毡等。铺贴石油沥青卷材,必须使用石油沥青胶结材料;铺贴焦油沥青卷材,必须使用焦油沥青胶结材料。

防水层所用的沥青,其软化点应较基层及防水层周围介质的可能最高温度高出20~25℃,且不低于40℃沥青胶结材料的加热温度,应符合国家标准《屋面工程施工及验收规范》的有关规定。耐酸沥青胶应采用角闪石粉、辉绿岩粉、石英粉或其他耐酸矿物粉为填充料;耐碱沥青胶应采用滑石粉、石棉粉、石灰石粉、白云石粉或其他耐碱的矿物粉为填料。

底板卷材防水层可用垫层混凝土或水泥砂浆找平层作为基层,侧墙卷材防水层可用水泥砂浆找平层或直接以钢筋混凝土侧墙作为基层。基层必须牢固、平整、洁净;铺贴卷材前应尽量干燥;基层表面的阴阳角处,均应做成圆弧形或钝角。

铺贴卷材前,表面应用冷底子油满涂铺匀,待冷底子油干燥后方可铺贴卷材。卷材铺贴应符合下列规定:

(1)卷材铺贴前应保持干燥,并应将表面的云母、滑石粉等清除干净。

(2)卷材搭接长度长边不应小于10cm,短边不应小于15cm;上下两层和相邻两幅卷材的接缝应相互错开,上下层卷材不得相互垂直。

(3)在转角处卷材的搭接缝应留置在底面上距侧墙不小于60cm处。

(4)粘贴卷材的沥青胶厚度,一般为1.5~2.5mm,不得超过3mm。

(5)粘贴卷材应展平压实,卷材与基层和各层卷间必须黏结紧密,并将多铺的沥青胶结材料挤出,搭接缝必须封缝严密,防止出现水路;粘贴完最后一层卷材后,表面应再涂一层厚为

1~1.5mm 的热沥青胶结材料。

(6)在底板和墙角面处的卷材防水层，应在铺设前先将转角抹成钝角或圆弧形，铺设时应在防水层上加铺附加层，附加层一般可采用二层同样的油毡或一层沥青玻璃布油毡，铺贴时应按转角处的形状粘贴紧密；当转角由三个不同方向表面构成时，除附加层外，应加一层沥青玻璃布油毡或金属片予以加固。

卷材防水层铺贴时的气温不应低于 +5℃，否则应在暖棚中进行。沥青胶工作温度不得低于 150℃。

6.2.1.2 涂料类防水层施工

涂料防水层是在混凝土结构表面上涂刷防水涂料以形成防水层或附加防水层。涂料可使用沥青胶结材料或合成树脂、合成橡胶的乳液或溶液。在较潮湿的基面上涂刷防水涂料时，应采用湿固型涂料或乳化沥青、阳离子氯丁橡胶乳化沥青等亲水性涂料。各层防水涂料之间可放置玻璃纤维布、合成纤维布、麻布或无纺增强布，以形成一种增强涂料防水层。涂料防水层施工前的基层表面必须平整、密实、洁净。为提高防水层和沥青混凝土铺装层同混凝土桥面板之间的抗剪强度，混凝土桥面板进行拉毛处理是必要的。试验表明，混凝土表面是自然平整表面，抗剪强度很难达到规定要求，经过适当拉毛处理后，防水层和沥青混凝土铺装层同混凝土界面的嵌锁力和摩阻力都有很大提高。并且其抗剪强度均可超出规定要求，因此可以使车辆行驶后长时间内路面不出现起皱、裂缝创造良好的条件。

(1)沥青胶结材料防水层施工的规定

①基层表面应满涂冷底子油，并宜使其干燥。

②沥青胶结材料防水层一般涂 2 层，每层厚 1.5~2.0mm。

③沥青胶结材料所用沥青的软化点、加热温度和使用温度，可参照卷材防水层。

④沥青胶结材料防水层施工温度不得低于 -20℃，如温度过低，必须采取保温措施。在炎热季节施工时，应采取遮阳措施，防止烈日暴晒，沥青流淌。

(2)合成树脂或合成橡胶乳液、溶液的防水涂料施工的规定

①乳液或溶液防水涂料的配合比应按照设计规定或涂料说明书办理，配制时应搅匀。

②防水涂料可用手工抹压、涂刷或喷涂，厚度应均匀一致，每道涂料厚度应按不同涂料确定，一般为 1.0~3.0mm。

③第 1 层涂层涂刷完毕，必须干燥结膜后，方可涂刷下一层，一般涂 2~3 层。涂刷第 1 层时必须与混凝土密实结合，不得夹有空隙。

④涂料中如配有挥发性溶剂时，应在 3~4h 内完成。

⑤涂料防水层中夹有玻璃丝布等夹层时，应在涂刷一遍涂料后，逐条紧贴玻璃丝布并扫平、压紧，使胶结料吃透布面。涂贴应均匀，不得有起鼓、翘边、皱折、流淌等现象。玻璃丝布搭接要求，可参照卷材防水层办理。最后一层玻璃丝布上应涂刷一遍胶结材料及一层保护层。

⑥施工最低气温，当采用水乳型橡胶沥青时，不低于 +5℃。雨天及大风天不得施工。

6.2.2 桥面铺装层施工

桥面铺装层的作用是实现桥梁的整体化，使各片主梁共同受力，同时为行车提供平整舒适的行车道面。高等级公路及二、三级公路的桥面铺装层一般为两层，上层为 4~8cm 厚的沥青混凝土，下层 8~10cm 厚的钢筋混凝土。钢筋混凝土增加桥梁的整体性，沥青混凝土提高行

车的舒适性，同时能减轻车辆对桥梁的冲击和振动。四级公路或个别三级公路为减少工程造价，直接采用水泥混凝土桥面，也有三级公路在水泥混凝土桥面上铺设一层沥青碎石或沥青表处，所以其结构形式应根据公路等级、交通量大小和荷载等级设计确定，现就水泥钢筋混凝土和沥青混凝土铺装层分别作以介绍。

6.2.2.1 钢筋混凝土桥面铺装层施工

桥面铺装工作应在梁体的横向连接钢板焊接工作或湿接缝浇筑完成后，方可进行。桥面铺装施工顺序如下：测量放样→铺装厚度检查→凿除超高梁面→桥面清理清洗→模板安装→浇筑混凝土→混凝土养生。

（1）梁顶高程的测定和调整

预应力混凝土空心板或大梁在预制后存梁期间由于预应力的作用，往往会产生反拱，如果反拱过大就会影响桥面铺装层的施工，因此设计中对存梁时间、存梁方法都做了要求。

如果架梁前已发现反拱过大，则应采取降低墩顶高程、减少垫石厚度等方法，保证铺装层厚度。架梁后对梁顶高程进行测量，用全站仪进行平面位置放样，一般每 5m 放出一断面三个桩点，即两侧缘石内边缘及分幅施工分界处，测定各跨中线、边线的跨中和墩顶处的高程，分析评价其是否满足规范要求。若偏差过大，则应采取调整桥面高程、改变引线纵坡等方法，以保证铺装层厚度，使桥梁上部结构形成整体。

（2）梁顶处理

为了使现浇混凝土铺装层与梁、板结合成整体，预制梁板时对其顶面进行拉毛处理，有些设计中要求梁顶每隔 50cm 设一条 1 ~ 1.5cm 深的齿槽。浇筑前要用清水冲洗梁顶，不能留有灰尘、油渍、污渍等，并使板顶充分湿润。

（3）绑扎布设桥面钢筋网

按设计文件要求，下料制作钢筋网。钢筋网一般采用 ϕ8mm ~ ϕ12mm 的 HPB235 钢筋，间距为 10cm × 10cm ~ 15cm × 15cm。钢筋网片用垫块（混凝土或塑料）或预制梁板时在顶板上预埋的钢筋钩将钢筋网垫起，每 50cm 布设一个，呈梅花状布置，满足钢筋设计位置及混凝土净保护层的要求。混凝土垫块强度不低于桥面铺装混凝土强度。若为低等级公路桥梁，用铺装层厚度调整桥面横坡，横向分布钢筋要做相应弯折，与桥面横坡相一致。在两跨连接处，若为桥面连续，应同时布设桥面连续的构造钢筋，若为伸缩缝，要注意做好伸缩缝的预埋钢筋。

（4）模板安装

对板顶处理情况、钢筋网布设进行检查，满足设计和规范要求后，即可安装模板。安装模板应注意模板的牢固性和稳定性，接缝处线形应平顺。模板安装完毕后，再次进行高程复测，每道模板每 2m 检测 1 点，对超过要求的点进行适当调整。

（5）混凝土浇筑

混凝土浇筑由纵坡低处向高处进行。对要施工的梁面进行洒水湿润。浇筑时由桥一端向另一端推进，连续施工，防止产生施工缝，用平板式振捣器振捣，确保振捣密实。施工结束后注意养护，高温季节应采用草帘覆盖，并定时洒水养生，在桥两端设置隔离设施，防止施工或地方车辆通行，影响混凝土强度。待混凝土稍硬，用手指轻按下不粘浆后，即可进行拉毛工作。待混凝土强度形成后，方能开放交通或铺筑上层沥青混凝土。

6.2.2.2 沥青混凝土面层施工

桥面沥青混凝土与同等级公路沥青混凝土路面的材料、工艺、施工方法相同，一般与路面同时施工。采用拌和厂集中拌和,现场机械摊铺,沥青材料及混合料的各项指标应符合设计和施工规范要求。沥青混合料每日应做抽提试验(包括马歇尔稳定度试验),严格控制各种矿料和沥青用量及各种材料和沥青混合料的加热温度,用胶轮压路机进行碾压成形,碾压温度要符合要求。摊铺后进行质量检测,检测结果应符合表6-2-1的规定。

混凝土桥面铺装层施工质量标准　　表6-2-1

项　目			规定值或允许偏差	
强度或压实度			符合设计要求	
厚度(mm)			沥青混凝土	水泥混凝土
			+10、-5	+20、-5
平整度	高速、一级公路	IRI(m/km)	2.5	3
		σ(mm)	1.5	1.8
	其他公路	IRI(m/km)	4.2	
		σ(mm)	2.5	
		最大间隙 h(mm)	5	
横坡(%)		水泥混凝土面层	±0.15	
		沥青混凝土面层	±0.3	
抗滑构造深度			符合设计要求	

装配式钢筋混凝土和预应力混凝土梁桥的桥面铺装,目前使用下列几种形式。

(1)普通水泥混凝土或沥青混凝土铺装

在非严寒地区的小跨径桥上,通常桥面内可不做专门的防水层,而直接在桥面上铺筑5~8cm厚的普通水泥混凝土或沥青混凝土铺装层。铺装层的混凝土一般用与桥面板混凝土相同的强度等级或略高一级,在铺装时要求有较好的密实度。为了防滑和减弱光线的反射,最好将混凝土做成粗糙表面。水泥混凝土铺装的造价低,耐磨性能好,适合于重载交通,但其养生期较长,日后修补较麻烦。沥青混凝土铺装的重量较轻,维修养护较方便,在铺筑后只等几小时就能通车运营,但易老化变形。沥青混凝土铺装可以做成单层式的(5~8cm)或双层式的(底层4~5cm,面层3~4cm)。

(2)防水混凝土铺装

对位于非冰冻地区的桥梁需做适当的防水时,可在桥面板上铺筑8~10cm厚的防水混凝土作为铺装层如图6-2-7a)。防水混凝土的强度等级一般不低于行车道板混凝土的强度等级,其上一般可不另设面层,但为延长桥面的使用年限,宜在上面铺筑2cm厚的沥青表面处治作为可修补的磨耗层。

(3)具有贴式防水层的水泥混凝土或沥青混凝土铺装

在防水要求高,或在桥面板位于结构受拉区且可能出现裂纹的桥梁上,往往采用柔性的贴式防水层,如图6-2-7b)。贴式防水层设在低强度等级混凝土三角垫层上面,其做法是:先在垫层上用水泥砂浆抹平,待硬化后在其上涂一层热沥青底层,随即贴上一层油毛毡(或麻袋布、玻璃纤维织物等),上面再涂一层沥青胶砂,贴一层油毛毡,最后再涂一层沥青胶砂。通常将这种做法的防水层称为"三油二毡"防水层,其厚度为1~2cm。桥面伸缩缝处应连续铺设,不可切断。桥面纵向应铺过桥台背,横向应伸过缘石底面从人行道与缘石砌缝里向上叠起10cm。为了保护贴式防水层不致因铺筑和翻修路面而受到损坏,在防水层上需用厚约4cm、强度等级不低于 C20 的细集料混凝土作为保护层。等它达到足够强度后再铺筑沥青混凝土或水泥混凝土路面铺装。由于这种防水层的造价高，施工也麻烦，故应根据建桥地区的气候条件、桥梁的重要性等条件，在技术和经济上经充分考虑后再决定是否采用。

目前，工程中常用的沥青混凝土铺装由黏层、防水层、保护层及沥青面层组成。高速公路和一级公路上特大桥、大桥的桥面铺装宜采用这种铺装类型，其铺装层厚度不宜小于 70mm；二级及二级以下公路桥梁的沥青混凝土桥面铺装层厚度不宜小于 50mm。国内某大学经研究推荐沥青混凝土的典型结构为：①单层式，50mm 中粒式沥青混凝土；②双层式，上面层为 30mm（40mm）细粒式或中粒式沥青混凝土，下面层为 40mm（50mm，60mm 或 70mm）中粒式沥青混凝土；③三层式，上面层为 30mm（40mm）细粒式或中粒式沥青混凝土，中面层为 40mm（50mm）中粒式沥青混凝土，下面层为 50mm（60mm 或 70mm）细粒式沥青混凝土。

水泥混凝土桥面铺装面层（不含整平层和垫层）的厚度不宜小于 80mm，混凝土强度等级不宜低于 C40，水泥混凝土桥面铺装内应布设钢筋网，并根据受力需要合理设置胀缩缝。桥面板上宜设置锚固钢筋和抗剪钢筋，保证铺装层与桥面板的良好结合，也方便铺装层内钢筋的定位。铺装层内钢筋网的钢筋直径宜为 ϕ8mm ~ ϕ12mm，间距为 10cm × 10cm ~ 15cm × 15cm，提倡使用带肋钢筋，如果铺装层在接缝处参与受力，则钢筋的具体配置应由计算确定。

此外，国外也曾使用环氧树脂涂层来达到抗磨耗、防水和减小桥梁恒载的目的。这种铺装层的厚度通常为 0.3 ~ 1.0cm。为保证其与桥面板牢固结合，涂抹前应将混凝土板面刷洗干净，但这种铺装的费用昂贵。此外，柔性纤维混凝土在桥面铺装中的应用，环氧沥青混凝土的使用，还有许多活性材料的应用，为提高桥面铺装的工作性能作出了卓越的贡献。

注意，铺装后桥面泄水孔的进水口应略低于桥面面层，保证排水顺畅。

自 测 题

一、填空题

1. 目前，工程中常用的沥青混凝土铺装由________、________、________及________组成。

2. 钢筋混凝土桥面铺装层施工工序主要分为__________、__________、__________及__________。

二、简答题

1. 桥面铺装的功能是什么？有哪些类型？桥面铺装层中敷设钢筋网的作用是什么？

2. 什么是刚性防水层？什么是柔性防水层？

3. 试述公路桥桥面的防排水构造。

4. 简述装配式钢筋混凝土及预应力混凝土梁桥常用的桥面铺装的类型。

6.3 桥梁伸缩装置施工

6.3.1 桥梁伸缩装置施工的常规方法

伸缩装置施工时一般采用后装法。采用反开槽的方式安装伸缩装置，可以保证伸缩装置的高程和线形与桥面铺装相适应，相对误差较小，亦可提高行车的舒适性，在施工时应优先考虑采用此种方式。即先进行桥面铺装层施工，然后开槽安装伸缩装置。安装伸缩装置的预留槽，由施工单位用砂袋或碎石填平，最好采用低强度等级混凝土浇筑，最后进行伸缩装置位置的桥面铺装施工，其平整度应与整体混凝土铺装层一致，并在相应位置作伸缩装置安装范围标记。施工程序见图6-3-1。

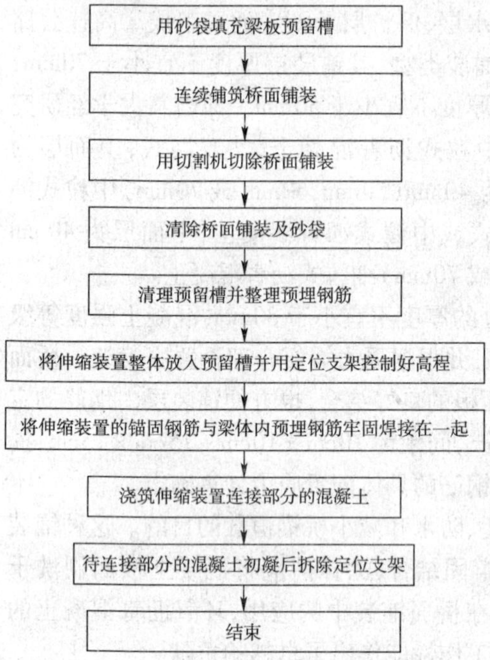

图6-3-1　伸缩装置施工框图

(1)切缝开槽

根据伸缩装置施工图的要求进行放样，用切缝机开槽，为防止锯缝时产生的石粉污染路面，锯缝线以外的路面应用塑料布覆盖。

(2)清理槽口

切缝后槽内松动的沥青混凝土、水泥混凝土应清理凿除干净，然后用强力风机或高压水枪清除槽内的杂尘。最后清理施工基面，理顺和修复槽内预埋筋。

(3)调节伸缩装置定位尺寸

根据安装时的气温，调节出安装工程师确定的伸缩装置定位尺寸 J 值。调整好后，安装固定专用夹具。

(4)伸缩装置就位

将伸缩装置安放在槽内，使其纵向中心线与桥缝中心线相重合，先作临时固定，即每隔2～3个锚固装置与槽内预埋钢筋焊接，注意应两侧对称焊接，然后将预埋钢筋和伸缩装置锚固件焊接牢固，再横穿 ϕ12mm 以上水平钢筋，用铁丝扎紧或焊实，使之成为一体。就位结束后，应立即拆除伸缩装置定位压板，錾去定位螺钉，并用角向砂轮磨去焊疤，补上油漆。

(5)设置梁端模板

用泡沫塑料板或薄铁皮嵌入梁端间隙内，其上部与伸缩装置钢梁内侧密合，并尽量达到密封，以防止浇筑混凝土时出现漏浆、空洞等现象。

(6)浇筑混凝土

采用C40环氧树脂混凝土、C50钢纤维混凝土或C50级以上混凝土进行浇筑，伸缩装置四周混凝土要充分振捣密实；在安装模数式伸缩装置时，更应注意支承箱下混凝土的振捣密实。待混凝土凝固后即可进行路面铺装，铺装面应与伸缩装置顶面平齐。

6.3.2　板式橡胶伸缩装置施工

板式橡胶伸缩装置的构造详见本书2.2梁桥构造。

(1)施工步骤

板式橡胶伸缩装置施工的方法多种多样，大致步骤如下。

①安装准备。检查梁端缝隙及预埋件情况，清理梁端、顶面，梁端不平齐处应予以修整，以便设置两端模板，梁体顶面用水冲洗干净。

②立两端模板、样板。两端模板中间用硬质泡沫塑料板挤紧，其顶部与安置橡胶板的设计底面高程平行，严格检查有无漏浆的缝隙，并及时进行处理垫补，以保证伸缩缝隙内无混凝土灌入，防止影响梁体的水平位移。样板按算定的安装定位值制作，并在两侧螺栓中心处钻孔，

将锚固螺栓放入样板孔内固定，根据设计要求样板孔与预埋钢筋点焊定位。螺栓之间的位置偏差应小于1mm，并不得有累积偏差出现，样板面高程应与桥面设计高程一致，同时焊接好加强角钢等结构件，全部校准后，方可焊实。

③浇筑混凝土。浇筑伸缩装置底部的混凝土，同时浇筑两侧500mm范围内的混凝土过渡段，混凝土强度等级不应低于C40，浇筑时需振捣密实，以防结构中有空洞和夹灰现象，影响伸缩装置的使用寿命。

④拆除样板及两端模板。混凝土初凝后，将样板取出，再将两端模板中间的硬质泡沫塑料板凿除，用强度等级较高的砂浆找平，安装橡胶板部位。

⑤安装橡胶板。混凝土达到设计强度的50%以后，在安装平面涂布防水密封胶，并按定位值将橡胶板进行预压缩，螺孔对准预埋螺栓就位，逐个拧紧螺母。注意，在螺栓上垫放腰圆垫圈与弹簧垫圈，然后在螺栓孔内注入适量防水胶，最后加螺母盖与橡胶板平齐。相邻各块橡胶板之间企口处用密封胶涂布，并在逐块安装时咬合紧密，可以增强伸缩装置的防水性能。

(2)注意事项

①橡胶板的平整性直接影响行车的舒适度和伸缩装置的耐久性，施工中要准确立模定位，严格控制高程，确保铺装层与伸缩装置之间的平整。

②过渡段是埋设伸缩装置构件和锚固钢筋的场所，该处的混凝土在车辆的冲击下极易出现"啃边"破坏。为此，必须提高混凝土强度，混凝土强度等级应大于或等于C40，并在混凝土中布置两层钢筋网或加设型钢，如采用钢纤维混凝土，则效果更好。橡胶板底部混凝土要振捣密实，避免产生"蜂窝"现象。

③橡胶板主要靠预埋螺栓锚固在桥面上。螺栓反复承受车辆冲击，非常容易松动、损坏。因此，预埋螺栓一定要牢固。施工时，螺栓应牢固地焊接在通长钢筋上，通长钢筋应与梁的锚固钢筋焊牢。

④预压缩工艺是采用预压缩工具压缩并安装橡胶板的一种工艺。在夏季施工的桥梁，由于环境温度高，梁体和伸缩装置的伸长量大，因此，安装伸缩装置时应对橡胶板进行预压缩。其他季节安装橡胶板应尽量避免使用预压缩工艺，以简化施工。

6.3.3 模数式伸缩装置施工

目前，模数式伸缩装置种类很多，但施工方法类似，下面将以较常用的GQF-C型伸缩装置(模数式伸缩装置的构造详见第2章)的施工方法为例进行介绍，其他模数式伸缩装置的安装可以此为参考或咨询生产厂商。

1)施工步骤

GQF-C型伸缩装置在工厂制造并组装，若整条伸缩缝超长不能运输或工程需分段施工，应在现场焊成一体后，再组装橡胶密封条。

(1)伸缩缝预留槽口

在浇筑拟安装伸缩缝的梁体、桥台时，应在端部预留符合安装尺寸的槽口。

(2)预埋钢筋设置

在浇筑梁体或桥台时，应设置预埋钢筋。预埋深度不应小于500mm，并与梁体、桥台内的结构钢筋连成一体，间距尺寸为200mm，其位置应和伸缩缝锚固件保持一致。

(3)梁端间隙应不小于梁体伸长量，在预制、现浇或吊装时由设计工程师根据当地气温确定。

(4)伸缩缝定位尺寸 J 值,应根据安装时的气温计算正确,调节后,锁紧定位压板。

(5)用泡沫塑料板嵌入梁端间隙内,其上部与伸缩缝钢梁内侧密合,尽量达到密封,以防止浇筑混凝土时出现漏浆、空洞现象。

(6)伸缩装置吊装就位后,应检查其中心线与梁缝中心是否重合,其顶面与路面高程是否一致,不一致时及时进行调整。

(7)将预埋钢筋和伸缩缝锚固件焊接牢固,再横穿 ϕ12 或 ϕ16 水平钢筋,用铁丝扎紧或焊实,使之成为一体。

(8)立即拆除伸缩缝定位压板,錾去定位螺钉,并用角向砂轮磨去焊疤,补上油漆。

(9)用胶粘纸带或木板封闭伸缩缝顶面缝口,在槽口部位现浇 C50 混凝土,并用插入式振动棒充分振捣密实。

(10)抹平混凝土过渡段,使其应尽量与路面平顺,并应在做好混凝土养生后方可通车。

2)注意事项

(1)工程技术人员在选择 MZL 型、C 型或其他模数式伸缩装置后,为便于工厂加工制造,应向工厂提供下列文件:

①桥梁的横断面图,包括横坡、人行道、安全带、栏杆的位置尺寸等详细设计资料。

②伸缩装置的施工实施时间、安装时的温度及变化幅度。

③用户有特殊要求时要明确注明。

(2)施工单位一定要按照设计图样提供的尺寸,在梁端之间、梁端与桥台处预留安装伸缩装置的预留槽,并按图样要求预埋好锚固钢筋。

(3)工厂组装好的模数式伸缩装置一般由工厂用专车运往工地。伸缩装置在运输过程中,因受运输长度限制,或因其他原因需要在工地拼接时,应在生产厂家指导下施工。当伸缩装置需在工地存放时,应垫离地面至少 300mm,并且不得露天存放。

(4)型钢边梁定位是安装的关键,定位要求为“一平、二直、三强度保证”。“一平”指型钢组装面要平,定位后与路面纵横向的平整度小于 3mm;“二直”指型钢边梁定位后,横向直线偏差小于 5mm;“三强度保证”指型钢边梁定位焊接强度符合设计要求,严禁虚焊。

6.3.4 无缝式伸缩装置施工

无缝式伸缩装置施工程序如下。

1)开槽

(1)标出要开挖沟槽的边线,用切割机沿边线整体切割。

(2)凿除边线范围内铺装层。若开挖的是旧伸缩缝且基础表面混凝土已严重损坏,应将其清除,重新浇筑高强度等级的混凝土,并养护至规定强度。

(3)清除沟槽四周及接缝处的砂石、淤泥等杂物,并用压缩空气喷吹,清除松动部分及接缝内的细小杂物;用喷火器烘干沟槽的水汽,使之充分干燥。

2)黏结料加热

铺设伸缩缝前约 2h,应将黏结料投入加热容器中进行加热,温度控制在 180 ~ 200℃之间。待其熔化后,按一定比例加入石英砂。

3)安装跨缝钢板

(1)将背面刷好防锈油漆的 T 形钢板平稳地置于接缝上,并将各片钢板首尾焊接,形成整体,以增强其稳定性。连成整体后的钢板端头应留有 5mm 左右的伸缩空间,避免灌入高温黏结料时钢板受热上拱。

(2)安置好钢板后,应将钢板两侧缝隙塞住,防止黏结料外漏。

4)涂底层油

在安装好钢板的沟槽表面均匀地涂一层熔化的黏结料。在涂材料时,操作要娴熟、迅速,并应在其凝固前涂刷完毕。

5)铺装混合料

(1)将粗集料烘干,加热到180~200℃。将熔化的黏结料倒入搅拌机与粗集料一起拌和约5min,黏结料与粗集料拌和体积比例为1:(2~3)。

(2)用拌好的粗混合料摊铺底层,直至其表面距沟槽顶10mm左右为止。

(3)用熔化的黏结料及时(底层混合料温度不低于100℃)灌注底层,使底层的粗混合料空隙充满黏结料。

(4)细集料烘干加热至180~200℃。将熔化的黏结料倒入搅拌机与细集料一起拌和约5min,黏结料与细集料拌和体积比例为1:(3.5~4.5)。

(5)用拌好的细混合料摊铺上层,上层的表面应与桥面平齐。

(6)在热混合料上面铺一层米石作为磨耗层,压实、冷却后可开放交通。

该伸缩装置的使用性能受混合料的配合比和施工影响很大,要保证其质量必须采用专业施工队伍施工。

6.3.5 伸缩装置施工的质量检验评定标准

(1)基本要求

①伸缩缝必须满足设计和有关技术规范的要求,伸缩装置必须有合格证,并经验收合格后方可安装。

②伸缩装置必须锚固牢靠,伸缩性能必须有效。

③伸缩缝两侧混凝土的类型和强度,必须符合设计要求。

④大型伸缩缝与钢梁连接处的焊缝应做超声检测,检测结果必须合格。

⑤伸缩缝处不得积水。

(2)伸缩装置安装质量标准

伸缩装置安装质量标准见表6-3-1。

伸缩装置安装质量标准 表6-3-1

项　目	规定值或允许偏差	
长度(mm)	符合设计要求	
缝宽(mm)	符合设计要求	
与桥面高差(mm)	2	
纵坡(%)	一般	±0.5
	大型	±0.2
横向平整度(mm)	3	

注:缝宽应按安装时的气温折算。

(3)外观鉴定

伸缩缝无阻塞、渗漏、变形、开裂现象;不符合要求时必须进行修整,并减1~3分。

自 测 题

一、简答题

1. 伸缩装置应满足哪些构造要求?如何选择伸缩装置?

2. 简述常用伸缩装置的类型及相应的施工方法。

3. “一平、二直、三强度保证”含义是什么?

二、名词解释

1. 无缝式伸缩装置

2. 开槽

6.4 其他附属工程施工

6.4.1 锥坡施工

6.4.1.1 锥坡施工放样

(1)图解法(双圆垂直投影)

先根据锥体的高度 H 和坡率 m 和 n,计算出锥坡底面椭圆的长轴 A 和短轴 B,用 A 和 B 作半径,画出同心四分之一圆。将圆分成若干等分,由等分点 1、2、3、4 等分别和圆心相连,得到若干条径向直线。从各条径向线与两个圆周的交点互作垂线交于Ⅰ、Ⅱ、Ⅲ等点,连接这些点成椭圆曲线(图 6-4-1)。

(2)直角坐标法

设 P 点的坐标为 x、y,长半轴为 A,短半轴为 B,根据图 6-4-2 的几何条件可得

$$SQ=\sqrt{(OS)^2-(OQ)^2}=\sqrt{(A)^2-(nA)^2}=A\sqrt{1-n^2} \tag{6-4-1}$$

因

$$\triangle OSQ\backsim\triangle ORT$$

则

$$\frac{SQ}{A}=\frac{y}{B}$$

$$y=\frac{B}{A}SQ=B\sqrt{1-n^2} \tag{6-4-2}$$

式中,$n=x/A$,其值在 0~1 之间。

令 $n=0.1$、0.2、…、0.9、0.95、1.0,代入式(6-4-2),即可得到纵坐标 y_1、y_2、…

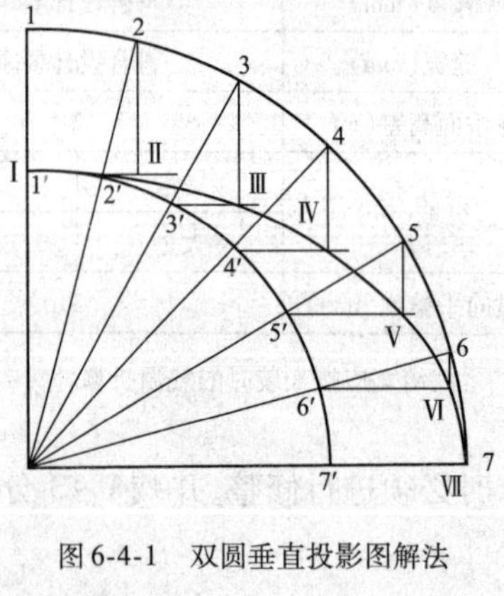

图 6-4-1 双圆垂直投影图解法

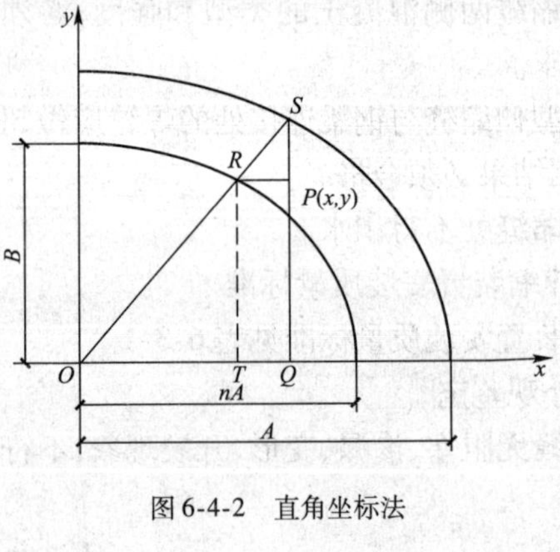

图 6-4-2 直角坐标法

6.4.1.2 锥坡填土和坡面砌筑

(1)锥坡填土

锥坡填土必须分层夯实,达到最佳密度的 90% 以上。砌砾石土类,可以洒水夯填。采用不易风化的块石填料,应注意层次均匀,铺填密实,不可自由堆砌。有坡面防护的锥坡,在锥坡填土时,应留出坡面防护的砌筑位置。

(2)坡面砌筑

一般采用干砌或浆砌片石,并以碎石或砂作垫层,随砌随垫,保证垫层厚度。砌筑时应注意石料轴线必须垂直于坡面,砌筑的石块应相互咬接,其空隙以小片石楔紧塞实。

锥体护坡施工技术要点主要有以下几方面:

①在大孔土地区,应检查护坡基底及护坡附近有无陷穴,并彻底进行处理,保证护坡稳定。

②锥体填土应按高程及坡度填足,砌筑片石厚度不够时再将土挖去;不允许填土不足,临时边砌石,边补填土。护坡拉线时,坡顶应预先放高2~4cm,使护坡能随同锥体填土沉陷,坡度仍符合规定。

③护坡基础与坡脚的连接面应同护坡坡度垂直,以防坡脚滑走。

④砌石时拉线要张紧,表面要平顺,护坡片石背后应按规定做碎石反滤层,防止锥体土方被水侵蚀变形。

⑤护坡与路肩或地面的连接必须平顺,便于排水,以免砌体背后冲刷或渗透坍塌。

⑥石砌圬工桥台台背与土接触面应涂抹两道热沥青或用石灰合土、水泥砂浆胶泥做不透水层作为台后防水处理。

⑦台背填土顺路线方向长度,一般需自台身起,底面不小于桥台高度加2m,顶面不小于2m。

6.4.2 台背填土及桥头搭板施工

台背填土材料宜采用透水性材料,不得使用淤泥、沼泽土、冻土、有机土、生活垃圾杂填土。桥头锥体及台后路堤填土,在设计要求范围内均应以渗水土填筑。渗水土来源确有困难时,除严寒地区外,可用一般普通土填筑。各类土的填筑均应严格夯实,采用一般土作填料时,应达到最佳密实度的90%。

桥头搭板所用的钢筋、混凝土等材料应符合设计要求及规范规定。混凝土强度应符合设计要求,混凝土中的水泥、砂和石子等原材料的各项性能指标均要满足国家现行标准的有关规定。

6.4.2.1 台背填土施工工艺流程

测量→清表→软土地基处理(如有,按设计规定)→填料选用→分层填筑→平整找平→分层压实→压实度检测→验收。

对桥台及挡墙后背地表所有非适用材料彻底清除,包括桥台及挡墙施工所遗留的施工垃圾。台后地基如为软土,应按设计要求处理,软土地基处理宜与桥台基础施工工序衔接,应参照有关规定执行。台背的填料选用透水性好、易于压实的砂砾类土。此外,应加强对桥台及挡墙基槽回填土的控制,严格控制填土质量和密实度。台背填土宜与路基填土同时进行,宜采用机械碾压,机械碾压时,沿墙边0.5~1.0m范围应采用小型振动压实机械或内燃夯实机械压实。施工时,应将台身与回填施工统筹安排,要给回填留有充分的时间,填土预压沉降量控制应在施工桥头搭板前完成。

当为柱、肋式桥台时,在桥台基础完成后,要彻底清除非适用材料,换填砂砾、洒水压实。承台应建在密实的砂砾层上,台建成后,应暂不施工台帽,以便于压路机或小型压实机具能顺畅地压实,待回填完成后,在填方上直接施工台帽。柱式桥台台背填土宜在柱侧对称、平稳地进行。轻型桥台台背填土应待盖板和支撑梁安装完成后,两台对称均匀回填。

6.4.2.2 桥头搭板

公路工程桥头跳车是指桥梁或涵洞等构造物两侧与路堤土衔接处产生较大的差异沉降和

刚度差异，使得路面上出现显著的坡度变化和刚度变化，从而导致行驶的车辆在此处产生跳车现象。引起桥头跳车最根本原因是桥台构造物与引道路堤在路桥衔接处产生了沉降差。为了防治桥头跳车，人们对控制沉降采取了很多种方法，主要是加固桥台后填土来控制沉降，例如堆载预压法、袋装砂井法、塑料排水板法、填土压实控制法、土工格栅法、加筋土法等，都取得了一定的效果。

此外，设置桥头搭板也是解决桥头跳车的一项有效措施。设置桥头搭板的目的是将桥面与路面间的沉降差分散至搭板的两端，从而减小桥面与路堤接触处的沉降差，以达到防治桥头跳车的目的。桥头搭板下台后填土的填料宜以透水性材料为主，并应分层填筑、压实。台后地基如为软土，应按设计要求对地基进行处理并对台后填土进行预压，预压应在搭板施工前完成。《公路桥涵设计通用规范》(JTG D60—2004)规定：高速公路、一级公路和二级公路的桥头宜设置搭板。搭板厚度不宜小于0.25m，长度不宜小于5m。搭板与桥台间的锚固有竖向和水平两种方法，考虑到搭板自由端在竖向荷载作用下必然发生竖向位移，而水平方向的锚固更符合这一受力特点，并有利于桥台受力，因而桥头搭板与桥台间宜采用水平锚固。搭板的长度与路堤的填高成正比，并与路基的状况有关。

钢筋混凝土桥头搭板的施工应符合下列规定：钢筋混凝土搭板及枕梁宜采用就地浇筑的方式施工。搭板钢筋与其下的垫层间宜设置垫块并应交错布置。在上下两层钢筋之间应设置支撑保证其位置的正确。浇筑搭板混凝土时应按照搭板的坡度由低处向高处进行，振捣时应避免碰撞钢筋、模板。

现浇桥头搭板基底应平整、密实，高程符合设计。其工艺流程为测量放线→基底验收→模板支设→钢筋绑扎→混凝土浇筑→养护→验收。如在砂质土上浇筑，应铺30~50mm厚水泥砂浆垫层。其模板、钢筋及混凝土工程应符合施工技术规范的有关规定。浇筑时，应保证伸缩缝贯通，不堵塞。与地梁、桥台锚固牢固不松弛。在桥台上的支点处，要考虑搭板另一端沉陷时变位的需要，应设柔性薄支座，对于路基上的支点，应考虑填土扩散的需要，枕梁宽度宜大不宜小。

桥头搭板构造如图6-4-3所示。

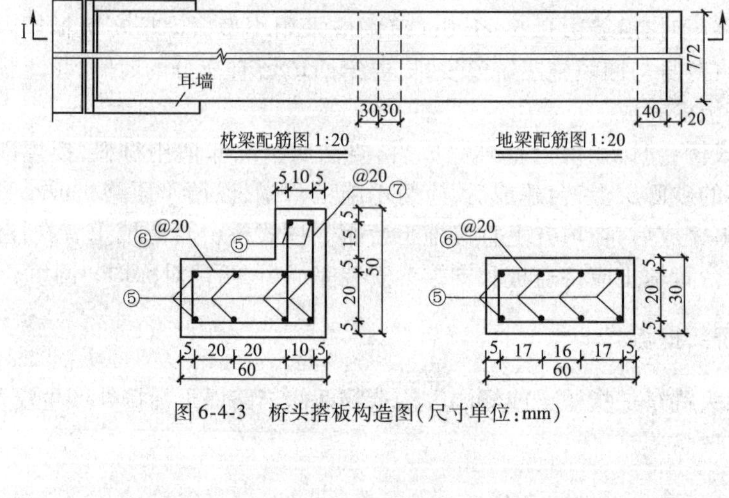

图6-4-3　桥头搭板构造图(尺寸单位:mm)

自 测 题

一、简答题

1. 简述桥梁锥体护坡的作用及其施工技术要点。

2. 台背填土材料有什么要求？简述台背填土施工技术流程。

3. 桥头搭板设置目的是什么？简述其施工工艺流程。

二、判断题

1. 桥头锥体及台后路堤填土，可以使用不含垃圾的任意土。 (   )

2. 台背填土宜与路基填土同时进行，宜采用机械碾压，机械碾压时，沿墙边 0.5 ~ 1.0m 范围应采用小型振动压实机械或内燃夯实机械压实。 (   )

3. 任何等级的公路桥梁都必须设置桥头搭板。 (   )

4. 如在砂质土上浇筑桥头搭板时，应铺一定厚度的水泥砂浆垫层。 (   )

第7章 涵　　洞

【知识目标】

1. 涵洞的分类、构造,掌握涵洞的测设方法和流程;

2. 涵洞的长度计算和洞口建筑工程数量的计算方法;

3. 涵洞的施工准备、施工放样以及各种类型涵洞的施工流程。

【能力目标】

1. 能根据涵洞的形式进行涵洞的分类,能描述涵洞洞身和洞口的构造,能依据规范要求进行涵洞的外业测设;

2. 能根据涵洞的设计图纸,进行涵洞长度的计算和洞口建筑工程数量的计算,并能够进行全线涵洞工程数量的汇总;

3. 能根据涵洞的形式进行涵洞施工准备和放样,掌握各种类型涵洞施工的工艺流程,能依据规范要求进行涵洞施工。

【任务描述】

本章主要内容概括为涵洞的构造、涵洞的设计计算以及涵洞的施工三个方面。要求学生经过本章内容的学习能够完成以下任务:能完成涵洞的野外勘测任务;能绘制涵洞布置图;能计算涵洞工程数量;能进行涵洞的施工放样;能进行涵洞施工质量控制。教师根据班级分组情况,准备相关涵洞设计资料,各组可根据需要收集相关标准及资料,最后提交《××涵洞设计施工作业指导书》。

【学习引导】

本章按以下顺序进行学习:

熟悉涵洞常见类型与构造→明确涵洞测设的要求→熟悉涵洞外业测设的流程及各环节测设控制要点→熟悉涵洞设计图纸→涵洞长度的计算及涵洞建筑工程数量的计算→各种类型涵洞的施工→涵洞附属工程的施工

7.1　涵洞的类型与构造

通常将公路或铁路与沟渠相交的地方使水从路下流过且跨径小于5m的通道称之为涵洞。涵洞在公路工程中占较大比例,是公路工程的重要组成部分,主要表现在工程数量和工程造价上。据有关资料介绍,涵洞工程数量占桥涵总数的60%~70%,平原地区,每公里有1~3道;山岭重丘区,每公里平均有4~6道。涵洞工程造价占到桥涵总额的40%左右。

由于涵洞是处于大自然环境(风、霜、雨、雪、冰冻、高温、水流冲击)和行车荷载的作用下,因此要求涵洞必须具备如下特点:

(1)满足排泄洪水能力,保证在50年一遇洪水的情况下,顺利快捷地排泄洪水。

(2)具有足够的整体强度和稳定性,保证在设计荷载的作用下,构件不产生位移和变形。

(3)具有较高的可靠性和耐久性,保证在自然环境中,长期完好,不发生破损。

7.1.1 涵洞的分类

7.1.1.1 按建筑材料分类

(1)石涵

它是以石料为主要材料建造的,包括石盖板涵和石拱涵。石涵造价、养护费用低,节省钢材和水泥,在产石地区应优先考虑采用石涵。石拱涵是目前公路上应用较为广泛的涵洞形式。

(2)混凝土桥涵

它是以混凝土为主要材料建造的,可现场浇筑或预制成拱涵、圆管涵和小跨径盖板涵。该涵洞节省钢材,便于预制,但损坏后修理和养护较为困难。

(3)钢筋混凝土桥涵

它是以钢筋混凝土为主要材料建造的,可用于管涵、盖板涵、拱涵和箱涵。钢筋混凝土桥涵涵身坚固,经久耐用,养护费用少。钢筋混凝土管涵、盖板涵安装运输便利,但耗费钢材较多,预制工序多,造价较高。

(4)钢波纹管涵

钢波纹管涵洞管身由薄板压成波纹后,卷制成管节构成。钢波纹管涵适用于地基承载力较低,或有较大沉降与变形的路基。

(5)其他材料涵洞

主要有砖涵、陶瓷管涵、铸铁管涵、石灰三合土拱涵等,这些涵洞适用于便道或乡村道路。

7.1.1.2 按构造形式分类

(1)管涵

受力性能和对地基的适应性能较好,不需墩台,构造简单,圬工数量少,造价低,工期短,施工方便,适用于有足够填土高度小跨径暗涵(图 7-1-1)。

(2)盖板涵

盖板涵的优点是建筑高度较小,可预制拼装,施工简便,对基础要求不高,易于修复。构造如图 7-1-2,适用于缺乏石料地区,流量大、填土高度受限制及高等级公路。这类涵洞通常可预制或现场浇制,预制拼装可节约模板,缩短工期,不受气候影响,适用于桥涵多而集中并有运输吊装条件的公路;现场浇筑整体性好,适用于小桥涵工程分散、改建旧路中的单个桥涵及高等级公路的跨线通道。

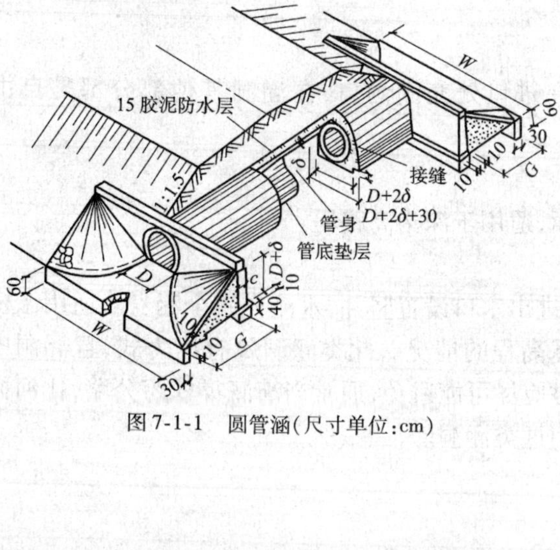

图 7-1-1 圆管涵(尺寸单位:cm)

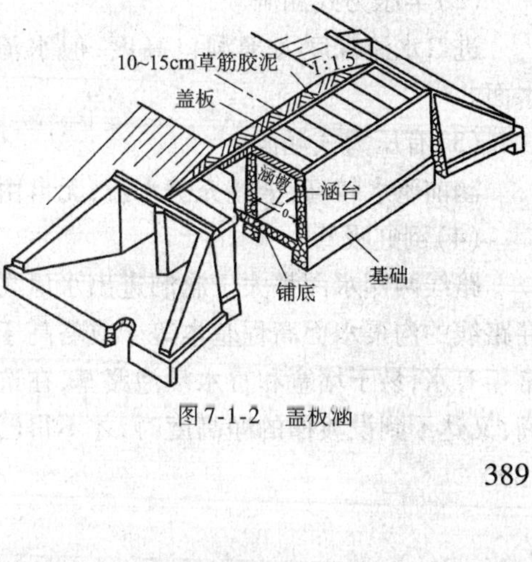

图 7-1-2 盖板涵

(3)拱涵

这是山区公路最常用的一种结构形式,适宜于盛产石料的地区(图7-1-3)。其优点是可就地取材,造价低,易施工,结构坚固寿命长,自重及超载潜力大,砌筑技术容易掌握。缺点是自重引起的恒载大,对地基承载要求高,施工工序繁多,进度较慢。

(4)箱涵

箱涵是一种闭合式的钢筋混凝土薄壁结构,其主要特点是整体性能好,对地基适应性强,这类涵洞适用于较软弱的地基。但因用钢量多,造价高,一般多用现场浇筑施工,施工难度较大,构造如图7-1-4所示。

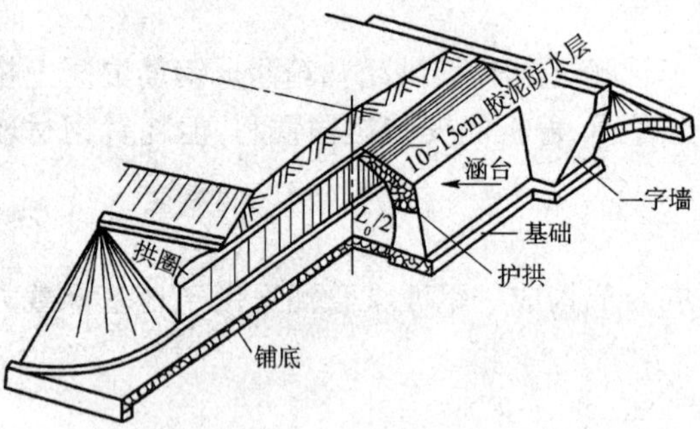

图7-1-3　石拱涵

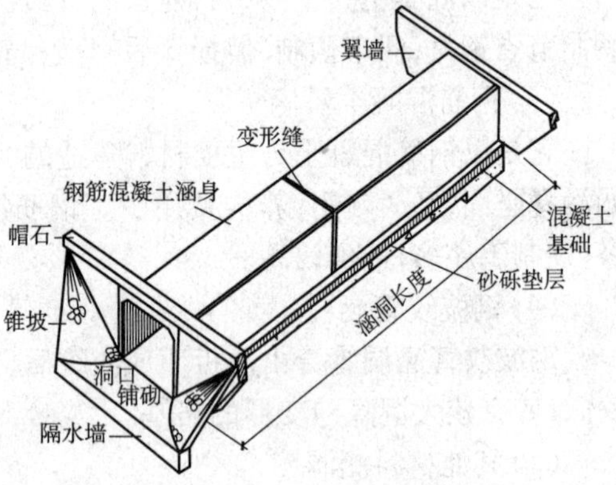

图7-1-4　钢筋混凝土箱涵

7.1.1.3　按洞顶填土情况分类

(1)明洞

洞顶不填土或填土高度小于50cm,适用于低路堤,浅沟渠。盖板涵一般都采用明涵形式。

(2)暗涵

洞顶填土大于50cm,适用于高路堤,深沟渠,一般拱涵、管涵都是采用暗涵形式布置。

7.1.1.4　按水力性能分类

(1)无压力式涵洞

进口水流深度小于洞口高度,水流流经全涵保持自由水面,适用于涵前不允许壅水或壅水不高时。新修涵洞一般均设计成无压力式涵洞。

(2)半压力式涵洞

进口水流深度大于洞口高度,但水流仅在进口处充满洞口,在涵洞其他部分都是自由水面。

(3)有压力式涵洞

涵前壅水较高,全涵充满水流,无自由水面,适用于深沟高路堤。

(4)倒虹吸管

路线两侧水深都大于涵洞进出水口高度,进出水口设置竖井,水流充满全涵身。适用于横穿路线的沟渠水面高程基本等于或略高于路基高程的情况。此类涵洞属有压力式,且涵洞中常年有水,易于堵塞和冒水浸泡路基,在选线时应尽可能避免,通常当灌溉渠横跨公路,比河面高,又达不到设渡槽的净高度时,才不得已采用这类涵洞。

7.1.1.5 按涵洞与路线的夹角分

按涵洞与路线的夹角分正交与斜交两种，斜交涵洞又分斜交斜做和斜交正做两种形式。盖板涵、箱涵一般采用斜交斜做。拱涵和圆管涵若与路线斜交，为改善受力和施工方便一般采用斜交正做。

7.1.2 洞身和洞口的构造

涵洞通常由洞身和洞口建筑两部分组成。洞身的作用是承受荷载压力和土压力并将其传递给地基，保证水流的通过。洞口建筑连接着洞身和路基边坡形成良好的泄水条件，确保道路边坡的稳定。位于涵洞上游的洞口称为进水口；位于涵洞下游的洞口称为出水口。

7.1.2.1 洞身构造

1)洞身及组成

(1)圆管涵

圆管涵洞身主要是由各分段管节和支撑管节的基础垫层组成(图7-1-5)。当整节钢筋混凝土圆管涵无铰时，称为刚性管涵。刚性管涵在横断面上是一个刚性圆环，管壁内钢筋有内外两层，钢筋加工成一个个的圆圈或螺旋钢筋(图7-1-6)。

圆管涵常见孔径 d_0 为75cm、100cm、125cm、150cm、200cm，对应的管壁为厚度 δ 分别为8cm、10cm、12cm、14cm、15cm。基础形式应视地基条件而定。当在土质较软弱地基上时，可采用混凝土或浆砌片石基础；当在砂砾、卵石、碎石及密实均匀的黏土或砂土地基上时，可采用砂砾石垫层基础；当在岩石地基上时，可采用垫层混凝土。基础顶面应进行八字斜面包角，其支撑角不应小于120°。接口宜为平接，可分为刚性、半刚性、柔性接口等，根据受力条件、施工方法及水文地质情况来选用接口形式。当为柔性接口时，宜采用承插式钢筋混凝土圆管涵，其接口处应设O形橡胶圈。管身周围应设防水层，以防渗水侵蚀，可采用沥青或厚200mm的塑性黏土等。当管涵较长设计有沉降缝时，沉降缝应贯穿整个洞身断面，其方向应与洞身轴线垂直。

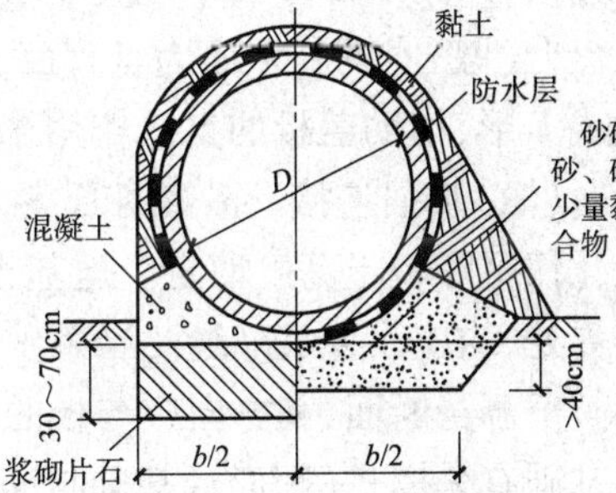

图7-1-5 钢筋混凝土圆管基础

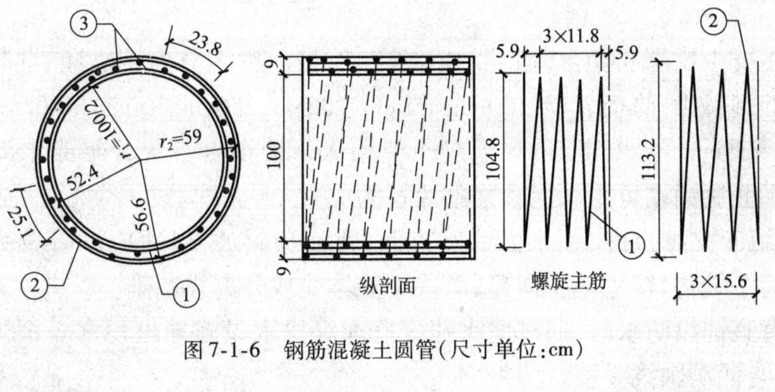

图7-1-6 钢筋混凝土圆管(尺寸单位:cm)

(2)盖板涵

盖板涵洞身是由盖板、涵台(墩)和基础组成(图7-1-7)。

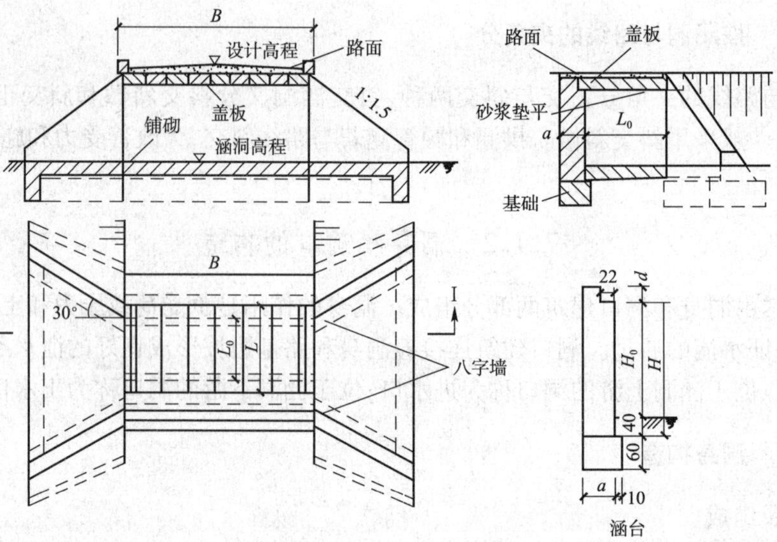

图 7-1-7　盖板涵构造(尺寸单位:cm)

盖板有石盖板、混凝土盖板和钢筋混凝土盖板等。钢筋混凝土盖板涵跨径 L_K 为 150cm、200cm、250cm、300cm、400cm,相应的盖板厚度 d 为 15 ~ 22cm。盖板两端应与涵台顶紧,并设锚栓连接,采用 C20 小石子混凝土填满捣实空隙。

涵台(墩)身的临水面为竖直面,背面为竖直或斜坡。涵台(墩)的顶面可做成平面,也可以做成 L 形,借助盖板的支撑作用来加强涵洞的稳定。同时在台(墩)帽内预埋栓钉,使盖板与涵台(墩)加强连接。沿涵身长度方向应每隔 4 ~ 6m 设置一道沉降缝,具体位置应根据地基土变化情况和填土高度而定。地基土质发生变化、基础埋深不同或地基压力发生变化以及填挖交界处,均应设置沉降缝。当采用填石抬高基础时,其沉降缝间距不宜大于 4m。沉降缝应贯穿整个洞身断面,其方向应与板的跨径方向一致。

基础有分离式(即涵台基础与河底铺砌分离)和整体式(即涵台与河底铺砌连成整体)两种,前者适用于地基较好的情况,后者适用于地基较差的情况。当基础采用分离式时,涵底铺砌层下应垫 10cm 厚的砂垫。为加强涵台的稳定,基础顶面间设置支撑梁数道(沿涵长每隔 2 ~ 3m 设置一道)。涵台基础及支撑梁由浆砌块(片)石或混凝土构成。涵底铺砌宜为水泥砂浆砌片石。

(3)拱涵

拱涵洞身主要由拱圈和涵台(墩)组成(图 7-1-8)。拱涵分为石拱涵、混凝土拱涵等。拱圈宜采用等截面圆弧拱,跨径 L_K 为 100cm、150cm、200cm、250cm、300cm、400cm、500cm,相应拱圈厚度 d 为 25 ~ 35cm。拱圈由石料、混凝土等构成。护拱由石灰砂浆或水泥砂浆砌片石构成。拱上侧墙和涵底铺砌可用水泥砂浆砌片石构成。

涵台(墩)用于支撑拱圈,临水面为竖直面,背面为斜坡,以适应拱脚较大水平推力的要求。涵台宜为圬工结构,视地基土情况,可采用整体式或分离式基础。

拱背及台背宜铺设防水层,通过泄水孔或盲沟等排水设施导出积水。沉降缝的设置同盖板涵,其方向应与涵洞轴线垂直。

(4)箱涵

箱涵又称为矩形涵,箱涵洞身宜采用钢筋混凝土整体闭合式框架结构,其横截面可分为长方形或正方形。内壁在角隅处宜设倒角并配防劈裂钢筋(图 7-1-9)。箱涵的上下顶板、底板与左右墙身是刚性结构,适用在软土地基上采用。

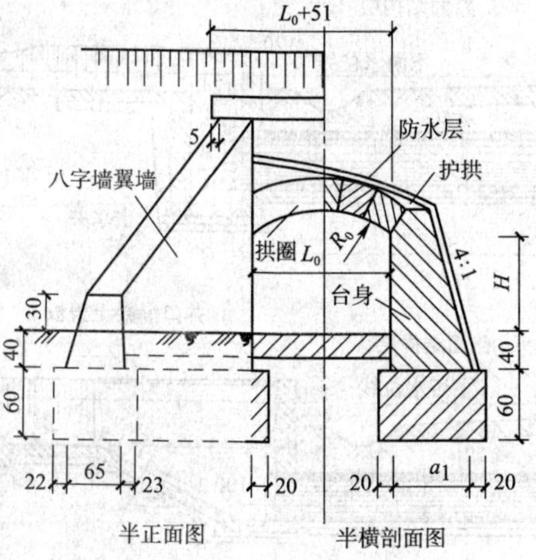

图 7-1-8　石拱涵构造(尺寸单位:cm)

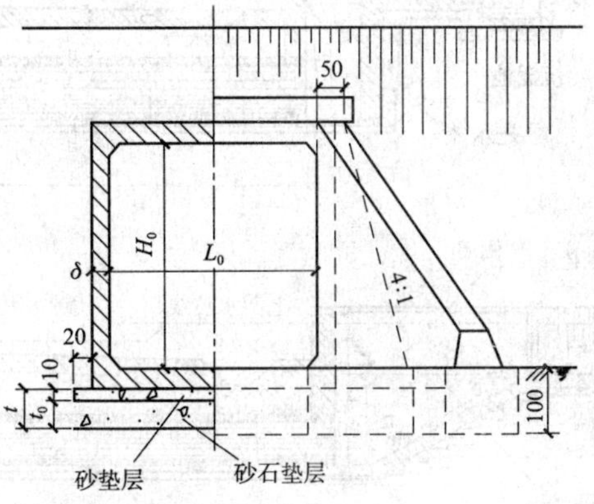

图 7-1-9　箱涵洞身(尺寸单位:cm)

L_0-跨径;H_0-净高;δ-箱涵壁厚;t_0-砂石垫层厚度;

t-垫层厚度

箱涵的常用跨径为 200cm、250cm、300cm、400cm 和 500cm,箱涵壁厚 δ 一般为 22 ~ 35cm,垫层厚度 t 为 40 ~ 70cm,箱涵内壁面四个角往往做成 45°的斜面,其尺寸为 5cm × 5cm。翼墙采用一字式钢筋混凝土薄壁结构时,应与洞身连接成整体;采用八字式翼墙时,翼墙与洞身间应设沉降缝。涵身底部宜为混凝土和砂砾垫层上下两层。在洞口两端 2m 范围内应将基底埋入冰冻线以下不小于 0.25m。在涵身中部应设沉降缝一道。当涵身长度超过 20m 时,可视具体情况每隔 6m 左右再设沉降缝。

(5)倒虹吸管涵

倒虹吸管涵主要由进口段、水平段和出口段组成。进口段由进水河沟、沉淀池、进水井等组成。水平段是到虹吸的主体,由基础、管身、接缝等组成。出口段由出水井、出水河沟等组成(图 7-1-10)。

管身宜为钢筋混凝土圆管,管身基础由级配砂石垫层和混凝土基础构成。管身接缝宜为钢丝网抹带接口或环带接口。

进出水井宜由混凝土构成,也可由水泥砂浆砌片石构成。竖井上应设置活动的钢筋混凝土顶盖。沉淀池宜由浆砌块、片石构成。基础由混凝土和砂砾垫层构成。进出口河沟一定范围内应做铺砌加固。

(6)钢波纹管涵

钢波纹管涵洞管身由薄板压成波纹后,卷制成管节构成。钢波纹管涵适用于地基承载力较低,或有较大沉降与变形的路基。其类型有小直径整体管、分片拼装式圆管涵(图 7-1-11)、分片拼装式半圆拱形涵洞及分片拼装式圆拱形涵洞。

整体式波纹管采用法兰连接;分片拼装式波纹管采用钢板搭接,并用高强螺栓连接。钢波纹管管节内外面、紧固连接螺栓或铆钉,应进行热镀锌防腐处理。管身楔形部分应采用砾类土、砂类土回填。管顶填土应在管两侧保持对称均匀、分层摊铺、逐层压实,厚度宜为 150 ~ 250mm,其压实度不应小于 96%。

钢波纹管涵地基或基础应均匀坚固,其地基及基础的最小厚度与宽度见表 7-1-1。

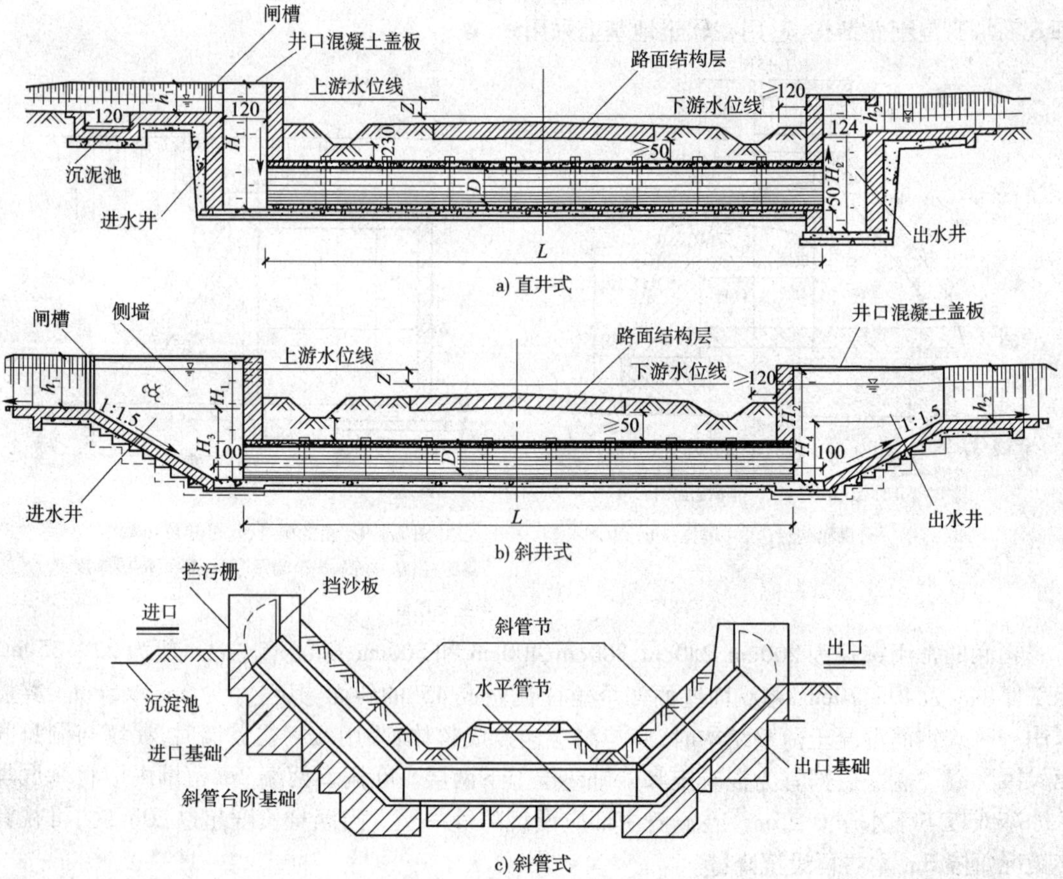

图 7-1-10　倒虹吸管涵结构类型

2) 涵洞纵断面

洞身较长的涵洞沿纵向应分成数段，分段长度一般为 4～6m，每段之间用沉降缝分开，基础也同时分开。涵洞分段可防止由于荷载分布不均匀及基地土性质不同引起的不均匀沉降，避免涵洞开裂。沉降缝的设置是在缝隙间填塞浸涂沥青的木板或浸以沥青的麻絮。对于盖板涵和拱涵应再在全部盖板和拱圈顶面及涵台背坡均填筑厚 15cm 的胶泥防水层。对于圆管涵则应在外面用涂满热沥青的油毛毡裹两道，再在圆管涵外圈填筑厚 15cm 的胶泥防水层。

图 7-1-11　分片拼装式钢波纹管涵

洞底高程和坡度在一般情况下与天然沟槽的高程和坡度相一致。当沟床的坡度甚小时，洞底坡度可按最小纵坡 0.4% 设置。当沟床的坡度大于 5% 时，洞底基础宜每隔 3～5m 设置防滑横墙或把基础做成阶梯形。

3) 山坡涵洞洞身构造

山坡涵洞的洞底坡度较大，一般为 10%～20% 或更大一些。洞底纵坡主要由进水口和出水口处的高程决定。洞身的布置视坡底大小有以下几种形式。

钢波纹管涵地基或基础的最小厚度与宽度 表 7-1-1

地质条件		基础最小厚度	基础宽
优质土地基		可直接将地基作为基础	
一般性土质地基	管径 $D<900$mm	200mm	2D
	管径 $D=900\sim2000$mm	300mm	
	管径 $D>2000$mm	0.20D	
岩石地基		200~400mm,但当填土高度大于5m时,填土高度每增加1.0m,其厚度增加40mm	2D
软土地基		(0.3~0.5)D 或 500mm 以上	(2~3)D

(1)跌水式底槽(适用于坡底小于12.5%)

底槽的总坡度等于河槽或山坡的纵坡度。洞身由垂直缝分开的管节组成,每节有独立的底面水平基础(图7-1-12)。后一节比前一节垂直降低一定高度,使涵洞得到稳定。为了防止因管节错台在拱圈或盖板间产生缝隙,错台厚度不得大于拱圈或盖板厚度的3/4,见图7-1-12a)。当相邻两节的高度大于涵顶厚度时,需加砌挡墙,见图7-1-12b),但两节间高差也不应大于0.7m,或1/3涵洞净高,以保证泄水断面不受过大的压缩。管节的长度一般不小于台阶高度的10倍。若小于10倍时,涵洞应按台阶跌水进行水力验算。做成台阶形的涵洞,其孔径应比设计流量算出的孔径大些。

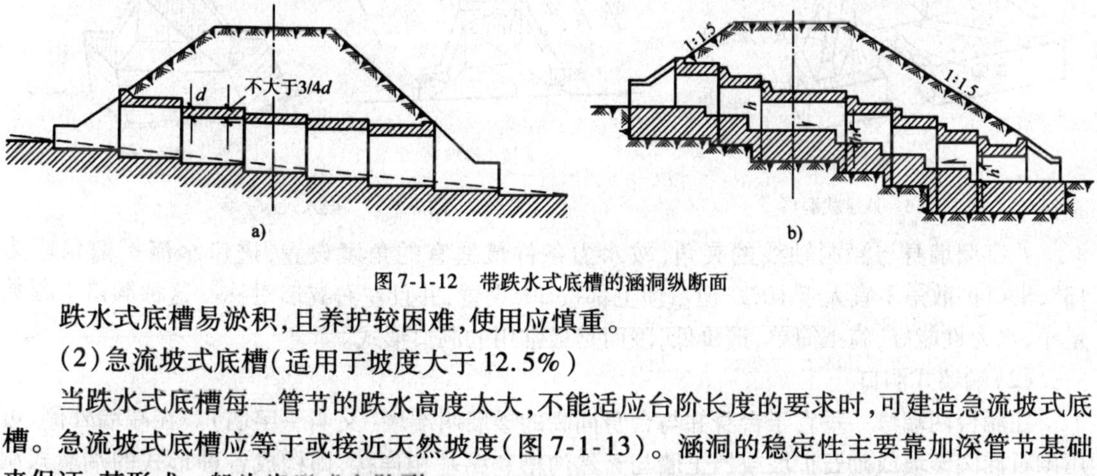

a) b)

图 7-1-12 带跌水式底槽的涵洞纵断面

跌水式底槽易淤积,且养护较困难,使用应慎重。

(2)急流坡式底槽(适用于坡度大于12.5%)

当跌水式底槽每一管节的跌水高度太大,不能适应台阶长度的要求时,可建造急流坡式底槽。急流坡式底槽应等于或接近天然坡度(图7-1-13)。涵洞的稳定性主要靠加深管节基础来保证,其形式一般为齿形或台阶形。

(3)小坡度底槽

如果地质情况不好,不允许修建坡度较大的涵洞时,应改为小坡度底槽,在进出口设置有消能设备的涵洞(图7-1-14)。

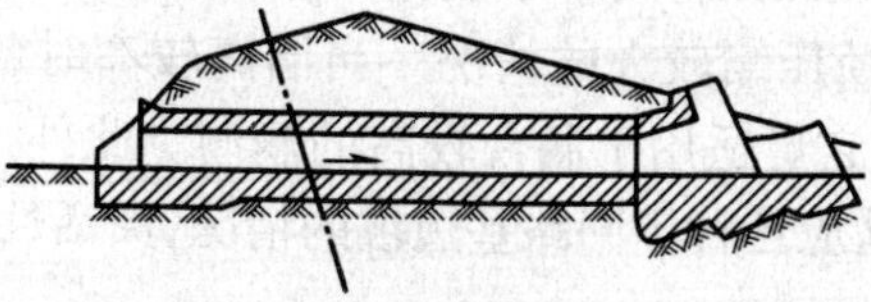

图 7-1-13 带急流坡式底槽的涵洞纵断面

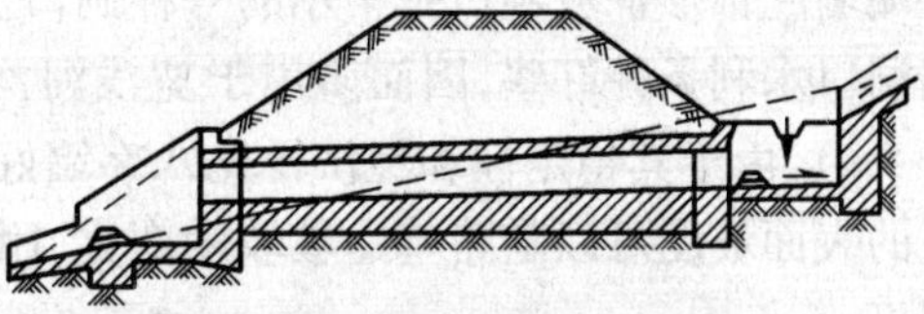

图 7-1-14 小坡度底槽的涵洞纵断面

7.1.2.2 洞口建筑

涵洞洞口建筑是使涵洞进出水口与路基衔接平顺,调节水流状态,保持水流顺畅,使上下游河床、洞口基础和两侧路基免受冲刷。涵洞洞口形式多样、构造多变、十分灵活。如何根据涵洞类型、河沟水流特性、地形及路基断面形式因地制宜地选择好洞口形式，做好进出口处理，对于确保涵洞及路基的稳定、水流畅通有着重要意义。

涵洞进出水口类型有八字墙、端墙式、锥坡式、直墙式、扭坡式、平头式、走廊式及流线型等，其中常用的有八字墙、端墙式、锥坡式、平头式和走廊式。无论采用何种形式，洞口进出水口河床必须铺砌。

1）正交涵洞的洞口建筑

（1）八字式洞口

在洞口设敞开斜置的翼墙，在平面上形成八字形（图7-1-15）。

八字墙洞口为重力式墙式结构，其特点是构造简单，建筑结构较美观，施工简单，造价较低。常用于河沟平坦顺直，无明显沟槽，且沟底高差变化不大的情况。当墙身较高时（一般大于5m），圬工体积增加较大，使用不够经济。

为缩短翼墙长度，减少墙身数量并使涵洞与沟槽顺接，可将翼墙末端做成矮墙嵌入式八字墙（图7-1-16）。

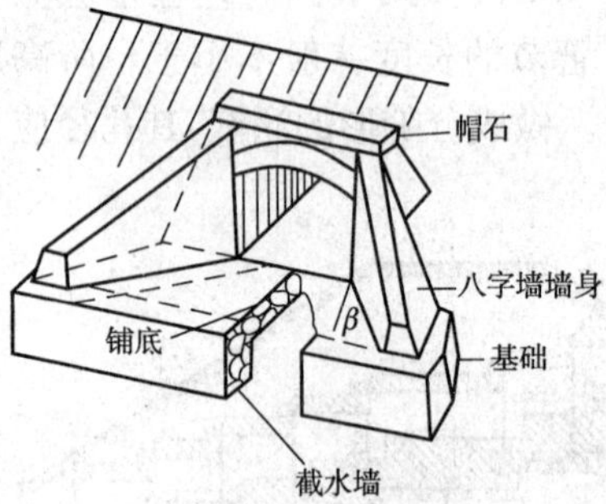

图7-1-15　八字式洞口

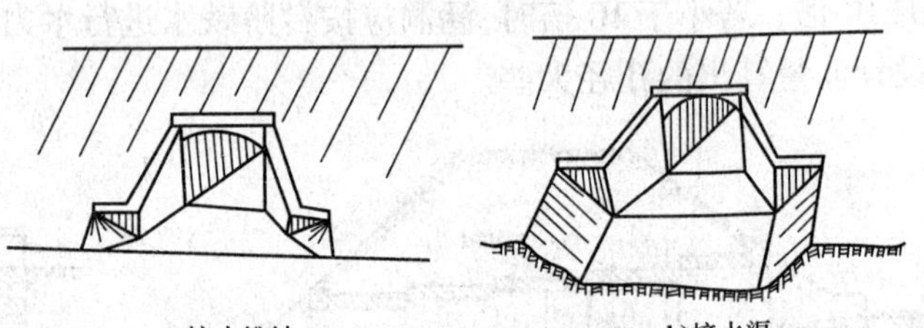

图7-1-16　嵌入式八字墙

八字墙墙身与涵洞轴线的夹角，按水力条件最适宜的角度设置，进口水流扩散角应为13°，出口扩散角不宜大于10°。但习惯上都按30°设置，并且左右翼墙对称。这种洞口工程数量小，水力性能好，施工简单，造价低，因而是最常用的洞口形式。

（2）端墙式洞口

在涵台两端修一垂直于台身并与台身同高的矮墙叫端墙（又叫一字墙）。在端墙外侧，可用砌石椭圆锥坡或砌石护坡或挡土墙与天然沟槽和路基相连接，即构成各种形式的端墙式洞口，如图7-1-17所示。图7-1-17a）、b）仅在沟床稳定、土质坚实的情况下采用；有时为了改善水利条件可在图7-1-17c）所示的沟底设置小锥坡构成图7-1-17d）。图7-1-17e）仅在洞口路基边坡设有直立式挡墙时才采用。

端墙配锥形护坡洞口是常用的一种洞口。它的使用条件与八字墙相类似。但由于它比八字墙洞口水利条件好些，因而多用于宽浅河沟或孔径压缩较大的情况。当墙高较高时（一般大于5m），由于其稳定性和经济性比八字墙好，因而它更适用于涵台较高的涵洞。此外，由于锥坡的表面坡度可以随路基边坡坡度变化，因而能适应各种不同路基边坡的情况，灵活性比八字墙好。

（3）扭坡式洞口

扭坡式洞口与渠道之间由一段变化坡度的过渡段构成（图7-1-18），适用于盖板涵、箱涵、拱涵涵身与人工灌溉渠道的连接。进口收缩过渡长度宜为水深的4～6倍，出水扩散段还应适当增长。

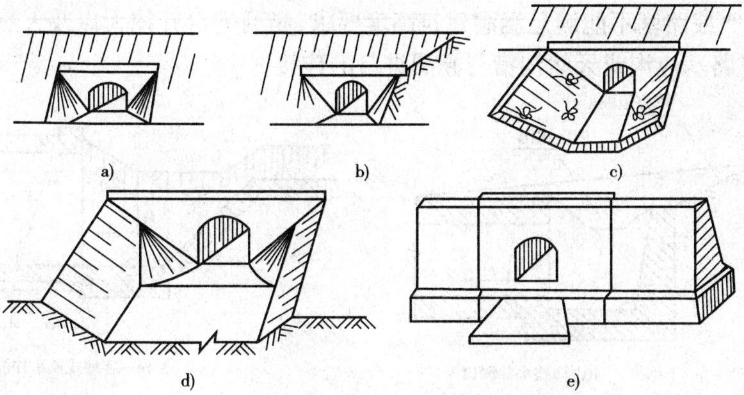

图 7-1-17　端墙式洞口

(4)平头式(领圈式)洞口

平头式洞门常用于钢筋混凝土圆管涵和钢波纹管涵,需制作特殊的洞口管节(图 7-1-19)。平头式洞门适用于水流通过涵洞挤束不大和流速较小的涵洞。

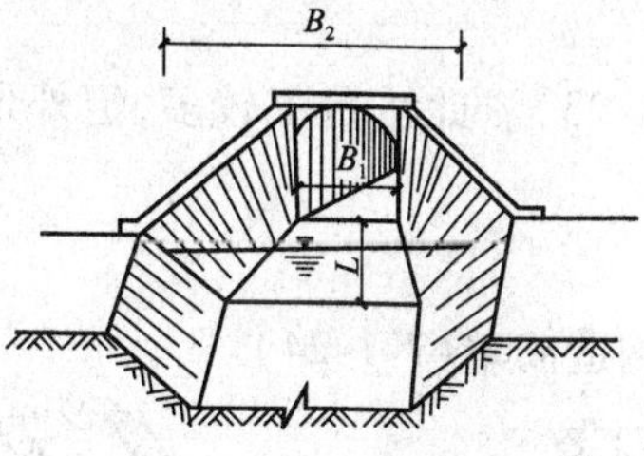

图 7-1-18　扭坡式洞口

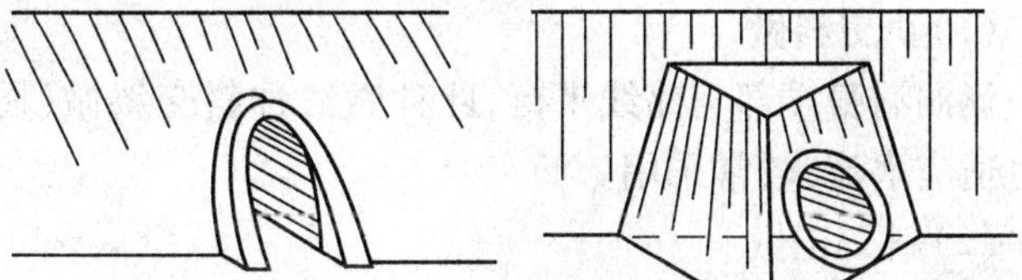

a)平头式正洞口　　b)平头式斜洞口

图 7-1-19　平头式洞口

(5)走廊式洞口

走廊式洞口由两道平行翼墙在前段展开成八字形或圆曲线形构成(图 7-1-20),可使涵前的壅水水位在洞口部分提前收缩跌落,降低无压力式涵洞的计算高度或提高涵内计算水深,增大涵洞的宣泄能力;适用于高路堤的情况。

(6)流线型洞口

流线型洞口由进水口端节在立面上升高形成流线型构成(图 7-1-21),平面也可做成流线型,使涵长方向涵洞净空符合水流进洞收缩的实际情况。流线型洞口应用于压力式涵洞时,可使洞内满流;应用于无压力式涵洞时,可增加涵前水深,提高涵洞的宣泄能力。其适用于高路堤或路幅较宽、涵身较长的涵洞。

图 7-1-20　走廊式洞口

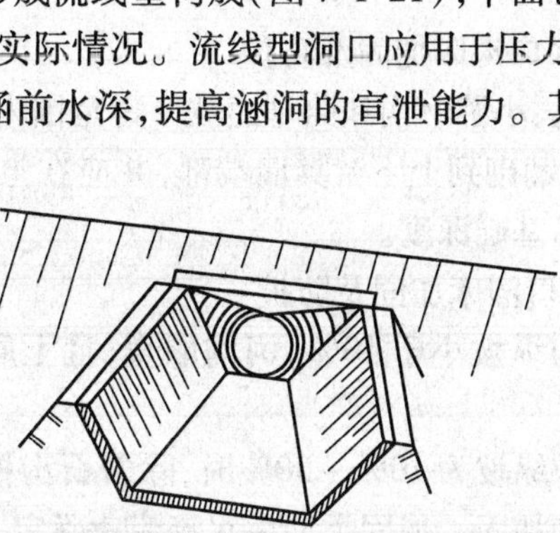

图 7-1-21　流线型洞口

(7)跌水井式洞口

跌水井式洞口主要有边沟跌水井与一字墙式跌水井洞口两种(图 7-1-22)。边沟跌水井适用于内侧有挖方边沟的洞口，一字墙式跌水井用于陡坡沟槽跌水。跌水井式洞口适用于河沟纵坡大于50%或路基不能满足涵洞建筑高度要求、涵洞进口开挖大以及天然沟槽与洞口高差大时，以解决路基边沟或天然沟槽与涵洞进口的连接。

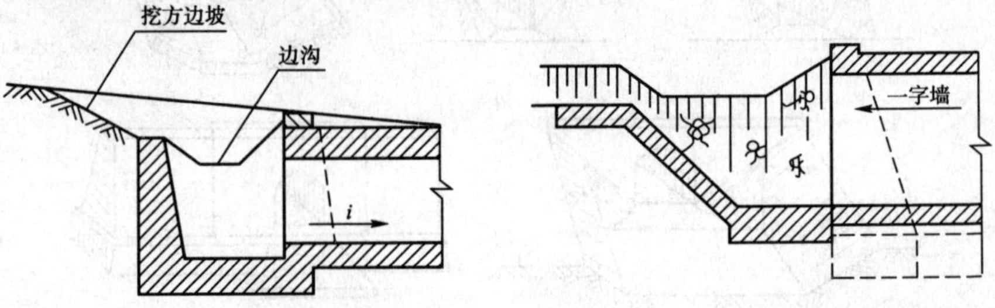

a)边沟跌水井洞口　　b)一字墙式跌水井洞口

图 7-1-22　跌水井式洞口

2)斜交洞口的处理

当涵洞与路线斜交时，其洞口建筑所采用的各种形式与正交时基本相同。根据洞身的构造不同，有两种处理方法。

(1)斜交斜做

涵洞洞身端部与路线平行，此种做法称斜交斜做(图 7-1-23)。此法费工较多，但外形美观且适应水流，较常采用。

(2)斜交正做

涵洞洞口与涵洞轴线垂直，即与正交时完全相同。此法构造简单(7-1-24)。

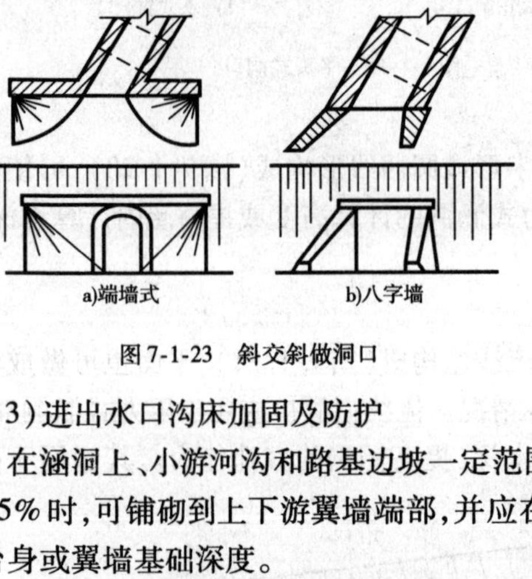

a)端墙式　　b)八字墙

图 7-1-23　斜交斜做洞口

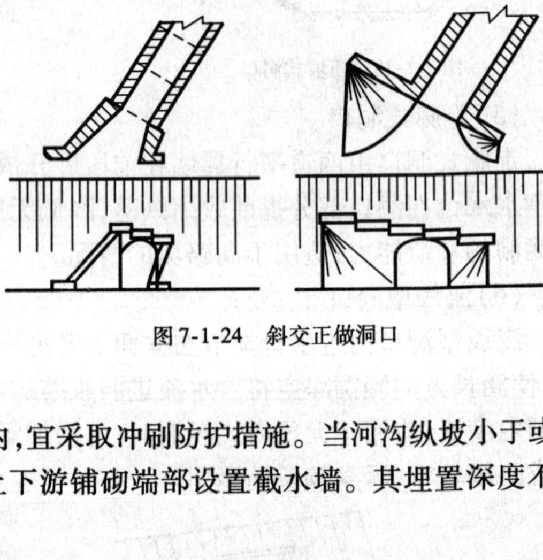

图 7-1-24　斜交正做洞口

3)进出水口沟床加固及防护

在涵洞上、小游河沟和路基边坡一定范围内，宜采取冲刷防护措施。当河沟纵坡小于或等于15%时，可铺砌到上下游翼墙端部，并应在上下游铺砌端部设置截水墙。其埋置深度不小于台身或翼墙基础深度。

(1)进水口沟床加固及防护

①当河沟纵坡小于10%，河沟顺直，且土质和流速许可时，可对进口采用干砌片石铺砌加固。

②当河沟纵坡为10%～50%时，除岩石沟槽外，沟底和沟槽侧向边坡以及路基边沟均须采取人工铺砌加固。加固类型由水流流速确定。

当采用缓坡涵进口时，涵前沟底纵坡较陡，涵身纵坡较缓，应在进口段设置缓坡段，其长度为1～2倍的涵洞孔径。当水流挟带泥沙较多时，可在进水口处设置深约0.5m的沉淀池，既能沉淀泥沙，又可以起到消能作用(图 7-1-25)。

当采用陡坡涵进口时，涵身纵坡较大，水流呈急流状态，涵底坡度与涵前沟底纵坡基本平顺衔接，可不设缓坡段，只做人工铺砌加固。

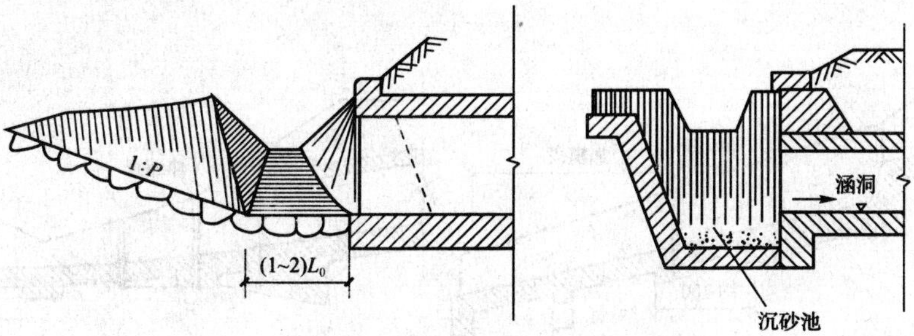

图 7-1-25　缓坡涵洞进水口沟底及沟槽边坡加固

③当河沟纵坡大于 50% 时，流速很大，进口处宜设置跌水井，可采用急流槽与天然河沟连接。急流槽底每隔 1.5 ~ 2.0m 宜设一防滑墙。为减缓槽内流速，可在槽底增设人工加糙设施。图 7-1-26a）为上游沟槽铺砌加固成梯形截面；图 7-1-26b）为上游沟槽加固成矩形截面。

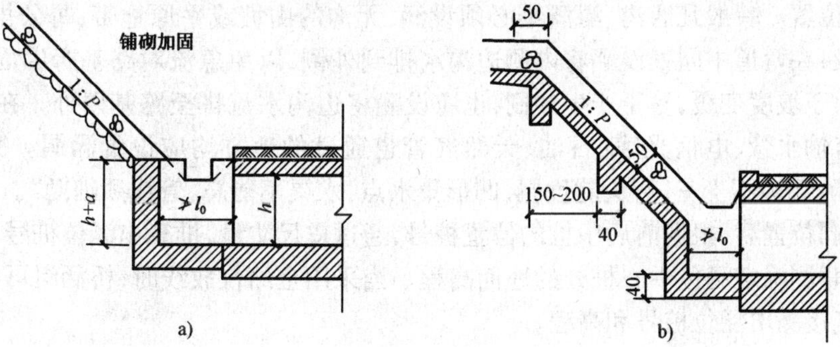

图 7-1-26　陡坡涵洞进水口的跌水措施（尺寸单位：cm）

④为便于检查、养护、清淤，涵洞可设置养护阶梯。

（2）出水洞口沟床加固及防护

①在河沟纵坡小于 3% 的缓坡涵洞中，当出水流速小于土的允许冲刷流速时，下游洞口河床可不作处理；当出水口流速大于或等于土壤的允许冲刷流速时，下游洞口沟床应铺砌片石进行加固或设置挑坎防护。

②在河沟纵坡小于或等于 15% 的缓坡涵洞中，出水口流速较小时，可对下游河床进行一般的铺砌加固，并在铺砌末端设置截水墙。其埋置深度不小于洞身或翼墙基础深度。

截水墙外做干砌片石加固。出口流速较大时，采用延长铺砌石块或混凝土块，同时设深埋的截水墙。其深度应大于铺砌末端冲刷深度 0.1 ~ 0.25m。

③在河沟纵坡大于 15% 的陡坡涵洞中，其洞口末端应视河沟的地质、地形和水力条件，采用出口阶梯、急流槽、导流槽、跌水、消力池、消力槛、人工加糙等特殊加固消能设施。图 7-1-27 为两种出水口布置形式。

7.1.3　涵 洞 测 设

7.1.3.1　涵洞的野外测设

涵洞测设的目的是为了确定涵洞流量、斜度，拟定涵洞结构形式和跨径，确定合理可行的进、出口方案，使天然沟、渠、路基排水畅通。保证路基安全，是桥涵组的一项重要任务。测设方法、步骤概括为“定涵位、测夹角、勾草图、量断面、探地质、拟结构、定跨径”等几个步骤，分别介绍如下。

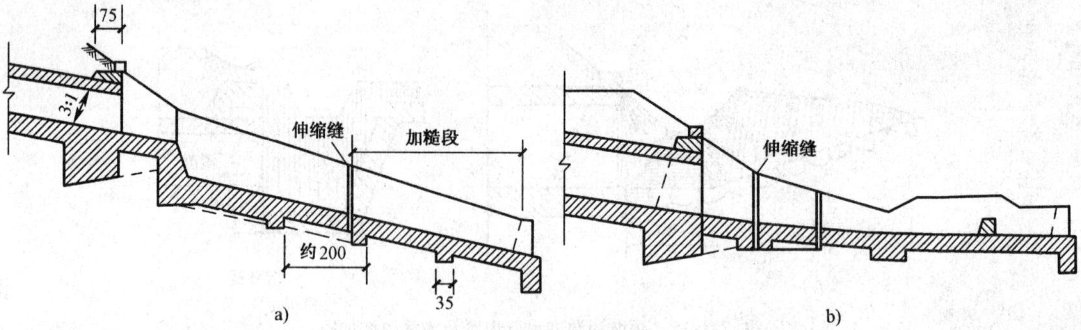

图7-1-27 陡坡涵洞出水口的布置形式(尺寸单位:cm)

1)确定涵洞位置，测定涵洞中心桩号、高程

桥涵调查组一般由3~5人组成。一人在前，沿中线组所打中桩前进，察看地形，分析判断应设涵洞的位置。一般凡遇沟、灌溉渠必须设涵，无沟的山坡或平原地带，每公里要不少于3道，弯道路段，在弯道中间处设涵将内侧边沟水排到外侧，以免急流对路基产生危害。在陡路段的底端，由于坡度变缓，易于产生冲刷，也应设涵将边沟水流排至路基以外。在凹形竖曲线的底部，在有输水管、电信光缆、石油、天然气管道通过的地方均应设置涵洞。简单总结为：“见沟就设涵，无沟不少三，弯头陡坡尾，凹形集水点，水渠不能忘，管线须细勘”。

确定涵洞位置后，根据前后中桩的位置桩号，通过皮尺丈量，推算出涵位桩号，用水准仪与前后水准点联测确定涵位中心桩处的地面高程。当采用全站仪放线时，桥涵组可派一人跟随，确定涵位，直接测出涵位桩号和高程。

2)测量涵洞轴线与路线前进方向夹角

天然沟渠、灌溉渠，各种管线的走向都十分明确，在涵洞中心桩位架设经纬仪，后视路线前进方向，前视沟心方向或管线方向的花杆，即可测定夹角。低等级公路也可采用圆盘或量角板、罗盘仪做简易测量。沟渠与路线斜交时，一般采用斜交涵洞，在条件允许时也可考虑改沟或改渠，采用正交涵洞以减少工程数量。在沟渠与路线基本正交时，也可目测确定。测设方法可灵活掌握，但要保证测量误差在5°以内，否则会导致排洪不畅，影响路基安全。

3)勾绘涵址平面示意图

为了便于内业设计时了解涵址附近的地形、地貌现状，有必要勾绘出涵址平面示意图。勾绘时一般先按比例绘好路线和涵洞水流方向的关系图，标注相交角度。再用目测的方法将地形、地貌、地物等勾绘在示意图上。必要时用皮尺丈量或目估绘出涵位附近的地形、地物，特别要标明可能对涵洞布设或进出口有影响的地物，比如民房、池塘、河道等，以方便设计人员在进行涵洞设计时确定方案。当涵洞靠近房屋等建筑物时，要详细测量涵址与这些建筑物的水平距离，以便选择合适的进出口方式。当涵洞的出口不畅，需要开挖排水沟时，要现场丈量并标注排水沟的长度，以便精确计算工程数量。对于改渠、改沟的涵洞，需要详细画出原沟渠位置、拟改位置、长度和距离，保证将来施工图设计与真实地形相符。

4)测量河沟纵断面

测量河沟纵断面主要是为了解涵址附近河沟的纵坡情况，以便于计算流量、水位，以及考虑构造物的纵向布置。河沟纵断面一般沿沟底施测，施测长度为上、下游洞口外20m，洞身长度可按路基高度和宽度、边坡坡率先估算，尽量考虑大一些。测量方法是从中心桩号处开始，采用皮尺、花杆分左右两侧测量河沟方向线上各地形变化点之间的水平距离和高差，测量与记录方法均与横断面测量一致。需要精确测量时，可以架经纬仪于中心桩位，瞄准河心方向，保证施测方向不发生偏离。当确定流量用形态法时，还需要测河段比降。由于一般洪水位不易测到，所以可用常水位、低水位或沟底平均坡度代替。

对于初次参加涵洞测量的人来说，尤其是要注意测量的方向，河沟的纵断面是指河沟的实际流向，当河沟与路线正交时，河沟方向即为路基横断面方向，当河沟与路线斜交时，河沟方向必然偏离路基横断面方向。如果拟采用改河或改沟方案，则应施测拟改方向的地面线。

5）观察、挖探记录涵址地质条件

涵洞地质勘测，以调查为主，挖（钻）探为辅，根据一般现场观察，搜集利用附近原有构造物，水井井壁土质等情况分析确定。当地质情况不易确定时，才有针对性的进行挖探。地形和地质条件简单的涵洞，原则上一个涵洞设一个探点，用以探明基底一定深度内的地层及其岩石特性，主要分析探明土石分类及基底承载力情况，在地层结构基本一致地区的多座涵洞，可以仅作代表性勘探。

对于地质条件复杂，跨径较大或较长的涵洞，勘探点不应少于二个，深度视地层松软程度而定。对于地质条件复杂的改建涵洞，需查明原构造物基层的稳定情况，如建在软弱地基上的涵洞，应探明涵洞基底不均匀下降的程度。位于陡坡上的涵洞，则应探明变形的趋势等，并提出工程上的处理措施。

特别要注意对常年有水河沟地基的地质调查，不能仅以表面现象作出评价，探明是否有淤泥及软弱层，查清其厚度，才能为工程设计提供可靠依据。

一般调查、分析得到的地质情况，直接填写在涵洞记录本上的地质条件一栏。记录应翔实、准确、肯定、简明扼要，使设计人员看后一目了然，快速确定方案。

6）拟定涵洞结构

根据地形、地质、水文等条件，桥涵组调查人员，一般应在现场拟定涵洞结构方案。拟订方案应根据公路的使用任务、性质和将来的发展需要，符合因地制宜、就地取材、便于施工和养护的原则。新建涵洞以无压力式为主。为了提高宣泄设计流量，在不造成淹没上游农田、村庄的前提下，允许涵前有较大壅水高度时，可采用压力式或半压力式涵洞。

当设计流量在 $10m^3/s$ 左右或路线跨越小型灌渠时，一般宜采用圆管涵。但当路堤高度过低、圆管涵顶填土高度不足时，宜采用盖板涵，先考虑采用暗涵；当盖板涵顶填土高度不足时，再考虑采用明涵。

设计流量在 $20m^3/s$ 以上时，应采用盖板涵或拱涵。当路线位于山区，石料丰富，地质条件较好，路基填土高度比较大时，尽量采用石拱涵，以就地取材，降低造价。当路基高度较小，只能用明涵通过时，尽量选用盖板涵，以减少建筑高度。

涵洞位置应尽量避免在路基松软、坚硬不均匀或地质条件不良地段设置，当地基过分松软无法避让时，应提出对地基的加固和加强处理措施，也可采用钢筋混凝土箱涵。

当有水渠跨过路基，且渠底高于路面又没有设置渡槽的净空高度时，须设倒虹吸涵洞。

根据河沟陡峻程度和进出口情况，拟定急流槽、跌水井、消力坎等各种设施，也应按地形情况提出采用八字墙、一字墙或走廊式洞口方案。

在石料丰富地区，应充分利用石料修建石涵。在考虑就地取材的同时，应综合考虑运输条件。

涵洞设计要方便施工，一段路线上不宜采用过多的涵洞类型，应尽可能定型化，便于集中预制，以节省模板和保证质量。

7)拟定涵洞跨径

按规范规定,不同构造形式涵洞的常用跨径如下(注意涵洞跨径均为净跨径)。

(1)圆管涵:0.5m、0.75m、1.0m、1.25m、1.5m,其中0.5m仅为农用灌溉涵,0.75m、1.0m两种管涵较为常用,通常选用单孔管涵。

(2)盖板涵:0.75m、1.0m、1.25m、1.50m、2.0m、2.5m、3.0m、4.0m,在低等级公路上选用石盖板时,跨径最大为1.25m,其他均为钢筋混凝土盖板,3.0m、4.0m盖板涵也可于高等级公路与乡村道路相交的通道。

(3)拱涵:1.0m、1.5m、2.0m、2.5m、3.0m、4.0m,在满足泄洪的条件下,尽可能采用单孔拱涵,减少涵墩数量,降低造价。

(4)箱涵:2.0m、2.5m、3.0m、4.0m、5.0m。

有水文资料和汇水面积及暴雨资料时,应计算确定孔径。无资料时也可在现场参考旧路涵洞尺寸拟定。当新建公路的等级较高时,选择孔径应稍大于原有涵洞,当原有涵洞有冲刷或淤积时,也应增大跨径。一般二级以上公路,除了细小灌溉渠可采用0.5m、0.75m的管涵以外,涵洞跨径不宜小于1.0m,拟定跨径都要留有一定的安全储备,以防堵塞或暴雨冲毁。

拟定跨径原则上都要选用标准跨径,以便套用标准图,方便设计也方便施工。

7.1.3.2 涵洞设计

1)涵洞设计的一般原则

(1)宜就地取材,尽量节约钢材。

(2)尽量套用标准设计,加快设计、施工进度。

(3)在同一段线路范围内尽量减少涵洞类型,以便大量集中制造,简化施工。

(4)充分考虑日后维修养护的方便。

(5)同一段线路的涵洞应作合理的布局,使全线桥涵能形成畅通无阻的、良好的排水系统。

(6)设计中应加强方案比选工作。除技术条件外,应充分考虑经济效益,节省投资。

2)涵洞类型的选择

涵洞类型的选择应综合考虑以下因素。

(1)地形、地质、水文和水力条件。涵洞类型选择时应考虑水流情况、设计流量大小、路堤填方高度、涵前允许最大壅水高度、地基承载能力等。一般当设计流量在$10m^3/s$左右时,宜采用圆管涵;设计流量在$20m^3/s$以上时,宜采用盖板涵;设计流量更大时,宜采用拱涵。当然,还应同时综合考虑路堤填方高度是否满足要求。地基情况较差时,可考虑采用箱涵。

(2)经济造价。因地区不同,涵洞造价往往差异很大。涵洞造价主要取决于材料的料场价格,其次是材料的运输费用和当地的人工、机具费用。在盛产石料地区,应优先选用石涵;在缺乏石料地区,可根据流量大小选用钢筋混凝土管涵、盖板涵和拱涵。

(3)材料选择和施工条件。涵洞材料选择要因地制宜,尽可能就地取材,优先考虑圬工结构,少用钢材,同时应方便施工。一段线路上不宜采用过多类型的涵洞,以便于集中预制,节省模板,保证质量,加快施工进度。

(4)养护维修。为便于养护,涵洞孔径不宜过小,洞身不宜过长。冰冻地区不宜采用倒虹吸管涵;否则,应在冻期前将管内积水排除,并将两端进口封闭。

3)涵洞孔径的确定

根据设计流量确定涵洞的净跨径。在确定涵洞净跨径时,应结合涵洞净高综合考虑。根据计算的涵洞净跨径套用标准跨径。涵洞标准跨径有 75cm、100cm、125cm、150cm、200cm、250cm、300cm、400cm 等。考虑养护非灌溉涵孔径一般不小于 1m。

4)涵洞布置

(1)涵洞的平面布置

涵洞的平面布置主要是解决好涵位及涵轴线与路线交角的问题。涵洞应尽量布置成正交。正交涵洞长度短，工程数量小，施工简便。当天然河道与路线斜交，但地形变化不大，且水流较小时，可经过人工改河，仍设正交涵洞；但经过技术经济比较，不宜改河时，则只能采用斜交涵洞。斜交涵洞的斜交角通常取 5°为一级，以便套用标准图中的标准跨径。

(2)涵洞的立面布置

①涵洞高程确定。涵洞顶面中心高程应服从路线纵断面要求，可从路线设计高程推算出来。涵底中心高程，一般与天然沟床高程一致或略底一些。如果是老涵改建，涵底的高程应考虑涵洞进出口沟底高程，以此确定涵底中心高程。

②涵底纵坡。涵底纵坡最好选用临界坡度，此时涵洞的排洪能力最大。但实际设计时，涵底纵坡通常根据沟底纵坡确定。最小纵坡不小于 0.4%，以防淤积；也不大于最大坡度，以防涵底铺砌被冲毁。

③涵底基础。设置在天然地基上的涵底基础，除岩石、砾石及粗砂地基外，均应将基底埋入冰冻线以下不小于 0.25m。

当基底下有软土层时，为了将基础置于好土层上或需要人工加固地基时，往往需将基础埋置于较深的土层中。

当沟床坡度大于 5% 时，涵底基础宜每隔 3 ~ 5m 设置防滑横隔墙或把基础分段做成阶梯形。

在无冲刷处，除岩石地基外，涵洞基底一般应设在天然地面或河底面以下 1m，如河床上有铺砌层时，一般宜设在铺砌层顶面以下 1m。

5)涵洞各部尺寸及工程数量

当涵洞选择标准跨径后，其细部尺寸及工程数量均可套用相应的标准图。使用时应注意：

(1)计算荷载应与标准图一致，不能大于标准图的规定。

(2)混凝土强度等级、钢筋等级、石料的标号、地基承载力等不能低于标准图的要求，否则应进行强度验算。

(3)当设计的涵洞墙身高与标准图不一致时，应选用标准图上大一级墙身所对应的各部分尺寸。

(4)当有些工程数量无法从标准图上查得时，应通过计算确定。

6)洞口形式

涵洞的洞口形式应根据涵洞进出口的地形和流量大小确定。选定后，也可套用标准图。无论采用的是何种洞口形式，其进、出水口均需铺砌。

自 测 题

简答题

1. 简述涵洞常见的分类方法。

2. 试述钢筋混凝土圆管涵的洞身构造。

3. 简述钢筋混凝土的洞身构造。

4. 试述山坡涵洞的洞身构造。

5. 简述涵洞常见的洞口建筑的形式以及适用特点。

6. 简述涵洞野外测设的步骤。

7. 试述涵洞设计的程序和步骤。

7.2 涵洞的设计计算

7.2.1 涵洞长度计算

7.2.1.1 涵洞长度计算

1)正交涵洞长度计算

涵洞上游半部的长度和下游半部的长度并不相同，必须分别计算。由图 7-2-1 可得下列关系：

$$L_1 = B_1 + (H - a - iL_1)m + c$$

则
$$L_1 = \frac{B_1 + (H-a)m + c}{1 + im} \tag{7-2-1}$$

同理得
$$L_2 = \frac{B_2 + (H-b)m + c}{1 - im} \tag{7-2-2}$$

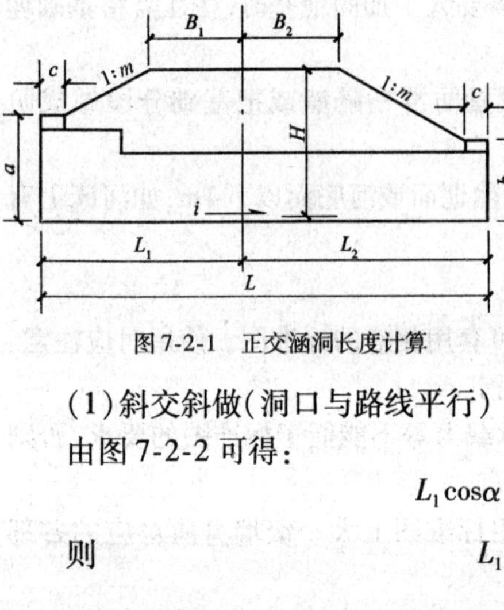

图 7-2-1　正交涵洞长度计算

式中：L_1、L_2——涵洞上、下半部长度；

B_1、B_2——上下游路基宽度；

a、b——进、出口帽石顶面至基础顶面高度；

c——帽石宽度；

H——路基边缘至涵底中心的距离。

2)斜交涵洞长度计算

(1)斜交斜做(洞口与路线平行)

由图 7-2-2 可得：

$$L_1\cos\alpha = B_1 + (H - a - iL_1)m + c$$

则
$$L_1 = \frac{B_1 + (H-a)m + c}{\cos\alpha + im} \tag{7-2-3}$$

同理得
$$L_2 = \frac{B_2 + (H-b)m + c}{\cos\alpha - im} \tag{7-2-4}$$

(2)斜交正做(洞口与路线垂直)

由图 7-2-3 可得：

$$L_1 = A_1 + A_2 + \frac{B_1}{\cos\alpha} = c + \frac{d}{2}\tan\alpha + (H - a - iL)\frac{m}{\cos\alpha} + \frac{B_1}{\cos\alpha}$$

则
$$L_1 = \frac{B_1 + (H-a)m + \frac{d}{2}\sin\alpha + c\cos\alpha}{\cos\alpha + im} \tag{7-2-5}$$

同理得
$$L_2 = \frac{B_2 + (H-b)m + \frac{d}{2}\sin\alpha + c\cos\alpha}{\cos\alpha - im} \tag{7-2-6}$$

式中：d——帽石长度；

其他符号意义见图 7-2-3。

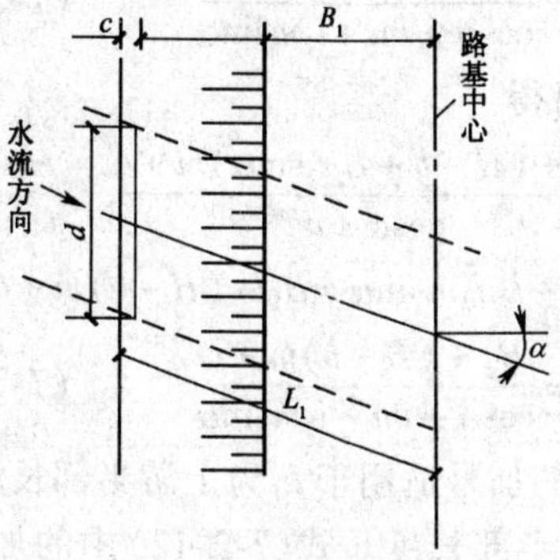

图 7-2-2　斜交斜做涵洞长度计算

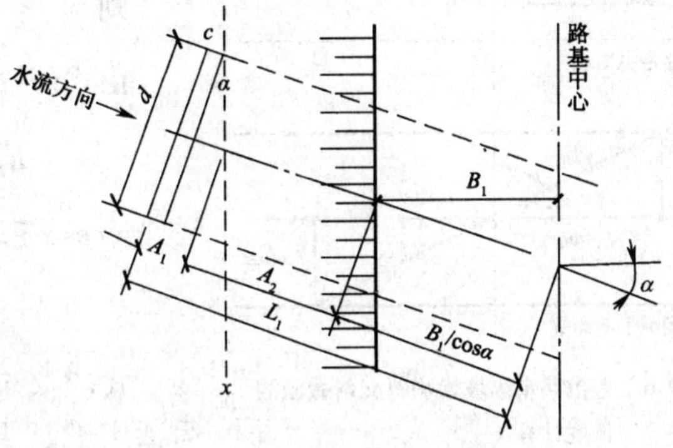

图 7-2-3　斜交正做涵洞长度计算

3）路基有超高加宽时正交涵洞的长度计算

（1）i_1 和 i 方向一致时

由图 7-2-4 可得：

$$L_1 = B_1 + (H - a - iL_1 + i_1 B)m + c$$

则
$$L_1 = \frac{B_1 + (H - a + i_1 B)m + c}{1 + im} \tag{7-2-7}$$

$$L_2 = B_2 + W + (H - b + iL_2 - i_1 W)m + c$$

则
$$L_2 = \frac{B_2 + W + (H - b - i_1 W)m + c}{1 - im} \tag{7-2-8}$$

（2）i_1 和 i 方向相反时

由图 7-2-5 可得：$L_1 = B_1 + W + (H - a - iL_1 - i_1 W)m + c$

则
$$L_1 = \frac{B_1 + W + (H - a - i_1 W)m + c}{1 + im} \tag{7-2-9}$$

$$L_2 = B_2 + (H - b + iL_2 + i_1 B)m + c$$

则
$$L_2 = \frac{B_2 + (H - b + i_1 B)m + c}{1 - im} \tag{7-2-10}$$

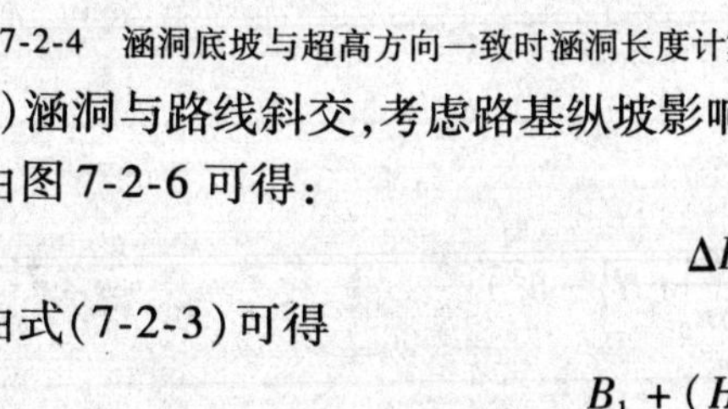

图 7-2-4　涵洞底坡与超高方向一致时涵洞长度计算

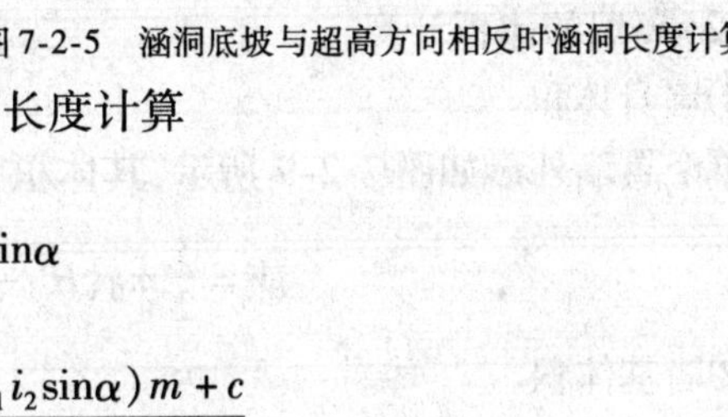

图 7-2-5　涵洞底坡与超高方向相反时涵洞长度计算

4）涵洞与路线斜交，考虑路基纵坡影响时涵洞长度计算

由图 7-2-6 可得：

$$\Delta H = L_1 i_2 \sin\alpha$$

由式（7-2-3）可得

$$L_1 = \frac{B_1 + (H - a - L_1 i_2 \sin\alpha)m + c}{\cos\alpha \pm im}$$

$$(\cos\alpha \pm im)L_1 + L_1 i_2 m\sin\alpha = B_1 + (H-a)m + c$$

则
$$L_1 = \frac{B_1 + (H-a)m + c}{\cos\alpha \pm im + i_2 m\sin\alpha} \tag{7-2-11}$$

由式(7-2-4)可得

$$L_2 = \frac{B_2 + (H - b + L_2 i_2 \sin\alpha)m + c}{\cos\alpha \pm im}$$

$$(\cos\alpha \mp im)L_2 + L_2 i_2 m\sin\alpha = B_1 + (H-b)m + c$$

$$L_2 = \frac{B_2 + (H-b)m + c}{\cos\alpha \mp im - i_2 m\sin\alpha} \tag{7-2-12}$$

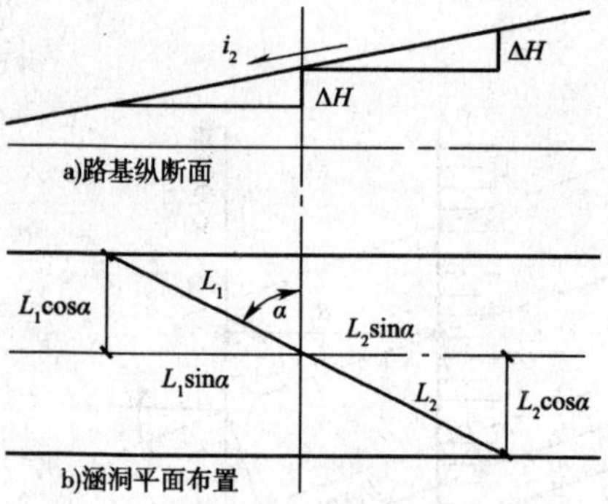

图 7-2-6　考虑路基纵坡影响斜交斜做涵洞长度计算

式(7-2-11)中的加号适用于 L_1 为上游半部长度；减号适用于 L_1 为下游半部长度。式(7-2-12)中的加号适用于 L_2 为上游半部长度；减号适用于 L_2 为下游半部长度。

7.2.1.2　洞口建筑工程数量计算

1)八字墙

(1)八字翼墙的布置形式

①涵洞与路线正交时，八字翼墙布置成对称的正翼墙，即沿洞口向外扩散相同的 β 角，此时 β 角等于水流出入洞口的扩散角 θ，如图 7-2-7 所示。

②涵洞与路线斜交时，八字翼墙一般采用斜布置(也可采用正布置)。斜布置的翼墙角度应根据斜度大小、地形和水文情况确定，如图 7-2-8 所示。θ 为水流扩散角，β 为翼墙向外扩散角，α 为涵洞的斜交角，则 $\beta_1 = \theta + \alpha$，$\beta_1$ 是正值，翼墙是正翼墙；$\beta_2 = \theta - \alpha$，$\beta_2$ 是负值，翼墙是反翼墙。当 $\beta_2 = 0$ 时，$\theta = \alpha$，这时翼墙为最经济。

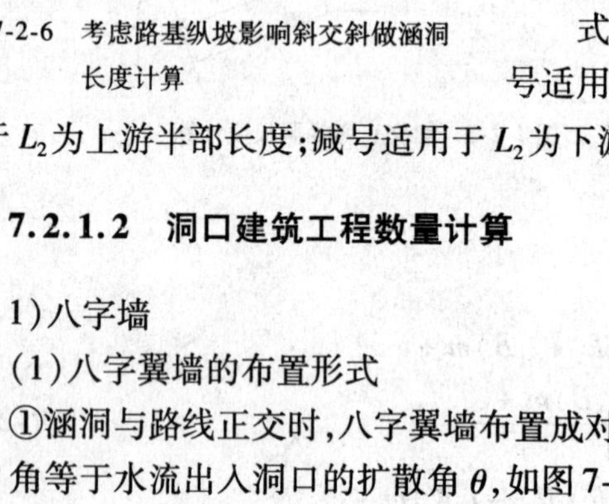

图 7-2-7　正交涵洞的八字翼墙

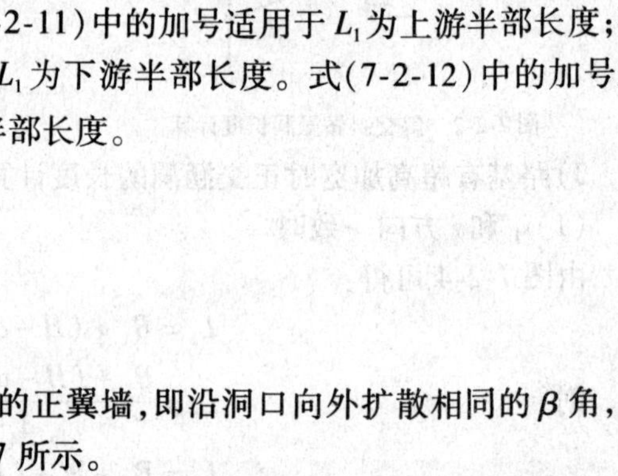

图 7-2-8　斜交斜做的八字翼墙

(2)翼墙的体积计算

①墙身体积。

单个翼墙外形如图 7-2-9 所示，其体积为

$$V = \frac{1}{2}m_0(H^2 - h^2)c + \frac{m_0}{6n_0}(H^3 - h^3) \tag{7-2-13}$$

②墙基体积。

单个翼墙(正翼墙和反翼墙)基础平面尺寸如图 7-2-10 所示，其体积为：

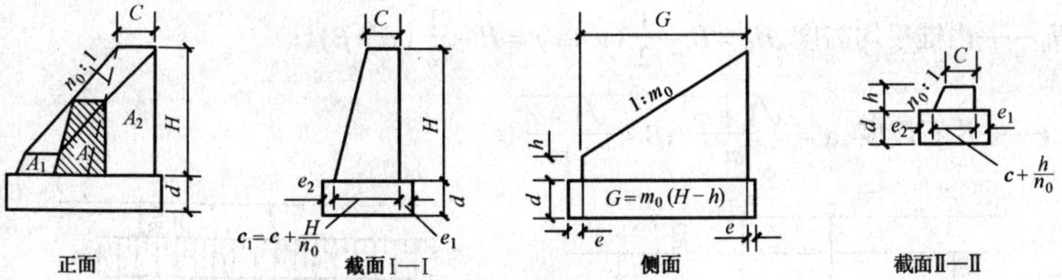

图 7-2-9　八字翼墙身体积计算

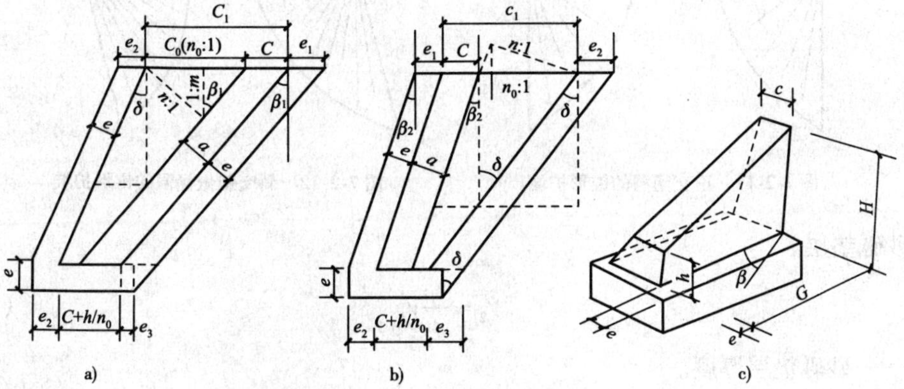

图 7-2-10　正反八字翼墙基础体积计算

正翼墙：

$$V=m_0(c+e_1+e_2)(H-h)d+\frac{m_0}{2n_0}(H^2-h^2)d+\left[e_2+\frac{1}{2}(e_1+e_3)+c+\frac{h}{n_0}\right]ed \qquad (7\text{-}2\text{-}14)$$

反翼墙：

$$V=m_0(c+e_1+e_2)(H-h)d+\frac{m_0}{2n_0}(H^2-h^2)d+\left[e_1+\frac{1}{2}(e_2+e_3)+c+\frac{h}{n_0}\right]ed \qquad (7\text{-}2\text{-}15)$$

$n_{0\,\frac{正}{反}}=(n\pm\sin\beta/m)\cos\beta$

$\delta_{反}^{正}=\arctan(\tan\beta\mp 1/mn_{0\,\frac{正}{反}})$

$e_3^{正}=e(1-\sin\beta)/\cos\beta$

$e_3^{反}=e(1-\sin\delta_{反})/\cos\delta_{反}$

③一个翼墙的顶面面积：

$$A=c\sqrt{1+m_0^2}(H-h) \qquad (7\text{-}2\text{-}16)$$

2)锥形护坡

(1)锥形护坡的布置形式

①涵洞与路线正交时，其平面布置形式如图 7-2-11 所示。

②涵洞与路线斜交时，锥形护坡一般采用斜布置(也有采用正布置)。斜布置的锥形护坡角度应根据斜度大小确定，其平面布置形式如图 7-2-12 所示。

(2)一个正锥形护坡的体积计算

①锥形护坡体积。

a. 片石砌体。

单个锥形护坡外形如图 7-2-13 所示，其体积为：

$$V_1=V_{外}-V_{内}=\frac{1}{12}\pi mn(H^3-H_0^3) \qquad (7\text{-}2\text{-}17)$$

式中：H_0——内锥平均高度，$H_0 = H - \frac{1}{2}(u+v) = H - \frac{1}{2}(\alpha+\beta)t$；

t——片石厚度；$\alpha = \frac{\sqrt{1+m^2}}{m}$；$\beta = \frac{\sqrt{1+n^2}}{n}$。

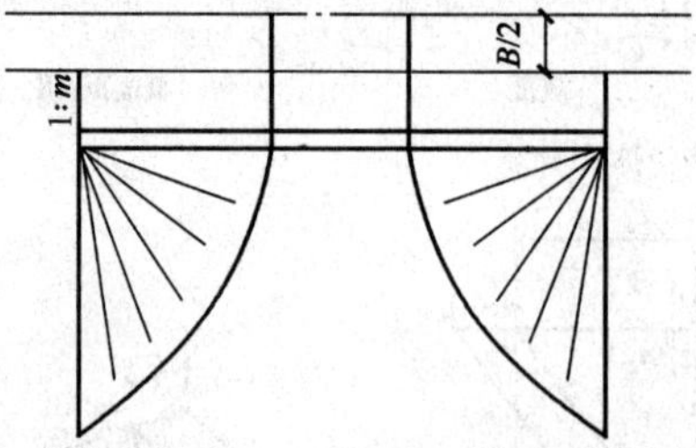

图 7-2-11　正交涵洞的锥形护坡

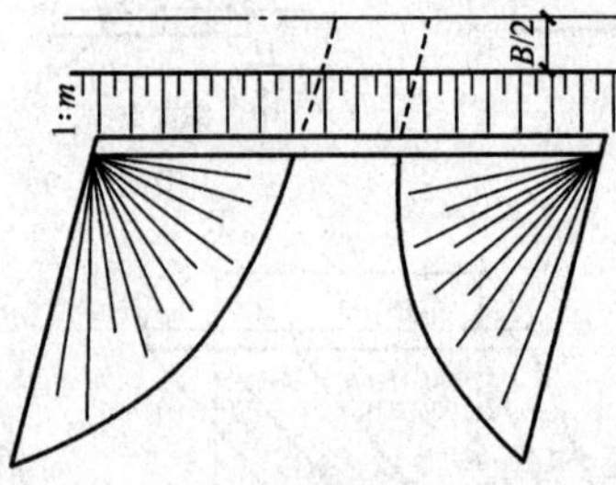

图 7-2-12　斜交斜做涵洞的锥形护坡

b. 砂砾垫层。

$$V_2 \approx \frac{t_1}{t} V_1 \tag{7-2-18}$$

式中：t_1——砂砾垫层厚度。

c. 锥心填土。

$$V_3 = V_{外} - V_1 - V_2 \tag{7-2-19}$$

②锥坡基础体积。

其值为椭圆周长的 1/4 和基础截面积的乘积，从图 7-2-13 可知

$$V = \frac{S}{4} b_0 d = \frac{1}{4}\pi(a+b)K b_0 d = \frac{K\pi}{4}[(m+n)H + 2e - b_0] b_0 d \tag{7-2-20}$$

式中：K——周长系数，其值可从表 7-2-1 查的。

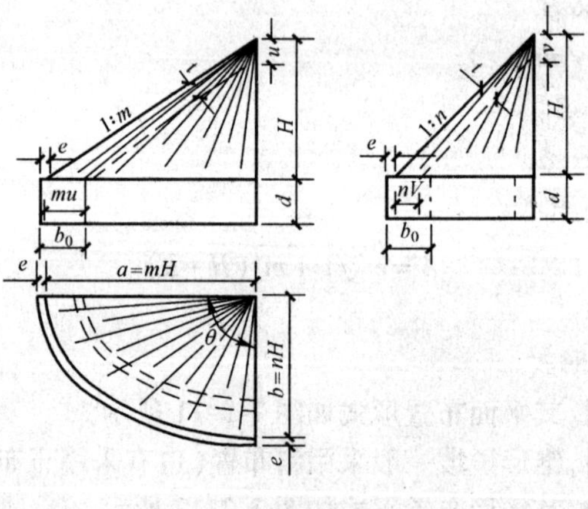

图 7-2-13　锥形护坡体积计算

椭圆周长计算系数 K 值　　表 7-2-1

$\frac{a-b}{a+b}$	0.1	0.2	0.3	0.4	0.5	0.6	0.7	0.8	0.9	1.0
K	1.0025	1.0100	1.0226	1.0404	1.0635	1.0922	1.1269	1.1679	1.2162	1.2732

自 测 题

一、简答题

1. 涵洞长度计算公式中，各符号的意义如何？

2. 八字翼墙墙身体积计算公式中的符号意义如何？

3. 锥坡体在空间是什么形状？其体积用什么公式计算？

二、名词解释

1. 斜交正做洞口

2. 斜交斜做洞口

3. 反翼墙

7.3 涵洞的施工

7.3.1 涵洞施工准备和施工放样

7.3.1.1 施工准备工作

(1) 现场核对

涵洞开工前，应根据设计资料，结合现场实际地形、地质情况，对其位置、方向、孔径、长度、出入口高程等进行核对。核对中，需要增减涵洞数量、变更涵洞类型和孔径时，应向监理反映，按照合同有关规定办理。

(2) 施工详图

若原设计文件、图纸不能满足施工要求时，例如地形复杂处的陡峻沟谷涵洞、斜交涵洞、平曲线或大纵坡上的涵洞、地质情况与原设计资料不符处的涵洞等，应先绘出施工详图或变更设计图，然后再依图放样施工。

7.3.1.2 施工放样

涵洞施工设计图是施工放样的依据，根据设计中心里程，在地面上标定位置并设置涵洞纵向轴线。当涵洞位于路线的直线部分时，其中心应根据线路控制桩的方向和附近百米桩里程来测定，位于曲线部分时，应按曲线测设方法测定。正交涵洞的轴线垂直于路线中线，斜交涵洞的轴线与路线中线前进方向的右侧成斜交角 θ，θ 角与 90°之差称为斜度，如图 7-3-1 所示。

涵洞轴线确定后量出上下游涵长，考虑进出口是否顺畅，当无须改善时，用小木桩标定涵端，用大木桩控制涵洞轴线，并以轴线为基准测定基坑在平面上的所有尺寸，用木桩标出，如图 7-3-2所示。

测量放样时，应注意涵洞长度、涵底高程的正确性。对位于曲线和陡坡上的涵洞应考虑加宽、超高和纵坡的影响。涵洞各个细部的高程，均用水准仪测定。对基础面的纵坡，当涵洞填土高度在 2m 以上时，应预留拱度，以便路堤下沉后仍能保持涵洞应有的坡度，此种拱度最好做成弧形，但应使进水口高程高于涵洞中心高程，以防积水。基础建成后，安装管节或砌筑涵洞身时均以涵洞轴线为基准详细放样。

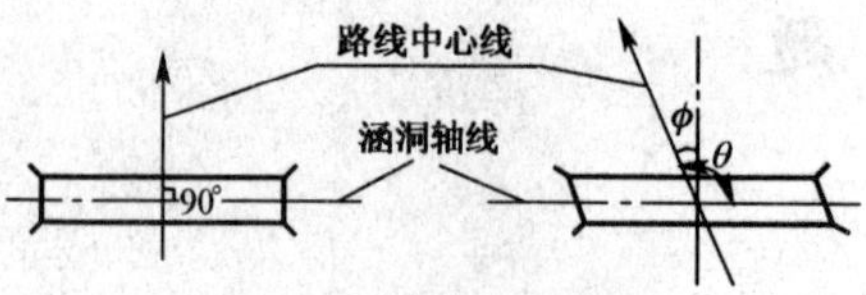

图 7-3-1　正交与斜交涵洞

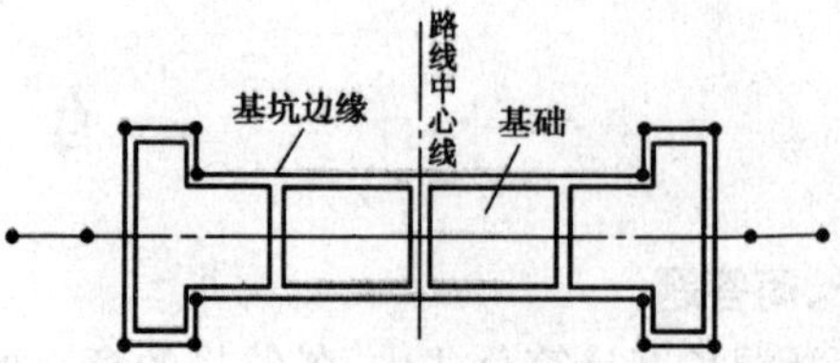

图 7-3-2　涵洞基础放样

7.3.2　各种类型涵洞施工技术

7.3.2.1　混凝土和钢筋混凝土管涵

1)涵管预制

管涵的施工一般先预制成管节,每节长度多为 2m,然后运往现场安装。为了保证涵管节的质量,涵管宜在工厂中订制,否则应在适当地点设置混凝土圆管预制厂。

预制混凝土圆管可采用振动制管法、离心法、悬辊法和立式挤压法。后三种方法制管工效高、速度快、质量好,但制管设备复杂、投资大。如涵管预制数量不多时,可采用第一种制管法。本节主要介绍振动制管法。

振动制管法可分下列两种模式:外模固定、提升内模法;内模固定、提升外模法。这里只介绍前种方法。

(1)模板构造

本法的模板是由可拆装的钢外模与附有振动器的钢内模组成。外模由两片厚约 5mm 的钢板半圆筒(涵管直径 2m 时为 3 片)拼制,半圆管用带楔的销栓连接。内模为一圆筒,下口直径较上口小 5mm,以便内模易于取出。同时用上下各 3 对销子将内、外模板间距固定,以保证涵管的设计厚度,提升内模振动器模板的构造。

(2)施工要求

用提升内模振动制管器制管是在铺放水泥纸袋压实平整的地坪或振动台上施工,应注意使模板轴线垂直于平整的地坪底盘或振动台。底盘应平整,以保证管节不歪斜。混凝土浇筑前,模板与混凝土接触的表面先涂润滑剂。

钢筋放在内外模之间,设法固定后,先振动 10s 左右,使模型贴地密实,以防漏浆。在振动台上浇筑时,不必先振动。每节涵管可分 5 层浇筑,每层新混凝土摊平后,开动振动器振至混凝土冒浆后再浇筑一层,最后一层振动冒浆后,抹平顶面,2 ~ 3min 后即关闭振动器。模板的固定销在浇筑中逐渐抽出,先抽下边后抽上边,停振抹平后,用链滑车吊起内模。起吊时应保持内模绝对竖直。刚起吊时应辅以振动(振动 2 ~ 3 次,每次 1s 左右),使内模与混凝土脱离。内模吊离外模 20cm 高后,即不要再振动。为使吊起的内模能顺利移至另一制管位置,宜配合龙门桁车起吊。外模在最后一次混凝土浇筑 5 ~ 10min 后拆除。如不及时拆除,则需要等待至混凝土初凝后才能再拆。外模拆除后,混凝土表面如有缺陷应及时以抹刀修整。

(3)浇筑混凝土技术要求

制管的混凝土坍落度应≤1cm 或工作度为 20 ~ 40s;砂率 45% ~ 48%,砂的最大粒径不宜大于 5mm,平均粒径细度模数 2.3 ~ 3.0;粗集料粒径 5 ~ 10mm,筛余宜为 40% ~ 45%;每立方米混凝土水泥用量视混凝土设计强度等级经试验确定。水泥品种以用硅酸盐水泥或普通硅酸盐水泥为主,长期浸于水中的管涵可用火山灰水泥。

(4)预制涵管注意事项

①用振动制管法在工地预制管涵时,必须注意防止内模或外模单独发生水平移动造成管壁厚度不匀的情况(有的周边厚些,有的周边薄些,超过容许偏差),若超过容许偏差,该管节应报废,并查找原因,采取措施,防止类似事件继续发生。

②同直径涵管,因管顶填土高度不同,而钢筋配筋数量不同的管节应分别浇筑,分开摊放,脱模后立即在管节上用油漆注明使用时的管顶填土高度和浇筑日期,防止装运管节时弄错或因养护期不够,混凝土强度不合要求。对无筋混凝土涵管随填土高度不同而管壁厚度不同时,也要注明使用的管顶填土高度。

③每次浇筑涵管混凝土时,应同时浇筑一定数量(按规范规定的数量)的混凝土试件,在试件上注明浇筑日期,并与养护预制涵管的同样条件进行养护。

公路工程中管涵一般为外购,管涵进场后必须对其质量进行检验。管节成品的质量检验分为管节尺寸检验和管节强度检验。混凝土管涵质量要求及尺寸允许偏差见《公路工程质量检验评定标准》。

2)管节运输与装卸

(1)待运的管节其各项质量应符合规范规定的质量标准,应特别注意检查待运管节的管顶填土高度是否符合设计要求,防止错装、错运。

(2)运输管节的工具,可根据道路情况和设备条件采用汽车运输。

(3)管节的装卸可根据工地条件,使用各种起重设备,如龙门吊机、汽车吊和小型起重工具滑车、链滑车等。

(4)在装卸和运输过程中,应小心谨慎。运输途中每个管节底面宜铺以稻草,用圆木块楔紧,并用绳索捆绑固定,防止管节滚动、相互碰撞破坏。固定方法如图7-3-3所示。

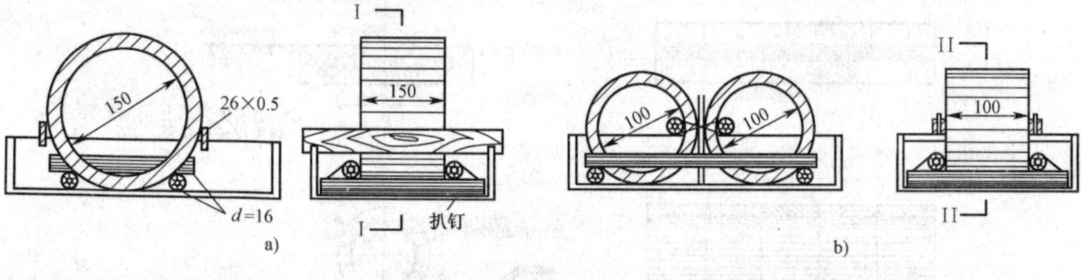

图7-3-3　管涵固定在车身内的方法(尺寸单位:cm)

(5)从车上卸下管节时,应采用起重设备。严禁由汽车上将管节滚下,造成管节破裂。

3)管涵施工程序

(1)管涵有圬工基础的施工程序(图7-3-4)

①挖基坑并准备修筑管涵基础的材料;

②砌筑圬工基础或浇筑混凝土基础;

③安装涵洞管节,修筑涵管出入口端墙、翼墙及涵底(端墙外涵底铺装);

④铺设涵管防水层及修整;

⑤铺设涵管顶部防水黏土(设计需要时),填筑涵洞缺口填土及修建加固工程。

(2)无圬工基础管涵

洞身安装程序如图7-3-5所示。

①挖基与备料与图7-3-4同,本图未示出。

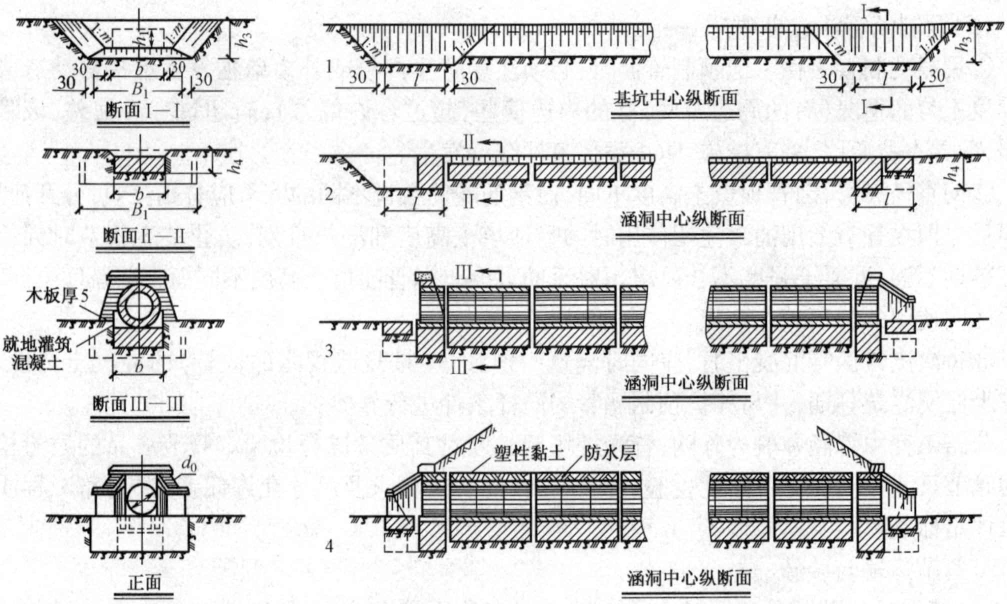

图 7-3-4　有圬工基础管涵施工程序(尺寸单位:cm)

②在捣固夯实的天然土表层或矿砂垫层上,修筑截面为圆弧状的管座,其深度等于管壁的厚度。

③在圆弧管座上铺设垫层的防水层,然后安装管节,管节间接缝宜留 1cm 宽缝填防水材料。

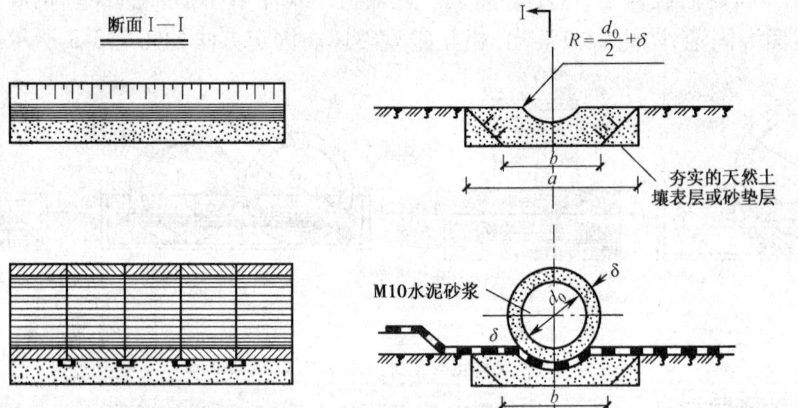

图 7-3-5　无圬工基础管涵洞身安装程序(尺寸单位:m)

注:砂垫层底宽,非严重冰冻地区为 b,严重冰冻地区为 a。

④在管节的下侧再用天然土或砂砾垫层材料作培填料,并捣实至设计高程,保证培填料与

管节密贴。再将防水层向上包裹管节，防水层外再铺设黏质土，水平径线以下的部分，应立即填筑，以免管节下面的砂垫层松散，并保证其与管节密贴。在严寒地区这部分特别填土必须填筑不冻胀土料。

⑤修筑管涵出入口端墙、翼墙及两端涵底和进行整修工作。

4）管涵基础修筑

（1）地基土为岩石

管节下采用无圬工基础，管节下挖去风化层或软层后，填筑0.4m厚砂垫层；出入口两端墙、翼墙下，在岩石层上用C15混凝土作基础，其埋置深度至风化层下0.15～0.25m，并最小等于管壁厚度加5cm。风化层过深时，可改用片石圬工，最深不大于1m。管节下为硬岩时，可用混凝土抹成与管节密贴的垫层。

（2）地基土为砾石土、卵石土或砾砂、粗砂、中砂、细砂或匀质黏性土

管节下一般采用无圬工基础，对砾、卵石土先用砂填充地基土空隙并夯实，然后填筑0.4m厚砂垫层；对粗、中、细砂地基土表层应夯实；对匀质黏性地基土应做砂垫层；出入口两端端墙、翼墙的圬工基础埋置深度，设计无规定时为1.0m，对于匀质黏性土，负温时的地下水位在冻结深度以上时，出入口两端端墙、翼墙圬工基础埋置深度为1.0～1.5m，当冻结深度不深时，基础埋深宜等于冻结深度的0.7倍，当此值大于1.5m时，可采用砂夹卵石在圬工基础下换填至冻结深度的0.7倍。

（3）地基土为黏性土

管节下应采用0.5m厚的圬工基础，出入口两端端墙、翼墙基础埋置深度为1.0～1.5m；当地下水冻结深度不深时，埋深应等于冻结深度；当冻结深大于1.5m时，可在圬工基础下用砂夹卵石换填至冻结深度。

（4）必须采用有圬工基础的管涵

①管顶填土高度必须大于5m；

②最大洪水流量时，涵前壅水高度超过2.5m；

③河沟经常流水；

④沼泽地区深度在2.0m以内；

⑤沼泽地区淤积物，泥炭等厚度超过2.0mm时，应按特别设计的基础施工。

（5）严寒地区的管涵基础

常年最冷月份平均气温低于－15℃的地区称严寒地区。

①匀质黏性土和一般黏性土的基础须采用圬工基础；

②出入口两端端墙、翼墙基础应埋置在冻结线以下0.25m；

③一般黏性地区的地下水位在冻结深度以上时，管节下基础埋置深度应为$H/8$（H为涵底至路面填土高度），但不小于0.5m，也不得超过1.5m。

（6）基础砂垫层材料

可采用当地的砂、砾石或碎石，但必须注意清除基底植物层。为避免管节承受冒尖石料的集中应力，当使用碎石、卵石作为垫层时，要有一定级配或掺入一定数量的砂，并夯捣密实。

（7）软土地区管涵地基处理

管涵地基土如遇到软土，应按软土层厚度分别进行处理。当软土层厚度小于2m时，可采取换填法处理，即将软土层全部挖除，换填当地碎石、卵石、砂夹石、土夹石、砂砾、粗砂、中砂等材料并碾压密实，压实度要求在94%～97%。如采用灰土（石灰土、粉煤灰土）换填，压实度要

求在93%~95%,换填土的干密度宜用重型击实试验法确定。碎石或卵石的干密度可取2.2~2.4t/m³。换填层上面再砌筑0.5m厚的圬工基础。当软土层超过2m时,应按软土层厚度、路堤高度、软土性质进行特殊设计处理。

5)管节安装

管节安装应从下游开始,使接头面向上游;每节涵管应密贴与垫层或基座上,使涵管受力均匀;所有管节应按正确的轴线和图纸所示坡度敷设。如管壁厚度不同,应使内壁齐平。在敷设过程中,要保持管内清洁无脏物、无多余的砂浆及其他杂物。

管节的安装方法通常有滚动安装法、滚木安装法、压绳下管法、龙门架安装法、吊车安装法等,可根据施工现场实际情况选用。

(1)滚动安装法

管节在垫板上滚动至安装位置前,转动90°,使其与涵管方向一致,略偏一侧。在管节后端用木撬棍拨动至设计位置,然后将管节向侧面推开,取出垫板再滚回原位。

(2)滚木安装法

先将管节沿基础滚至安装位置前1m处,转动90°,使与涵管方向一致。把薄铁板放在管节前的基础上,摆上圆滚木6根,在管节两端处放入半圆形承托木架,以杉木杆擦入管内,用力将前端撬起,垫入圆滚木,再滚动管节至安装位置将管节侧向推开,取出滚木及铁板,再滚回来并以撬棍(用硬木护木承垫)仔细调整。

(3)压绳下管法

当涵洞基坑较深,需沿基坑边坡侧向将管节滚入基坑时,可采用压绳下管法。压绳下管法是侧向下管的方法之一,下管前,应在涵洞基坑外3~5m处埋设木桩,木桩直径不小于25cm,长2.5m,埋深最小1m。桩为缠绳用。在管两端各套一根长绳,绳一端紧固于桩上,另一端在桩上缠两圈后,绳端分别用两组人或两盘绞车拉紧。下管时由专人指挥,两端徐徐松绳,管子渐渐由边坡滚入基坑内。大绳用优质麻制成,直径50mm,绳长应满足下管要求。下管前应检查管子质量及绳子、绳扣是否牢固,下管时基坑严禁站人。管节滚入基坑后,再用滚动安装法或滚木安装法将管节准确安装在设计位置上。

6)管节安装管涵施工注意事项

(1)管节安装有圬工基础的管座混凝土浇筑时应与管座紧密相贴,浆砌块石基础应加做一层混凝土管座,使管涵受力均匀,无圬工基础的圆管基底应夯填密实,并做好弧形管座。

(2)无企口的管节接头应采用顶头接缝,应尽量顶紧,缝宽不得大于1cm,严禁因涵身长度不够,将所有接缝宽度加大来凑合涵身长度。管身周围无防水层设计的接缝,须用沥青麻絮或其他具有弹性的不透水材料从内、外侧仔细填塞。设计规定管身外围做防水层的,按前述施工工序施工。

(3)长度较大的管涵设计有沉降缝的,管身沉降缝应与圬工基础的沉降缝位置一致。缝宽为2~3cm,应采用沥青麻絮或其他具有弹性的不透水材料,从内、外侧仔细填塞。

(4)长度较大、填土较高的管涵应设预拱度。预拱度大小应按照设计规定设置。

(5)各管节设预拱度后,管内底面应呈平顺圆滑曲线,不得有台阶。相邻管节如因管壁厚不一致(在允许偏差内)产生台阶时,应凿平后用水泥环氧砂浆抹补。

7.3.2.2 混凝土拱涵、钢筋混凝土盖板涵和箱涵

混凝土和钢筋混凝土拱涵、盖板涵、箱涵的施工分为现场浇筑和在工地预制安装两大类。

1)就地浇筑的拱涵和盖板涵

(1)拱涵基础

①整体式基础。两座涵台的下面和孔径中间使用整块的混凝土浇筑的基础称为整体式基础。其地基土的承载力应满足设计文件规定。若设计无规定,则填方高 H 在 1 ~ 12m 时,必须大于 0.2MPa;H 大于 12m 时必须大于 0.3MPa。湿陷性黄土地基,不论其表面承载力多大,均不得使用整体式基础。

②分离式基础。两座涵台的下面为独立的现浇混凝土或浆砌片石基础,两者之间不相连的称为分离式基础。其地基土要求的容许承载力较上述的基础为高,当设计文件无规定时,一般应大于 0.5MPa。

③板凳式基础。两座涵台下面的混凝土基础之间用较薄的混凝土或钢筋混凝土板在顶部连接,一起浇筑成似同板凳一样的基础。其地基土容许承载力的要求处于前两者之间,设计文件无规定时,应为大于 0.4MPa 的砂类土或中密以上的碎石土。

上述地基土的承载力大小可用轻型动力触探仪进行测试。

根据当地材料情况,基础可采用 C15 片石混凝土或 MU7.5 水泥砂浆砌片石,石料强度不得低于 30MPa。

(2)支架和拱架

①钢拱架和木拱架。钢拱架是用角钢、钢板和钢轨等材料在工厂(场)制成装配式构件,在工地拼装使用。图 7-3-6 是用钢轨制成的跨径 1.5 ~ 3.0m 拱涵的钢拱架。

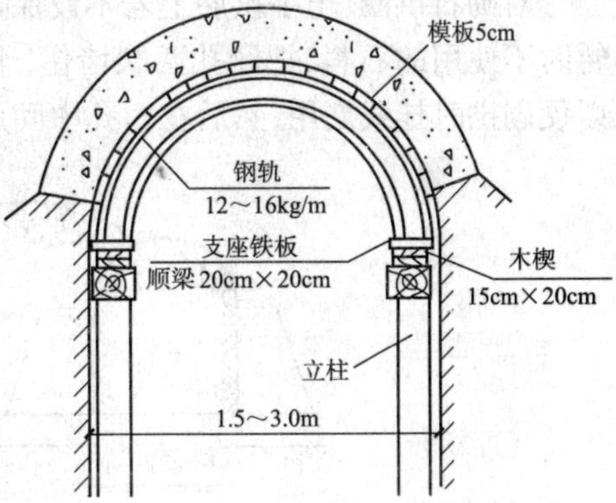

图 7-3-6　跨径 1.5 ~ 3m 的钢轨拱架

木拱架主要由木材组合而成,拆装比较方便。但这种拱架浪费木材,应尽量不使用。

②土牛拱胎(土模)。

在水流不大的情况下,小桥涵施工可以用土牛拱胎代替拱架,这种方法既能节省木料,又经济、安全。

根据河流水流情况,土牛拱胎有全填土拱胎(图 7-3-7)、设有透水盲沟的土拱胎[图 7-3-8a)]、三角形木拱架土拱胎[图 7-3-8b)]、木排架土拱胎(图 7-3-9)等形式。

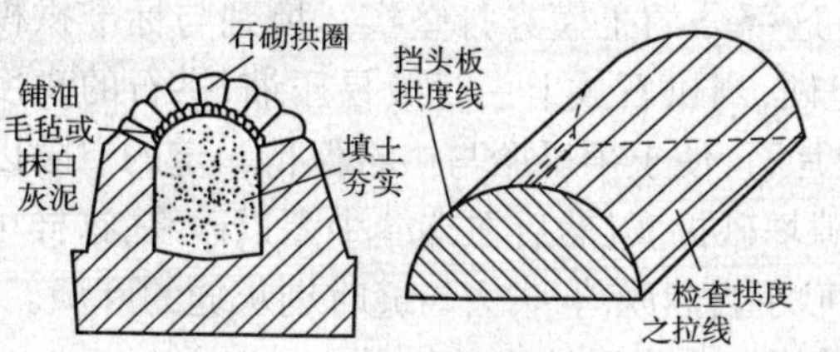

图 7-3-7　全填土拱胎及检查法

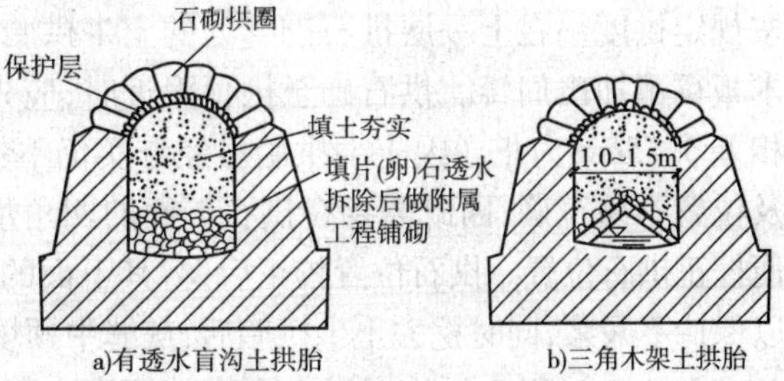

图 7-3-8　可渗水的土拱胎

全填土拱胎施工步骤如下:拱胎填土应在边墙圬工强度达到设计强度等级的 70% 后,分层浇水夯填,每层厚度 0.2 ~ 0.5m,跨度小的可以厚一些,但应视土质情况决定。

填土在端墙外伸出 0.5 ~ 1.0m,并保持 1:1.5 的边坡。填土将达拱顶时,分段用样板校正,每隔 30cm 挂线检查。

土胎表面应设保护层，可以铺设一层油毡或抹一层15mm厚的水泥砂浆(1:4～1:6)作为保护层。较好的保护层常用砖或片石砌筑，厚约20cm，然后抹厚2cm的黏土，再铺油毡。最好的方法是石灰泥筋抹20cm厚(石灰:土:筋＝1:0.35:0.03，质量比)，抹后3d即可浇筑混凝土。

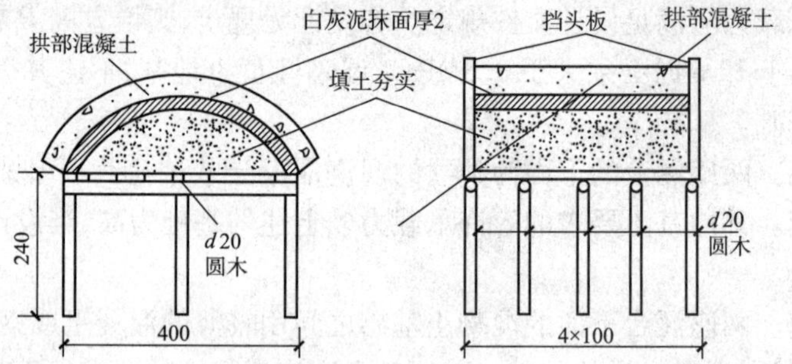

图7-3-9　木排架土拱胎(尺寸单位:cm)

对砌石拱圈，土牛拱胎上若不设保护层时，可用下述方法砌筑拱圈:在涵台砌筑好后，利用暂时不使用的石料，把涵孔两端堵住，干砌一道40～50cm的拱形墙(上抹青草泥)作为拱模，以便砌拱时挂线之用，然后在桥孔中间用土分层填筑密实，如图7-3-10所示。

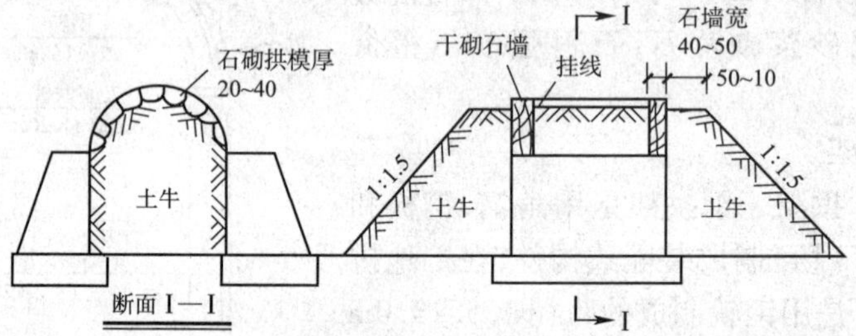

图7-3-10　石块干砌配合土牛拱模(尺寸单位:cm)

如洞身超过20m或拱形复杂时，可用木料做3个符合要求的标准模，两端及中间各置一个，两端的拱模可以支靠在石模上，中间的可按标准高度支于两旁涵台上并埋置于土中。填筑土牛拱胎时不必将土牛拱胎的规定高度一次填足，可预留2～3cm空隙，待砌拱石时，边砌边填筑。起拱线以上3～4层拱石不受拱胎支撑，可直接砌起。再往上砌时，因拱石的部分重力由拱胎支撑着，可用木板顺拱石灰缝按规定拱度放在拱石灰缝处的土牛拱胎上，木板下面以土石垫好，随即开始安砌这一层的拱石。砌好后将垫板取出，并将空隙用土填满捣实，再把垫板按规定拱度垫在上一层拱石砌缝处的土牛拱胎上，继续砌上一层拱石。如有较充分的木板时，木板可不抽出周转。拱石砌至拱顶附近时，应先将这部分的土模夯打坚实。填到与标准拱模相差3～5cm为止。因土牛拱胎虽经夯实仍不够坚硬，当拱石放上去时极易压缩，拱石的高度及位置不易正确，因此需要在拱石下面的四角垫上片石，使土牛拱胎与拱石保持一定的空隙以便校正拱石位置。拱石位置校正后，将其下面的空隙填砂捣实，然后在砌缝中灌以砂浆，这样可以保持不漏浆，同时挖去土牛拱胎后，灰缝中预填的砂子自然脱落，省去勾缝时剔灰缝的麻烦。

在施工过程中预计有洪水到来的河沟中不能采用土牛拱胎法砌筑拱圈。

若用土牛拱胎浇筑盖板涵，其土牛拱胎填至涵台顶面高程即可，施工方法与拱涵相同。

(3)拱涵与盖板涵基础、涵台、拱圈、盖板的施工

上述构件施工时应按下列要求进行。

①涵洞基础。

无论是圬工基础或砂垫层基础，施工前必须先对下卧层地基土进行检查验收，地基土承载

力或密实度符合设计要求时，才可进行基础施工。对于软土地基应按照设计规定进行加固处理，符合要求后，才可进行基础施工。

对孔径较宽的拱涵、盖板涵兼作行人和车辆通道时，其底面应按照设计用圬工加固，以承受行人和车辆荷载及磨耗。

②涵台。

涵台的施工工艺和技术要求可参照本书桥梁墩台部分的有关要求进行。

③涵洞拱圈和钢筋混凝土盖板。

拱圈和盖板浇筑或砌筑施工应注意：拱圈和端墙的施工，应由两侧拱脚向拱顶同时对称进行；拱圈和盖板混凝土的现场浇筑施工，应连续进行，尽量避免施工缝；当涵身较长时，可沿涵长方向分段进行，每段应连续一次浇筑完成；施工缝应设在涵身沉降缝处。

(4)拱架和支架的安装和拆卸

①安装的一般要求。

拱架和支架支立牢固，拆卸方便（可用木楔作支垫），纵向连接应稳定，拱架外弧应平顺。拱架不得超越拱模位置，拱模不得侵入圬工断面。

拱架和支架安装完毕后，应对其位置、顶部高程、节点联系纵横向稳定性进行检查，不符合要求者，立即进行纠正。

②拆卸的一般要求。

拱架和支架的拆除及拱顶填土，在具备下列条件之一时方可进行：

a. 拱圈圬工强度达到设计值的85%时，即可拆除拱架，但必须达到设计值后方可填土。

b. 当拱架未拆除，拱圈强度达到设计值的85%时，可进行拱顶填土，但应在拱圈达到强度设计值时，方可拆除拱架。

c. 拱涵拆除拱架可用木楔，木楔用比较坚硬的木料斜角对剖制成，并将剖面刨光。两块木楔接触面的斜度为1:6～1:10。在垫楔时应使上面一块的楔尖各伸出下面一块楔尾以外，这样在拆架时敲击木楔比较方便。木楔垫好后将两端钉牢。

d. 拆卸拱架时应沿桥涵整个宽度上将拱架同时均匀降落，并从跨径中点开始，逐步向两边拆除。

2)就地浇筑的箱涵

箱涵又称矩形涵，它与盖板涵的区别是：盖板涵的台身与盖板是分开浇筑的，台身还可以采用砌石圬工，成为简支结构。而箱涵是上下顶板、底板与左、右墙身是连续浇筑的，成为刚性结构，如图7-3-11所示。

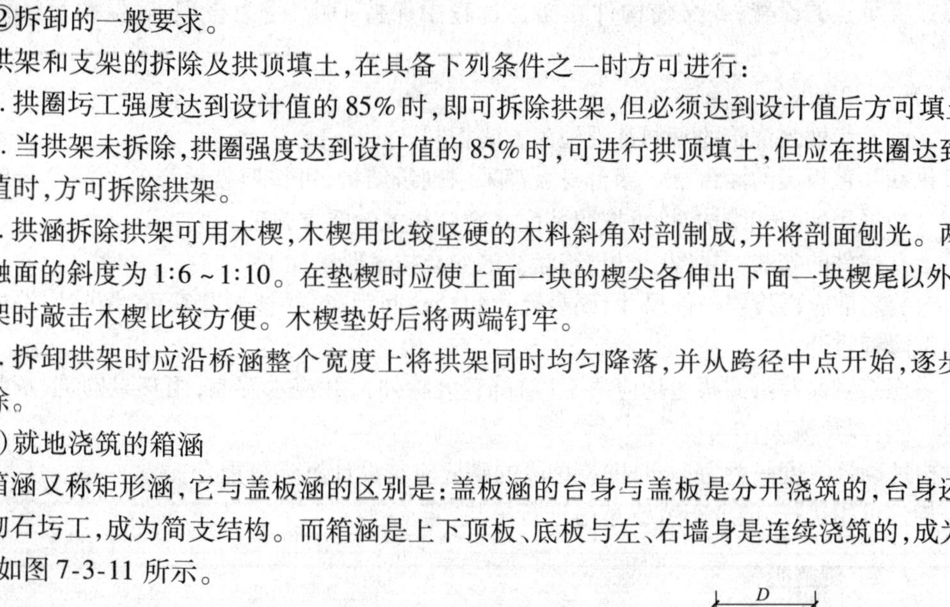

a)出入口涵节基础　b)洞身涵节有无基础　c)洞身涵节有基础　d)地基土上换填砂垫层

图7-3-11　箱形涵洞基础类型（尺寸单位：cm）

H_0-涵节净高；t-涵节埋入垫层厚度；δ-C15混凝土基础厚度，根据地质、地形条件经设计决定；D-涵节外形宽度；h_1-换填砂垫层深度，根据检算或下卧层位置确定；n-挖基边坡，根据基底土质确定；b-涵节角隅倒角宽度箱涵身的支架、模板可参照现浇混凝土拱涵和盖板涵的支架、模板制造安装。浇筑混凝土时的注意事项与浇筑拱涵与盖板涵相同。

3)装配式拱涵、盖板涵和箱涵

(1)预制构件结构的要求

①拱圈、盖板、箱涵节等构件预制长度,应根据起重设备和运输能力决定,但应保证结构的稳定性和刚性,一般不小于1m,但亦不宜太长。

②拱圈构件上应设吊装孔,以便起吊。吊孔应考虑平吊及立吊两种,安装后可用砂浆将吊孔填塞。箱涵节、盖板和半环节等构件,可设吊孔,也可于顶面设立吊环。吊环位置、孔径大小和制环用钢筋应符合设计要求,并要求吊钩伸入吊环内和吊装时吊环筋不断裂。安装完毕,吊环筋应锯掉或气割掉。

③若采用钢丝绳捆绑起吊可不设吊孔或吊环。

(2)预制构件的模板

预制构件的模板有木模、土模、钢丝网水泥模板、拼装式模板等。无论采用何种模板都应保证满足规范要求。尤其是有预埋件时,应采取措施,确保预埋件位置的准确。

(3)构件运输

构件必须在达到设计强度后,经过检查质量和大小符合要求,才能进行搬运。搬运时应注意吊点或支承点的设置,务必使构件在搬运过程中保持平衡、受力合理,确保搬运过程中的安全。

(4)施工和安装

①基础。与就地浇筑的涵洞基础施工方法相同。

②拱涵和盖板涵的涵台身。涵台身大都采用砌筑结构,可按照就地浇筑的涵台身施工方法施工。如采用装配式结构时,可按照装配式墩台相关的要求施工。

③上部构件的安装。拱圈、盖板、箱涵节的安装技术要求如下:

a. 安装之前应再检查构件尺寸、涵台尺寸和涵台间距离,并核对其高程,调整构件大小位置使与沉降缝重合;

b. 拱座接触面及拱圈两边均应凿毛(沉降缝处除外),并浇水湿润,用灰浆砌筑;灰浆坍落度宜小一些,以免流失;

c. 构件砌缝宽度一般为1cm,拼装每段的砌缝应与设计沉降缝重合;

d. 构件可用扒杆、链滑车或汽车吊进行吊装。

7.3.2.3 倒虹吸管

1)适用范围

当路线穿过沟渠、路堤高度很低或在浅挖方地段通过,填、挖高度不足,难以修建明涵时,或因灌溉需要,必须提高渠底高程,建筑架空渡槽又不能满足路上净空要求时,常修建倒虹吸管。

公路上通常采用的倒虹吸管为竖井出入口式,如图7-3-12和图7-3-13所示。两者使用场合为:如路基边沟底部高程低于灌溉渠底部高程可采用图7-3-12所示形式;如路基边沟底部高程高于灌溉渠底部高程则采用图7-3-13所示形式。两者构造的主要区别在于前者的路基边沟设于倒虹吸管两个竖井入口之内,多用于需要跨过浅路堑的灌溉渠;后者的路基边沟(或无边沟)设于倒虹吸管两个竖井之外。

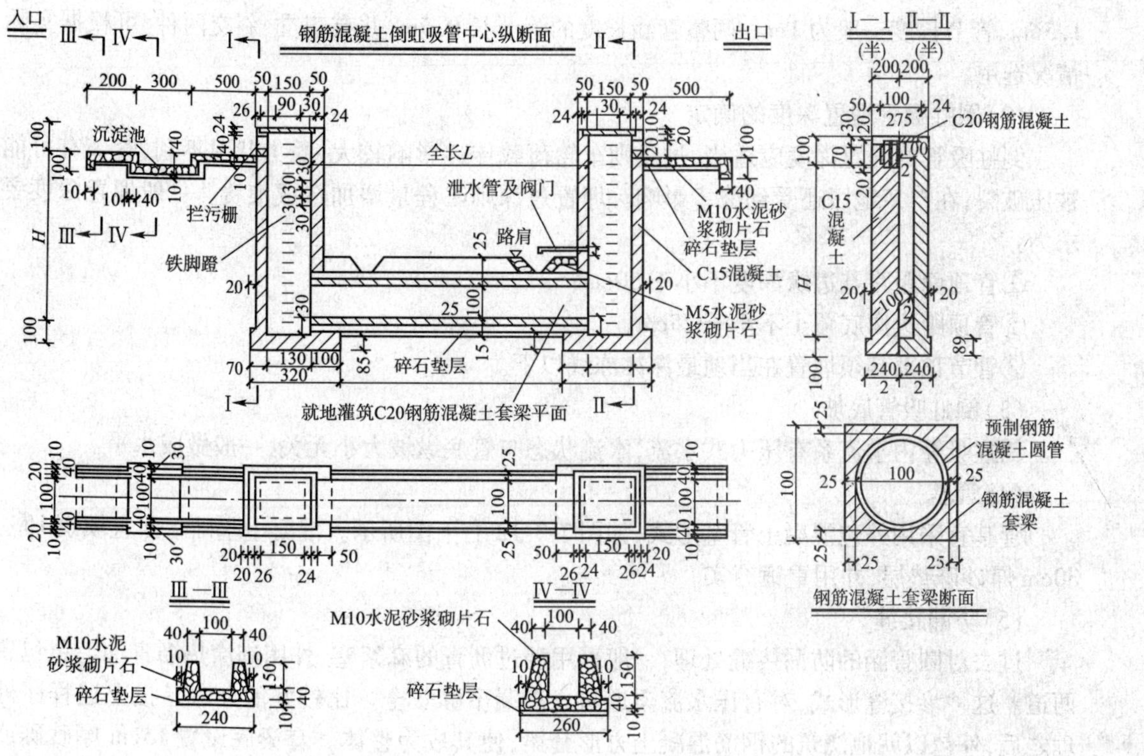

图 7-3-12　竖井式倒虹吸管(一)(尺寸单位:cm)

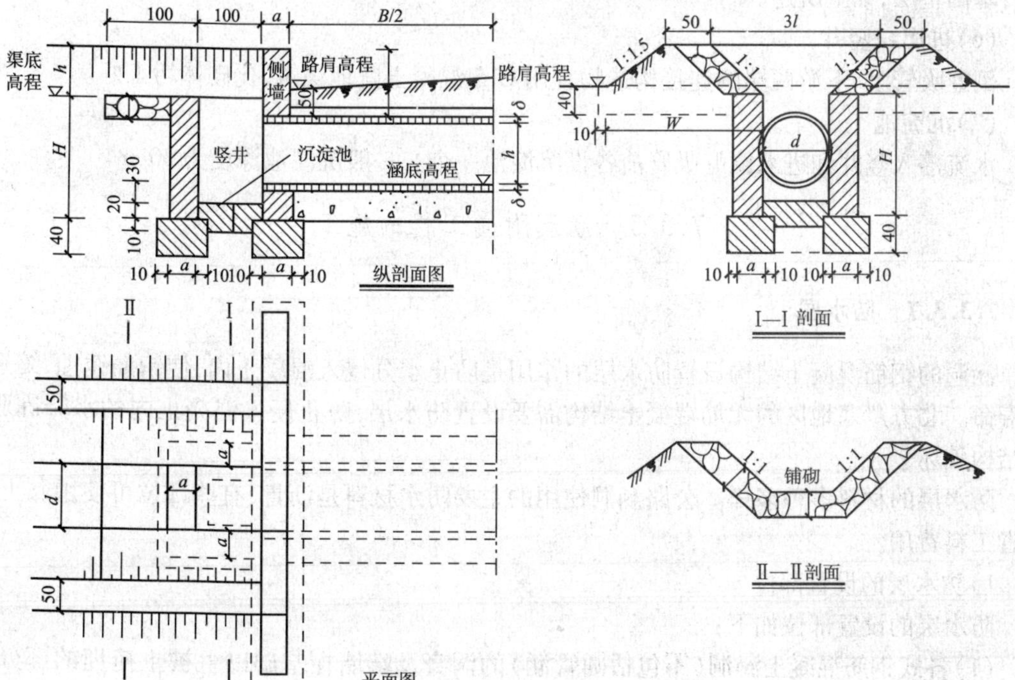

图 7-3-13　竖井式倒虹吸管(二)(尺寸单位:cm)

2)施工布置和注意事项

(1)管节结构

倒虹吸管一般采用预制的钢筋混凝土圆管,管径可按有压力式的流量选择,一般为 0.5 ~

1.5m。管节长度一般为1m。调整管涵长度的管节长0.5m,并有正交、斜交两种,可根据实际情况选用。

(2)倒虹吸管埋置深度的确定

倒虹吸管的埋置深度应适当,过浅则车轮荷载传递影响较大,受力状况不利,管节有可能被压破裂;在严寒地区还受到冻害影响。埋置过深则工程量增加造成浪费。一般埋置深度要求为:

①管顶面距路基边缘深度不小于50cm;

②管顶距边沟底覆土不小于25cm;

③管节顶部必须埋置在当地最深冰冻线以下。

(3)倒虹吸管底坡

倒虹吸管内水流系有压力式水流,水流状态与管底纵坡大小无关,一般做成水平。

(4)管基

管基宜采用外包混凝土管基形式,如图7-3-12右下图所示。混凝土基础下面宜填筑15~30cm厚砂砾垫层,并用重锤夯实。

(5)防漏接缝

过去对圆管涵的防漏接缝处理,一般采用浸过沥青的麻絮塞,外用满涂热沥青油毛毡包裹两道。这种渗接缝形式,对有压水流渠道防止渗漏不够安全。比较好的办法是按上述程序外理之后,外包以就地浇筑的钢筋混凝土方形套梁,使其成为整体。套梁底设置15cm厚砂砾或碎石基础垫层,如上所述。

(6)进出口竖井

倒虹吸管上、下游两端的连接构造物宜用C15混凝土就地浇筑,比砌体圬工好。

(7)沉淀池

水流落入竖井和进入倒虹吸管前各设沉淀池一个。一般沉淀池深度为30cm。

7.3.3 涵洞附属工程的施工

7.3.3.1 防水层

涵洞的钢筋混凝土结构设置防水层的作用是防止水分侵入混凝土内,使钢筋锈蚀,缩短结构寿命。北方严寒地区的无筋混凝土结构需要设置防水层,防止侵入混凝土内的水分冻胀造成结构破坏。

防水层的材料多种多样。公路涵洞使用的主要防水材料是沥青,有些部位可使用黏土,以节省工料费用。

1)防水层的设置部位

防水层的设置部位如下:

(1)各式钢筋混凝土涵洞(不包括圆管涵)的洞身及端墙在基础以上被土掩埋的部分,均须涂以热沥青两道,每道厚1~1.5mm,不另抹砂浆。

(2)混凝土及石砌涵洞的洞身、端墙和翼墙被土掩埋部分,只需将圬工表面凿平,无凹入存水部分,可不设防水层。但北方严寒地区的混凝土结构仍需设防水层。

(3)钢筋混凝土圆管涵的防水层可按图7-3-5所示敷设。图中管节接头采用平头对接,接缝中用麻絮浸以热沥青填塞,管节上半部从外往内填塞;下半部从管内向外填塞。管外靠接缝处裹以热沥青浸透的防水纸 8 层,宽度 15 ~ 20cm。包裹方法:在现场用热沥青逐层黏合在管外壁上接缝处,外面再如图在全长管外裹以塑性黏土。

在交通量小的县、乡公路上,可用质量好的软塑状黏质土掺以碎麻,沿全管敷设 20cm 厚,代替沥青防水层(接缝处理仍照前述施工)。

(4)钢筋混凝土盖板明涵的盖板部分表面可先涂抹热沥青两次,再于其上设 2cm 厚的防水水泥砂浆或 4 ~ 6cm 厚的防水混凝土。其上可按照设计铺设路面。涵、台身防水层按照上述方法办理。

(5)砖、石、混凝土拱涵的上部结构防水层有粘贴式与涂抹式两种。前者是由 2 ~ 3 层油毛毡与沥青胶交替贴铺而成,效果较好,但造价高,施工麻烦;后者采用沥青或柏油涂抹于砌体表面,施工简便,造价低廉,但效果较差,适用于雨水较少的地区。有时也可以就地取材选用石灰三合土(厚 15cm,水泥、石灰、砂的配合比约为 1:2:3)、石灰黏土砂浆、黏土胶泥等简易办法代替粘贴式防水层。但这种简易方法的防水性能很差,只能用于道路等级很低的小型圬工拱桥。目前,防水层多用 SBS 防水卷材,防水效果较好。

2)沥青的敷设

沥青可用锅、铁桶等容器以火熬制,或使用电热设备。铁桶装的沥青,应打开桶口小盖,将桶横置在火炉上,以文火使沥青熔化后,从开口流入熬制用的铁锅或大口铁桶中。熬制用的铁锅或铁桶必须有盖,以便在沥青飞溅或着火时,用以覆盖。熬制处应设在工地下风方向,与一般工作人员、料堆、房屋等保持一定距离,锅内沥青不得超过锅容积的 2/3。熬制中应不断搅拌至沥青全部为液态为止。熔化后的沥青应继续加温至 175℃(不得超过 195℃)。熬好的沥青盛在小铁桶中送至工点使用。使用时的热沥青温度宜低于 150℃。涂敷热沥青的圬工表面应先用刷子扫净,消除粉屑污泥。涂敷工作宜在干燥温暖(温度不低于 +15℃)的天气进行。

3)沥青麻絮、油毡、防水纸的浸制方法和质量要求

沥青麻絮(沥青麻布)可采用工厂浸制的成品或在工地用麻絮以热沥青浸制。浸制后的麻絮表面应呈淡黑色,无孔眼、无破裂和叠皱,撕裂断面上应呈黑色,不应有显示未浸透的布层。

油毡是用一种特制的纸胎(或其他纤维胎)用软化点低的沥青浸透制成,浸渍石油沥青的称石油毡,浸渍焦油沥青的称焦油沥青油毡。为了防止在储存过程中相互黏着,油毡表面应撒一层云母粉、滑石粉或石棉粉。

防水纸(油纸)是用低软化点的沥青衬料浸透原纸做成的,除沥青层较薄、没有撒防黏层外,其他性质与油毡相同。

油毡和防水纸可以从市场上采购,其外观质量应符合如下要求:

(1)油毡和防水纸外表不应有孔眼、断裂、叠皱及边缘撕裂等现象,油毡的表面防黏层应均匀地撒布在油毡表面上。

(2)毡胎或原纸内应吸足油量,表面油质均匀,撕开的断面应是黑色的,无未浸透的空白纸层或杂质,浸水后不起泡、不翘曲。

(3)气温在 25℃以下时,把油毡卷在 2cm 直径的圆棍上弯曲,不应发生裂缝和防黏层剥落等现象。

(4)将油毡加热至 80℃时,不应有防黏层剥落、膨胀及表面损坏等现象。夏季在高温下不应黏在一起。

铺设油毡和防水纸所用粘贴沥青应和油毡、防水纸有同样的性能。煤沥青油毡和防水纸

必须用煤沥青粘贴。同样,石油沥青油毡及防水纸,也一定要用石油沥青来粘贴;否则,过一段时间油毡和防水纸就会分离。

7.3.3.2 沉降缝

1)沉降缝设置目的

结构物设置沉降缝的目的是避免结构物因荷载或地基承载力不均匀而发生不均匀的沉陷,产生不规则的多处裂缝,而使结构物破坏。设置沉降缝后,可限定结构物发生整齐、位置固定的裂缝,并可事先对沉降缝处予以处理;如有不均匀沉降,则将其限制在沉降缝处,有利于结构物的安全、稳定和防渗(防止管内水流渗入涵洞基底或路基内,造成土质浸泡松软)。

2)沉降缝设置的位置和方向

涵洞洞身、洞身与端墙、翼墙、进出水口急流槽交接处必须设置沉降缝,但无圬工基础的圆管涵仅于交接处设置沉降缝,洞身范围不设。具体设置位置视结构物和地基土的情况而定。

(1)洞身沉降缝。一般每隔4~6m设置1处,但无基础涵洞仅在洞身涵节与出入口涵节间设置,缝宽一般3cm。两端与附属工程连接处也各设置1处。

(2)其他沉降缝。凡地基土质发生变化、基础埋置深度不一、基础对地基的荷载发生较大变化处、基础填挖交界处、采用填石垫高基础交界处,均应设置沉降缝。

(3)岩石地基上的涵洞。凡置于岩石地基上的涵洞,不设沉降缝。

(4)斜交涵洞。斜交涵洞洞口正做的,其沉降缝应与涵洞中心线垂直;斜交涵洞洞口斜做的,沉降缝与路基中心线平行;但拱涵与管涵的沉降缝,一律与涵洞轴线垂直。

3)沉降缝的施工方法

沉降缝的施工,要求做到使缝两边的构造物能自由沉降,又能严密防止水分渗漏,故沉降缝必须贯穿整个断面(包括基础)。沉降缝具体施工方法如下。

(1)基础部分。可将原基础施工时嵌入的沥青木板或沥青砂板留下,作为防水之用。如基础施工时不用木板,也可用黏土填入捣实,并在流水面边缘以1:3水泥砂浆填塞,深度约为15cm。

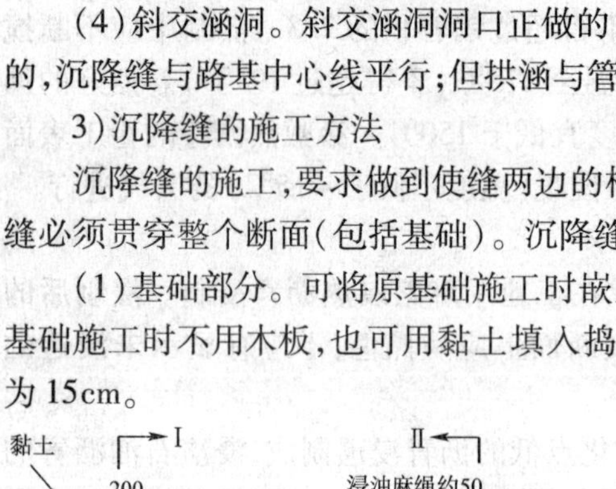

图7-3-14 涵洞沉降缝(尺寸单位:cm)

(2)涵身部分。缝外侧以热沥青浸制的麻筋填塞,深度约为5cm,内侧以1:3水泥砂浆填塞,深度约为15cm,视沉降缝处圬工的厚薄而定。缝内可以用沥青麻筋与水泥砂浆填满;如太厚,亦可将中间部分先填以黏土。

(3)保护层。各式有圬工基础涵洞的基础襟边以上,均顺沉降缝周围设置黏土保护层,厚约20cm,顶宽约20cm。对于无圬工基础涵洞,保护层宜使用沥青混凝土或沥青胶砂,厚度10~20cm。沉降缝构造如图7-3-14所示。

7.3.3.3 涵洞进出水口

涵洞进出水口工程是指涵洞端墙、翼墙(包括八字墙、锥坡、平行廊墙)以外的部分,如沟底铺砌和其他进出水口处理工程。

(1)平原区的处理工程。涵洞出入口的沟床应整理顺直,与上、下排水系统(天沟,路基边沟、排水沟、取土坑等)的连接应圆顺、稳固,保证流水顺畅,避免排水损害路堤、村舍、农田、道路等。

(2)山丘区的处理工程。在山丘区的涵洞底纵坡超过5%时,除进行上述处理外,还应对沟床进行干砌或浆砌片石防护。翼墙以外的沟床当坡度较大时,也应铺砌防护。防护长度、砌石宽度、厚度、形状等,应按设计图纸施工。如设计图纸漏列,应按合同规定向业主提出,由业主指定单位作出补充设计。

7.3.3.4 涵洞缺口填土

(1)建成的涵管、圬工达到设计要求的强度后,应及时回填。回填土要切实注意质量,严格按照有关施工规定和设计要求办理。

(2)填土路基在涵洞每侧不小于2倍孔径的宽度及高出洞顶1m范围内,应采用非膨胀的土从两侧分层仔细夯实,每层厚度10~20cm。特殊情况亦可用与路堤填料相同的土填筑。管节两侧夯填土的密实度标准,高速公路和一级公路为95%,其他公路为93%。管节顶部其宽度等于管节外径的中间部分填土,其密实度要求与该处路基同。如为填石路堤,则在管顶以上1.0m范围内应分三层填筑:下层为20cm厚的黏土;中层为50cm厚的砂卵石;上层为30cm厚的小石片或碎石。在两端的上述范围及两侧每侧宽度不小于孔径的2倍范围内,码填片石。

对于其他各类涵洞的特别填土要求,应分别按照有关的设计要求办理。

(3)用机械填筑涵洞缺口时,须待涵洞圬工达到允许强度后,涵身两侧应用人工或小型机具对称夯填,高出涵顶至少1m,然后再用机械填筑,不得从单侧偏推、偏填,使涵洞承受偏压。

(4)冬季施工时,涵洞缺口路堤、涵身两侧及涵顶1m内,应用未冻结土填筑。

(5)回填缺口时,应将已成路堤土方挖出台阶。

能力训练10 涵 洞 设 计

1)涵洞设计示例

设计资料:某山岭重丘区三级公路路基宽7.5m,设计边坡1:1.5,路拱横坡2.0%,经实地测定河沟中心桩号为K15+42,涵洞轴线与路线正交,河沟地面中心高程为1108.68m,路基中心设计高程为1109.74m,上游和下游处的路基设计高程分均为1109.67m,涵洞位于季节性冻区,涵位所处地区最大冻深为0.80m,根据设计流量计算的孔径为1.05m,试进行本涵的几何设计。

设计计算如下:

(1)选择涵洞类型和进出水口形式并拟定常规尺寸

①选择涵洞类型和进出水口形式:

通过点绘河沟纵断面地面线并作路基横断面戴帽后,根据路基设计高程和沟底高程,可算得(或从路基设计表中可查得)该处路基的填土高度。设计成拱涵时不能满足最小填土高度(不小于50cm)的要求,故本处涵洞选用1-1.5×1.0钢筋混凝土板涵,净跨径1.10m,略大于流量计算所需孔径。

在横断面图上作涵洞轴线纵断面的布置,并选定涵底纵坡、铺底厚度、涵底高程、涵洞埋深等,根据进出口处地形条件决定进出水口形式为八字翼墙。

②拟定常规尺寸。

a. 涵底纵坡 I 涵：根据河沟纵断面地面线的地形情况拟定为1%。

b. 铺底厚度 h 铺底：拟定为30cm厚的浆砌片石。

c. 涵底高程 H 涵：按涵底中心地面高程下挖（清底）20～30cm推算。

d. 涵洞埋深（从铺底算起往下至基础底面）：根据当地冻深决定。

e. 进、出水洞口形式采用八字墙，洞口尺寸：

八字墙垂直顶宽 $a=40$cm；

墙身与其基础垂直襟边 e 取20cm；

墙身背面垂直背坡取4:1（即 n:1 =4:1）；

墙身端部断面的高度 $h_{端}$：以端部露出地面高20～40cm推算；

墙身根部断面高度 $h_{根}$：按帽石底面算起至基础之高差；

本涵桥面板厚16cm，铺装层厚9cm，台帽厚取20cm。

③本涵洞拟定的尺寸。

a. 八字墙端部露出地面的高度拟定为20cm，根部高度以其基础顶面自安全带出檐的下缘降低10cm考虑，八字墙垂直顶宽取为40cm，垂直背坡取为4:1，墙身基础与涵身基础等厚为60cm，并与涵身做成同一坡度，即1%，标于进出水口的端部。

b. 基础埋深根据当地冻深确定为120cm，标于出口端部相应位置处。

c. 基础厚度拟定为60cm。

d. 涵底铺砌拟定为30cm厚的浆砌片石。

e. 涵身与基础按同一坡度设计，坡度取为1%，标于相应铺底顶面。

f. 截水墙宽度取为40cm，埋深与基础同深，并将其宽度标于进出口截水墙处。

（2）涵洞纵断面图上有关尺寸和高程的计算

①涵身部分的高程和尺寸。

a. 路基设计高程。

根据路基设计表结合小桥涵野外调查设计卡，查算出涵位中心桩号处的路基设计高程分别为：

$$H_{设}=1109.74\text{m}$$
$$H_{上设}=H_{下设}=1109.67\text{m}$$

在设计草图上用高程引出线将以上数据标于设计草图相应位置处。

b. 涵底高程计算。

根据涵位中心桩号处原地面高程（在此以 H 沟表示）减去30cm清底厚度（即 $h_{清}$）得出，即

$$H_{涵}=H_{沟}-h_{清}=1108.68-0.30=1108.38\text{m}$$

将此高程值标于设计草图相应中心桩号铺底顶面处。

c. 确定进出口处的建筑高度及涵洞中心涵台高度。

进水洞口净高：

$$h_{进净}=H_{上设}-h_{铺装}-h_{板}-H_{涵}-I_{涵}\times\frac{B}{2}$$
$$=1109.67-0.09-0.16-1108.38-0.01\times3.75=1.00\text{m}=100\text{cm}$$

出水洞口净高：

$$h_{出净}=H_{下设}-h_{铺装}-h_{板}-H_{涵}+I_{涵}\times\frac{B}{2}$$
$$=1109.67-0.09-0.16-1108.38+0.01\times3.75=1.08\text{m}=108\text{cm}$$

涵洞中心净高：

$$h_{中净}=H_{中设}-H_{中涵}-(h_{板}+h_{铺})$$
$$=1109.74-1108.38-(0.16+0.09)=1.11\text{m}=111\text{cm}$$

将以上计算结果标于设计草图相应位置。

进出水口建筑高度：

$$h_{进}=h_{进净}+h_{板}+h_{铺}=100+16+9=125\text{cm}$$
$$h_{出}=h_{出净}+h_{板}+h_{铺}=108+16+9=133\text{cm}$$

涵洞中心涵台高度：

$$H_{台}=h_{中}+h_0=111+40=151\text{cm}$$

其中，h_0为涵台基础顶面至铺底顶面的距离，其值为基础埋深减去基础厚度。本例基础埋深取100cm，基础厚度取60cm，故设计取$h_0=40\text{cm}$。

②进出水口八字翼墙计算尺寸。

本例进出水口处八字翼墙基础埋深与涵身埋深 h 基深取值相同，翼墙基础厚度$h_{墙基}=60\text{cm}$。

a. 进水口处。

翼墙根部断面高度：$h_{进根}=h_{进净}+h_{板}-10+(h_{基深}-h_{墙基})=100+16-10+(100-60)=146\text{cm}$

翼墙端部断面高度：$h_{进端}=h_{基深}-h_{墙基}+20=100-60+20=60\text{cm}$

上式中，10cm为使八字墙美观，在墙顶设的一个小平台高度，20cm为翼墙端部端面露出地面的高度。

b. 出水口处。

翼墙根部断面高度：$h_{出根}=h_{出净}+h_{板}-10+(h_{基深}-h_{墙基})=108+16-10+(100-60)=154\text{cm}$

翼墙端部断面高度：$h_{出端}=h_{基深}-h_{墙基}+20=100-60+20=60\text{cm}$

其中，10cm为根部高度自安全带出檐降低值；100cm为冻深；60cm为基础厚度；20cm为翼墙端部露出地面的高度。

(3)涵洞平面图上有关几何尺寸计算

①净跨径L_0。

根据流量计算结果选择，木设计依据标准图，采用标准跨径$L_b=1.50\text{m}$，钢筋混凝土板在两边涵台上各搭接20cm，故取$L_0=1.10\text{m}$，将此数据标于平面设计草图上的相应位置。

②涵台半剖面和平面图上的有关尺寸。

a. 涵台底面的底宽。参考《公路小桥涵设计手册》，本涵涵台底面的底宽取50cm。

b. 基础襟边宽度取20cm。将以上数据标于剖面和半平面图的设计草图相应位置。

(4)半洞身和洞口立面图上有关尺寸计算

①安全带尺寸。板涵边部块件采用预制和安全带一起浇筑，故安全带长度与板长相同，板长取150cm，扣除两侧的预留缝隙各1cm，因此取148cm，标于相应设计草图的位置。

②涵台高度。前已算过为111cm。

③台帽厚度。前已取定为20cm。

④设计板厚。前已取定为16cm。

⑤桥面铺装。前已取定为6cm防水混凝土加3cm沥青混凝土铺装，共9cm。

⑥涵台基础尺寸：

$$B_{基}=2s+b_{台}=2\times20+50=90\text{cm}$$

将上述六项的尺寸标于洞身剖面图上。

(5)局部剖面图的尺寸

根据现场地形进行的进出口布置结果，进出口各有一对八字墙，水流扩散角 β_0 相同，取 $\beta_0 = 30°$，故本设计进出水口八字墙左右对称。

①翼墙根部和端部断面背坡 n_0：

根据公式

$$n_{0\,反}^{\,正} = \left(n \pm \frac{\sin\beta}{m}\right)\cos\beta$$

$$= (4 \pm \frac{\sin30°}{1.5}) \times \cos30° = 3.75(\text{正翼墙})$$

式中：β——八字墙张角，即 $\beta = \beta_0 \pm \alpha$；

α——涵洞斜交角；

β_0——水流扩散角。

其余符号含义同前。

②翼墙墙身根部断面与基础顶面的交线和墙背与基础顶面的交线的垂线间夹角 δ 由公式：

$$\delta_{反}^{正} = \arctan\left[\tan\beta \pm \frac{1}{m_0 n_{0\,反}^{\,正}}\right]$$

因为本涵为正交涵，水流扩散角皆为 30°，上下游四个八字墙左、右各对称。因此有 $\delta = \delta_{正} = \delta_{反}$，即：

$$\delta_{反}^{正} = \arctan\left[\tan30° \pm \frac{1}{1.5 \times 3.5}\right] = 21°47'$$

③上下游洞口根部断面总高度：

上游洞口　$h_{进根} = 146\text{cm}$

下游洞口　$h_{出根} = 154\text{cm}$

④翼墙墙身根部与端部断面墙顶，顺端墙方向平面的平面投影宽度：

$$c = \alpha \div \cos\beta = 40 \div \cos30° = 46\text{cm}$$

考虑八字墙根部小平台的影响，经计算进水口两个八字墙根部断面墙底顺端墙方向投影宽度：

$$d_1 = d_3 = c_1 + h_{进根} \div n_0 = 46 + 146 \div 3.75 = 85\text{cm}$$

出水口两个八字墙根部断面墙底顺端墙方向投影宽度：

$$d_1' = d_3' = c + h_{出根} \div n_0 = 46 + 154 \div 3.75 = 87\text{cm}$$

进水口两个八字墙根部断面墙底顺端墙方向投影宽度：

$$d_2 = d_4 = c + h_{进端} \div n_0 = 46 + 60 \div 3.75 = 62\text{cm}$$

出水口两个八字墙端部断面墙底顺端墙方向投影宽度：

$$d_2' = d_4' = c + h_{出端} \div n_0 = 46 + 60 \div 3.75 = 62\text{cm}$$

⑤翼墙洞口正投影长度：

$$G_{出}^{进} = \frac{m \cdot (h_{根} - h_{端})}{1 \pm m \cdot I_{涵}}$$

$$G_{进} = \frac{m \cdot (h_{进根} - h_{进端})}{1 + m \cdot I_{涵}} = \frac{1.5 \times (146 - 60)}{1 + 1.5 \times 0.01} + 15 = 142\text{cm}$$

$$G_{出} = \frac{m \cdot (h_{出根} - h_{端})}{1 - m \cdot I_{涵}} = \frac{1.5 \times (154 - 60)}{1 - 1.5 \times 0.01} + 15 = 158\text{cm}$$

上式中,预加的 15cm 为八字墙顶小平台的长度。

⑥翼墙基础襟边顺洞墙端部断面方向的平面投影长度 e_1 和 e_2。

翼墙基础垂直襟边宽度 e 取 20cm,则:

$$e_1 = e \div \cos\beta = 20 \div \cos 30 = 23\text{cm}$$

$$e_2 = e \div \cos\delta = 20 \div \cos 21.8 = 22\text{cm}$$

⑦八字翼墙的总张口大小 B:

$$B_{进} = L_0 + (G_{进} \times \tan\beta) \times 2 = 110 + (142 \times \tan 30°) \times 2 = 274\text{cm}$$

$$B_{出} = L_0 + (G_{出} \times \tan\beta) \times 2 = 110 + (158 \times \tan 30°) \times 2 = 292\text{cm}$$

⑧翼墙基础平面尺寸计算:

进水口左翼墙基础根部宽度 $b_1 = e_1 + d_1 + e_2 = 23 + 85 + 22 = 130\text{cm}$

进水口左翼墙基础端部宽度 $b_2 = e_1 + d_2 + e_2 = 23 + 62 + 22 = 107\text{cm}$

进水口右翼墙基础根部宽度 $b_3 = b_1 = 130\text{cm}$

进水口右翼墙基础端部宽度 $b_4 = b_2 = 107\text{cm}$

出水口左翼墙基础根部宽度 $b_3' = e_3' + d_3' + e_4' = 23 + 87 + 22 = 132\text{cm}$

出水口左翼墙基础端部宽度 $b_4' = e_3' + d_4' + e_4' = 23 + 62 + 22 = 107\text{cm}$

出水口右翼墙基础根部宽度 $b_1' = b_3' = 132\text{cm}$

出水口右翼墙基础端部宽度 $b_2' = b_4' = 107\text{cm}$

(6)工程数量计算

根据《公路小桥涵设计手册》的标准图,该涵洞共需 0.99m 宽中板 6 块,0.74m 边板 2 块,计算出该涵洞的工程数量如下。

①盖板。

主筋(ϕ12) $9.6 \times 6 + 6.8 \times 2 = 71.2\text{kg}$

架立钢筋(ϕ8) $2.4 \times 6 + 4.3 \times 2 = 23.0\text{kg}$

其他钢筋数量(ϕ6) $3.1 \times 6 + 4.1 \times 2 = 26.8\text{kg}$

预制板混凝土(C25) $0.23 \times 6 + 0.30 \times 2 = 1.98\text{m}^3$

铰接缝(C30) $0.01 \times 2 + 0.01 \times 5 = 0.07\text{m}^3$

②台帽。

主筋(ϕ8) $1.58 \times 7.5 \times 2 = 23.7\text{kg}$

箍筋(ϕ6) $0.72 \times 7.5 \times 2 = 10.8\text{kg}$

锚栓(ϕ12) $(0.16 + 0.2) \times 2 \times 2 \times 8 = 11.52\text{kg}$

混凝土(C20) $[(0.55 \times 0.4) - (0.2 \times 0.25) - (0.05 \times 0.05)/2] \times 7.5 \times 2 \approx 2.53\text{m}^3$

③台墙。

台身采用 M10 号浆砌 MU30 块石,其工程量如为:

$$\frac{1.2 + 1.28}{2} \times 0.50 \times 7.5 \times 2 = 9.3\text{m}^3$$

④涵身基础。

涵身基础采用 M10 号浆砌 MU30 片石,其工程量如为:$0.9\times0.6\times7.5\times2=8.10\text{m}^3$

⑤八字墙身。

八字墙身采用 M7.5 号浆砌 MU30 片石。

进洞口翼墙墙身工程数量:

$$\begin{aligned}V_{身进}&=\left[\frac{1}{2}m(H_{进端}^2-h_{进端}^2)c+\frac{m_0}{6n_0}(H_{进端}^3-h_{进端}^3)\right]\times2\\&=\left[\frac{1}{2}\times1.5\times(1.46^2-0.6^2)\times0.46+\frac{1.5}{6\times3.75}\times(1.46^3-0.6^3)\right]\times2\\&\approx1.61\text{m}^3\end{aligned}$$

出洞口翼墙墙身工程数量:

$$\begin{aligned}V_{身出}&=\left[\frac{1}{2}m(H_{出端}^2-h_{出端}^2)c+\frac{m}{6n_0}(H_{出端}^3-h_{出端}^3)\right]\times2\\&=\left[\frac{1}{2}\times1.5\times(1.54^2-0.6^2)\times0.46+\frac{1.5}{6\times3.75}\times(1.54^3-0.6^3)\right]\times2\\&\approx1.85\text{m}^3\end{aligned}$$

故八字墙身的总体积为:$V_{墙身}=V_{身进}+V_{身出}=1.61+1.85=3.46\text{m}^3$

⑥八字墙基。

八字墙基采用 M7.5 号浆砌 MU30 片石。

进口单个翼墙基础:

$$\begin{aligned}V_{基进}&=m(c+e_1+e_2)(h_{进根}-h_{进端})d+\frac{m}{2n_0}(h_{进根}^2-h_{进端}^2)d+\left[e_2+(e_1+e_3)\frac{1}{2}+c+\frac{h_{进端}}{n_0}\right]ed\\&=1.5\times(0.46+0.22+0.23)\times(1.46-0.6)\times0.6+\frac{1.5}{2\times3.75}\times(1.46^2-0.6^2)\times0.6+\\&\quad\left[0.22+(0.23+0.1155)\times\frac{1}{2}+0.46+\frac{0.6}{3.75}\right]\times0.2\times0.6\\&\approx1.04\text{m}^3\end{aligned}$$

$$\begin{aligned}V_{基出}&=m(c+e_1+e_2)(h_{出根}-h_{出端})d+\frac{m}{2n_0}(h_{出根}^2-h_{出端}^2)d+\left[e_2+(e_1+e_3)\frac{1}{2}+c+\frac{h_{出端}}{n_0}\right]ed\\&=1.5\times(0.46+0.22+0.23)\times(1.54-0.6)\times0.6+\frac{1.5}{2\times3.75}\times(1.54^2-0.6^2)\times0.6+\\&\quad\left[0.22+(0.23+0.1155)\times\frac{1}{2}+0.46+\frac{0.6}{3.75}\right]\times0.2\times0.6\\&\approx1.13\text{m}^3\end{aligned}$$

其中:$e_3=\dfrac{e(1-\sin30^\circ)}{\cos\beta}=\dfrac{0.2\times(1-\sin30^\circ)}{\cos30^\circ}=0.1155\text{m}$

故八字墙基础的总体积为:$V_{墙基}=(V_{基进}+V_{基出})\times2=(1.04+1.13)\times2=4.43\text{m}^3$

⑦截水墙。

截水墙采用 M7.5 号浆砌 MU30 片石。其工程数量为:

$$\left[\frac{2.74+(2.74-2\times0.4\times\tan30^\circ)}{2}+\frac{2.92+(2.92-2\times0.4\times\tan30^\circ)}{2}\right]\times0.4\times0.6\approx1.25\text{m}^3$$

⑧洞口铺砌。

洞口铺砌采用 M7.5 号浆砌 MU30 片石。其工程数量为:

$$\frac{2.74+1.1}{2}\times1.42\times0.3+\frac{2.92+1.1}{2}\times1.58\times0.3\approx1.77\text{m}^3$$

K15+42

1-150×100钢筋混凝土盖板明涵

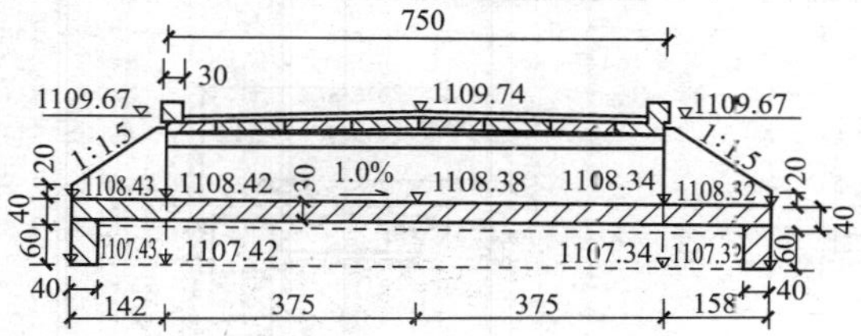

纵断面 1:100

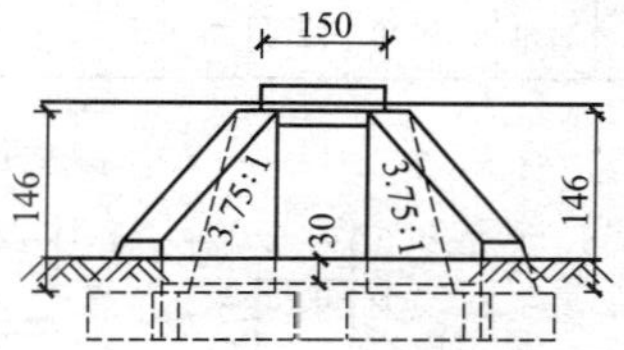

左洞口侧面

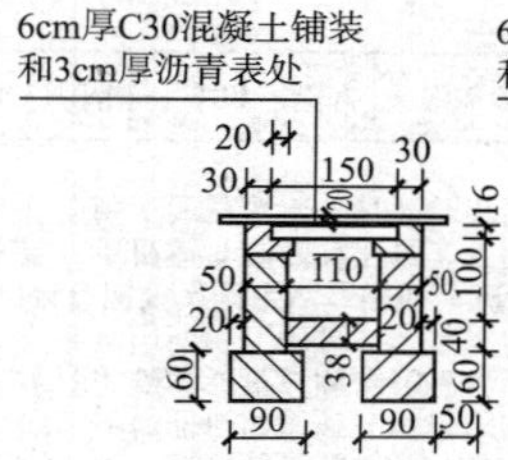

左侧洞身断面

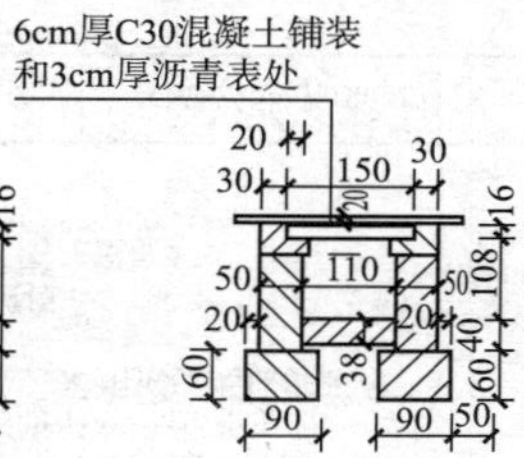

右侧洞身断面

工程数量表

项目 \ 材料		钢筋			混凝土			M10砂浆砌30号块石	M7.5砂浆砌30号片石
		$\phi 12$	$\phi 8$	$\phi 6$	C30	C25	C20		
单位		kg	kg	kg	m^3	m^3	m^3	m^3	m^3
涵身	盖板及帽石	71.20	23.00	26.80	0.07	1.98			
	台帽	11.52	23.70	10.80			2.53		
	台墙							9.30	
	基础								8.10
洞口	八字墙身								3.46
	八字墙基								4.34
	截水墙								1.25
	洞口铺砌								1.77
铺底									2.48
铺装层					0.62				
合计		82.72	46.70	37.60	0.67	1.98	2.53	9.30	21.40

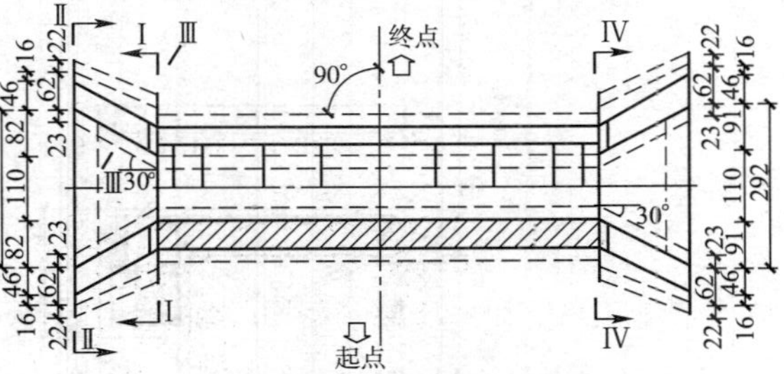

平面图 1:100

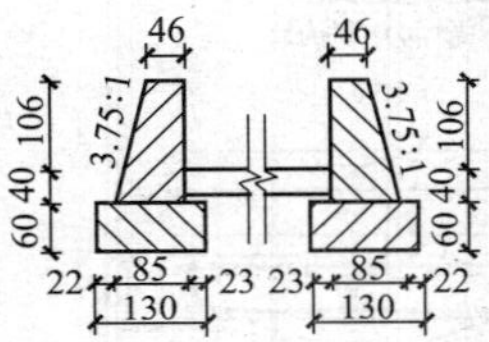

I—I 剖面

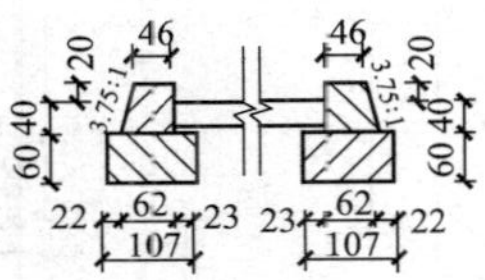

Ⅱ—Ⅱ剖面

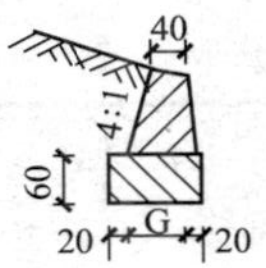

Ⅲ—Ⅲ剖面

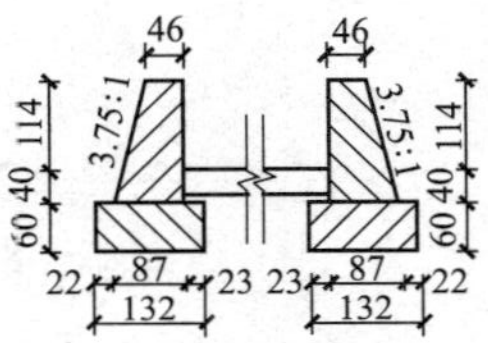

Ⅳ—Ⅳ剖面

注：1.图中尺寸除高程、里程以m计外，其余均以cm计。
2.本涵设计作用：公路—Ⅱ级。
3.图中各细部尺寸请参看涵洞通用图部分。
4.本涵要求的地基承载力不小于200kPa。
5.施工时涵底高程及涵底坡度如与实际情况不符时，可适当调整。
6.本涵共需0.99m宽中板6块，0.74m宽边板2块。
7.为使水流顺畅，涵洞进出口可做适当开挖。

公路小桥涵设计示例（六）	1-1.5 盖板涵	总体布置图	设计	×××	复核	×××	审核	×××	比例	1:100	图号	SL6-1	×××公路勘察设计院

图 7-3-15

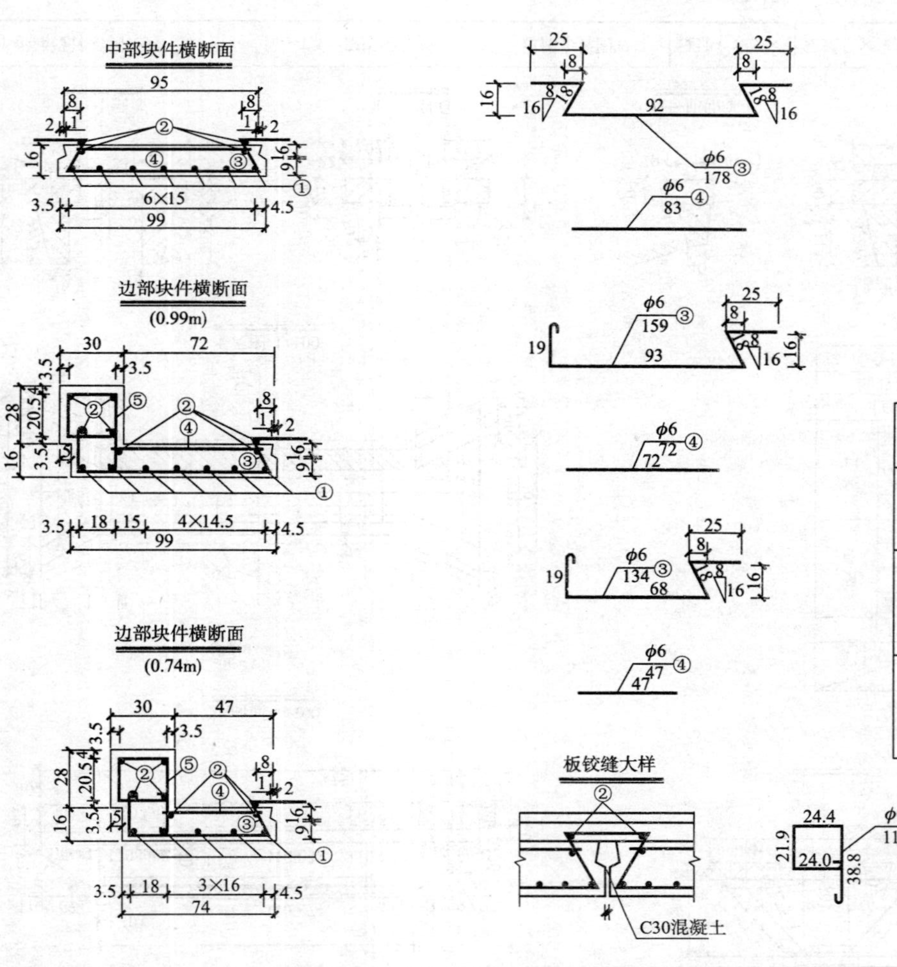

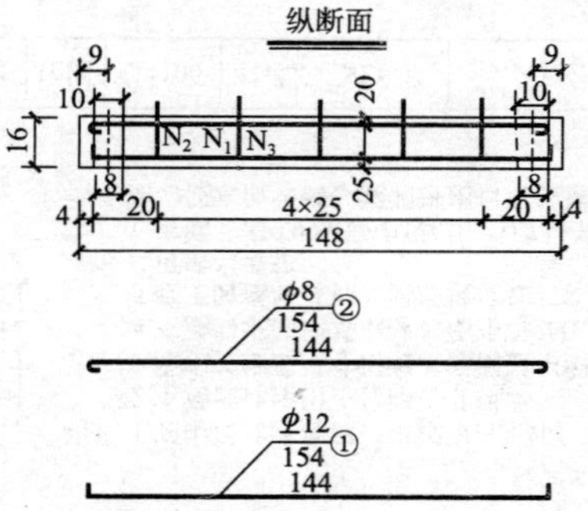

一块行车道块件材料总表

块件	编号	直径(mm)	每根长(cm)	根数	共长(m)	共重(kg)	总重(kg)	混凝土(m³) 预制板(C25混凝土)	混凝土(m³) 铰缝(C30混凝土)	吊装重量(t)
中部块件(0.99m)	1	ϕ12	154	7	10.78	9.6	15.1	0.23	0.01	0.57
	2	ϕ8	154	4	6.16	2.4				
	3	ϕ6	178	7	12.46	3.1				
	4	ϕ6	83	2	1.66					
边部块件(0.99m)	1	ϕ12	154	7	10.78	9.6	18.7	0.36	0.01	0.90
	2	ϕ8	154	7	10.78	4.3				
	3	ϕ6	159	7	11.13	4.6				
	4	ϕ6	72	2	1.44					
	5	ϕ6	118	7	8.26					
边部块件(0.74m)	1	ϕ12	154	5	7.70	6.8	15.2	0.30	0.01	0.75
	2	ϕ8	154	7	10.78	4.3				
	3	ϕ6	134	7	9.38	4.1				
	4	ϕ6	47	2	0.94					
	5	ϕ6	118	7	8.26					

注：1.图中尺寸除钢筋直径以mm计外，其余均以cm计。
2.锚栓孔如遇板内主筋，可将主筋平弯绕孔通过。
3.块件吊装应安置在两端30cm处，采用钢丝绳捆绑起吊，不准利用锚栓孔吊装。
4.N4号钢筋为固定架立钢筋之顶撑。
5.行车道板块件预制时不宜大于图注宽度。
6.其他施工注意事项见有关规范。

公路小桥涵设计示例（六）	1-1.5 盖板涵	盖板钢筋构造图	设计	×××	复核	×××	审核	×××	比例	1:100	图号	SL6-2	×××公路勘察设计院

图 7-3-16

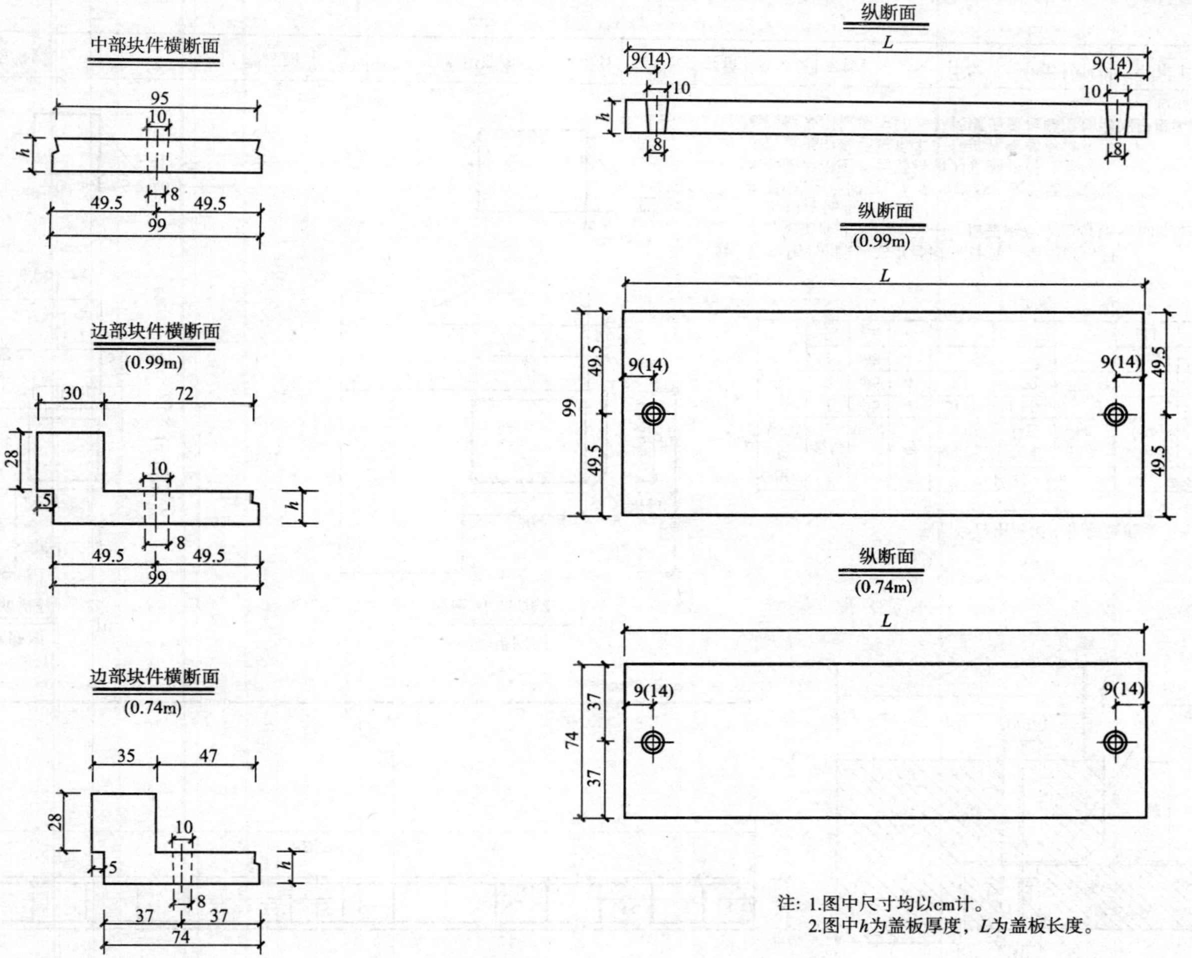

注：1.图中尺寸均以cm计。
2.图中h为盖板厚度，L为盖板长度。

公路小桥涵设计示例(六)	1-1.5　盖板涵	锚栓孔位置置图	设计	×××	复核	×××	审核	×××	比例	1:100	图号	SL6-3	×××公路勘察设计院

图　7-3-17

台帽纵断面I—I 1:20

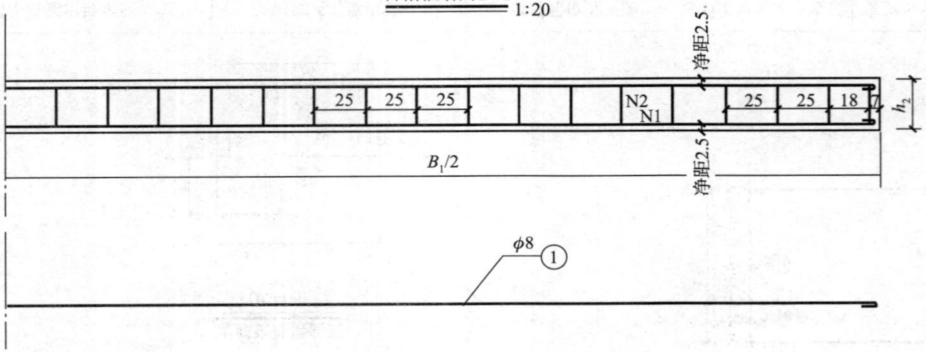

台帽锚混凝土孔大样示意
所有跨径(块石)

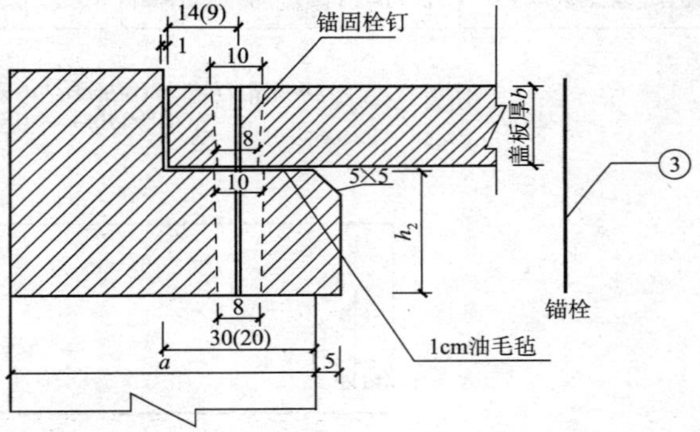

台帽横断面 1:10
跨径1.5m(块石)

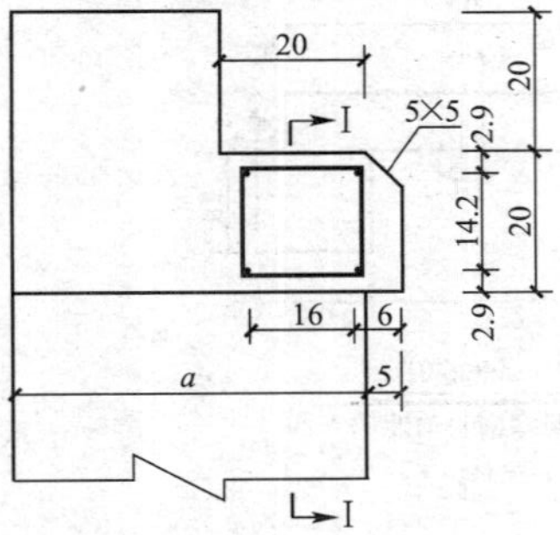

台帽横断面 1:10
跨径>1.5m(块石)

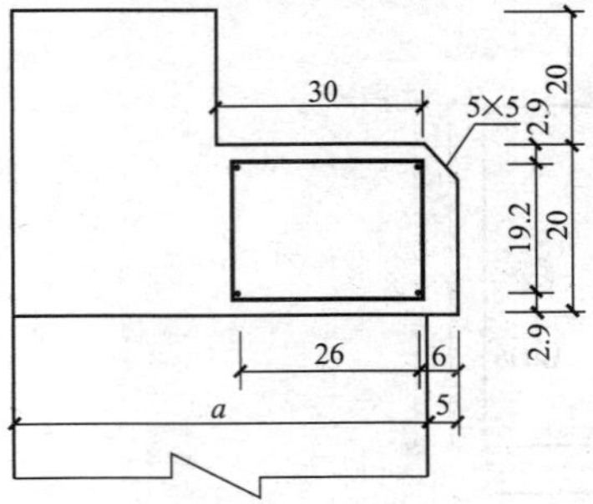

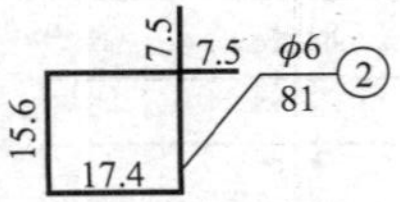

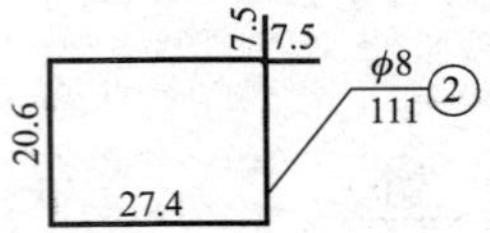

一侧涵台台帽每延米钢筋重量表

台帽高 h_2 (cm)	钢筋编号	直径 (mm)	根数	跨径1.5m			跨径>1.5m		
				每根长 (cm)	共重 (kg)	总重 (kg)	每根长 (cm)	共重 (kg)	总重 (kg)
20	1	φ8	4	100	1.58	2.30			
	2	φ6	4	81	0.72				
25	1	φ8	4				100	1.58	2.57
	2	φ6	4				111	0.99	

注：1.图中尺寸除钢筋直径以cm计外，余均以cm计。
2.台帽锚栓孔大样图示中，括弧内数字为跨径1.5m时尺寸，括弧外数字为跨径2.0～4.0m时之尺寸。
3.图中a为台墙宽，h_2为台帽高，B_1为涵洞长度。
4.本图台帽图式台墙材料为浆砌块石。
5.数量表中钢筋总重未包括绑扎铁丝重。
6.锚栓采用盖板主筋，其长度为盖板厚度加台帽厚度($b+h_2$)，每个锚栓孔插两根。

公路小桥涵设计示例(六)	1-1.5 盖板涵	台帽构造图	设计	×××	复核	×××	审核	×××	比例	1:100	图号 SL6-4	×××公路勘察设计院

图 7-3-18

⑨铺底。

铺底采用 M7.5 号浆砌 MU30 片石。其工程数量为：

$$1.1\times0.3\times7.5=2.48m^3$$

⑩铺装层。

铺装层采用 C30 混凝土。其工程数量为：

$$1.5\times(7.5-0.3\times2)\times0.06=0.62m^3$$

其设计图纸和工程数量见图 7-3-15 ~ 图 7-3-18。

2）能力训练：涵洞设计

（1）设计资料

某三级公路上 K10 + 350.42 处需设一道涵洞，测得沟纵断面为：-0.1/9.5、-0.2/4、-0.3/3、涵中心桩号/170.50（地面高）、0.2/10、0.1/6、0.2/9，河沟底中心地面高 170.50m，路基宽为 7.5m，路基设计高程为 173.50m，路基边坡为 1:1.5。

（2）设计要求

完成一道 1-2.5×1.5 的钢筋混凝土盖板涵设计，要求：

①绘出涵洞的布置图。

②计算出涵洞工程数量。

③涵洞尺寸拟定、涵长计算、高程计算等要有详细的计算说明书。

自 测 题

简答题

1. 简述涵洞的施工准备工作和施工放样。

2. 简述单孔有圬工基础的钢筋混凝土圆管涵施工程序以及施工注意事项。

3. 试述钢筋混凝土圆管涵管节常见的安装方法。

4. 试述拱涵施工中常用支架和拱架的特点以及其适用范围。

5. 试述钢筋混凝土盖板涵的施工程序。

6. 简述倒虹吸管的适用范围以及其防漏接缝处理。

7. 某山岭重丘区三级公路，路基宽度为 7.5m，路基边坡 1:1.5，路拱横坡 2%。经实地测定河沟中心桩号为 K26 + 605，涵洞轴线与路线交角为 90°，河沟中心高程为 1181.05m，该处路基中心线设计高程为 1183.75m，无超高和加宽，涵洞位于季节性冻区，涵位所处地区最大冻深为 0.75m，根据设计流量，拟定采用孔径为 1.5m 正交石拱涵。试进行本涵洞的几何设计。

8. 某平原微丘区三级公路路基宽 7.0m，设计边坡 1:1.5，路拱横坡 2.0%，经实地测定河沟中心桩号为 K12 + 946，涵洞轴线与路线正交，河沟地面中心高程为 139.8m，上游和下游处的路基设计高程均为 141.9m，涵洞位于季节性冻区，涵位所处地区最大冻深为 1.8 据设计流量计算的孔径为 0.98m，拟采用 1-1.0m 钢筋混凝土圆管涵，试进行本涵的几何设计。

9. 某平原微丘区一级公路路基宽 25.0m，设计边坡 1:1.5，路拱横坡 1.50%，经实地测定河沟中心桩号为 K18 + 259，涵洞轴线与路线斜交，斜交角度为 75°，河沟地面中心高程为 333.1m，上游处的路基设计高程为 337.501，下游处的路基设计高程为 337.059m，涵洞位于季冻区，涵位所处地区最大冻深为 1.8m，地基为软弱土层，承载力较低，据设计流量计算的孔径为 3.90m，拟采用 1-4.0m 钢筋混凝土箱涵，试进行本涵的几何设计。

第8章　桥梁工程施工管理

【知识目标】

1. 桥梁工程质量管理基本知识、工程质量问题和工程事故的处理程序；

2. 桥梁工程安全管理的原则、施工单位安全责任、安全技术交底、桥梁工程施工安全技术；

3. 桥梁工程文明施工行业标准、文明施工的基本内容和措施；

4. 桥梁工程资料管理的内容、桥梁工程资料管理的办法、桥梁工程文件资料编制的基本要求、桥梁工程归档文件的质量要求及组卷方法。

【能力目标】

1. 能运用桥梁工程质量管理基本知识，处理工程质量问题，进行桥梁工程施工质量管理；

2. 能描述桥梁工程安全施工技术并运用桥梁工程安全管理知识组织施工；

3. 能推行现代管理方法，科学组织施工，做好施工现场的各项管理工作；

4. 熟悉桥梁工程资料管理内容、资料管理办法，能完成桥梁工程文件资料编制的及归档任务。

【任务描述】

桥梁工程施工管理是桥梁工程质量的重要保障。教师根据班级分组情况，准备桥梁工程施工案例背景资料，要求各小组分别从质量管理、安全管理、文明施工管理及工程资料管理等方面编写《××桥梁施工质量管理手册》。

【学习引导】

本章按以下顺序进行学习：

桥梁工程质量管理基本概念→质量管理方法→质量问题和工程施工处理程序→桥梁工程安全管理原则→桥梁工程文明施工行业标准文明施工的基本内容和措施→桥梁工程资料管理的内容、管理办法→文件资料编制的基本要求→施工资料、文件编制及归档

8.1　质量管理

8.1.1　桥梁工程质量管理基本知识

任何组织都需要管理。当管理与质量有关时，则为质量管理。质量管理是在质量方面指挥和控制组织的协调活动，通常包括制订质量方针、目标以及质量策划、质量控制、质量保证和质量改进等活动。实现质量管理的方针目标，有效地开展各项质量管理活动，必须建立相应的管理体系，这个体系就叫质量管理体系。质量管理体系通过质量策划、质量控制、质量保证和质量改进等活动发挥其职能。可以说，这四项活动是质量管理工作的四大支柱。

质量保证是企业向用户保证其承建的工程在规定期限内的正常使用。施工企业质量保证体系应包括施工准备、施工过程、使用过程的质量管理三个基本组成部分。

8.1.1.1　施工准备阶段的质量管理

准备阶段的质量管理工作主要有以下几项：

(1)图纸的审查。图纸是施工的依据，因此，要保证施工的质量首先就要学习和熟悉图纸，了解设计意图。同时，通过熟悉和审查图纸，也可以发现设计中可能存在的差错与不便施工或难以保证施工质量之处，并使之得到改正。

(2)施工组织设计的编制。这是保证施工经济合理、有计划有秩序地进行的重要措施和先决条件。

(3)材料和预制构件、半成品等的检验。施工单位必须建立和健全试验机构，充实试验人员，认真做好原材料、半成品、构件和设备的检验工作。凡是没有合格证明，材料或设备性能不清的，一定要严格按照规定进行检验，未经检验的设备不得安装，不合格的材料和半成品、构件不得使用。

(4)施工机械设备的检修。施工单位必须搞好检修工作，经常保持机械设备的完好和精度。

8.1.1.2 施工过程中的质量管理

施工过程是控制质量的主要阶段，这阶段的质量管理工作主要是以下几项。

(1)做好施工的技术交底，监督按照设计图纸和规范、规程施工。

(2)进行施工质量检查和验收。保证和不断提高工程质量，必须坚持质量检查与验收制度，加强对施工过程各个环节的质量检查。对于已完的分部分项工程，特别是隐蔽工程进行验收，不合格的工程绝不允许通过，该返工的必须坚决返工，不留隐蔽。上道工序不合格，下道工序就不得进行。对于质量容易波动、常见质量通病，或对工程质量影响比较大的关键工序，检测手段或检验技术比较复杂，靠自检、互检不能保证质量的工序和最后交工前的检查更要注意质量检验。质量检验要实行专职检验与群众检验相结合，以专职检验为主。但是工程建设十分复杂，每一道工序都要依靠专职检查人员检查是不可能的，而且，施工质量的好坏归根结底还是决定于参与施工的工人。因此，除专职检验外，还要发动工人群众参加自检、互检和工序交接检查验收，这对保证质量是非常重要的。

(3)质量分析。检查验收终究是事后的，发现问题的时候往往事故已经发生，浪费已经造成。所以质量管理工作必须走在事故发生之前，防患于未然，方能发挥更大的作用。通过质量检验可以获得大量的反映质量问题的数据，要采用质量管理统计方法对这些数据进行分析，就能找出产生质量缺陷的种种原因，要采取预防措施，尽可能把质量问题消除在出现之前，使不合格产品和因返工或修理的工料费用降到最低的限度。

(4)实现文明施工。按照施工组织设计的要求和施工程序进行施工，做好施工准备，搞好现场的平面布置与管理，保持现场的施工秩序和整齐清洁，对于保证和提高工程质量也是有重要意义的。

8.1.1.3 使用阶段的质量管理

桥梁工程投产使用过程是考验工程实际质量的过程。它既是企业质量管理的归宿点，又是企业质量管理的出发点。因此，企业施工质量管理，必须从现场施工延伸到一定期限的使用过程。对施工企业而言，产品使用阶段的质量管理有两项：一是及时回访，对已完工程进行调查，听取使用部门对施工质量方面的意见，从中发现工程质量存在的问题，分析原因，以便及时补救，并为日后改进施工质量管理知识积累经验；二是实行保修制度，对于施工原因造成的质量问题，施工企业要负责无偿保修。

8.1.1.4 桥梁工程质量管理方法

(1)桥梁工程质量实行建设单位或项目法人(以下统称建设单位)全面负责,监理单位控制,设计、施工单位保证和政府监督相结合的质量管理体制。

(2)桥梁工程建设项目的主管部门、建设、设计、施工、监理单位负责人,对本单位的质量工作负领导责任;各单位的工程项目负责人,对本单位工程项目现场的质量工作负直接领导责任;各单位的工程技术负责人,对质量工作负工程技术方面的责任;具体工作人员为直接责任人。

(3)桥梁工程建设项目实行“政府监督、社会监理、企业自检”三级质量保证体系和年度工程质量检查制度。

(4)严禁设计、施工、监理单位将承接的桥梁工程建设项目转包,严格控制桥梁工程的分包。桥梁工程分包的具体规定如下。

①工程分包单位必须具有相应的资质等级,且不得二次分包。设计和监理合同分包必须经建设单位同意;施工合同分包必须经监理单位审查,建设单位批准。

②分包单位必须按照分包合同的约定,对工程质量向总承包单位负责,接受总承包单位的质量管理;总承包单位按照总承包合同的约定,对全部工程质量向建设单位负责,对分包工程的质量与分包单位承担连带责任。

(5)从事桥梁工程建设活动的专业技术人员,应当按照有关桥梁工程建设的法律、法规、规章的规定取得相应的资格证书,并在资格证书许可范围内从事桥梁工程建设活动。

8.1.2 工程质量问题处理程序

根据建设部颁布的第3号令《工程建设重大事故报告和调查程序规定》,凡是工程质量不合格,必须进行返修、加固或报废处理。由此造成直接经济损失低于5000元的称为质量问题;直接经济损失在5000元(含5000元)以上的称为工程事故。

施工项目由于具有产品固定,生产流动;产品多样,结构类型不一;露天作业多,自然条件(地质、水文、气象、地形等)多变;材料品种、规格不同,材性各异,交叉施工,现场配合复杂;工艺要求不同,技术标准不一等特点,因此,对质量影响的因素繁多,在施工过程中稍有疏忽,就极易引起系统性因素的质量变异,而产生质量问题或严重的工程质量事故。

为此,必须采取有效措施,对常见的质量问题事先加以预防;对出现的质量事故应及时进行分析和处理。

对已发生的质量问题,应掌握其处理程序。

(1)判断其严重程度,并明确各程度质量问题的基本处理程序。

①对可以通过返修或返工弥补的质量问题,施工单位应写出质量问题调查报告,提出处理方案,监理工程师审核后,批复施工单位处理,必要时应经建设单位和设计单位认可,处理完后应重新进行验收。

②对需要加固补强的质量问题,或质量问题的存在影响下道工序和分项工程的质量时,应停止有质量问题部位和与其有关联部位及下道工序的施工。必要时,应采取防护措施。施工单位应写出质量问题调查报告,由设计单位提出处理方案,并征得建设单位同意,批复施工单位处理,处理完后应重新进行验收。

(2)施工单位在监理工程师的组织参与下进行质量问题调查并完成报告编写的具体方

式。调查的主要目的是明确质量问题的范围、程度、性质、影响和原因,为问题处理提供依据,调查应力求全面、详细、客观准确。调查报告应包括如下主要内容:

①与质量问题相关的工程情况。

②质量问题发生的时间、地点、部位、性质、现状及发展变化等详细情况。

③调查中的有关数据和资料。

④原因分析与判断。

⑤是否需要采取临时防护措施。

⑥质量问题处理补救的建议方案。

⑦涉及的有关人员和责任及预防该质量问题重复出现的措施。

(3)按处理方案实施处理的一些具体规定。

发生的质量问题不论是否由于施工单位原因造成,通常都是先由施工单位负责实施处理。对因设计单位原因等非施工单位责任引起的质量问题,应通过建设单位要求设计单位或责任单位提出处理方案,处理质量问题所需的费用或延误的工期,由责任单位承担;若质量问题属施工单位责任,施工单位应承担各项费用损失和合同约定的处罚,工期不予顺延。

8.1.3 工程事故处理程序

工程质量事故发生后,可按以下程序进行处理。

(1)工程质量事故发生后,先停止进行质量缺陷部位和与其有关联部位及下道工序施工,采取必要的措施,防止事故扩大并保护好现场;同时,要求迅速按类别和等级向相应的主管部门上报,并于24h内写出书面报告。

质量事故报告应包括以下主要内容。

①事故发生的单位名称,工程(产品)名称、部位、时间、地点。

②事故概况和初步估计的直接损失。

③事故发生原因的初步分析。

④事故发生后采取的措施。

⑤相关各种资料。

(2)完成质量事故技术处理方案的制订。

技术处理方案必须有充分的依据,应在质量事故的部位、原因全部查清的基础上进行,必要时应委托法定工程质量检测单位进行质量鉴定或请专家论证,以确保技术处理方案可靠、可行,保证结构安全和使用功能。

(3)制订详细的方案设计。

(4)施工单位完成自检后报验结果并编写质量事故处理报告。

事故的原因分析,要建立在事故情况调查的基础上,避免情况不明就主观分析推断事故的原因。尤其是有些事故,其原因错综复杂,往往涉及勘察、设计、施工、材质、使用管理等几方面,只有对调查提供的数据、资料进行详细分析后,才能去伪存真,找到造成事故的主要原因。事故的处理要建立在原因分析的基础上,对此事故认识不清时,只要事故不致产生严重的恶化,可以继续观察一段时间,做进一步调查分析,不要急于求成,以免造成同一事故多次处理的不良后果。事故处理的基本要求是:安全可靠,不留隐患,满足建筑功能和使用要求,技术可行,经济合理,施工方便。在事故处理中,还必须加强质量检查和验收。对每一个质量事故,无论是否需要处理都要经过分析,作出明确的结论。

自 测 题

一、简答题

1. 简述桥梁工程质量管理体系所包含的内容。

2. 简要说明工程质量问题处理程序。

二、名词解释

1. 质量管理

2. 质量管理体系

3. 工程事故

8.2 安全管理

桥梁工程是一项技术难度高、安全危害性大的特殊工程项目。桥梁施工风险大,容易发生车辆伤害、起重伤害、机械伤害、物体打击、高空坠落、触电、淹溺和管线伤害等多方面的事故。为确保安全生产,施工项目部应按国家有关规定建立以项目经理为首的安全管理机构,设专职安全员,班组要有兼职安全员,全面负责安全生产的宣传教育和督促检查工作。牢固树立"安全第一,预防为主"的思想,生产必须安全、安全促进生产、安全生产人人有责。同时要制订切实可行的安全管理制度和安全防护措施;定期进行安全检查,以确保安全措施的落实和安全操作规程的执行。

8.2.1 安全管理原则

桥梁工程项目安全管理,就是桥梁工程项目在施工过程中,组织安全生产的内部管理活动。通过对生产因素具体的状态控制,使生产因素不安全的行为和状态尽量减少或消除,不引发人为事故尤其不引发使人受到伤害的事故。

安全生产是施工项目重要的控制目标之一,它关系到施工企业的经济效益和施工企业的形象,也是衡量施工企业管理水平的重要标志。因此在工程施工过程中,必须把施工项目的安全管理当作组织施工活动的重要任务。

安全管理的中心任务,是按照国家和有关部委关于安全生产的法规,保护在生产活动中人的安全与健康,保证施工活动的顺利进行。在具体的安全管理过程中,应当坚持以下六项基本原则。

(1)坚持安全与生产管理并重的原则

安全管理寓于生产管理之中,它对生产发挥着保证与促进作用。在工程的整个管理过程中,安全与生产虽然有时会出现一定的矛盾,但从安全管理与生产管理的目标来看,两者表现出高度的一致和完全的统一。国务院在《关于加强企业生产中安全工作的几项规定》中明确指出:"各级领导人在管理生产的同时,必须负责管理安全工作。""企业中各有关专职机构,都应该在各自业务范围内,对实现安全生产的要求负责。"因此,安全管理是生产管理的重要组成部分,安全与生产在实施管理的过程中,两者存在着密切的联系,存在着共同管理的基础。

(2)坚持安全管理具有目的性的原则

施工企业在制订安全管理计划时,要根据有关法律、法规、条例和规程的规定,结合工程和本施工企业的实际,明确安全管理的目的,采取切实可行的安全技术措施,保证工程安全施工、顺利进行。没有明确目的的安全管理,是一种盲目的行为;盲目的安全管理,危险因素依然存在,而且会纵容威胁人的安全与健康的状态向更为严重的方向发展或转化。

(3)坚持安全管理"预防为主"的原则

我国安全生产的基本方针是"安全第一、预防为主",这是一个统一体的两个方面。

"安全第一"是从保护生产力的角度和高度出发,表明在生产范围内安全与生产的关系,强调安全在生产活动中的重要性。

贯彻"预防为主",首先要端正对生产中不安全因素的认识,端正消除不安全因素的态度,选准消除不安全因素的时机。在安排施工任务时,要针对生产中可能出现的不安全因素,采取积极的预防措施并予以消除,这是安全管理的最佳选择。在生产活动中,科学预测、经常检查、及早发现、及时消除不安全因素,是安全管理应有的鲜明态度。

(4)坚持安全管理重在控制的原则

进行安全管理的目的,是为了预防、消除不安全因素,防止工伤事故的发生,保护劳动者的安全与健康。在安全管理的主要内容中,所有内容都是为了达到安全管理的目的,但是对生产因素的控制,与安全管理的目的关系更直接,显得更为突出。因此,对生产中的人的不安全行为和物的不安全状态的控制,必须作为动态的安全管理的重点。从众多发生的事故来看,安全事故是人的不安全行为运动轨迹与物的不安全状态运动轨迹的交叉。因此,对生产因素状态的控制,应当作为安全管理的重点,而不能把约束当成安全管理的重点。

(5)坚持安全管理"四全"管理的原则

安全生产管理涉及生产活动中的各个方面,涉及从开工到竣工交付使用的全部生产过程,涉及工程施工的全部生产时间,涉及生产过程中的一切变化着的生产因素。因此,在整个生产活动中,必须坚持全员、全过程、全方位、全天候(简称"四全")的动态安全管理。

生产安全管理,是一个复杂的系统工程。在"四全"管理中,全员管理是安全管理中最重要的管理。安全管理不只是少数人和专门安全机构的事,而是一切与生产活动有关的所有人员的大事。缺乏全员的参与,安全管理工作根本无法全面展开,也不会出现好的管理效果。

(6)坚持在管理中发展和提高的原则

安全管理是在变化着的生产活动中的管理,其不安全因素随着生产因素的变化而变化。所以,安全管理是一种动态管理,其过程是不断发展、不断变化的,只有在管理中发展的提高,才能适应变化的生产活动,消除新的不安全因素,摸索出安全管理的新规律,总结出安全管理的新办法,从而使安全管理不断上升到新的高度。

8.2.2 施工单位的安全责任

施工单位的安全责任主要概括为以下内容:

(1)施工单位从事建设工程的新建、扩建、改建和拆除等活动,应当具备国家规定的注册资本、专业技术人员、技术装备和安全生产等条件,依法取得相应等级的资质证书,并在其资质等级许可的范围内承揽工程。

(2)施工单位主要负责人依法对本单位的安全生产工作全面负责。

施工单位应当建立健全安全生产责任制度和安全生产教育培训制度,制订安全生产规章制度和操作规程,保证本单位安全生产条件所需资金的投入,对所承担的建设工程进行定期和专项安全检查,并做好安全检查记录。

施工单位的项目负责人应当由取得相应执业资格的人员担任，对建设工程项目的安全施工负责，落实安全生产责任制度、安全生产规章制度和操作规程，确保安全生产费用的有效使用，并根据工程的特点组织制订安全施工措施，消除安全事故隐患，及时、如实报告生产安全事故。

(3)施工单位对列入建设工程概算的安全作业环境及安全施工措施所需费用，应当用于施工安全防护用具及设施的采购和更新、安全施工措施的落实、安全生产条件的改善，不得挪作他用。

(4)施工单位应当设立安全生产管理机构，配备专职安全生产管理人员。

专职安全生产管理人员负责对安全生产进行现场监督检查。发现安全事故隐患，应当及时向项目负责人和安全生产管理机构报告；对违章指挥、违章操作的，应当立即制止。

(5)建设工程实行施工总承包的，由总承包单位对施工现场的安全生产负总责。总承包单位应当自行完成建设工程主体结构的施工。

总承包单位依法将建设工程分包给其他单位的，分包合同中应当明确各自在安全生产方面的权利、义务。总承包单位和分包单位对分包工程的安全生产承担连带责任。

分包单位应当服从总承包单位的安全生产管理，分包单位不服从管理导致生产安全事故的，由分包单位承担主要责任。

(6)垂直运输机械作业人员、安装拆卸工、爆破作业人员、起重信号工、登高架设作业人员等特种作业人员，必须按照国家有关规定经过专门的安全作业培训，并取得特种作业操作资格证书后，方可上岗作业。

(7)施工单位应当在施工组织设计中编制安全技术措施和施工现场临时用电方案，对下列达到一定规模的危险性较大的分部分项工程编制专项施工方案，并附安全验算结果，经施工单位技术负责人、总监理工程师签字后实施，由专职安全生产管理人员进行现场监督。

①基坑支护与降水工程。

②土方开挖工程。

③模板工程。

④起重吊装工程。

⑤脚手架工程。

⑥拆除、爆破工程。

⑦国务院建设行政主管部门或者其他有关部门规定的其他危险性较大的工程。

对工程中涉及的深基坑工程、地下暗挖工程、高大模板工程的专项施工方案，施工单位还应当组织专家进行论证、审查。

(8)建设工程施工前，施工单位负责项目管理的技术人员应当对有关安全施工的技术要求向施工作业班组、作业人员作出详细说明，并由双方签字确认。

(9)施工单位应当在施工现场入口、施工起重机械、临时用电设施、脚手架、出入通道口、楼梯口、电梯井口、孔洞口、桥梁口、隧道口、基坑边沿、爆破物及有害危险气体和液体存放处等危险部位，设置明显的安全警示标志。安全警示标志必须符合国家标准。

施工单位应当根据不同施工阶段和周围环境及季节、气候的变化，在施工现场采取相应的安全施工措施。施工现场暂时停止施工的，施工单位应当做好现场防护，所需费用由责任方承担，或者按照合同约定执行。

(10)施工单位应当将施工现场的办公、生活区与作业区分开设置，并保持安全距离；办公、生活区的选址应当符合安全性要求。职工的膳食、饮水、休息场所等应当符合卫生标准。施工单位不得在尚未竣工的建筑物内设置员工集体宿舍。

施工现场临时搭建的建筑物应当符合安全使用要求。施工现场使用的装配式活动房屋应当具有产品合格证。

(11)施工单位对因施工可能造成损害的毗邻建筑物、构筑物和地下管线等,应当采取专项防护措施。

施工单位应当遵守有关环境保护法律、法规的规定,在施工现场采取措施,防止或者减少粉尘、废气、废水、固体废物、噪声、振动和施工照明对人和环境的危害和污染。

在城市市区内的建设工程,施工单位应当对施工现场实行封闭围挡。

(12)施工单位应当在施工现场建立消防安全责任制度,确定消防安全责任人,制订用火、用电、使用易燃易爆材料等的各项消防安全管理制度和操作规程,设置消防通道、消防水源,配备消防设施和灭火器材。施工单位应在施工现场入口处设置明显的安全生产标志。

(13)施工单位应当向作业人员提供安全防护用具和安全防护服装,并书面告知危险岗位的操作规程和违章操作的危害。

作业人员有权对施工现场的作业条件、作业程序和作业方式中存在的安全问题提出批评、检举和控告,有权拒绝违章指挥和强令冒险作业。

在施工中发生危及人身安全的紧急情况时,作业人员有权立即停止作业或者在采取必要的应急措施后撤离危险区域。

(14)作业人员应当遵守安全施工的强制性标准、规章制度和操作规程,正确使用安全防护用具、机械设备等。

(15)施工单位采购、租赁的安全防护用具、机械设备、施工机具及配件,应当具有生产(制造)许可证、产品合格证,并在进入施工现场前进行查验。

施工现场的安全防护用具、机械设备、施工机具及配件必须由专人管理,定期进行检查、维修和保养,建立相应的资料档案,并按照国家有关规定及时报废。

(16)施工单位在使用施工起重机械和整体提升脚手架、模板等自升式架设设施前,应当组织有关单位进行验收,也可以委托具有相应资质的检验检测机构进行验收;使用承租的机械设备和施工机具及配件的,由施工总承包单位、分包单位、出租单位和安装单位共同进行验收。验收合格的方可使用。

施工单位应当自施工起重机械和整体提升脚手架、模板等自升式架设设施验收合格之日起30d内,向建设行政主管部门或者其他有关部门登记。登记标志应当置于或者附着于该设备的显著位置。

(17)施工单位的主要负责人、项目负责人、专职安全生产管理人员应当经建设行政主管部门或者其他有关部门考核合格后方可任职。

施工单位应当对管理人员和作业人员每年至少进行一次安全生产教育培训,其教育培训情况记人个人工作档案。安全生产教育培训考核不合格的人员,不得上岗。

(18)作业人员进入新的岗位或者新的施工现场前,应当接受安全生产教育培训。未经教育培训或者教育培训考核不合格的人员,不得上岗作业。

施工单位在采用新技术、新工艺、新设备、新材料时,应当对作业人员进行相应的安全生产教育培训。

(19)施工单位应当为施工现场从事危险作业的人员办理意外伤害保险。

意外伤害保险费由施工单位支付。实行施工总承包的,由总承包单位支付意外伤害保险费。意外伤害保险期限自建设工程开工之日起至竣工验收合格止。

8.2.3 安全技术交底

桥涵工程施工前,施工单位负责项目管理的技术人员应当对有关安全施工的技术要求向施工作业班组、作业人员作出详细说明,并由双方签字确认。施工前的安全施工技术交底的目的就是让所有的安全生产从业人员都对安全生产有所了解,最大限度地避免安全事故的发生。

8.2.3.1 安全技术交底基本要求

(1)项目经理部必须实行逐级安全技术交底制度,纵向延伸到班组全体作业人员。

(2)安全技术交底必须具体、明确,针对性强。

(3)安全技术交底的内容应针对分部分项工程施工中会给作业人员带来危险的潜在因素和存在问题。

(4)应优先采用新的安全技术措施。

(5)应将工程概况、施工方法、施工程序、安全技术措施等向工长、班组长进行详细交底。

(6)定期向两个以上作业队和多工种进行交叉施工的作业队伍进行书面交底。

(7)保存书面安全技术交底的签字记录。

8.2.3.2 安全技术交底的主要内容

(1)本施工项目的施工作业点和危险点。

(2)针对危险点的具体预防措施。

(3)应注意的安全事项。

(4)相应的安全操作规程和标准。

(5)发生事故后应及时采取的避难和急救措施。

8.2.3.3 安全检查

安全检查是指企业安全生产监察部门或项目经理部对企业贯彻国家安全生产法律法规的情况、安全生产情况、劳动条件、事故隐患等所进行的检查。安全检查的目的是验证安全计划的实施效果。

施工项目的安全检查由项目经理组织,定期进行。安全检查的内容包括安全生产责任制、安全保证计划、安全组织机构、安全保证措施、安全技术交底、安全教育、安全持证上岗、安全设施、安全标识、操作行为、违规管理、安全记录等。

安全检查的重点是违章指挥和违章作业。安全检查应编制安全检查报告,说明已达标项目、未达标项目、存在问题、原因分析、纠正和预防措施等。

8.2.4 桥梁工程施工安全技术

施工员工应熟悉并遵守各项安全技术操纵规程,进施工现场必须使用劳动安全保护用品,严防高处坠落、异物打击、触电、淹溺和其他各类机械的、人为的伤害事故。从事特种作业职员,应经专业培训持证上岗。施工前应对施工现场、机具设备及安全防护措施等进行全面检查,确认符合安全要求后方可施工。施工用的各种机具要根据有关规定,派专人进行定期检查和必要的检验,不合格的机具严禁使用。施工现场配置的相应的消防、防洪、防水、防触电、防雷击等设施及设备,施工职员均必须熟悉其性能和使用方法。施工现场按要求挂设的警示牌或标示牌不得擅自拆除;如确需拆除,事后必须立即恢复。施工现场内的各种运输道路及通道,应有照明设备。现场应平整,并经常保持排水畅通。桥涵工程施工过程的安全技术陈述如下。

8.2.4.1 施工用电安全技术

(1)临时用电设备在5台及以上或设备总容量在50kW及以上者,宜编制用电组织设计;当低于上述要求时,可仅制订安全用电技术方案和电气防火方案。

(2)施工用电应采用中性点直接接地的380/220V三相四线制低压电力系统;且应采用总配电箱、分配电箱、开关箱三级配电装置,开关箱以下应为用电设备。电力系统应采用TN—S接零保护和二级漏电保护。采用自备电源时,发电机组的电源应与外电线路联锁,严禁并列运行;发电机组应采用三相四线制中性点直接接地系统,并应独立设置,与外电源隔离。

(3)配电线路应架空架设,且应采用绝缘导线经横担和绝缘子架设在专用电杆上;当采用电缆线路时,应采用五芯电缆,且电缆线路应采取埋地或架空的方式敷设,不得沿地面明设,电缆直接埋地敷设的深度不宜小于0.7m,并应在其路径上设方位标志。配电线路严禁架设在树木、脚手架或其他设施上,各种线路均应有短路和过载保护。

(4)现场电源线的接头应采用绝缘胶带包扎良好,不得采用塑料胶带或其他非绝缘胶带包扎,接头不得随意放置在潮湿的地面上或水中。

(5)施工用电的动力配电箱与照明配电箱宜分箱设置,当合置于同一箱内时,动力与照明应分路配电;动力开关箱与照明开关箱必须分设。配电箱和开关箱应装设在干燥、通风、无外来物体撞击的地方,箱内应设置电源隔离开关、短路保护器和过载保护器,总配电箱和开关柜中还应设置漏电保护器;箱内所使用的各种电器必须可靠、完好,严禁使用破损、不合格的电器。每台用电的设备应有各自专用的开关箱,严禁使用同一个开关箱(或插座)直接控制2台及以上的用电设备。

(6)对施工现场的起重机、龙门吊等机械设备,以及钢支架、钢管脚手架和正在施工的工程金属结构,当位于相邻构筑物防雷装置接闪器的保护范围以外时,应按有关规定安装防雷装置。防雷装置的避雷针(接闪器)可采用长度为1~2m的ϕ20mm钢筋;当利用金属构架做引下线时,应保证构架之间的电气连接;防雷装置的冲击接地电阻值应不大于30Ω。当最高机械设备上避雷针(接闪器)的保护范围能覆盖其他设备,且又最后退出现场时,则其他设备可不设防雷装置。

(7)施工照明的供电电压在一般场所应为220V,在高温、潮湿、有导电灰尘及容易触及照明线路等特殊场所,应使用安全特低电压的照明器。照明器具的形式和防护等级应与环境条件相适应,不得使用绝缘老化或破损的器具。使用220V碘钨灯照明时应同定安装,其安装高度应不低于3m,距易燃物应不小于500mm,并不得直接照射易燃物;220V碘钨灯不得作为移动照明使用。夜间施工对可能影响行人、车辆、船舶、飞机等安全通行的施工部位、设施及设备,应设置红色警戒照明灯。

(8)施工现场的用电应由专职电工进行操作,电工应通过相关的安全教育和专业技术培训,持证上岗;操作时应按安全用电的规定穿戴劳动安全保护用品。禁止在施工现场私拉乱接生产生活用电。

各种电气设备的检查维修,一般应停电作业;若必须带电作业,应有可靠的安全措施并派专人监护。

(9)使用高温灯具要防止失火,其与易燃品的间隔不得小于1m,一般电灯间隔易燃品不得小于50cm。

(10)移动式电气机具设备应有橡胶电缆线供电,并经常留意理顺;跨越道路时,应埋放地下或做穿管保护。

(11)电气设备检验应切断电源,设好防护后进行,并在开关处设置警示牌(如严禁合闸),工作完成后方可拆除;如需做送电试验,必须认真检查,并与有关部分联系后方可进行。

(12)对电气设备、绝缘用具必须定期检查、测试,并做好检查记录。防雷设施在雷雨季节之前应检测,并做好检查记录。手持电动工具应由专人治理,每月检查一次,并做好检查记录。绝缘用具每三个月测试一次。高压绝缘用具,每半年测试一次,并做好检查记录。凡不符合要求的机具,严禁使用。

8.2.4.2 明挖基础安全技术

(1)坑壁四周应清除3m范围,并不得堆放材料机具等,应根据不同地质情况,确定坑壁坡度。

(2)在水中挖基,应备有便于出进基坑的爬梯等安全设施,基坑需机械抽水排水时,须备足足够的抽排水设备。

(3)在挖基坑时,坑内职员必须戴好安全帽,并经常检查坑壁有无异常情况。

(4)施工中要经常检查机具、索具、挂钩等是否完好牢固。

(5)处于土石松动坡脚下的基坑,要做好安全防护措施,要派专人进行观察,当发现有塌落的趋势时,立即组织职员撤离,待消除安全隐患后再进行施工。

(6)机具、材料、弃土等应堆放在基坑边坡安全间隔以外。基坑顶面边坡以外的四周应开挖排水沟,并应保持畅通。

(7)基坑施工时应搭设脚手架平台和运料走道,并设置栏杆。严禁从平台及边坡上往下抛掷物件或往下直接抛掷施工用料。

(8)在基坑内电焊时,要选择职员少时进行,并做好防护和透风工作。氧割电焊时,应有灭火设施。

8.2.4.3 钻孔桩安全技术

(1)钻孔机械就位后,应对钻机及配套设备进行全面检查,钻机安设必须平稳、牢固,钻架应加设缆风绳。

(2)钻机、钻具和吊钻头的钢丝绳,均应符合要求,使用时应有专人检查维修。

(3)选用的钻锥、卷扬机和钢丝绳等,应配置适当,钢丝绳与钻锥用绳卡固接时,绳卡数目应与钢丝绳直径相匹配。使用钨金套必须作拉力试验。

(4)钻进过程中,应在起重机钢绳上打一深度标记,以便把握钢丝绳松弛适度,并应经常检查钢丝绳的损伤情况,如断头率超过5%时应及时更换。

(5)使用钻架起吊时,应经常检查架子、天梁、滑车、钢丝绳情况是否良好;经常检查冲击机器的磨损情况,锤脚已经磨损的应及时焊补。

(6)检查机械时,应在孔口搭设临时脚手板,严防坠落孔内。器械落进孔内时,应使用钩绳等工具打捞,在没有可靠的防坍塌和淹溺措施的情况下,严禁职员进孔内作业。

(7)工作平台及钻机平台上应展满脚手架板及设置栏杆、走道,并应随时清除杂物。

(8)钻孔暂停施工时间,孔口必须设置罩盖及标志。

(9)钻机的卷扬机钢丝绳在卷筒上应排列整洁。卷绕钢丝绳时,严禁职员从钢丝绳上跨越。卷扬机卷筒上的钢丝绳不得放完,应至少保存三圈,严禁人拉钢丝绳卷绕。电动卷扬机在工作中如遇停电或停机检查保养时,必须将电源封闭。工作停止后,也必须将电源封闭,锁好开关箱。

(10)钻机在钻进时,卷扬机变速器换挡应事先停车,挂上挡后,方可开车。

(11)当拆钻杆为双层作业时,上下必须紧密联系,防止落物伤人。严禁用机械动力拆除钻杆。

8.2.4.4 混凝土浇筑安全技术

(1)灌筑墩身、承台混凝土时,应搭设作业平台(斜道),不得站在模板上作业,作业平台有护栏防护。

(2)电动振捣器的使用应符合下列规定:

①操纵职员要佩戴安全防护用品,配电箱的接线宜使用电缆线。

②在大体积混凝土中作业时,电源总开关应放置在干燥处,多台振捣器同时作业应设集中开关箱,并由专人负责看管。

(3)混凝土泵泵送灌注

①混凝土泵泵送混凝土灌注时,泵车应设置在作业棚内,安装应稳定、牢固;泵车安设未稳前,不得移动布料杆。作业前,应检查输送泵,电气设备是否正常、灵敏、可靠。

②泵送前,应检查管路、管节、管卡及密封圈的完好程度,不得使用有破损、裂缝、变形和密封分歧格的管件,并应符合下列要求:

a. 管路布设要平顺,在高处、转角处应架设牢固、防止串动、移位;

b. 管路应设专人经常检查、遇有变形、破裂时,应及时更换,防止崩裂。

③混凝土泵在运转时发现故障,应立即停机检查,不得带病作业。

④混凝土泵操纵员工,应熟悉和遵守泵车的操纵规程和安全技术规定。

⑤拆卸管路前,应把管内余压排除干净,以免发生事故。

⑥在五级以上大风时,混凝土泵车不得使用布料杆作业。

⑦作业结束采用空气清洗管道时,操纵员工不得靠近管道端部。

8.2.4.5 钢筋工程安全技术

(1)钢筋断料、配料、弯料等工作应在地面进行,不准在高空操纵。

(2)搬运钢筋要留意四周有无障碍物、排挤电线和其他电器设备,防止钢筋在回转时碰撞线路而发生触电事故,防止碰人撞物。高空吊运时,要留意不要接触脚手架、模板支撑及其他临时结构物体。

(3)高空作业时,不得将钢筋集中堆放在模板和脚手板上,也不要把工具、钢箍、短钢筋随意放在脚手板上,以免掉落伤人。特别是悬臂构件,更要检查顶撑是否稳固。

(4)在高处安装预制钢筋骨架或绑扎钢筋时,要在确定脚下安全后再进行操纵,不能站在模板上操纵,必要时,操纵地点应搭设脚手架。其他高于2m以上的操纵点,还应系好安全带。

(5)钢筋除锈时,要带好口罩、风镜、手套等防护用品,切断钢筋时,要留意不要被机具等弄伤。

(6)采用机械进行除锈、调直、断料和弯曲等加工时,机械传动装置要设防护罩,并由专人使用和保管。电机等设备要妥善进行保护接地或接零。

(7)钢筋焊接职员需配戴防护罩、鞋盖、手套和工作帽,防止眼伤和皮肤灼伤。电焊机的电源部分要有保护,避免操纵不慎使钢筋和电源接触,发生触电事故。高处焊接要系安全带,必要时应搭设操纵平台。

(8)起吊钢筋骨架,下方禁止站人,必须将骨架降到距模板1m以下才准靠近。

(9)起吊钢筋,规格必须同一,不准参差不一,细长钢筋不准一起吊。

(10)切割机使用前,必须检查机械是否正常,有否二级漏电保护;切割机后方不准堆放易燃物品。

(11)钢筋头应及时清理,成品堆放要整洁,工作台要稳,钢筋工作棚照明灯必须加网罩。

(12)在雷雨时必须停止露天操纵,预防雷击钢筋伤人。

(13)钢筋骨架不论其固定与否,不得在其上行走,禁止从柱子上的钢箍上下。

(14)钢筋冷拉时,冷拉卷扬机应设置防护挡板,没有挡板时,应将卷扬机与冷拉方向呈90°布置,并且应用封闭式导向滑轮。冷拉线两端必须装置防护设施。冷拉时严禁在冷拉线两端站人或跨越、触动正在拉的钢筋。

(15)钢筋焊接。

①电焊:

a. 电焊机应放在干燥、透风良好的地点,四周严禁存放易燃、易爆物品。

b. 电焊机应设置单独的开关箱,作业时应穿着防护用品,施焊完毕,拉闸上锁。遇雷雨天气,应停止露天作业。

c. 在湿润地点工作,电焊机应放在木板上,操纵职员应站在绝缘胶板上或木板上操纵。

d. 严禁在带压力的容器和管道上施焊。焊接带电设备时,必须先切断电源。

e. 接线、地线不得与钢丝绳、各种金属管道、金属构件等接触,不得用这些物件代替地线。

f. 更换场地移动电焊机时,必须切断电源,检查现场,清除焊渣。

g. 在高空焊接时,必须系好安全带,焊接四周应备有消防设备。

h. 焊接模板中的钢筋、钢板时施焊部位下面应垫石棉或铁板。

②气焊:

a. 乙炔发生器应采用定型产品,必须备有灵敏可靠的防回火安全装置。

b. 乙炔发生器应置于干燥、透风处。乙炔发生器与氧气瓶不得同放一处,四周严禁存放易燃、易爆物品,严禁用明火检查是否漏气,氧气、电石应随用随领,放工后送回专用库房。

c. 氧气瓶、乙炔发生器受热不得高于35℃,防止火花和锋利物件接触胶管,气焊枪点火时应按"先开乙炔、先关乙炔"的顺序作业,点火的焊枪不得对人,正在燃烧的焊枪不得随意乱放。

d. 氧气瓶、氧气表及焊割工具表面,严禁沾污油脂。氧气瓶应设有防振交圈,并旋紧安全帽,避免碰撞、剧烈振动和烈日暴晒。

e. 乙炔发生器应天天换水。严禁在浮筒上放置物件,不得用手在浮筒上加压和摇动,添加电石时,严禁明火照明。

f. 乙炔发生器不得放在电线下方,焊接场地间隔明火不得少于10m。

g. 乙炔气管用后需清除管内积水。交管回火装置结冻时,应用热水溶化,不得用明火烘烤。

h. 施焊时,场地应透风良好,施焊完毕将氧气阀门关好,拧紧安全罩。乙炔筒提出时,头部应避开浮筒上升方向,提后应挂放,不得扣放在地上。

8.2.4.6　支架施工安全技术

(1)支架所用的木桩、万能杆件等应具体检查,不得使用腐朽、劈裂、大节疤的圆木及锈蚀、扭曲严重的杆件和钢管等。

(2)地基承载力必须符合设计标准,否则应采取加固措施,使其达到设计要求。土质地基雨季须有防水措施。

(3)支立排架要按设计要求施工,应有足够的承载能力和稳定性,并要与垫木连接牢固,防止不均匀沉落、失稳和变形。

(4)支立排架要派专人进行指挥,支立排架竖立为宜,排架竖立后用临时支撑撑牢,再竖立第二排。两排架间的水平和剪刀撑用螺栓拧紧,形成整体。

(5)用吊机竖立排架时,应用溜绳控制排架起吊时的摆动。

(6)支立排架时,不得与便桥或脚手架相联,防止支架失稳。

(7)墩身排架大面积拆卸时,应边拆边撑木,保持平衡稳定。严禁将全部水平和斜撑拆除,再放墩身。

8.2.4.7　高处作业安全技术

坠落高度在2m(含2m)以上作业为高处作业。

(1)从事高处作业员工要定期或随时体检,发现有不宜登高的病症,不应从事高处作业。严禁酒后登高作业。

(2)高处作业员工须穿软质轻底鞋,所需材料应事先预备齐全,工具事先放在工具袋内,拴稳挂牢。不得从上往下或从下往上扔工具及其他物件。

(3)高处作业所用的梯子不得缺档和垫高,同一梯子不得同时上下,在通道(或平交口)使用梯子应设置围栏。

(4)高处作业职员必须严格按规定拴好安全绳,戴好安全帽。

(5)高处作业与地面联系,应配有通信设备或有专人负责。

(6)搭设脚手架,展设走道板,禁止搭空头板,走道板要满展,随展随钉。走道必须按安全要求设置防护栏杆。

(7)禁止上下交叉作业,防止上面施工落物伤人。若无法错开时,应先采取安全防护措施。

(8)高处作业工作平台外侧必须设置防护栏;高度超过10m,须设置安全网。

(9)在大风大雾等不良天气或视线不清时必须停止高空作业。

(10)高处作业施工现场严禁非施工职员进入。

8.2.4.8　模板施工安全技术

(1)在基坑或围堰内支模板时,应先检查基坑有无坍方迹象,围堰是否坚固,确认无误方可操纵。

(2)向基坑内吊运材料和工具时,应设溜槽或绳索系放,不得抛掷。机械吊送应设专人指挥,基坑内操纵职员要避开吊运材料。

(3)人工搬运支立大模板时,应设专人进行指挥。使用的绳索要有足够的强度,绑扎牢固。支立模板时,应先固定底部再进行支立,防止滑动或倾覆。

(4)用机械吊运模板时,吊点下方不得站人或通行。模板下放距地面1m时,作业职员方可靠近操纵。

(5)支立模板要按工序操作,当一块或几块较大模板单独竖立时,应设置临时支撑,上下必须顶牢。整体模板合龙后,应及时用拉杆斜撑固定牢靠,模板支撑不得接触脚手架。

(6)高处作业时,应将工具装在工具袋内,传递工具不得抛掷,不得将工具放在平台和木料上,更不得插在腰带上。

(7)拆除模板时应制订安全措施,按顺序分段拆除,不得留有松动或悬挂的模板,严禁硬砸或用机械大面积拉倒。

(8)拆除模板禁止双重作业。3m以上模板拆除时,应用绳索拉住或用起吊设备缓慢送下。

8.2.4.9 脚手架施工安全技术

(1)脚手架连接材料应使用扣件,接头应错开,螺栓要紧固。立杆底必须使用立杆支座。不得使用铅丝和麻绳连接钢脚手架。

(2)门式简易脚手架应按产品设计拼装连接牢靠,并使用钢管加强横向联系和剪刀支撑。

(3)脚手架要展满、绑牢、无探头板,并牢固地固定在脚手架支撑上,脚手架的任何部分均不得与模板相连。

(4)脚手架要设置栏杆,安设安全设施,并经常检查,确保操纵员工和小型机械安全通行。

(5)脚手架上的材料和工具要安放稳妥整洁,有坡度的脚手架,要加设防滑条。

(6)悬空脚手架应用栏杆和撑木固定稳妥、牢靠,防止摆动、摇摆。

(7)搭设在水中的脚手架,要经常检查受水冲洗情况;发现有松动、变形或沉陷,应及时加固。脚手架上作业的员工应佩戴救生设备。

(8)脚手架高度在10~15m时,应设置一组缆风绳,与地面夹角为45°~60°,缆风绳的地锚应保护好。

(9)拆除脚手架时,四周应设置警戒标志或护栏,应按从上到下的顺序拆除,不得上下双层作业;拆除的脚手架、板,应用人工传递或吊机吊送,严禁随意抛掷。

8.2.4.10 起重吊装安全技术

(1)起重吊装作业前应详细勘察现场,根据工程特点及作业环境编制专项施工方案,方案应经审核批准后方可实施。

(2)起重使用的机械设备进入现场后应经检查验收,并应按规定进行试运转和试吊,对各种安全装置应进行灵敏度、可靠度的测试,必要时应进行静载和动载试验,确认符合要求后方可使用。起重吊装采用的索具、吊具等在使用前应按施工方案要求的设计承载力逐件进行检查验收;各种防护措施的用料、脚手架的搭设及危险作业区的围挡等准备工作应符合施工方案的规定。对起重机运行的道路和作业区域,在施工前应进行检查,地基承载力不能满足作业要求时,应采取铺设路基箱等措施。

(3)起重吊装作业前,应对作业人员进行安全技术交底,吊装作业应指派专人同一指挥,参加吊装的起重工要把握作业的安全要求,其他员工要有明确分工。当进行高处吊装作业或作业人员不能清楚地看到作业地点或信号时,应设置信息传递人员;起重吊装时在高处的作业人员应携带工具袋,工具和零配件在操作结束后应及时装入工具袋内,并不得随意向下方抛掷物品。

(4)吊装作业前必须严格检查起重设备各部件的可靠性和安全性,并进行试吊。

(5)各种起重机具不得超负荷使用。

(6)钢丝绳的安全系数,应满足要求。

(7)地锚要牢固,缆风绳不得绑扎在电杆或其他不稳定的物件上。

(8)作业中遇有停电或其他特殊情况,应将重物落至地面,不得悬在空中。

8.2.4.11 预应力张拉工程安全技术

(1)预应力钢丝束张拉施工前,检查张拉设备、工具是否符合施工及安全要求。压力表应按规定周期进行检定。

(2)锚环及锚塞使用前应经过检验,合格后方可使用。

(3)高压油泵与千斤顶之间的连接点,各接口必须完好无损。油泵操纵员工应戴护目镜。

(4)油泵开动时,进、回油速度与压力表指针升降,应平稳、均匀一致。安全阀要保持灵敏可靠。

(5)张拉前操纵职员确定联络信号,张拉两端相距较远时,宜使用对讲机。

(6)无关职员不得进入张拉区。

(7)在已拼装或现浇的箱梁上进行张拉作业,其张拉作业平台、拉伸机支架要搭设牢固,平台四周要加设围栏。

(8)张拉千斤顶的对面及后面严禁站人,作业员工应站在千斤顶两侧。

(9)张拉操纵中若出现油表振动剧烈、漏油、电机声异常、断丝、滑丝等异常现象,应立即停机检查。

(10)张拉钢丝束完毕退销时,应采取安全防护措施;人工拆卸销子时,不得强击。

(11)张拉完毕后,对张拉施锚两端应妥善保护,不得压重物,管道灌浆前,梁端应设围栏和挡板,严禁撞击锚具、钢丝束及钢筋。

(12)先张法张拉前应对台座、横梁进行检查;张拉中及未浇混凝土之前,四周不得站人或进行其他作业。浇筑混凝土时,振捣器不得撞击钢丝束。

8.2.4.12 工地现场的防火安全技术

(1)工地施工现场应建立消防安全管理制度和易燃易爆物品的管理办法,并应按不同的施工规模建立消防组织,配备义务消防人员,进行必要的消防知识培训,定期组织进行演习。

(2)工地应按照总平面布置图划分消防安全责任区,并应根据作业条件合理配备消防器材,对各类消防器材应定期检查和维护保养,保证其使用的有效性。各类气瓶应单独存放,存放的库房应通风良好,各种设施应符合防爆的规定。

(3)当发生火险时,应迅速准确地向当地消防部门报警,并应及时清理通道上的障碍,组织灭火。

自 测 题

一、简答题

1. 桥梁工程安全管理的六项基本原则是什么？

2. 简述施工单位项目负责人的安全管理责任。

3. 简述安全技术交底的主要内容。

4. 简述预应力张拉工程安全技术。

二、名词解释

1. “四全”管理

2. 高处作业

3. 安全检查

8.3 文明施工管理

文明施工是保持施工现场良好的作业环境、卫生环境和工作秩序。施工单位应当贯彻文明施工的要求，推行现代管理方法，科学组织施工，做好施工现场的各项管理工作。施工单位应当按照施工总平面布置图设置各项临时设施。堆放大宗材料、成品、半成品和机具设备，不得侵占场内道路及安全防护等设施。施工现场必须设置明显的标牌，标明工程项目名称、建设单位、设计单位、施工单位、项目经理和施工现场总代表人的姓名，开、竣工日期，施工许可证批准文号等。施工单位负责施工现场标牌的保护工作。施工现场的主要管理人员在施工现场应当佩戴证明其身份的证卡。

施工现场的用电线路、用电设施的安装和使用必须符合安装规范和安全操作规程，并按照施工组织设计进行架设，严禁任意拉线接电。施工现场必须设有保证施工安全要求的夜间照明；危险潮湿场所的照明以及手持照明灯具，必须采用符合安全要求的电压。

8.3.1 文明施工行业标准

文明施工应以“便民、利民、为民”服务为宗旨，真正体现“方便人们生活，有利发展生产、保护生态环境”的原则，达到令社会公众满意的目的。具体来讲，桥梁工程文明施工的行业标准可概括为七个字：“两通三无五必须”。

“两通”，即施工现场人行道畅通；施工工地沿线单位和居民出入通道畅通。

“三无”，即施工中无管线施工；施工中无重大工伤事故；施工现场周围道路平整无积水。

“五必须”，即施工区域与非施工区域必须严格分开；施工现场必须挂牌施工，管理人员佩卡上岗；施工材料必须堆放整齐；工地生活设施必须清洁文明；施工现场必须开展以创建文明工地为主要内容的思想政治工作。

8.3.2 文明施工的基本内容和措施

桥梁工程文明施工主要包含以下内容：

(1)施工企业在开工前做好施工组织设计，绘制好总体平面布置图，文明责任区划分明确，并有明显标记；同时设置明显的标牌，标明工程项目名称，工程概况，建设单位、设计单位、监理单位、项目经理和技术负责人的姓名、开工日期及计划交工日期。

(2)项目经理部必须实行目标管理,应将施工组织网络图、年度目标计划、工序交接流程、质量目标及管理制度上墙,并按季、月进行目标细化。本工程项目将进行计算机动态跟踪管理,各单位应配备必要的设备、软件及人员。

(3)施工现场所有管理人员、监理人员都必须佩戴胸卡(上岗证),同时按照管理处的有关要求统一着装。

(4)施工现场(工地)作业道路应保持平整,设有路标。机具和材料应做到"二整":机械设备保持状态良好、整洁、停置整齐;施工材料堆放有序、存储规整合理,并插置标示牌。

(5)工地现场外观应做到"三洁":施工场地整洁、生活环境清洁、施工产品美观洁净。场区及施工范围内的沟道、地面无废料、垃圾和油污,应做到工完、料尽、地清。办公区、作业区、仓库等场所内部应整洁有序,生活区中食堂、供排水、浴室、宿舍应符合防火、卫生、通风、照明等要求。

(6)施工合同段内主要构造物前应设置标牌,标明名称、施工负责人、技术负责人、旁站监理等内容标牌。

(7)各类拌和场(站)内区域必须进行场地硬化处理,材料分隔堆放,设隔离墙,并有标牌标明名称、规格,对水泥、钢材等,需设置防雨、隔潮设施。

(8)现场使用的主要机械设备(沥青混凝土拌和设备、摊铺机、压路机等),应配设"设备标志牌"标示设备名称、生产厂家、出场日期、使用状况、操作人员姓名等。现场使用的主要拌和设备,如沥青拌和楼、无机料拌和楼、水泥混凝土拌和站等,应在控制室设立混合料生产拌和的配合比控制牌。

(9)施工现场每个施工点,均应有负责人现场指挥施工,主要部位应有技术人员在岗,现场指挥要熟悉操作工艺要求和质量标准。

(10)合理安排施工工序,可能对路面造成污染的附属工序要提前进行或采取相应的保护措施,有碍于层间结合的工序不准在路面上施工或堆放材料。

(11)施工车辆行驶的便道应进行日常性养护,保证晴天行车无扬尘,雨后能行车无积水,不影响当地群众正常生活、生产和通行。

(12)施工企业应具有环保意识,对施工中产生的废料不可乱弃乱放,应按要求运往指定地点进行处理存放:对易于造成环境污染的施工材料,在运输、存放及使用过程中,应采取有效措施,将污染降到最小。

(13)现场进行的各项施工操作,必须按施工前的施工操作安排,或按相应的有关规定进行,做到层次清楚,紧张有序,杜绝违章操作和野蛮施工。

(14)监理人员对施工企业的文明施工情况应随时进行监督检查,对不能满足文明施工要求的要及时予以下令整改。

(15)施工结束后,做好临时占地的恢复工作,对施工中占用的地方道路、桥梁等做好恢复工作。

自 测 题

一、名词解释

1. 二整

2. 三洁

3. 三无

4. 五必须

二、简答题

1. 文明施工主要包含哪些内容?

2. 文明施工的行业标准有哪些内容?

8.4 工程资料管理

8.4.1 桥梁工程资料管理的内容

桥梁工程资料管理的内容主要有以下几方面:

(1)施工技术准备资料,包括施工组织设计,技术交底文件,图样会审记录,施工预算的编制和审查文件。

(2)施工现场准备资料,包括工程定位测量资料,工程定位测量复核记录,导线点、水准点测量复核记录,工程轴线、定位桩、高程测量复核记录,施工安全措施文件,施工环保措施文件。

(3)设计变更、洽商记录,包括设计变更通知单、洽商记录等。

(4)原材料、成品、半成品、构配件、设备出厂质量合格证及试验报告,如砂、石、砌块、水泥、钢(材)筋、混凝土外加剂、焊接材料、预应力张拉设备、钢结构构件等试验汇总表、质量合格证书和出厂检(试)验报告及现场试验报告。

(5)施工试验记录,如钢筋(材)连接试验报告,钢管、钢结构安装及焊缝处理外观质量检查记录,试(检)验报告,工程物桩基础资选样送审记录、进场报验记录,进场物资批次汇总记录。

(6)施工记录,包括地基及基槽相关施工记录,桩基施工记录,桩基位置平面示意图,钻孔桩钻进记录及成孔质量检查记录,钻孔(挖)桩混凝土浇筑记录,厂(场)、站工程大型设备安装调试记录,预应力张拉、压浆记录表,混凝土浇筑记录,隐蔽工程检查验收记录,工程质量检查评定记录,施工质量事故及处理记录等。

(7)竣工图。保证竣工图的整洁、清晰、完整和准确。

(8)竣工验收文件,包括工程竣工总结,竣工验收记录,财务文件,声像、微缩、电子档案等。工程竣工总结,其中也包括工程概况表,由建设单位委托长期进行的工程沉降观测记录,单位工程质量评定表及报验单,竣工验收证明书,竣工验收报告,竣工验收备案表(包括各专项验收认可文件),工程质量保修书;财务文件:决算文件,交付使用财产总表和财产明细表;声像、微缩、电子档案:工程照片,录音、录像材料,微缩品,光盘,磁盘。

8.4.2 桥梁工程资料管理的方法

桥梁工程文件资料,一般应按下列方法进行管理。

(1)施工技术文件应由施工单位编制,由建设单位与施工单位保存。

(2)建设单位应按《建设工程文件归档整理规范》(GB/T 50328—2001)的要求,于工程竣工验收后两个月内报当地城建档案管理机构归档。

(3)总承包工程项目,由总承包单位负责汇集整理所有有关的施工技术文件。

(4)施工技术文件应随施工进度及时整理,所需表格应按有关法规规定认真填写清楚、齐全、准确、真实。

(5)施工技术文件应严格按有关法规规定签字、盖章。

(6)施工合同中应对施工技术文件的编制要求和移交期限做出明确规定。施工技术文件应有建设单位签署的意见或监理单位对认证项目的认证记录。

(7)竣工验收前,建设单位应请当地城建档案管理机构对施工技术文件进行预验收,预验收合格后方可竣工验收。

(8)施工技术文件不得任意涂改、伪造、抽撤、损毁或丢失。

8.4.3 桥梁工程文件资料编制的基本要求

桥梁工程文件资料编制的基本要求,其提出的目的对文件各项内容进行规范编制。

(1)施工组织设计必须全面、到位,必须由上一级技术负责人审批、加盖公章、填写审批表,有变更时,应有变更审批程序。施工组织设计应包括工程概况、施工平面布置图、施工部署和管理体系、质量目标设计、施工方法及技术措施、安全措施、文明施工措施、环保措施、节能降耗措施、施工过程中的各项施工技术规范。

(2)施工图设计文件必须进行会审、技术交底,并留有会审记录。即开工前,建设单位组织施工图设计文件的会审,并按单位工程填写会审记录,设计单位应按施工程序或需要进行设计交底并做交底记录,施工单位应进行施工技术交底,并做好各种交底记录,各方应签字。

(3)原材料、成品、半成品、构配件、设备出厂质量合格证书,出厂检(试)验报告及复试报告,均应归入施工技术文件;且上述各种证书或报告为复印件时必须加盖供货方印章,并注明使用工程名称、规格、数量、进场日期、经办人签名及原件存放地点。凡属新技术、新工艺、新材料、新设备的产品,应有有效鉴定证明和生产许可证,有质量标准、使用说明和工艺要求,使用前应先进行检(试)验。

(4)所有进场产品进入施工现场前,必须先按国家有关规定抽检、复测,合格后方可使用。

(5)对只提供技术参数的测试报告,应由使用单位技术负责人对参数进行判别并签字认可。

8.4.4 桥梁工程施工各阶段的文件编制要求

(1)施工开始之前,施工单位必须编制施工组织设计文件,并有上一级技术负责人和部门的审批手续;施工过程中发生变更时,应有变更审批手续。

(2)开工前,应有施工图设计文件会审记录、设计单位交底的纪要及施工技术交底记录。

(3)施工期间应编制如下文件。

①进入施工现场的原材料、成品、半成品、构配件、设备等产品的出厂质量合格证书、检(试)验报告及复试报告;进口设备必须配有有关中文资料。

②施工检(试)验报告,包括有关取样送检的记录,压实度(密度)、强度、配合比通知单,桩基检(试)验报告等。

③施工记录,包括地基与基槽验收记录,桩基施工记录,构件、设备安装与调试记录,施工预应力记录,沉井下沉观测记录,混凝土浇筑记录,管道、箱涵顶进记录,构筑物沉降观测记录,施工测温记录,其他有特殊要求的施工记录等。

④测量复核及预检记录。

⑤隐蔽工程检查验收记录(验收合格后方可进行竣工验收)。

施工技术文件不得任意涂改、伪造、抽撤、损毁或丢失。

(4)单个工序、单个部位工程及单位工程完成时,应分别有质量评定表;工程交付使用之前,应填写工程项目的功能性试验记录单(包括桥梁荷载试验、水池满水试验等);质量事故报告及处理记录;设计变更通知单、洽商记录;竣工总结与竣工图;竣工验收文件(包括工程竣工报告、工程竣工验收证书等)。

8.4.5 桥梁工程归档文件的质量要求及组卷方法

8.4.5.1 桥梁工程归档文件的质量要求

(1)归档的工程文件一般应为原件。

(2)工程文件的内容及深度必须符合国家有关工程勘察、设计、施工、监理方面的技术规范、标准和规程。

(3)工程文件的内容必须真实、准确,与工程实际相符合。

(4)工程文件应采用耐久性强的书写材料书写,如碳素墨水、蓝黑墨水;不得使用易褪色的书写材料书写,如使用红色墨水、纯蓝墨水、圆珠笔、复写纸、铅笔等。

(5)工程文件应字迹清楚,图样清晰,图表整洁,签字盖章手续完备。

(6)工程文件中文字材料幅面尺寸规格宜为 A4 幅面(297mm × 210mm),图纸宜采用国家标准图幅。

(7)工程文件的纸张应采用能够长期保存的韧力大、耐久性强的纸张。图纸一般采用蓝晒图,竣工图应是新蓝图。计算机出图必须清晰,不得使用计算机所出图纸的复印件。

(8)所有竣工图均应加盖竣工图章。

(9)利用施工图改绘竣工图,必须标明变更修改依据。凡施工图结构、工艺、平面布置等有重大改变,或变更部分超过图面 1/3,应当重新绘制竣工图。

(10)不同幅面的工程图纸应按《技术制图复制图的折叠方法》统一折叠成 A4 幅面,图标栏露在外面。

(11)工程档案资料的缩微制品,必须按国家标准进行制作,主要技术指标要符合国家标准,并保证质量,以适应长期安全保管。

(12)工程档案资料的照片(含底片)及声像档案,要求图像清晰,声音清楚,文字说明或内容准确。

(13)工程文件应采用打印的形式并使用档案规定用笔,手工签字。在不能够使用原件时,应在复印件或抄件上加盖公章并注明原件保存处。

8.4.5.2 桥梁工程归档文件的组卷方法

(1)施工技术文件要按单位工程进行组卷,可以分册装订。

(2)卷内文件排列顺序一般为:封面、目录、文件材料和备考表。其中,封面应包含工程名称、开竣工日期、编制单位、卷册编号、单位技术负责人和法人代表或法人委托人签字并加盖公章。文件资料宜按以下顺序编排:施工组织设计→施工图设计文件会审与技术交底记录→设计变更通知单、洽商记录→原材料、成品、半成品、构配件、设备出厂质量合格证书、出厂检(试)验报告和复试报告→施工试验资料→测量复核及预验记录→隐蔽工程检查验收记录→

工程质量检验评定资料→使用功能试验记录→施工报告→竣工测量资料→竣工图→工程竣工验收工具。

自 测 题

简答题

1. 简述桥梁工程资料管理包含的内容。
2. 桥梁工程文件资料编制的基本要求是什么？
3. 简述桥梁工程归档文件的质量要求及组卷方法。
4. 桥梁工程文件资料按什么顺序编排？

参考文献

[1] 中华人民共和国行业标准. JTG D61—2005　公路圬工桥涵设计规范[S]. 北京:人民交通出版社,2005.

[2] 中华人民共和国行业标准. JTG D62—2004　公路钢筋混凝土及预应力混凝土桥涵设计规范[S]. 北京:人民交通出版社,2004.

[3] 中华人民共和国行业标准. JTG D60—2004　公路桥涵设计通用规范[S]. 北京:人民交通出版社,2004.

[4] 中华人民共和国行业标准. JTG D63—2007　公路桥涵地基及基础设计规范[S]. 北京:人民交通出版社,2007.

[5] 中华人民共和国行业标准. JTG/T F50—2011　公路桥涵施工技术规范[S]. 北京:人民交通出版社,2011.

[6] 周传林. 桥梁上部施工技术[M]. 北京:人民交通出版社,2011.

[7] 张辉. 桥梁下部施工技术[M]. 北京:人民交通出版社,2011.

[8] 薛安顺. 桥梁工程技术[M]. 北京:高等教育出版社,2009.

[9] 黄绳武. 桥梁施工及组织管理[M]. 北京:人民交通出版社,1999.

[10] 杨文渊,徐犇. 桥梁施工工程师手册[M]. 北京:人民交通出版社,1999.

[11] 孙明强. 桥梁工程施工与管理[M]. 北京:中国建筑工业出版社,2003.

[12] 肖建平. 桥梁工程施工[M]. 北京:机械工业出版社,2007.

[13] 李辅元. 桥梁工程[M]. 北京:人民交通出版社,2005.

[14] 郭发忠. 桥涵工程[M]. 北京:人民交通出版社,2005.